民族文字出版专项资金资助项目

贵州出版集团有限公司出版专项资金资助项目

《中国档案文献遗产名录·古彝文字档案集成》
编委会

中国档案文献遗产名录·古彝文字档案集成

历史档案文献

卷一

主编　王明贵　王小丰（执行）

贵州出版集团
贵州民族出版社

图书在版编目(CIP)数据

历史档案文献．卷一 / 王明贵主编；王小丰执行主编．-- 贵阳：贵州民族出版社，2025. 6. --（中国档案文献遗产名录：古彝文字档案集成）. -- ISBN 978-7-5412-3073-8

Ⅰ. K281.7

中国国家版本馆 CIP 数据核字第 20253BH292 号

中国档案文献遗产名录·古彝文字档案集成

ZHONGGUO DANGAN WENXIAN YICHAN MINGLU GUYIWENZI DANGAN JICHENG

历史档案文献·卷一

LISHI DANGAN WENXIAN JUANYI

主　　编　王明贵　王小丰(执行)

责任编辑　罗兰珍

出版发行　贵州民族出版社

地　　址　贵阳市观山湖区会展东路贵州出版集团大楼

邮　　编　550081

印　　刷　浙江海虹彩色印务有限公司

开　　本　889mm × 1194mm　1 / 16

字　　数　260 千字

印　　张　31.75

版　　次　2025 年 6 月第 1 版

印　　次　2025 年 6 月第 1 次印刷

书　　号　ISBN 978-7-5412-3073-8

定　　价　298.00 元

总 论

中国是创制文字种类最多的国家之一，是文献数量最多的国家之一，也是档案文献数量极其丰富的国家之一。这些丰富的文字、档案文献为中华文明的传承和发展提供了坚实的基础。中国对档案文献的重视，可以上溯到甲骨文产生之时。古代史官曾经有“左史记言、右史记事”的分工，这是中国档案文献得到重视的生动体现。汉代以后，各朝设有兰台存放档案，并设置兰台令专治其事。中华人民共和国档案行业标准《档案工作基本术语》对档案的解释为：“国家机构、社会组织和个人在社会活动中直接形成的有价值的各种形式的历史记录。”也就是说，档案是机关、团体、企事业单位和其他组织以及个人在社会活动中直接形成的有价值的各种形式的历史记录。[①] 由于具有历史性质，档案回溯过去的特征非常明显，且这个“过去”的历史时限可以追溯到人类发明文字时期。

中国创造的文字中，考古发现年代最早的成熟文字是甲骨文。古彝文字的雏形可追溯至先秦，汉代时其体系已成熟并被广泛使用。作为记录历史发展的文献，汉文档案、古彝文档案的历史十分久远。联合国教科文组织将人类遗产分为文化遗产、自然遗产、文化和自然双重遗产。《世界记忆项目》是在 20 世纪 90 年代增加的。用古彝文记

① 冯惠玲：《档案学概论》（第三版），中国人民大学出版社，2023 年。

录的档案文献具有重要的文化遗产性质，其记载了彝族古代历史、社会、文化等方面的发展情况，还涵盖了医药、天文、历法、哲学等方面的内容，是研究我国西南地区古代历史的重要文献。但因为这些档案文献多为手抄本，纸张极易朽坏，且多为孤本，因此，需要提高对古彝文字档案的认识，了解其稀有且珍贵的价值，加深对其的理解，并对其进行深入研究。同时，我们还应保护好这些文献，并对其进行合理开发、利用，以丰富人类文化的多样性，推动社会主义文化繁荣发展，为铸牢中华民族共同体意识提供文化资源。

一、整理出版《中国档案文献遗产名录·古彝文字档案集成》的必要性

中国历史悠久、地大物博、人口众多、文化底蕴深厚，是公认的“四大文明古国”之一。2013 年 12 月 30 日，习近平总书记在主持十八届中共中央政治局第十二次集体学习时指出：“提高国家文化软实力，要努力展示中华文化独特魅力。”“要系统梳理传统文化资源，让收藏在禁宫里的文物、陈列在广阔大地上的遗产、书写在古籍里的文字都活起来。”“要注重塑造我国的国家形象，重点展示中国历史底蕴深厚、各民族多元一体、文化多样和谐的文明大国形象。”[①]2022 年，中共中央办公厅、国务院办公厅印发的《关于推进新时代古籍工作的意见》第十条指出：“围绕铸牢中华民族共同体意识，深入整理反映各民族交往交流交融历史的古籍文献，挖掘弘扬蕴含其中的民族团结进步思想，引导各族群众树立正确的中华民族历史观。”第十六条指出：“强化人才队伍建设。加强古籍存藏保护、整理研究和出版专业机构建设，扩大古籍保护修复人才规模，加强古籍整理研究机构力量，

① 习近平：《习近平谈治国理政》（第一卷），外文出版社，2014 年。

健全少数民族古文字人才传承机制，建设少数民族文字古籍专业人才学术交流平台，加强古籍专业出版队伍建设。”习近平总书记的重要指示及中共中央办公厅、国务院办公厅的相关文件，为古籍工作指明了方向，提供了强大动力，古籍整理研究工作迎来了又一个春天。

彝文在古代史志资料中被称为“韪书”“爨字”“布摩字”“倮文”“锣锣文”等，有的学者认为彝文至少在汉代已经成熟并被广泛使用，以彝文书写的古籍流传至今。然而，古彝文文献存量较少，据相关调查研究发现，剔除重复抄本后，全国范围内的古彝文文献档案现存约 15 000 件，这些珍贵的文献大多散存于民间。由于保护条件不佳、使用方式不当、传承人员匮乏以及朽坏情况严重，许多古彝文文献正在逐渐老化、损毁，甚至永久消失。

作为重要的档案文献遗产，古彝文档案存量不多，2023 年国家公布的第五批 55 件（组）《中国档案文献遗产名录》中，“贵州毕节彝族古文字档案”和云南省社会科学院楚雄彝族文化研究院的彝族古籍文献创世史诗《查姆》为到目前为止仅有的 2 项古彝文文献。“贵州毕节彝族古文字档案”一共有 53 部彝族古文字文献，其中绝大多数已入选第一批至第五批《国家珍贵古籍名录》。当前，国家非常重视中华优秀传统文化的保护、传承和弘扬，作为中华优秀传统文化组成部分的古彝文字档案，理应得到整理和研究，但彝文古籍的整理研究仍面临资源匮乏、成果稀少的困境。整理出版《中国档案文献遗产名录·古彝文字档案集成》丛书，把入选第五批《中国档案文献遗产名录》的珍稀古彝文文献整体推向社会，提供给专家学者进行研究，向世界展示中华文明的多样性、丰富性，展现中国的文化自信与文化软实力，树立文明大国形象，具有非常重要的现实意义。

《中国档案文献遗产名录·古彝文字档案集成》的编纂出版，是首次系统性、规范性、全面性和完整性地对中国古彝文珍稀档案遗产进行整理的浩大工程，具有开创性、探索性与创新性的特点。具体来说，其既有学术价值，也有应用价值。

一是首次全面地搜集中国古彝文珍稀档案遗产，通过整理出版珍稀古彝文文献档案，系统推出深藏于档案馆、博物馆、研究机构等历来未被世人认识的古彝文文献，完整地展示古彝文文献的全貌，为学术研究提供珍贵的材料。

二是拓展中国古彝文珍稀档案遗产整理研究的新领域，开辟此前鲜少被关注的中国古彝文珍稀档案遗产研究的新途径。《中国档案文献遗产名录·古彝文字档案集成》从传统的整理、翻译中跳出来，从一个崭新的视域，重新分析和评价古彝文文献的记忆性质、档案功能、遗产特征，用全新的眼光，从世界文化的角度来考察彝族古文字文献潜藏的多重价值与功能，为世界提供认识中华文化、认识中国、认识历史、认识人类文明的新载体。

三是通过系统出版中国古彝文珍稀档案，为学界提供研究世界古典文字的参考资料。此次整理推出的文献包含了涉及语言、文字、文学、历史、哲学、天文、地理、历法、科技、教育、艺术等多学科的原件影印本，可让专家直接从第一手材料中发掘其多方面的价值，使其研究具有原创性、可靠性。

四是整合国内最有价值的古彝文字历史、谱牒、制度、文化、文学、教育等档案文献，构建古彝文的文献资源库，为进一步申报《世界记忆遗产》（包括亚太地区名录）奠定基础，也为古文字档案文献的保护拓展新途径。

古彝文字档案文献大多为手抄文本，然而，由于彝文书写传统所限，能够识读并抄写古彝文字的民间布摩大多年事已高，传承链条面临断裂风险。更为严峻的是，目前在职拥有正高职称、能够识读古彝文的人员不多。因此，出版古彝文字档案文献具有重要的现实意义，可以让更多的专业人员接触到优质文献，激发他们翻译研究的兴趣。同时，由于古彝文字抄写常常运用大量的通用、假借字，造成后人无法识读，因此出版一套档案遗产文献丛书，具有规范古彝文字的意义和价值，可为后来的翻译研究者提供相对固定的文本。

二、《世界记忆项目》的建立背景及价值

1992年，联合国教科文组织发起了“世界记忆项目”，旨在实施《联合国教科文组织组织法》中规定的保护世界文化遗产的任务，促进文化遗产利用，提高人们对文献遗产重要性的认识。其所指文献遗产不仅包括纸莎草纸、羊皮纸、棕榈树叶、木片、石片、纸张等传统载体，还包括录音、电影、电视作品和数字媒体等新型媒体。由于历史上的种种人为灾难、自然灾害等原因，这些宝贵的文献遗产正面临着朽坏、散落、消失等问题。联合国教科文组织希望通过建立《世界记忆名录》、授予标识等方式，向政府和民众宣传这些现存于图书馆、档案馆和博物馆中的珍贵文献遗产的重要性；通过国际合作，并使用最佳技术手段，对上述文献遗产实现有效保管和抢救，进而促进这些人类遗产的广泛应用。

《世界记忆名录》与《世界遗产名录》《世界非物质文化遗产名录》并称为联合国教科文组织“三大名录”。联合国教科文组织官网显示，入选《世界记忆名录》的项目已经有496项，其中世界记忆亚太地区名录有85项，中国档案文献遗产名录有197项。

三、《中国档案文献遗产名录》中古彝文字档案入选的相关情况

（一）古彝文字

彝族是一个有着悠久历史和古老文明的民族，根据第七次全国人口普查数据，中国境内彝族人口约有 9 830 327 人。彝族先民曾在中国西南地区建立过卢夷国、朱提国等部落方国，自称和他称有“能素”“诺苏”“尼苏”“尼素泼”等数 10 种，中华人民共和国成立后，结合本族人的意愿，经国务院批准，族称统一为“彝族”。现今，彝族主要分布在云南、四川、贵州、广西、重庆五省（自治区、直辖市），主要聚居在贵州毕节，云南楚雄、红河及四川凉山等地。

彝族有自己的语言和文字。彝语属汉藏语系藏缅语族彝语支，有北部、东部、南部、东南部、西部、中部 6 种方言。古彝文是中国自源文字之一，是一种由线条、部首、结构组成的方块形意音文字。彝文在古代史志资料中被称为“爨文”“爨字”“倮文”“韪书”“夷字”“西波文”等。中国著名语言学家周有光先生在《世界文字发展史》中指出，古彝文是现存唯一仍在活态传承的自源性古典文字。古彝文具有独立的创制体系和传承谱系，有独体字、合体字等，合体字多，形声字不发达，流传至今已有数千年的历史，形成了一大批古彝文档案文献，如《哎哺啥额》（《西南彝志》）、《能素恒溯》（《彝族源流》）、《吐鲁立咪》（《宇宙人文论》）、《苦豆则纪透》（《物始纪略》）等，具有重要的历史文献价值。

据报道，中国云南、四川、贵州、重庆等省（直辖市）考古发现的刻符和文字，多数可用古彝文识读。研究者发现，今贵州省威宁彝族回族苗族自治县（以下简称威宁自治县）中水镇鸡公山发现的先秦时期陶刻符号、西安半坡遗址陶刻符号有部分与彝文字母相似，说明

彝族文化与华夏文化有着密切的渊源关系。

（二）古彝文字档案文献

彝族古文字档案文献是人类历史文化的珍贵记忆之一，目前在全国范围内已被国家机构保存的有10 000余册（含重复抄本），分别收藏于贵州、云南、四川、北京等地的民族工作部门、科研机构、档案馆、图书馆、博物馆等。中华人民共和国成立前，还有一部分珍贵的彝文古籍流落国外，被一些外国文化机构收藏。

毕节的古彝文字档案文献蕴藏丰富。据统计，在贵州毕节市、县（区）相关机构收藏有古彝文字档案文献2000多册，散存于民间的还有数千册。可列入档案文献遗产的至少有918册（含贵州省毕节市档案馆保存的179册、贵州省毕节市彝文文献翻译研究中心保存的631册、贵州工程应用技术学院保存的108册）。其中，有46册入选《国家珍贵古籍名录》。这些档案文献记载了彝族历史、谱牒、天文、历法、教育、军事、医药、文学等方面的内容，反映了彝族起源、迁徙、发展等情况，展示了彝族与各民族和睦相处及在巩固边疆稳定、维护国家统一等方面所扮演的重要角色。这些文献既是中华优秀传统文化的组成部分，又是反映人类社会发展进程的珍稀文献之一。

（三）入选《中国档案文献遗产名录》的贵州毕节古彝文字档案文献

第五批《中国档案文献遗产名录》显示，该名录中的彝文档案文献除了创世史诗《查姆》由云南省社会科学院楚雄彝族文化研究院收藏外，其余文献均分布在贵州省毕节市范围内，主要集中在贵州省毕节市彝文文献翻译研究中心和毕节市档案馆。根据这些文献的内容，初步可以将其划分为九个大类：历史档案文献、谱牒档案文献、制度档案文献、哲学档案文献、文学档案文献、数理档案文献、民俗档案文献、教育档案文献、农业档案文献。每一大类都包含若干部古彝文典籍。

这个分类是根据这批古彝文字档案文献的内容进行的粗略划分。古彝文字档案文献在撰写之初，一般都是根据用途撰写或抄录，并没有严格的内容划分。同样一部古文献，按照当下的分类标准，可以划分到不同的类别之中，如《诺沤》一类，有的描述历史内容，有的则是史诗，如果是《诺沤曲姐》一类，则是诗歌，即文学作品。因此，只能根据古彝文字文献的内容，进行一些简要的区分，以便分类保存、开发利用和开展研究。

四、中国古彝文字档案的呈现及其记忆价值

（一）中国（贵州毕节）的古彝文字档案

古彝文起源很早，学界推测至少在先秦时期已经出现。在贵州省威宁自治县中水镇鸡公山发现的先秦时期陶刻符号，可以用古彝文识读。研究者发现，在西汉、蜀汉、唐代、宋代、明代的摩崖石刻、碑刻、钟铭中，都有古彝文的身影，且其内容已经是具有完整意义的句子、诗歌、文章。由此说明古彝文对人类书面语言的起源、发展和变化研究具有不可替代的重要价值。

贵州毕节的古彝文字档案是以纸书古籍手抄本形式保存的，这些手抄本中，一小部分采用牛皮或麻布作为封面材料，大部分则使用棉纸作为封面材料。此外，拓印的部分纸质档案还包含了石刻、摩崖、碑刻的拓片图片资料，以及少量的金铭照片等，但这些文献并没有纳入本丛书。目前，本丛书收录的部分档案文献已得到开发利用。

收藏古彝文字档案最多的是贵州省毕节市彝文文献翻译研究中心，其公开出版的《彝文典籍目录·贵州卷·一》收录了1275部古彝文档案的名称、彝文文献名、文献名称注音、文献形式描述、简明提

要等信息。这些古彝文字档案文献，有 40 多部同时被收录进《国家珍贵古籍名录》《中国档案文献遗产名录》。《中国少数民族古籍总目提要·贵州省卷》（毕节地区），不仅收录了《彝文典籍目录·贵州卷·一》中所有的文献名称，还收录了毕节市辖各县区新收录的古彝文字档案文献的书名与提要。《六盘水市彝族辞典》《威宁彝族辞典》《赫章彝族词典》收录了当地发现的古彝文字档案文献名录。其中威宁自治县有一部古彝文字档案文献被收入《国家珍贵古籍名录》。

毕节市档案馆收藏有 170 多部古彝文字档案文献，其中 1 部被收入《国家珍贵古籍名录》，10 部被收入《中国档案文献遗产名录》。

贵州省民族文化宫收藏了多部古彝文字档案文献，其中有 1 部被收入《国家珍贵古籍名录》。

贵州工程应用技术学院彝族文化博物馆收藏的古彝文字档案中，有五辑六卷文献以《毙书丛考》为题，于 2018 年由贵州大学出版社出版。今后，贵州工程应用技术学院还将逐步对这些文献进行研究，并公开出版，以供社会各界利用。此外，该校依托 2013 年度贵州省普通高等学校自然科学创新人才团队项目的支持，成功创建了“彝文文献数字化运用创新平台”，通过这个平台，以有限的方式开放文献，任何需要研究或利用这些文献的个人或机构，须先提交申请并获得批准后，方可使用文献的副本或电子文件，贵州工程应用技术学院彝文化博物馆不再提供文献原件借阅。2022 年，该校对 130 册古彝文文献进行了全宗编号，“贵州工程应用技术学院彝族文化博物馆藏彝文文献”的全宗编号为 GUESYM-001-GUESYM130。这批古彝文字档案和贵州省毕节市彝文文献翻译研究中心的全部文献因得到贵州省民族古籍整理办公室的支持，已被扫描为电子文档。这批古彝文文字档案文献，根据传承人讲述，最早为唐代抄本，多数为清代抄本，最晚为 1966 年抄本，主要搜集于贵州省毕节市纳雍县新房彝族苗族乡文顺益与陈兴德、赫章县妈姑镇九股水村付文明、威宁自治县龙场镇长坪村王继尧、六盘水市水城区东风镇果布戛村陈兴平等布摩处；多块古彝文石碑搜集于毕节市七星关区岔河镇、大方县核桃乡等地。

（二）古彝文字档案的历史意义

古彝文字档案记述了人类发展的历史。如古老仪式“撮泰吉”及其相关的口述颂词，详细叙述了人类从居住在丛林到走出丛林并转居土穴的历史进程，也描述了人类的迁徙、发展情况以及地理区域特征的演变过程，还描绘了两性繁衍后代的生活场景。“撮泰吉”的古彝文字记录本还具体描述了彝族先民用鸡蛋壳做眼睛的形象，其形象与三星堆的纵目人铜像极为相似，汉文文献将其称为“其目纵”，彝文文献中则记录为“直眼人”。《努沤》是一部汇集了众多史诗与文化起源传说的诗歌集。《菊摩数》详细记录了各地彝族先民的迁徙路线，这些迁徙路线大多至今仍清晰可辨。《额等美奥》系统阐述了青铜文明与丝绸文明的起源与发展轨迹。《哎哺啥额》有关于养马与赛马的详细文字记载，生动地描绘了彝族先民游牧文明时期的生活画面。

古彝文字档案描述了彝族先民在西南地区的分布情况及所做的贡献。其中的《打铜织绸》描绘了人类冶炼青铜、种桑、养蚕、缫丝、织绸等场景。同时，该文献还记载了彝族先民居住的地方，如“可道与可乐”指古夜郎地区的可渡河与可乐镇，“洪鲁博姆”指今乌蒙山地区，“德晋洛姆”指今昆明晋宁一带，“点措洛姆”指今云南大理苍山，“能沽洛姆”指今成都地区，“尼知洛姆”指今四川宜宾等地。

古彝文字档案体现了人与自然和谐相处的观念。彝族地区有敬献山、水、土地、树林、崖岩的习俗，其与固定的仪式紧密相连，这些习俗为生态发展与环境保护提供了文化依据。每年农历年底，人们会敬献代表知识神、智慧神的古彝文文献，并将祭牲白公鸡的羽毛粘在文献的封面上。这一习俗旨在传承“世间知识大，君王居其次”的理念，表达了对知识的敬畏和对智慧的尊崇。

古彝文字档案体现了人类对天体运行规律的观测。古彝文字档案记载的彝族十八月历与美洲玛雅十八月历有共通之处。彝族伏羲八卦、“府妥—鲁署”与文王八卦、河图洛书有相通之处，“卯帕扎”与《易经》占卜方式原理相同，“输必孜”图与太极图极为相似。这些档案文献体现了彝族与其他民族在文化上的密切联系与交流。

有一部分古彝文字档案文献内容与族群的精神支柱息息相关，为整个社区社会成员提供了重要的信仰依托，具有极其重要的精神价值。每年年底的祈福仪式“吉禄首丑舵”、过年时的仪式“来补易都”，以及农历三月三的“薄洛”“鲁洛”“涩舍把”等祈雨仪式，都需要整个社区族群或部分特定人员参加，届时需邀请布摩宣诵古彝文经籍，这些经典文献成为社区居民的精神支柱。在彝族民间信仰中，策耿祖是宇宙统领，口头传说与一些古彝文文献都认为他是万物的主宰，至今为彝族人所尊崇。支嘎阿鲁在古彝文化中既是英雄、王者，又被尊奉为神灵般的先祖。古彝文文献对此有大量记述，其中长达10 000行的彝文史诗《支嘎阿鲁传》专门吟唱他的英勇事迹，颂扬他的丰功伟绩。在毕节，有许多关于他的传说，如“阿鲁姆乍迪”“阿鲁博”“阿鲁发”等，有典籍《阿鲁竹卦书》《阿鲁预测书》等。此外，支嘎阿鲁也是所有布摩的保护神，布摩举行大型仪式需要迎请支嘎阿鲁降临才能确保仪式成功。一些彝族人至今仍然沿用“阿鲁”作为姓氏。本丛书所收录的古彝文档案中有诸多文献记述了支嘎阿鲁的不同身份和他在不同场景下所展现的不同的力量。

牛皮大书《署莫》和羊皮大书《札署》是古彝文字档案中的重要

文献，它们的存在是古彝文字档案被命名为“牛皮档案”和“羊皮档案”的依据。而《吐鲁立咪》《吐鲁窦吉》和《能素恒溯》等古籍，属于极其稀有的文献。此外，《祖祠手碓》《夜郎彝文铜镜》《成化钟铭》以及石刻《汉彝文功德碑》等铸造、镌刻有古彝文的金铭、石刻物件，都是独一无二、无法复制的文物，在世界范围内具有唯一性和稀缺性。

古彝文字档案在贵州省毕节市彝文文献翻译研究中心和毕节市档案馆得到了良好保存。已经登记入藏贵州工程应用技术学院彝族文化博物馆的古彝文字典籍，形式完整，内容基本完备，此处的个别古彝文文献因为边缘小部分磨损造成的个别字句不能识别，可以利用收藏在贵州省毕节市彝文文献翻译研究中心的同类文献来互相校订补充。

贵州的古彝文字文献，对南亚地区的历史和文化产生了一定影响。据《丧祭大经》所述，南诏统一了被称为“亥兹”的地区。这部文献还记录了东南亚各国在古代的交往、交流和交融情况，是人类文明相互借鉴、交流的重要古文字档案。

古彝文字档案文献记载了人类有穴居野外的阶段。古彝文字中的“恒”与古汉语“穴”古音相同、所指相同，都是指人类居住的洞穴；“乌恒”意为鸟巢，也是房屋之意。通过对古彝文进行语言考古，可以印证人类曾经“构木为巢”“掘地为屋”，《恒作书》《恒占数》等古彝文典籍中也有相关记述。夜郎古国是中国历史上一个重大的谜团，在《史记》中的记载仅寥寥数语。夜郎是彝语“益那”的译音，在这批古彝文文献中，《夜郎同亭》《益那斯去》和《夜郎史传》等篇章对夜郎古国有了较为详细的记述，它们是目前能够用来考证夜郎国兴起与衰亡始末的重要参考文献。

（三）古彝文字档案的表现形式和风格

古彝文造型有正方形、扁体矩形、竖体矩形三种主要类型，中国黔西北、滇东北是古彝文发祥地，[①] 威宁自治县中水镇发掘出土的先秦时期刻画符号可以用古彝文识读，[②] 贵州省毕节市彝族古文字被学者称为“标准正体爨书”。[③] 古彝文具有独立的文字体系，也有象形、指事、会意等造字方法，形声字不发达。[④] 彝族古文字文献一般以竹笔写于木板、毛笔抄写于白棉纸上，字序从上到下，行序从左到右；左侧装订，通常长度为20~30厘米，宽（高）度为30~45厘米。本丛书所收录的古彝文字档案文献中的古文字是此类型字形的杰出代表。

古彝文的传统载体主要是手抄纸书，而非现代的印刷载体。除了纸书外，还存在部分石刻如《水西大渡河建石桥记》、摩崖《千岁衢岩刻》《宣慰岩岩刻》、碑刻《李雨铺四棱碑》等，以及少量的木刻《摩史苏》和金铭《成化钟铭》等。近代还发现了一部铅印版的古彝文档案《纳多库瑟》。需要注意的是，这些石刻、摩崖、碑刻、木刻、金铭以及铅印版都是古老且不常见的，后三者通常不能复制。纸书形式的古彝文抄本由于具有易损性，每隔10~20年，或者大约一代人的时间，就会因为自然老化而破损、粉碎，传承保护非常不易。

五、中国古彝文字档案文献的整理与研究

（一）毕节古彝文字档案文献的整理与研究

1. 毕节古彝文字档案文献翻译与出版成就

我国最早的彝文文献翻译研究机构——毕节地区彝文翻译组（今贵州省毕节市彝文文献翻译研究中心），对彝文文献的抢救保护、整理翻译和出版工作做出了突出贡献。从1955年成立至今的70年时间里，贵州省毕节市彝文文献翻译研究中心共整理翻译出版了《西南彝志》

① 孔祥卿：《彝文的源流》，民族出版社，2005年。
② 贵州民族大学西南夜郎文化研究院：《中国西南夜郎文化研究文集》（卷一），贵州民族出版社，2007年。
③ 王明贵：《爨书编年史》，贵州人民出版社，2019年。
④ 周有光：《世界文字发展史》，上海教育出版社，2003年。

《彝族源流》《物始纪略》《土鲁窦吉》《苏巨黎咪》《估哲数·农事篇》《摩史苏》等100多部彝文古籍，共5000多万字。贵州各市、县区民委古籍办、贵州工程应用技术学院彝学研究院、毕节彝文双语职业学校等机构也整理、翻译、出版了大量彝文文献，如赫章县的《彝族创世志》《彝族先天易》，威宁自治县的《阿诺楚》《哪哩传奇》《支嘎阿鲁传》《撮泰吉根源》等；高校研究院和科研机构的《彝族诗文论》《夜郎史籍译稿》《彝族古歌》《哎哺啥额今译集注》《彗书丛考》；毕节彝文双语职业学校的《布多果》《觉载值候》《五觉姆》《祭山祭树》《测算》《献饭宇斗》《献酒宇斗》《德培好祭》《祭祖礼俗》等。

2. 毕节古彝文字档案文献的研究成就

毕节的古彝文字档案文献研究成果丰富，包括著作类、论文类、课题类以及工具书类等。

著作类成果的产出数量相对较多，如罗曲、王俊的《彝族传统孝文化载体〈赛特阿育〉研究》，肖远平的《彝族"支嘎阿鲁"史诗研究》，王明贵的《彝族传统经籍文学研究》《黔西北彝族经籍研究》，王明贵、王小丰的《爨文丛刻研究》，李琦、张学立的《〈苏巨黎咪〉与彝族传统思维研究》等。论文类成果也不少，如闻宥的《读〈爨文丛刻〉——兼论㑩文之起源》，陈世军的《〈西南彝志〉中朴素的自然观》，李卿的《从〈彝族源流〉再论夜郎国族属问题》，普同金的《〈宇宙人文论〉的哲学思想》，东人达的《中国文明西南源头启示录——彝文古籍〈物始纪略〉评析》，王明贵的《〈西南彝志〉关于马的科技与文明记述研究》等。与彝族古文字档案文献研究有关的工具书成果有贵州省彝学研究会等的《简明彝汉字典》，王子国的《彝文字释》，马立三、陈英的《通用彝文字典》，滇川黔桂彝文协作组的《滇川黔桂彝文字典》等。这些成果，凡属2017年以前发表、出版的，都收录在王明贵编著的《彝族研究论著索引》。

课题类成果包括教育部重大课题和国家社科基金项目。其中，教育部重大课题有张学立的“黔西北濒危彝族钞本文献整理和研究”“彝族古歌整理与研究”；国家社科基金项目有王继超的“中国古代彝文谱牒整理翻译与研究”“彝族诗歌格律研究”，罗曲的“彝文古籍文献中的长诗研究”，王明贵的“彝族传统经籍文学研究”“珍本彝文史籍《西南彝志》全二十六卷整理今译与研究”“彝族史诗《支嘎阿鲁》”“彝文古籍记述各民族交往交流交融史的中华民族共同体意识研究”，翟会锋的“彝文典籍《爨文丛刻》虚词研究”，王小丰的“珍本明清木刻彝文教育典籍整理研究”等。此外，还有贵州省社科基金、科技项目，如刘云的“贵州散藏彝文古籍收集整理研究”，禄玉萍的“贵州省馆藏彝文古籍调查与研究”，吴勰的“贵州传统彝文字符整理及其输入法软件开发研究”等。

3. 毕节相关的博览会、研讨会等重大活动情况

古彝文字档案文献在博览会、研讨会等重大活动中，以多种形式被介绍、呈现。2014年，文化部（今文化和旅游部）、财政部联合发布的《藏羌彝文化产业走廊总体规划》指出毕节是彝族文化核心区之一。2016年，毕节市在大方县成功主办了“藏羌彝文化产业走廊首届高峰论坛暨彝族文化产业博览会”，并推出了“一典一剧一历三经”系列文化成果。“一典”是指《通用彝文字典》，“一剧”是指《撮泰吉》，“一历”是指《十月太阳历》，“三经”是指《宇宙人文论》《宇宙生化论》《彝族古歌》，该系列文化成果是古彝文字档案文献编纂、整理的成果。“三经”在这次博览会上被作为重要的文化成果来展陈，扩大了古彝文档案文献的影响。此外，贵州工程应用技术学院彝学研究院还先后举办了“中华字库——彝文切字与属性标注研讨会”“全国支嘎阿鲁

文化学术研讨会”和“全国彝文书法理论研讨会暨全国彝文书法展览”等学术活动，对古彝文字及其书法艺术等进行了深入研讨。同时，贵州省彝学会与毕节市彝学会还分别于2013年4月、2018年10月，和百里杜鹃管理区联合举办了“全国彝族布摩文化论坛”和“全国彝族布摩祭祀文化研讨会”，对古彝文字的创造者布摩、古彝文字档案文献收藏最多的布摩经典进行了研讨。

（二）国内其他地区古彝文字档案文献收藏与研究情况

1. 国内其他地区古彝文字档案文献的收藏情况

进入《中国档案文献遗产名录》的古彝文字档案文献只是少部分，绝大部分被收藏在北京、贵州、云南、四川、广西、重庆等地。根据收藏状况分析，四川、云南、重庆、广西等地的相关机构，以及中国革命博物馆（今已并入中国国家博物馆）、清华大学、国家图书馆、中央民族大学、民族文化宫、西南民族大学等机构，共收藏了数千册古彝文字档案文献。同时，北京市其他机构也收藏了较多的古彝文字档案文献。

2. 国内其他地区古彝文字档案文献的翻译出版成果

从翻译研究成果来看，对未进入《中国档案文献遗产名录》但是具有古彝文字档案文献价值的国内其他地区的古彝文字档案文献的研究成果也十分丰硕。整理翻译类以《彝族毕摩经典译注》100卷为代表；大型丛书以《彝文典籍集成》（贵州卷）160卷为代表。整理研究著作类成果有杨怀珍的《国家图书馆藏彝文典籍目录》，朱崇先、杨怀珍的《国家图书馆藏清代彝文田赋账簿研究》，黄建明的《彝文文字学》《彝文文献学概论》《彝文经籍指路书研究》等。以单一文献为整理研究对象的，有赵德光的《阿诗玛文献汇编》。论文类成果有李国文的《彝族史诗〈查姆〉中的哲学思想》，邱家慧的《〈阿细的先基〉

的哲学观》，甘述玲的《〈阿诗玛〉彝文抄本整理与研究》，段尔煜、黄建明的《〈阿诗玛〉中的地名、人名评考》，陈永香的《彝族史诗〈梅葛〉的传承方式研究》，杨道珍的《彝族创世史诗〈梅葛〉的人类学阐释》，李延良的《彝族史诗〈勒俄特依〉的哲学思想》，苏晓梅的《彝族创世史诗〈勒俄特依〉中女性形象及其原型分析》等。此外，李绍华、陈棣芳等还把古彝文字档案文献作为博士学位论文选题进行整理、翻译、研究，以之作为硕士学位论文选题的也比较多。

3. 国内其他地区古彝文字档案文献的研究成果

课题类成果，如国家社科基金项目，有蔡富莲的“云贵川百部《彝族毕摩经典译注》研究”，罗曲的“彝族文献中的长诗研究”，普学旺的“彝文珍本《董永记》搜集、整理与研究”，沙马拉毅的“中国彝文古籍文献整理保护及其数字化建设”，以及李仲良的“彝文古籍及其数字化保护与利用研究”“彝文古籍医药文献搜集整理及其数据库建设”等。

4. 国内其他地区有关古彝文字研究的学术活动

国内有关彝学研究的重要学术会议主要有：2001 年在云南省楚雄彝族自治州举办的“彝族古文献与传统医药开发国际学术研讨会”、2010 年在四川省凉山彝族自治州西昌市召开的“中国·凉山彝州论坛：古彝文化探源国际学术研讨会”、2012 年西南民族大学主办的“第二届中国少数民族古籍文献国际学术研讨会”和 2017 年的“海外彝族文献整理与研究国际学术研讨会”“第六届国际彝缅语学术研讨会”等。

（三）国际古彝文字档案文献收藏与研究概况

1. 国际古彝文字档案文献的收藏情况

在美国、英国、法国、日本等地收藏有千余册古彝文字档案文献。据不完全统计，仅法国的盖布朗利博物馆、巴黎东方语言文化学院、吉美博物馆、天主教会等机构就收藏有400余册古彝文字档案文献。

2. 国际古彝文字档案文献的翻译出版成果

19世纪末20世纪初，法国人保禄·维亚尔在中国彝族聚居区调查和学习彝语、彝文和彝族古籍文献，公开出版了《宇宙源流》一书，该书采用法文和彝文对照的形式。此外，还有其他出版成果。

3. 国际古彝文字档案文献的研究成果

法国人保禄·维亚尔著有《云南彝族文字研究》《彝语语法》，编译了《法倮字典》（首部法文与彝文对照的工具书）。20世纪50年代后，有关彝族语言文字研究的著述主要有美国学者谢飞的《汉藏语导论》，马蒂索夫的《评罗宾斯·伯林的原始缅语》《拉祜语和原始彝·缅语》《原始彝语中受阻音节声调分裂》《古彝语声调再探》《景颇语和彝缅语声调：共同的来源和独立的发展》，美国语言学家戴维·布雷德利的《原始倮倮语》《彝语支源流》，日本京都大学教授西田龙雄的《缅甸语与倮倮诸语——其声调语系的比较研究》《倮倮·缅甸语的研究》《中国西南的倮倮文字》《倮倮译语的研究——倮倮语的结构与体系》等。21世纪以来，彝族语言文学研究引起了国外学者的关注，成果丰硕。如马蒂索夫的《原始彝缅语音韵方面的若干特征》，布莱德利的《彝语支语言的家庭量词》《彝族的语言政策》，斯蒂芬·郝瑞的《彝族遗产与国家社会的结合：中国诺苏彝族语言教材的驳论》等。

4. 国际有关古彝文字研究的学术活动

国外彝学学术活动的主要形式包括历届国际彝学会以及其他与国际彝学相关的研究会。具体而言，“第一届国际彝学研讨会”是由美国人类学家斯蒂芬·郝瑞教授发起的，1995年8月在美国西雅图市的华盛顿大学召开，会议收录了多篇关于古彝文研究的学术论文。“第二届国际彝学研讨会”于1998年6月在德国特里尔市召开，与会人员发表了多篇关于彝族文字研究的文章。“第三届国际彝学研讨会”于2000年9月在中国云南省石林彝族自治县召开，与会人员参观了石林彝族自治县的彝族文化展览，会后发表了多篇关于研究彝族文字与彝文古籍的学术论文。“第四届国际彝学研讨会”于2005年8月在中国四川省凉山彝族自治州美姑县召开，会议期间与会人员不仅参观了美姑县中国彝族毕摩文化研究中心，还观看了毕摩现场用彝文书写神图、经籍的仪式，同时发表了多篇关于彝文古籍的论文。“第五届国际彝学研讨会”于2013年10月在中国西南民族大学召开，会后，有不少学者发表了关于彝文研究的论文。

六、古彝文字的传承与发展

（一）古彝文字的历史传承

毕节彝族历史悠久，在漫长的历程中出现了诸如罗甸王济火（彝名妥阿哲）、奢香夫人等重要人物。蜀汉建兴三年（225年），彝族首领济火助诸葛亮南征有功，受封为罗甸王，建立了方国罗甸国。古彝文文献《妥阿哲纪功碑》记录了这一历史事实。妥阿哲建立的水西土官政权，到清康熙三十七年（1698年）彻底“改土归流”，但在此前形成了独具特色的政治、经济和文化制度。魏晋南北朝时期，古彝文典籍已非常流行，为西南各族所接受。彝族文化巨擘举奢哲和阿买妮，用古彝文字创作了许多历史、文学、文艺理论典籍，如《彝族诗文论》《彝语诗律论》等，影响深远。晋代人常璩在《华阳国志·南中志》中记载：“今南人言论，虽学者亦半引夷经。”唐代时，洛那阿畇对古彝文字进行了一次整理，整理出常用字1840多个。明代初年的奢香夫人，是明代彝族土司首领，她学习汉语文、传播汉彝文化，对巩固西南边疆、促进各民族团结、发展地区经济文化做出了重大贡献。明代中叶的水西土司安贵荣，与当年被贬谪到龙场驿的儒学大师王阳明有着频繁的交往，《王阳明全集》中就记录了安贵荣写给王阳明的三封书信，这些书信是两人交往的见证。正是这些频繁的交往，对安贵荣忠心服务朝廷、巩固边疆起到了十分重要的作用。至于安贵荣所写的书信是否使用古彝文字，目前尚无法确定。据相关文献记载，安贵荣在慕俄格古城寺庙内铸造了一口大铜钟，钟铭上有彝文、汉文记述铸钟的目的与过程等情况，是明代彝文使用于金属器物的实证，也是彝文使用载体拓展的见证。安贵荣的后裔、贵州宣慰使安国亨，在贵州省修文县的阳明洞口上方，题写了“阳明先生遗爱处”七个擘窠大字，这成为贵州书法史上的精品。安国亨还与阿哲遮麦一起为明代万历二十年（1592 年）在黔西北山区的大渡河上修造的石桥分别用汉文和古彝文撰写了《水西大渡河建石桥记》。这些卓越的历史人物，都为古彝文字的传承和发展做出了重大贡献。

（二）当代古彝文字传承与档案文献的形成与传播

1. 彝族文化传承人“布摩”

“布摩”，又译作“毕摩”。“布”是念诵、宣诵，“摩”是师人、长者，他们是古彝文字的创制者、学习者、使用者和传承人，也是以经籍为主要文献的古彝文档案的主要保管者和传承人。贵州的彝族文化传承人主要集中在毕节市，其次是六盘水市和黔西南布依族苗族自治州。相关数据显示，贵州省彝族文化传承人——布摩有 186 人，其中毕节彝文双语职业学校培养的有 55 人。布摩群体中，60 岁以上的占 60%，年龄结构偏大，存在青黄不接的问题。

2. 古彝文文献翻译研究人才

据统计，目前贵州彝文文献翻译研究人员共计 31 人，主要集中在贵州省毕节市彝文文献翻译研究中心、贵州工程应用技术学院彝学研究院、贵州毕节彝文双语职业学校、贵州民族大学、威宁自治县民族研究所等单位。

3. 古彝文翻译专门机构

毕节于1955年成立了毕节地区民委彝文翻译组（今贵州省毕节市彝文文献翻译研究中心），该机构共整理翻译出版了100多部共5000多万字的彝族古文字档案文献。威宁、赫章、七星关、大方等地设有翻译研究机构，也有一批翻译研究成果。

4. 古彝文专业学校和学科教学

国内多所民族院校如中央民族大学、西南民族大学、贵州民族大学等曾设置彝语文专业，但现多已合并招生。四川省有专门的彝文学校。贵州省有毕节彝文双语职业学校，自2012年成立至今已连续招收了10届学生，培养了一批彝文翻译人员。20世纪50年代以来，毕节七星关、大方、赫章、威宁等彝族聚居地相继开展双语教学，开设彝汉双语文课，因地制宜地开展民族文化进校园活动，促进了民族团结和文化传承。

2022年4月，中共中央办公厅、国务院办公厅印发了《关于推进新时代古籍工作的意见》，这给古彝文档案文献工作创造了良好的条件。“世界记忆遗产工程”和“中国档案文献遗产工程”的实施，促进了中国古彝文字档案文献遗产的搜集、整理、保护、传承、研究工作，起到了很好的文化传承与弘扬作用。中国毕节古彝文字档案的珍贵价值，会逐渐被世界认识，编纂出版《中国档案文献遗产·古彝文字档案集成》将为此做出积极的贡献！

分论

每个国家、每个民族都有自己的历史。从时间维度来说，人类在无文字记录之前的历史时长大致是相同的。然而，对于有文字记录的历史，其划分却存在多个时间节点，因为古老文字并非都在同一时期产生。在中国，一般把有汉文字记录（主要是指甲骨文产生以后）的历史称为文明史，把文字产生之前到人类产生文化期间的这段历史称为文化史。古彝文创制之后，被用来记录历史事件等，形成了珍贵的档案资料，并传承给后世。目前发现的古彝文文物类型较为丰富，金铭类有西汉时期的《益那印》《夜郎铜镜》《祖祠手雄》《汉代铜镜》，明代的《成化钟铭》等；石刻类有汉代的《俄索尼摩崖》，蜀汉的《妥阿哲纪功碑》，唐代的《马鞍山摩崖》，宋代的《拦龙桥摩崖》，明代的《水西大渡河建桥碑记》《千岁衢碑记》及大量清代碑刻等；木刻类则有明代正德年间的《劝善经》，清代的《摩史苏》《训世诗》等。纸张因易朽坏，现存明代以前的纸本文献中仅见《六部经书》一种；其他大多数纸质文献为清代抄本，但这些抄本的内容却涵盖了魏晋南北朝、唐代、宋代等时期的社会发展情况。在这些可以归为历史档案文献的各种古彝文典籍中，经籍与史籍是数量最多的两类。

古彝文档案中的历史文献，大部分由布摩完成，小部分由摩史（负责宣诵及外交事务的官员）撰写。布摩所作的史籍档案文献，一般是在为君长（君长）、土司、土目、大姓（显赫家族）等组织祭祖等仪式时，通过叙谱、续谱等形式，记录谱系和某个君长在某个时期的贡献或与之相关的重大事件等，以谱系传承为经，以历史事件为纬，形成史籍档案文献，这类史籍以《能素恒溯》为代表。摩史撰写史籍的方式，要比布摩以叙谱为主的形式丰富，在布摩、记史的基础上，其记录了一些仪式及其用物，包括一些仪式产生的来历、用物的来历等，这类史籍以热卧摩史编纂的《哎哺啥额》为代表。

这两部极为重要的彝文史籍，详尽记录了古代各民族在西南地区的生存与发展状况，以及他们共同开拓祖国边疆的奋斗历程。其中，"东边武陀尼，西边卓罗纪"描绘了西南地区各民族的分布情况，"濮变夷""夷变濮"等则真实反映了古代各民族之间的交往交流交融情况。同时，史籍中还有"哎君不知年，纪年石上看；哺王不识月，纪月树上察"等诗句，生动展现了古人如何通过观察季节变化和天文现象来确定时间、制定历法的科学探索过程。此外，这两部史籍还对养马、种桑养蚕、炼铜织绸、植树栽茶等生产活动进行了记载。值得一提的是，它们以谱牒的形式详细记录了古代夷人君长、土司的谱系，尤其是对统治时间超过1470年的水西阿哲家族政权进行了记载。这些珍贵的历史资料，为研究西南地区的古代历史、自然环境、社会发展情况等提供了极为重要的线索，具有极高的档案文献价值。

《彝族源流》，彝文名为《能素恒溯》，是从贵州省威宁自治县和赫章县征集而来的，为清道光年间抄本，今被收藏在贵州省毕节市彝文文献翻译研究中心。此外，贵州民族出版社已出版了该书的彝汉文对照翻译本，而民族出版社则出版了其汉译散文本。该档案文献入选第一批《国家珍贵古籍名录》，入选第五批《中国档案文献遗产名录》，提要被收录入《中国少数民族古籍总目提要·贵州彝族卷》（毕节地区）。

《彝史辑录》，搜集于贵州省威宁自治县龙场镇刘松林布摩家，为清嘉庆年间抄本，汇辑了13章，今被收藏在贵州省毕节市彝文文献翻译研究中心。该档案文献入选第三批《国家珍贵古籍名录》，入选第五批《中国档案文献遗产名录》，其提要被收录入《中国少数民族古籍总目提要·贵州彝族卷》（毕节地区）。

《摩史叙史书》，搜集于贵州省毕节市大屯乡三官村王恩华家，由阿大赫翥撰，为清嘉庆年间写本，是彝族摩史记录叙述史事的史籍，今被收藏在贵州省毕节市彝文文献翻译研究中心。该档案文献入选第二批《国家珍贵古籍名录》，入选第五批《中国档案文献遗产名录》，其提要被收录入《中国少数民族古籍总目提要·贵州彝族卷》（毕节地区）。

《水西战史》，搜集于贵州省毕节市大屯乡三官村王恩华家，为清代抄本，是彝族水西地区的重要历史文献，对研究明末清初贵州彝族社会历史有无可替代的价值，今被收藏在贵州省毕节市彝文文献翻译研究中心。该档案文献入选第五批《中国档案文献遗产名录》，编目被收录入《彝文典籍目录·贵州卷·一》，其提要被收录入《中国少数民族古籍总目提要·贵州彝族卷》（毕节地区）。

《西南彝志》，彝文名为《哎哺啥额》，直译为“影形气态”，又可译为“天地气象”“乾坤气象”。原书系贵州省大方县三元乡人陈朝恩于20世纪50年代献给中央民族访问团贵州分团，作为中华人民共和国成立十周年的献礼，现收藏于民族文化宫。《西南彝志》为清代贵州水西地区阿哲土司下属热卧土目家的一位摩史，人称“热卧摩史”，名为“益果那埃拔”者编纂。从《西南彝志》的内容来分析，这部史书成书于清康熙三年（1664年）吴三桂剿水西之后至清雍正七年（1729年）黔西北地区全部“改土归流”之前。全书有384个标题，

37 万多彝文，是彝文古籍中体量最大、内容最丰富、价值最高的典籍，被誉为“彝族古代百科全书”。《西南彝志》因收藏在民族文化宫，原书不在贵州毕节，因此未被列入第五批《中国档案文献遗产名录》，但《西南彝志》入选首批《国家珍贵古籍名录》，属于重要的古彝文档案文献遗产，其编目被收录入《彝文典籍目录·贵州卷·一》，提要被收录入《中国少数民族古籍总目提要·贵州彝族卷》（毕节地区）。

古彝文历史档案文献的叙事程式，通常遵循一个固定的模式。首先，从天地的诞生、人类的形成讲起，作为历史的开端；其次，详细叙述古代彝族的分布地域和范围；最后，具体阐述君长和政权的形成过程及其在各个地区的分布情况。在这些叙述中，君长和大姓构成了历史发展的主线。此类文献特别重视记录彝族历史上发生的重大事件，并将其作为重点记载的对象。其中，祭祀祖先、杀牛议事（彝族一种传统的决策方式）、聚族盟誓（族群间的誓言和联盟）、重大战争、政权更替、姻亲交往（通过婚姻建立的家族或族群间的关系）等，都是史籍中不可或缺的重要内容。古彝文历史档案文献在西南少数民族文字文献中占据着举足轻重的地位，是极为重要的文献之一。

目　录

彝族源流

全书有360个标题，彝文约20万字，是一部以谱牒为脉络而叙史的文献。此书以父子连名谱为核心线索，详细梳理了从哎哺到希慕遮的356代世系、从希慕遮到笃米的45代世系，以及从笃米到祖摩阿格（安坤）的84代世系。全书按照不同的时期和系统，叙述了彝族各部的分支情况、迁徙路线、流向分布、联姻关系、战争情况、祭祖习俗，以及各部内部的社会分工等。以尼能、什勺为一个时期，包括鲁朵、斯里、策帕谱系。以武僰、慕靡、举偶为一个时期。其中武僰包括了支嘎阿鲁，仇娄阿摩、僰侯、色吞、陀尼、古笃、德补、濮所，这一分支一直延续至南诏末期。慕靡包括恒投、斗朵、笃勒、诸毕德、叟厄、武古等。以"六祖"分支到清代土司政权消亡为一时期。书中又具体将彝族分为武、乍、糯、侯、布、默六大系统，对每个分支都进行了详细的叙述。通过连贯的父子连名谱，记录了130余代的历史，涵盖了3000多年的时间跨度。此书不仅叙述了彝族政治、经济、文化等情况，还描绘了各部间亲缘关系、相互交往等情况。它记录了彝族漫长的历史进程，论述了万物产生、自然和人类的进化、家支形成、迁徙路线，以及彝族人民所创造的文化，歌颂彝族人民的业绩，总结彝族人民在社会中的斗争精神。

《彝族源流》是彝族史籍的重要代表著作之一，其以谱牒的形式记载古代彝族君长和大姓的历史资料，对研究彝族古代历史有不可替代的价值。

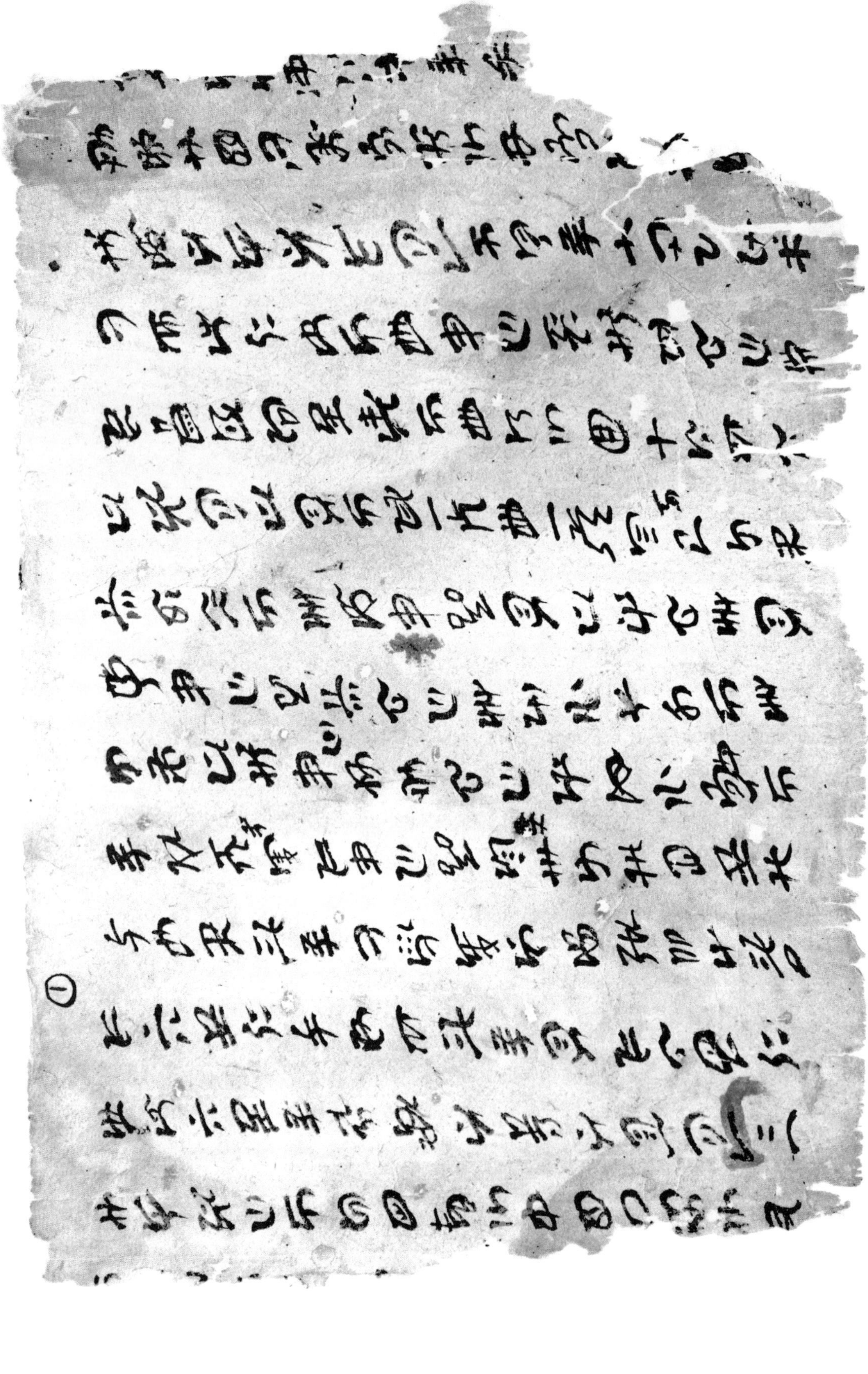

①

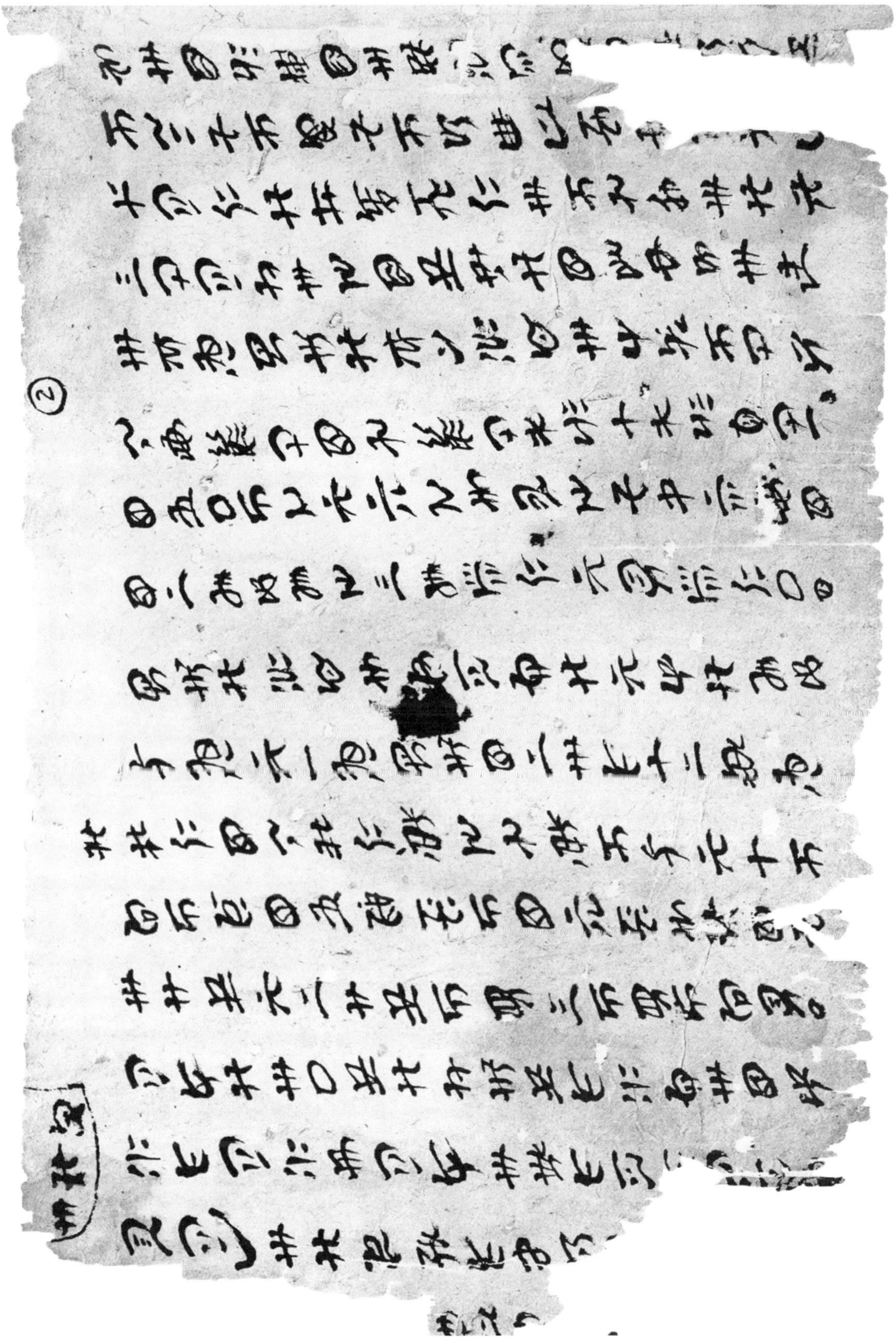

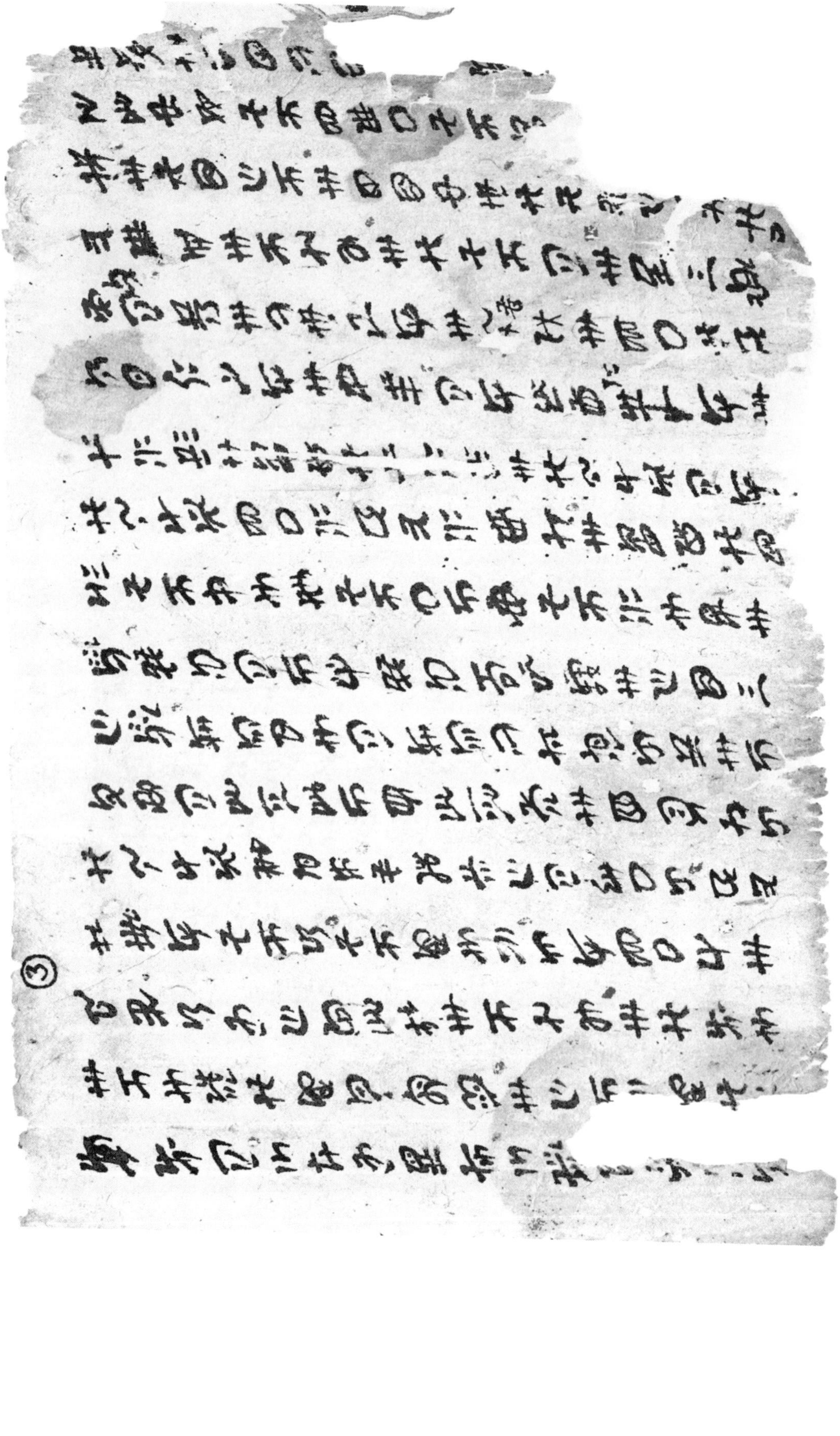

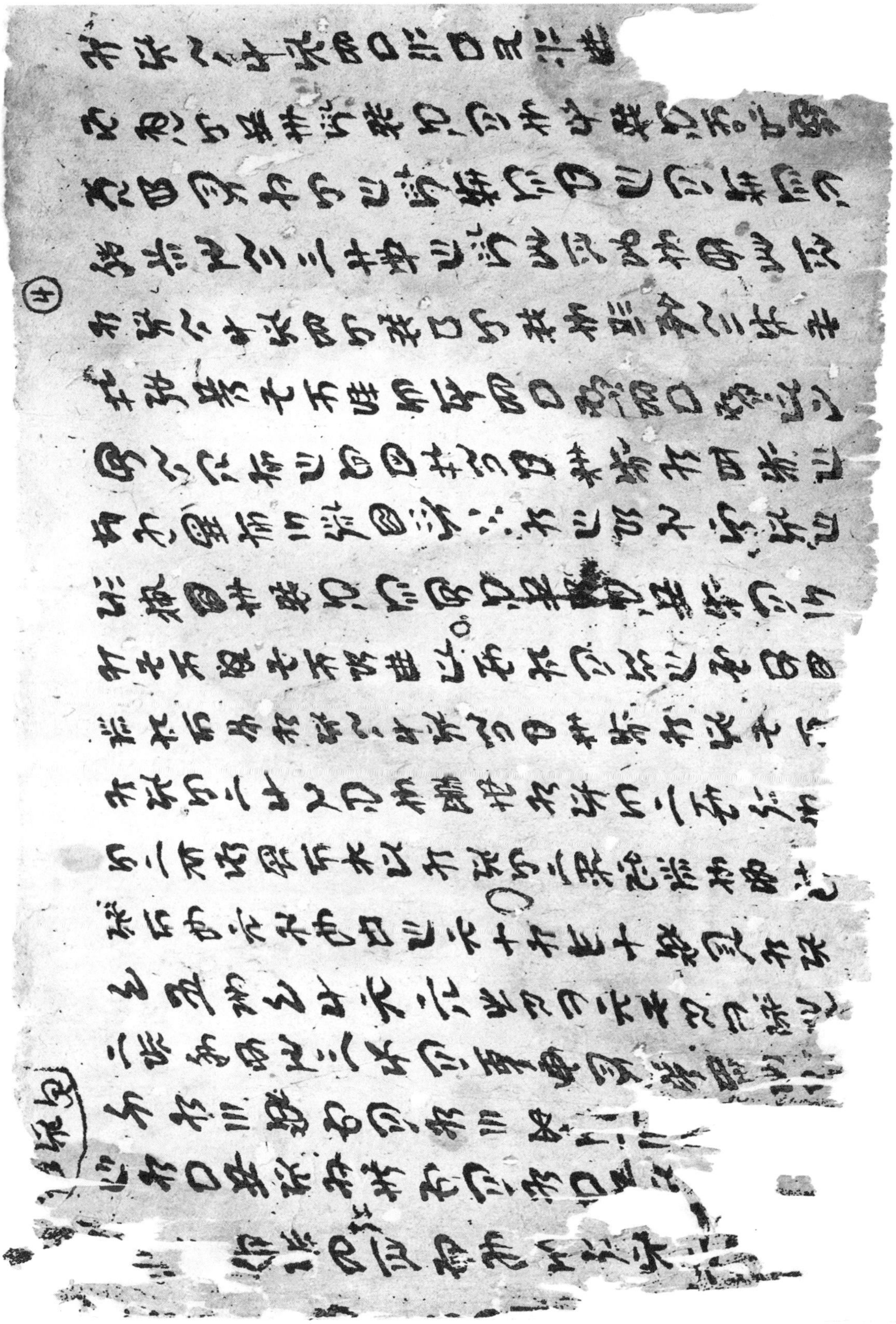

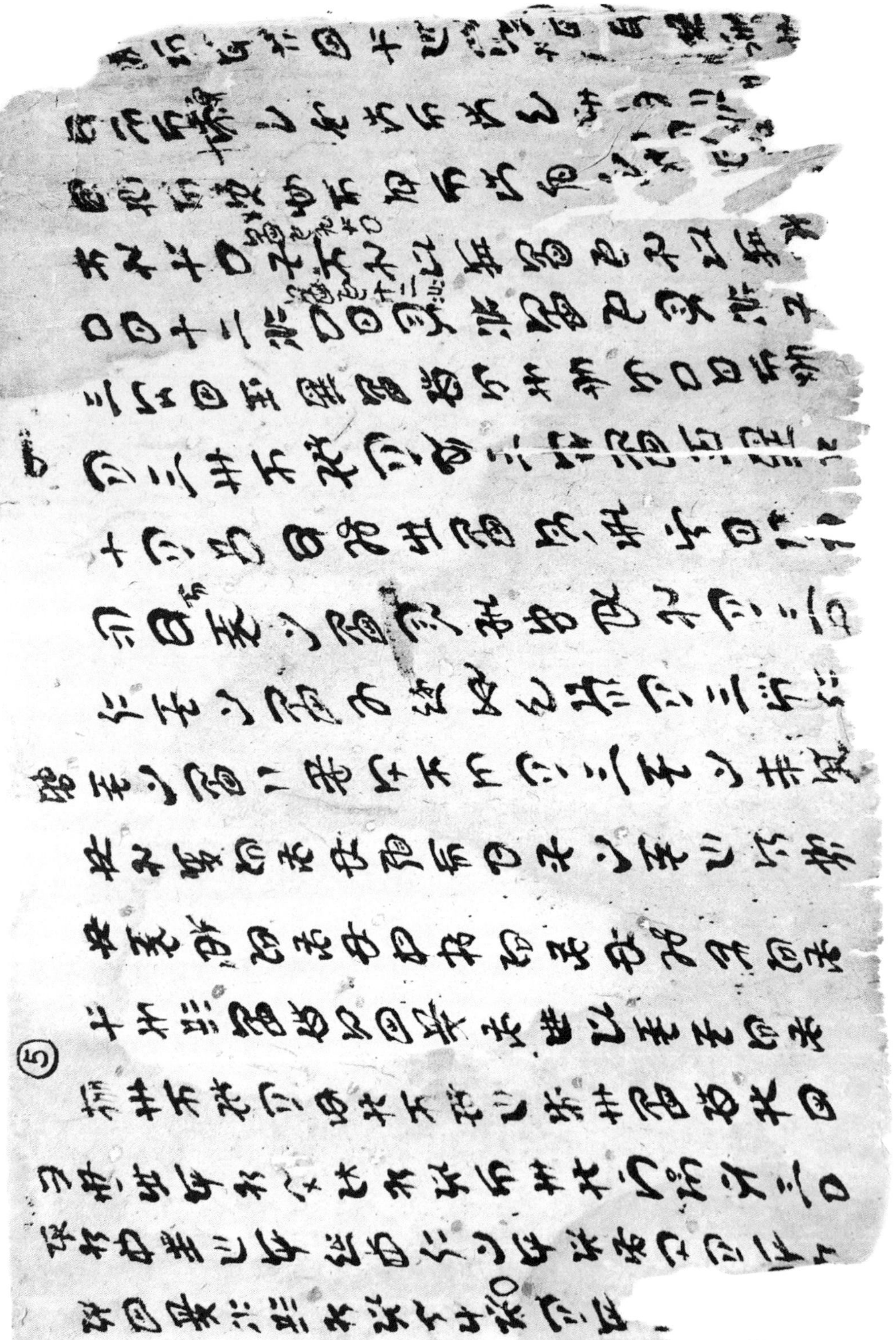

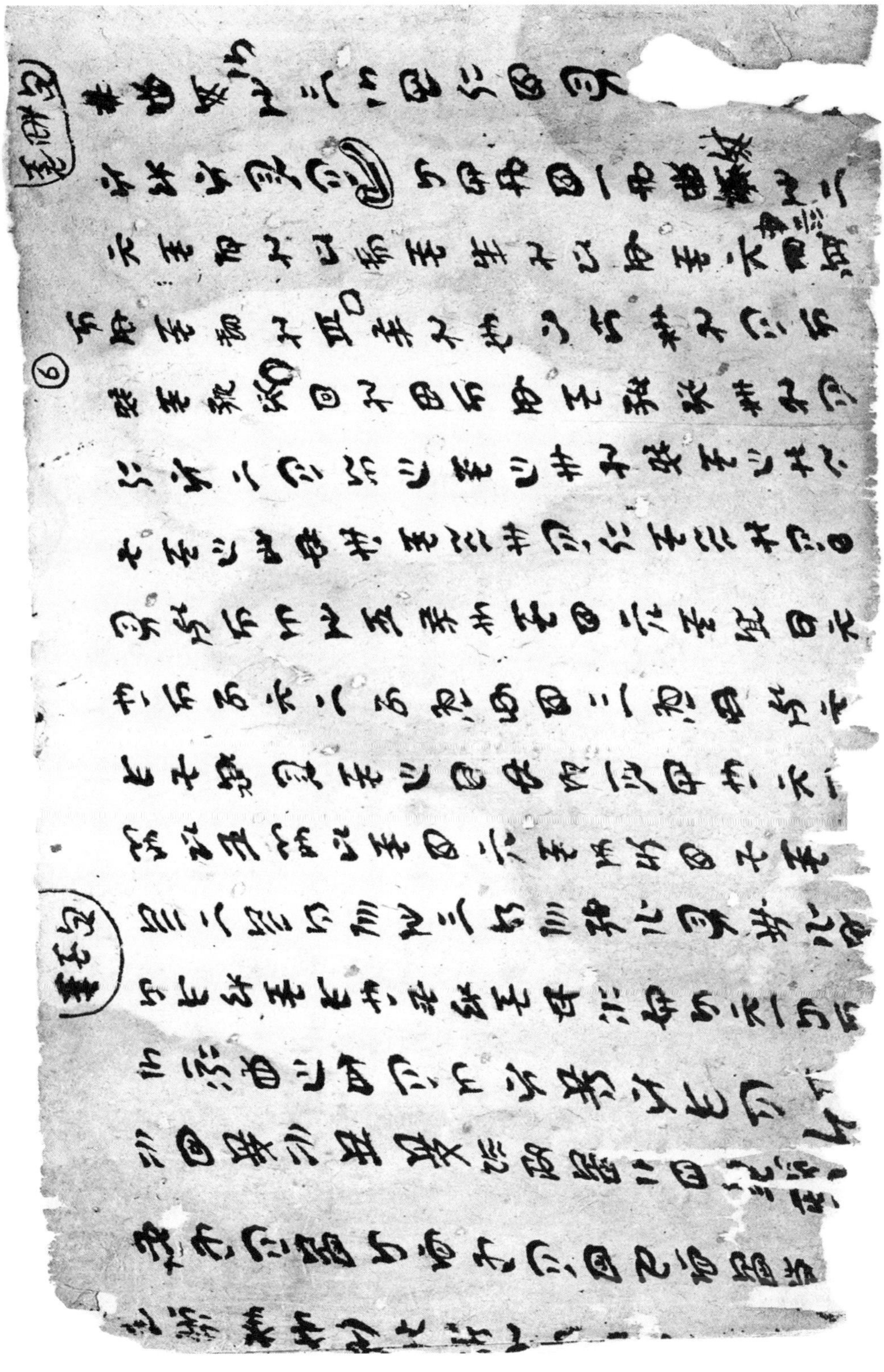

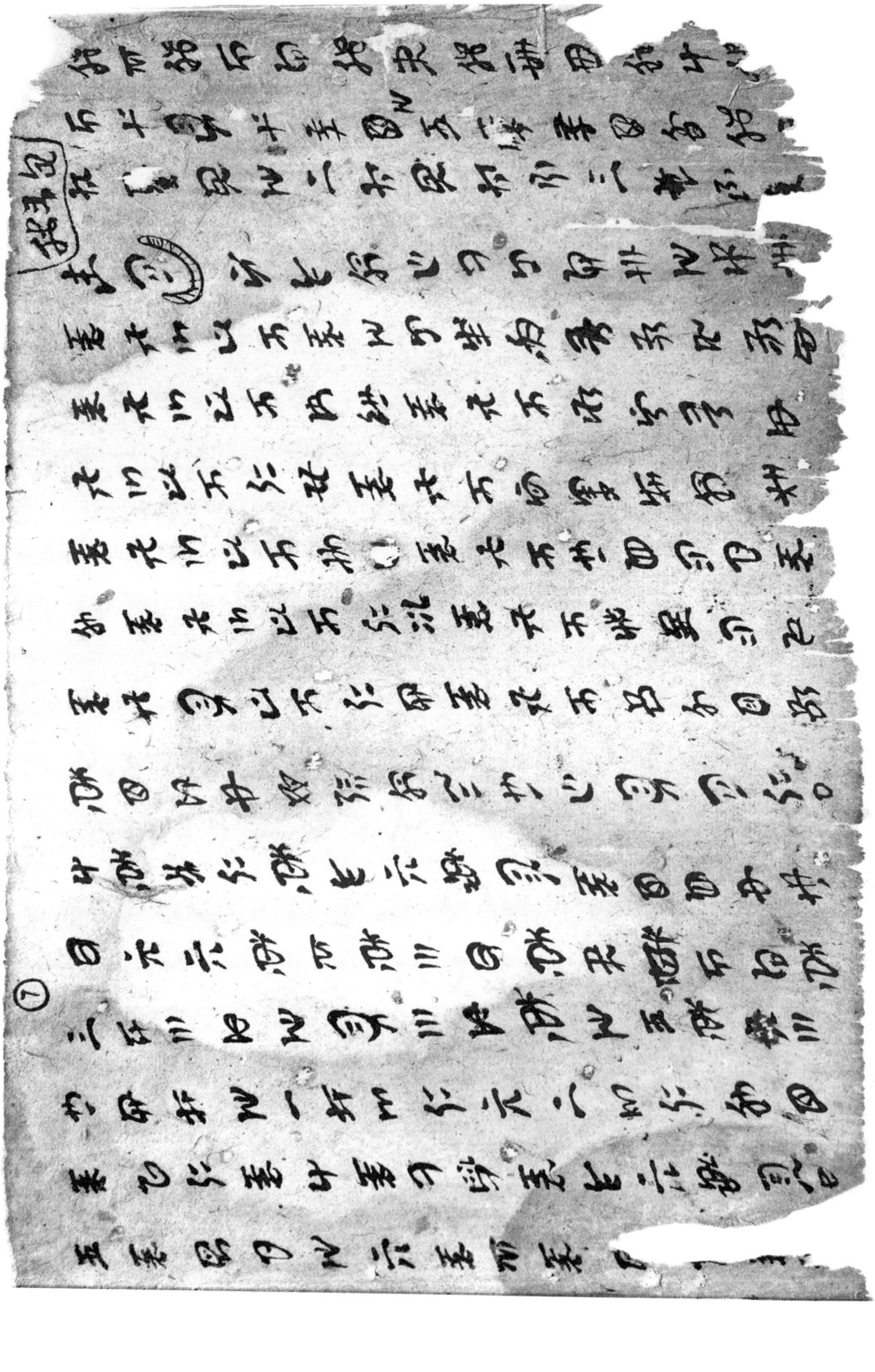

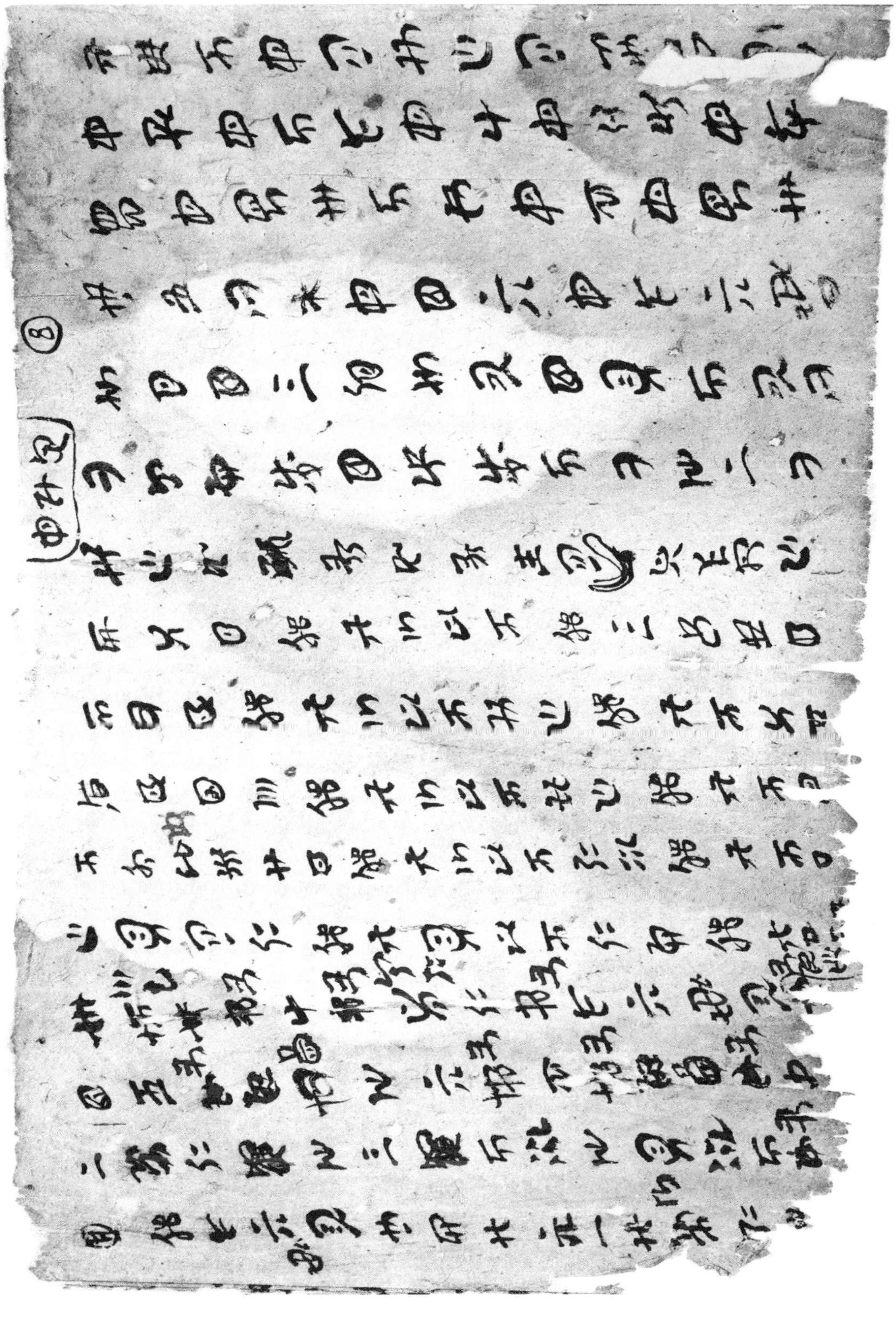

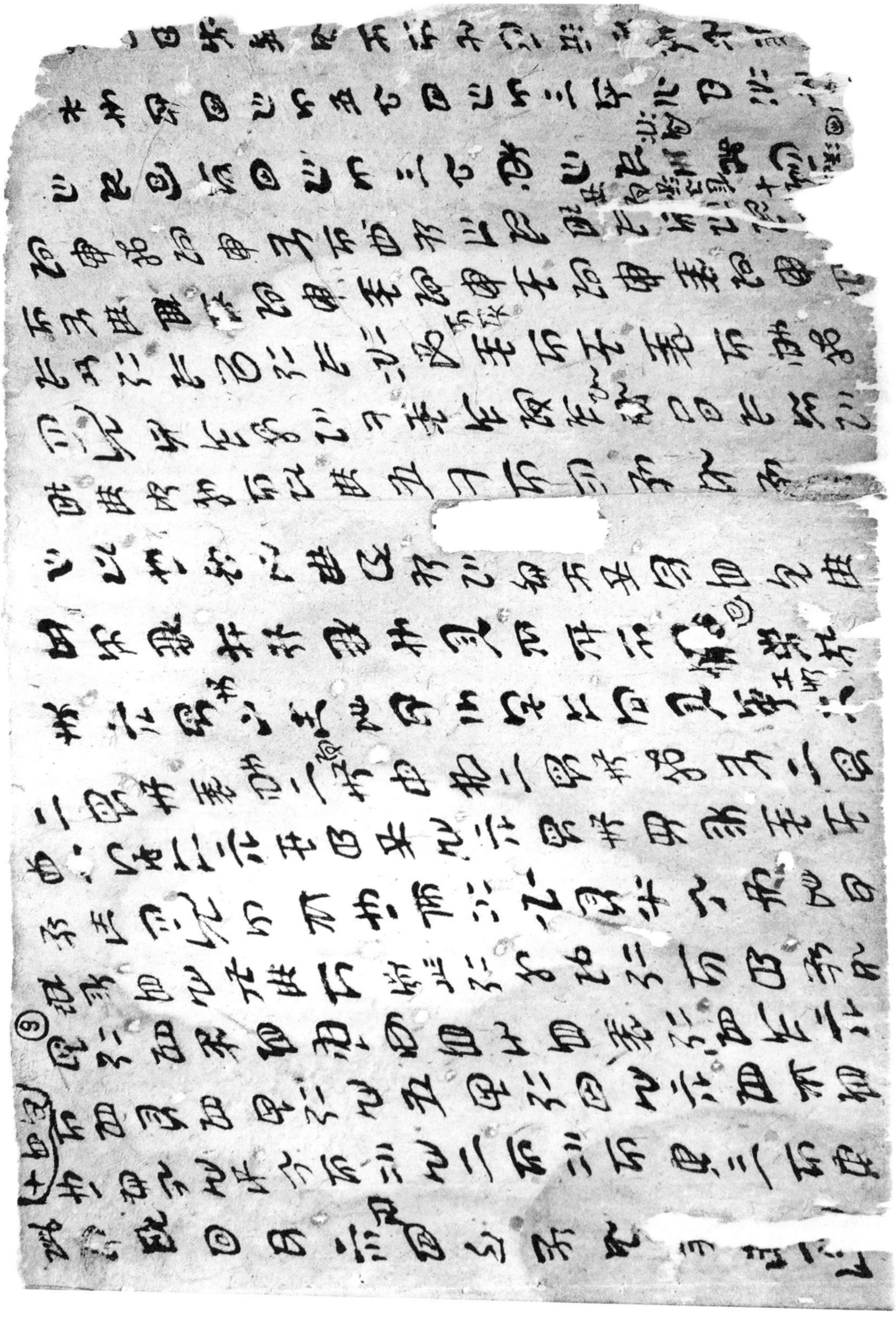

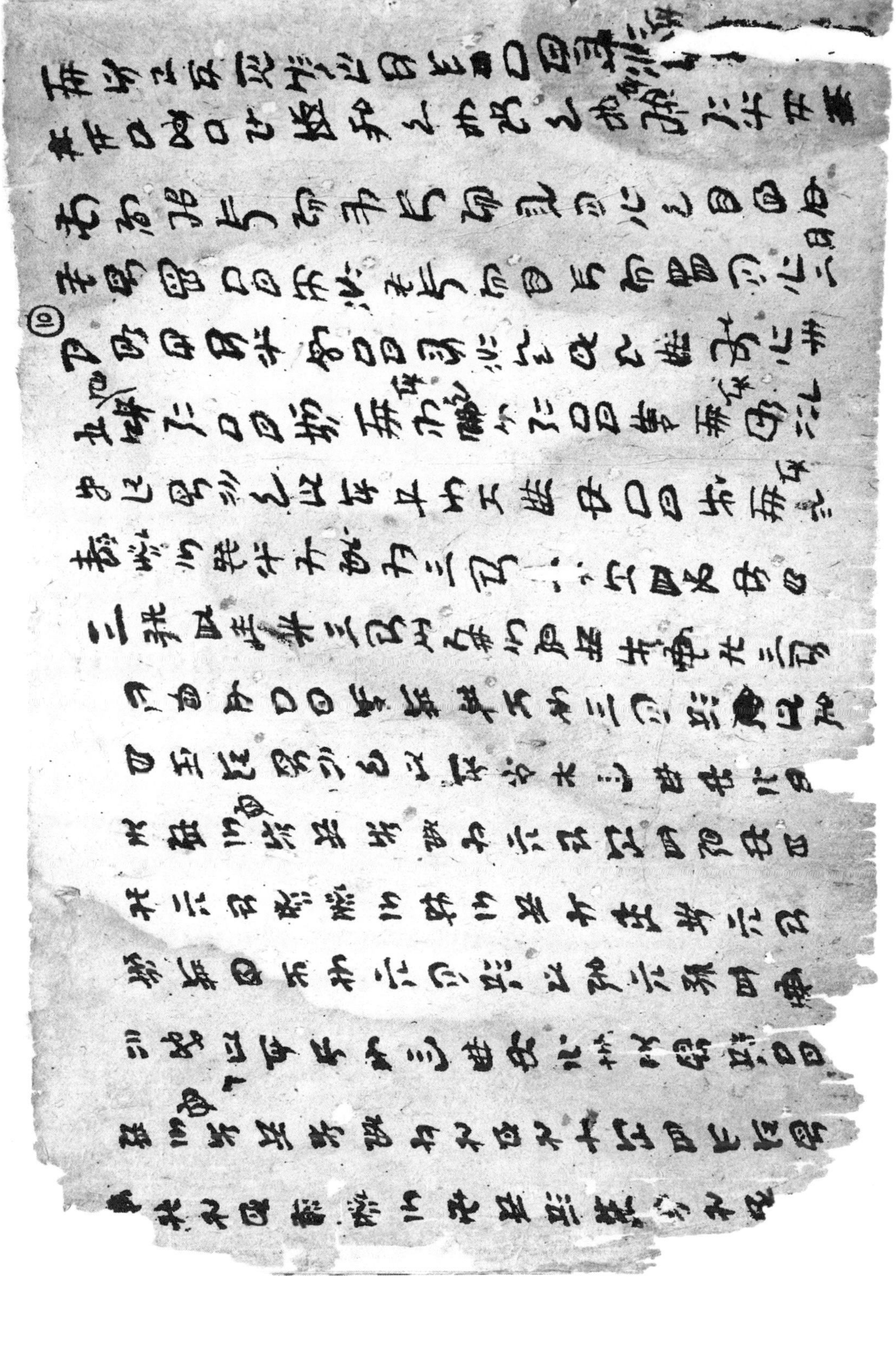

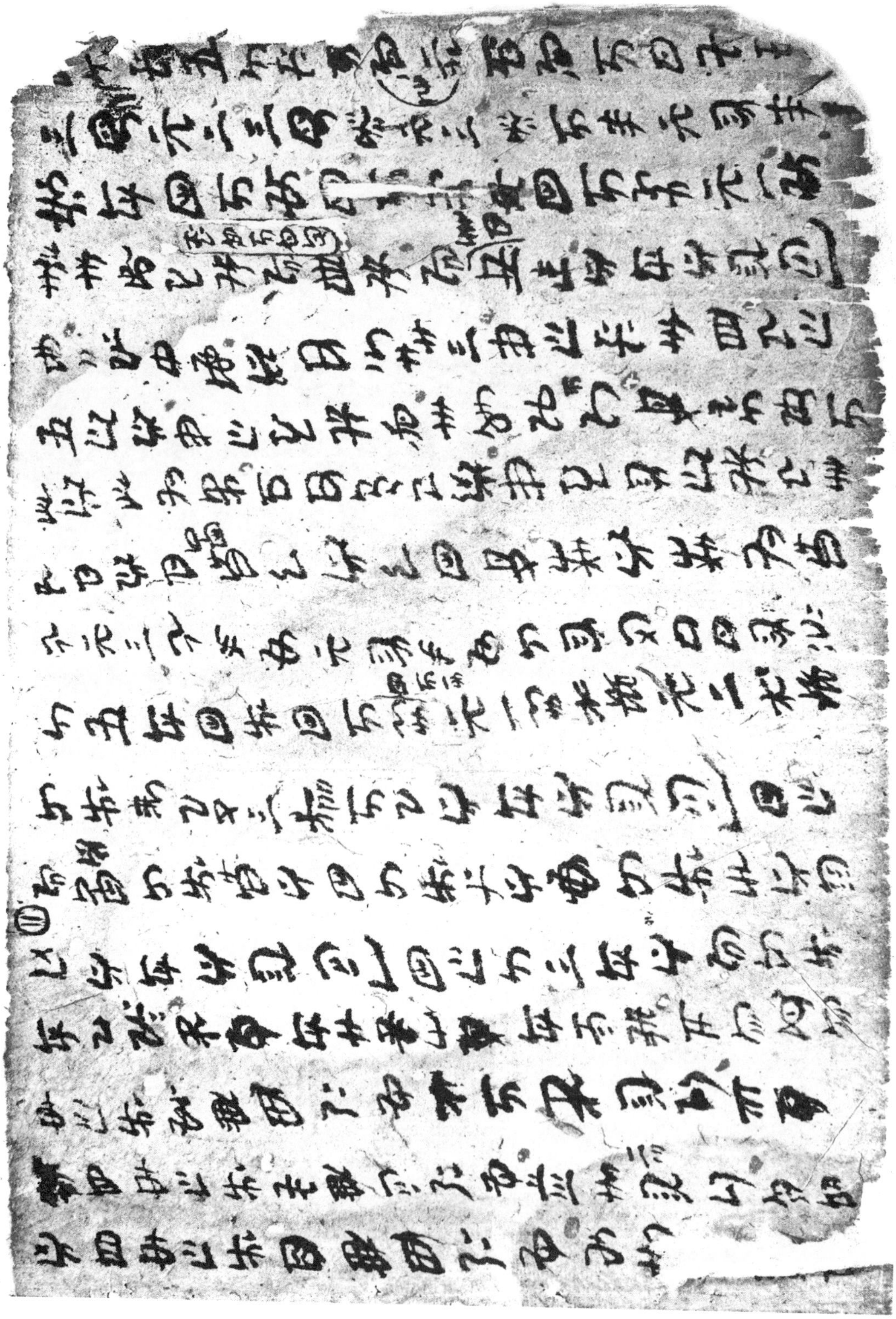

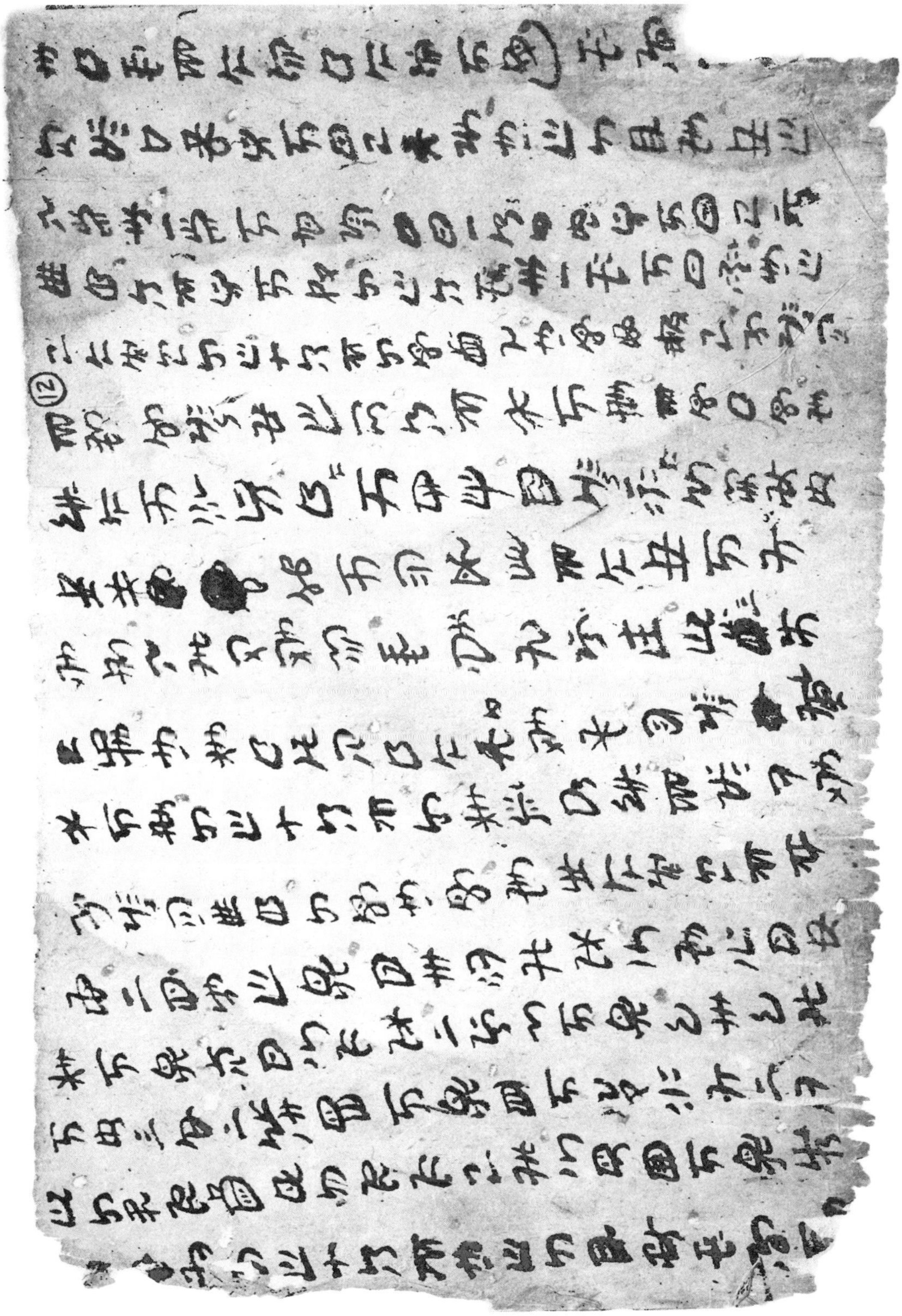

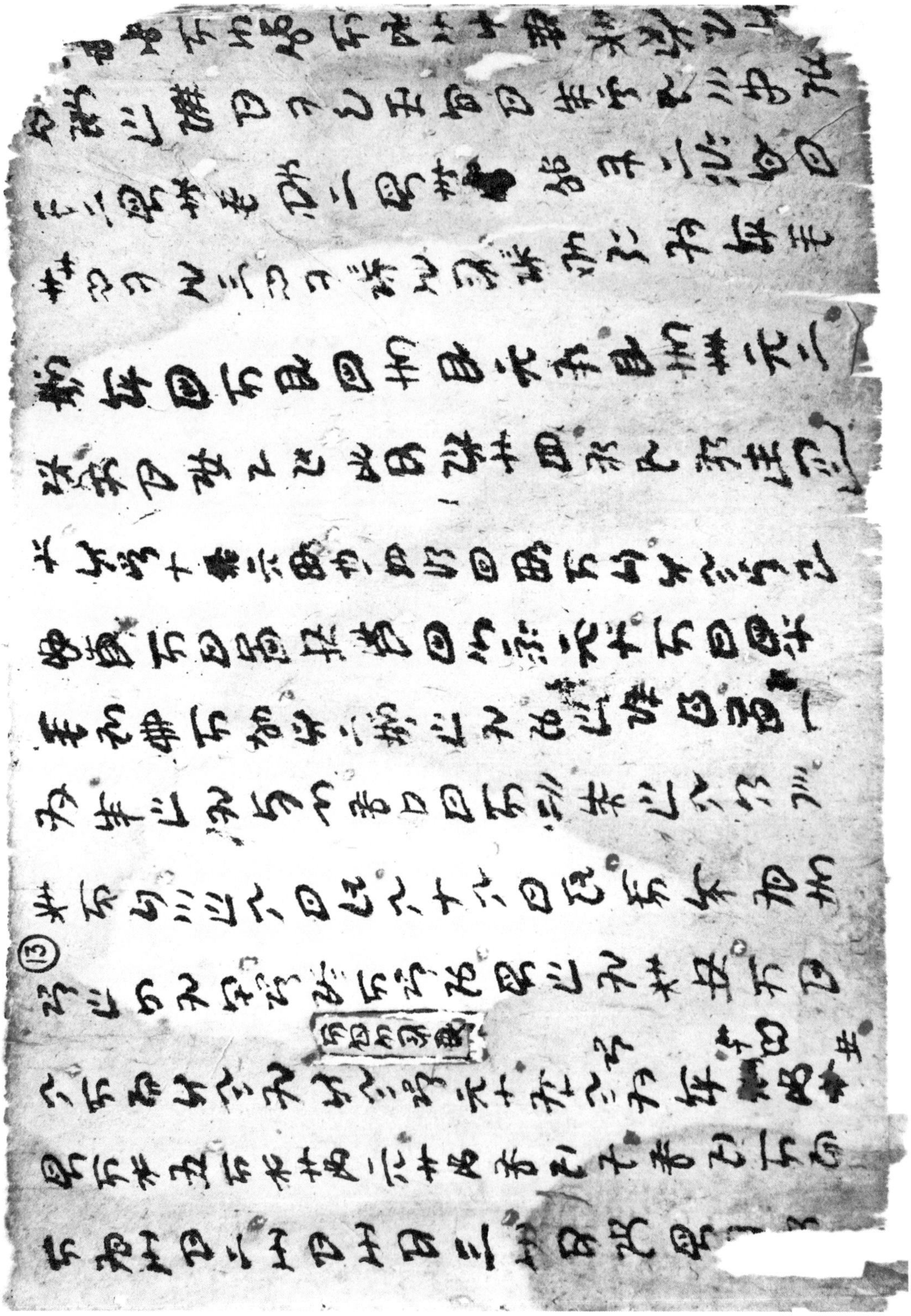

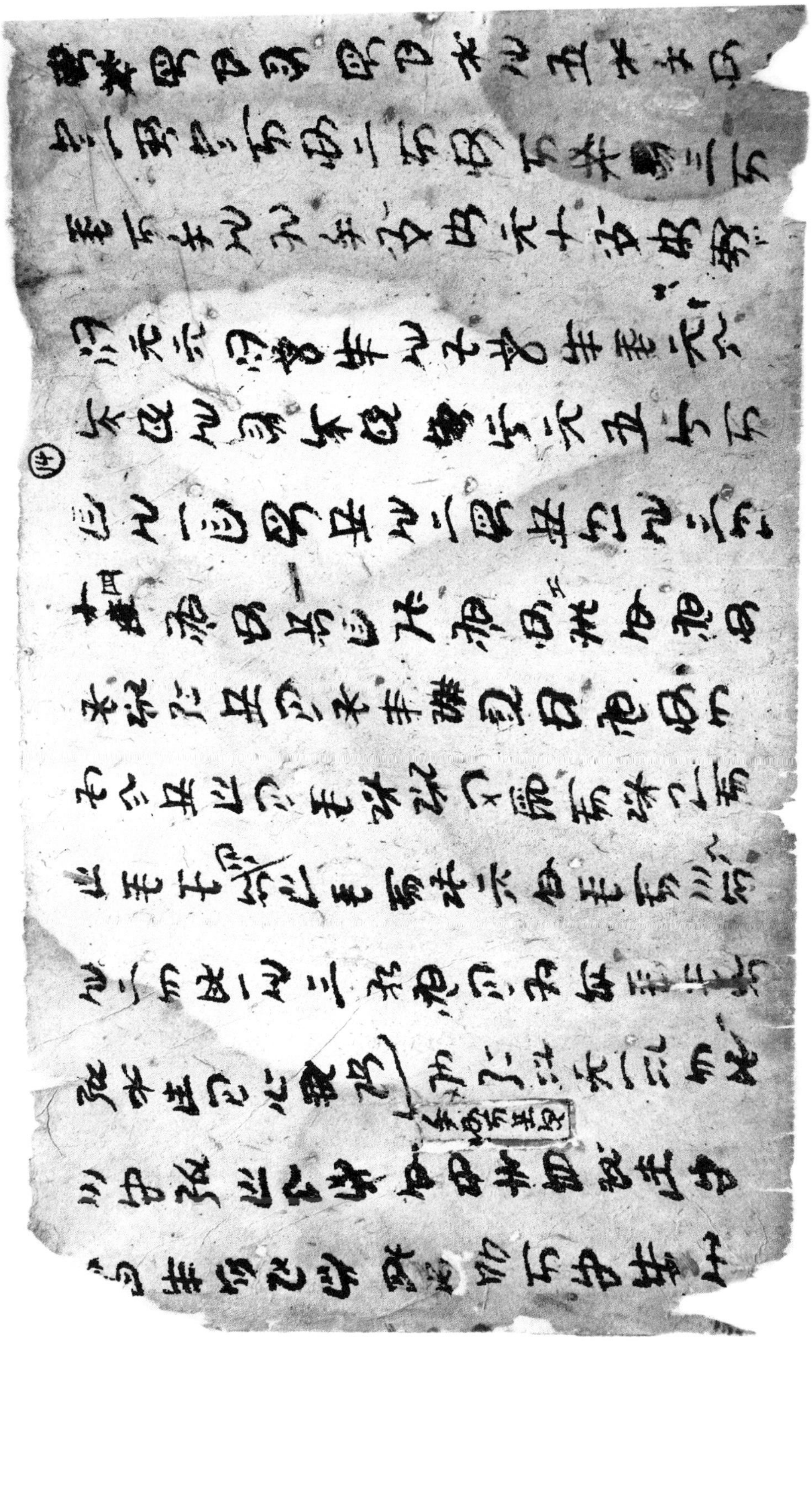

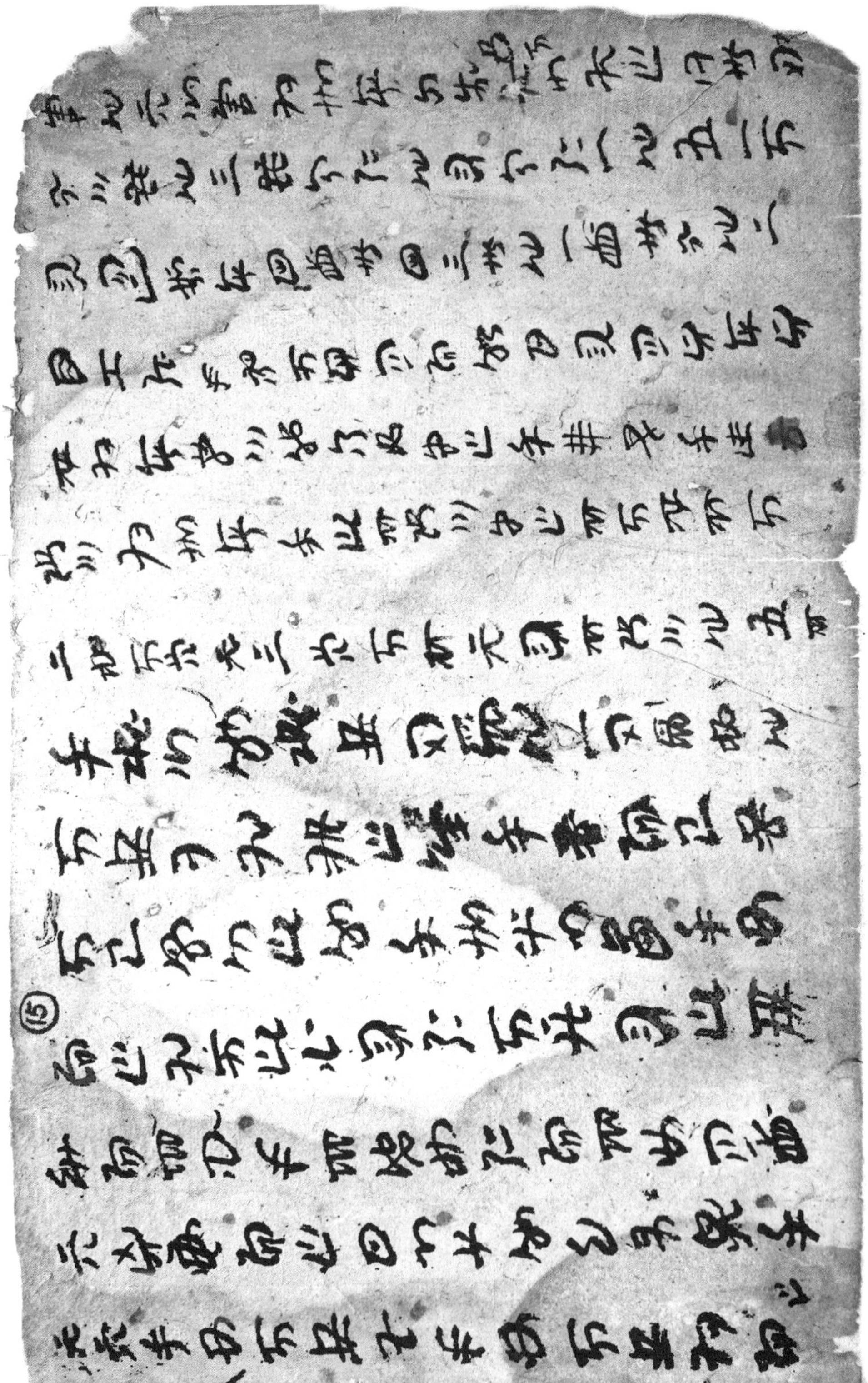

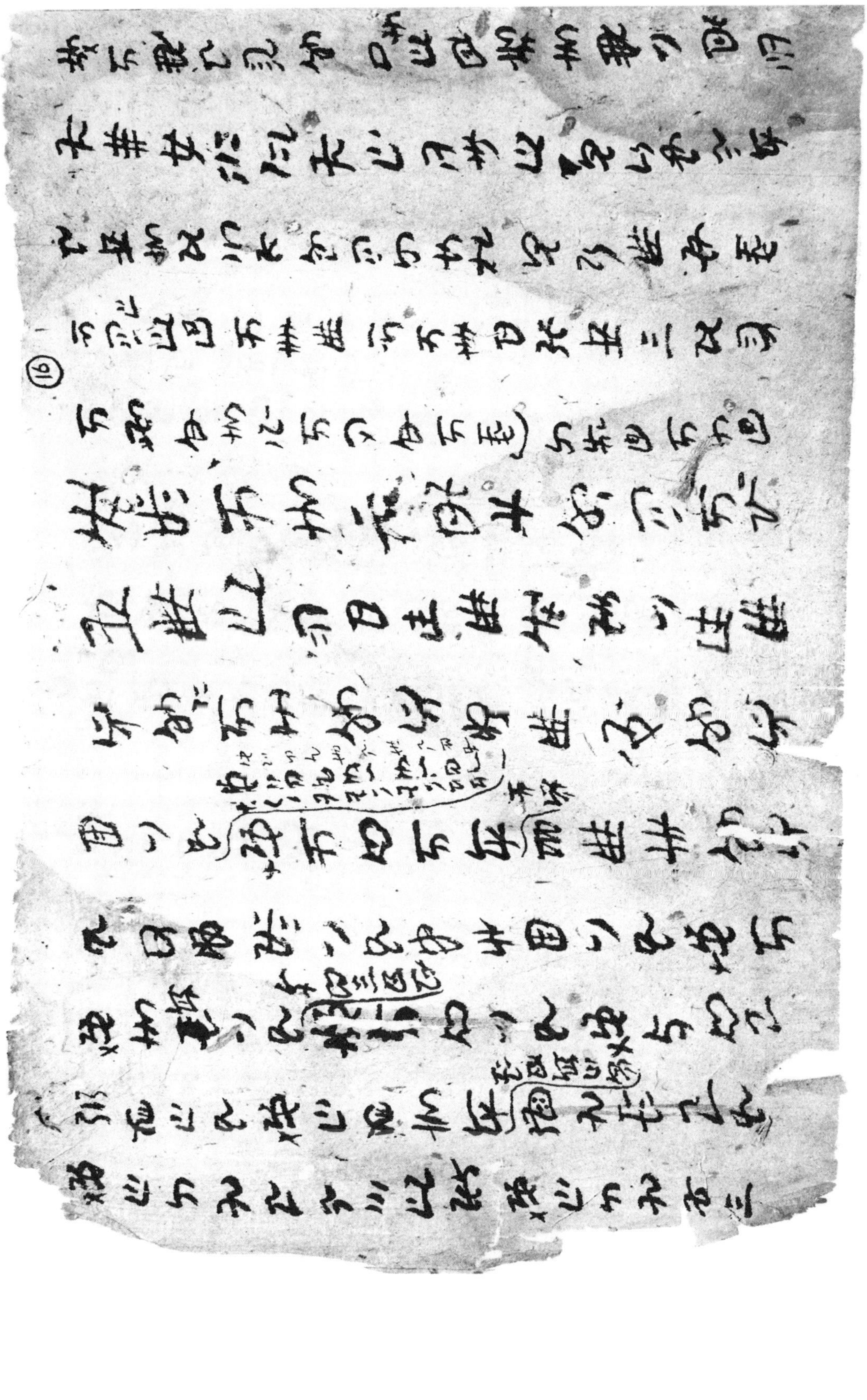

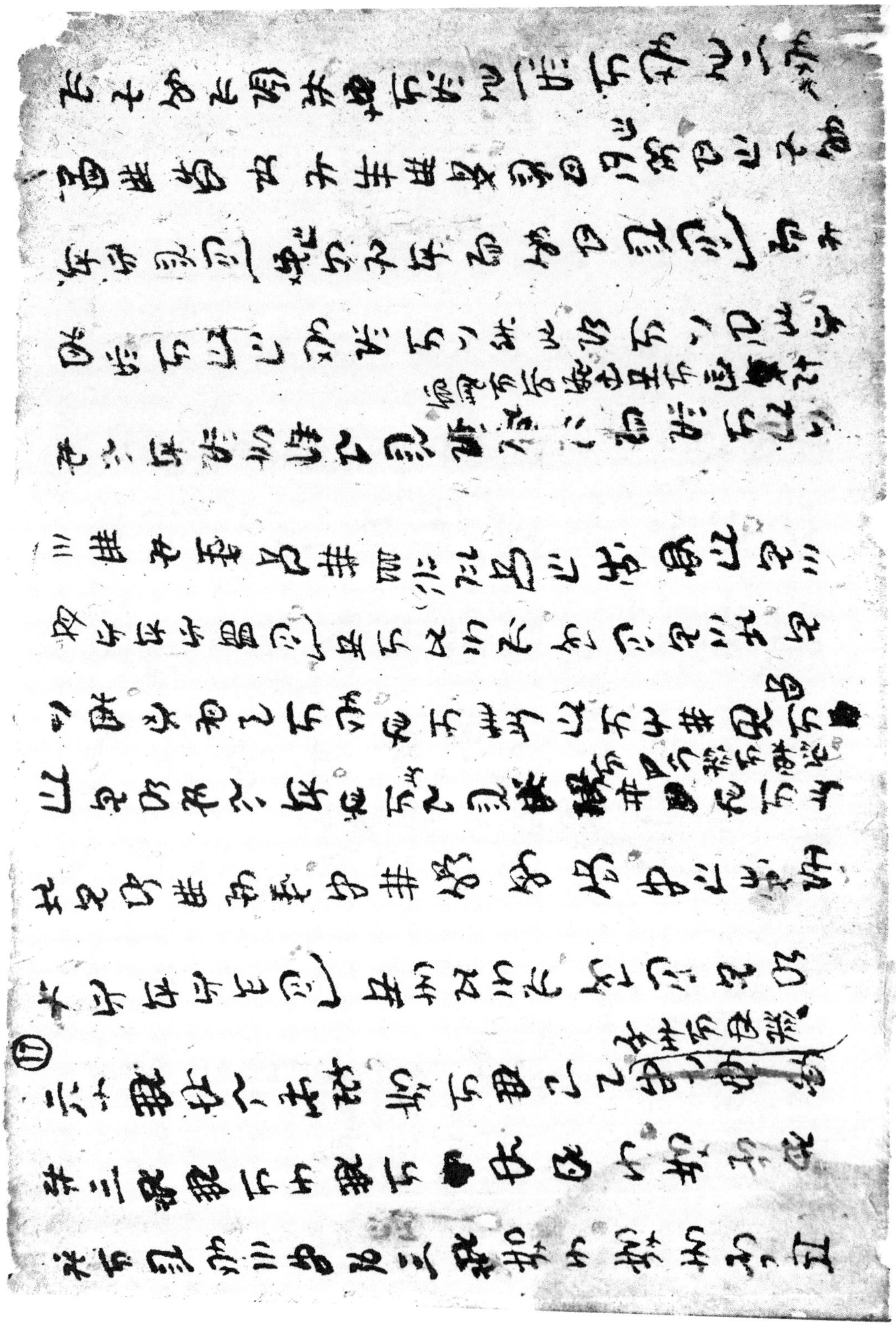

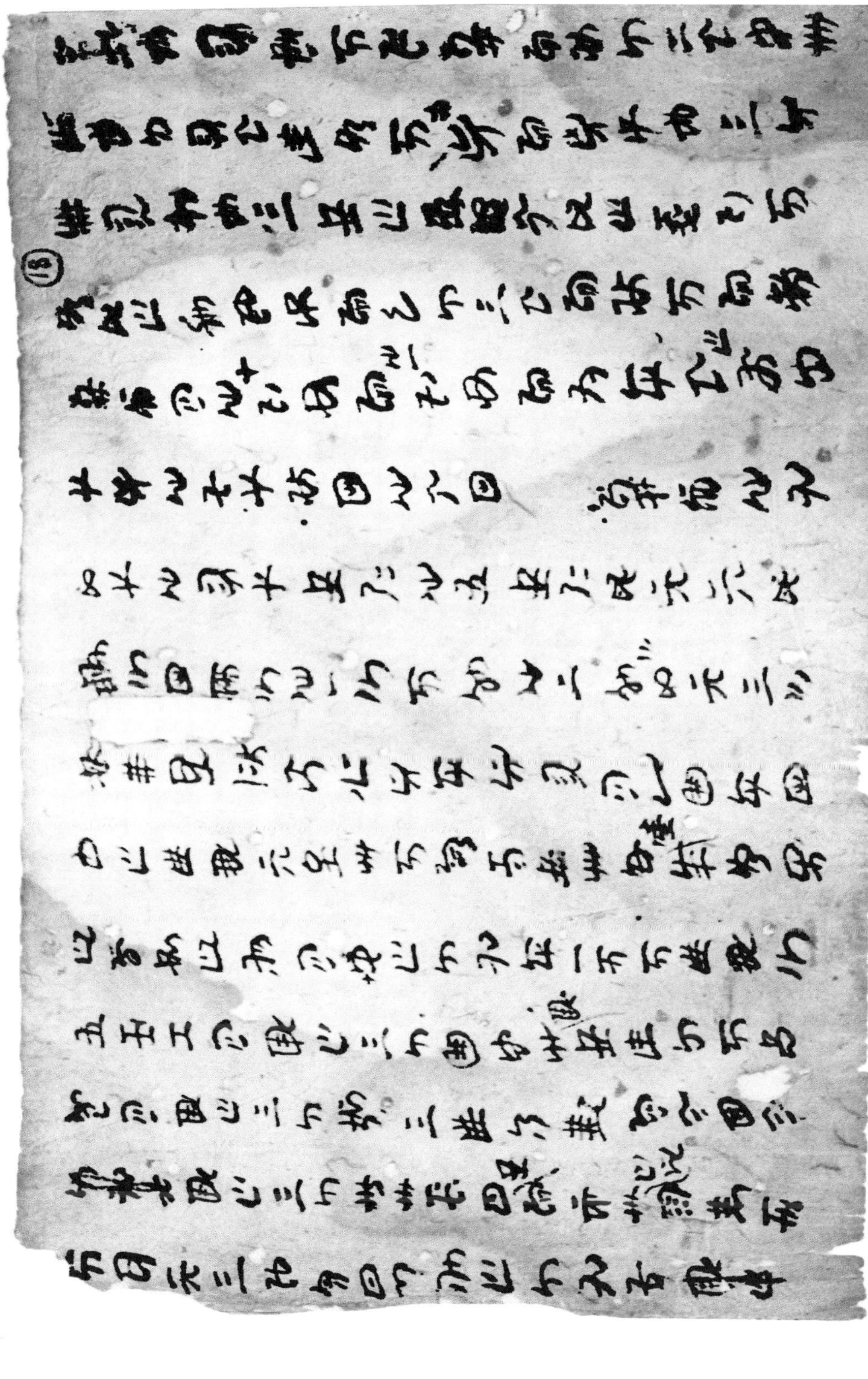

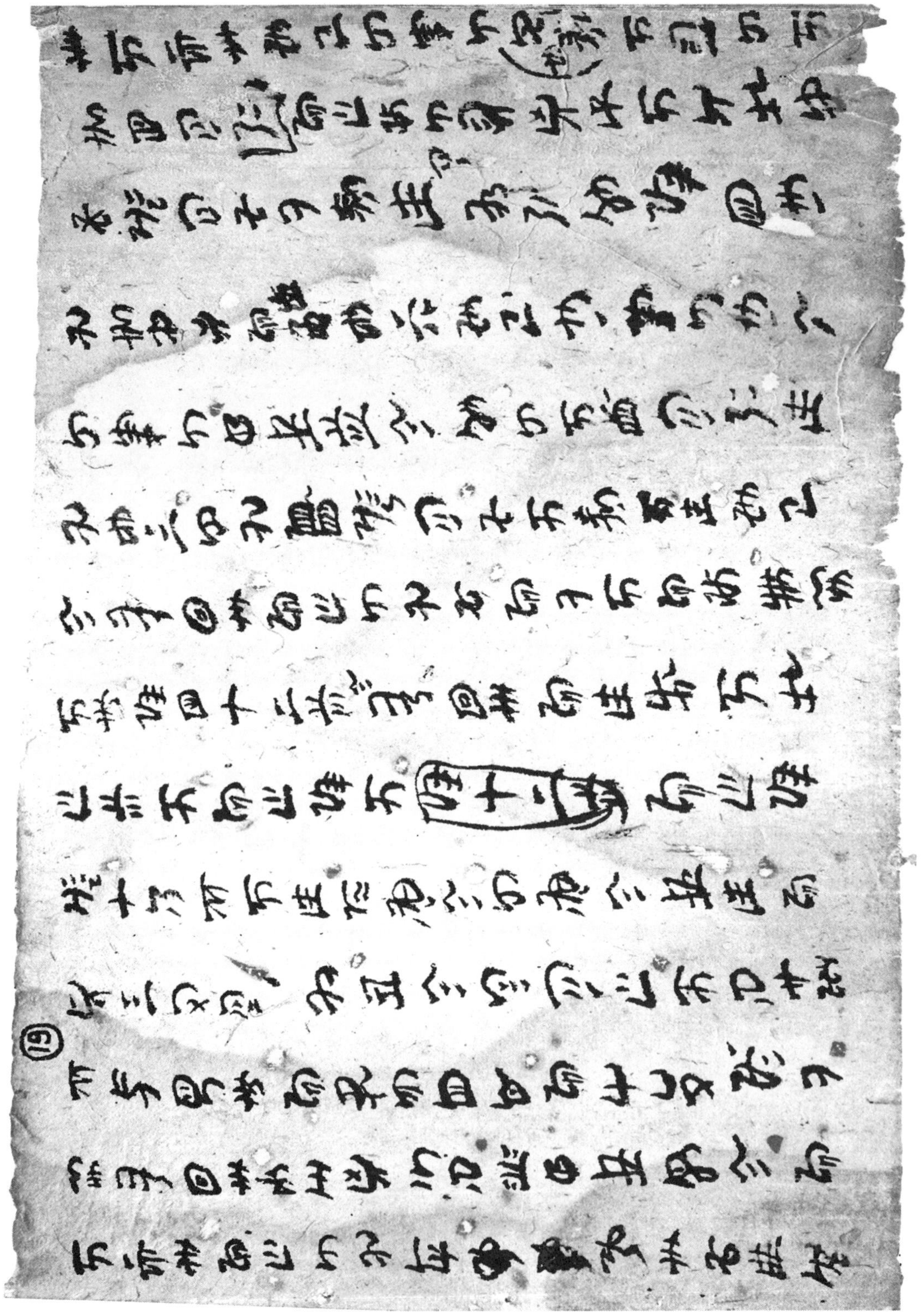

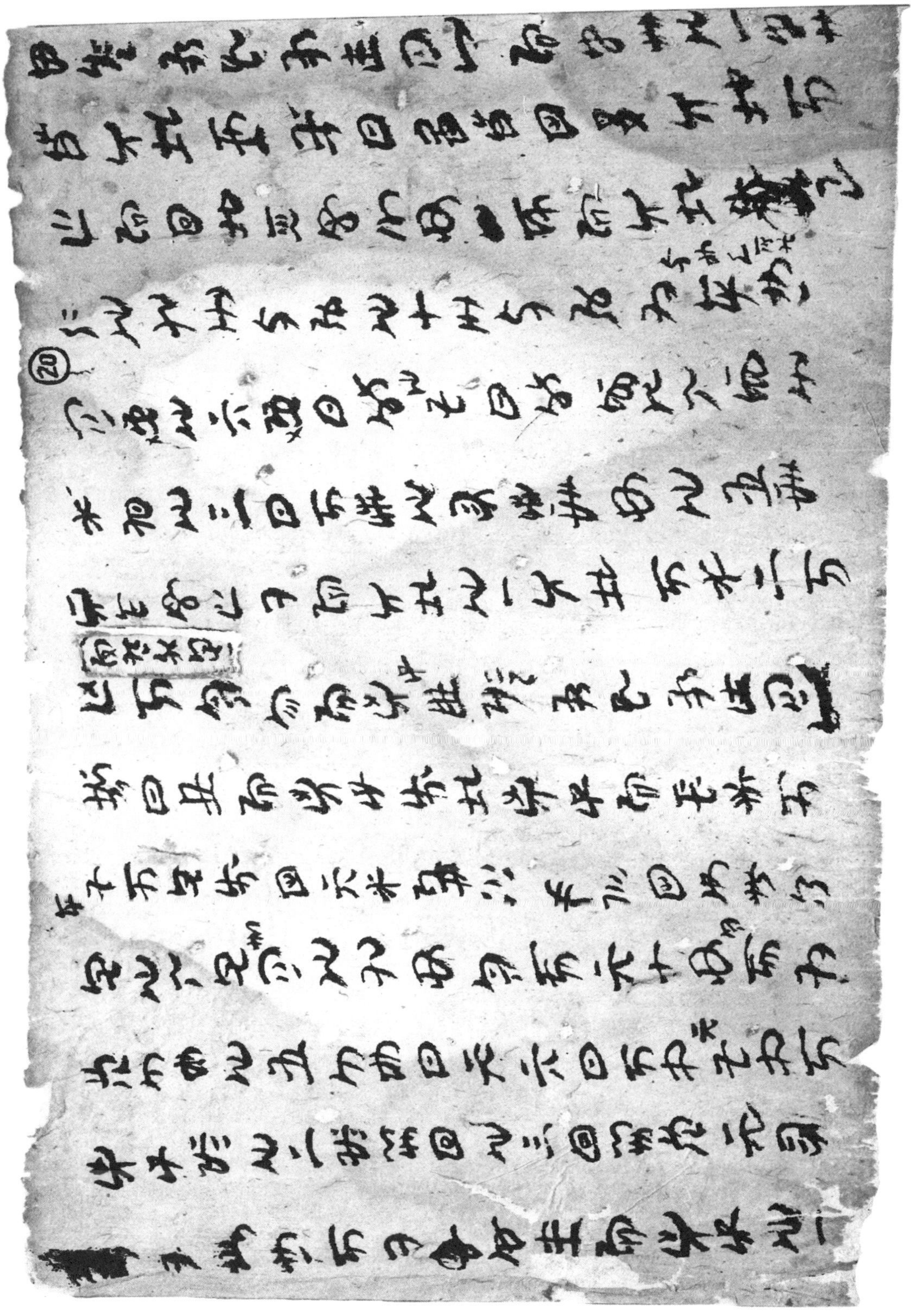

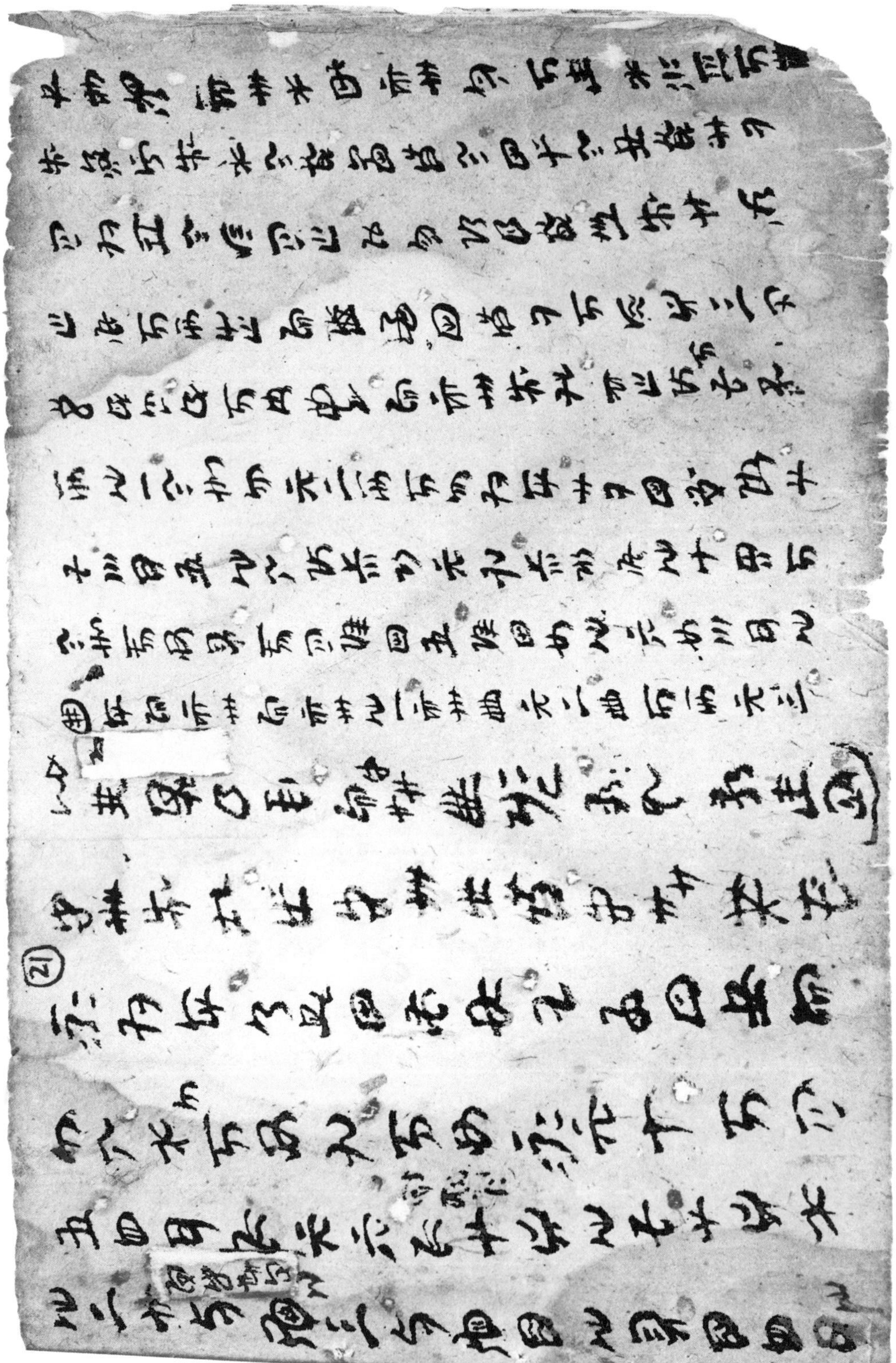

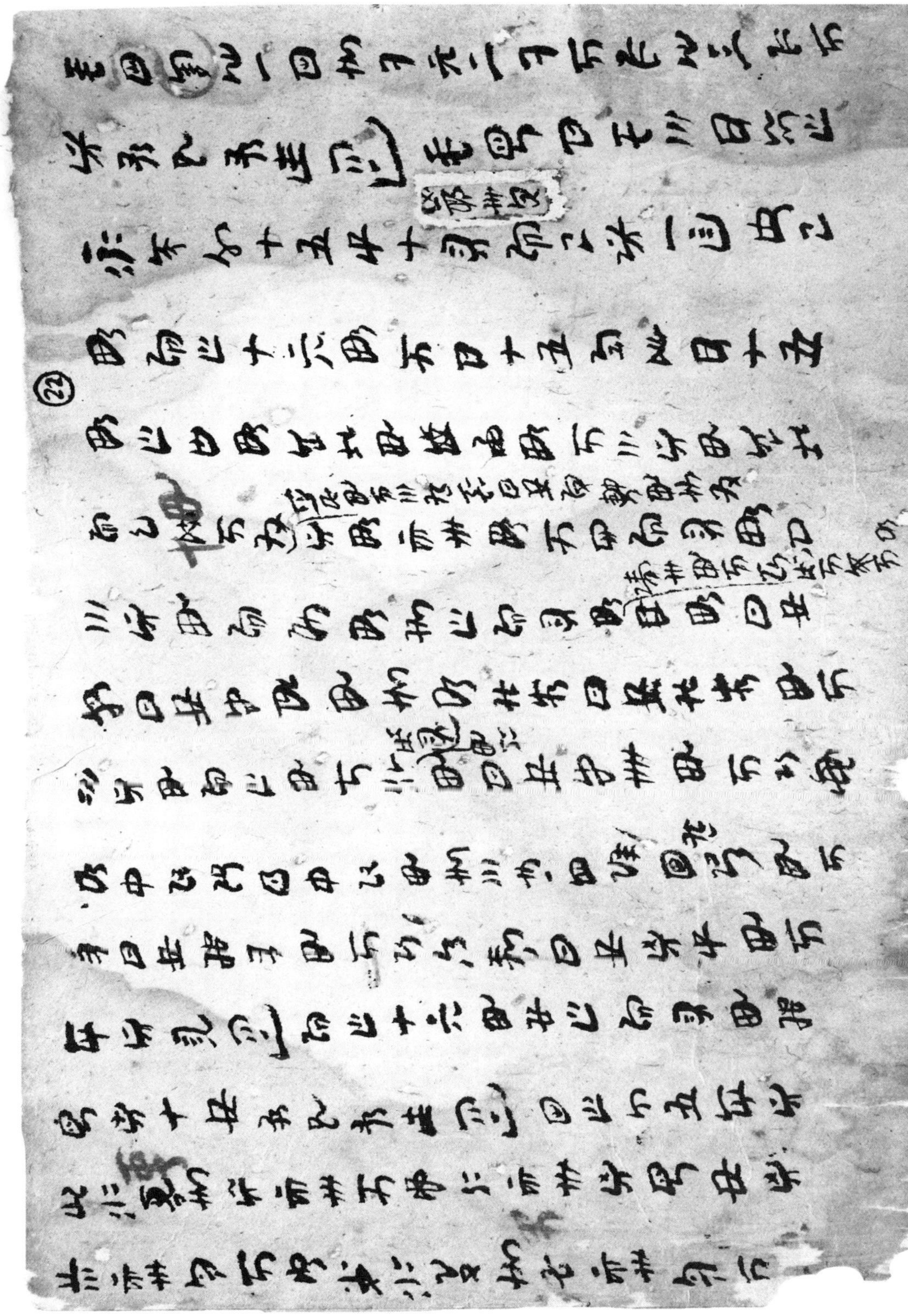

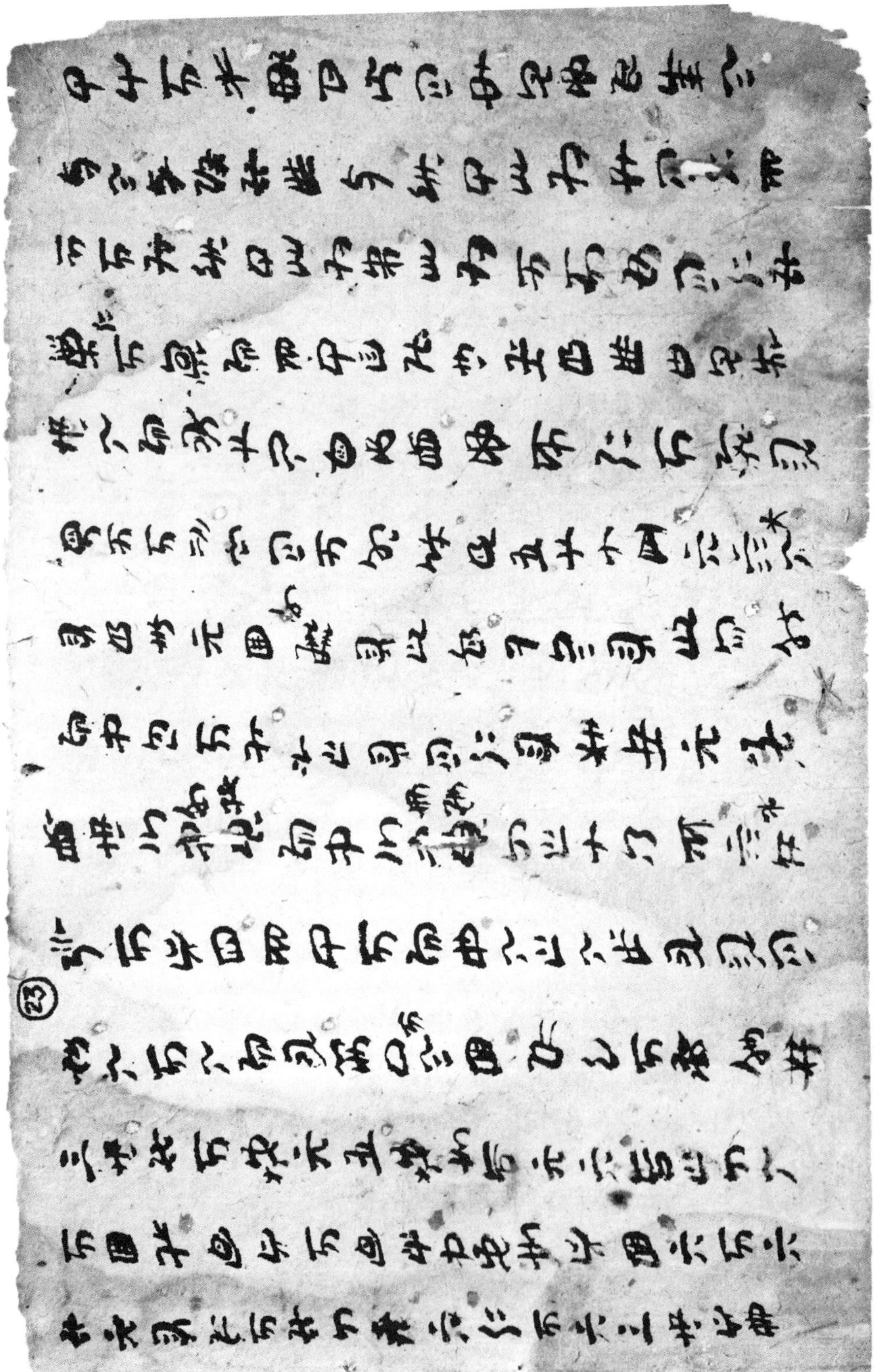

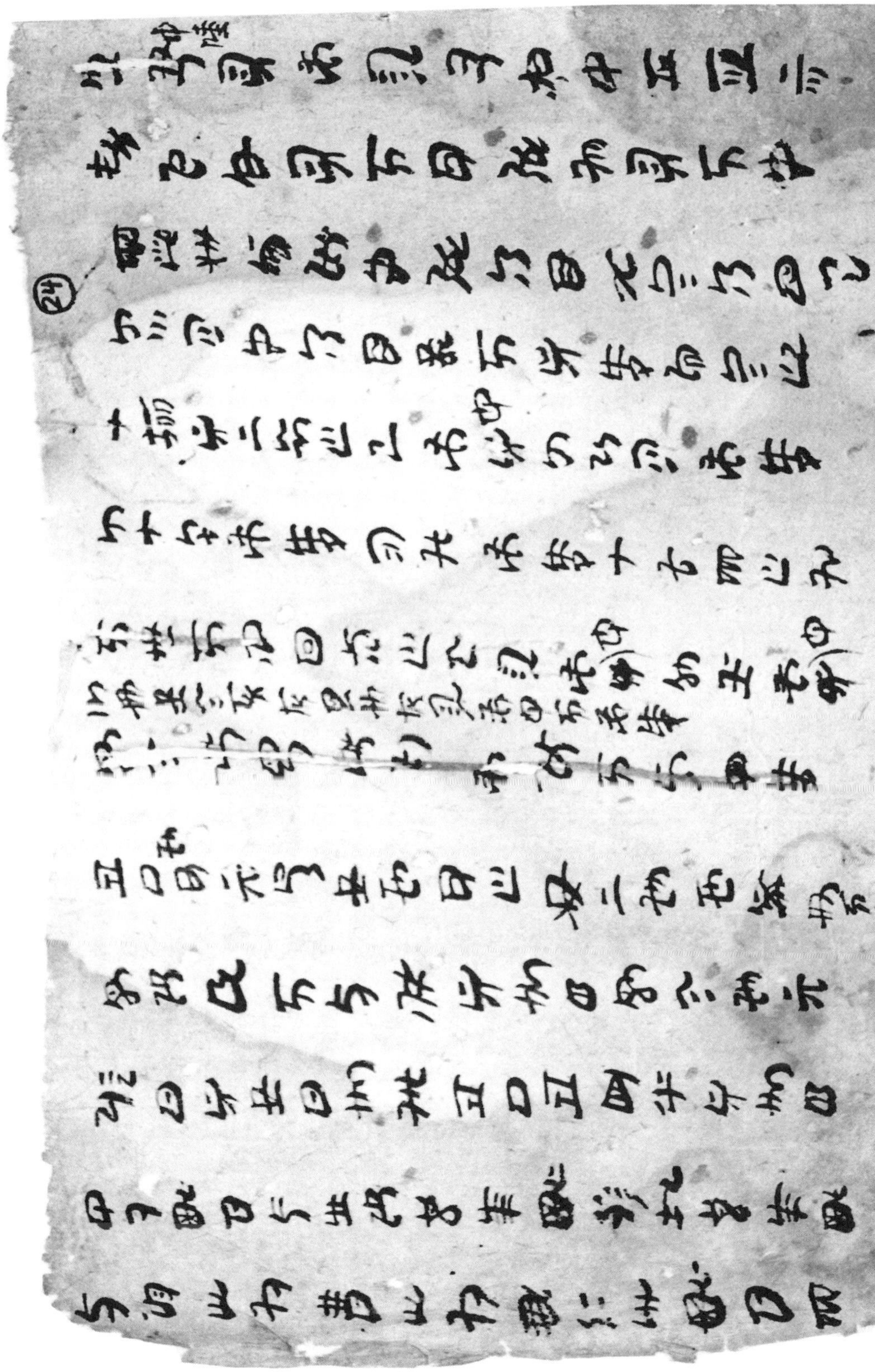

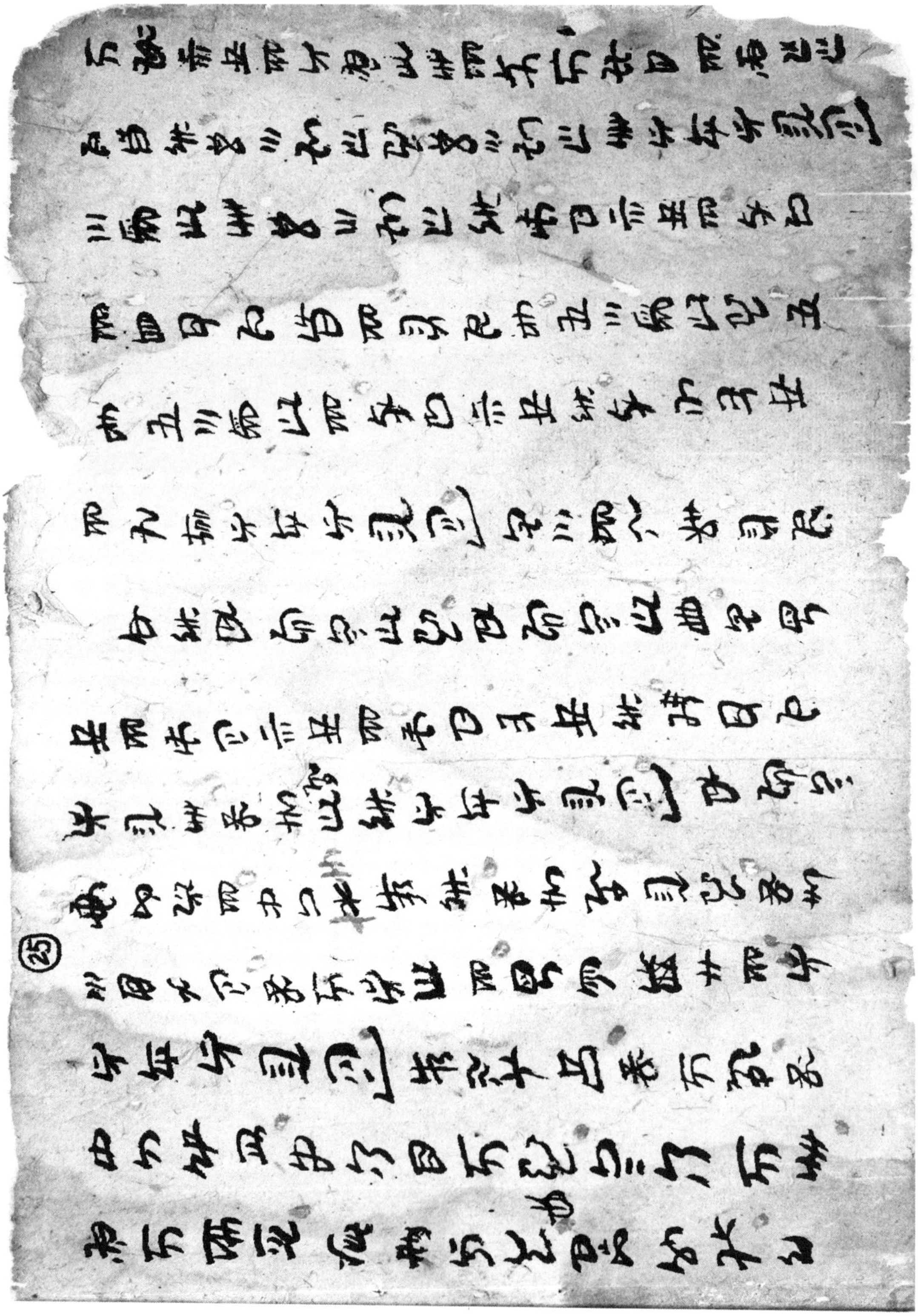

㉕

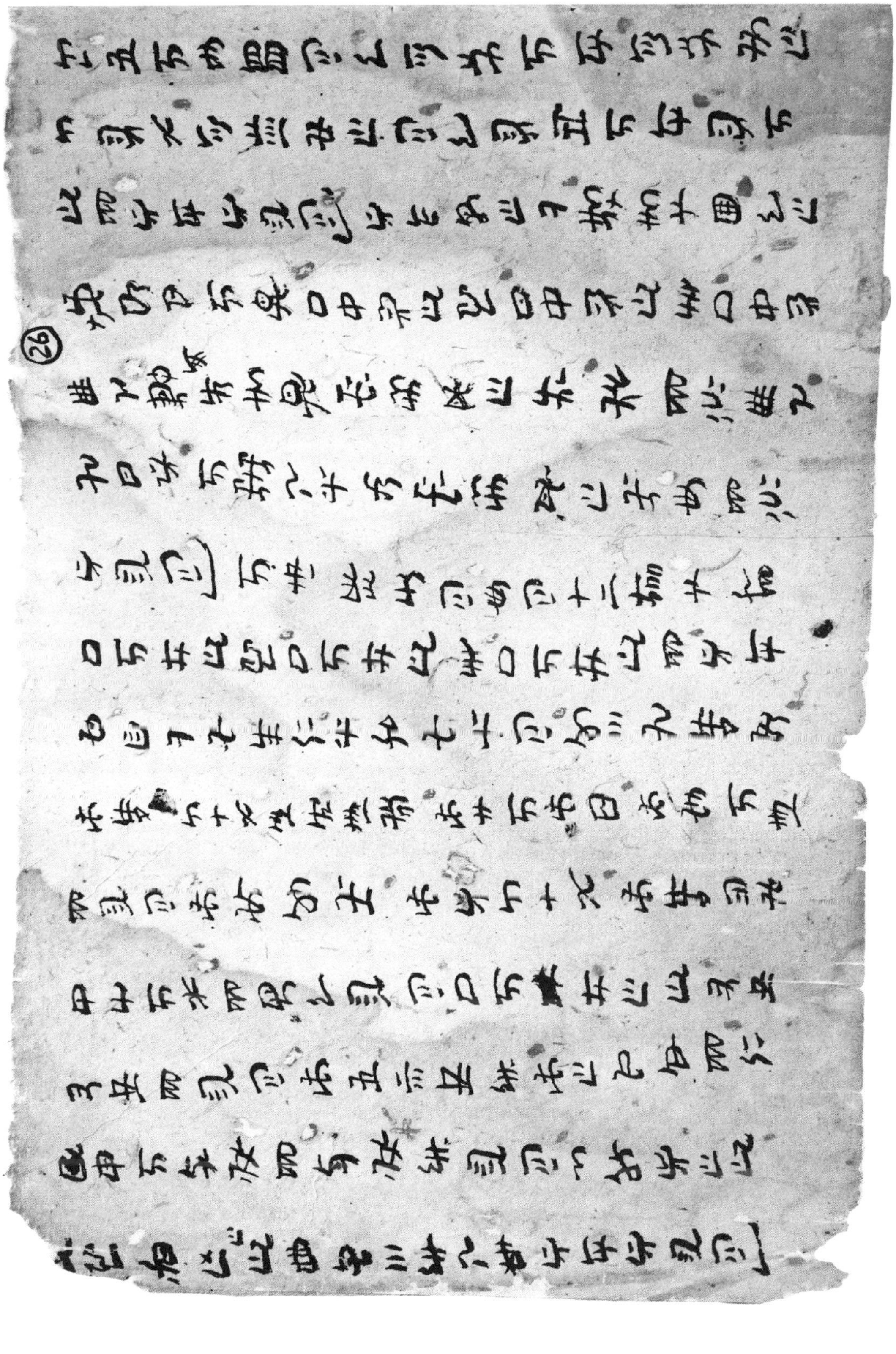

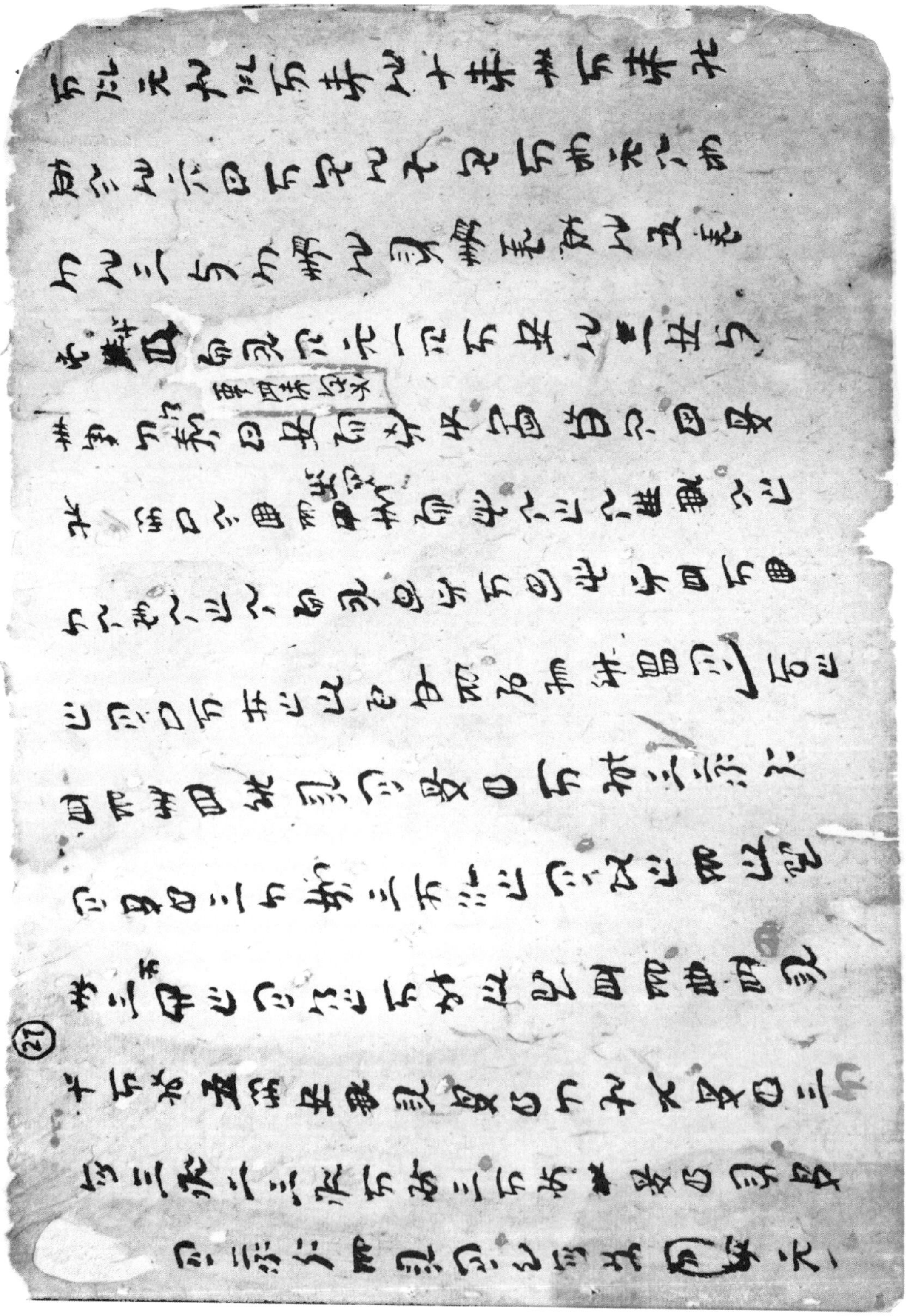

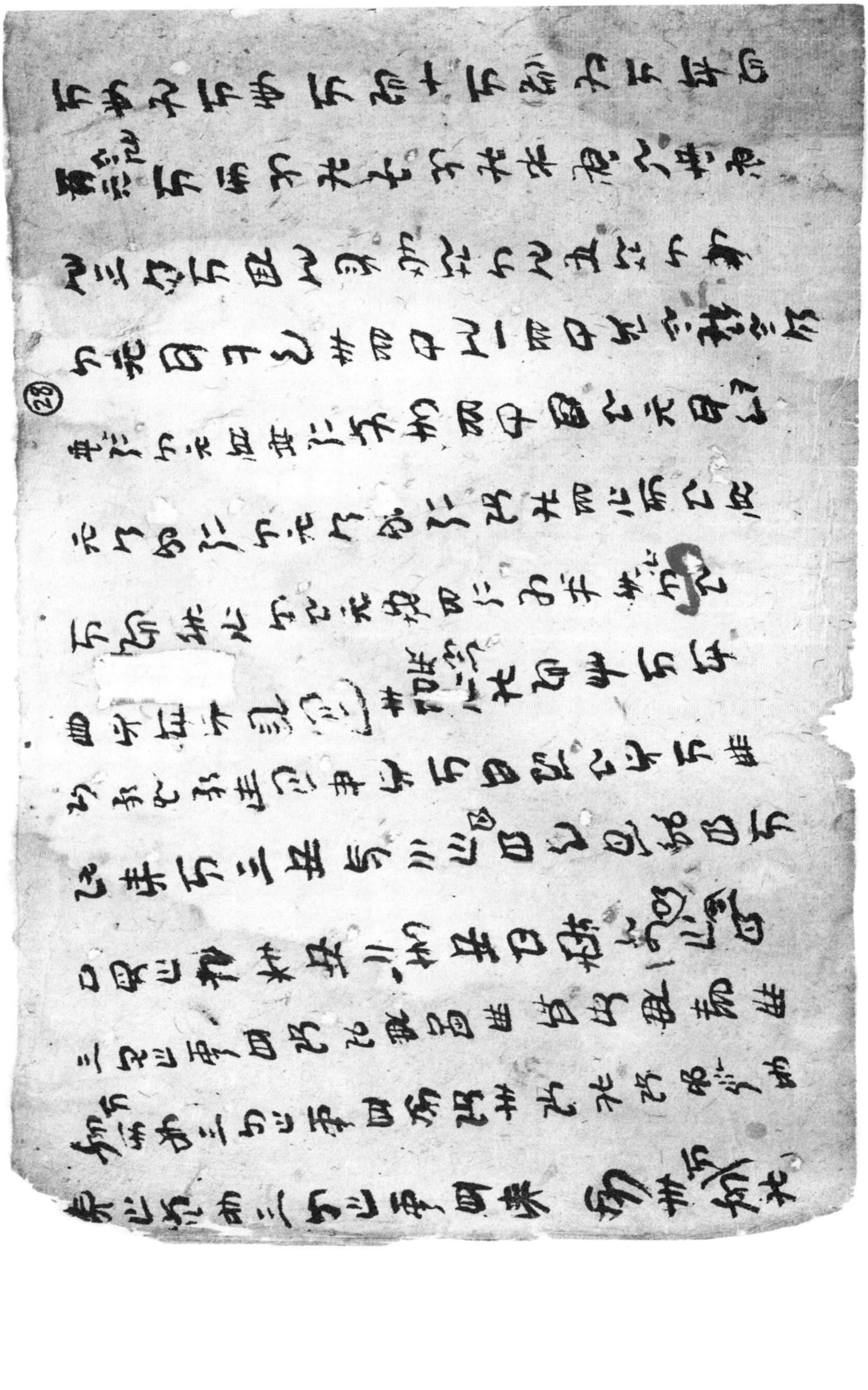

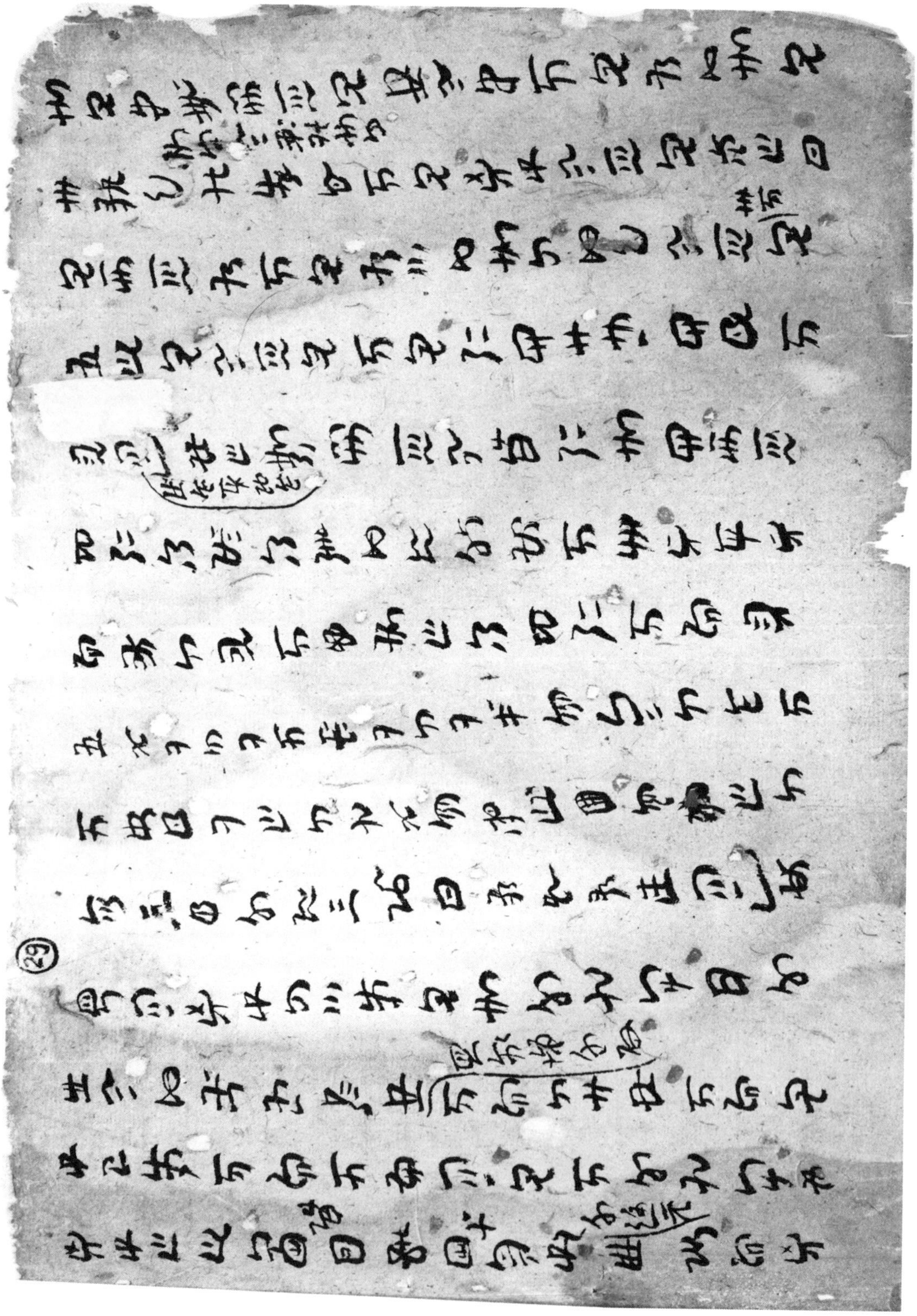

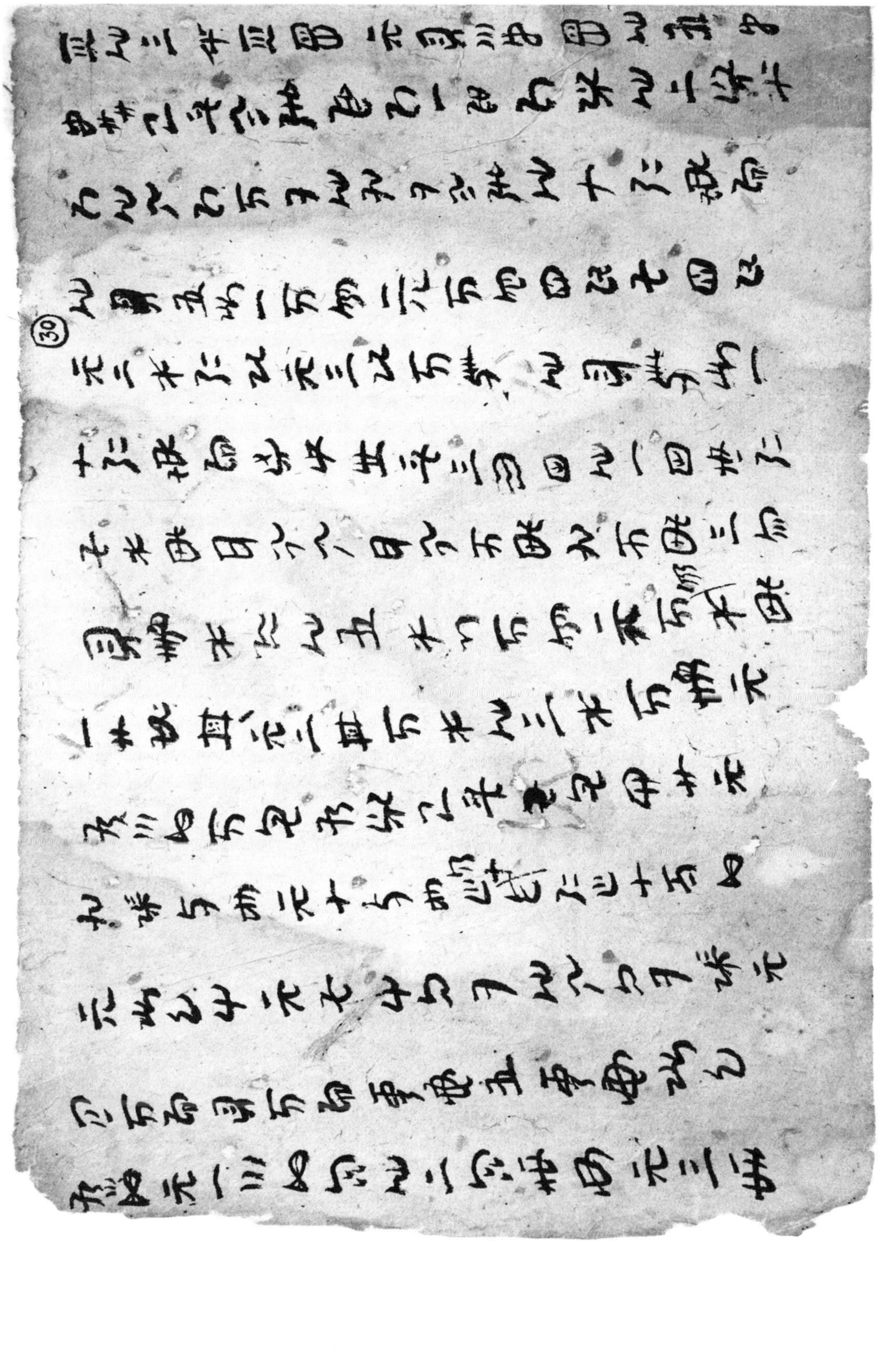

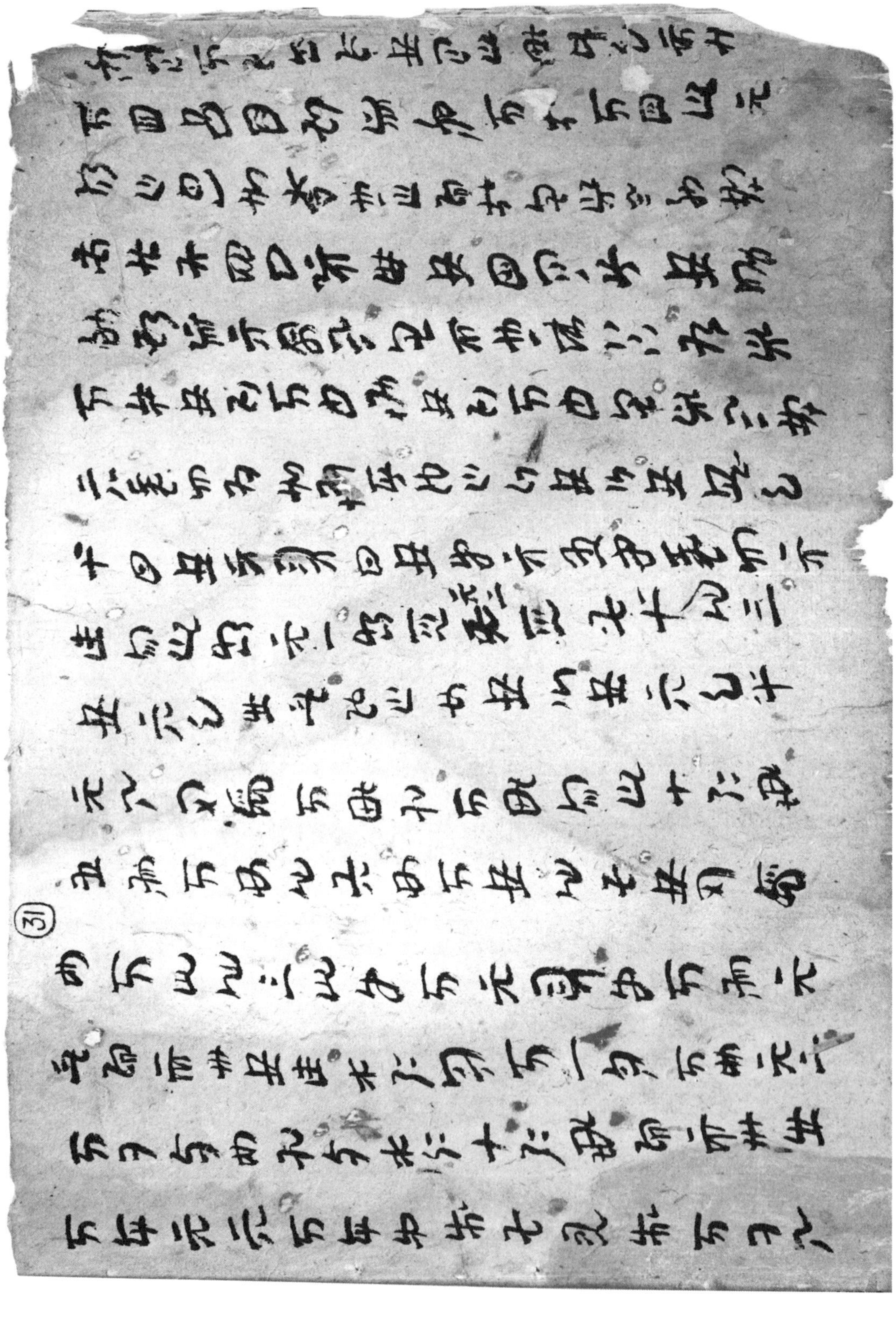

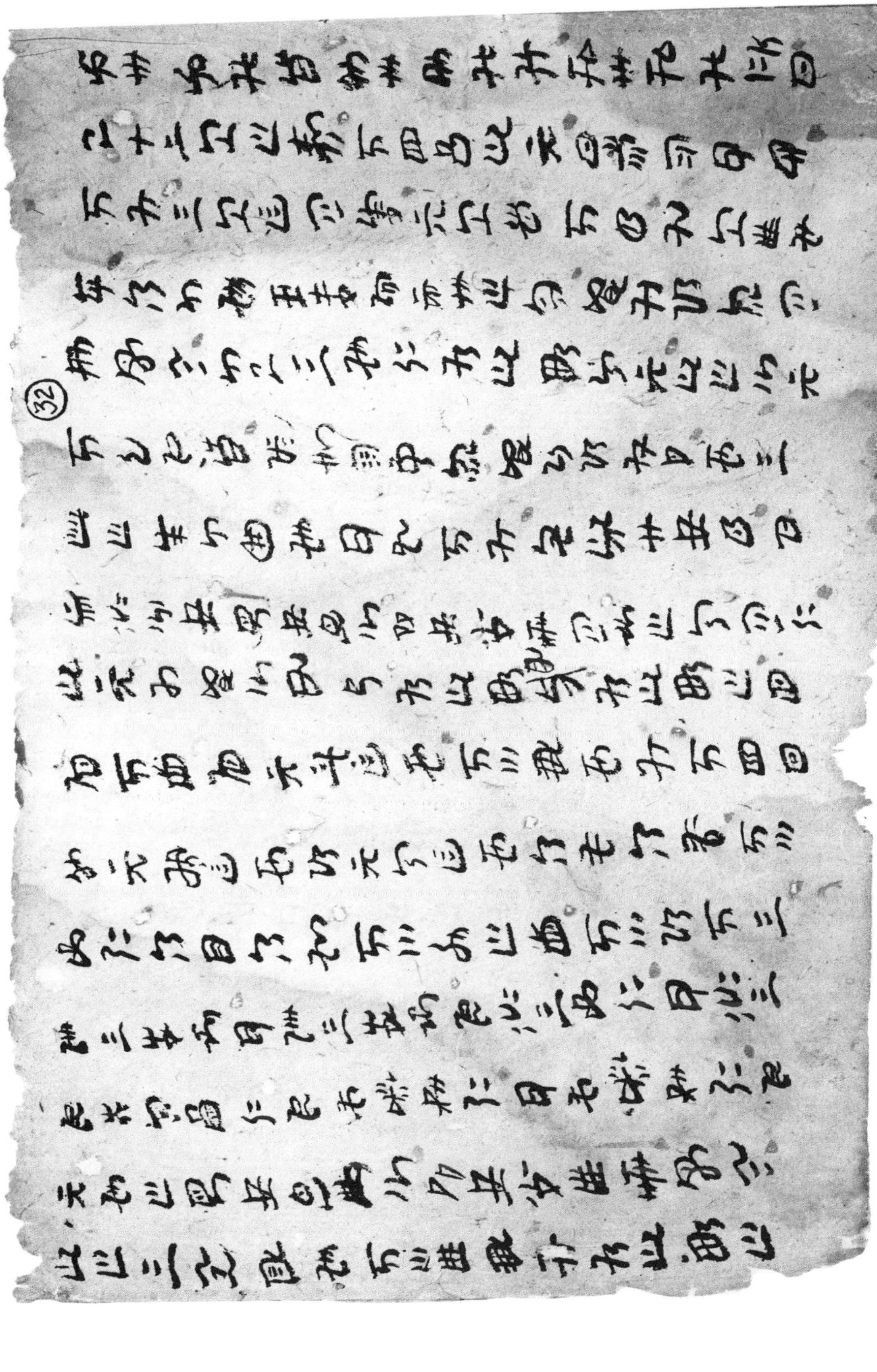

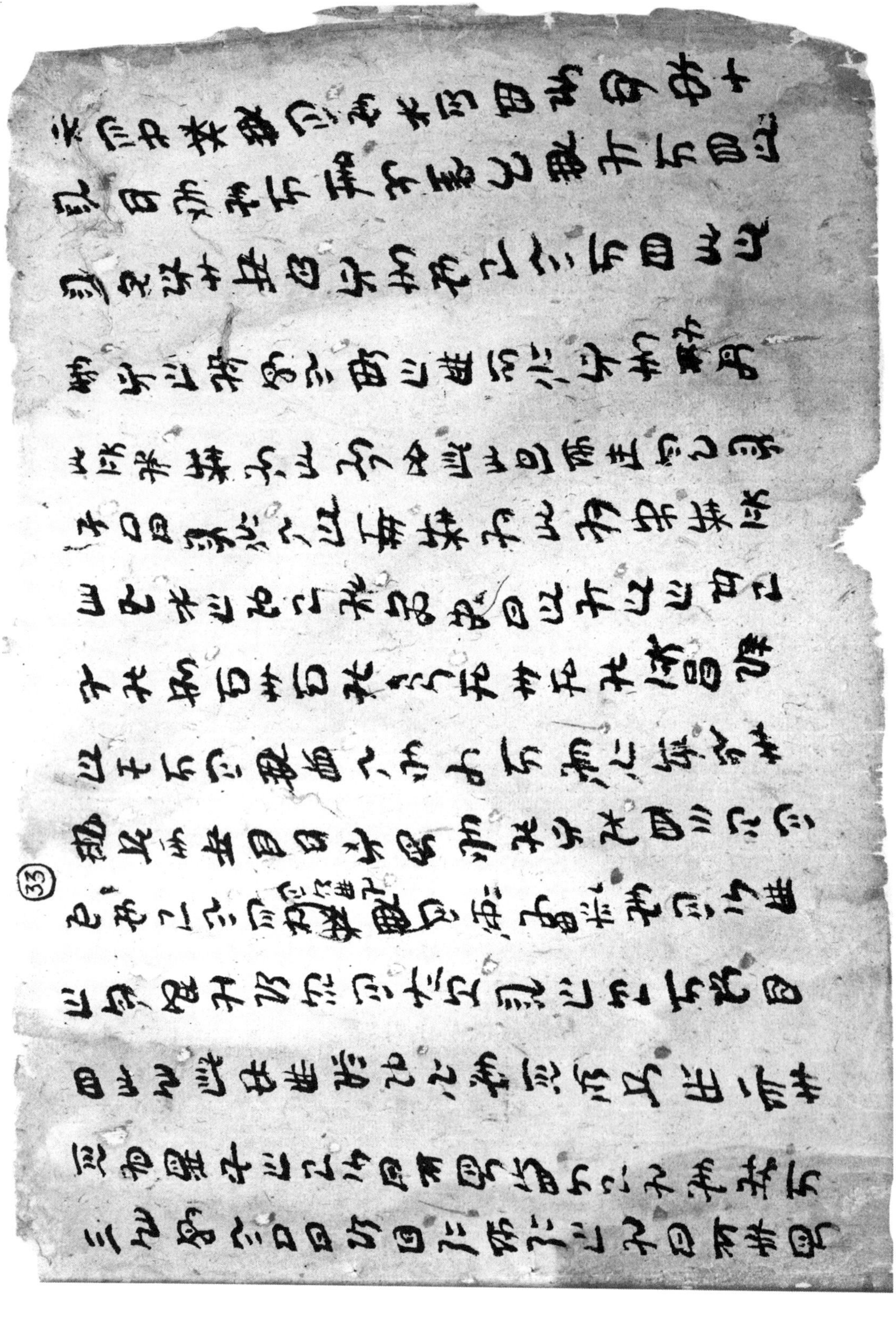

(33)

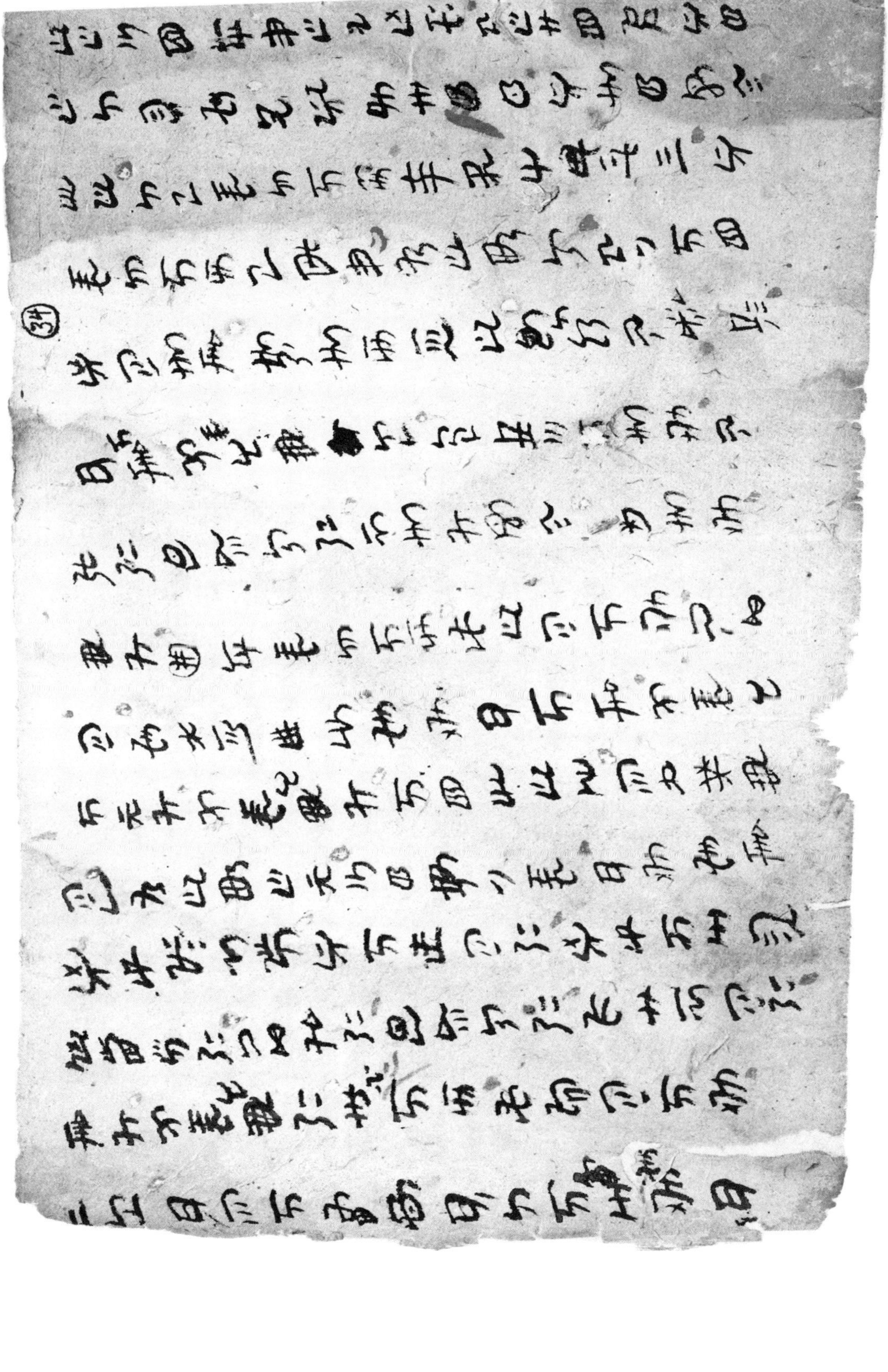

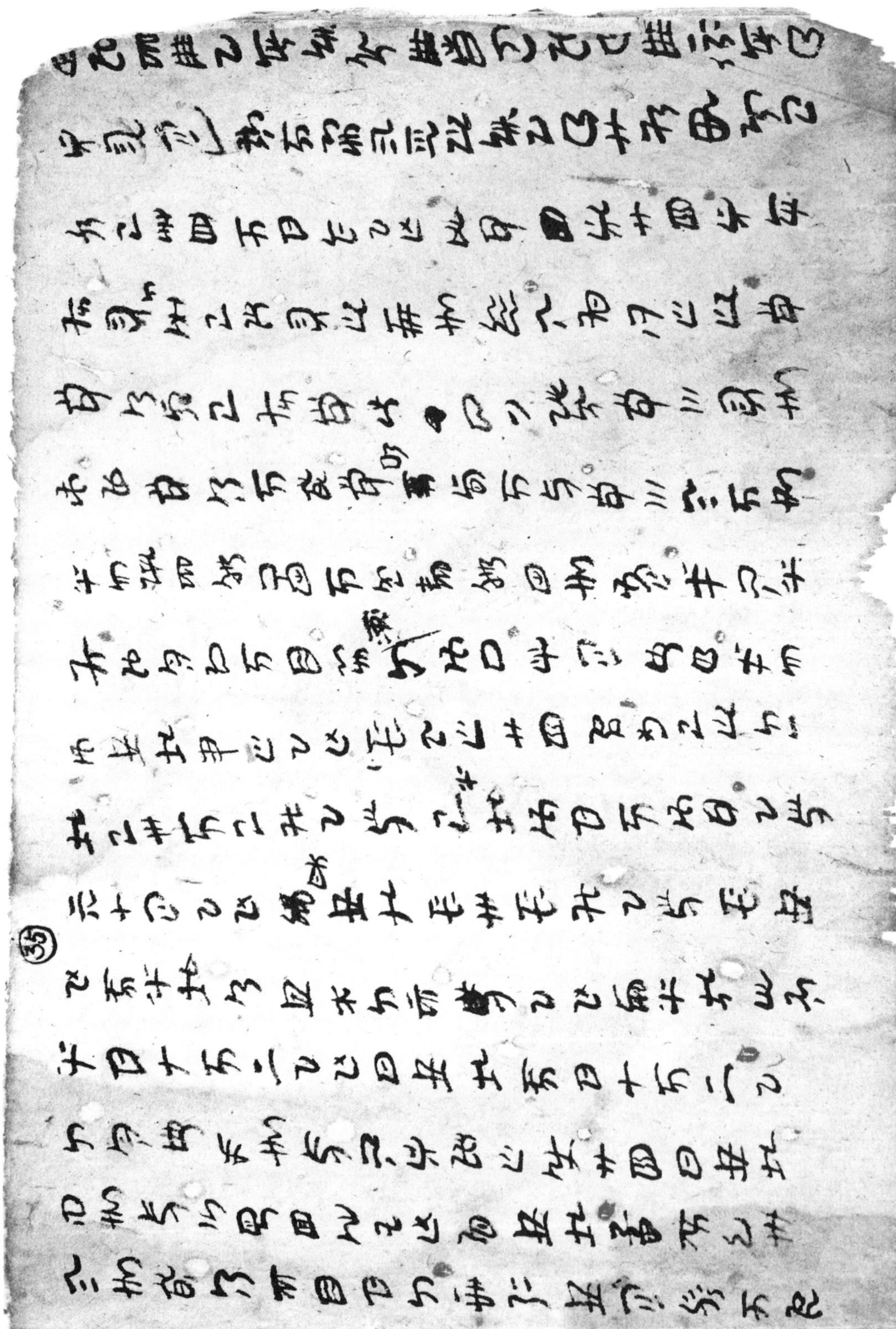

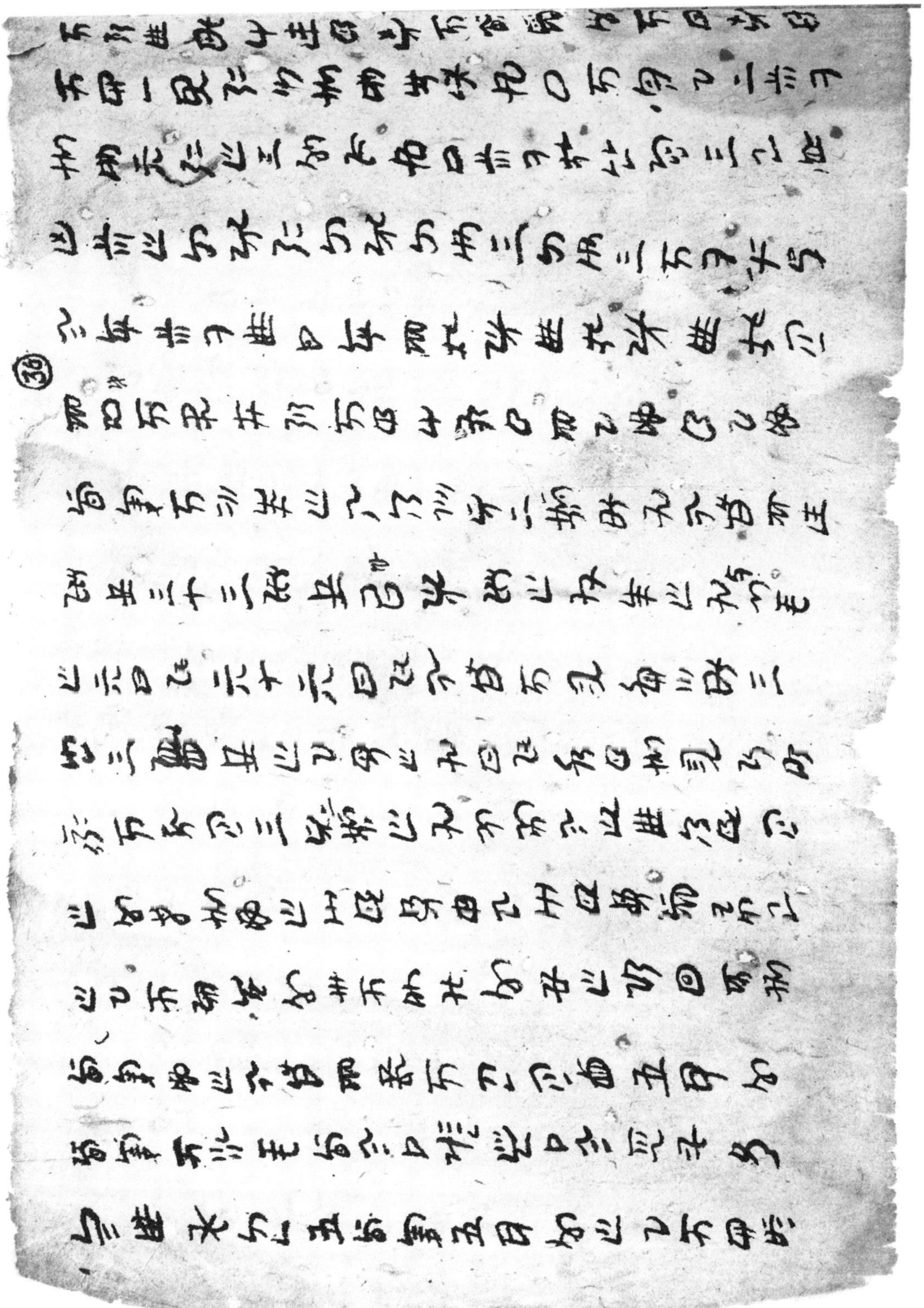

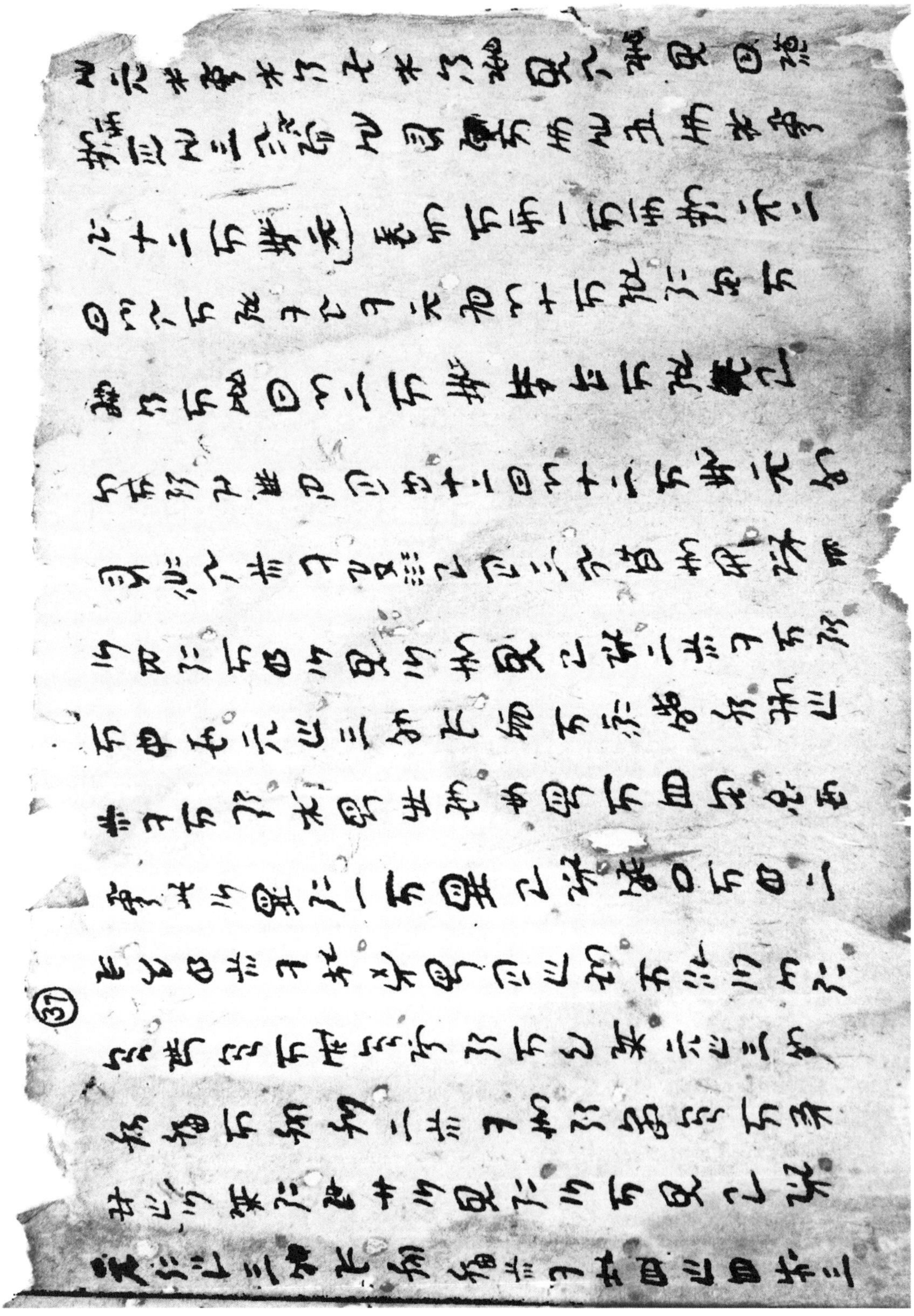

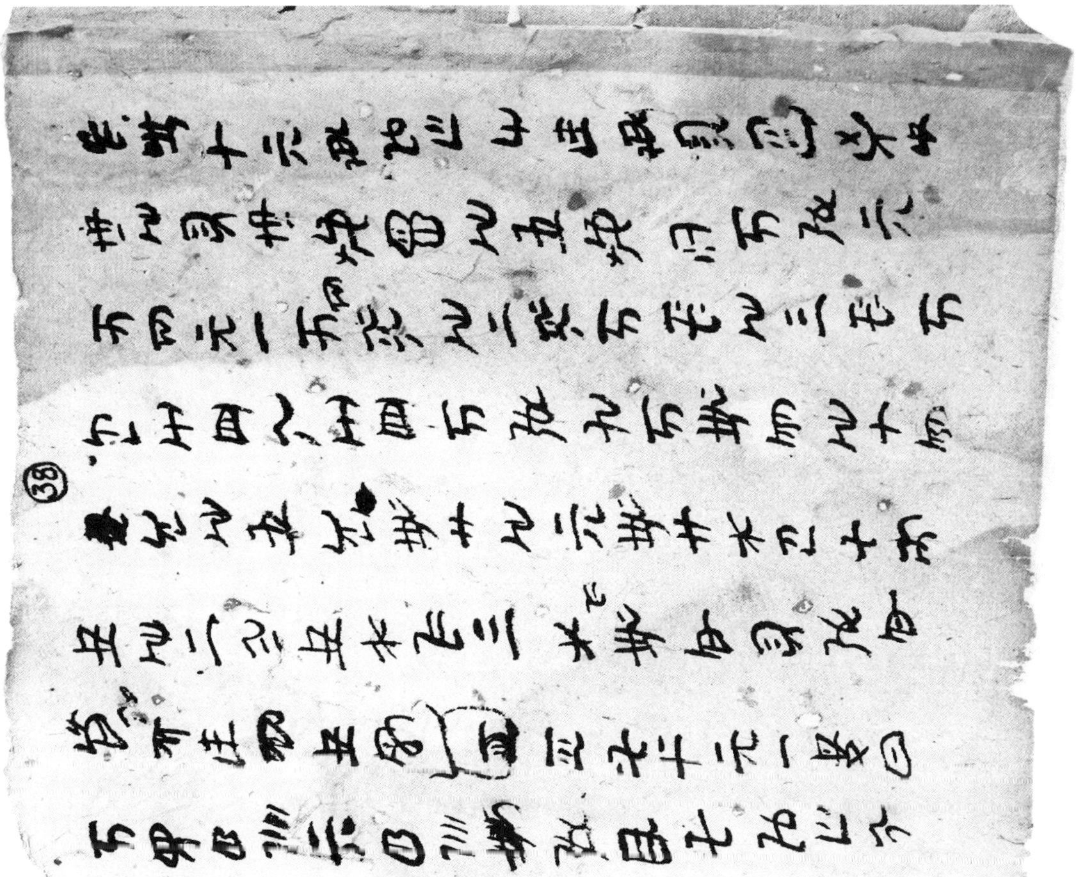

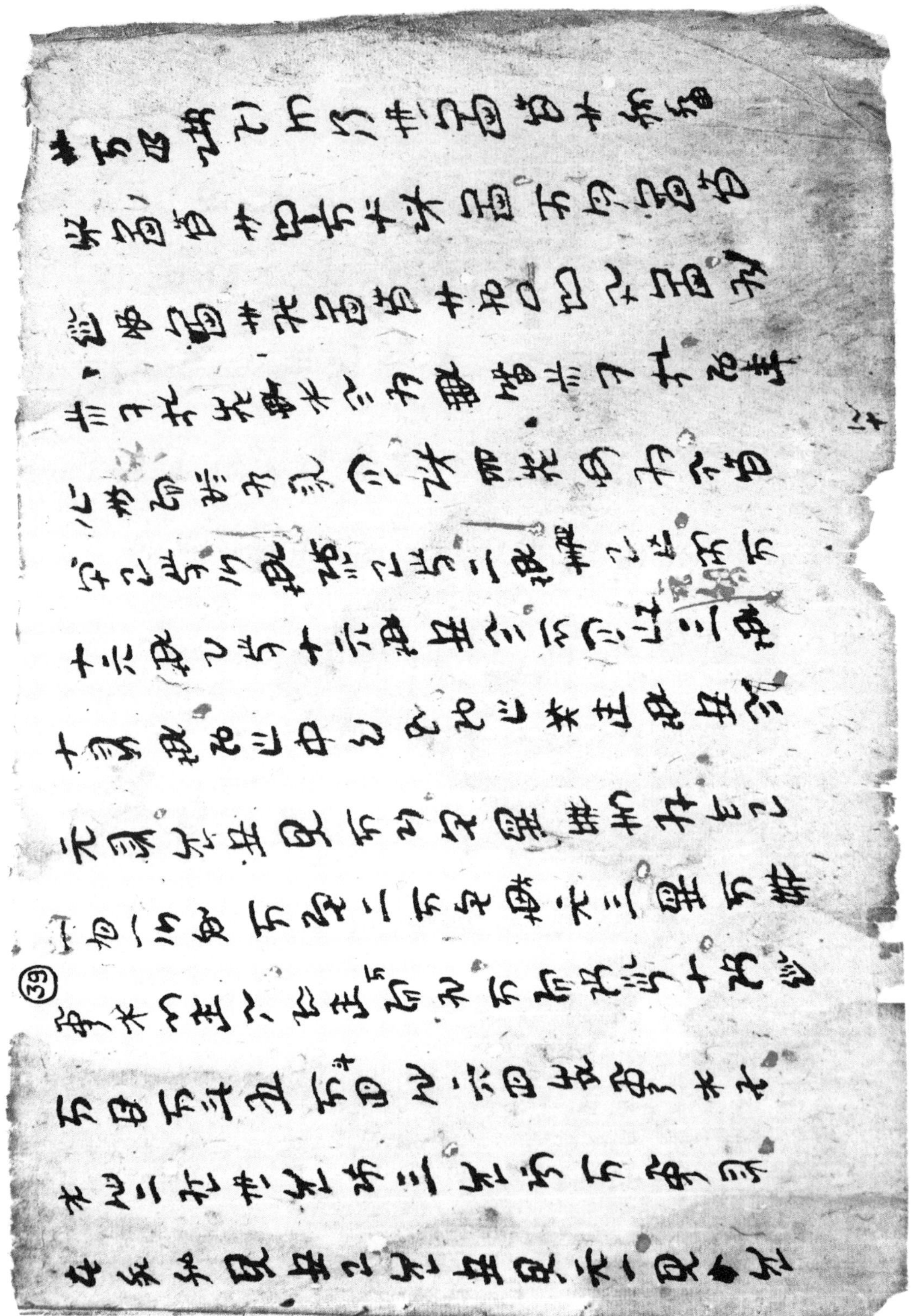

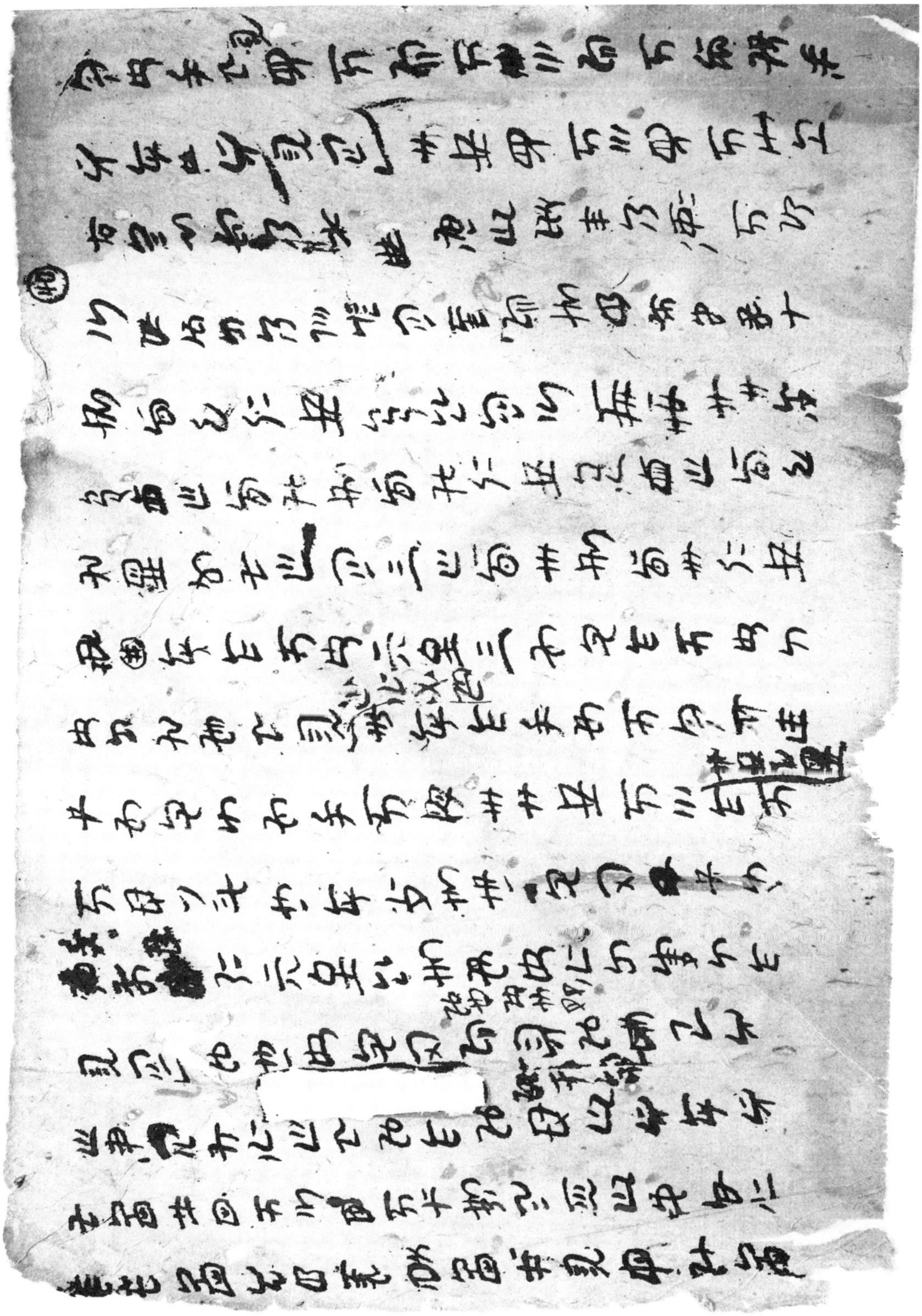

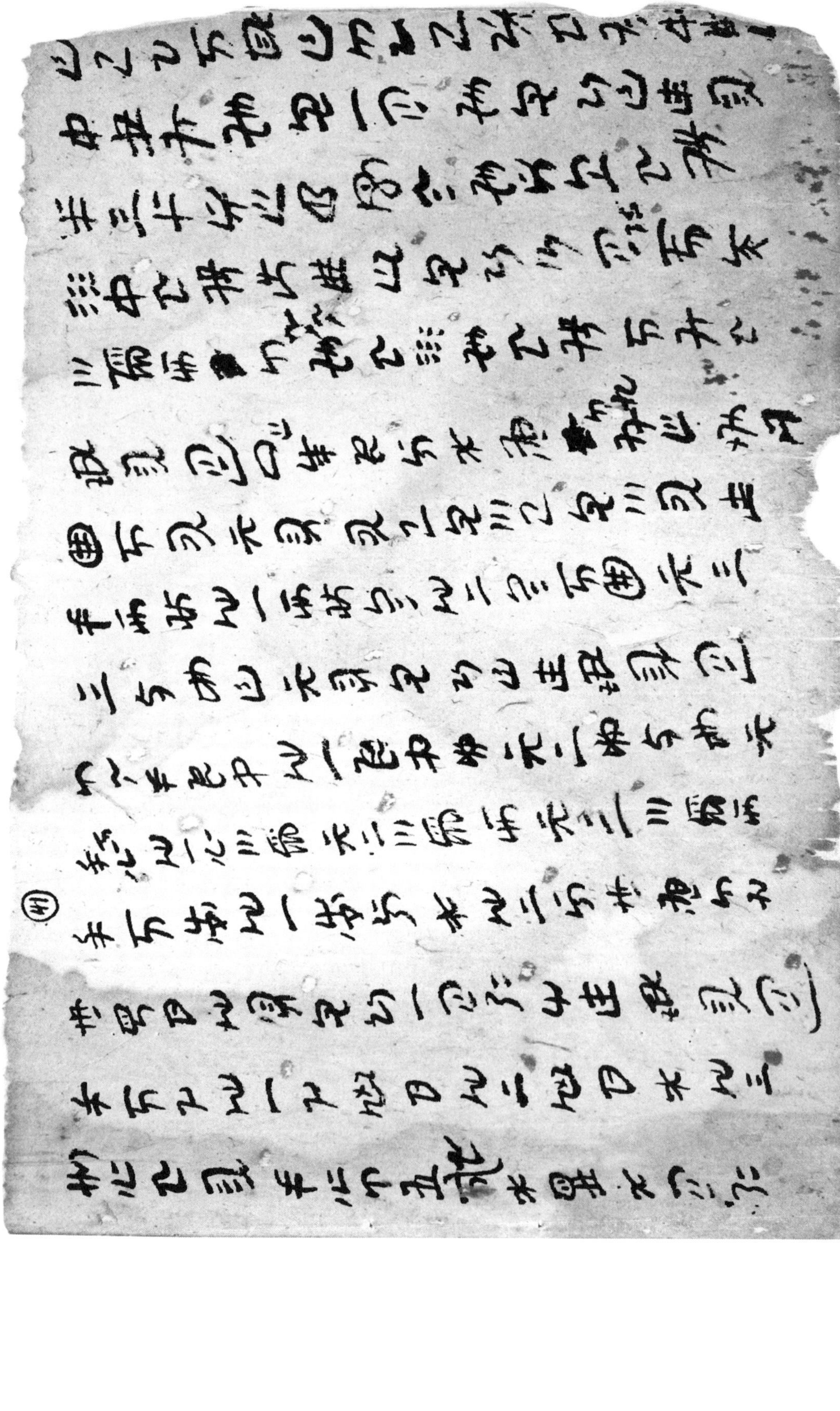

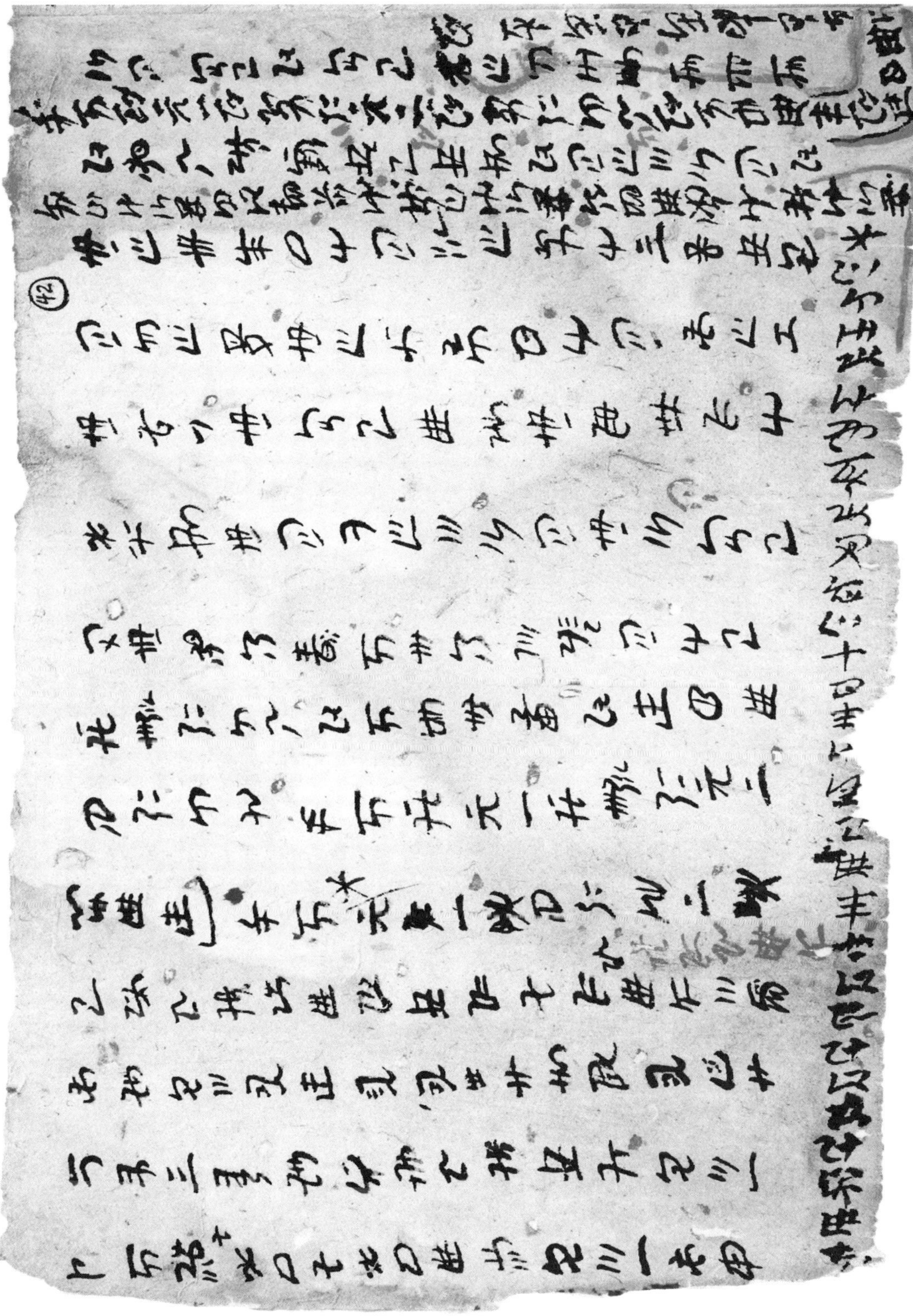

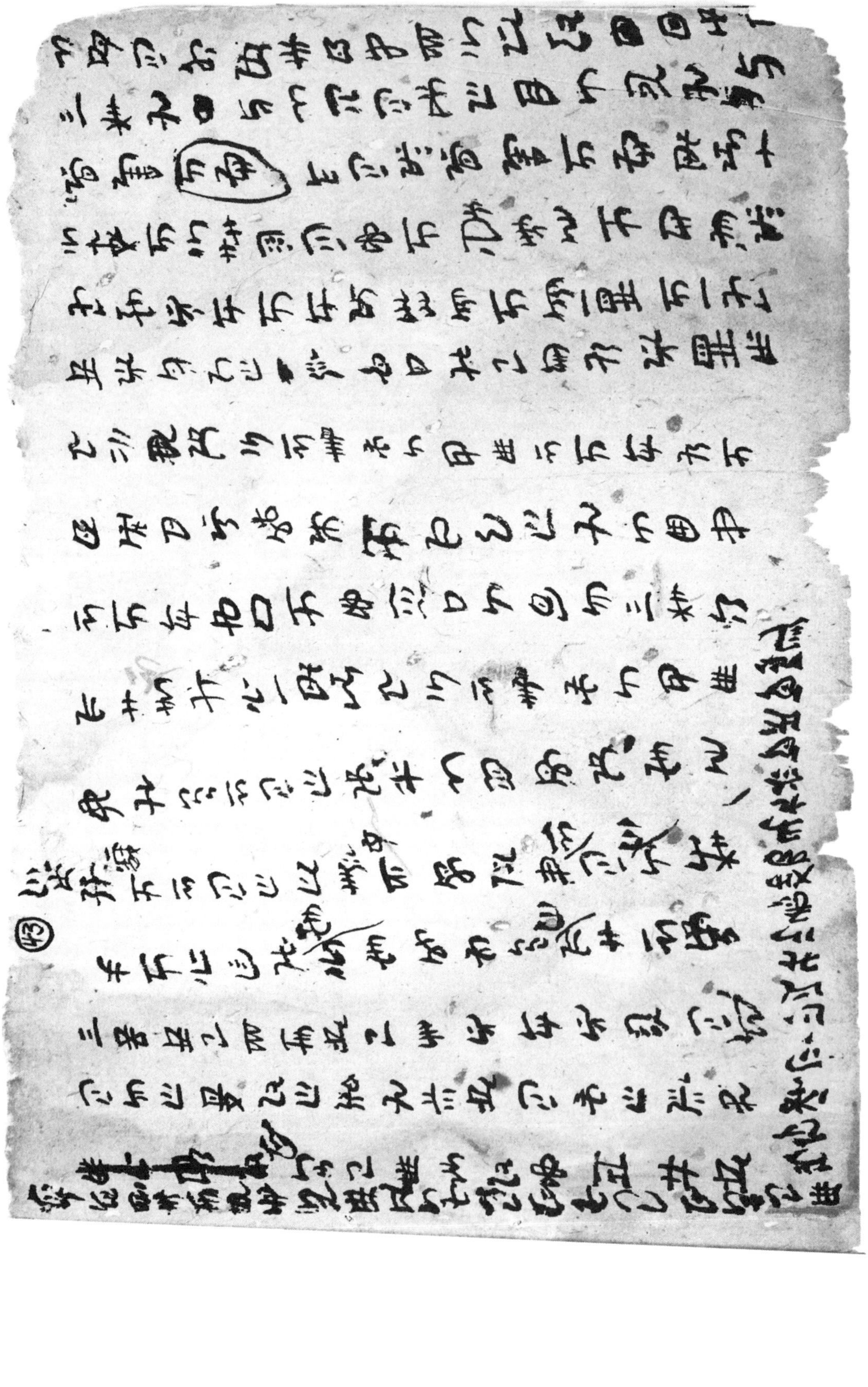

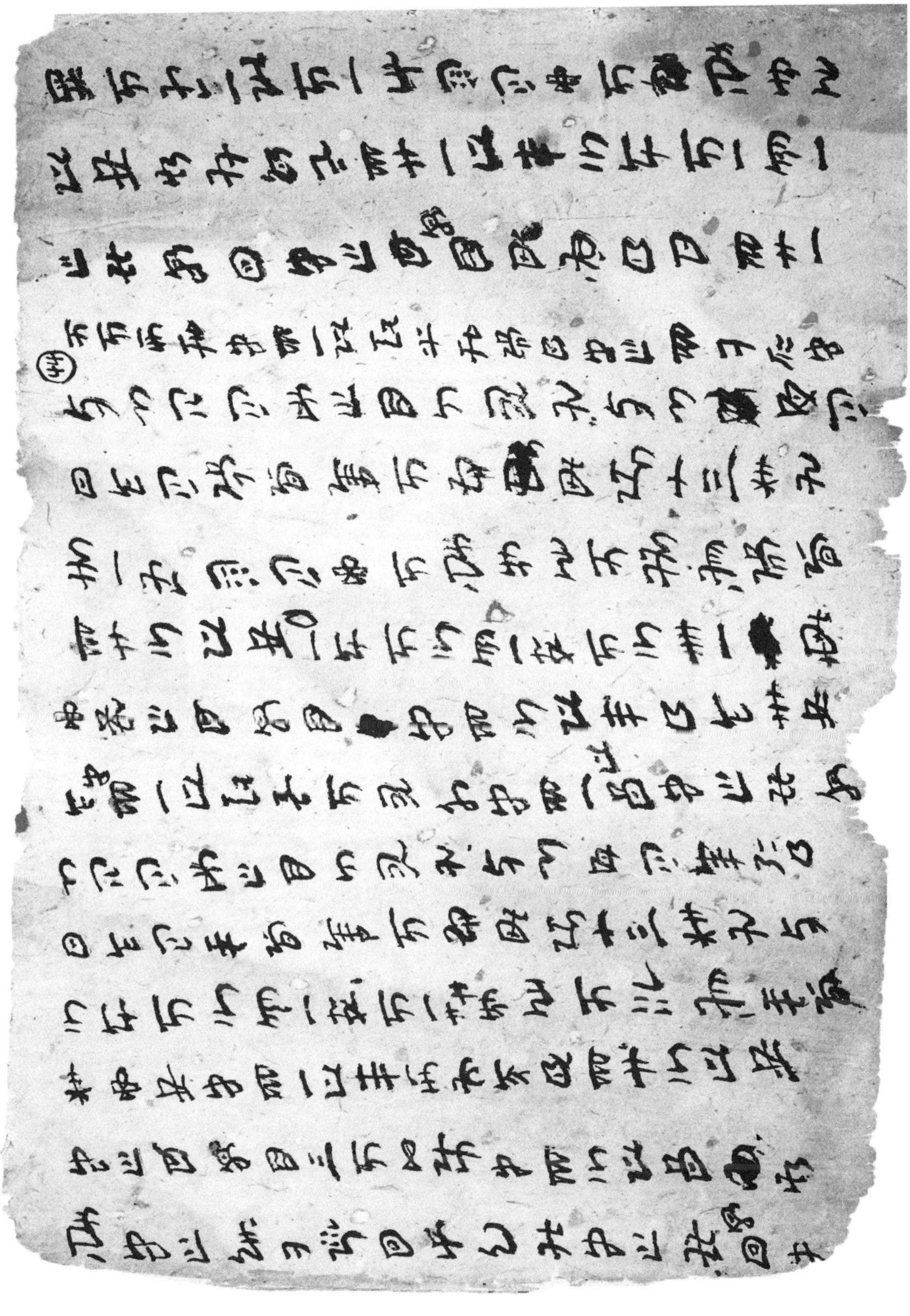

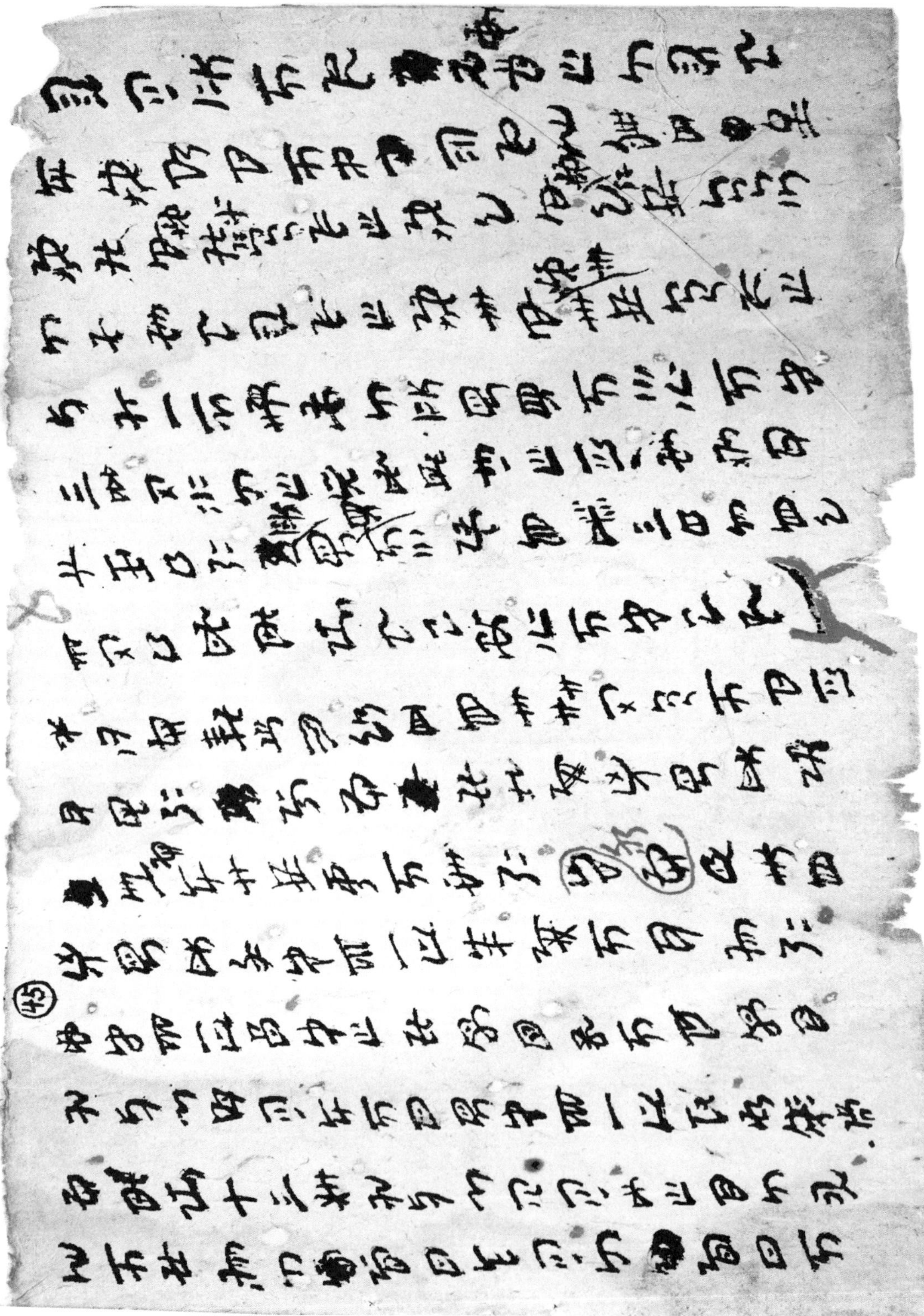

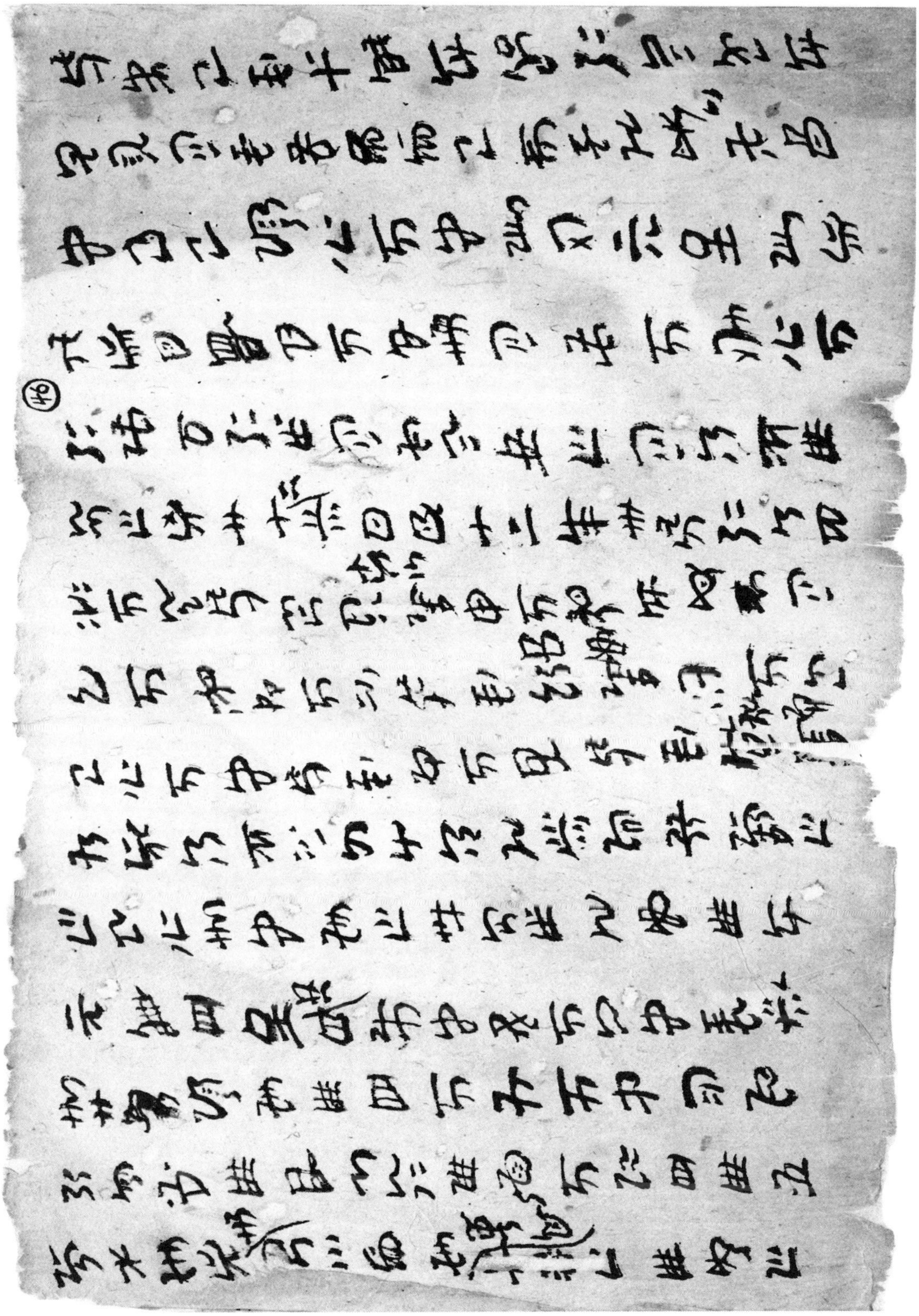

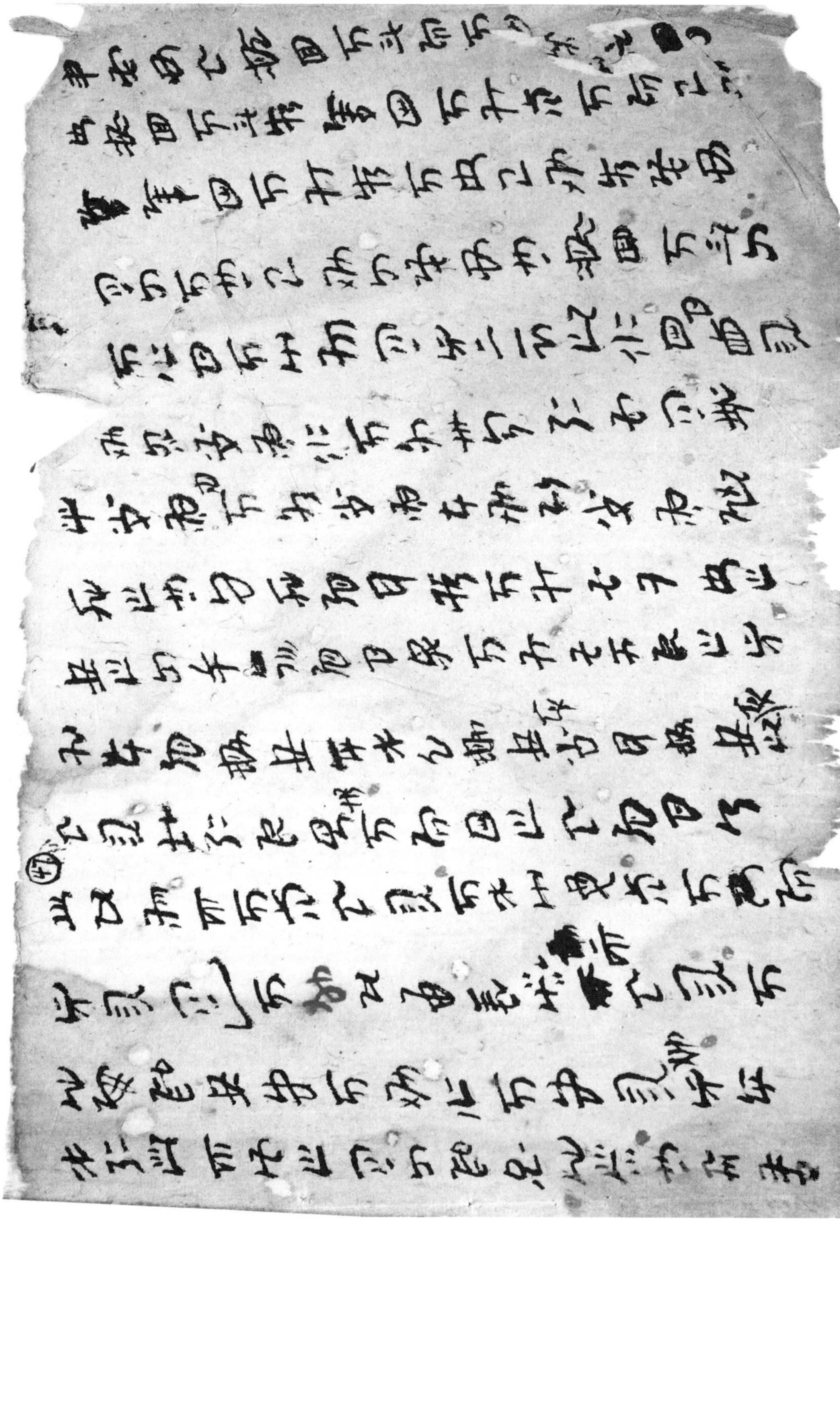

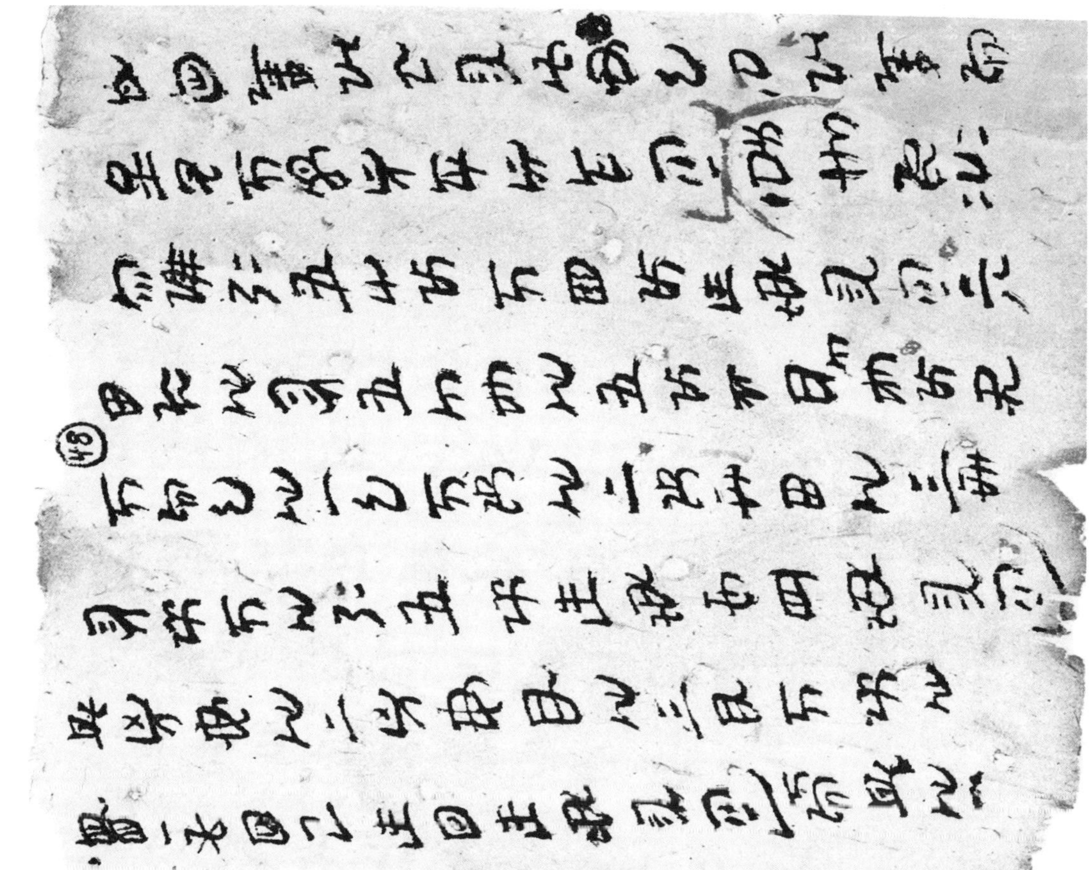

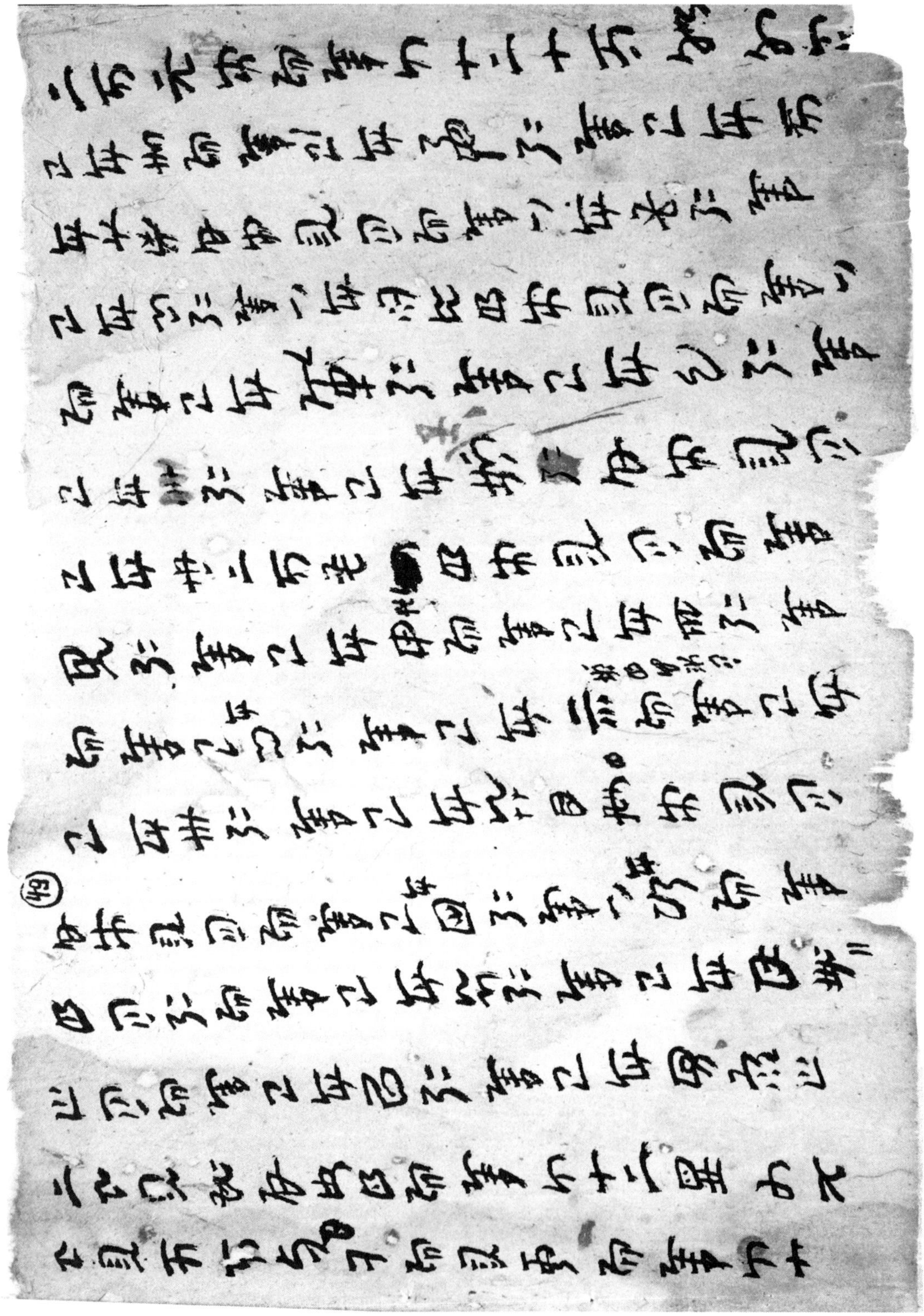

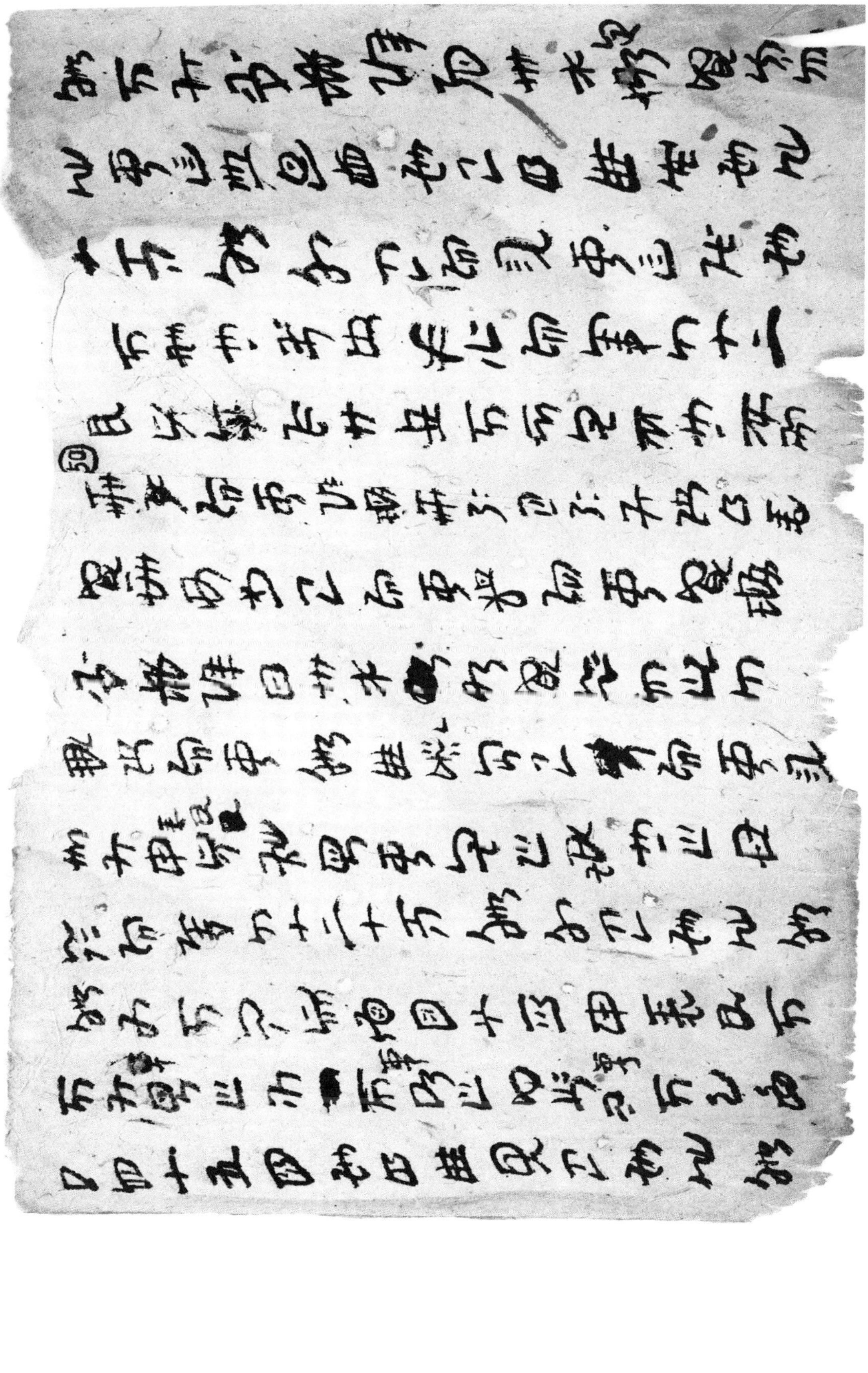

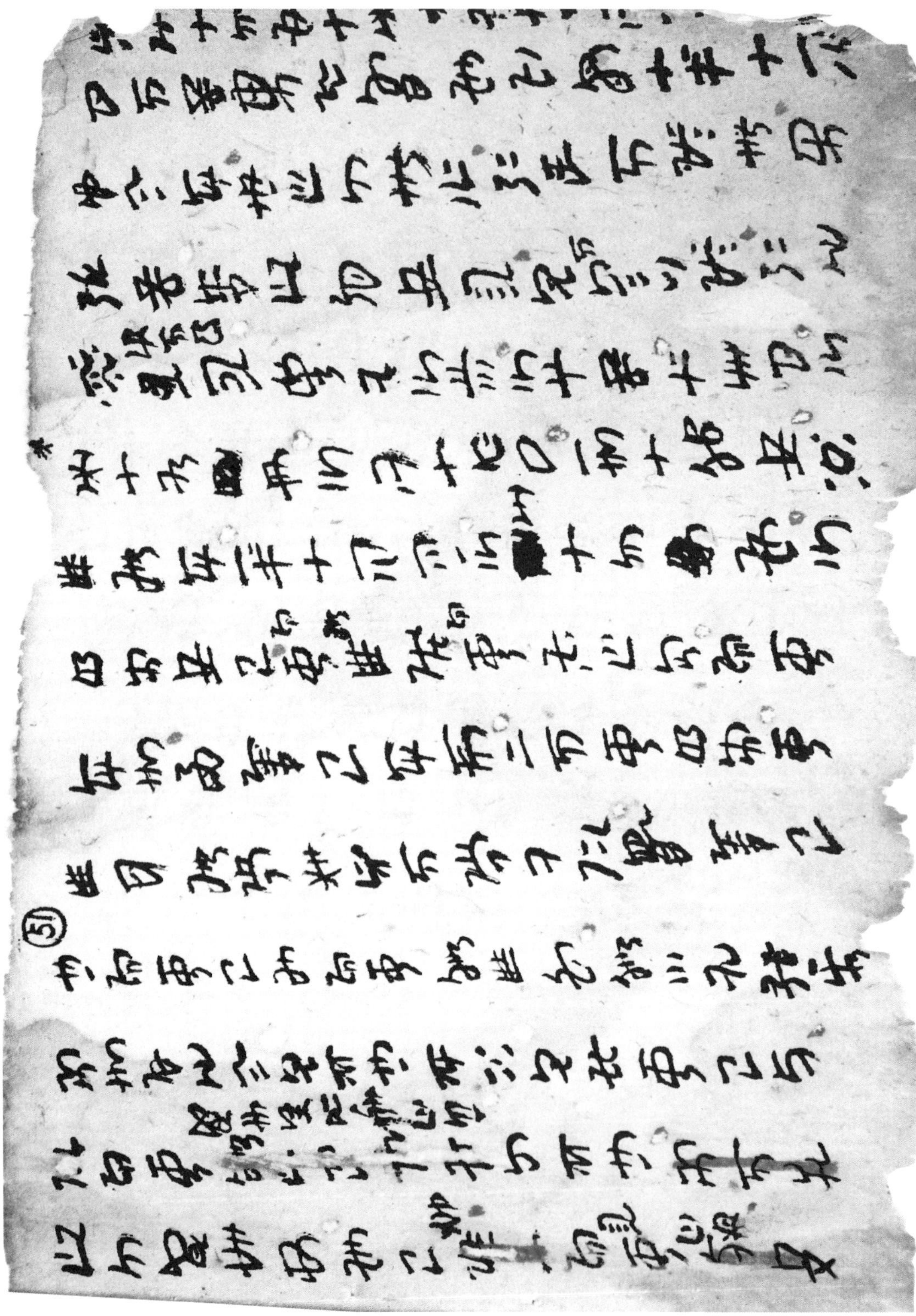

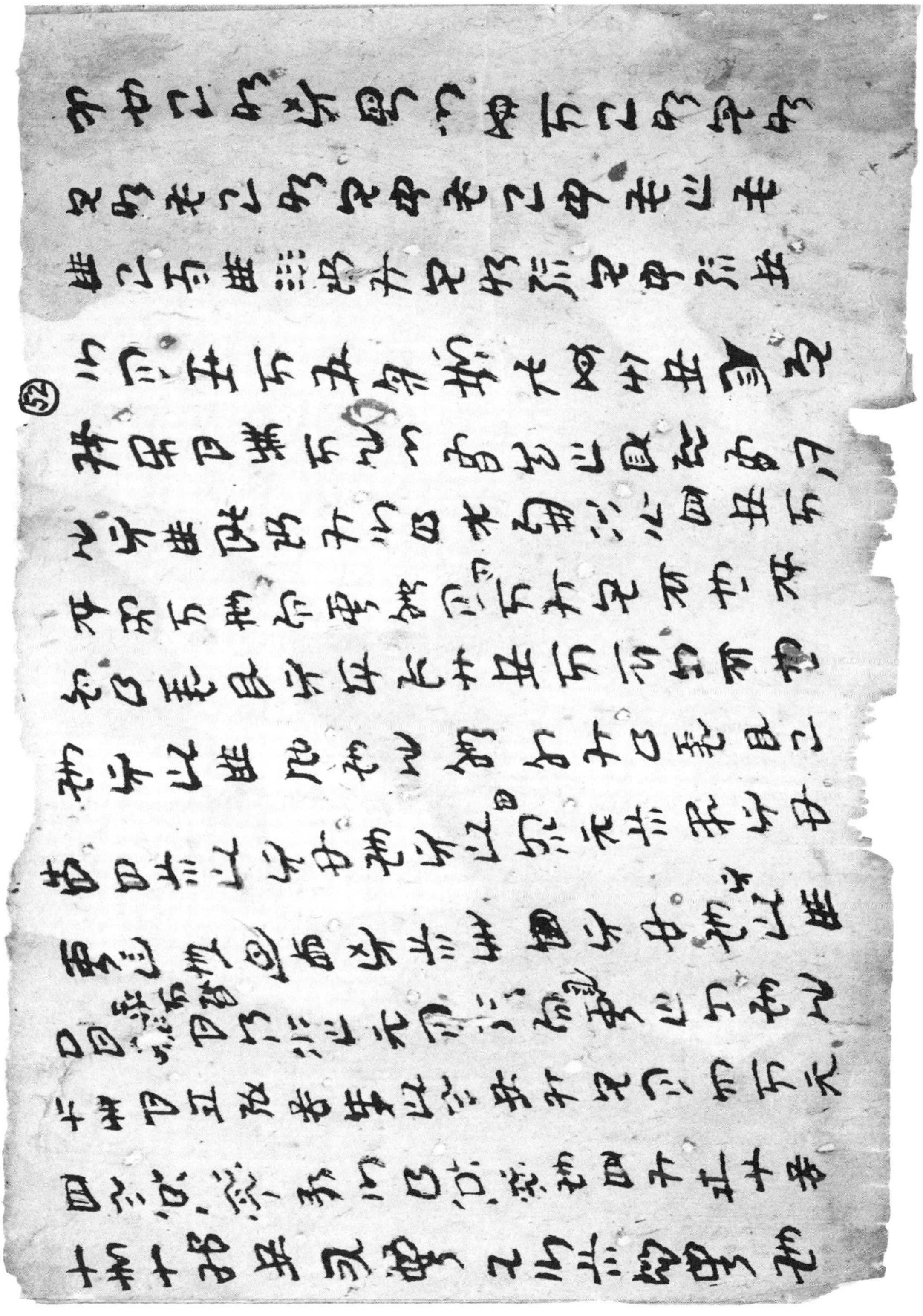

(52)

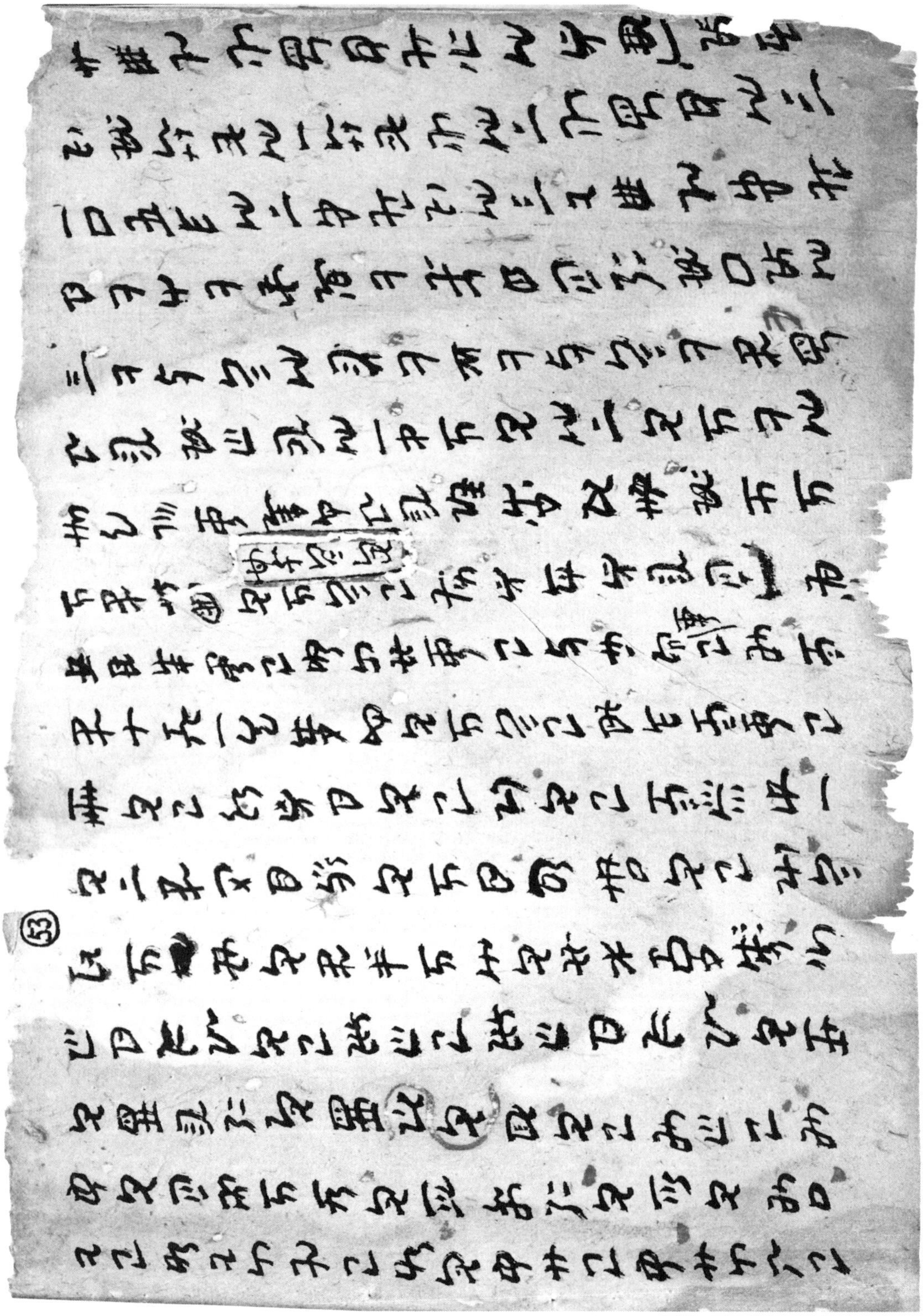

53

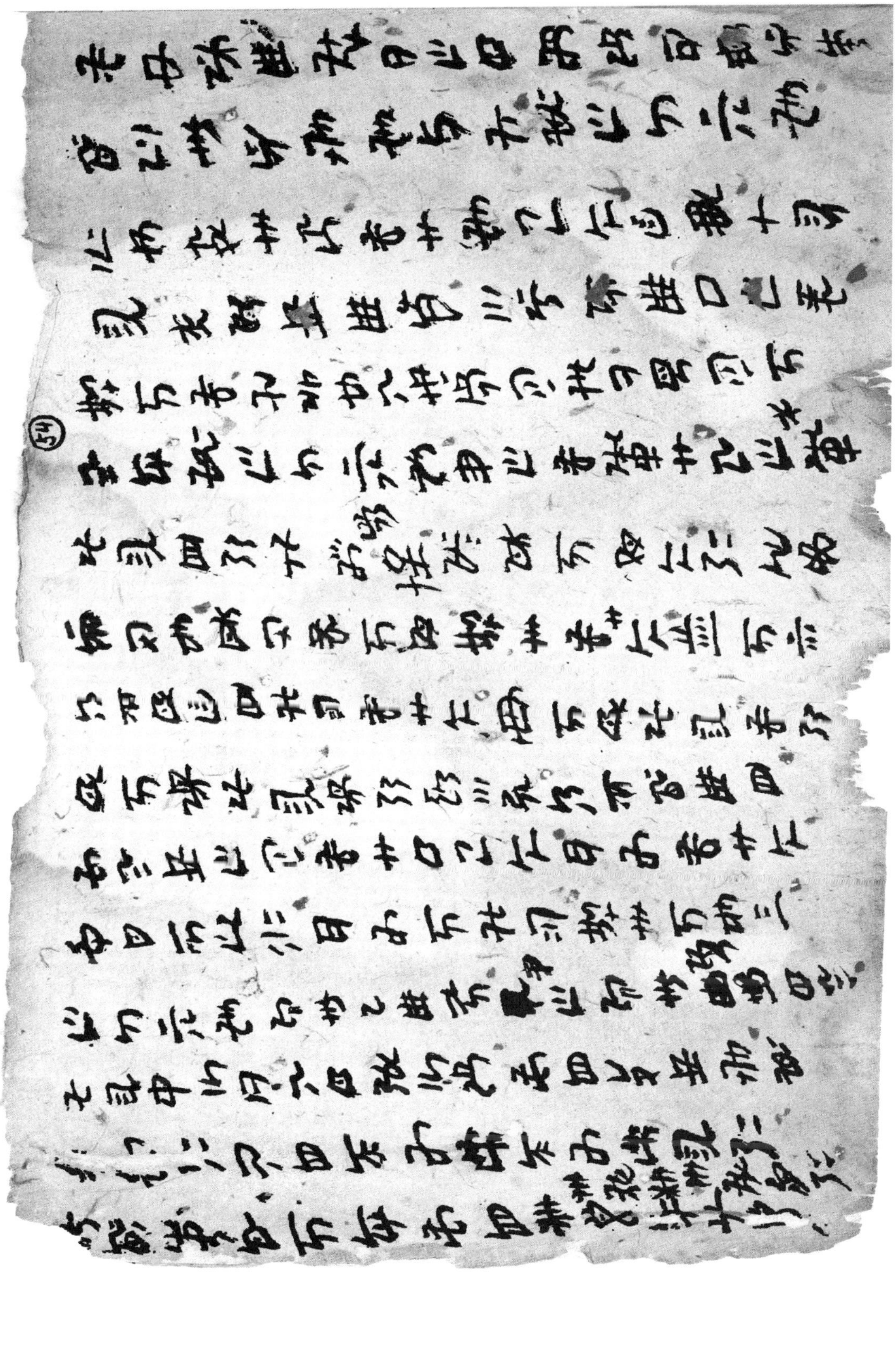

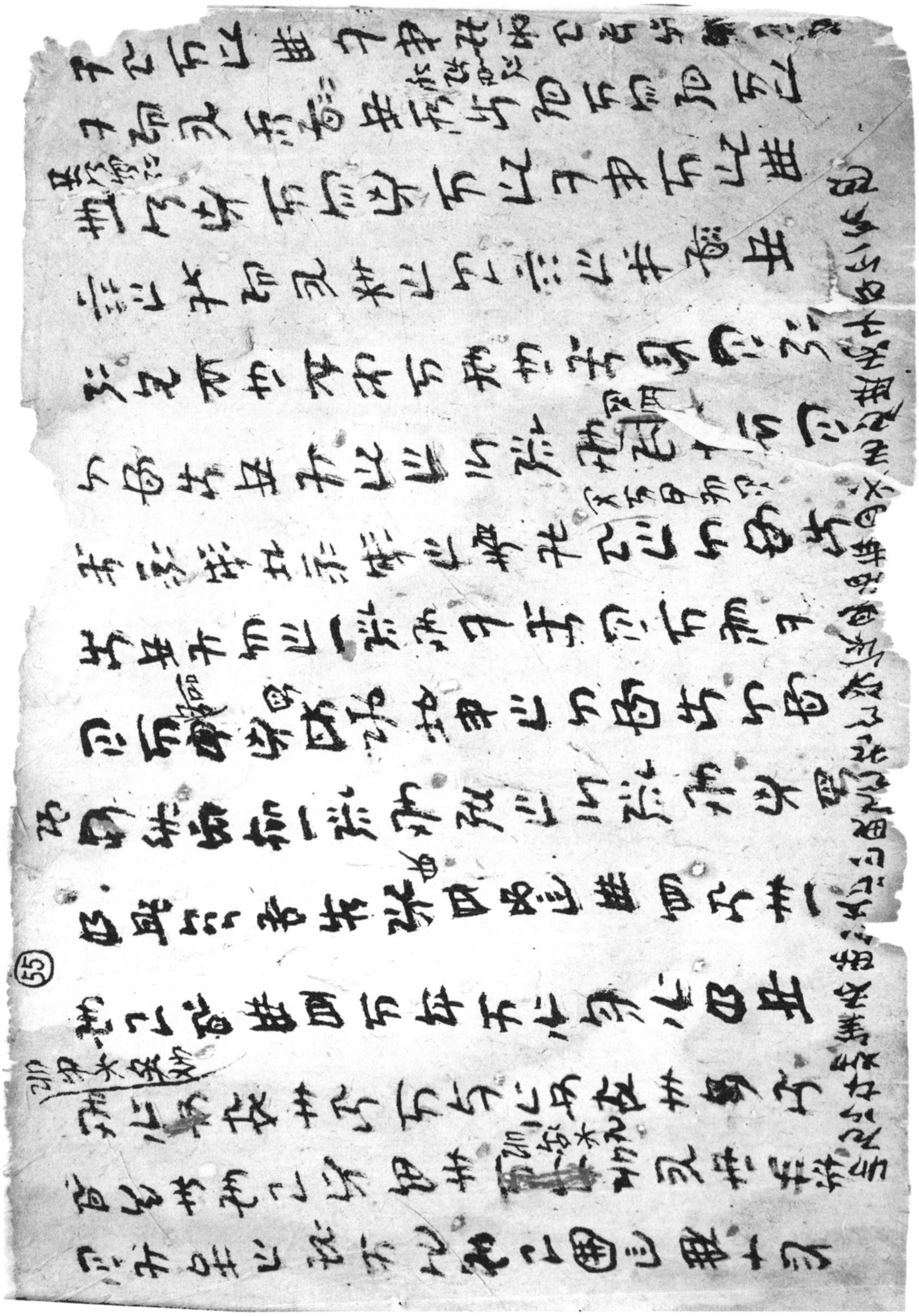

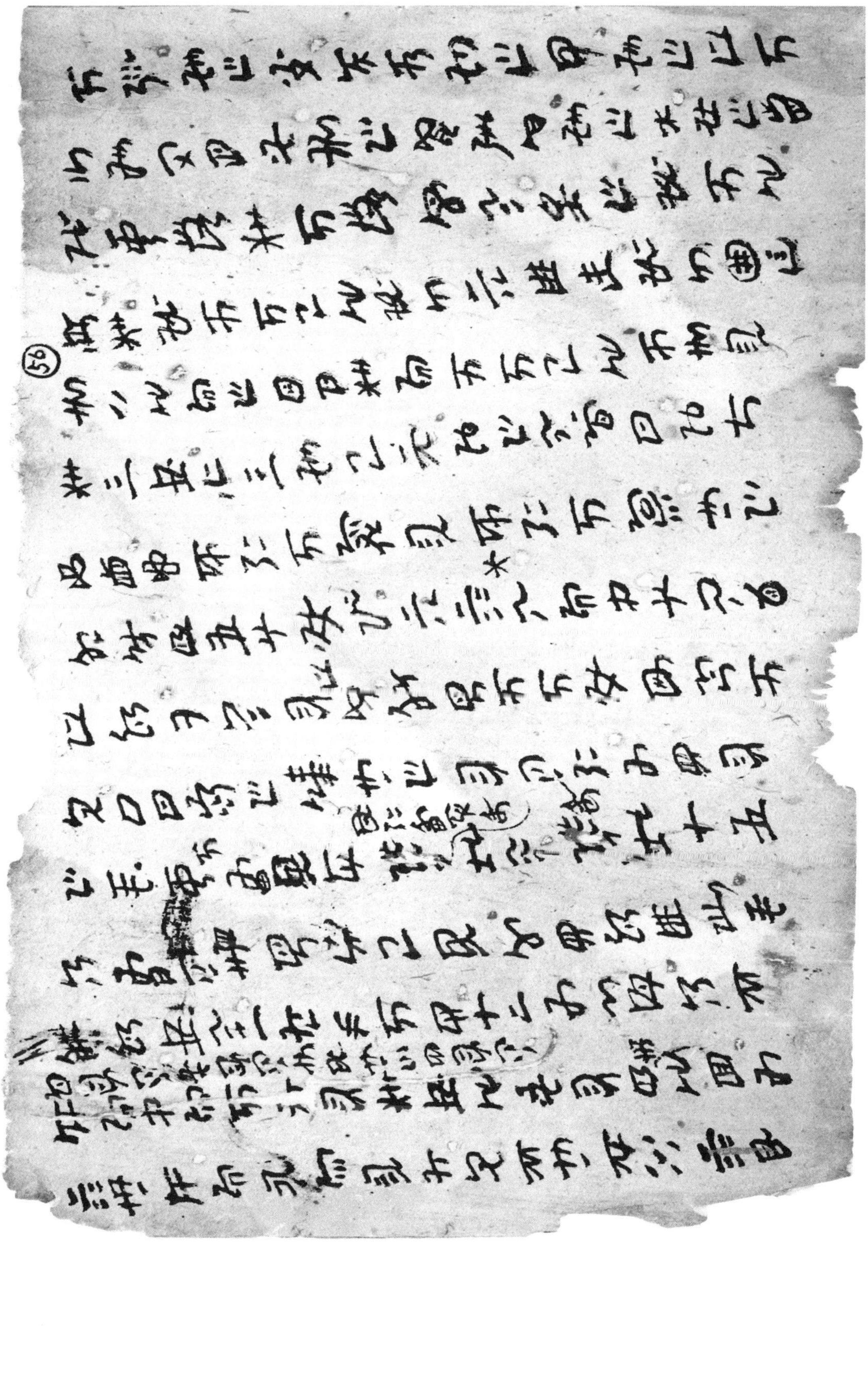

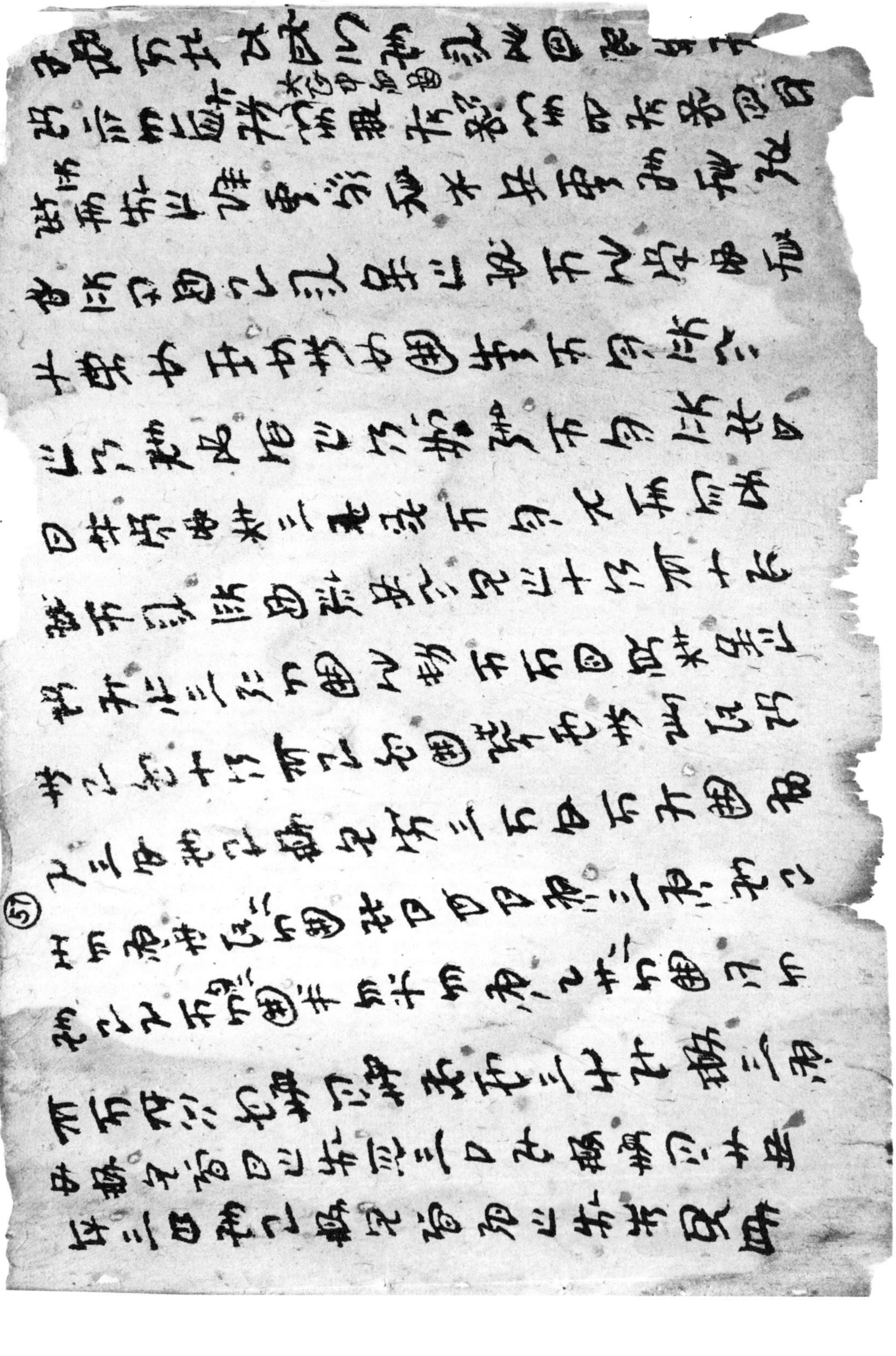

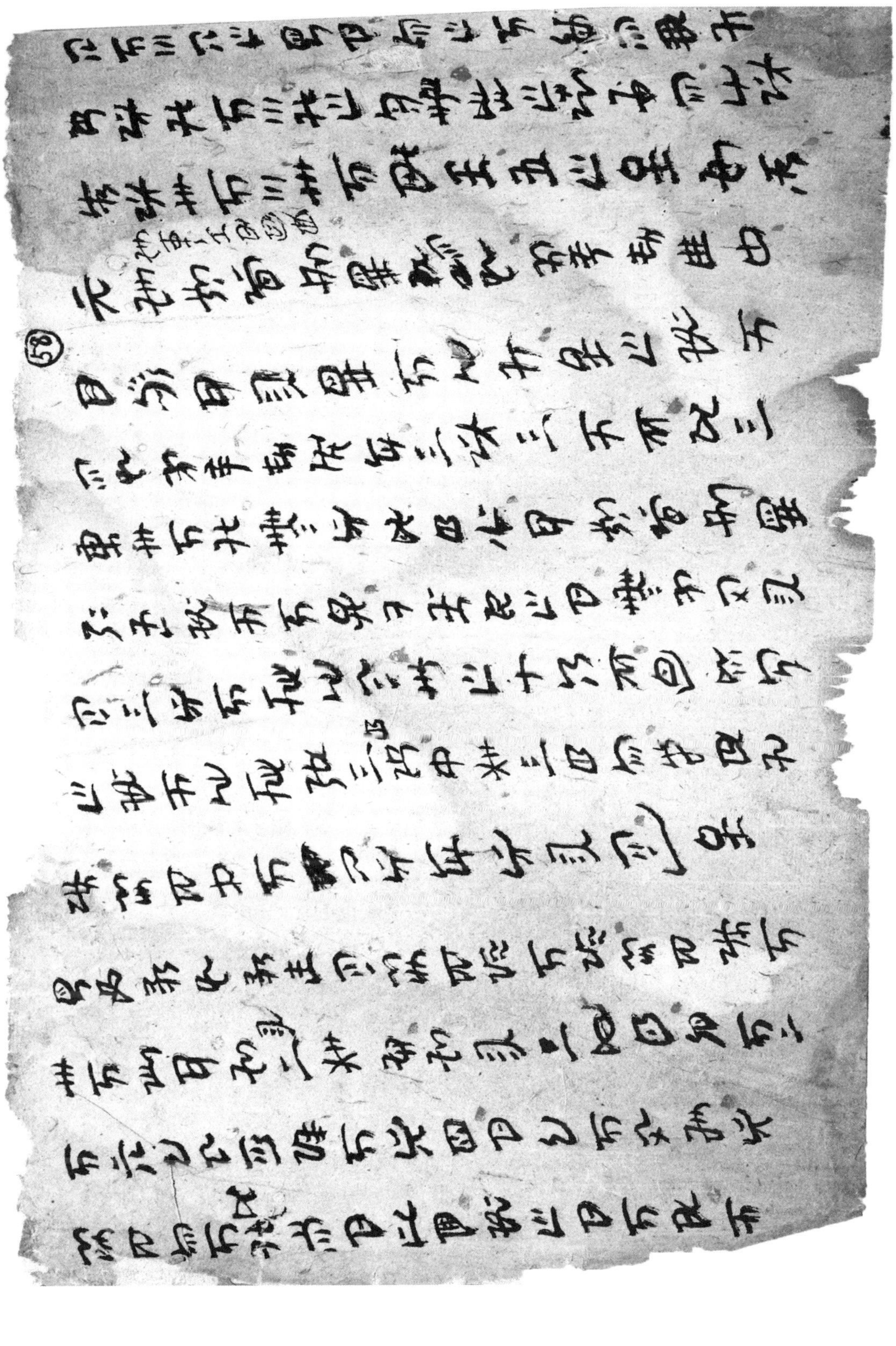

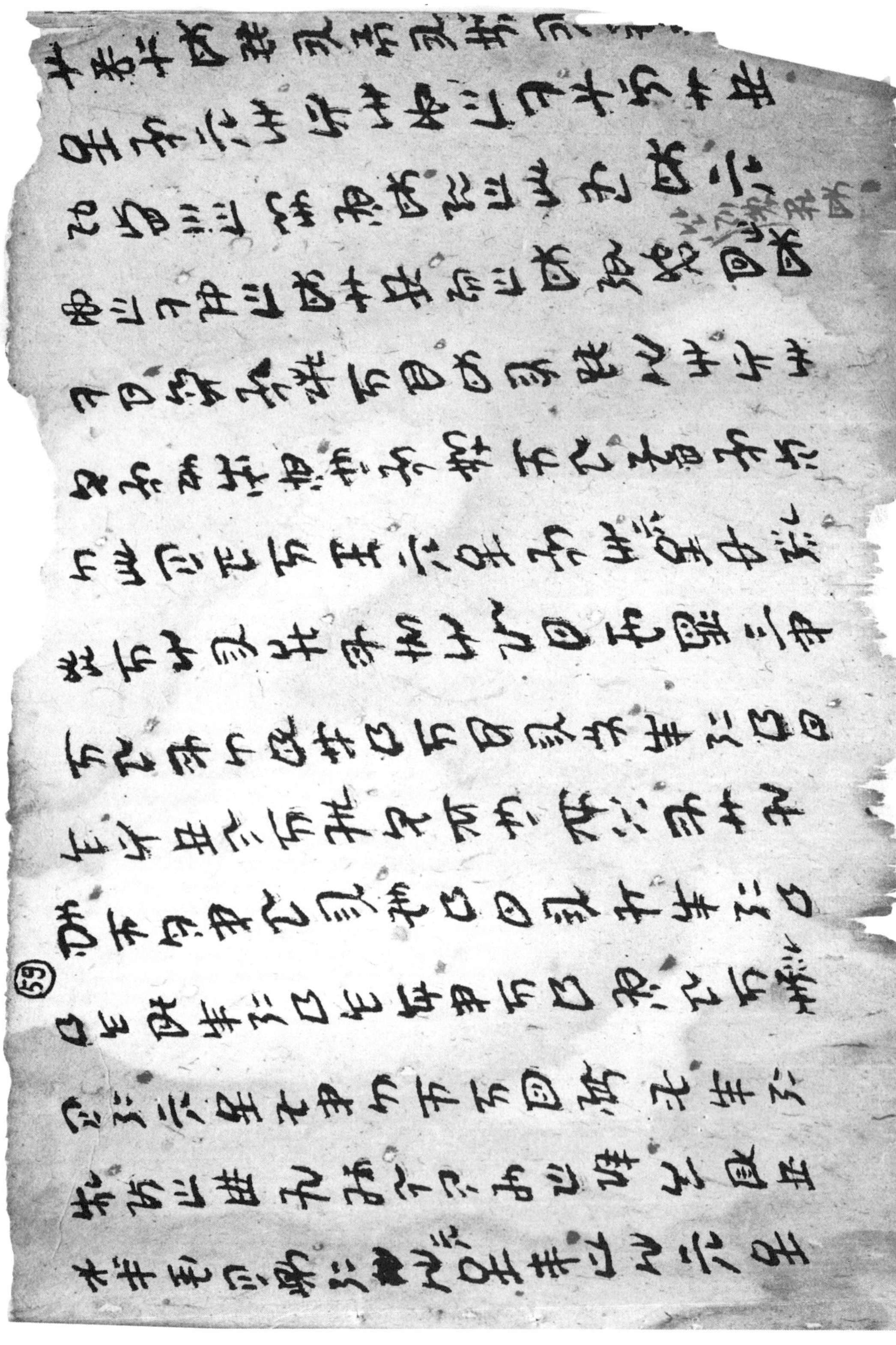

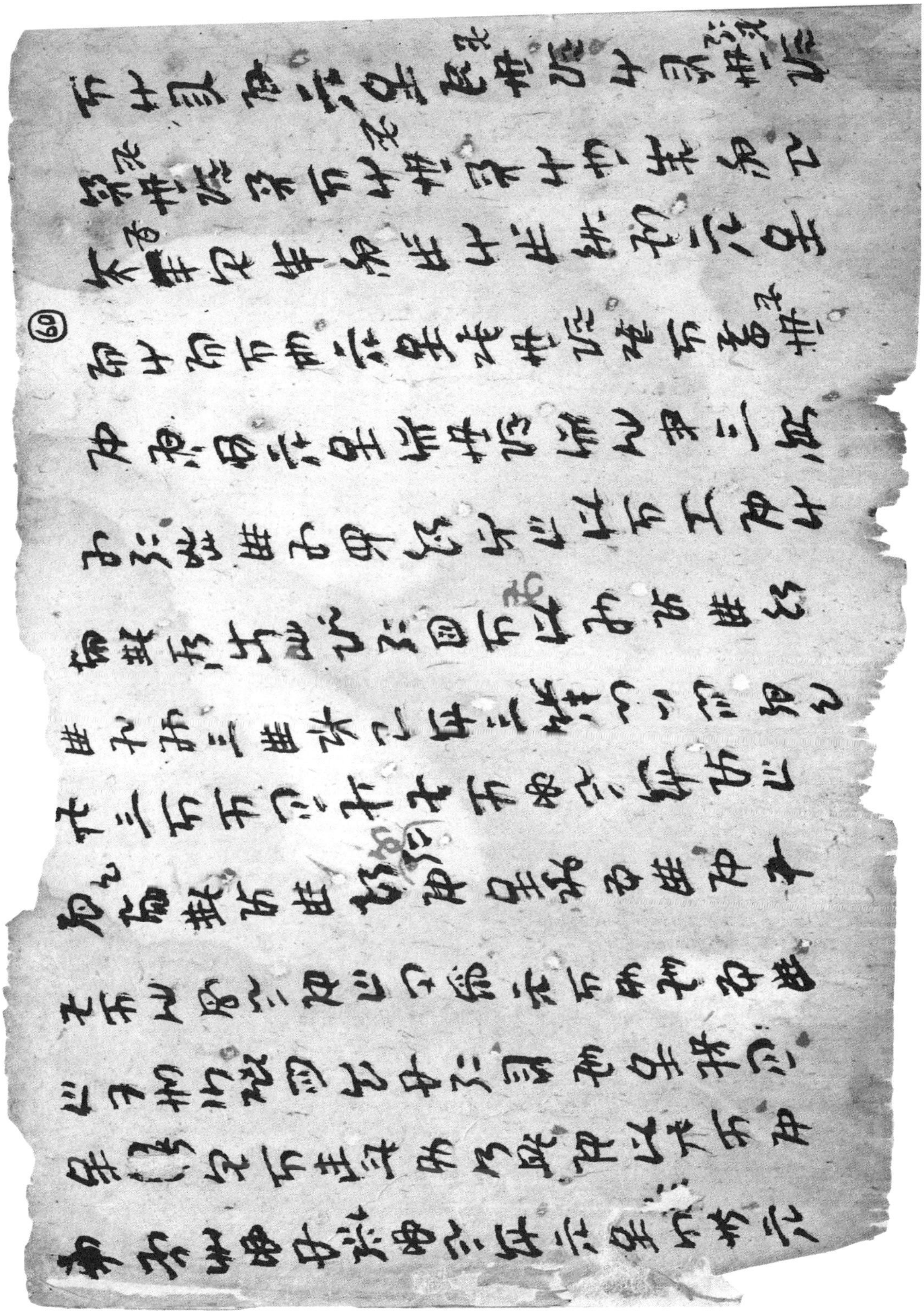

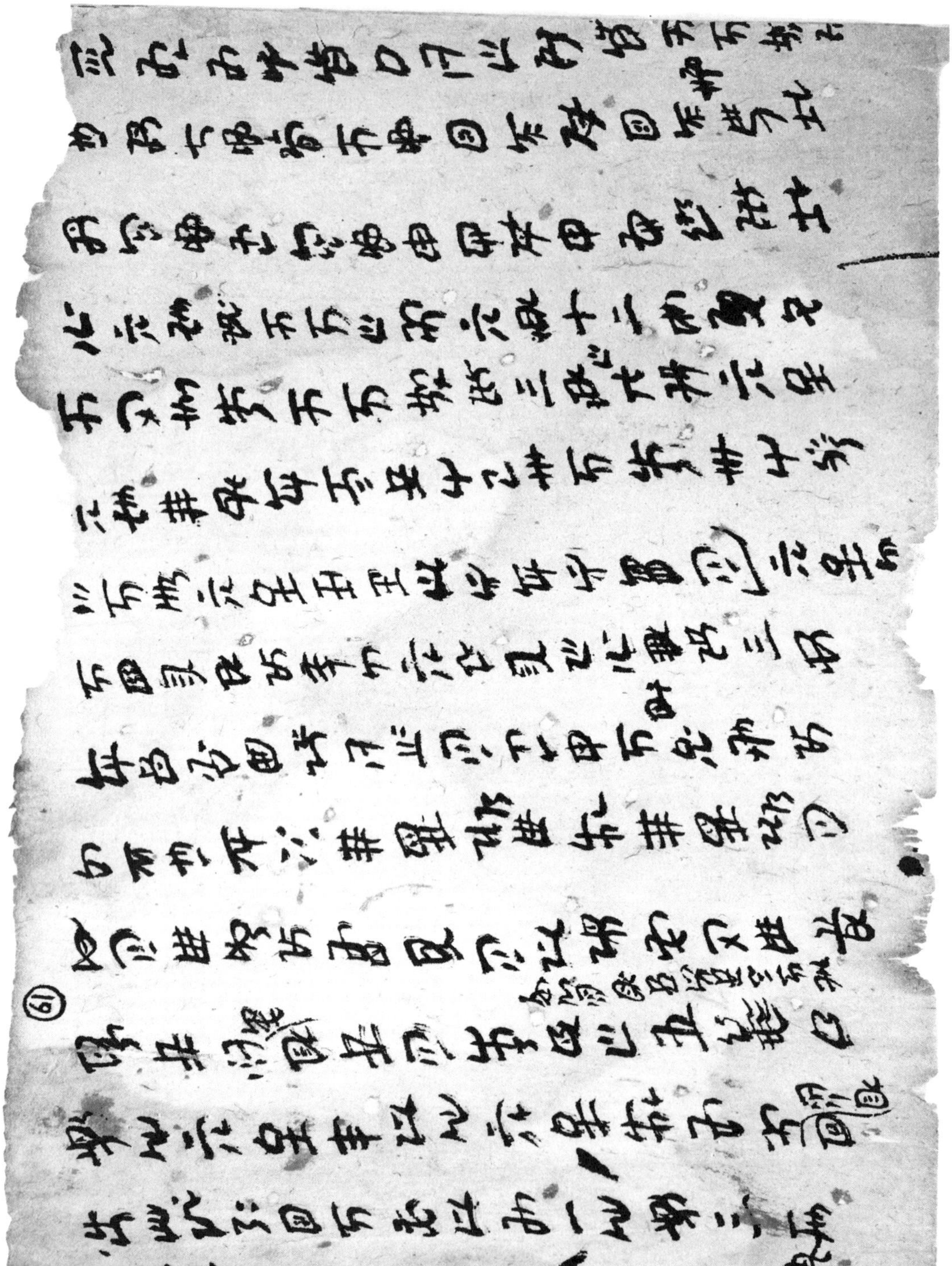

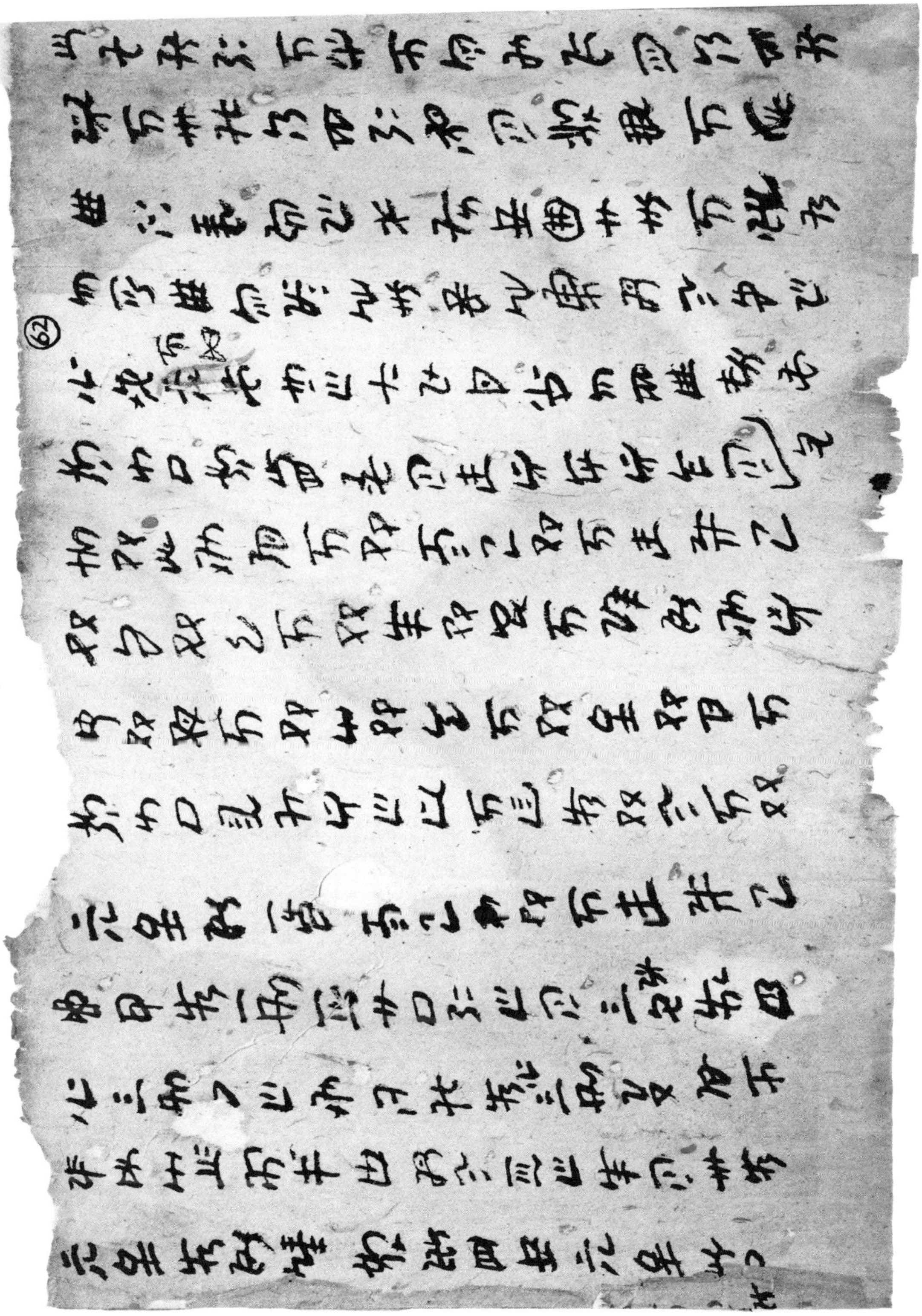

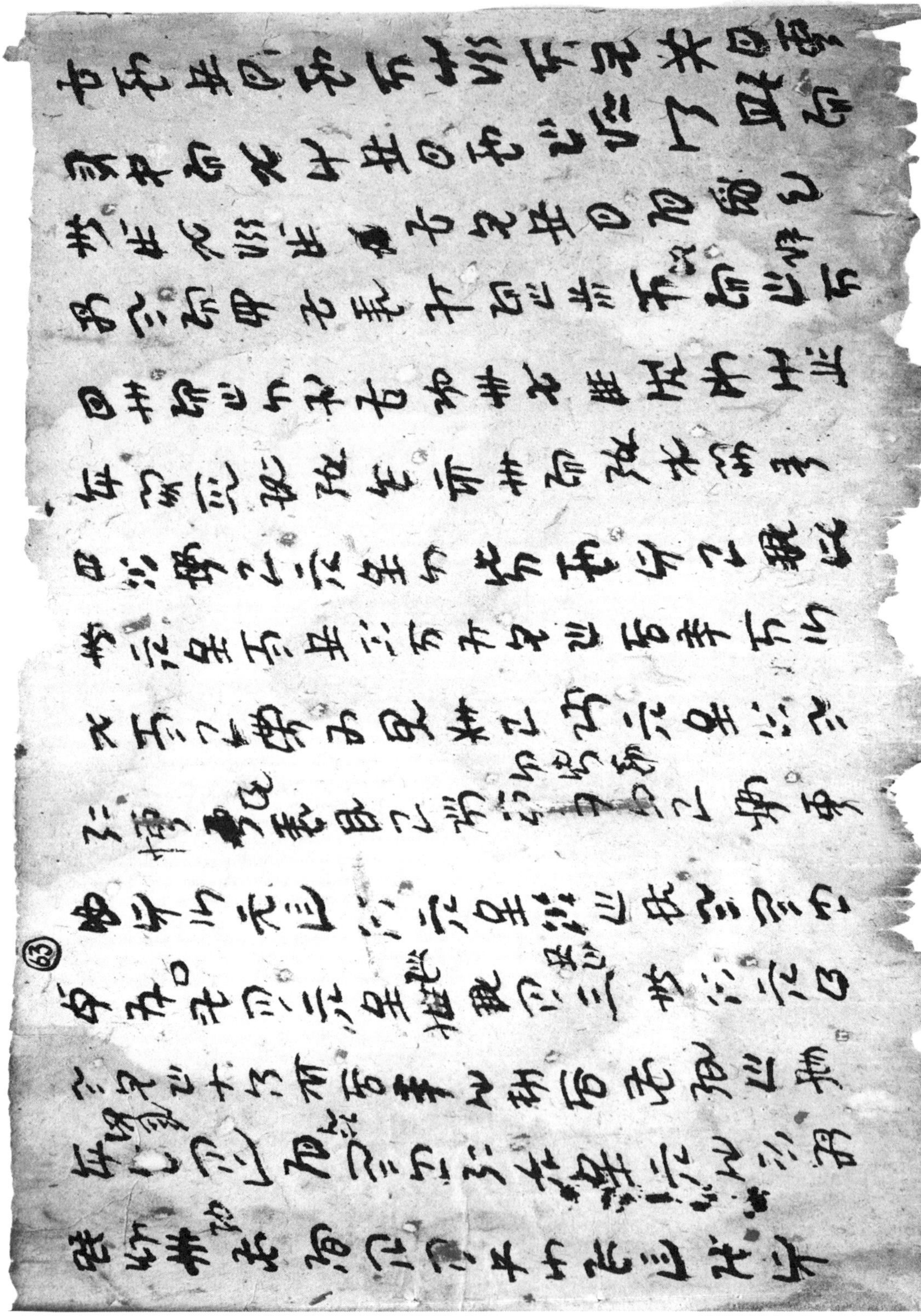

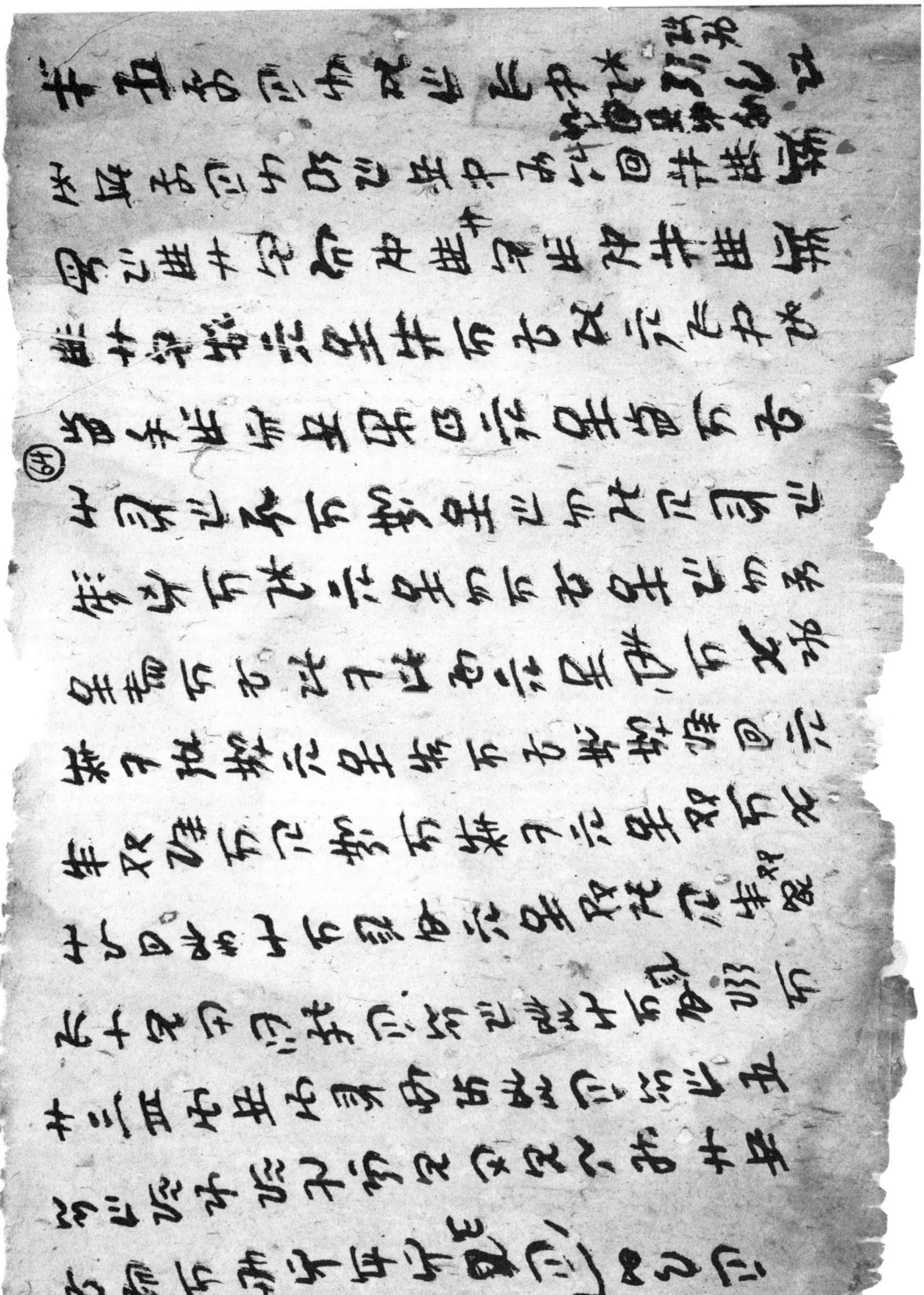

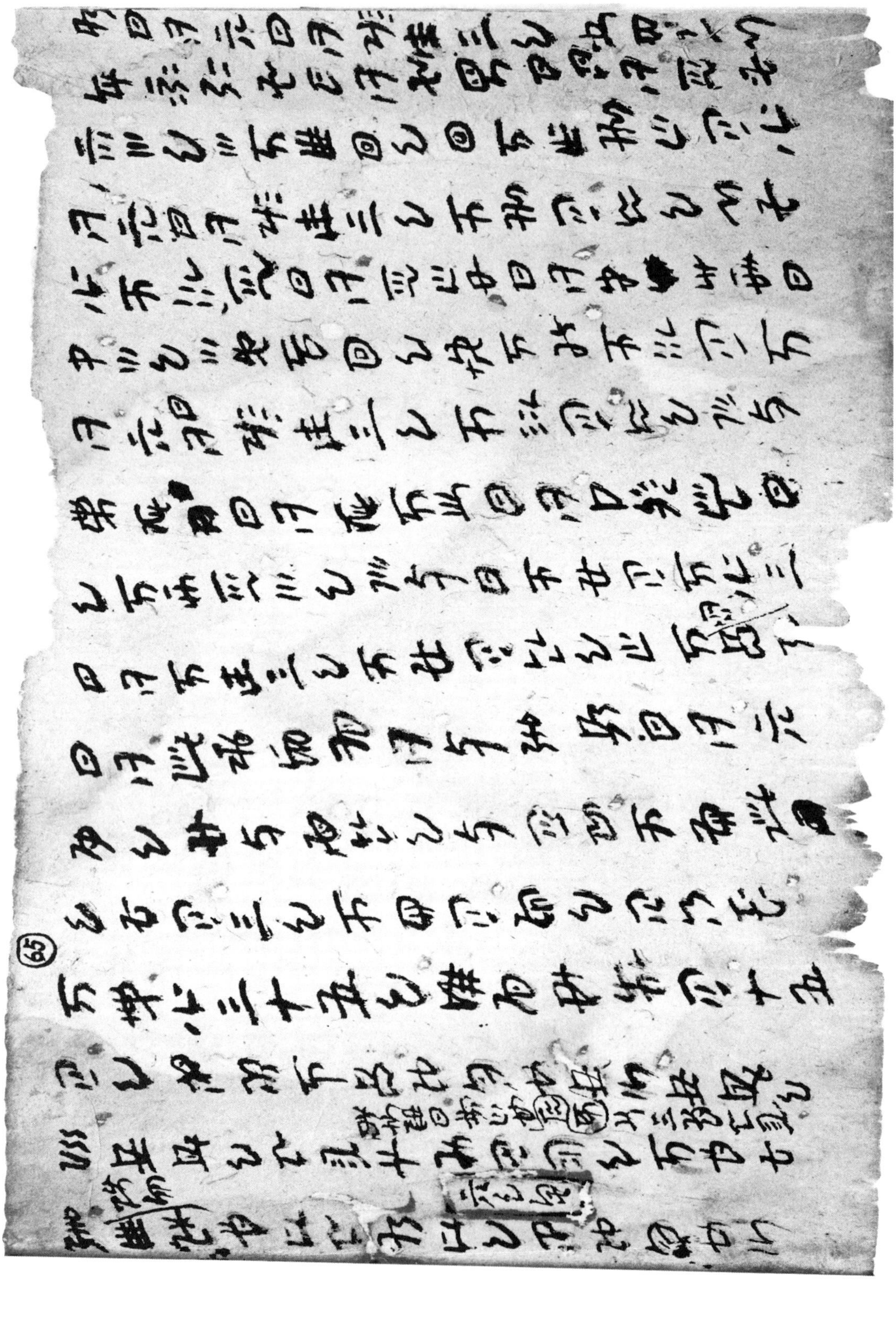

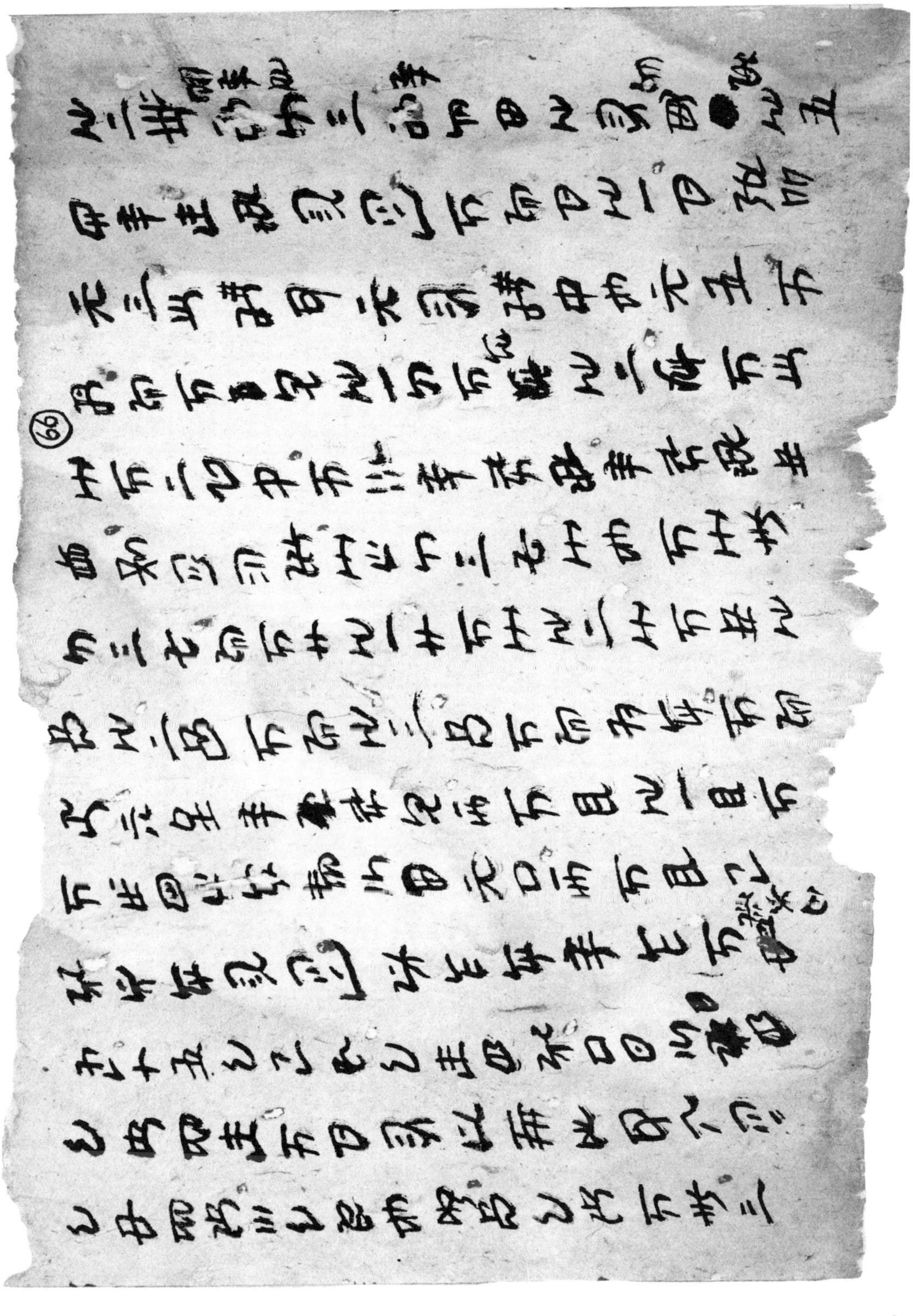

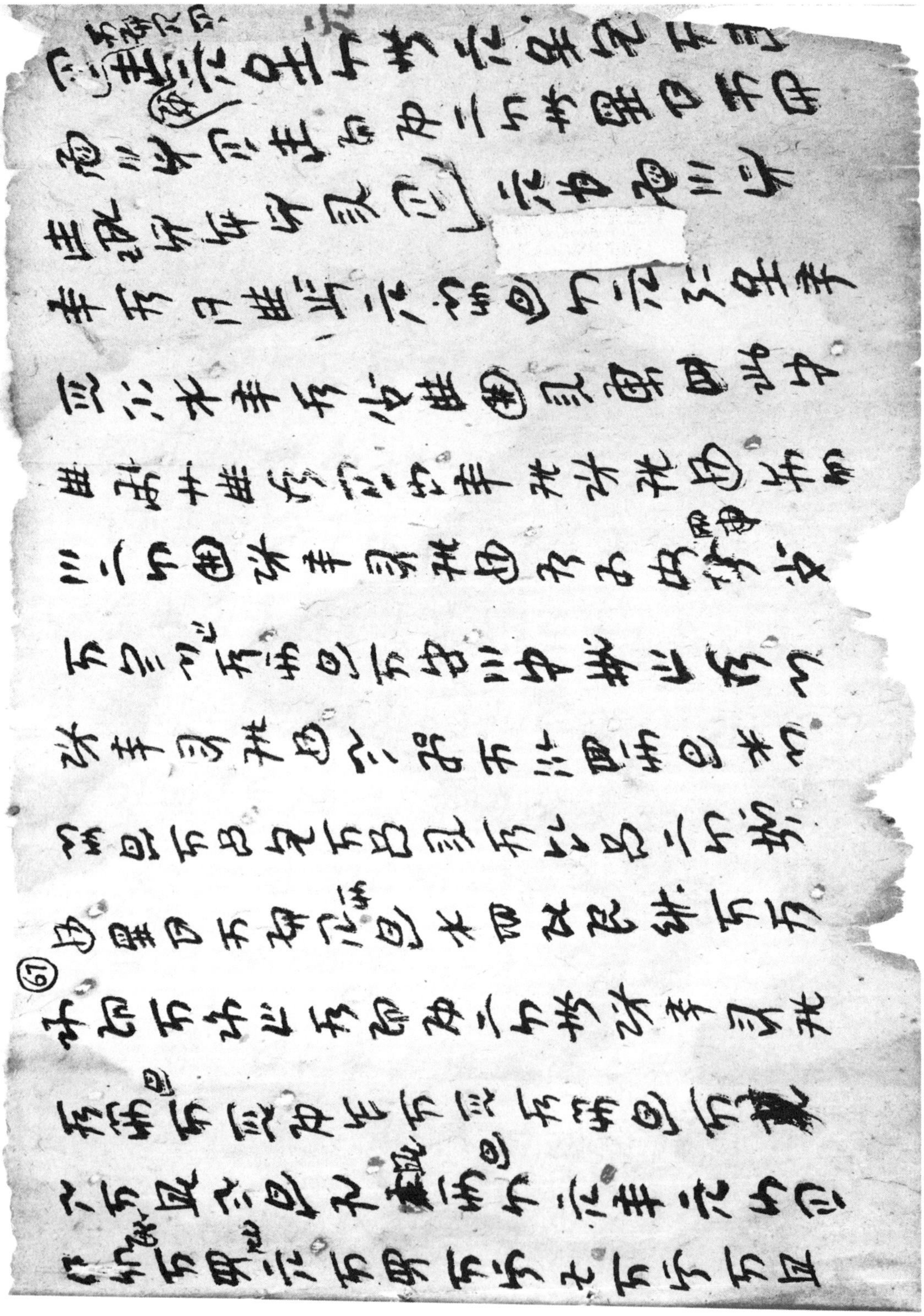

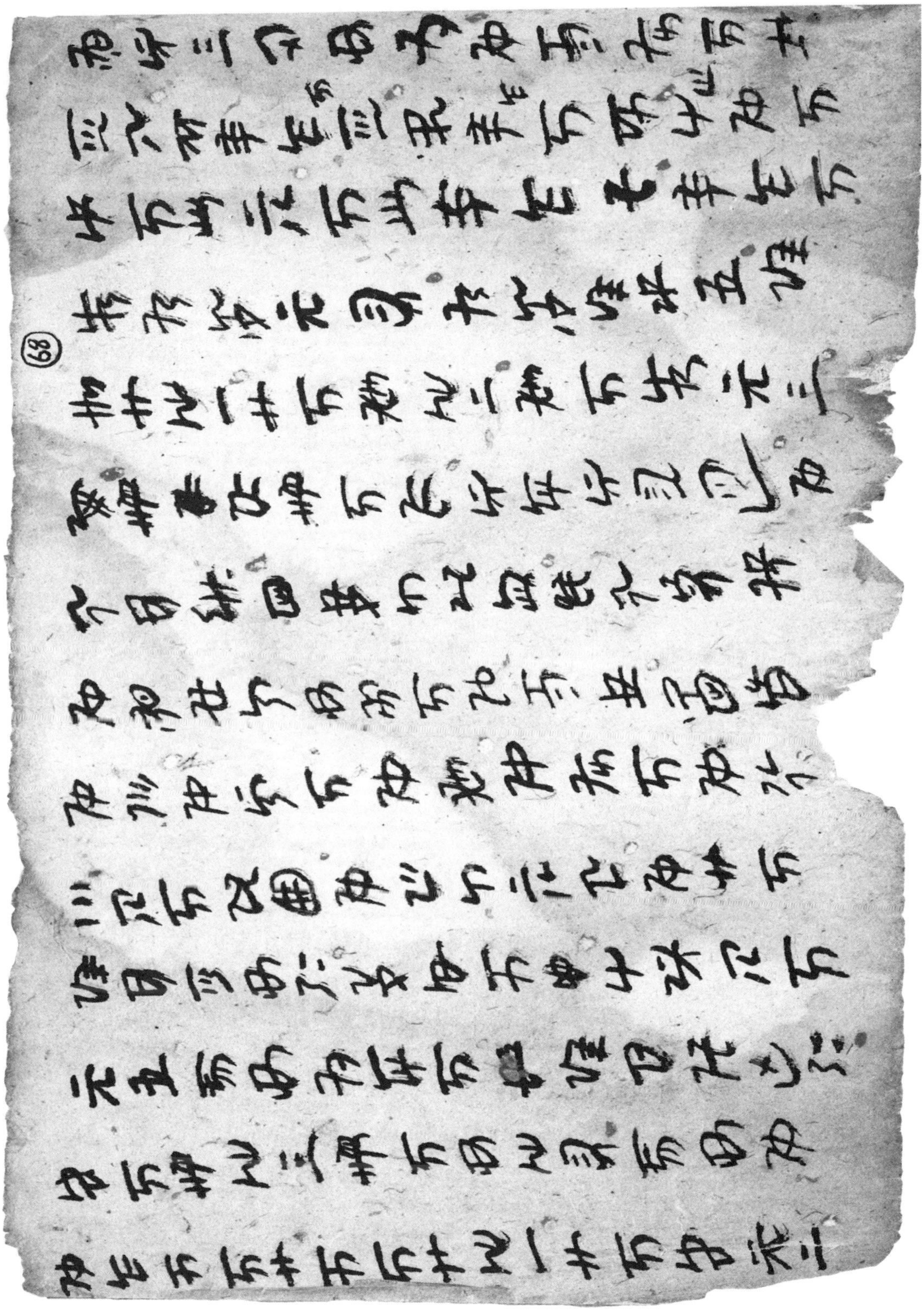

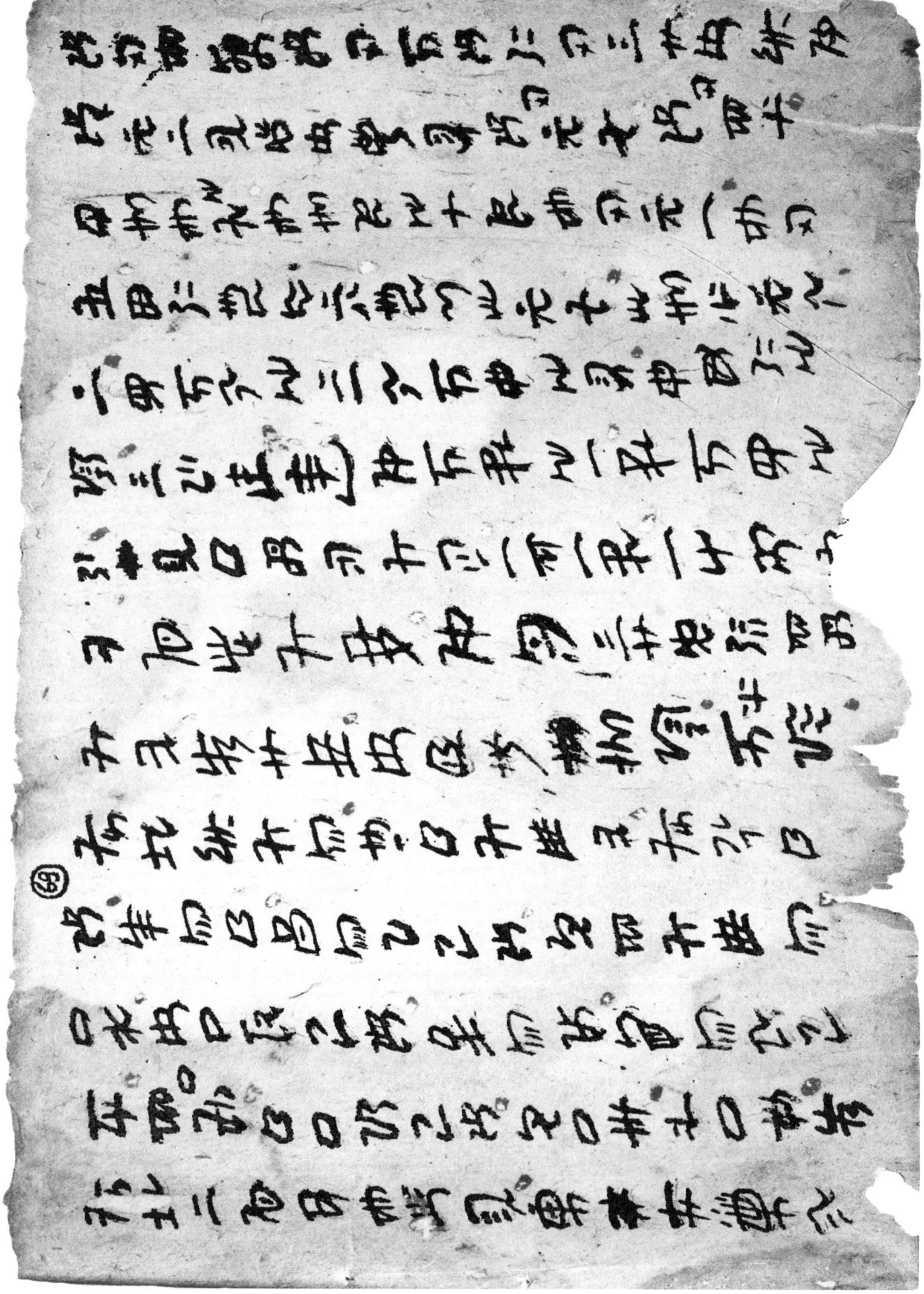

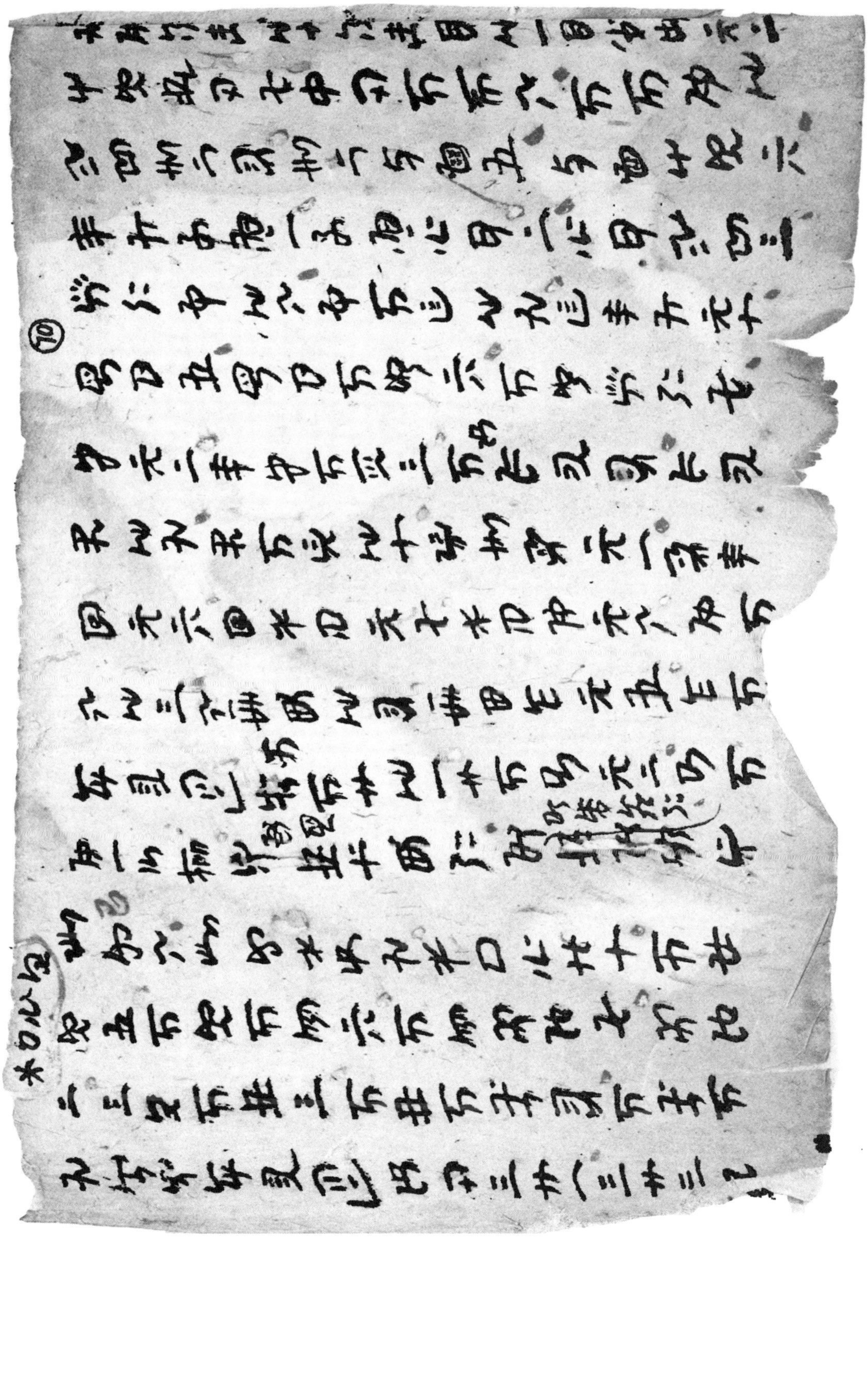

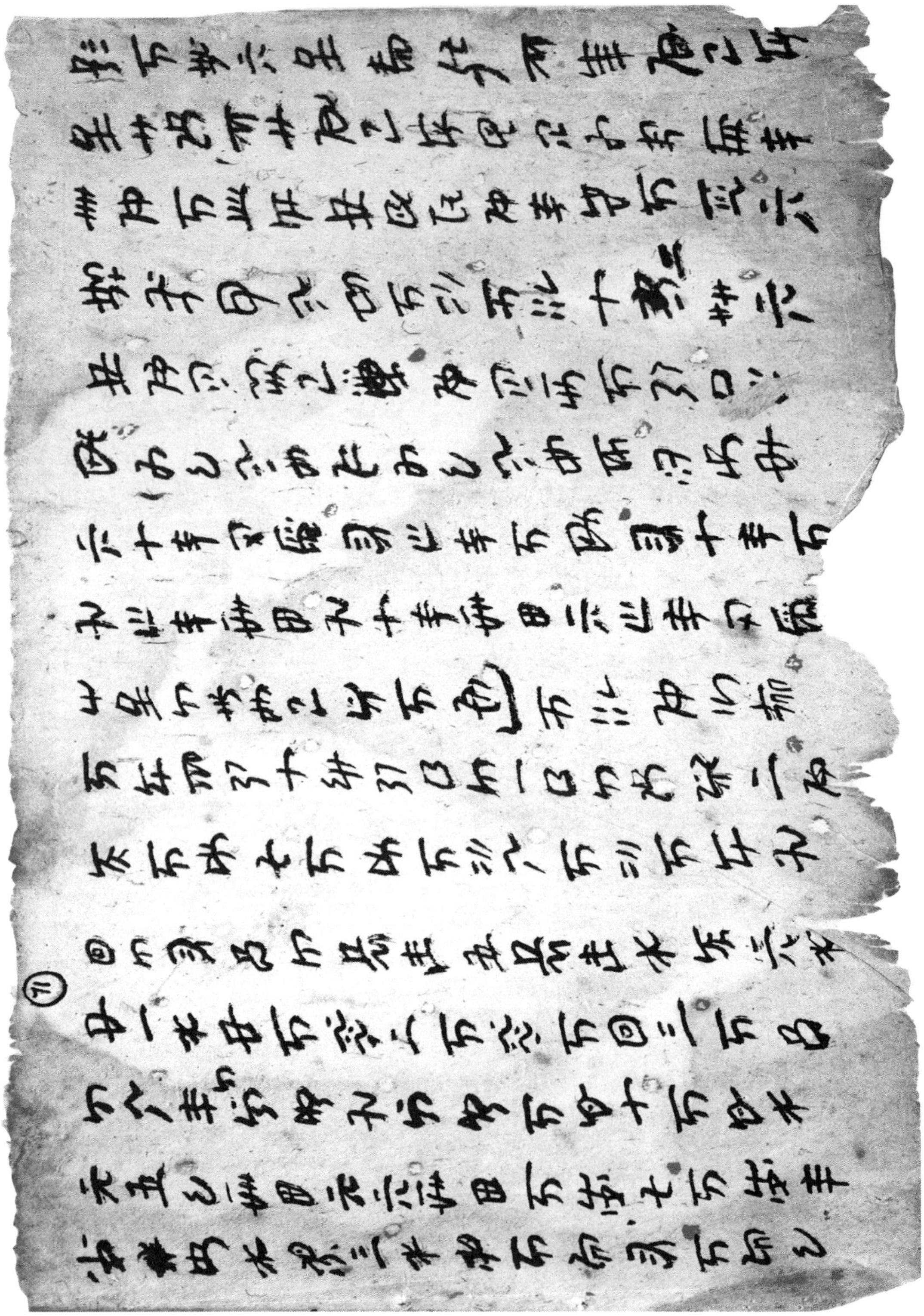

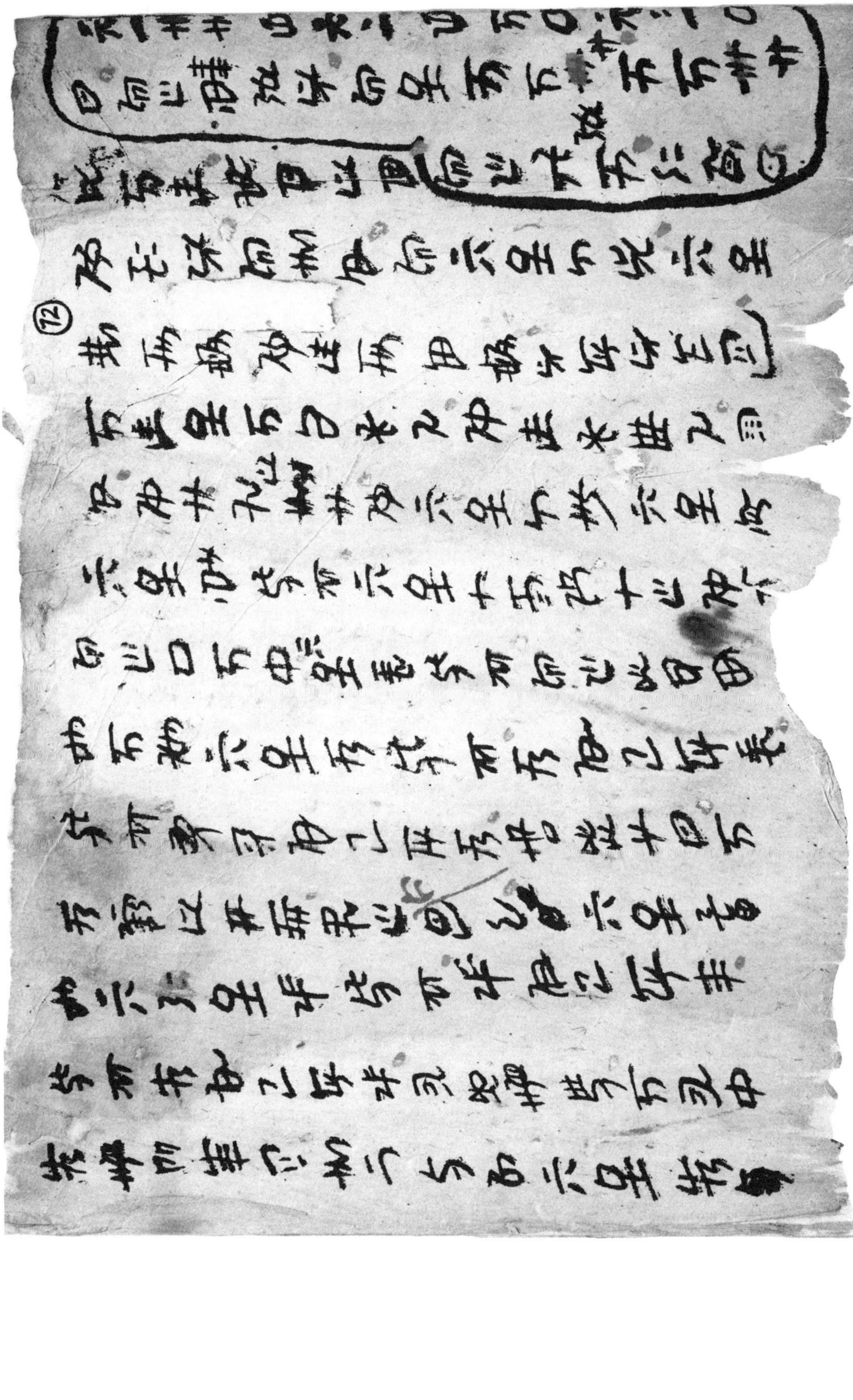

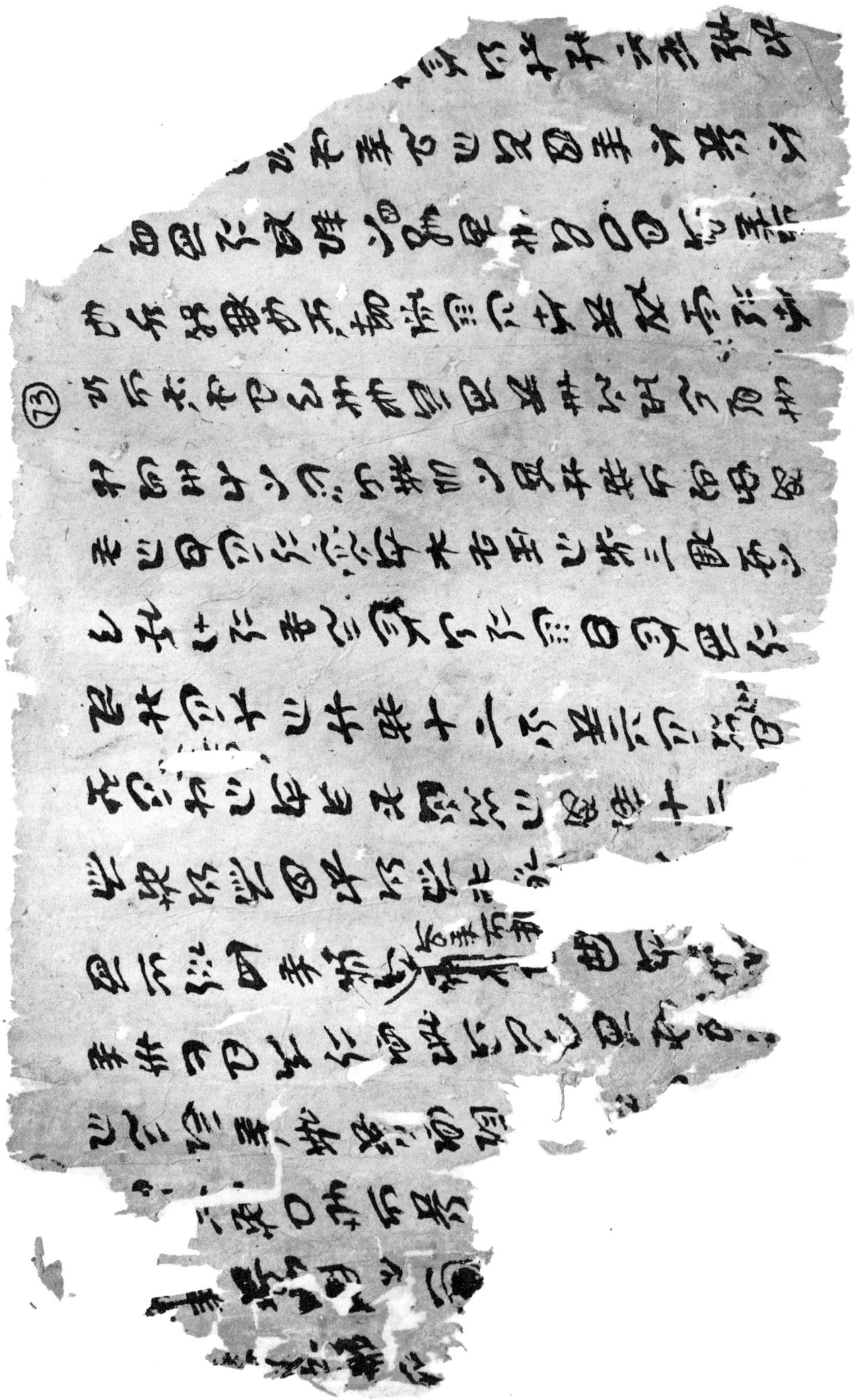

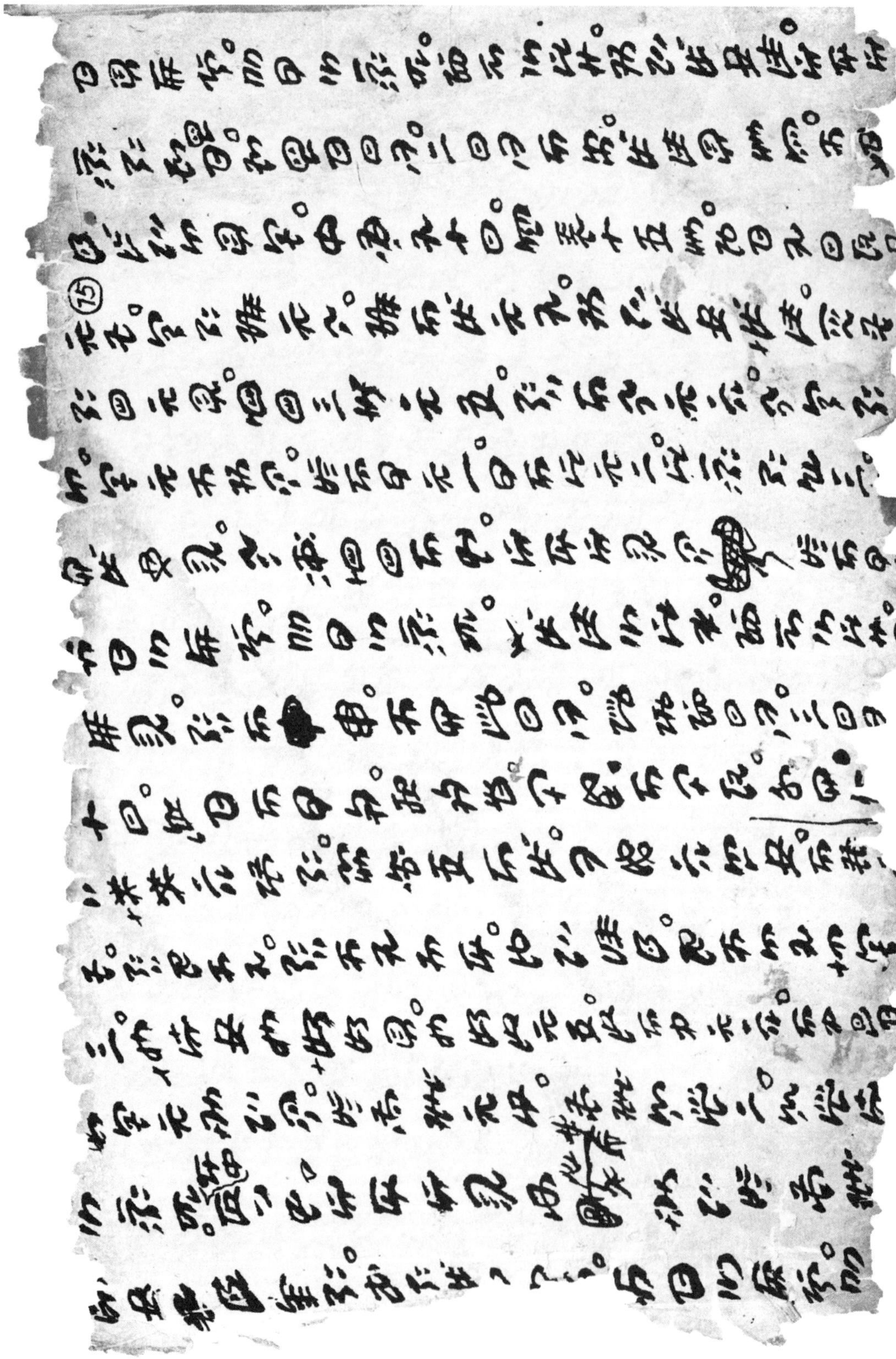

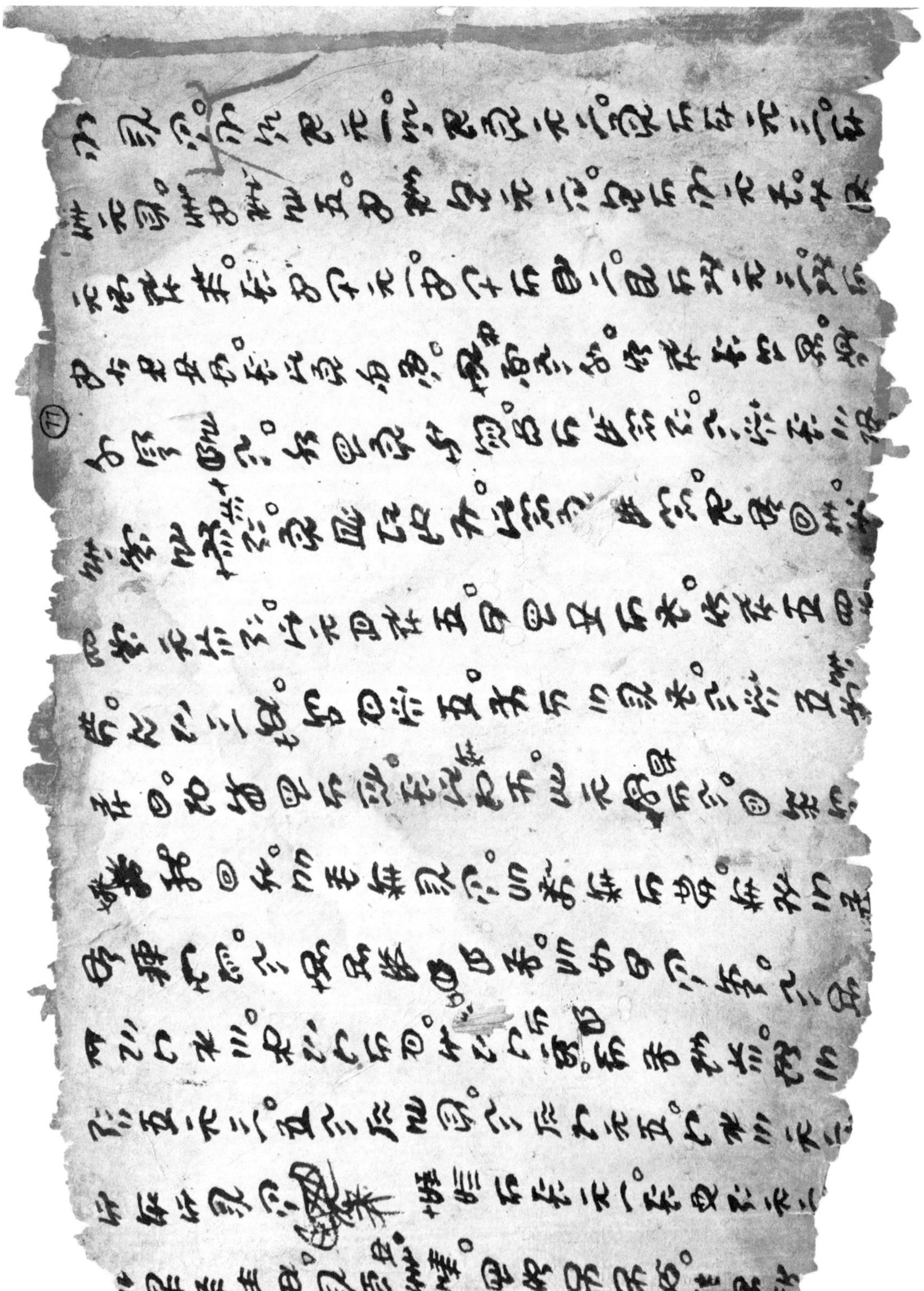

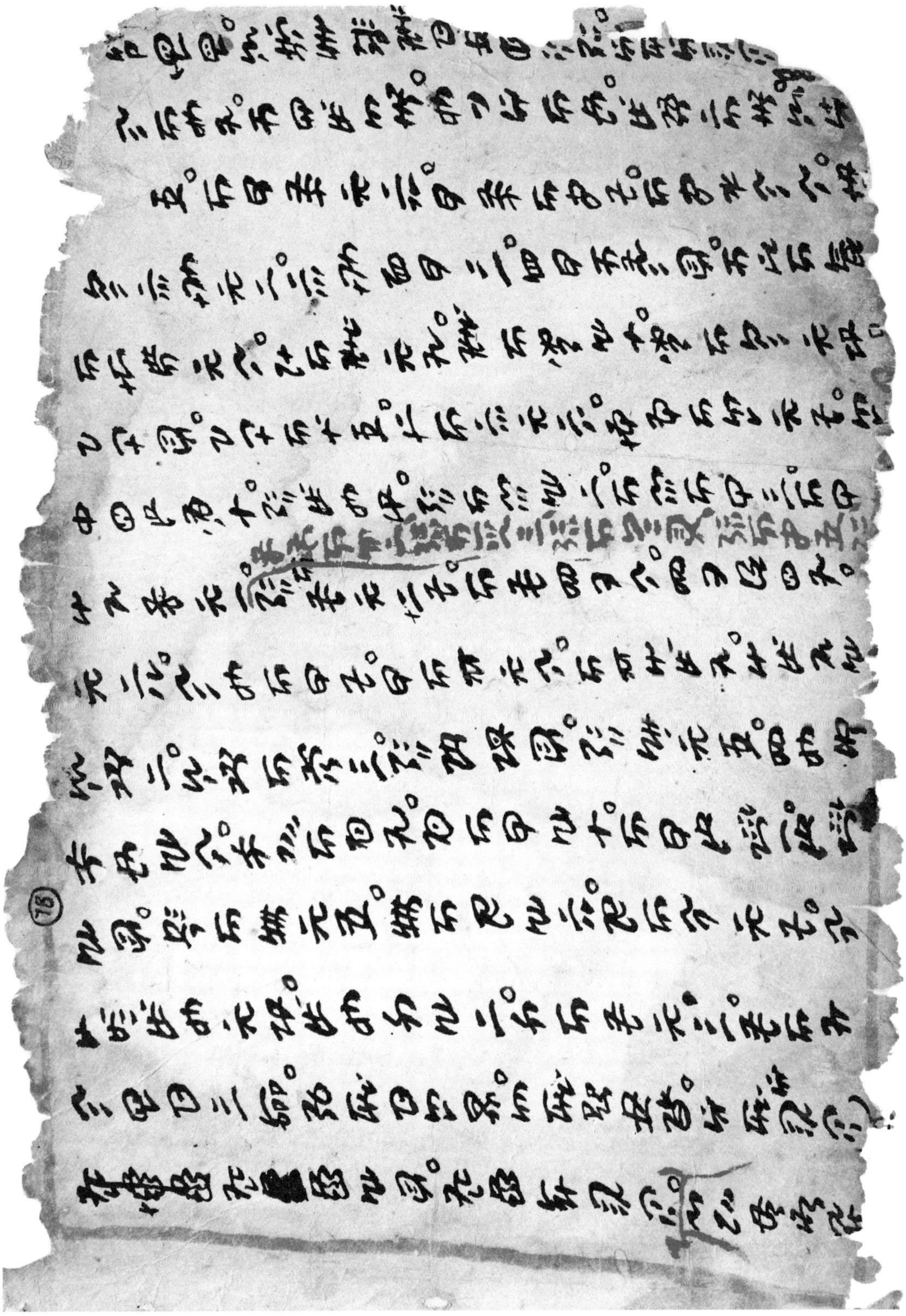

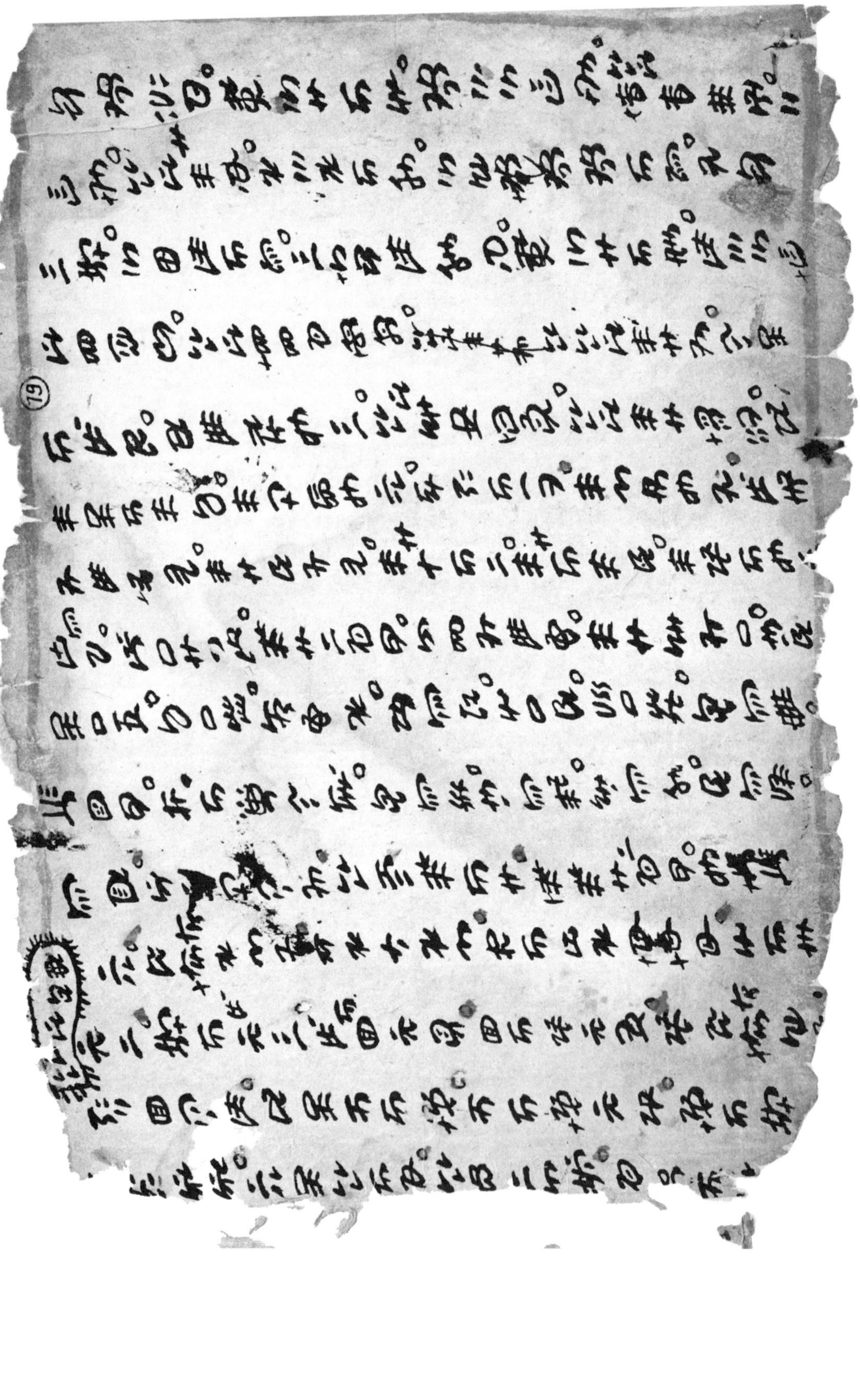

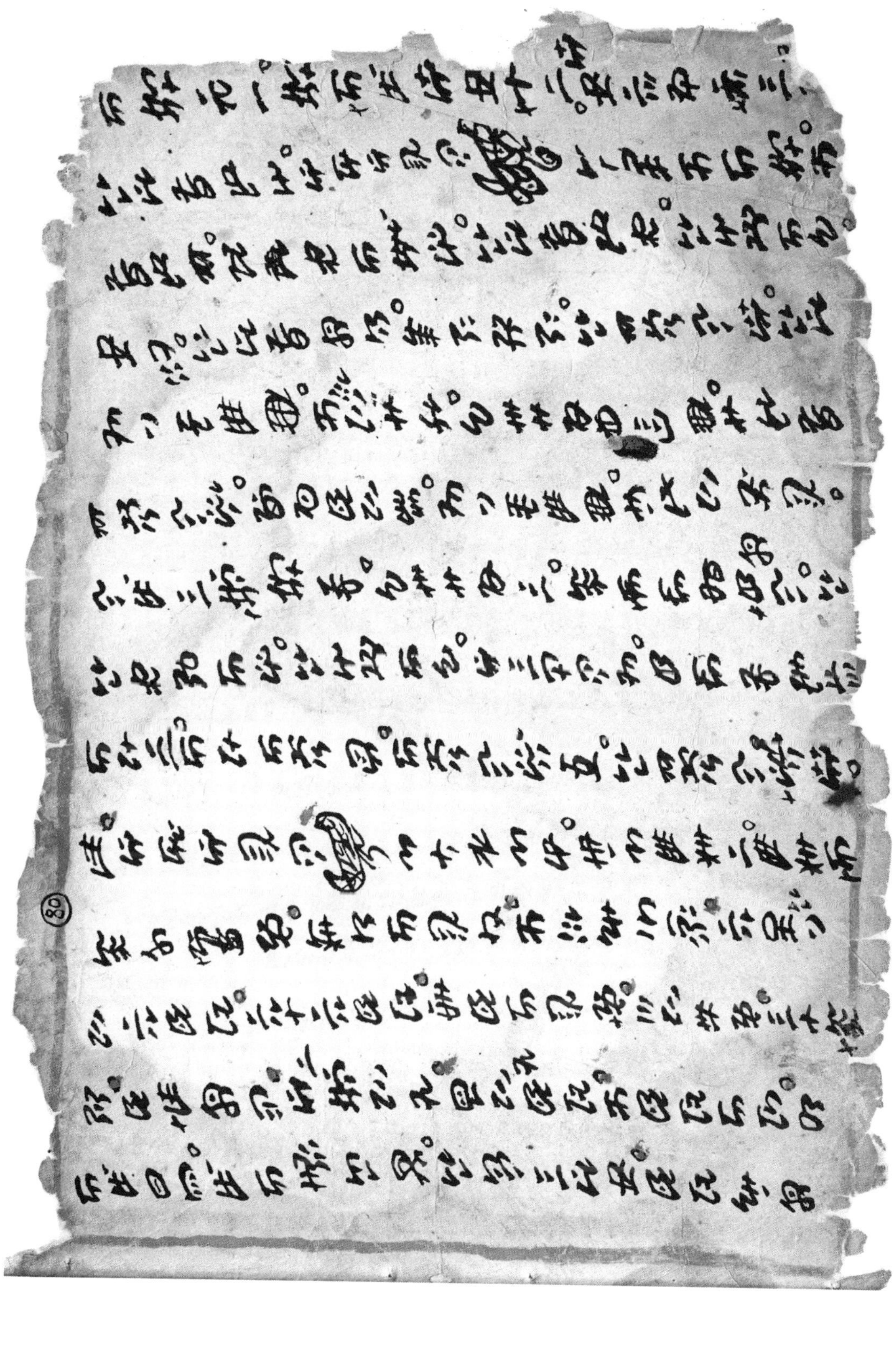

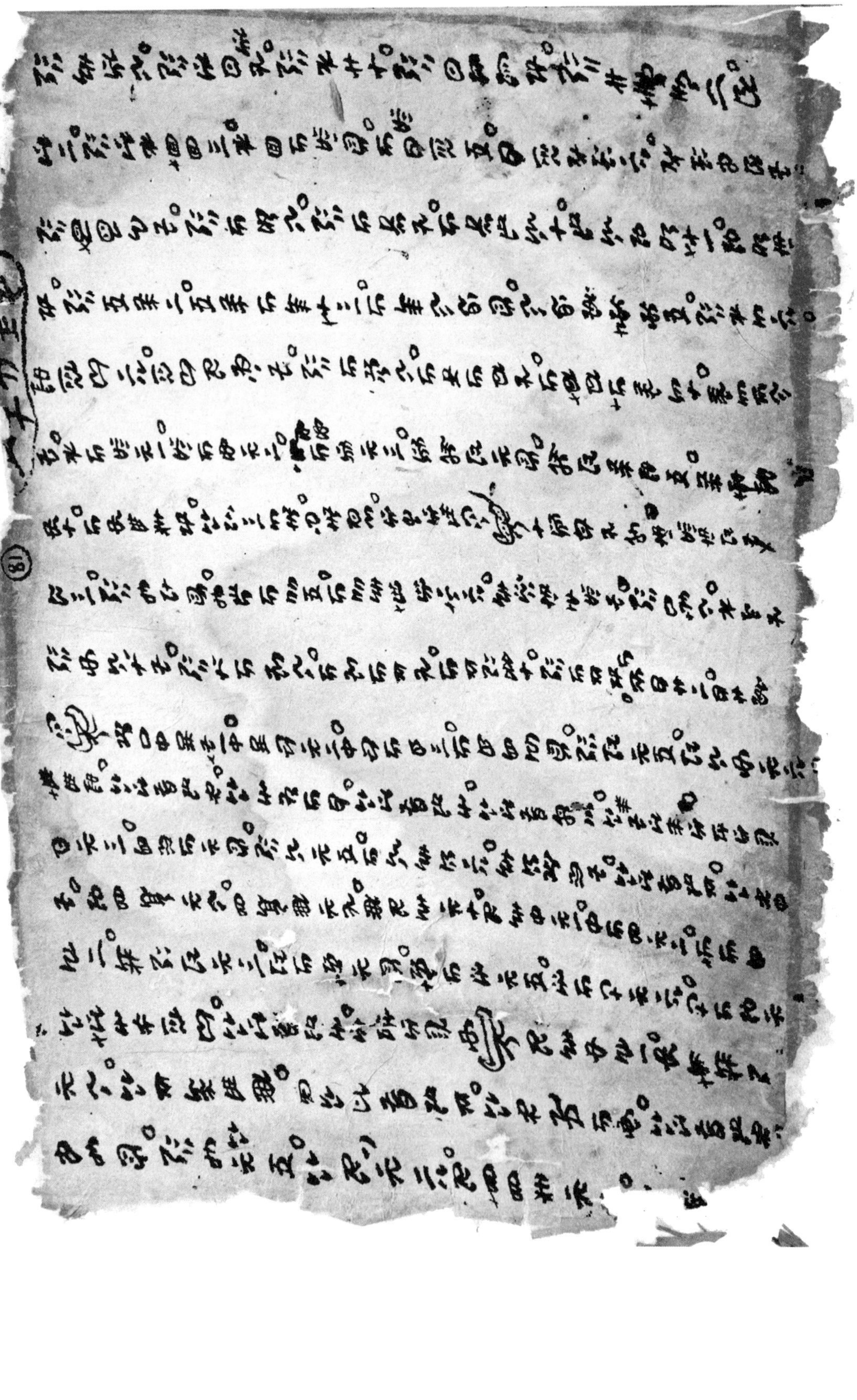

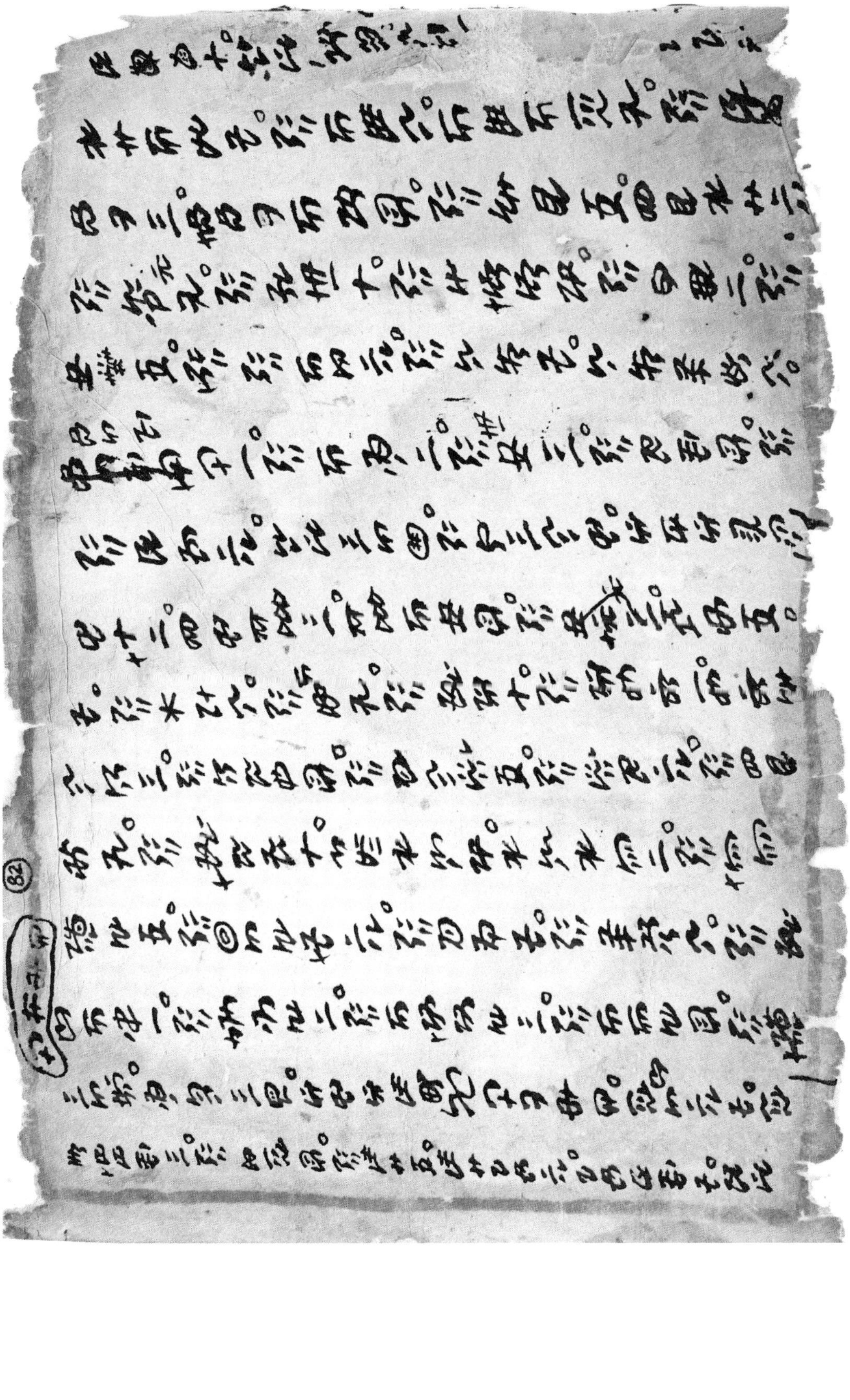

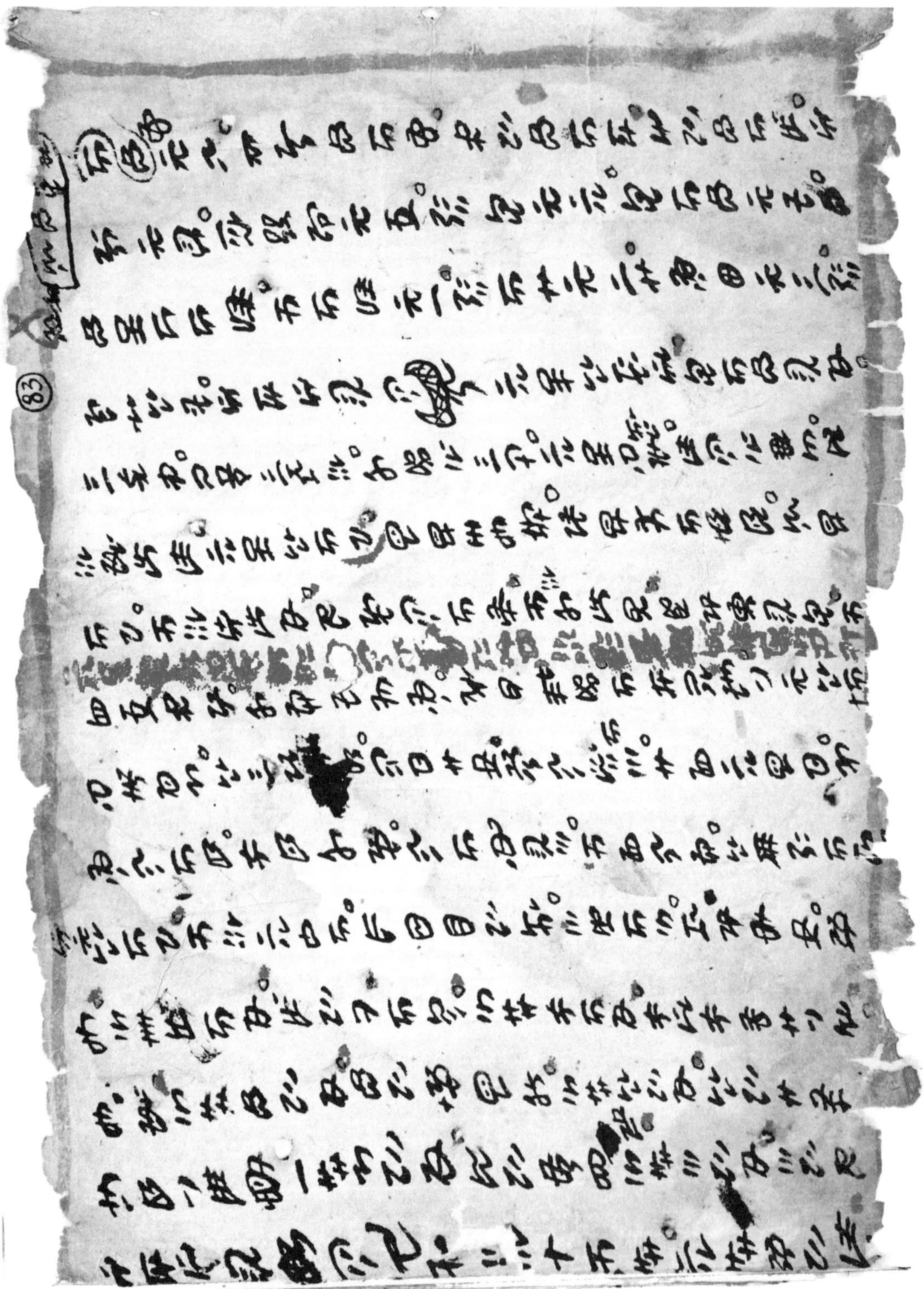

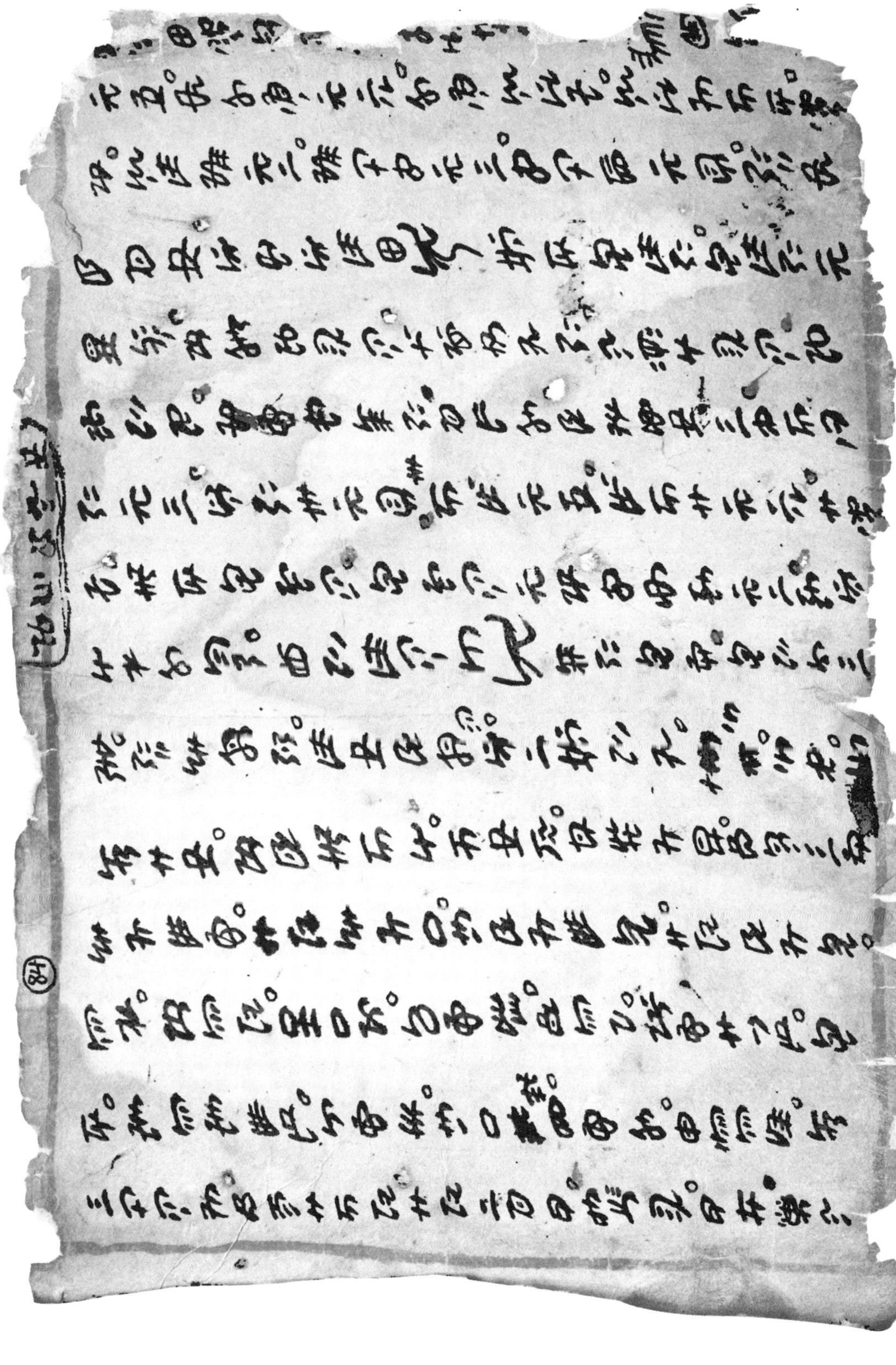

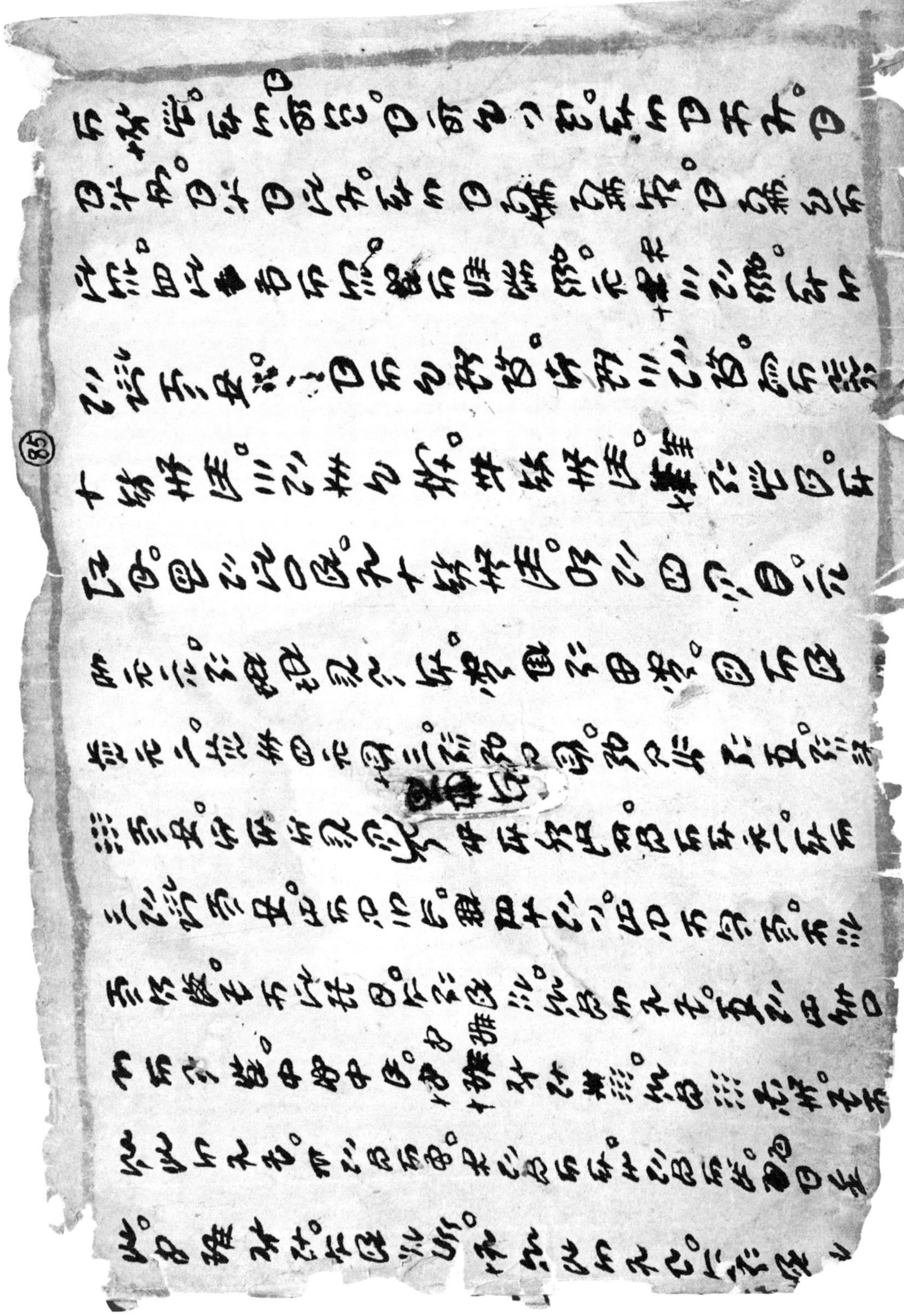

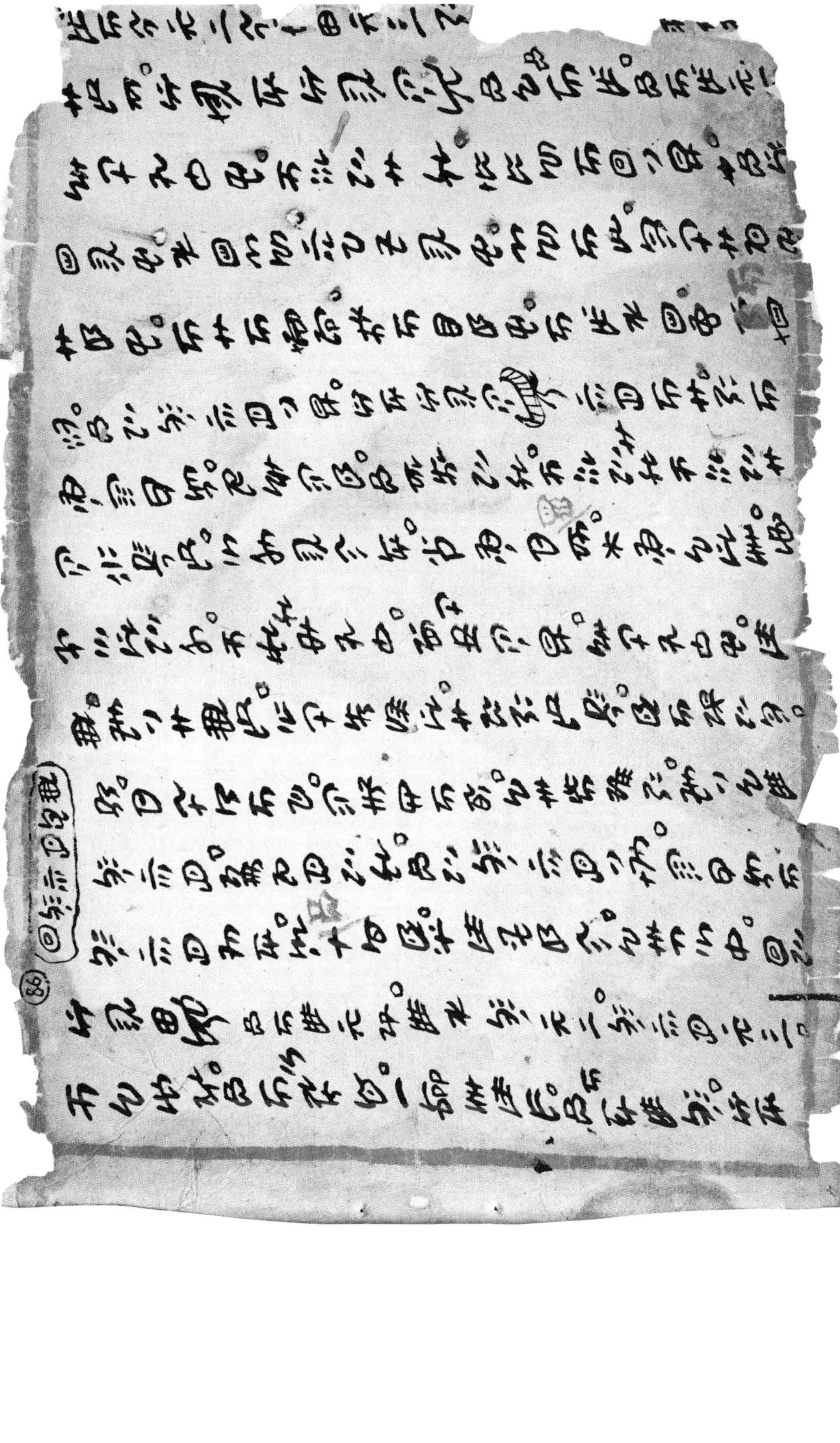

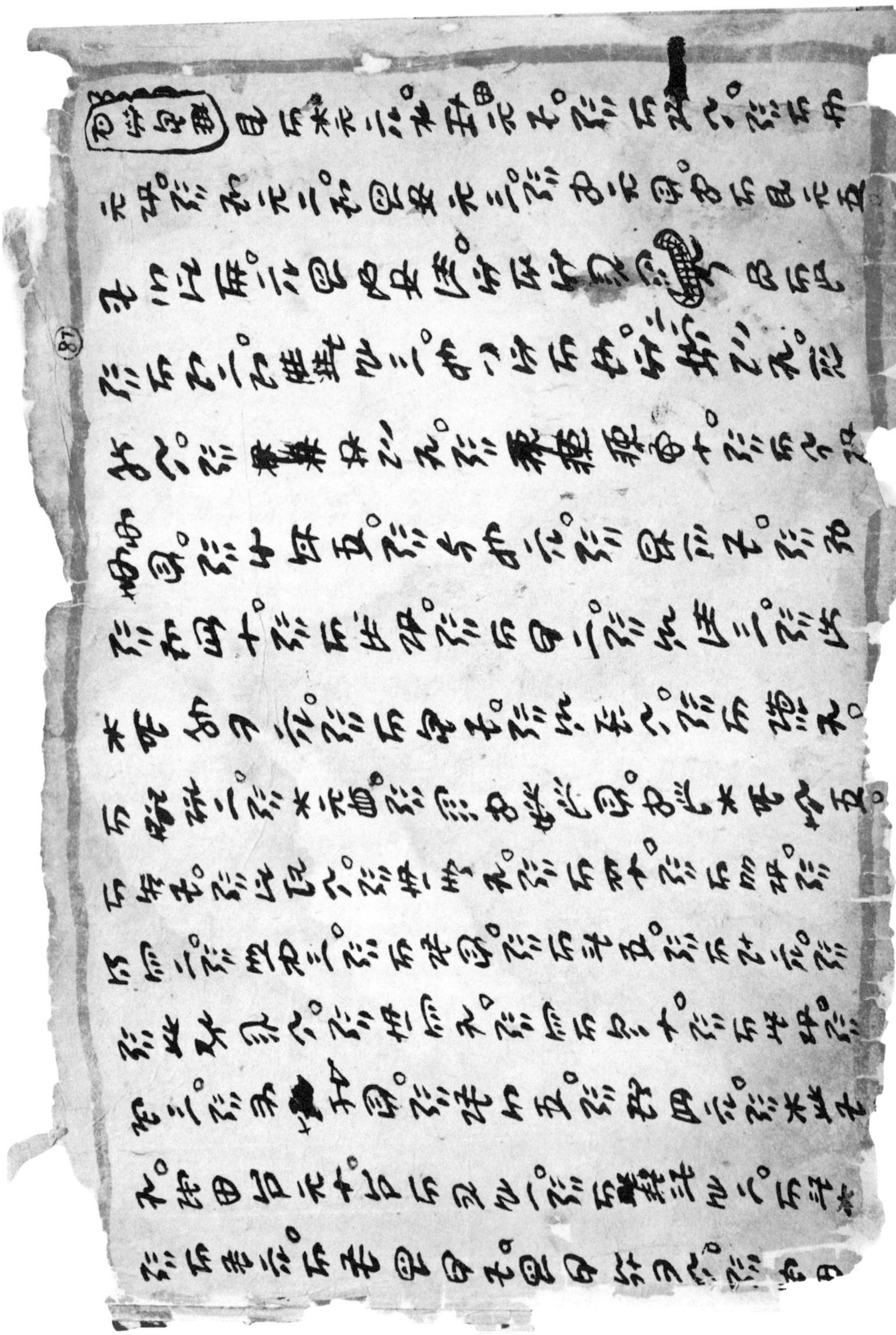

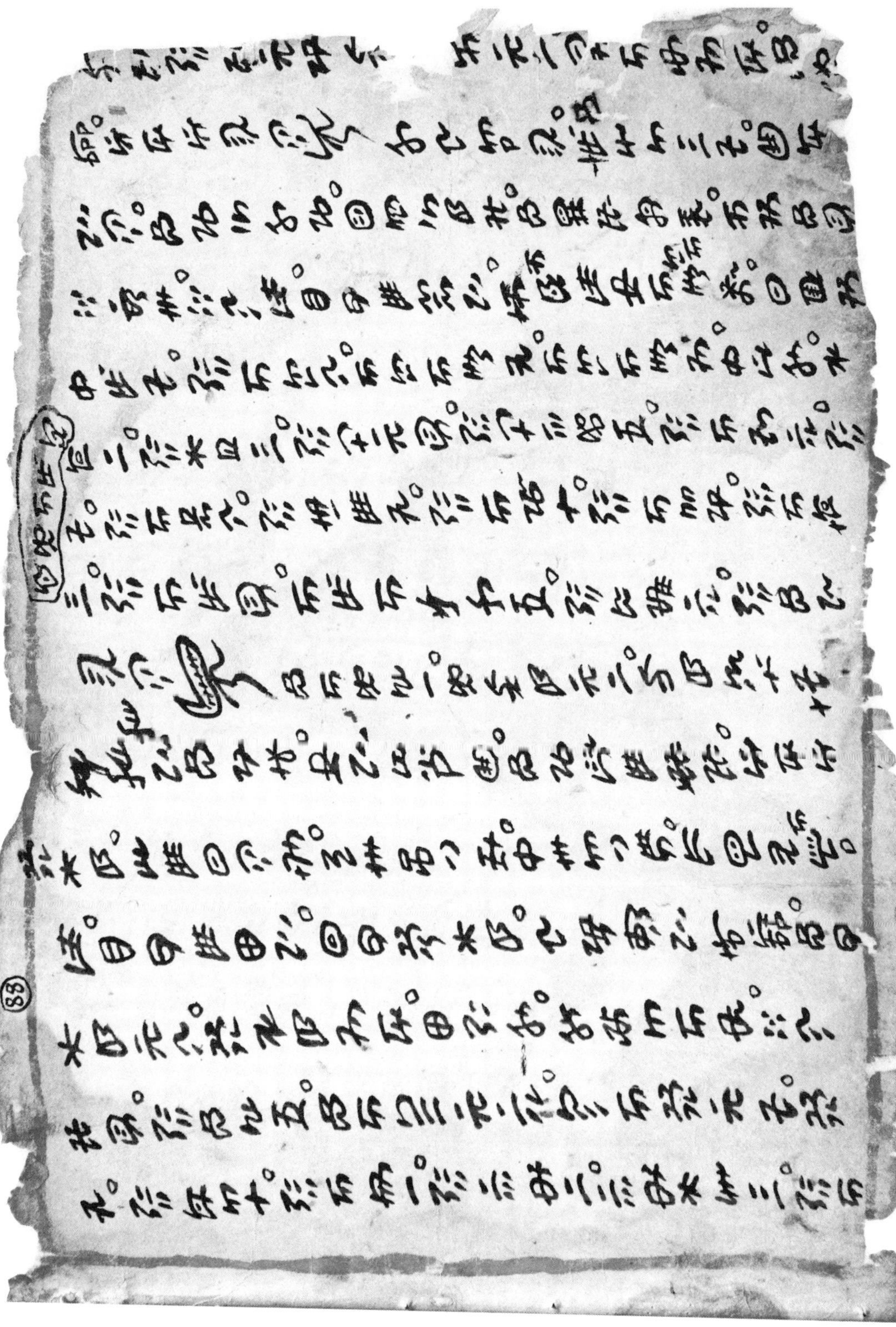

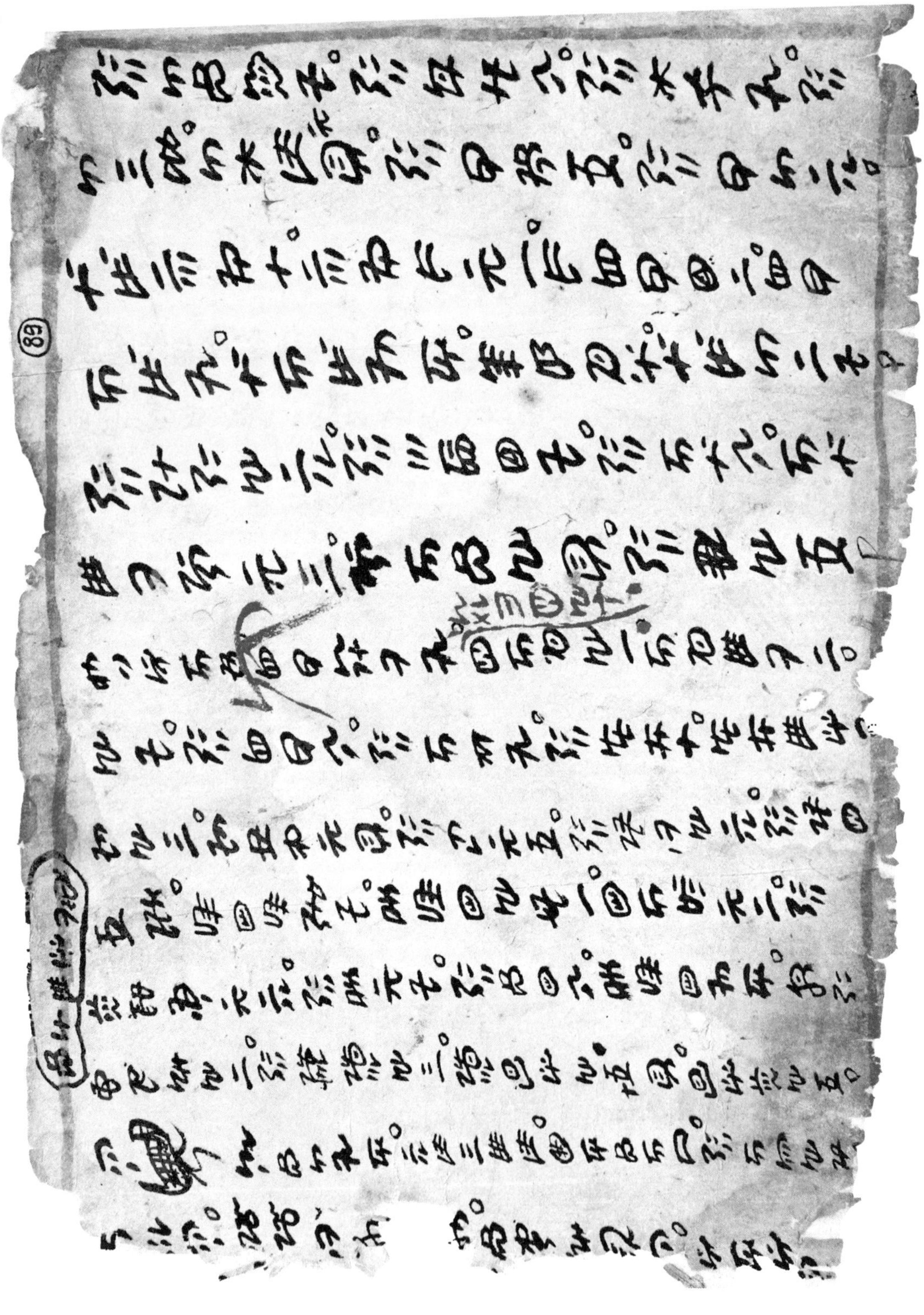

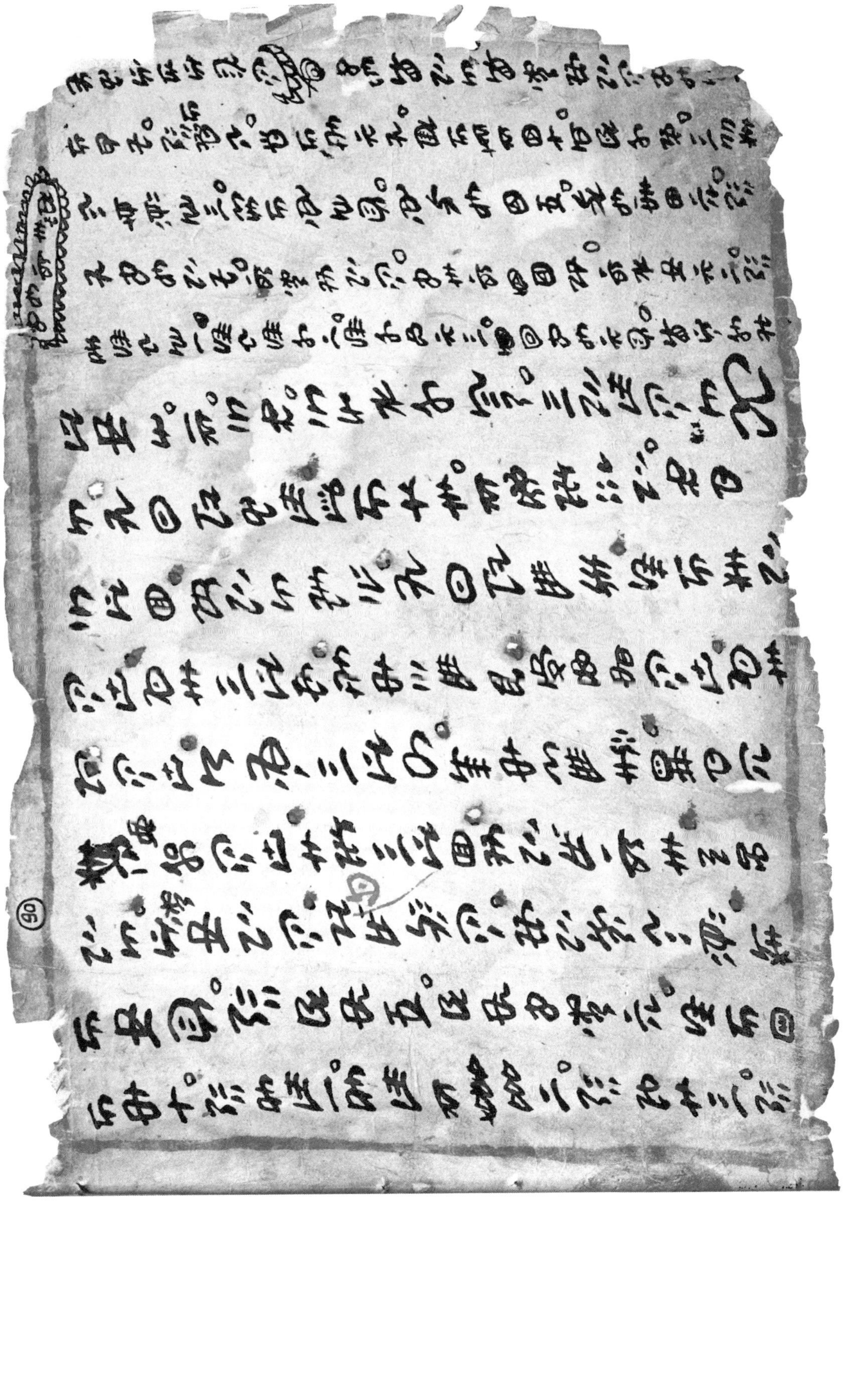

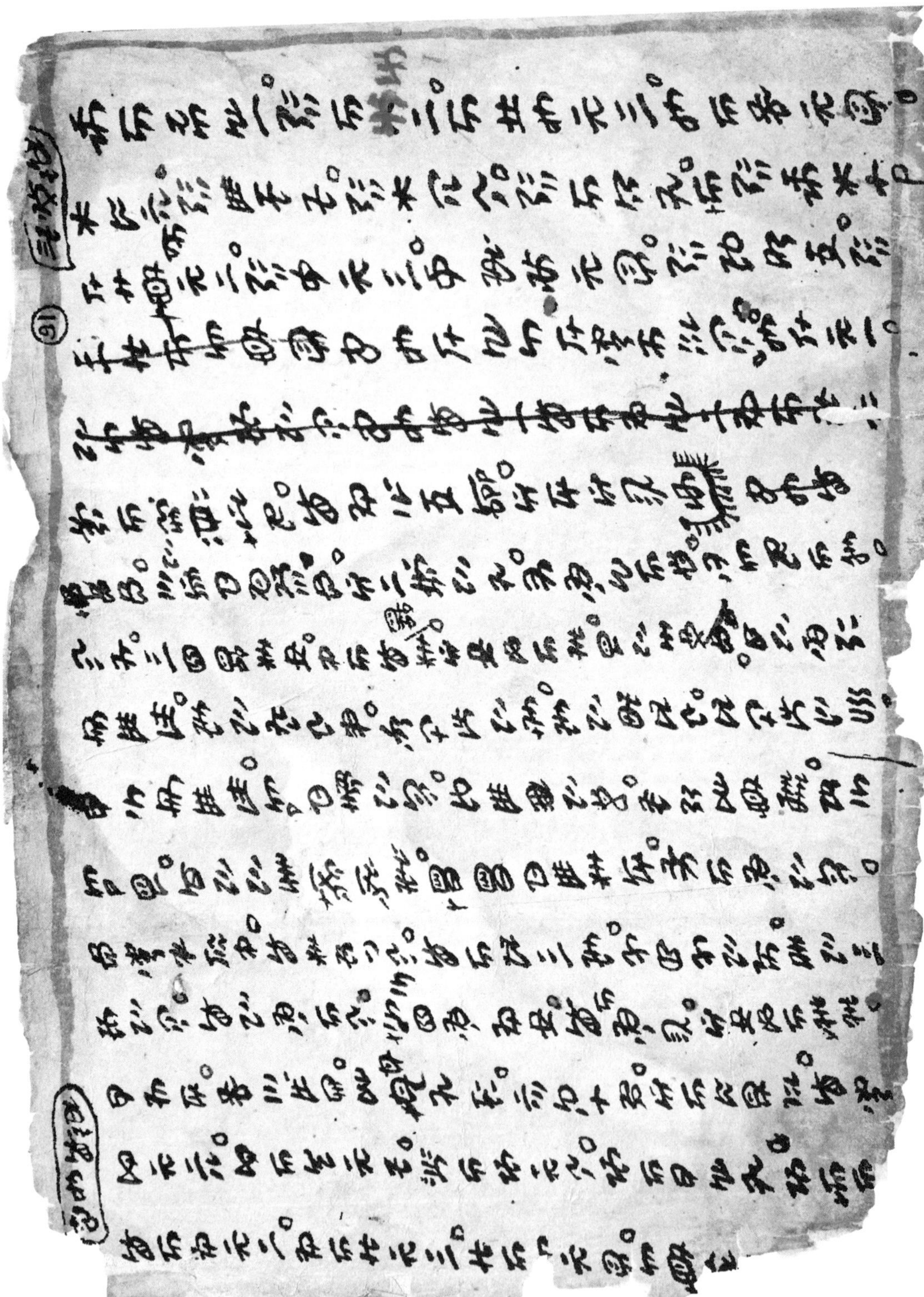

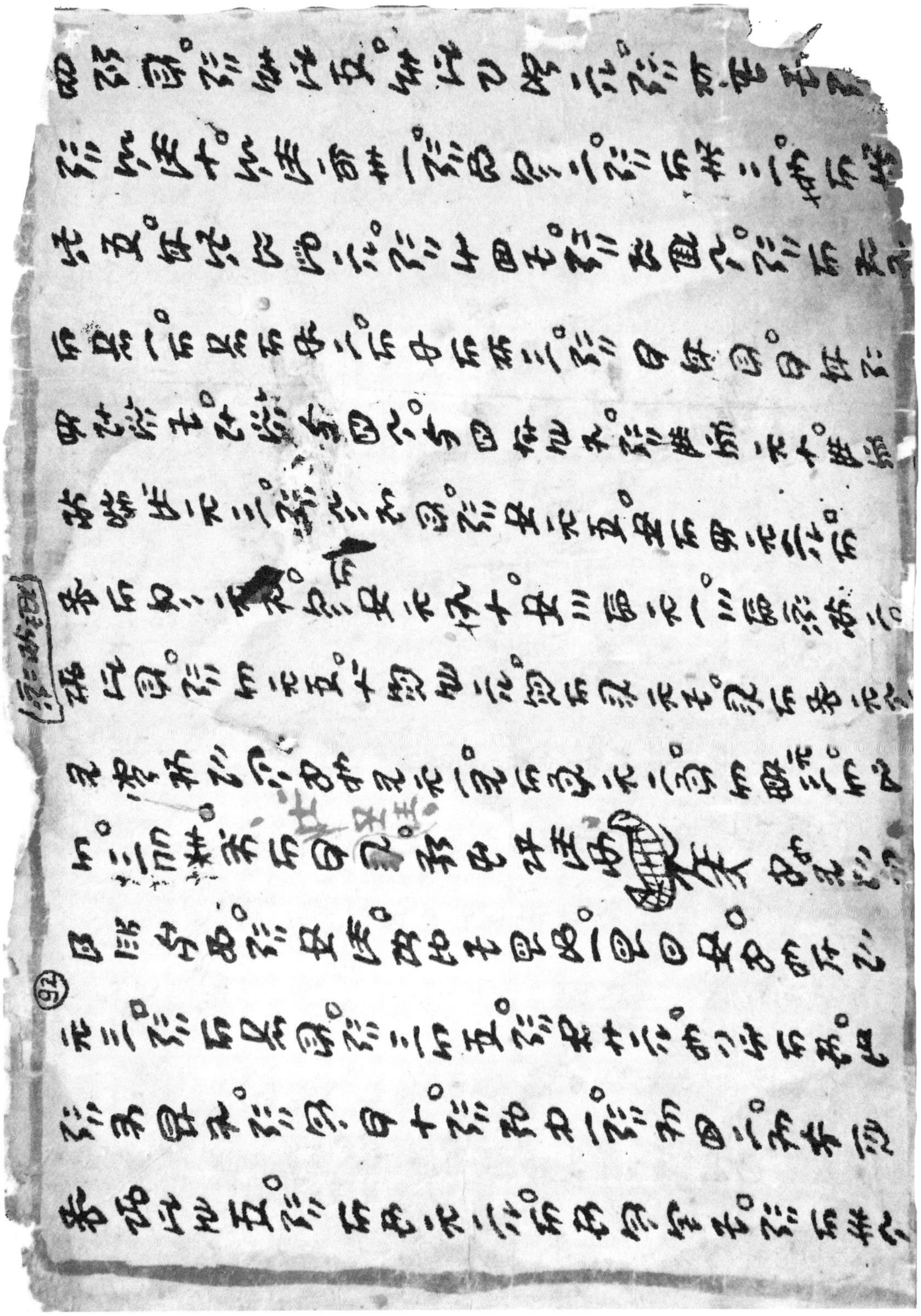

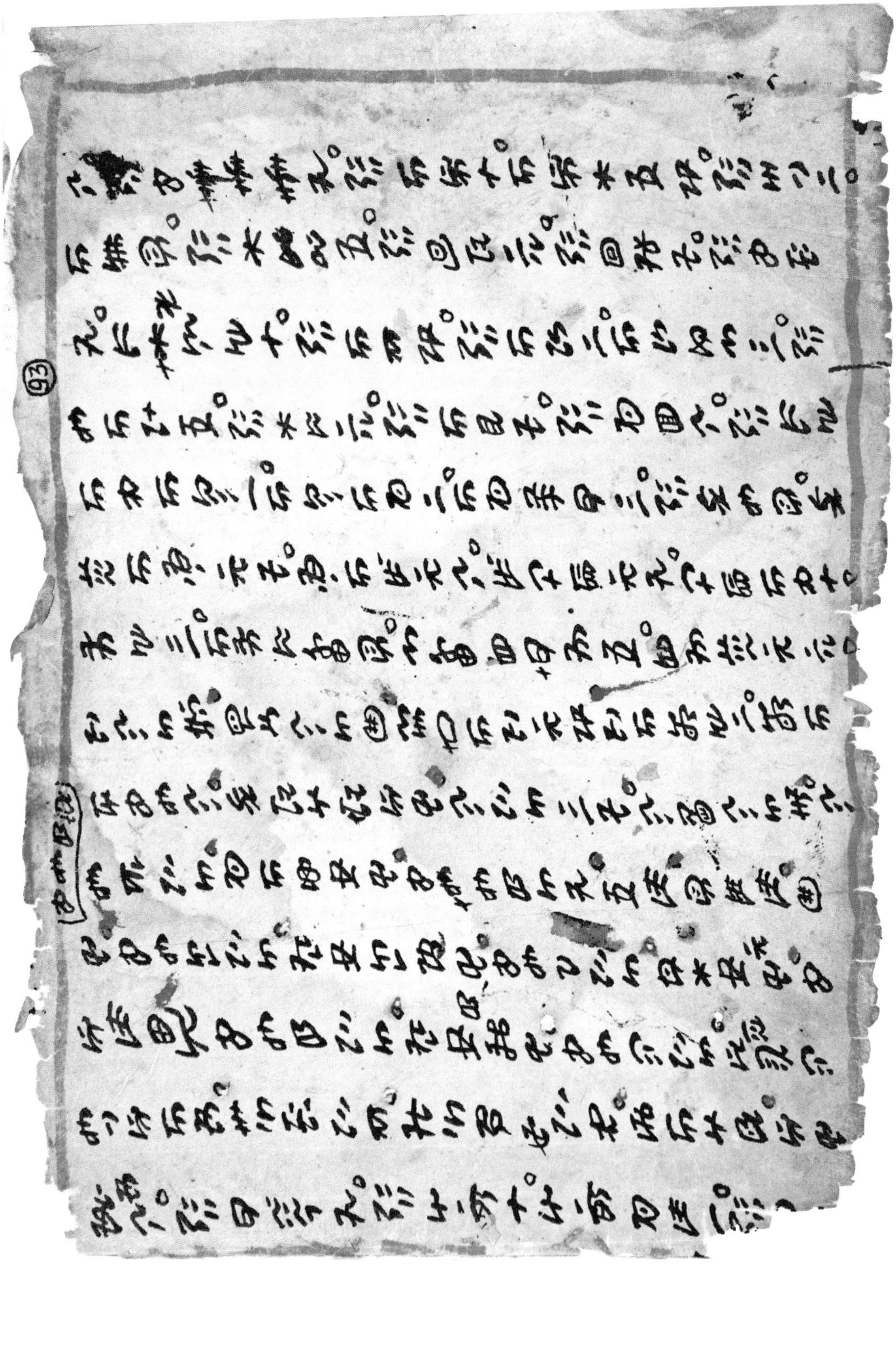

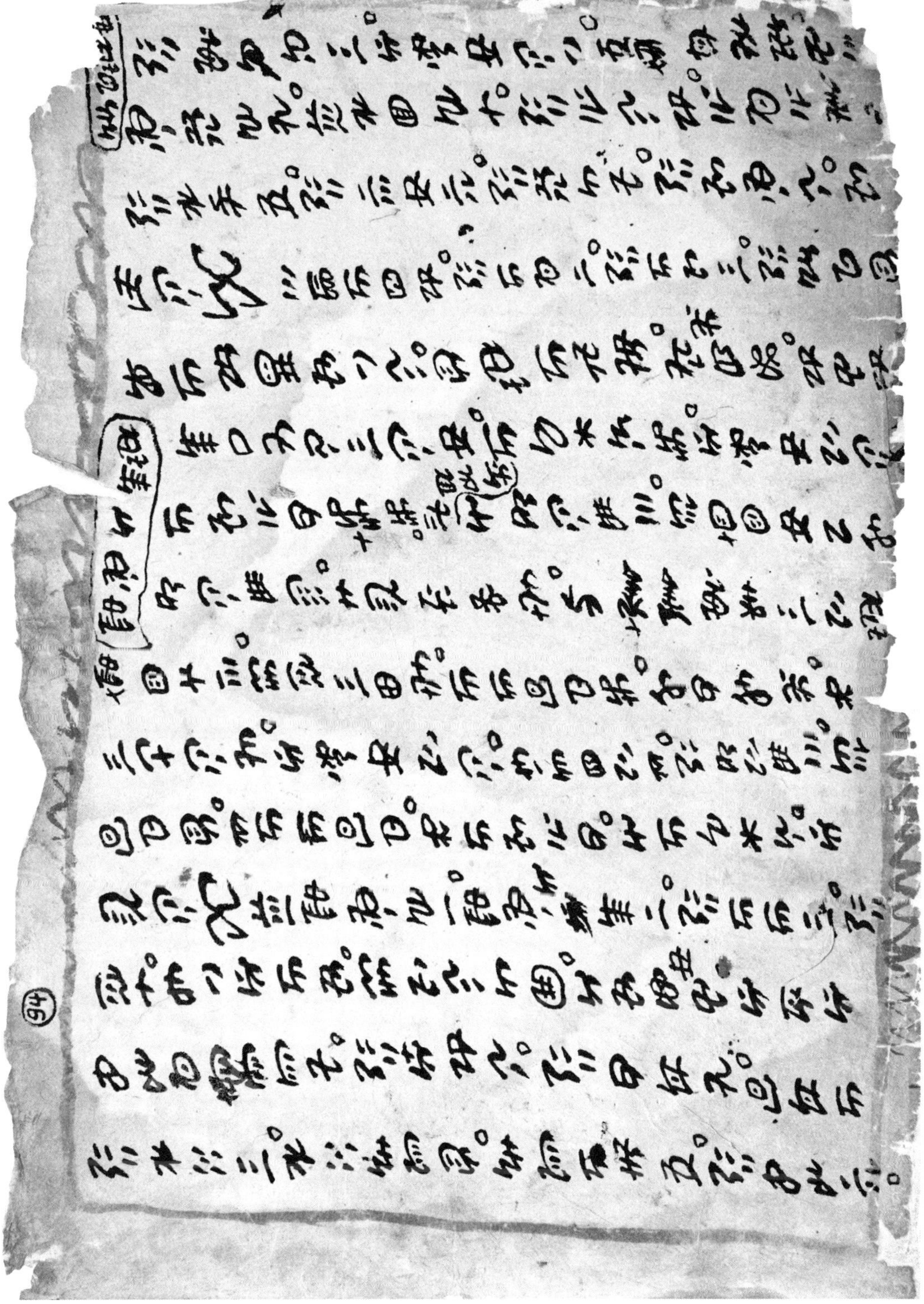

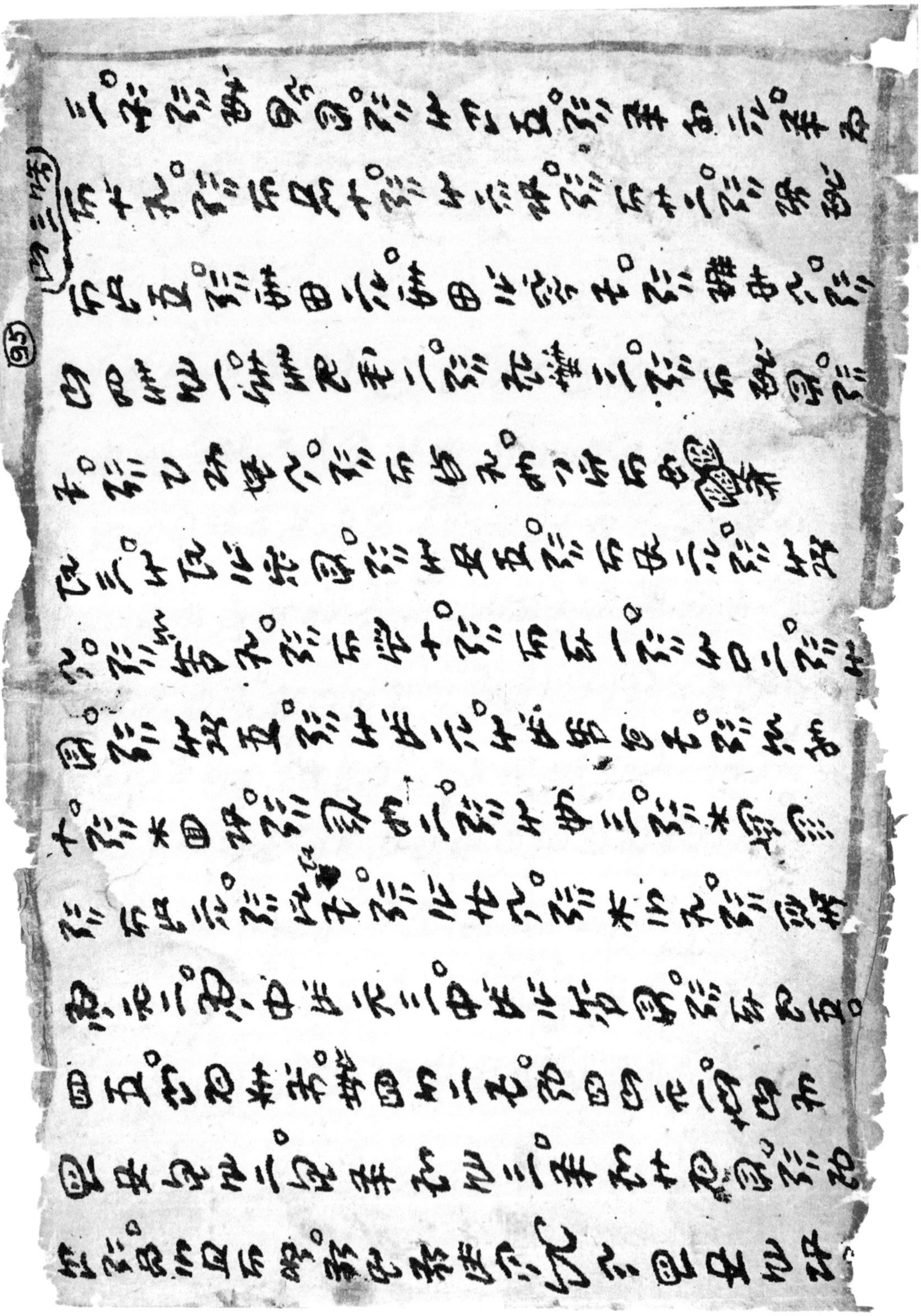

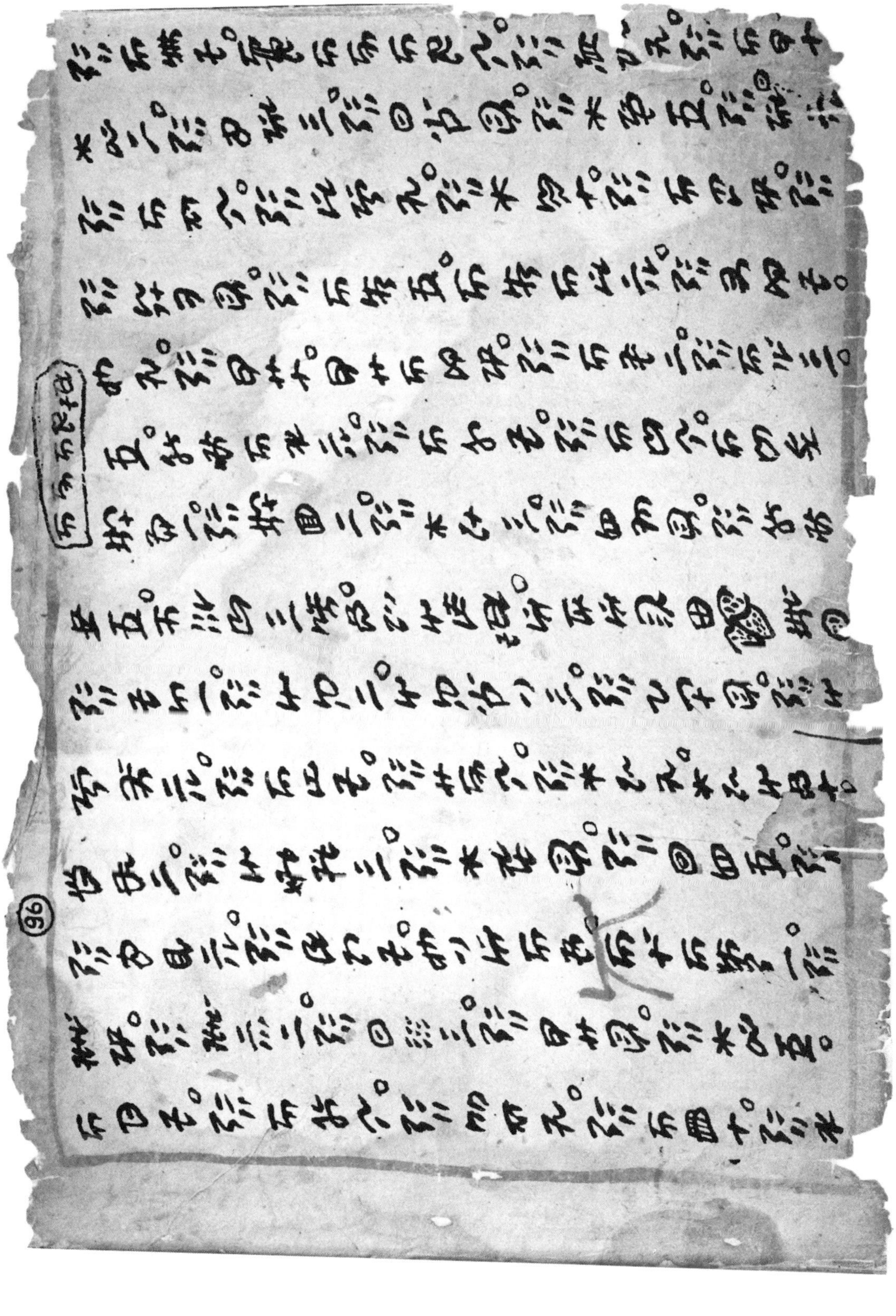

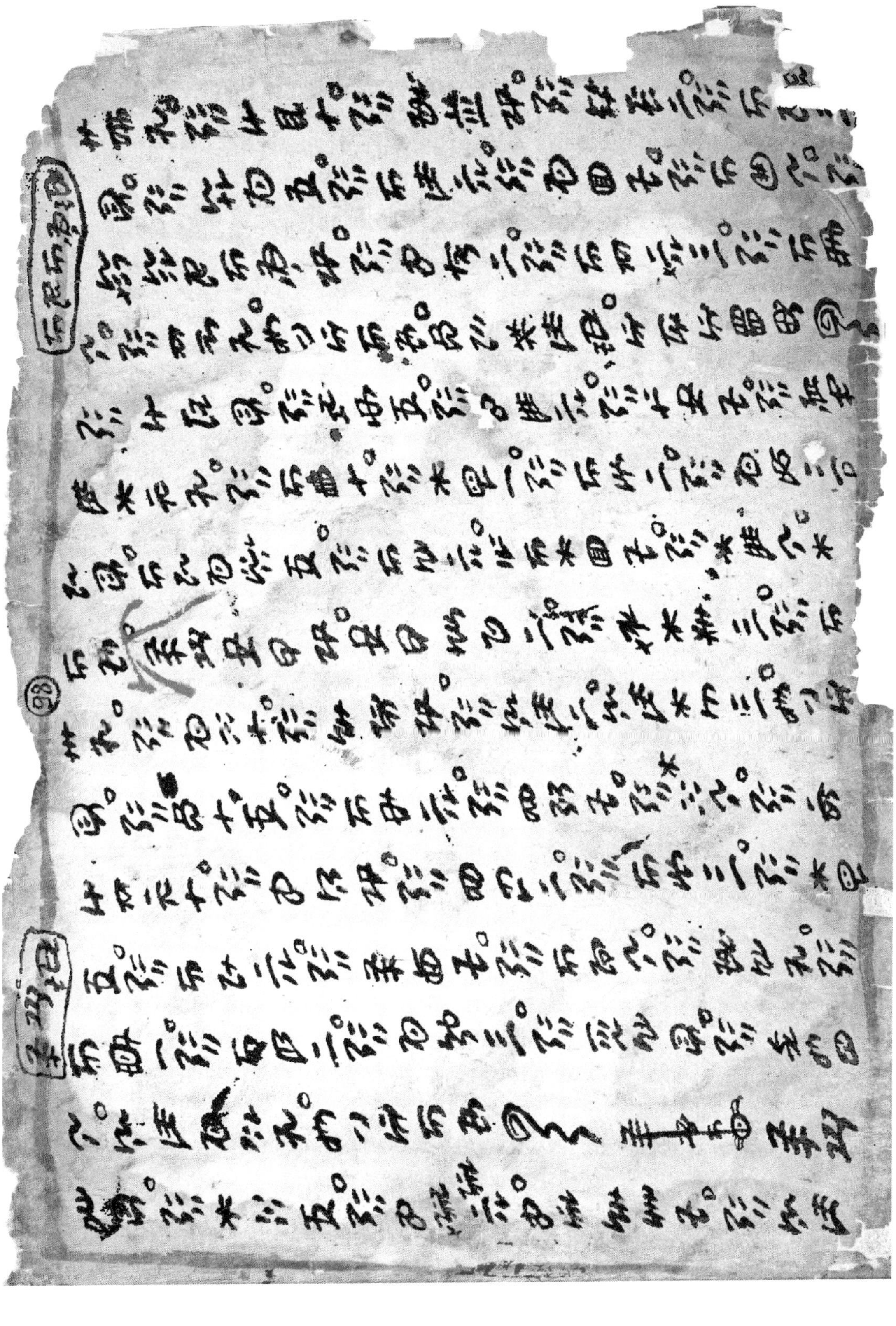

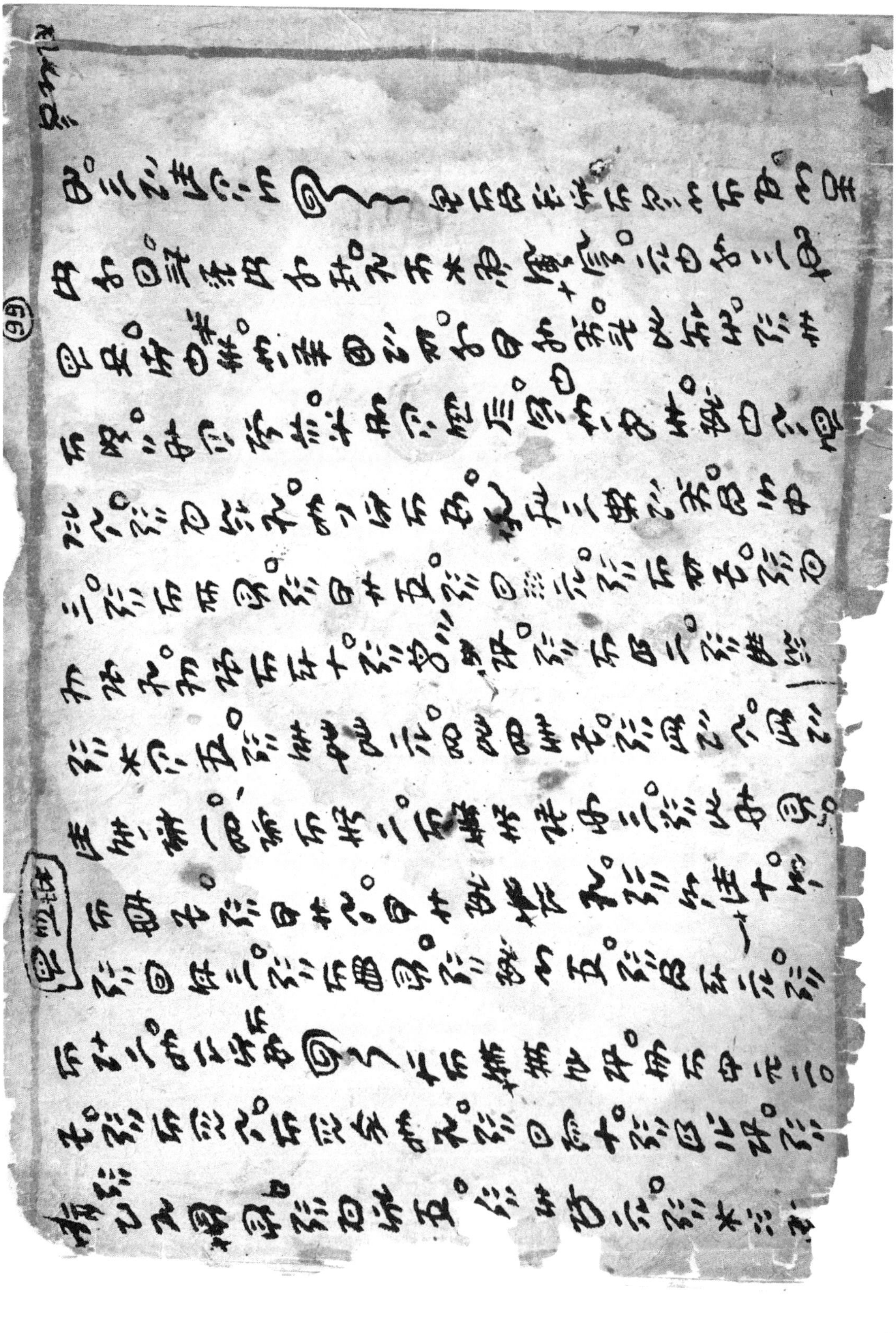

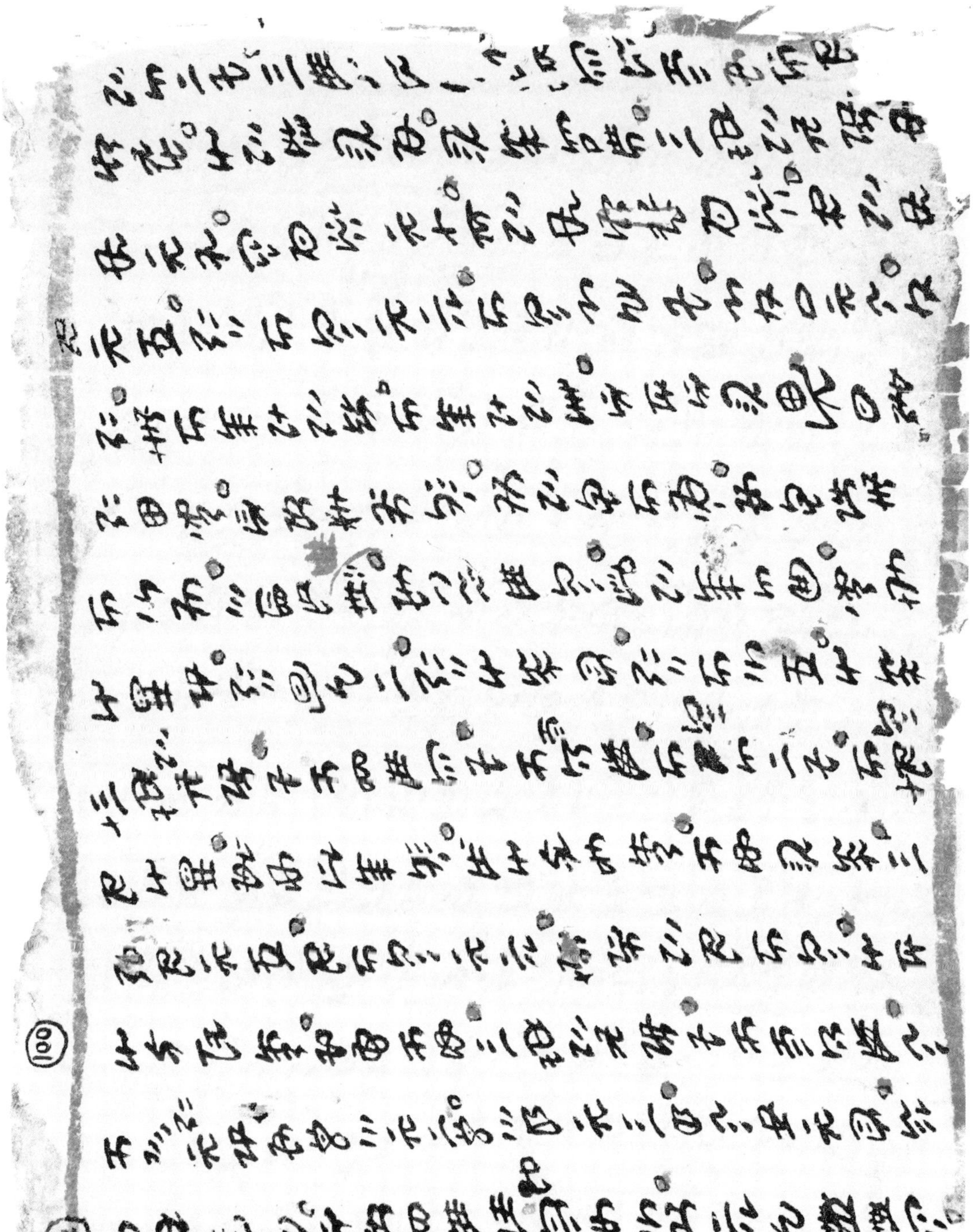

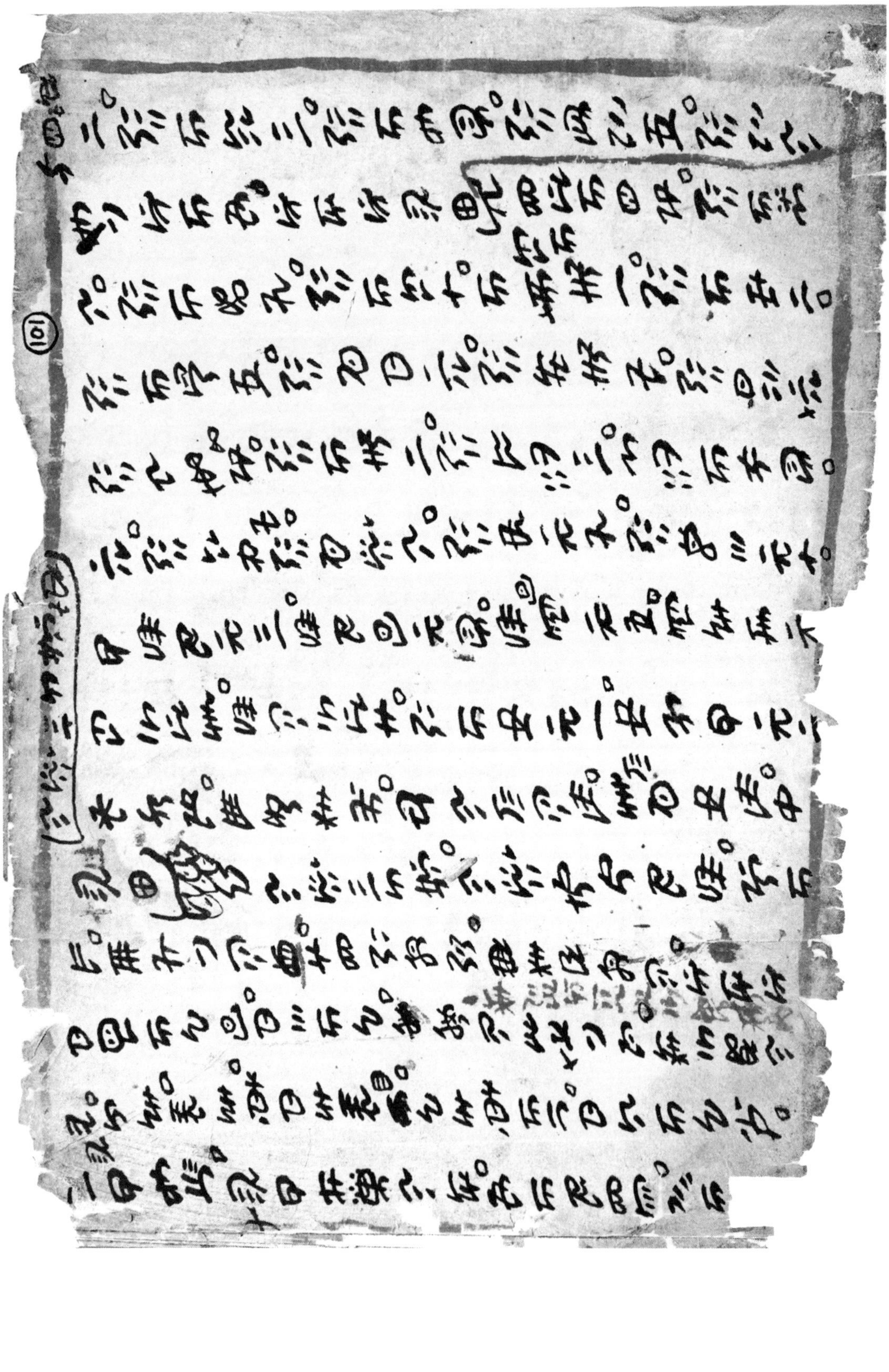

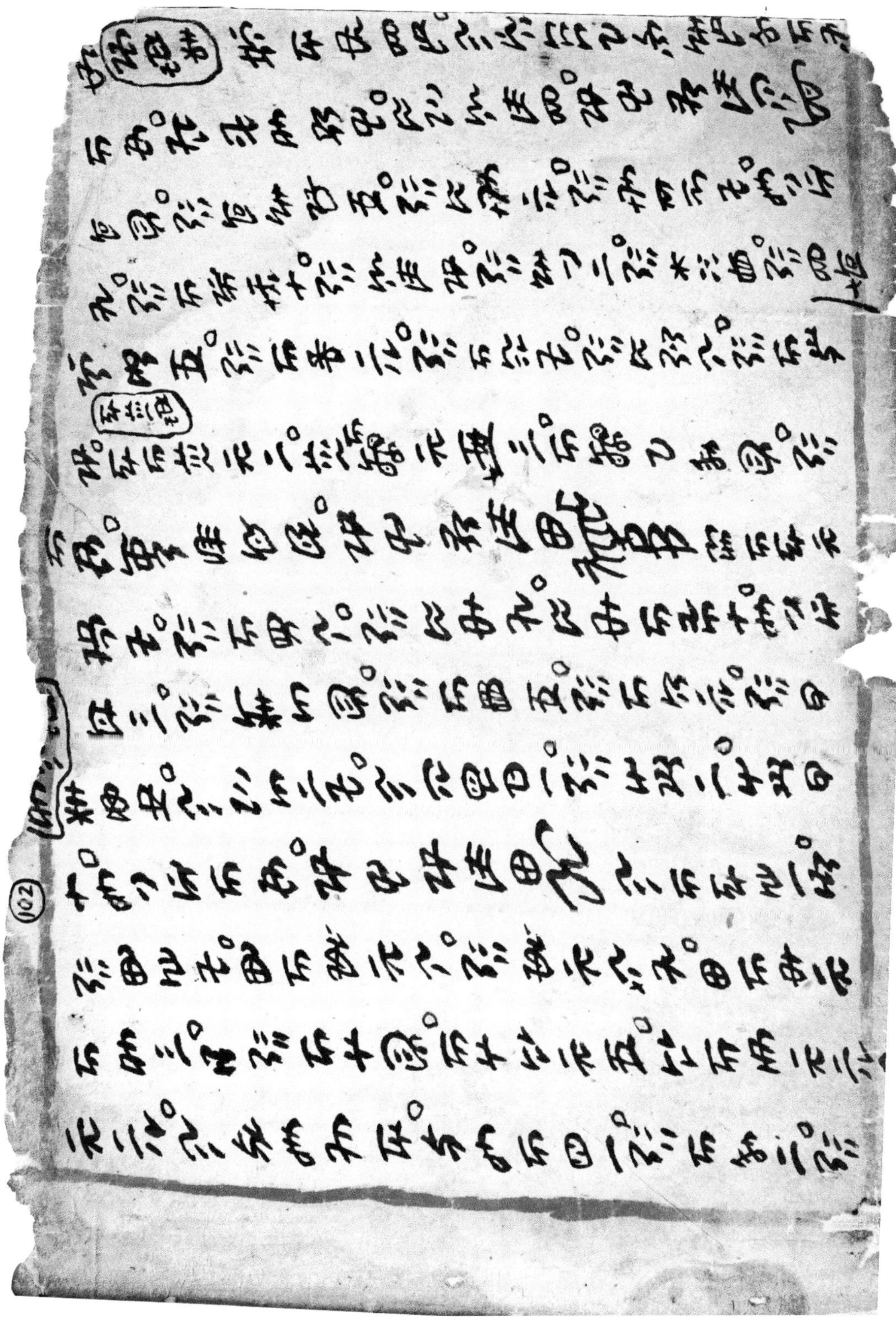

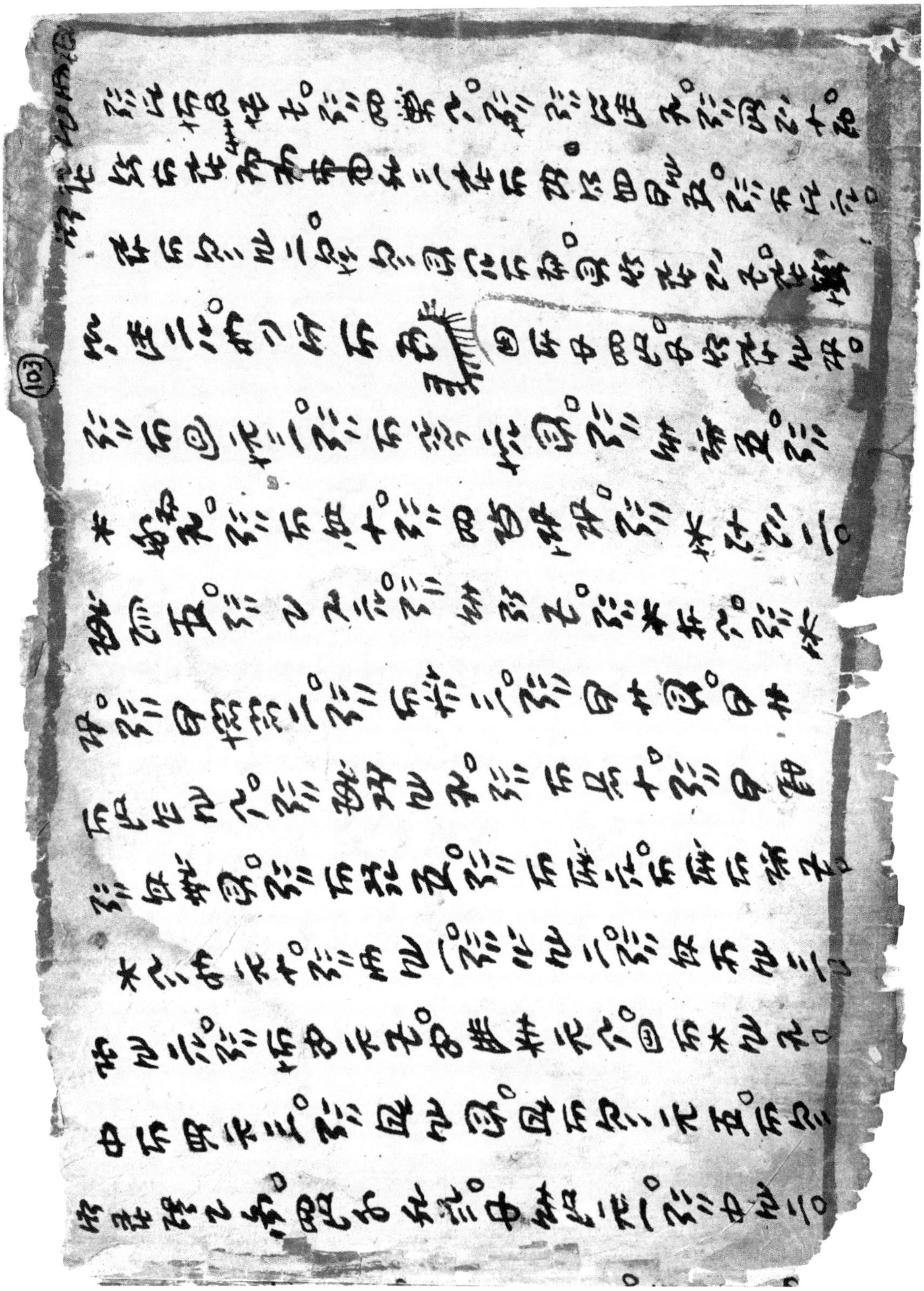

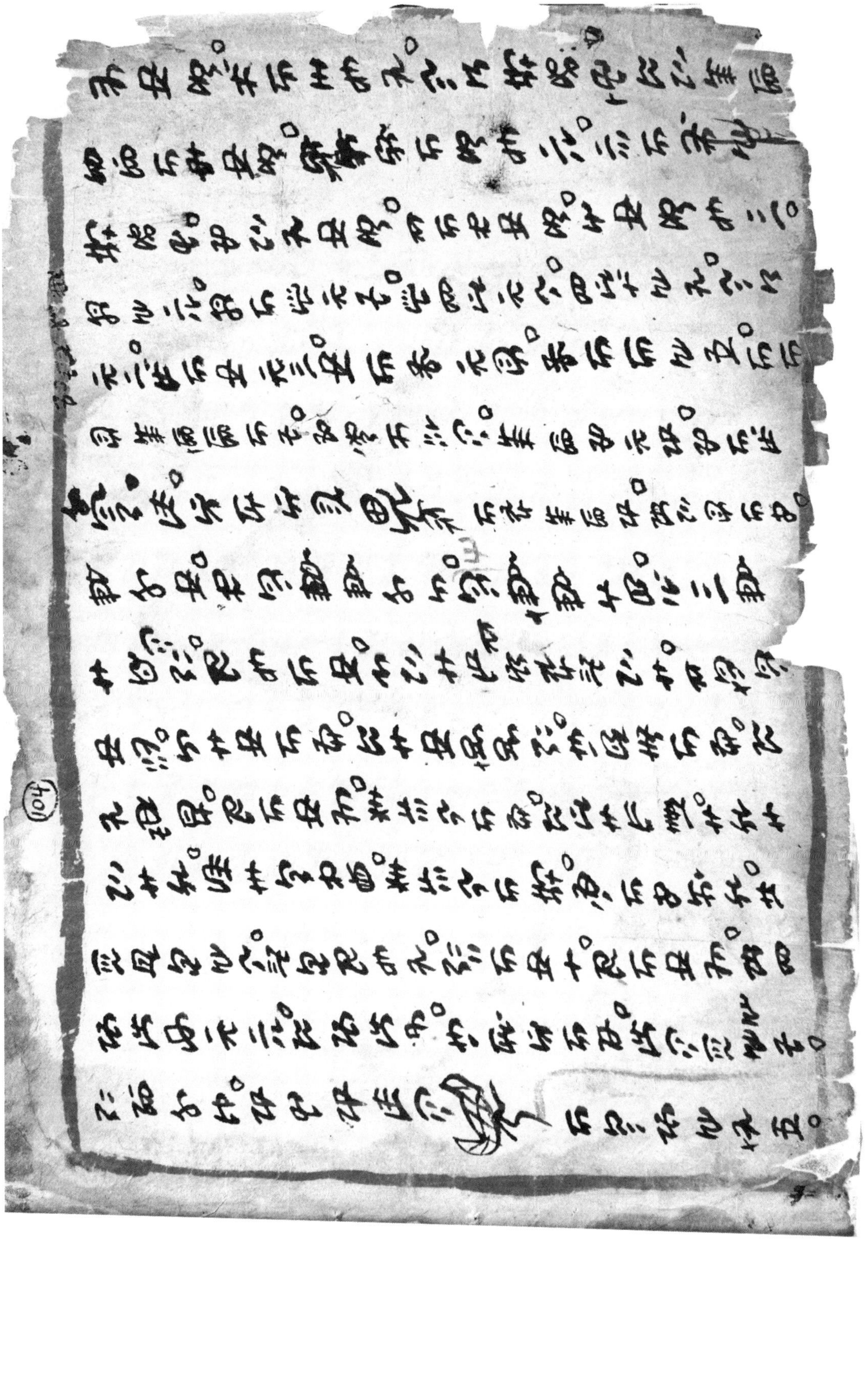

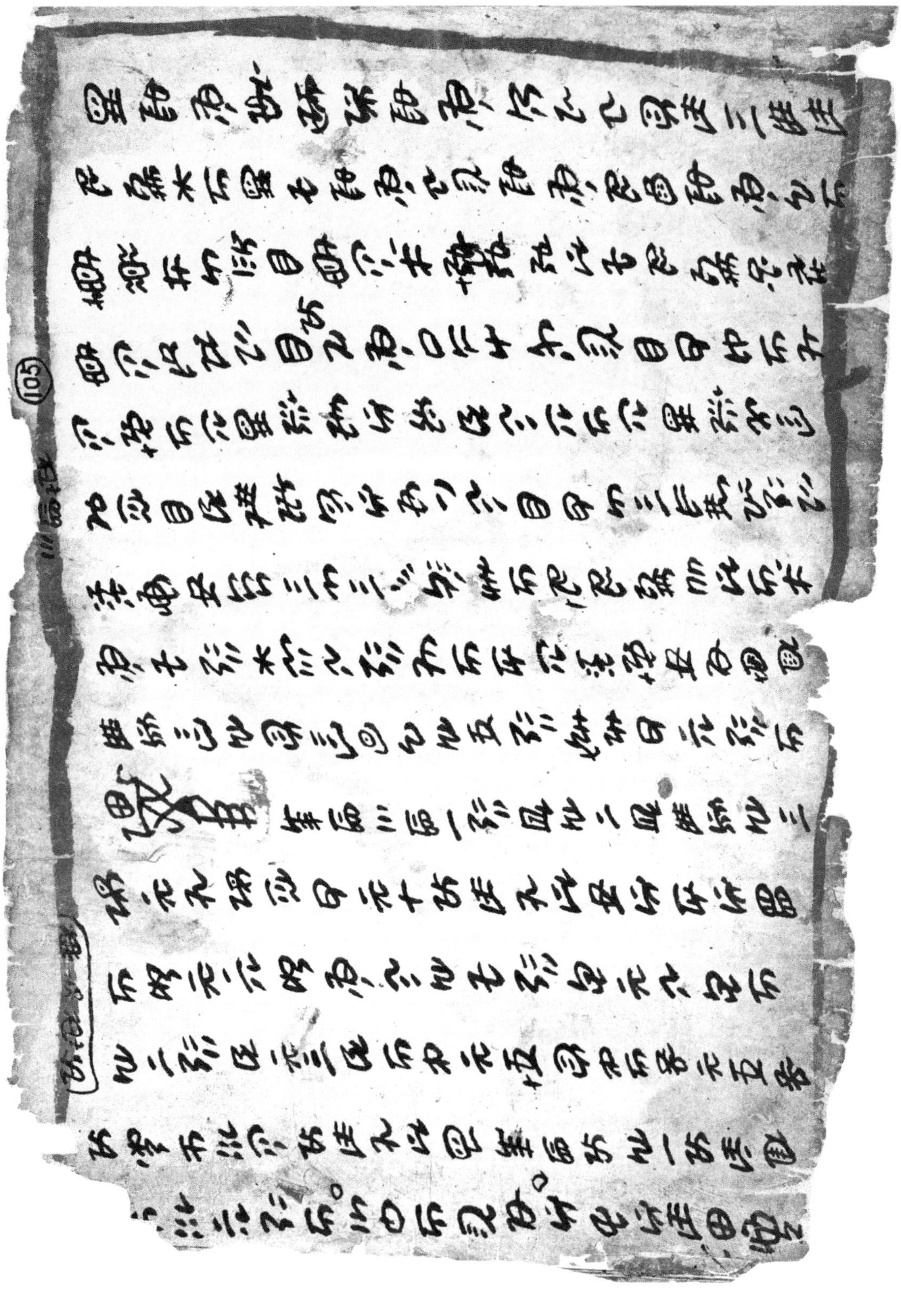

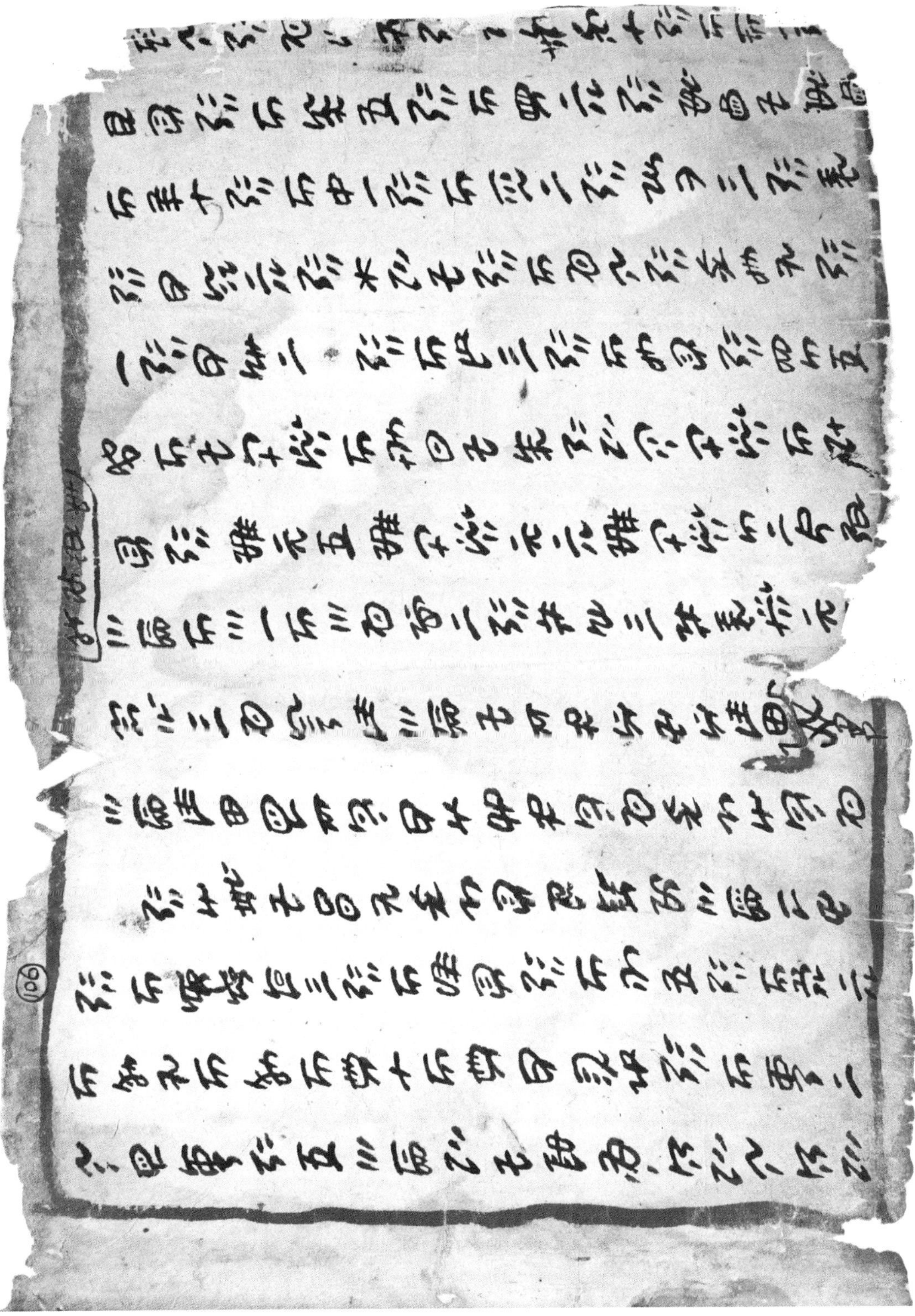

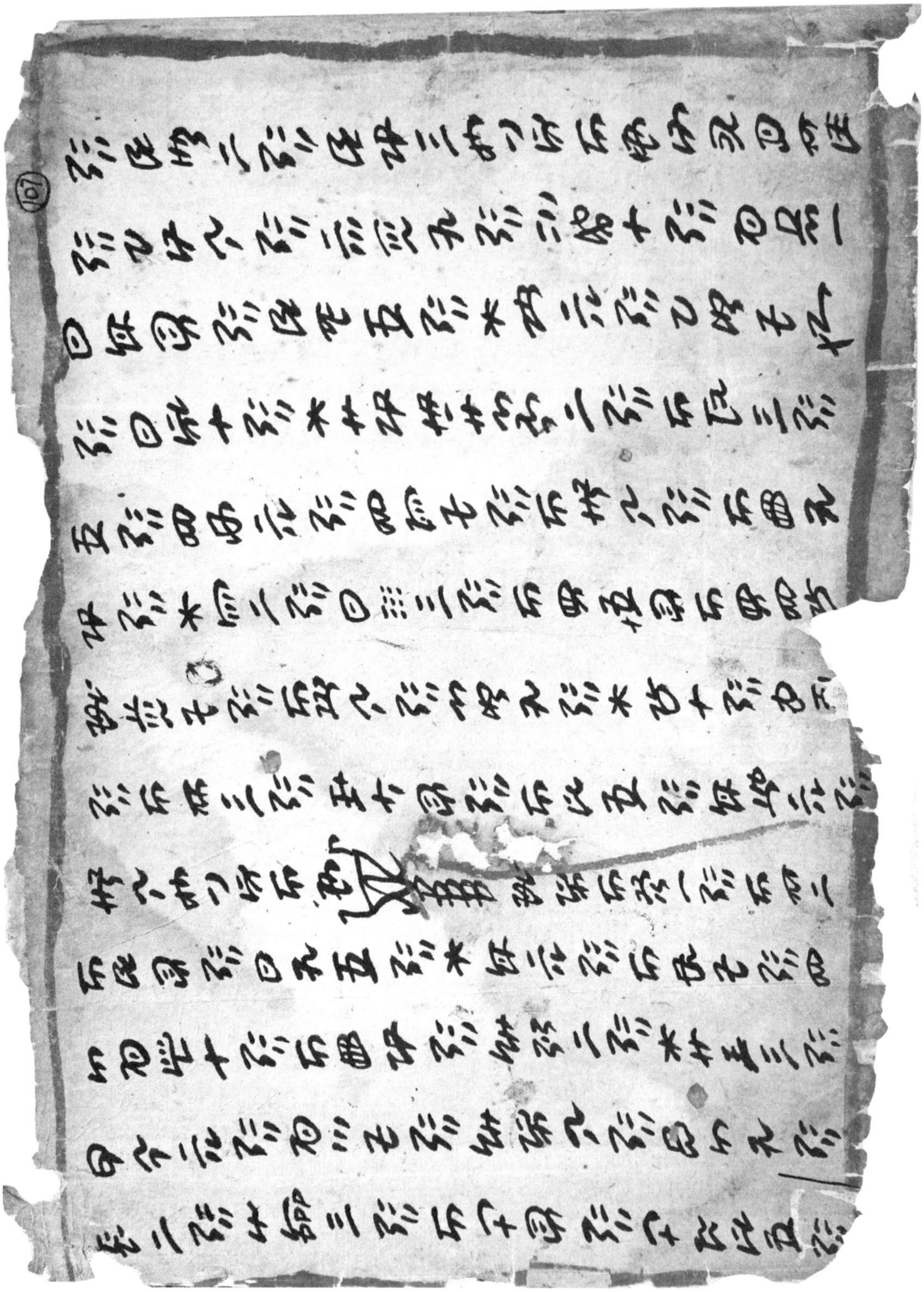

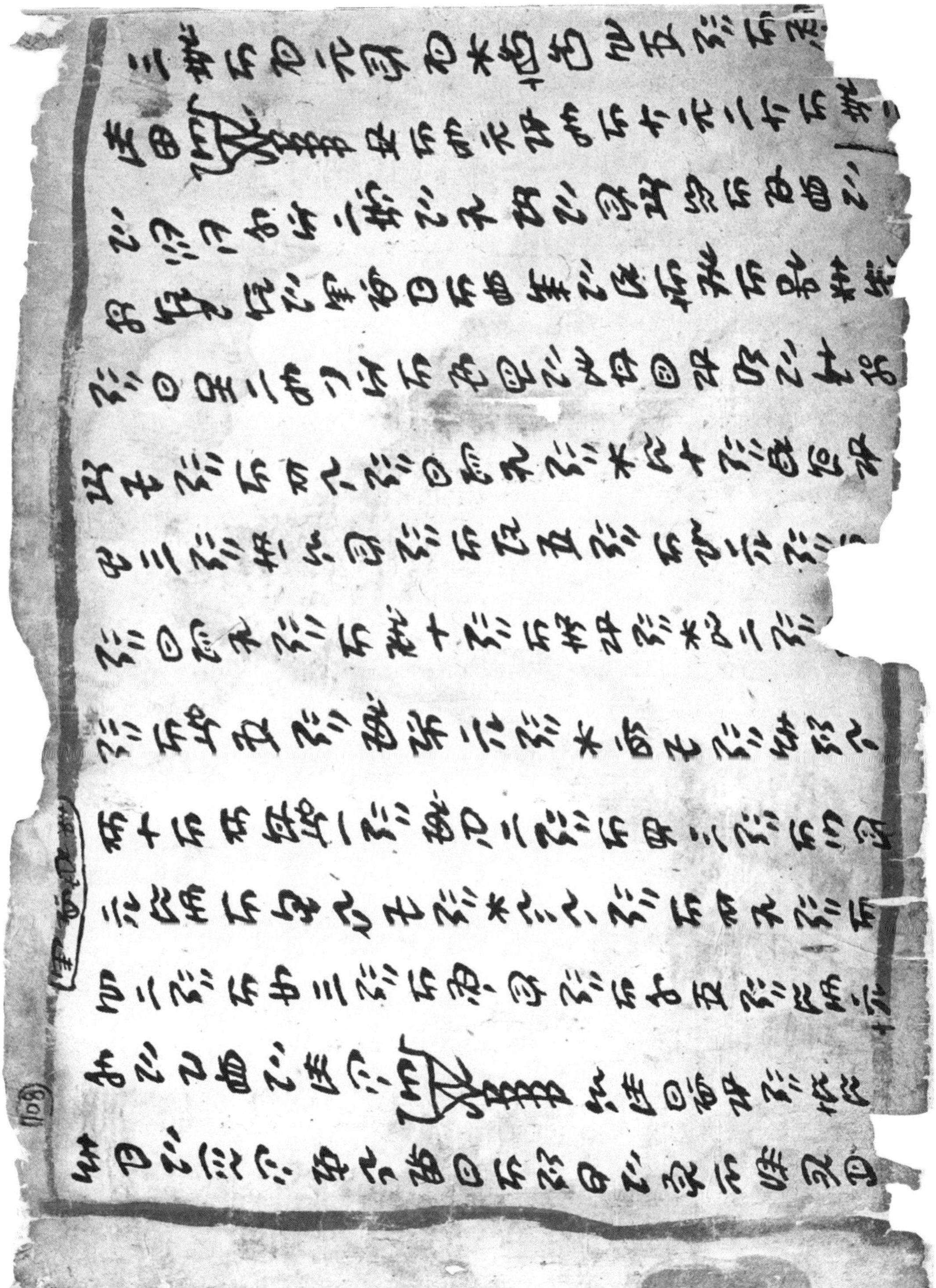

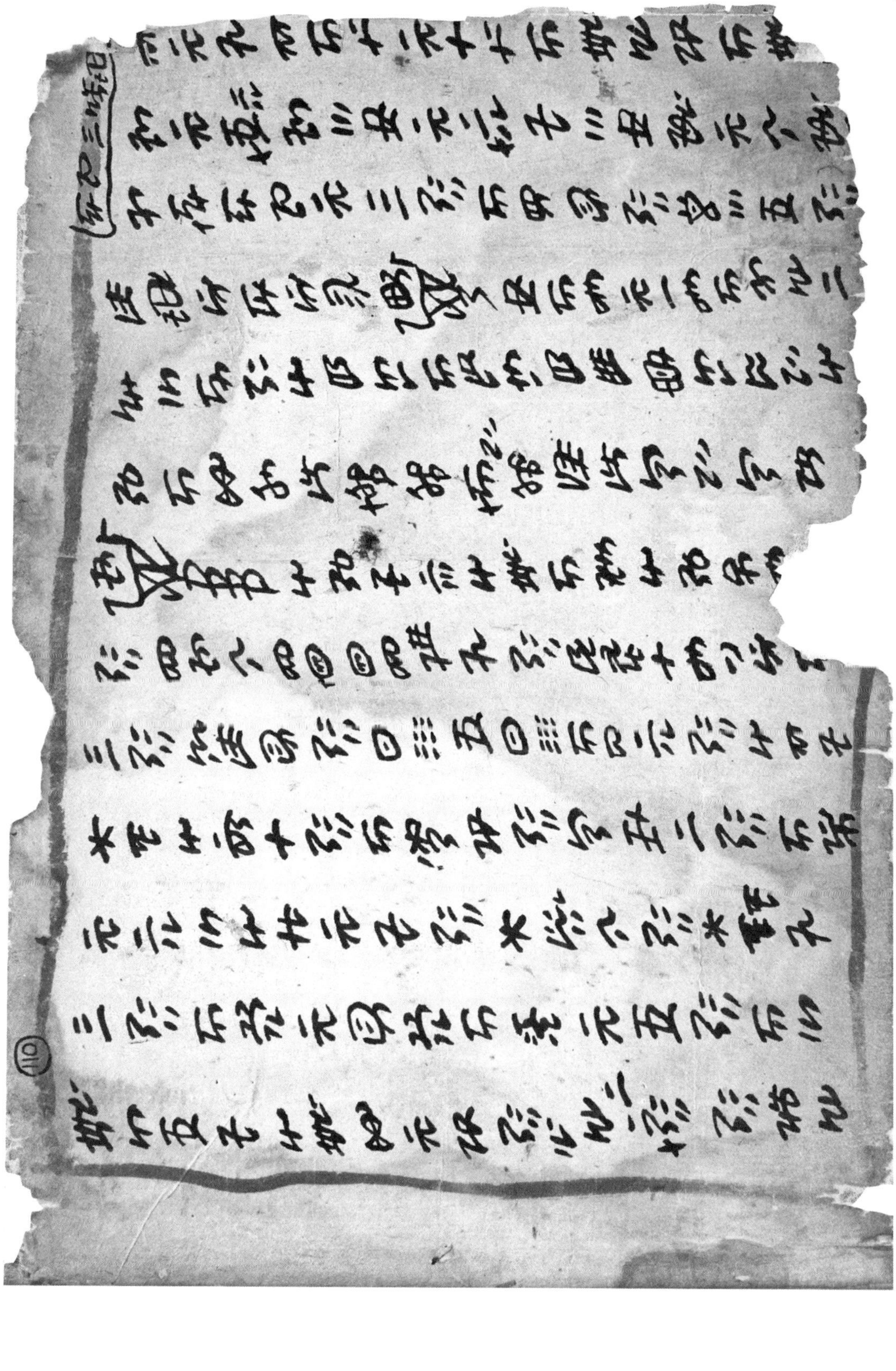

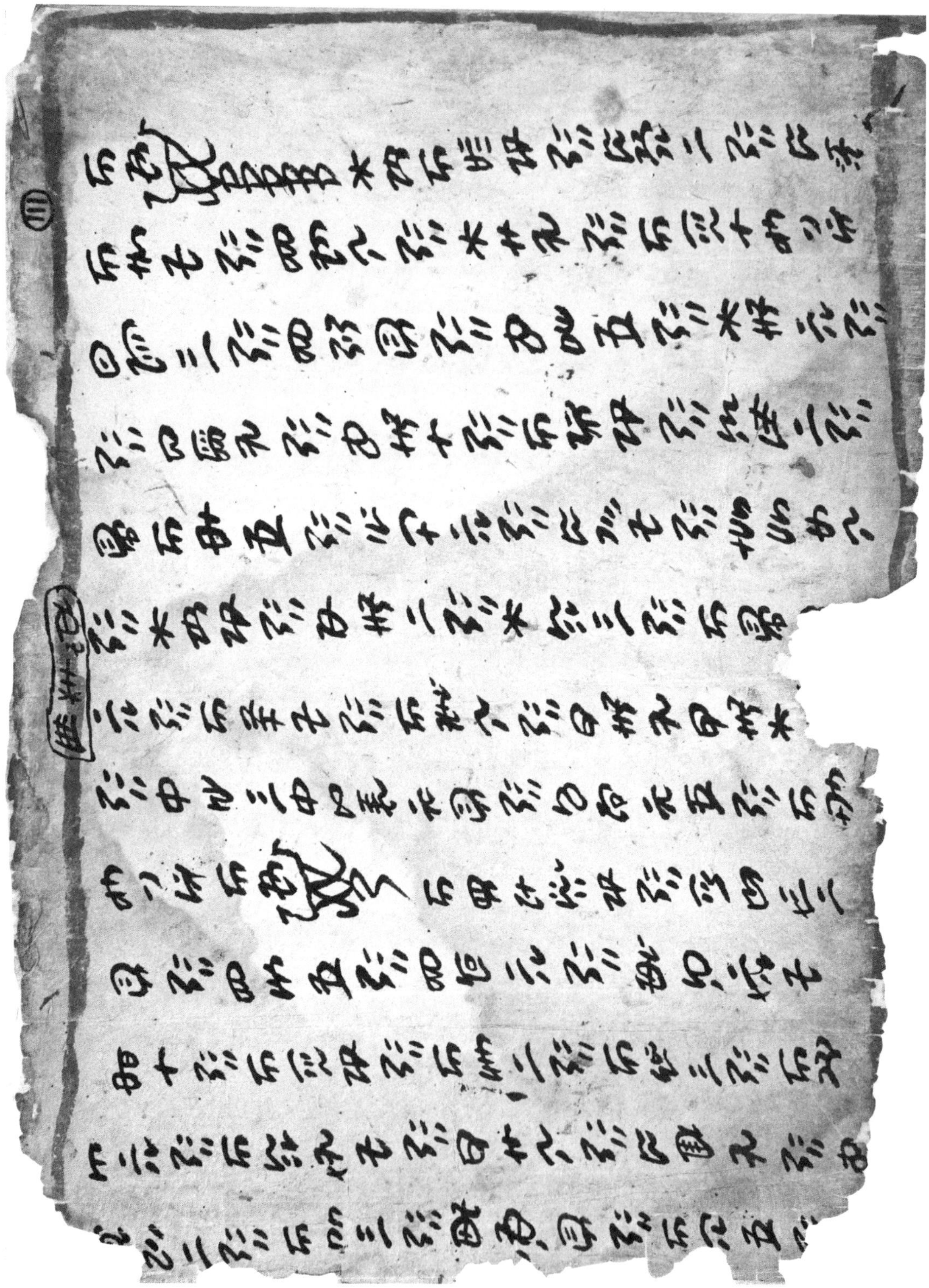

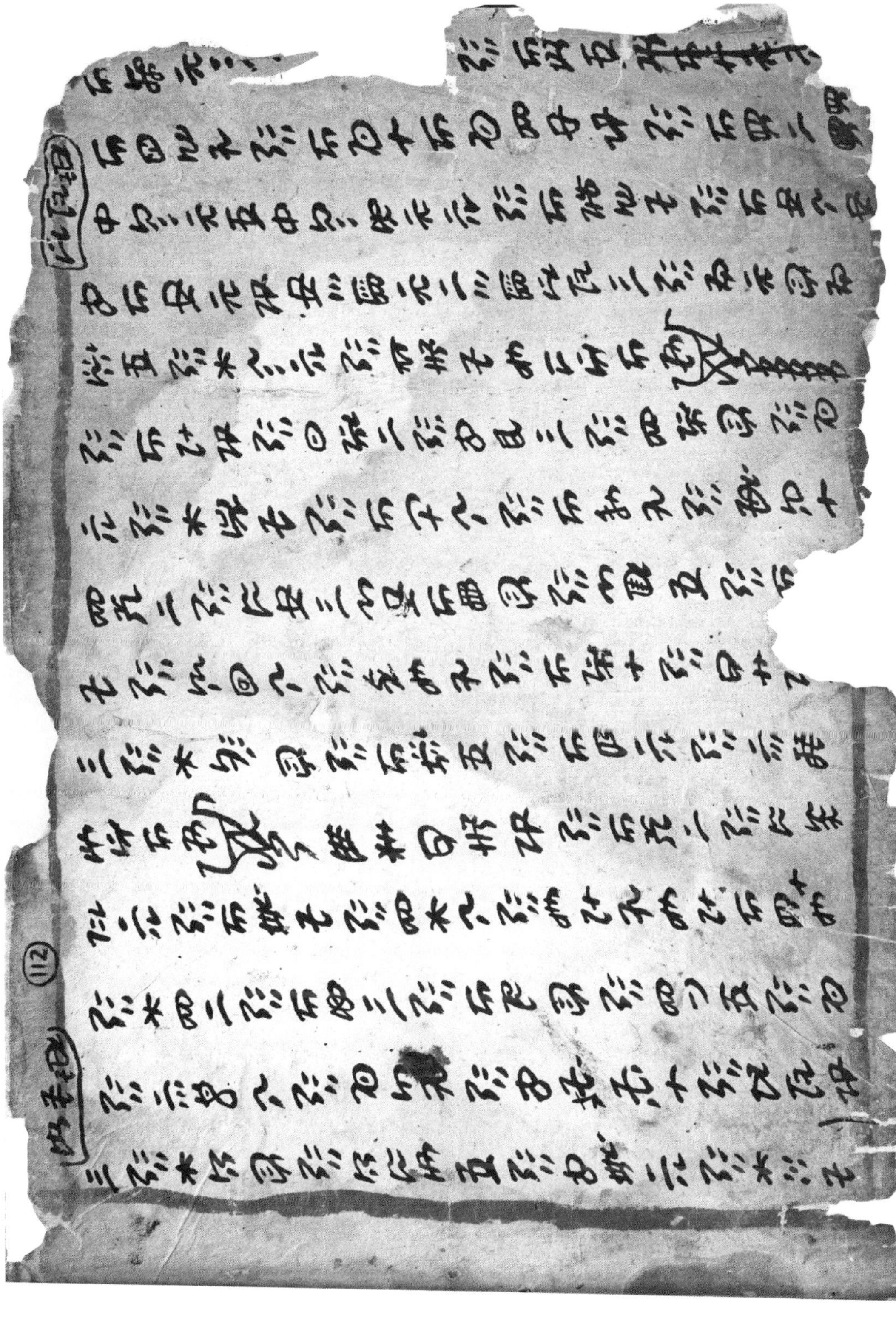

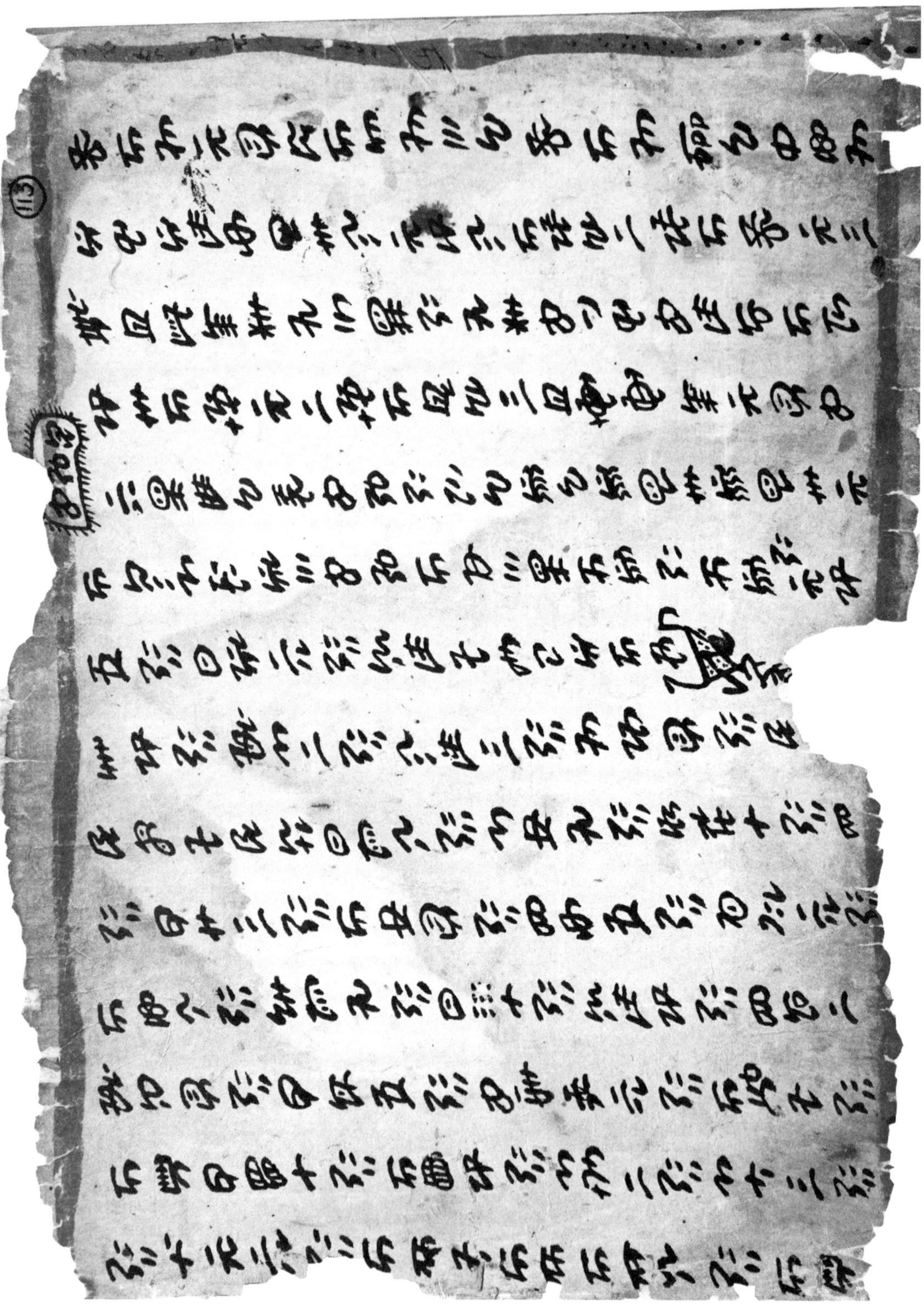

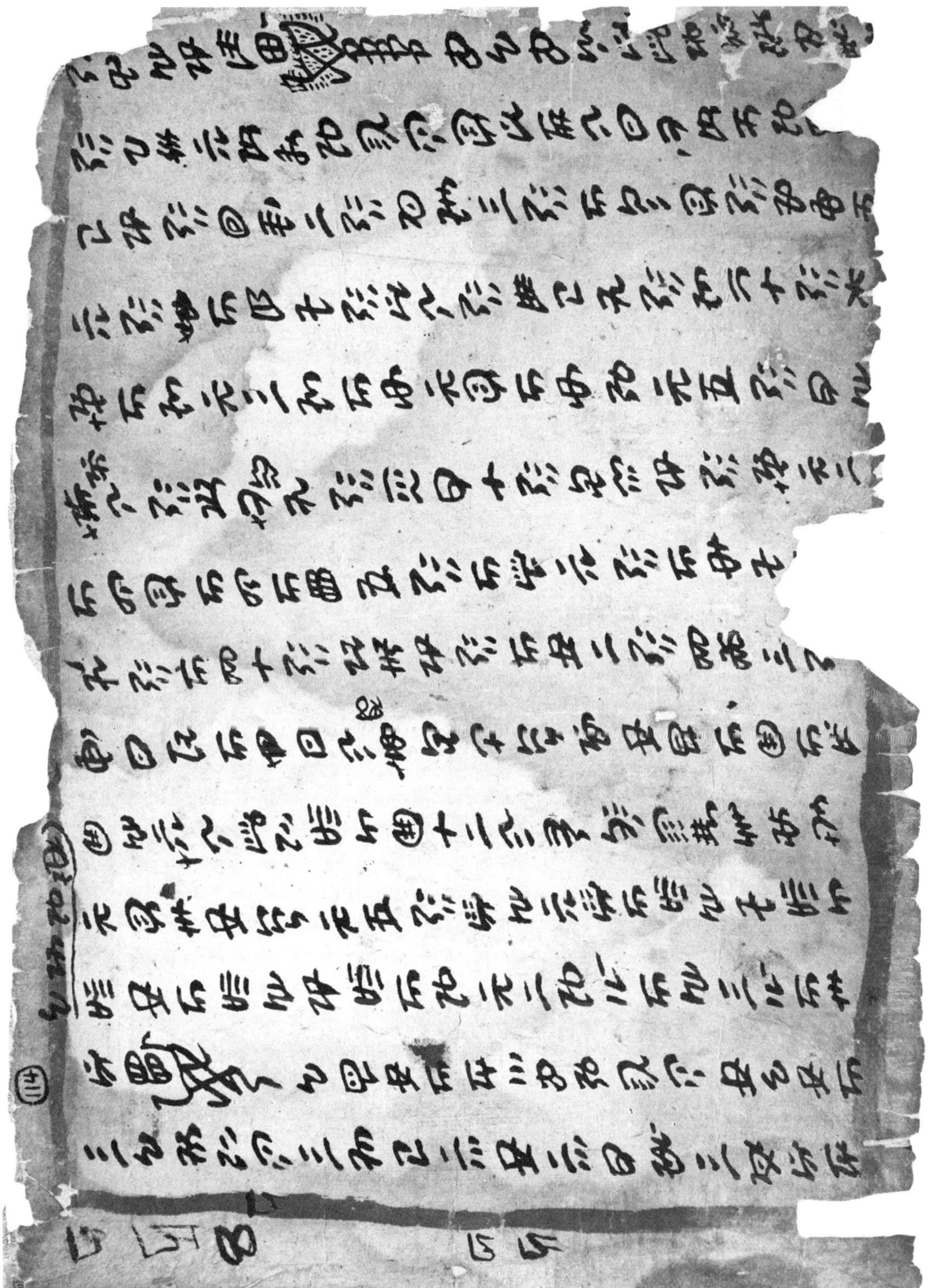

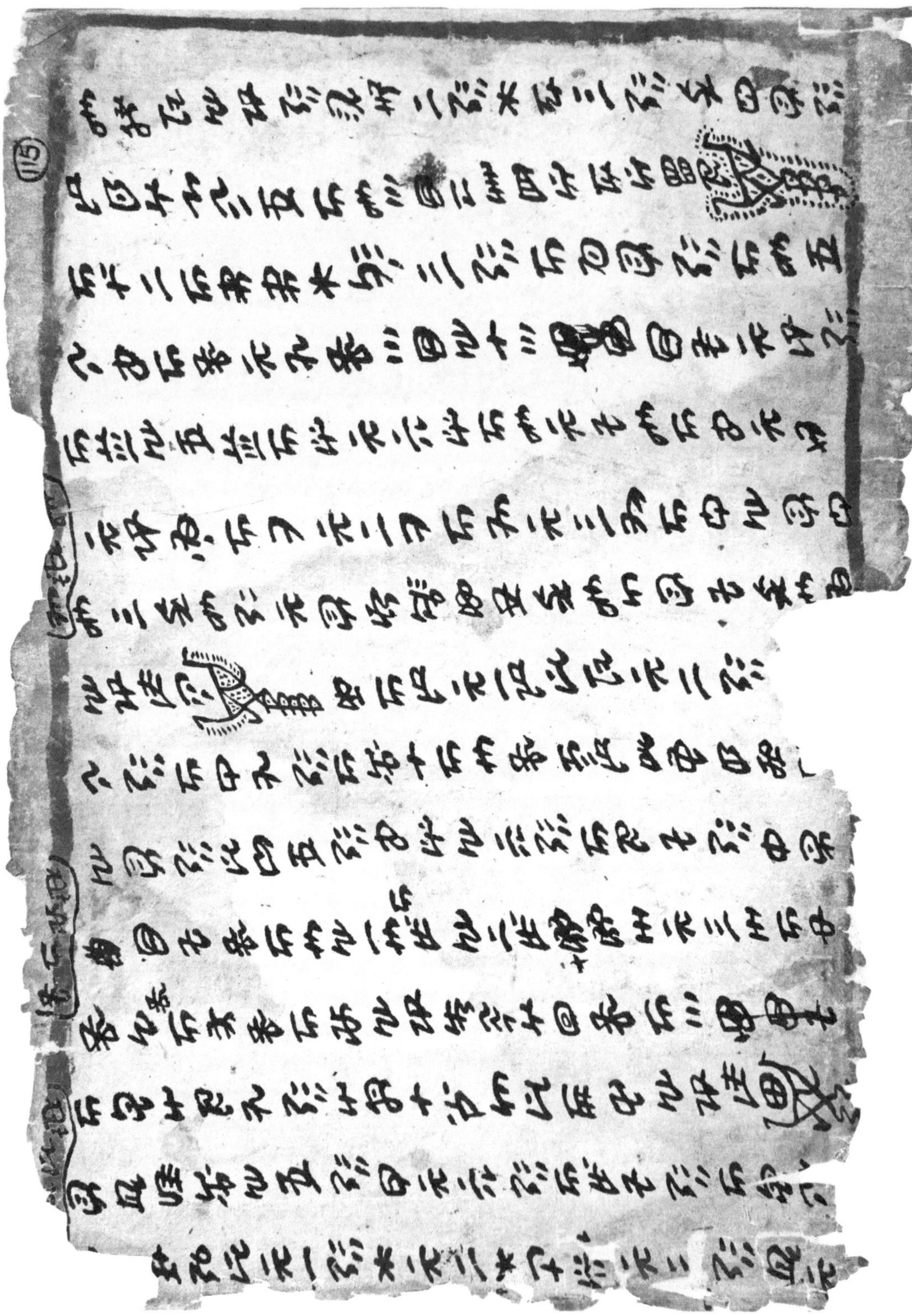

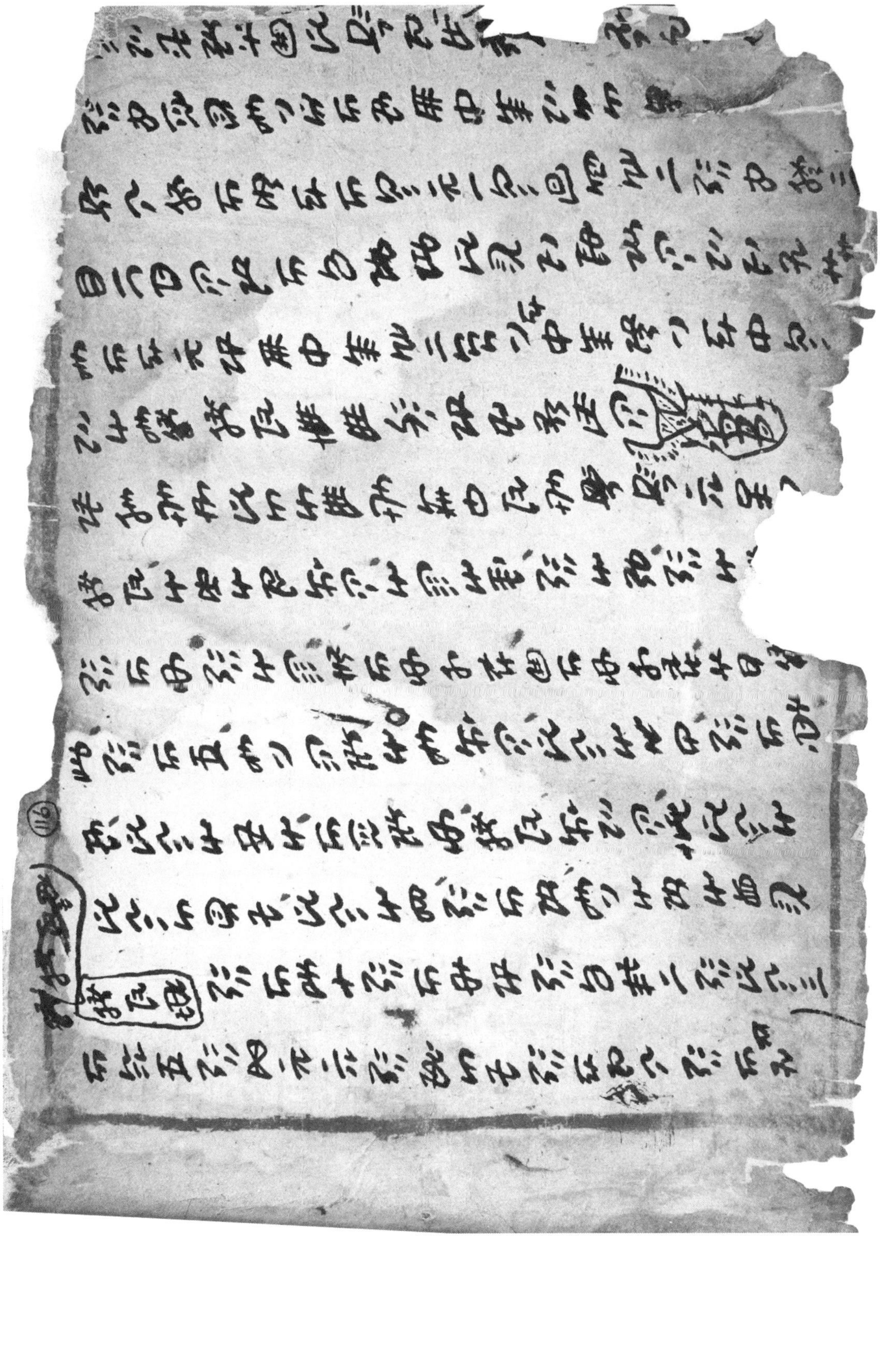

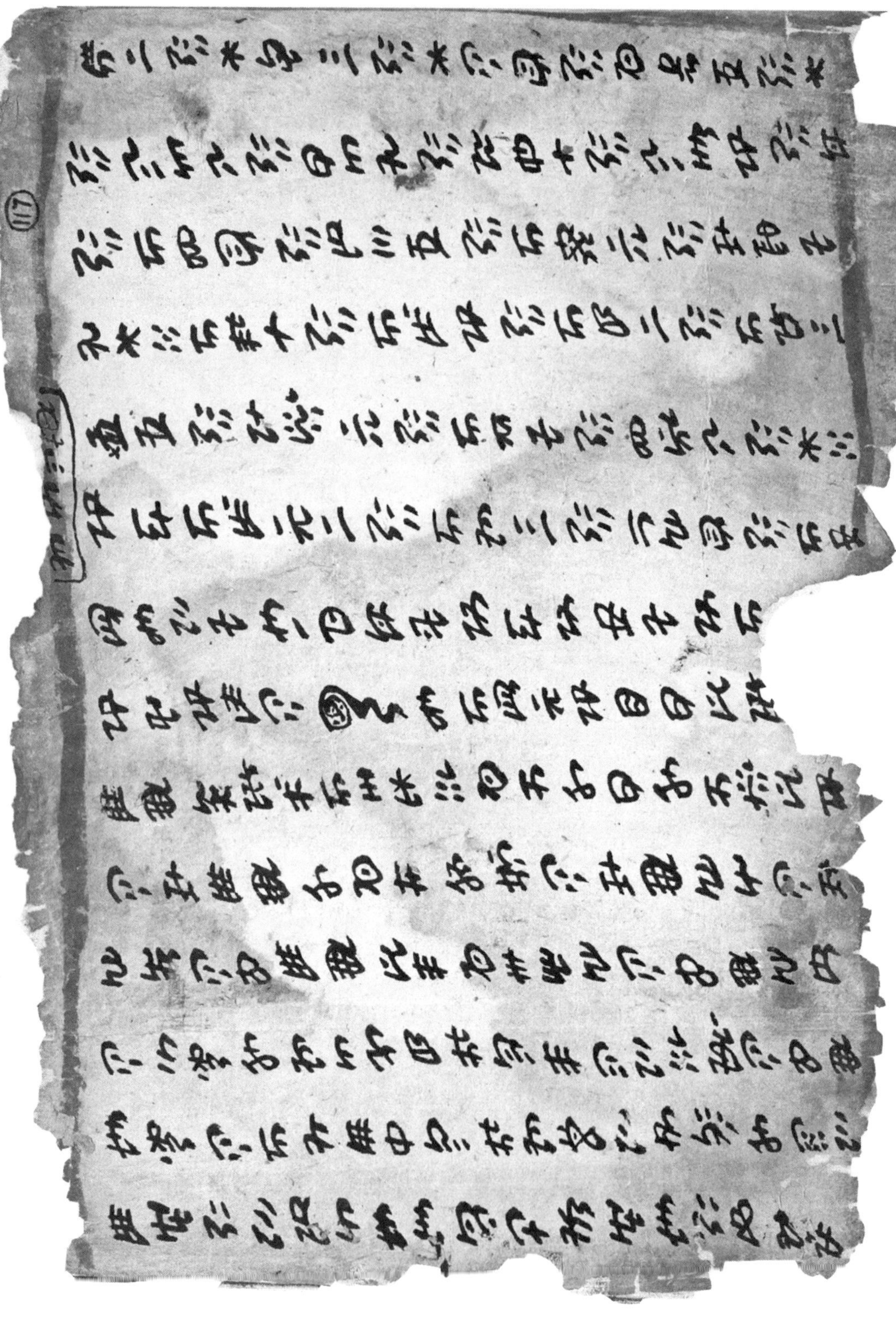

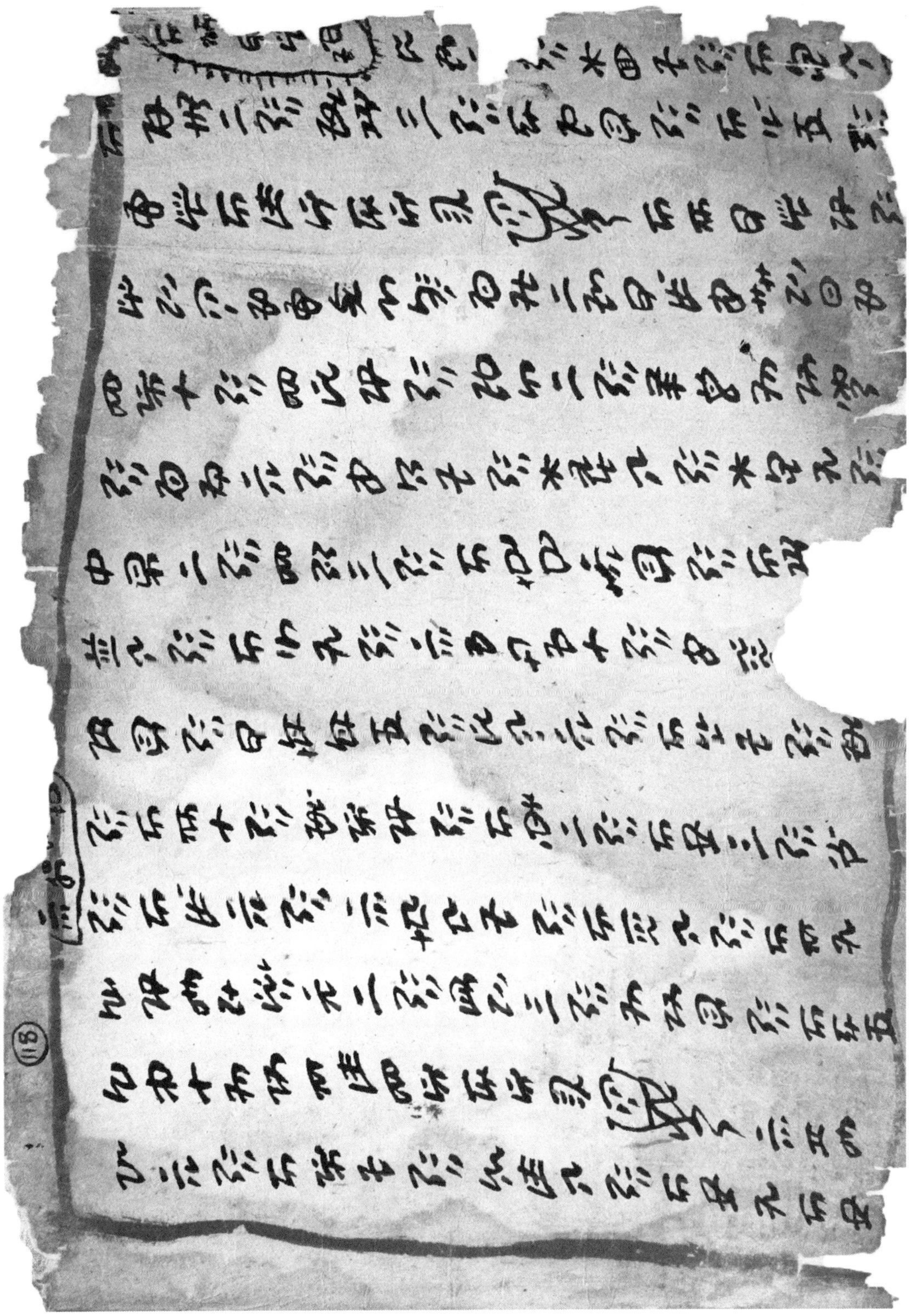

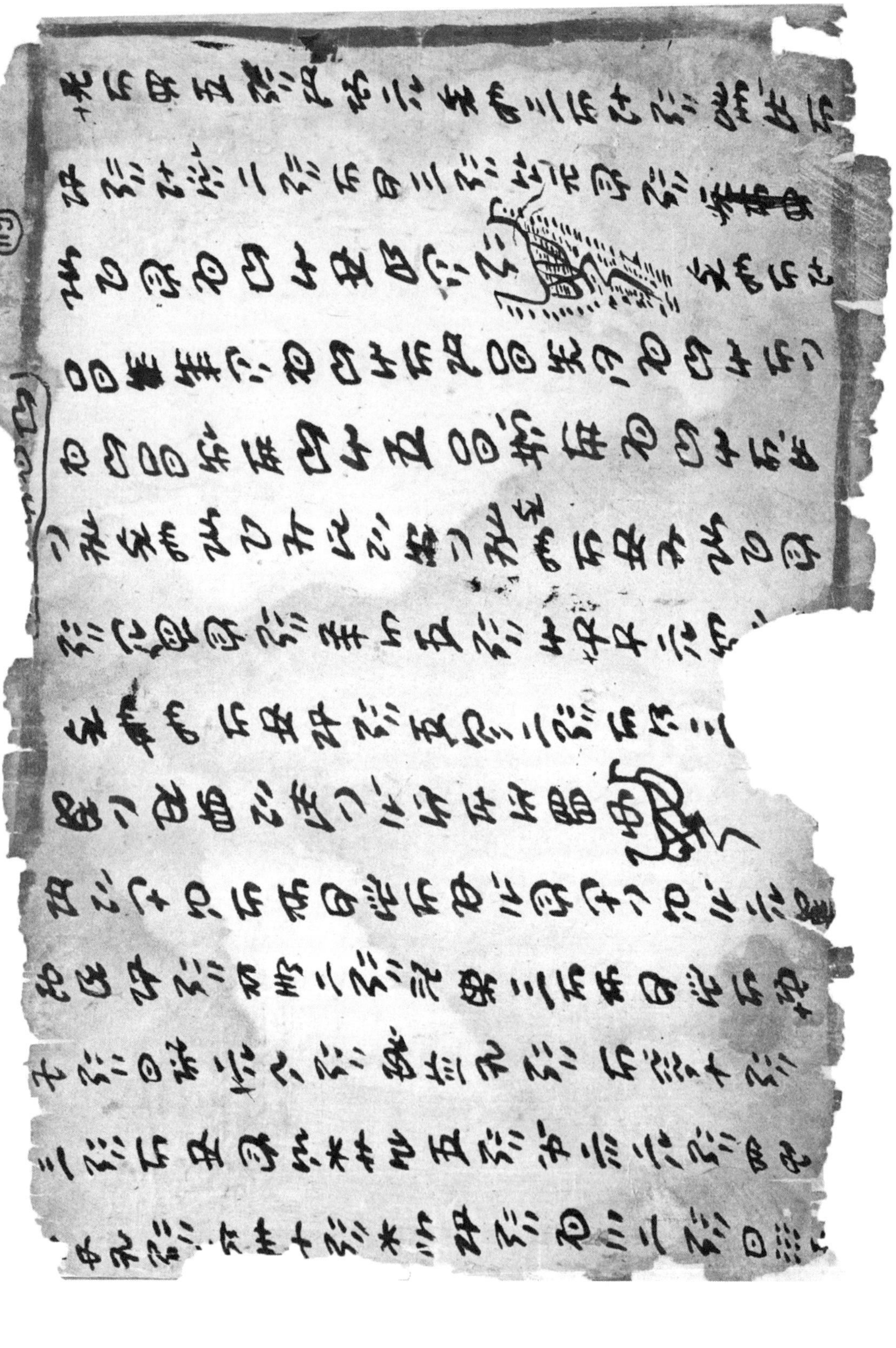

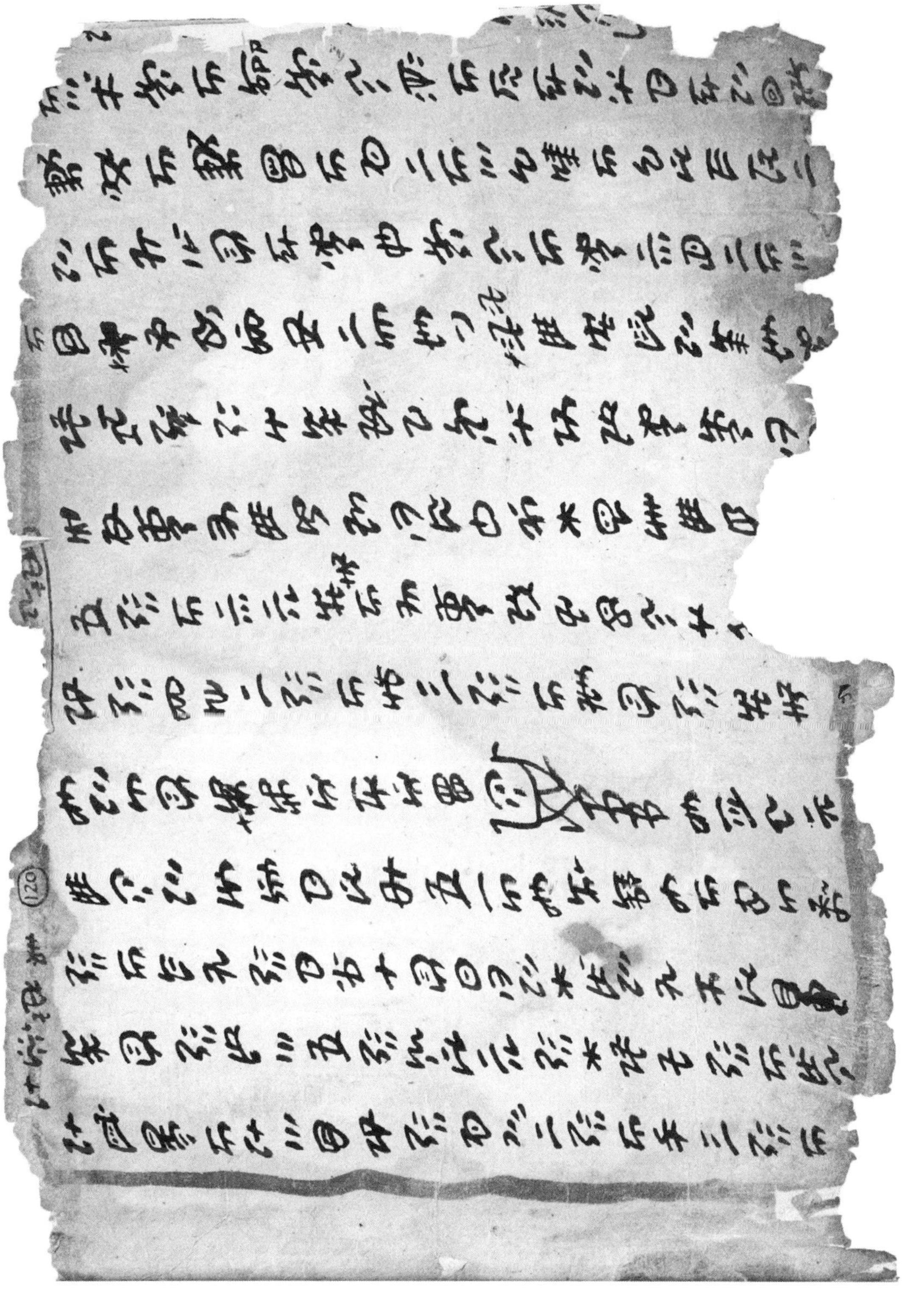

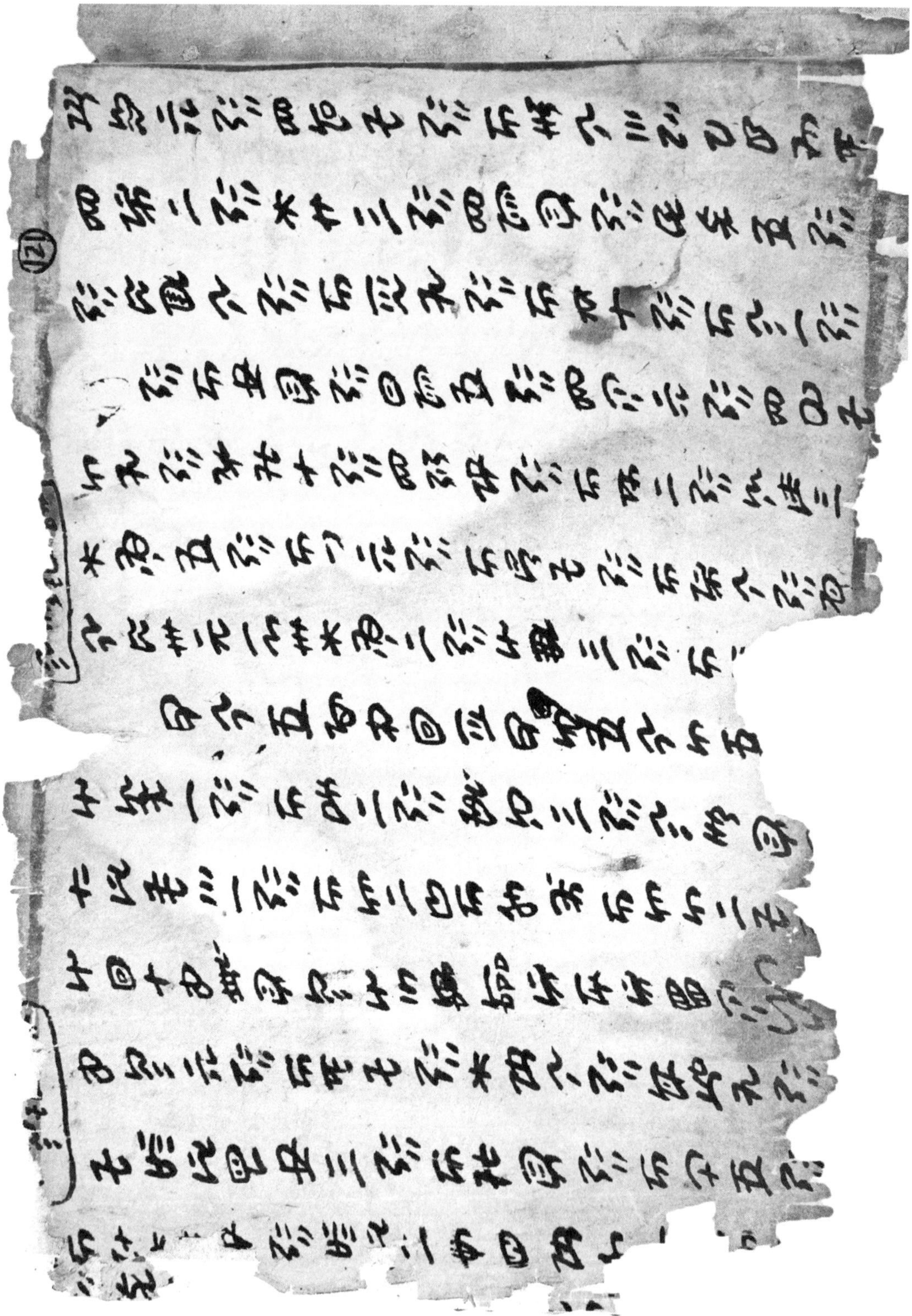

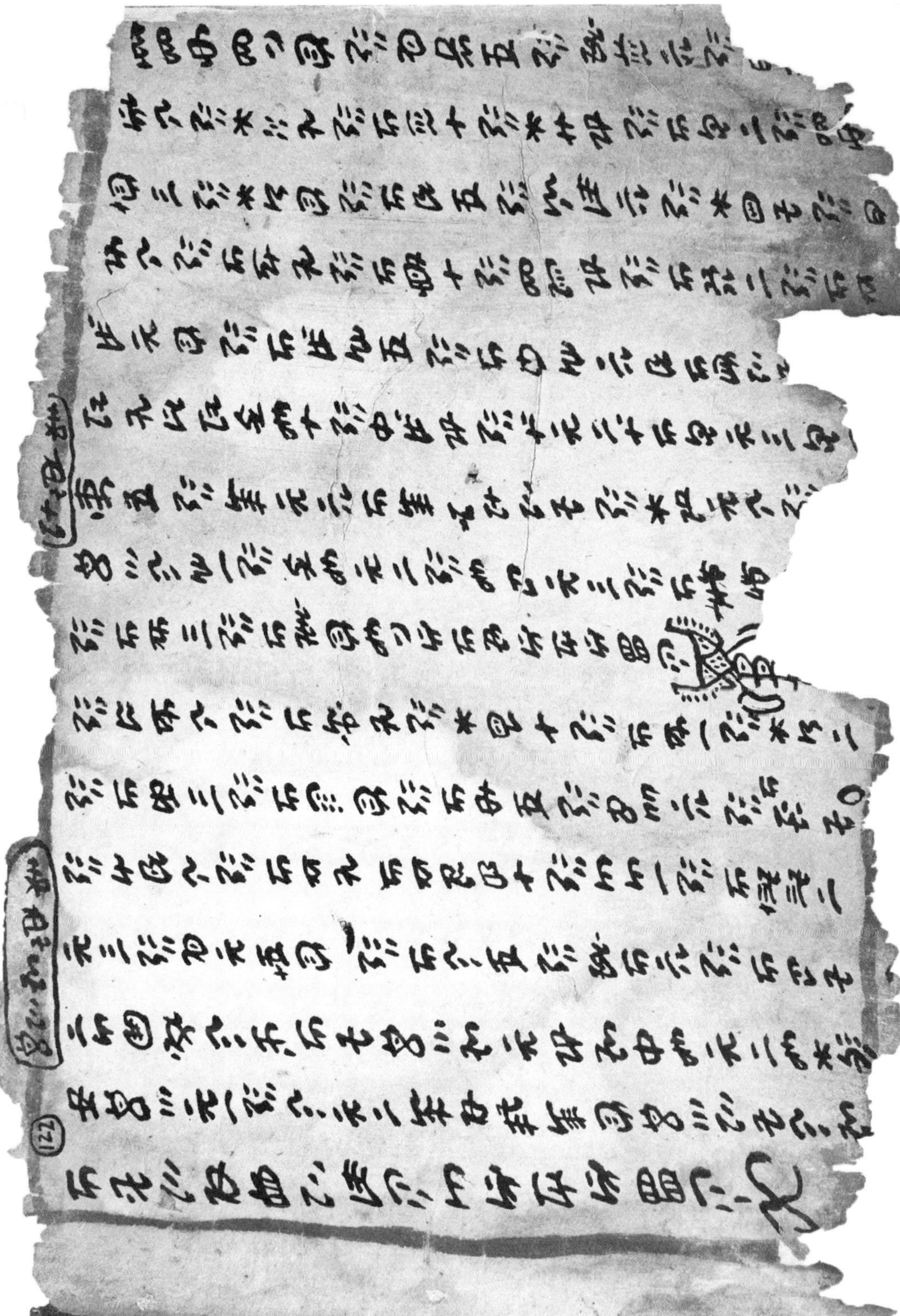

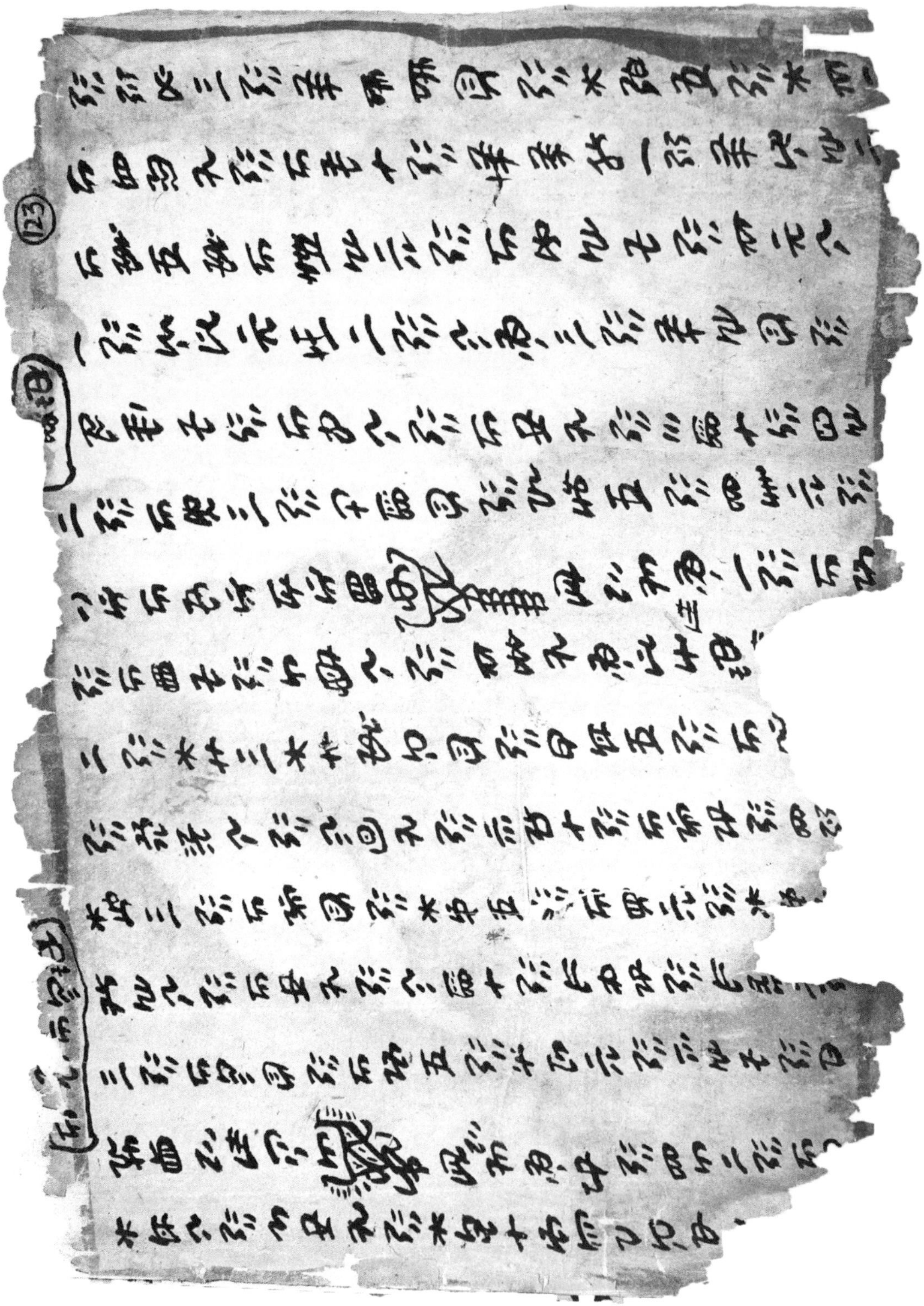

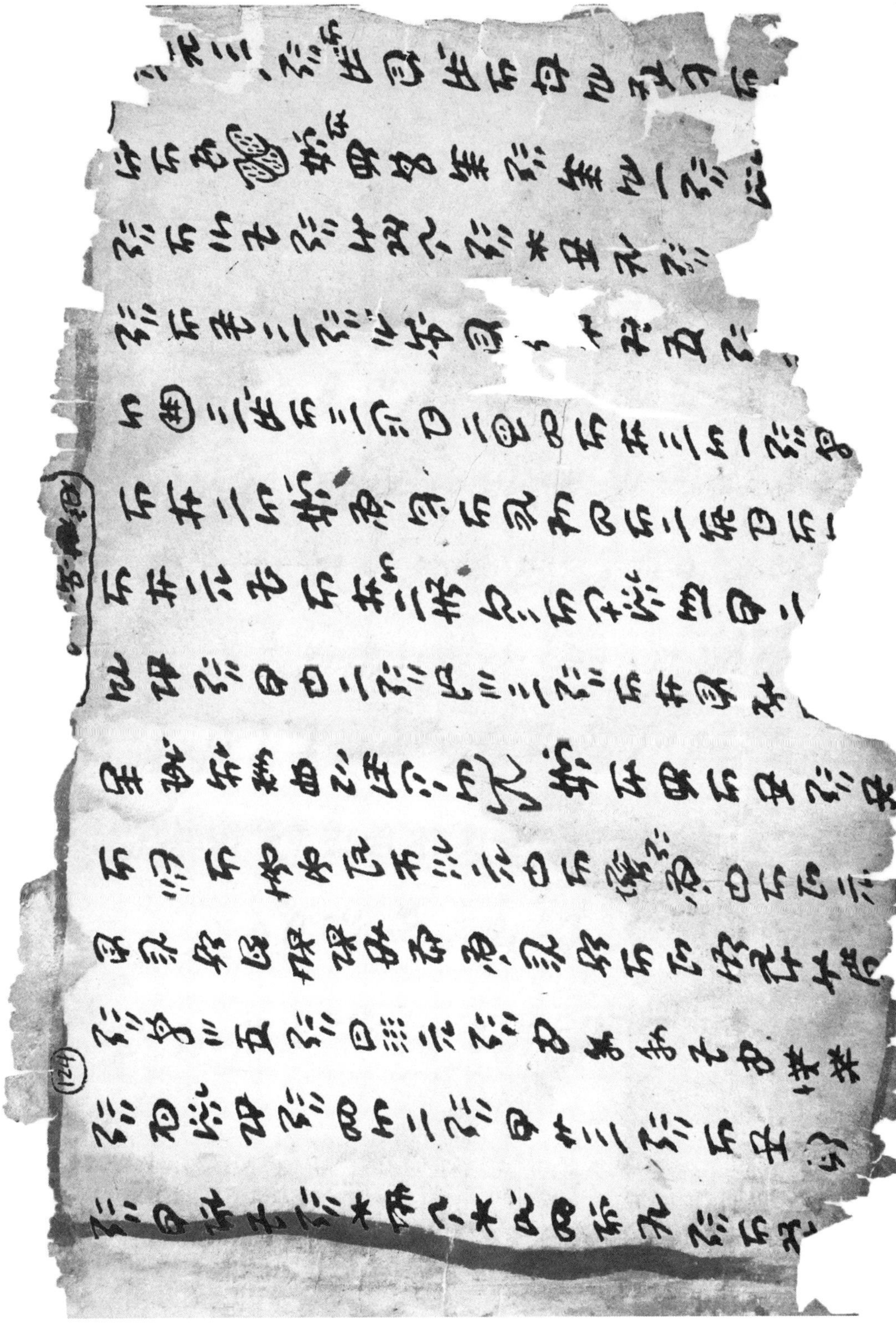

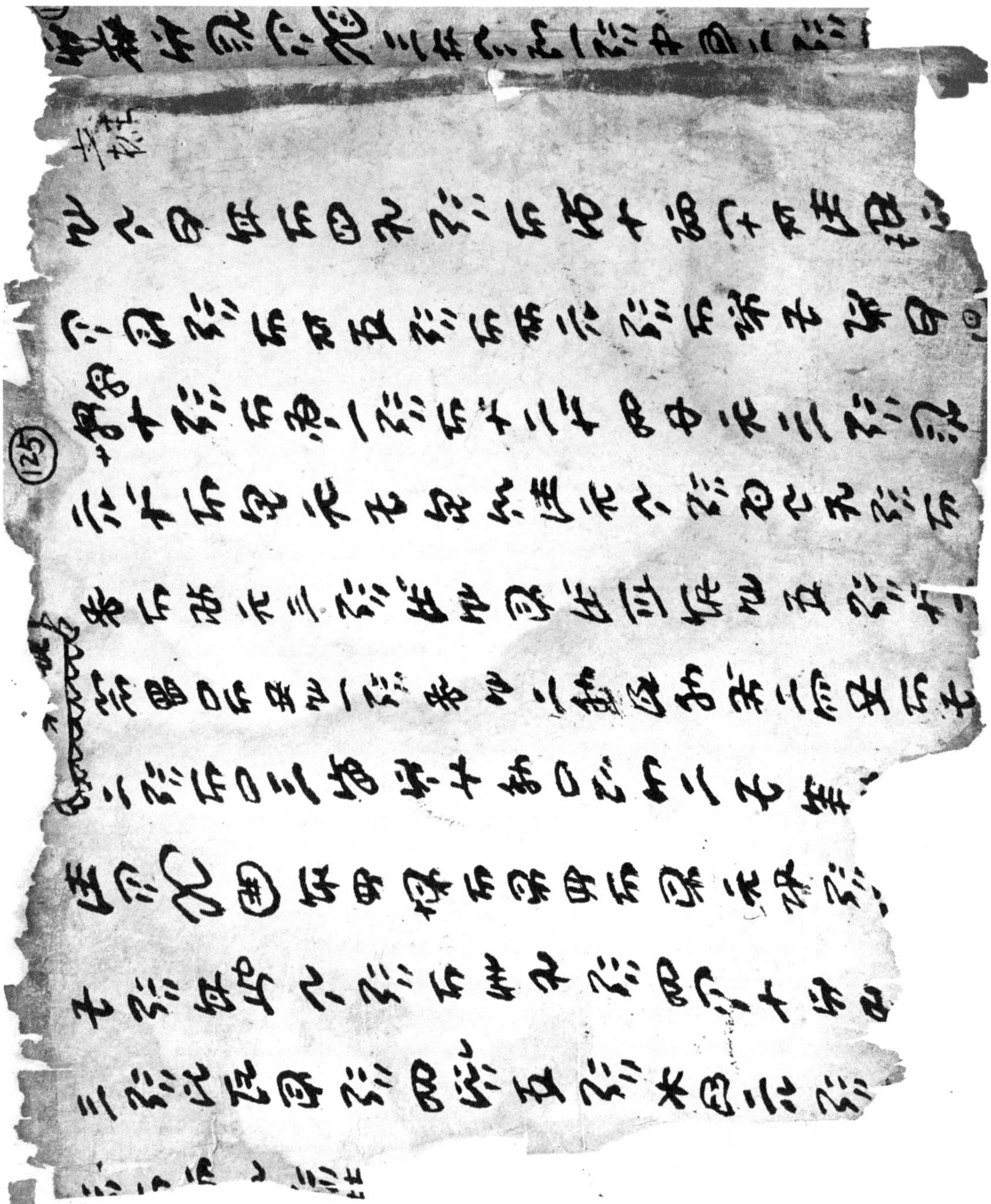

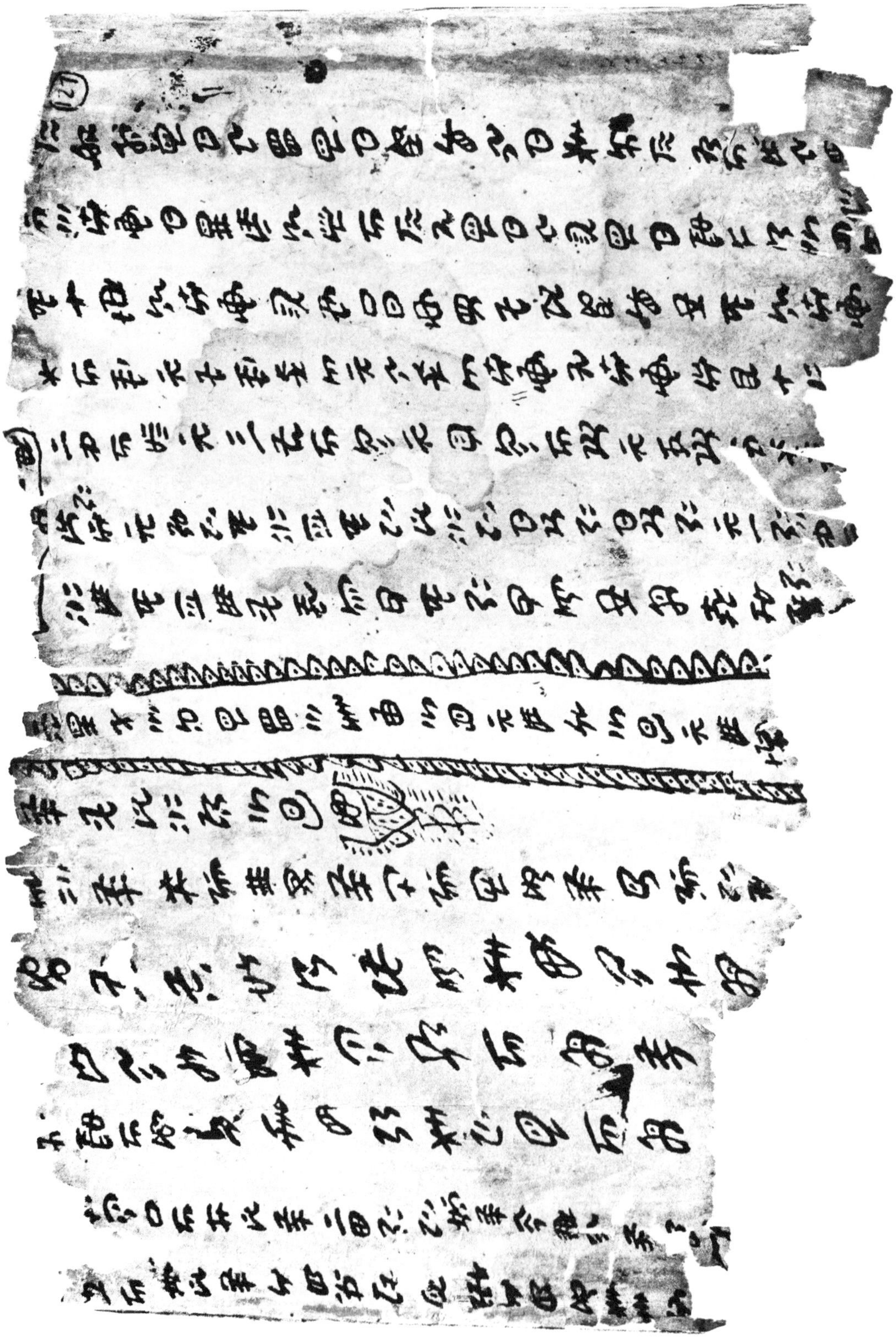

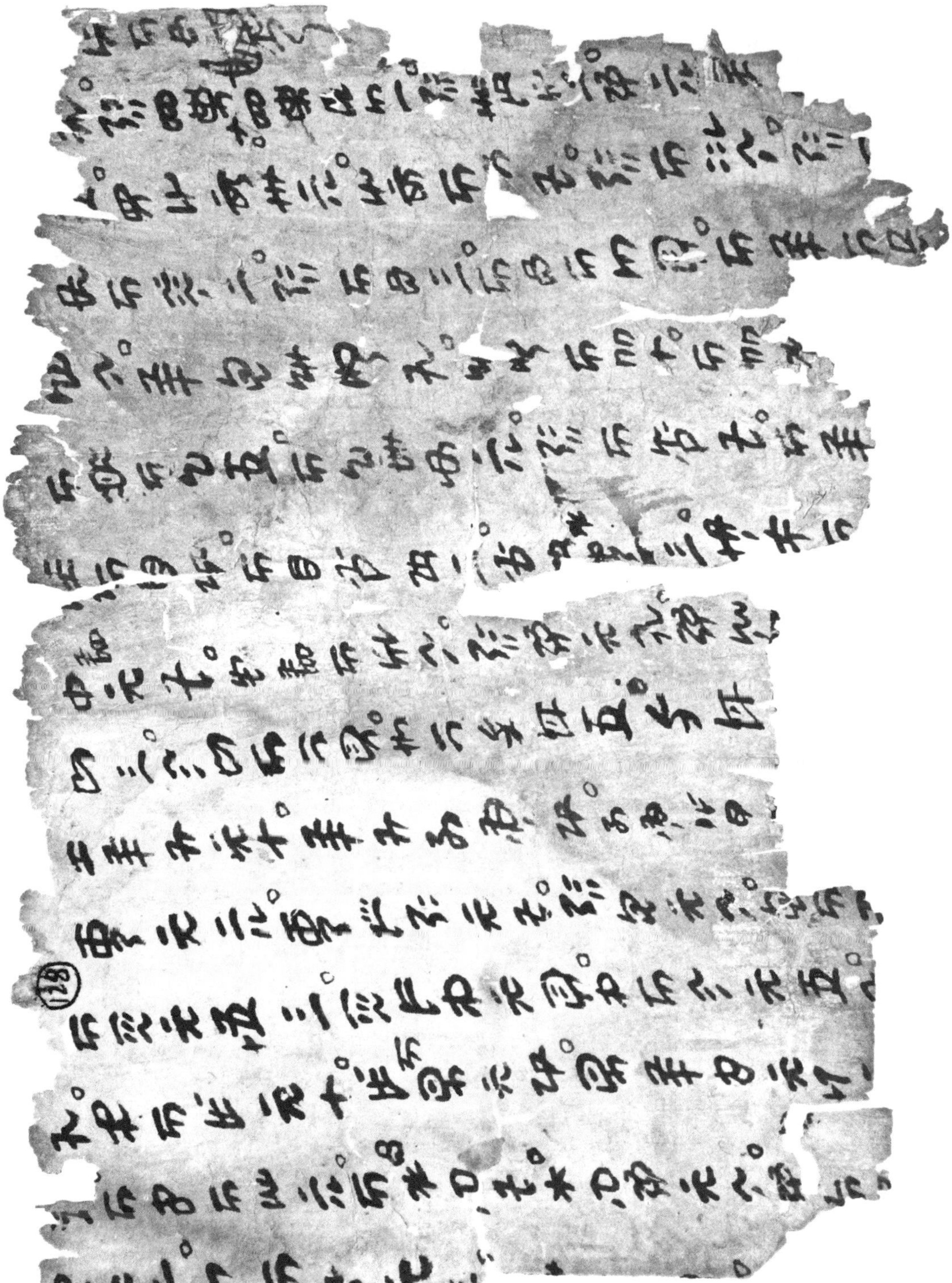

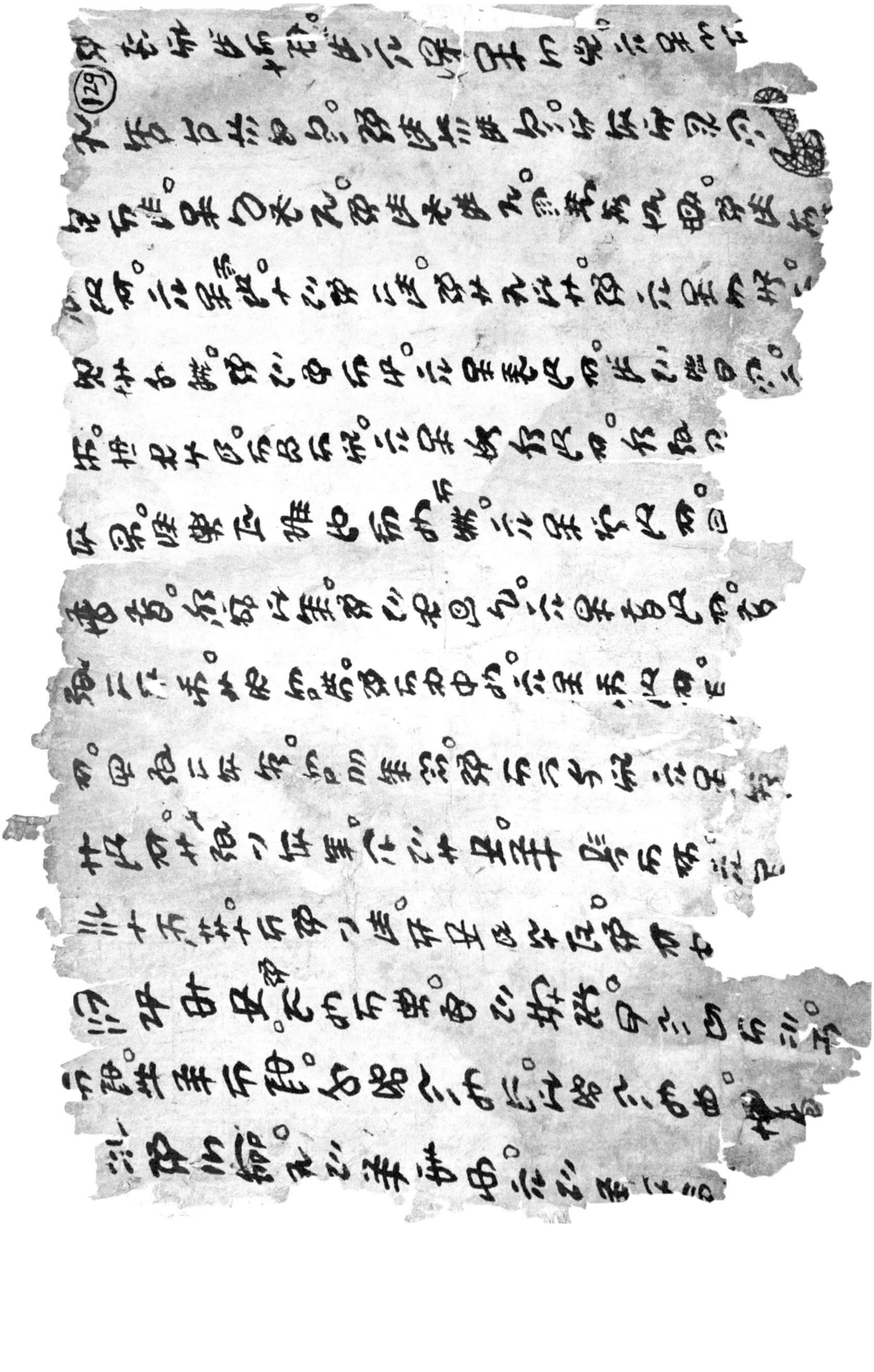

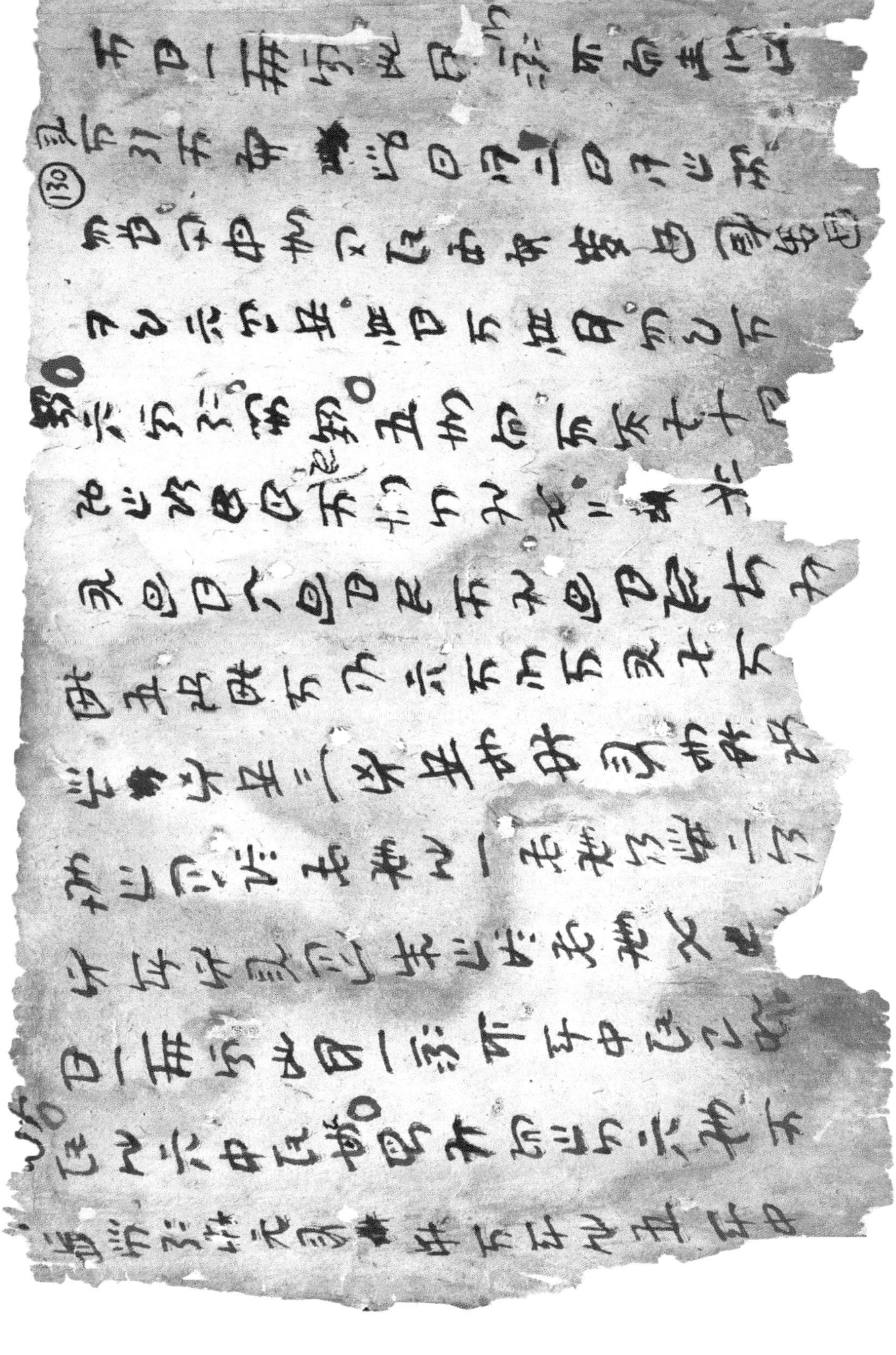

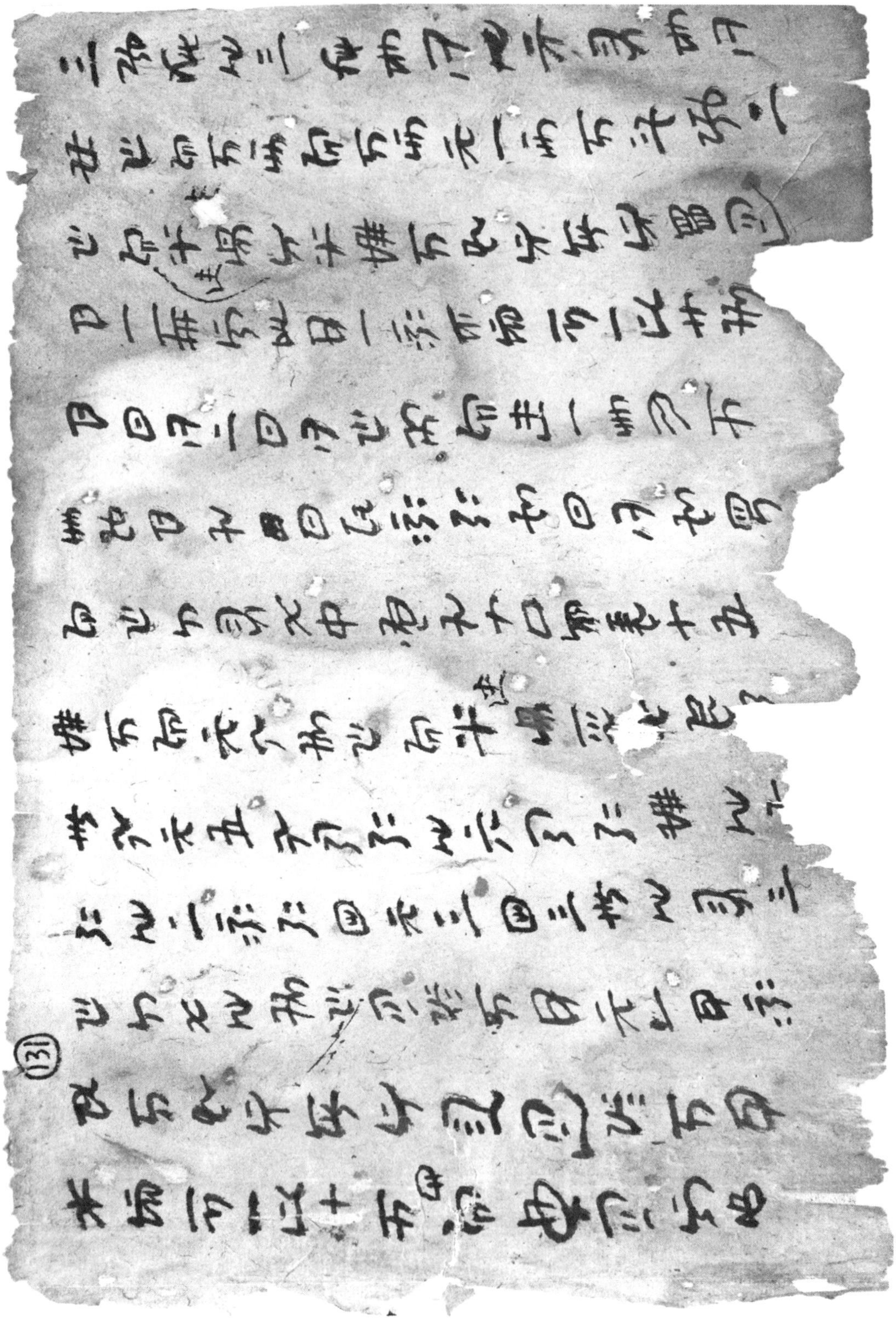

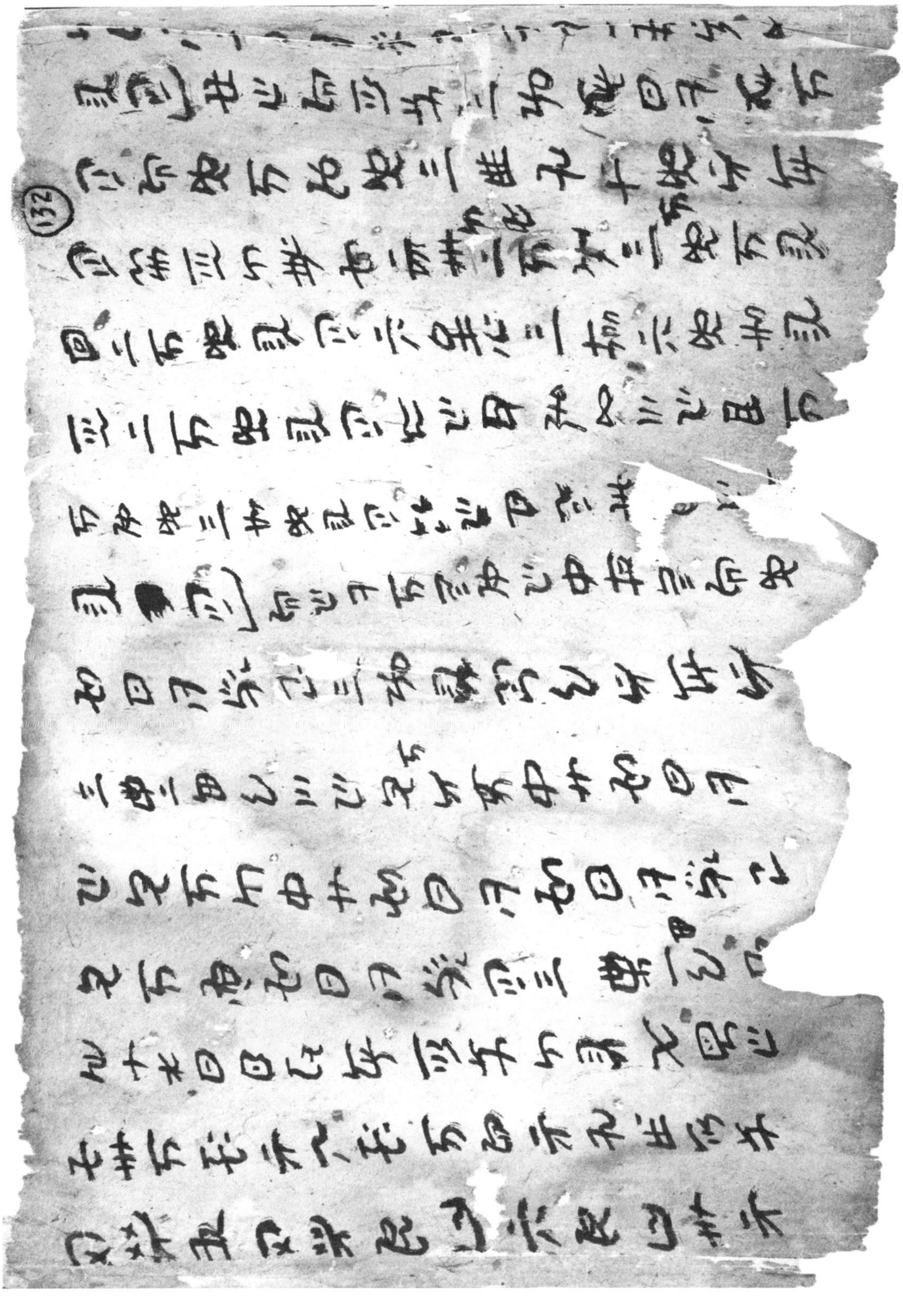

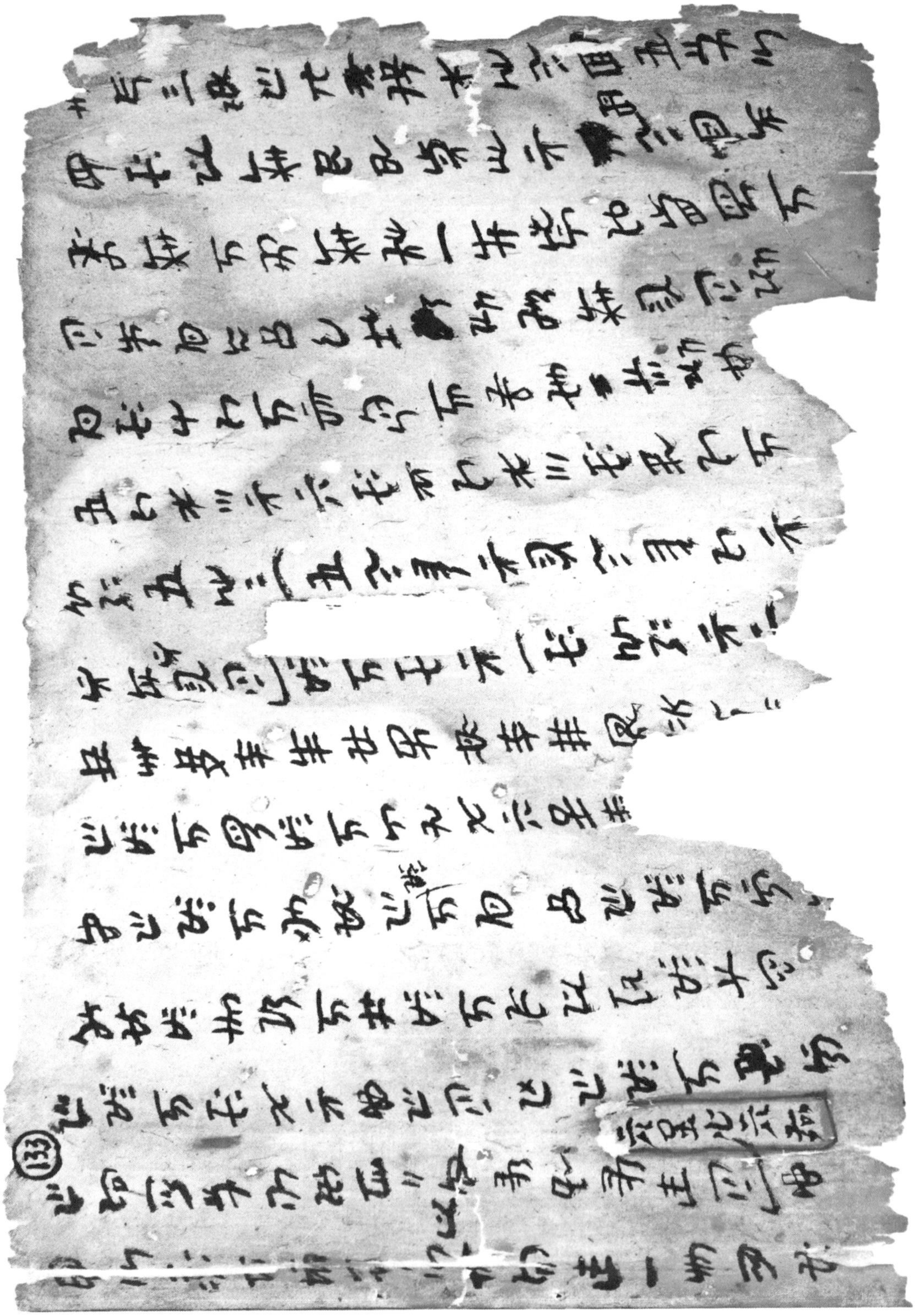

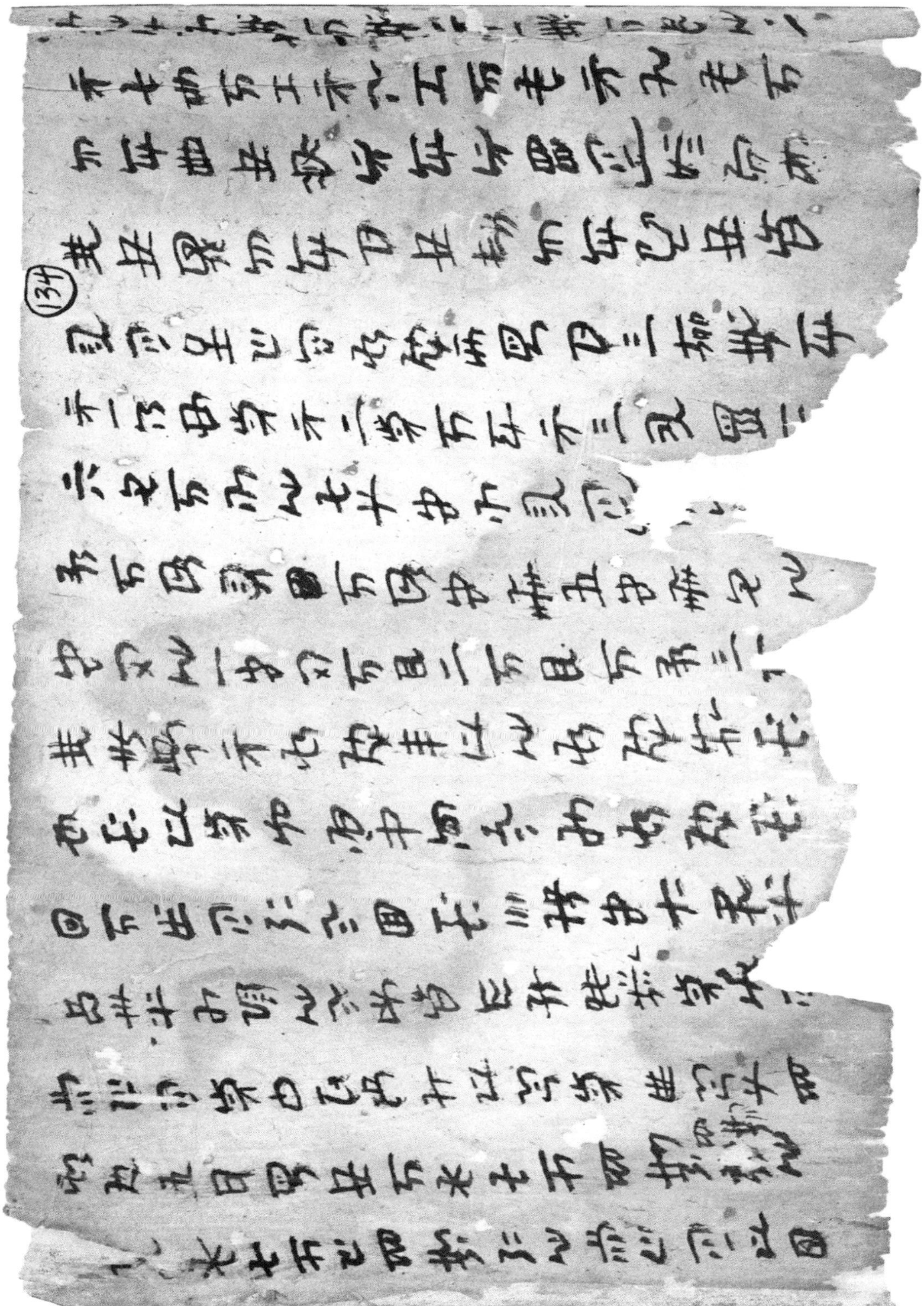

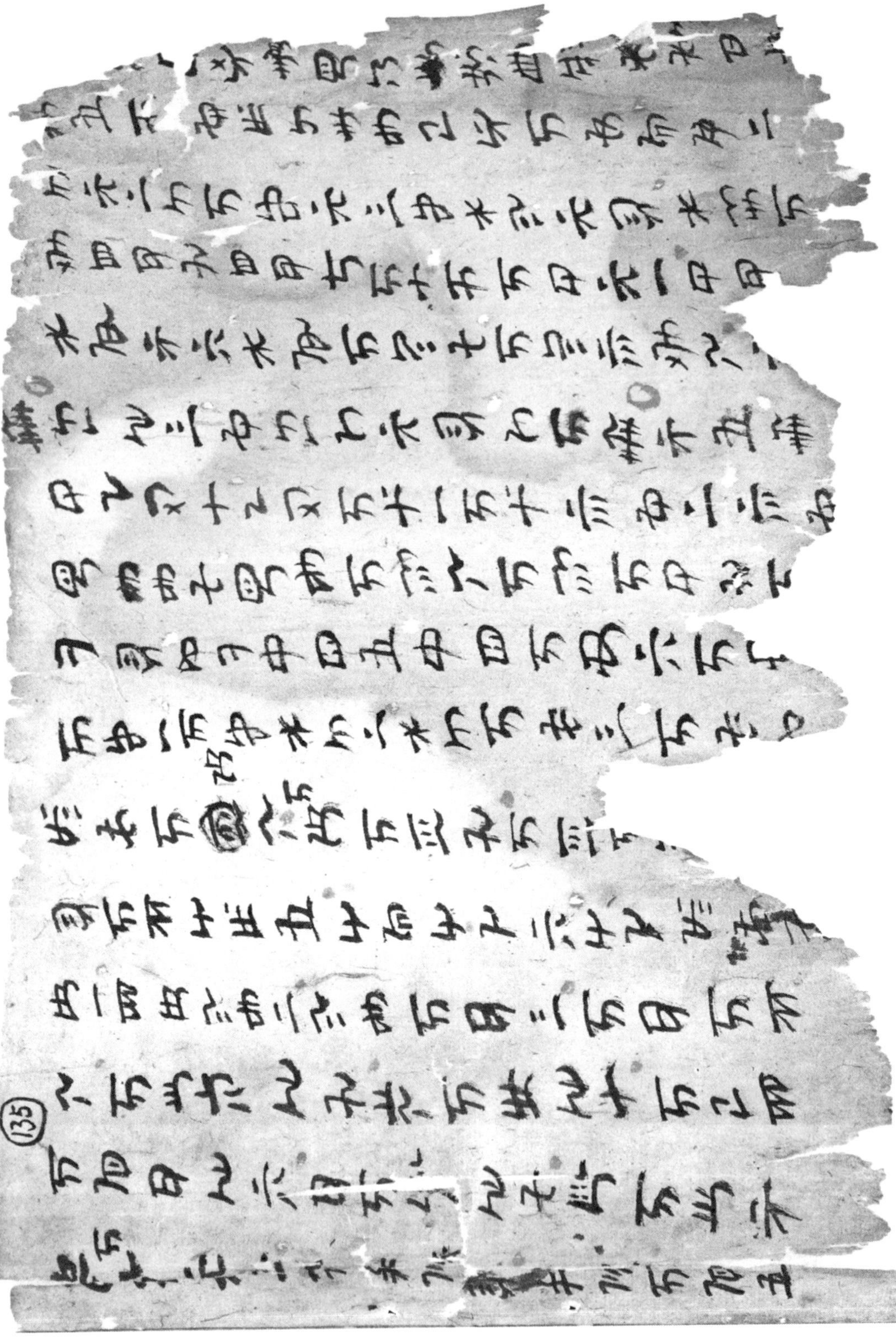

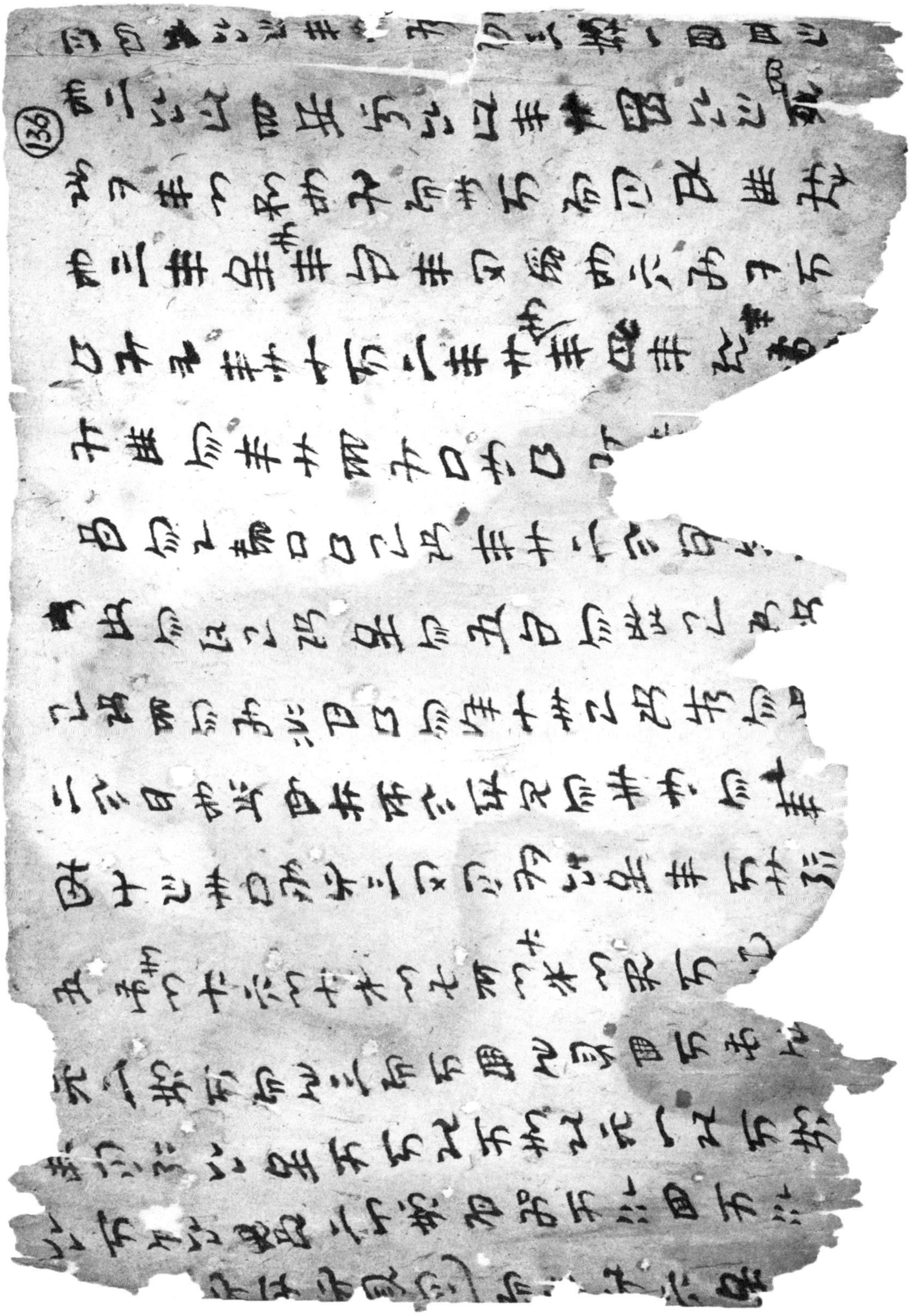

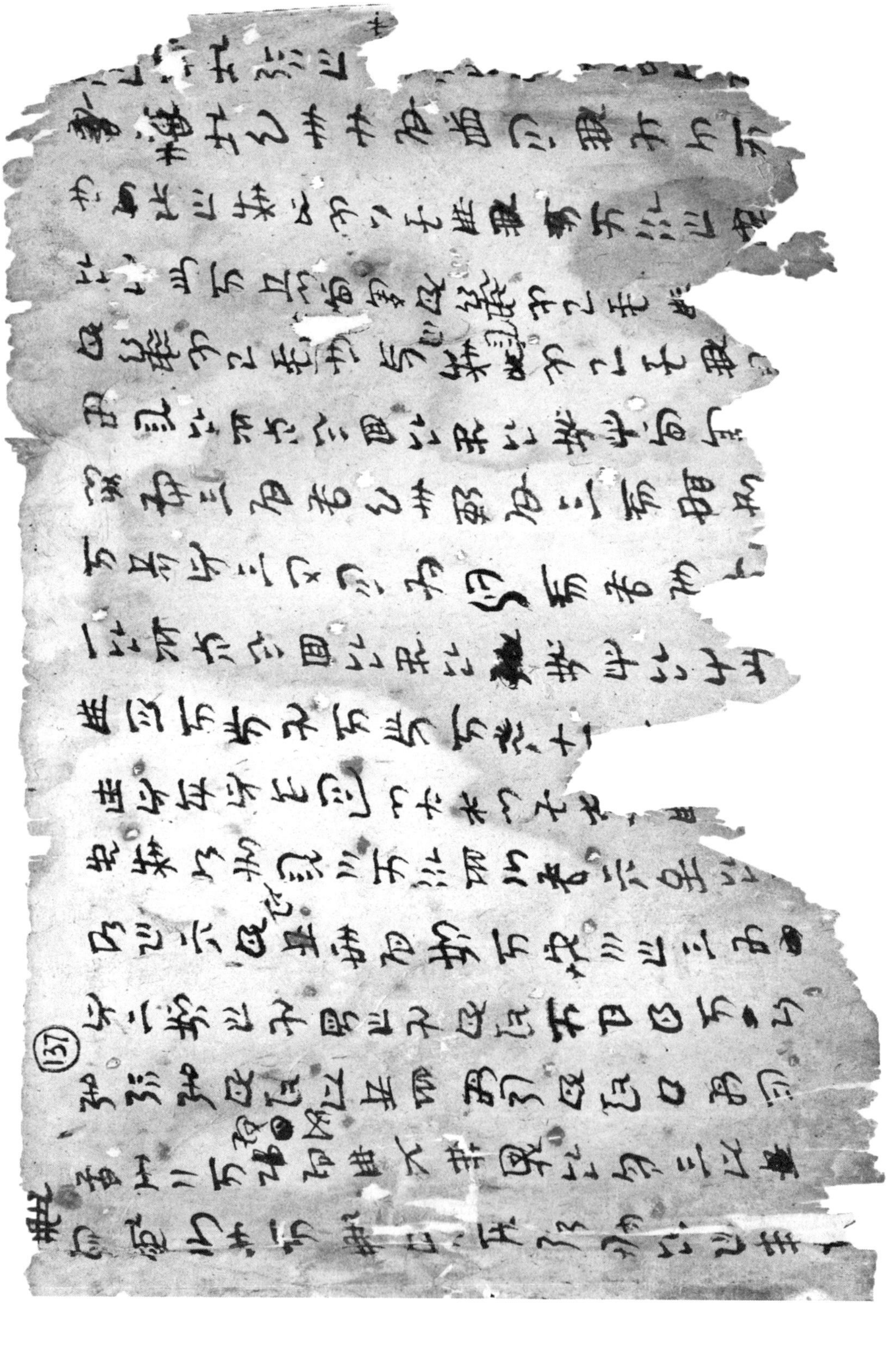

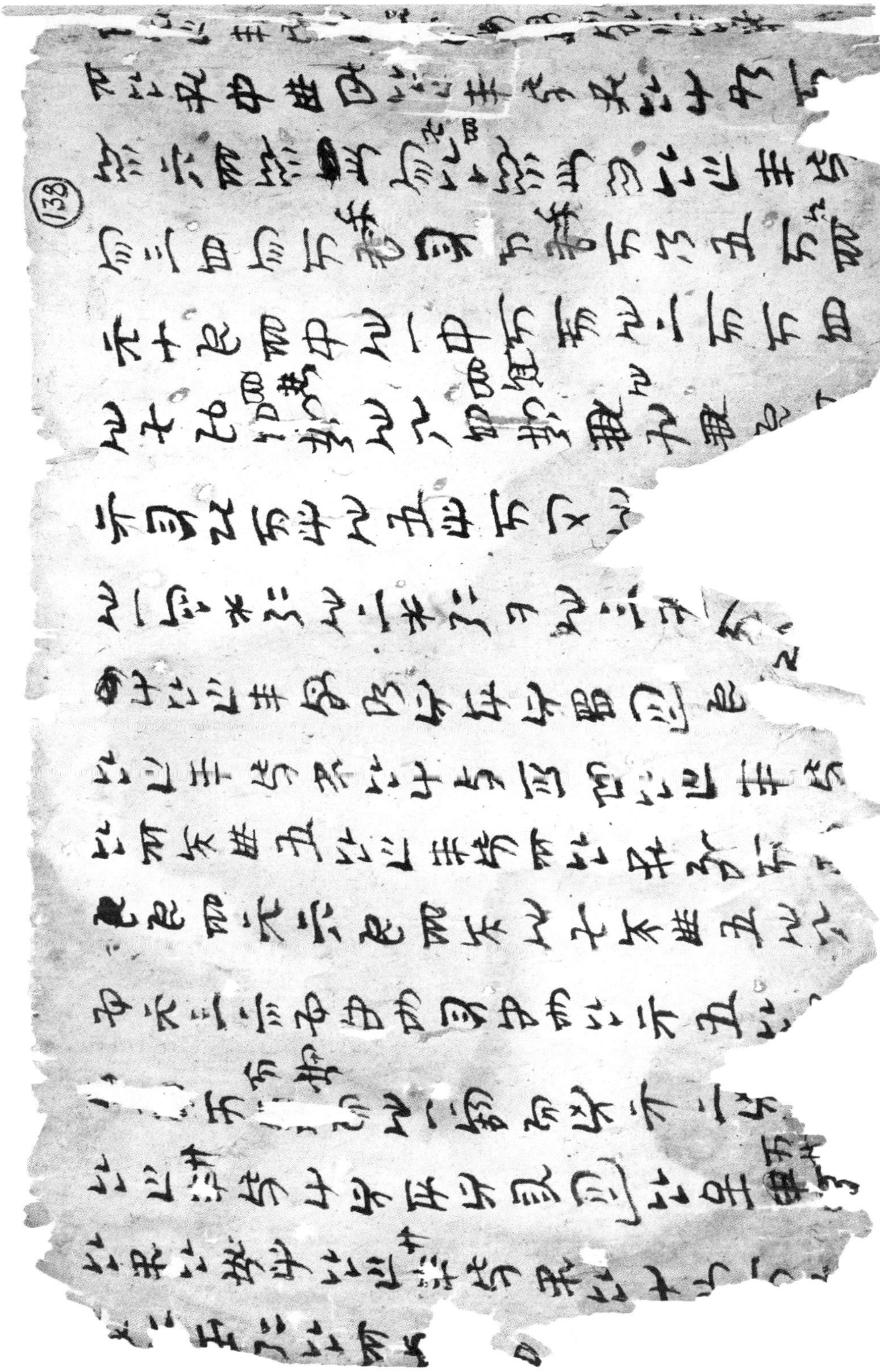

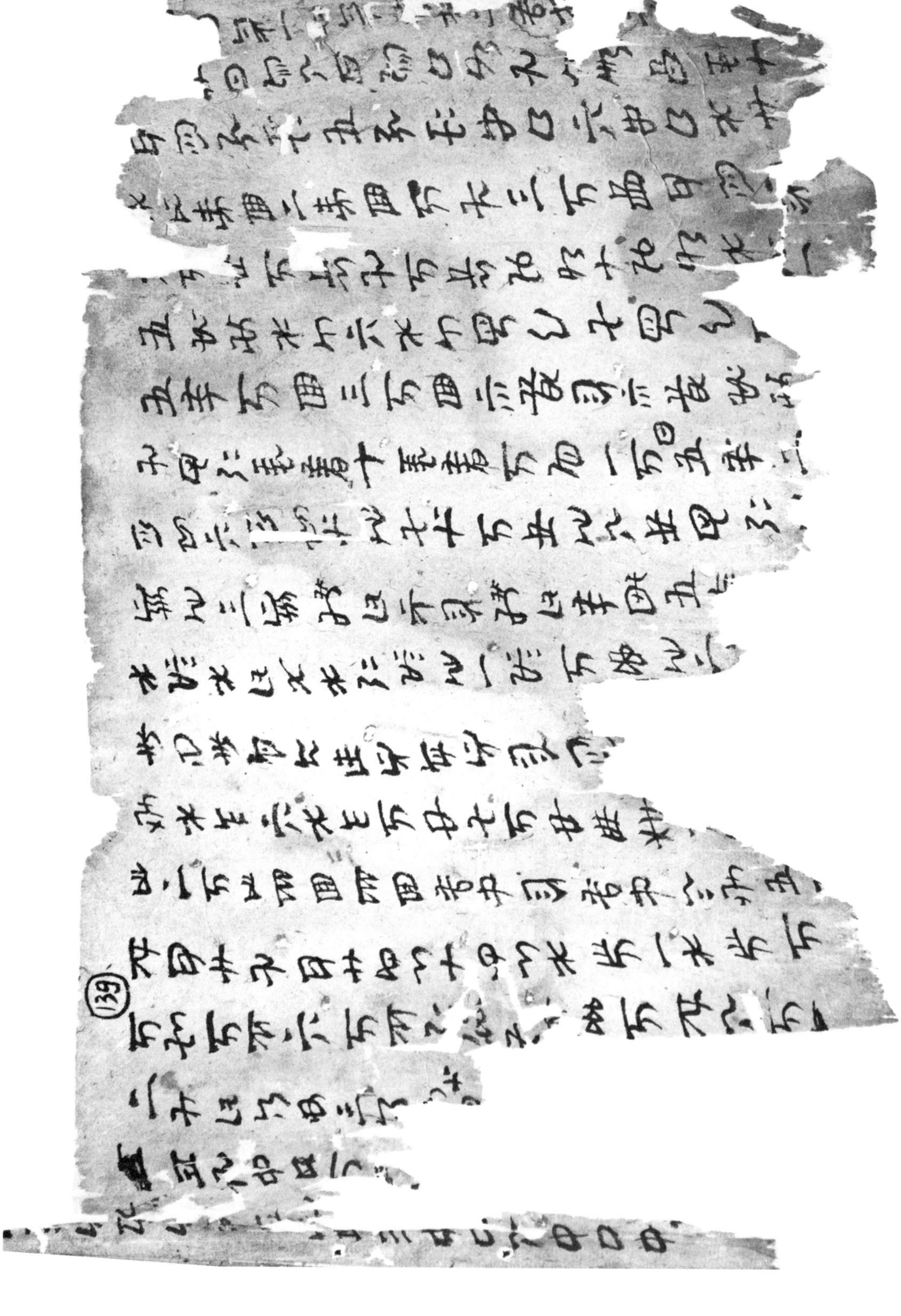

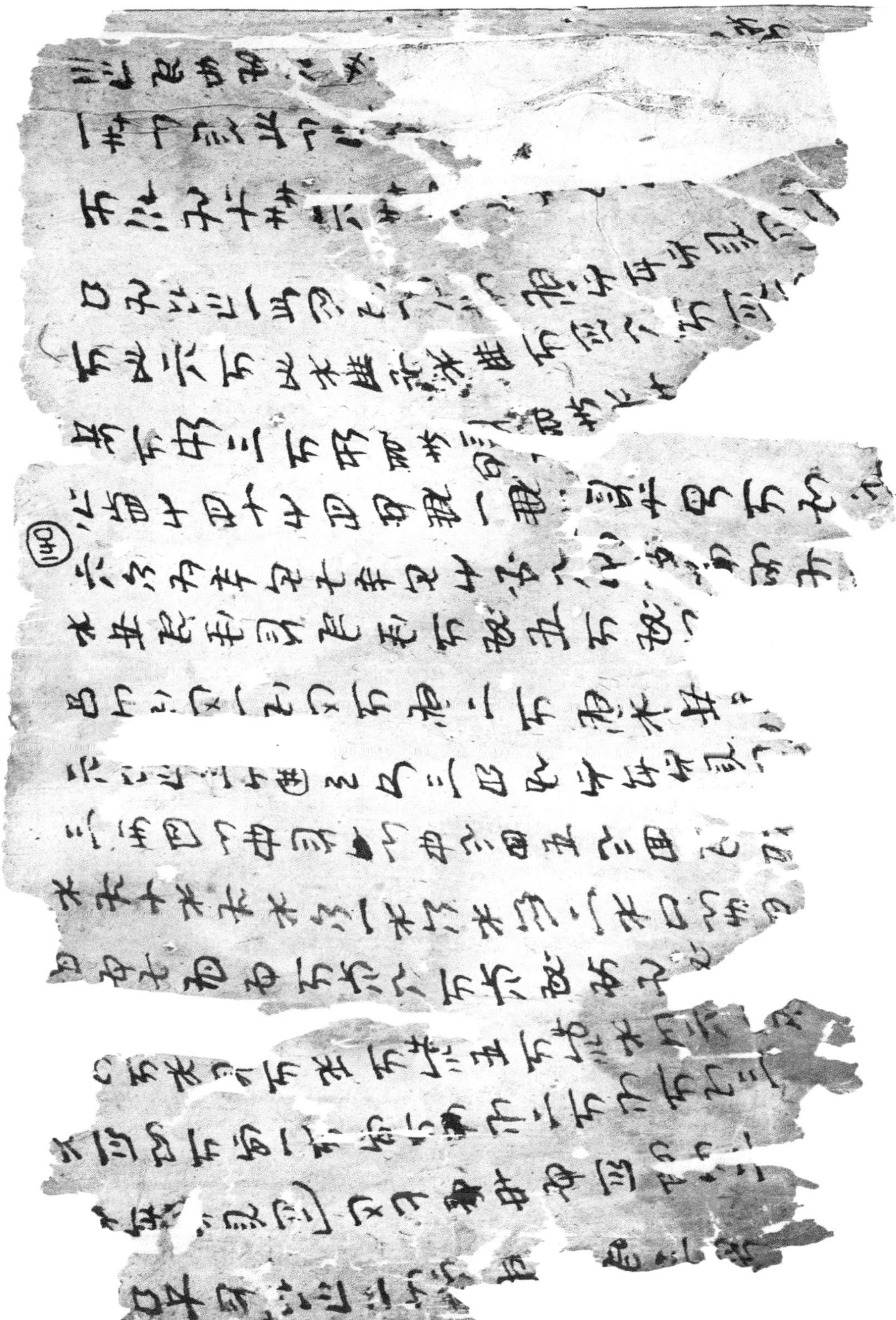

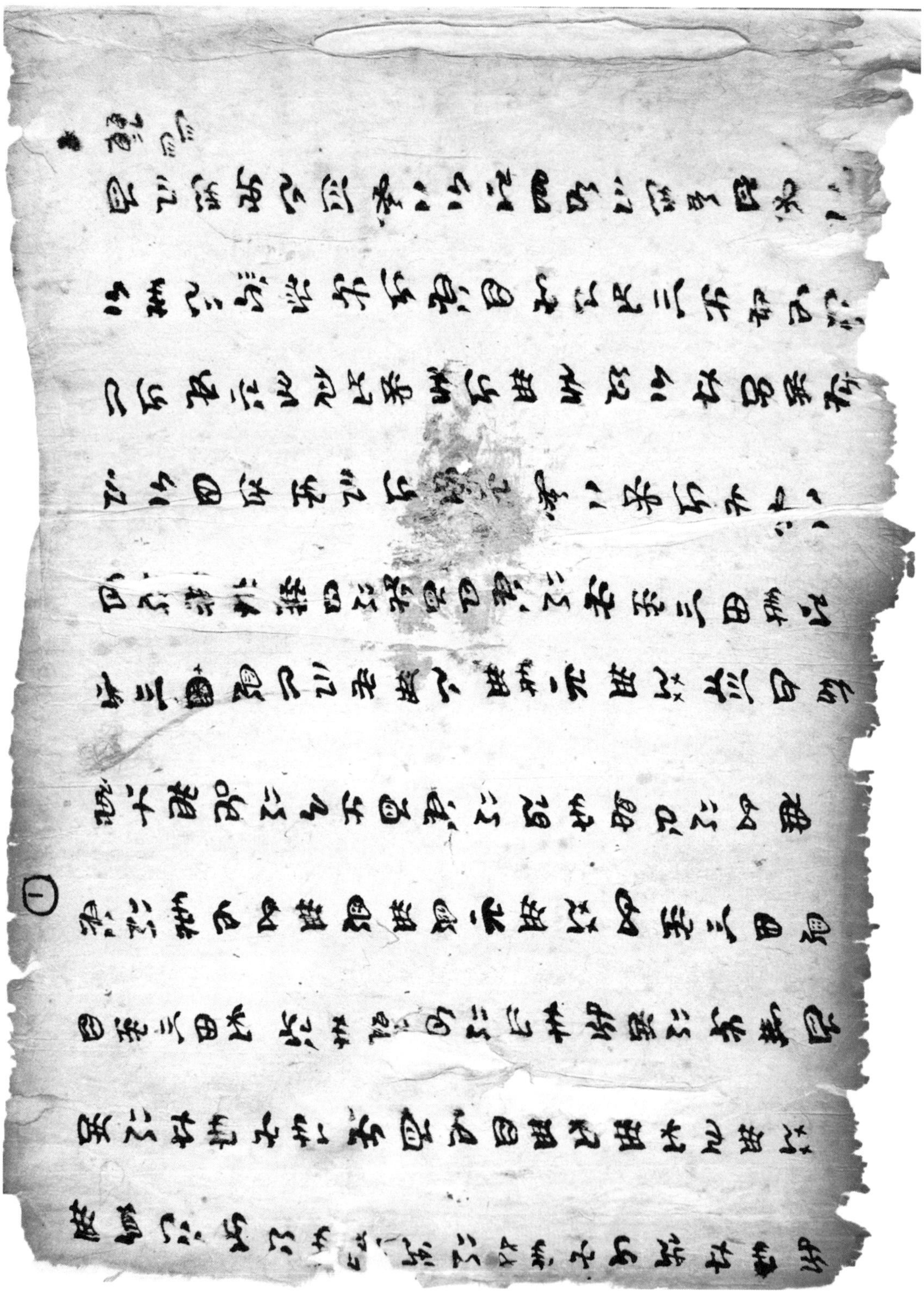

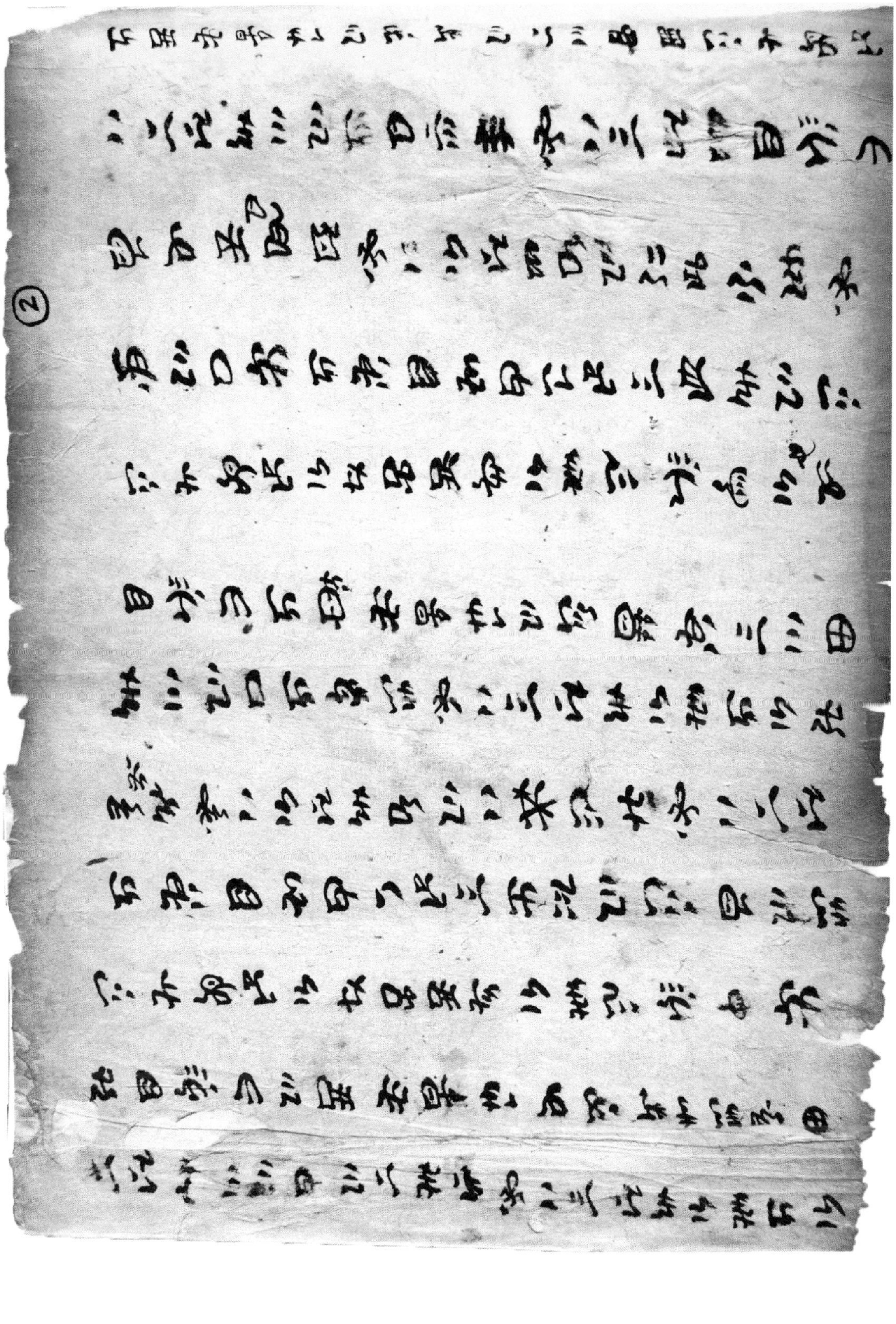

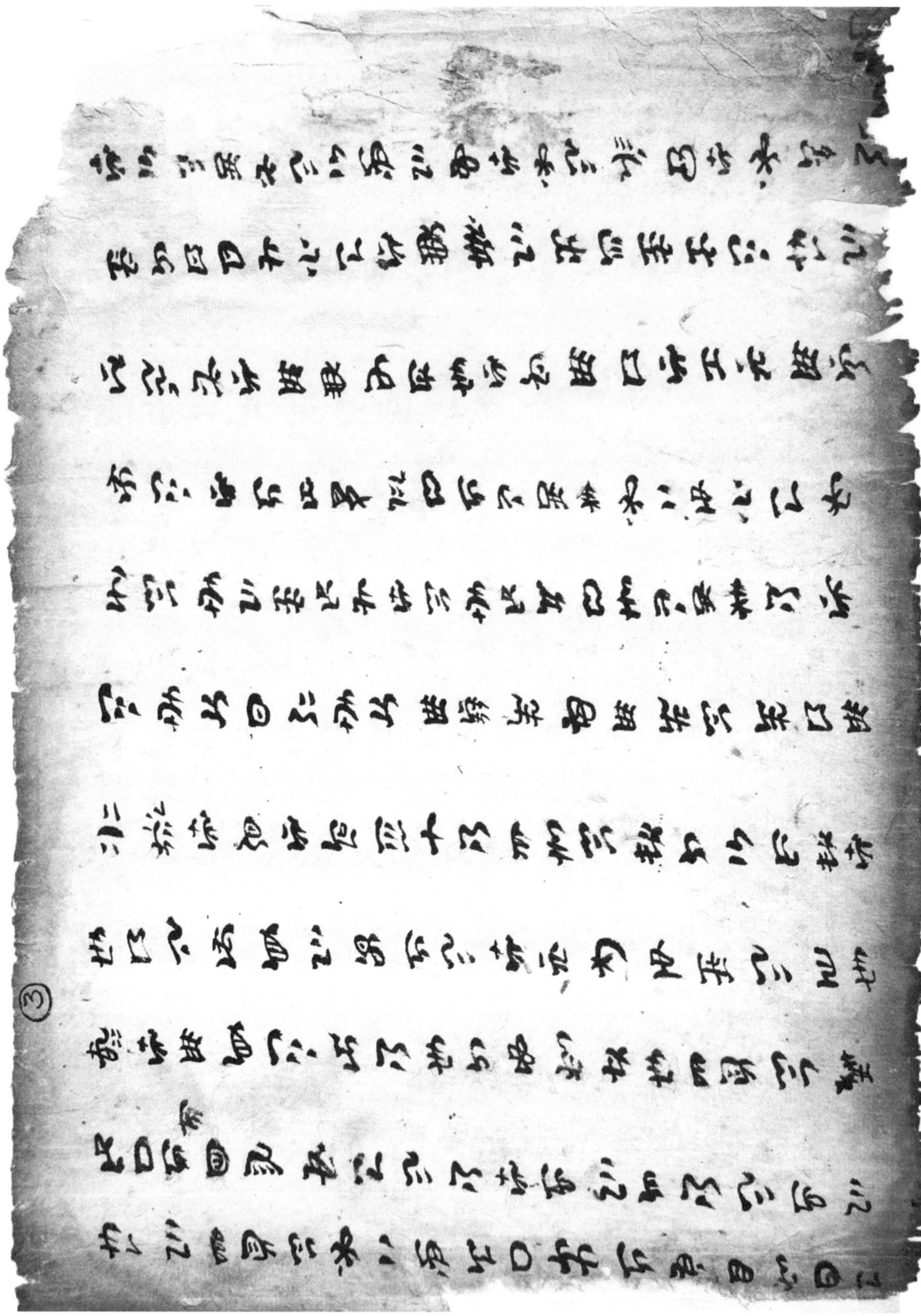

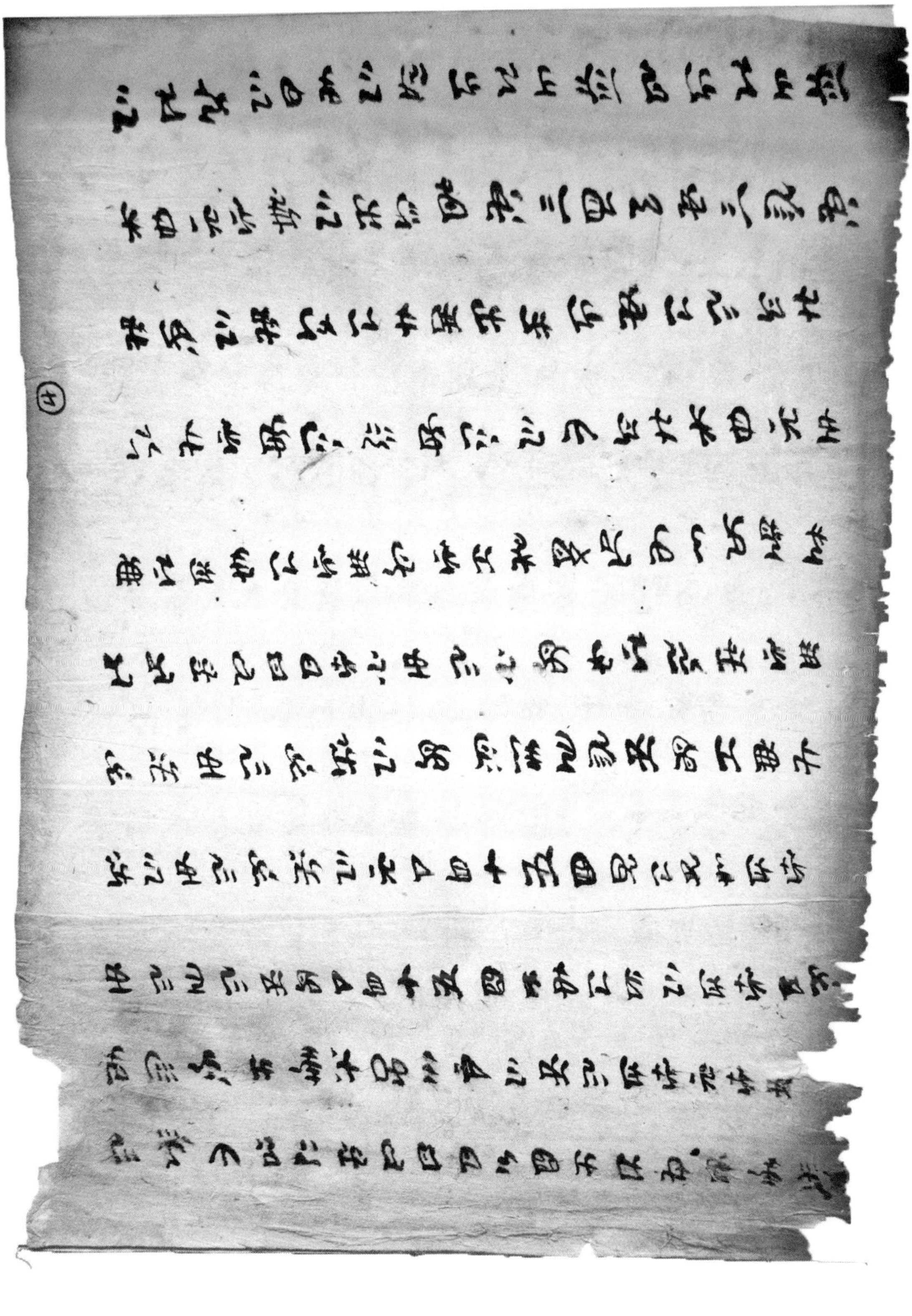

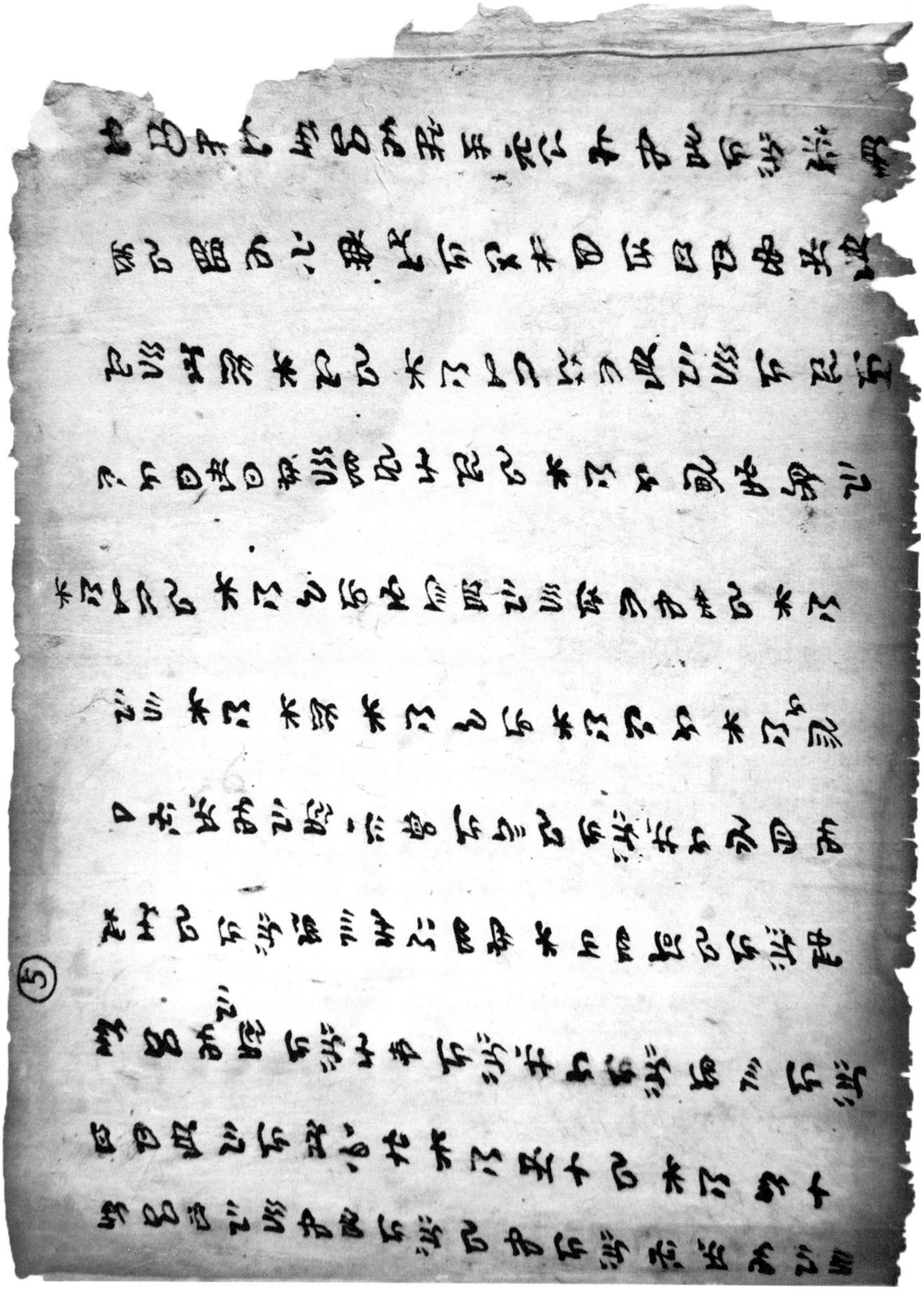

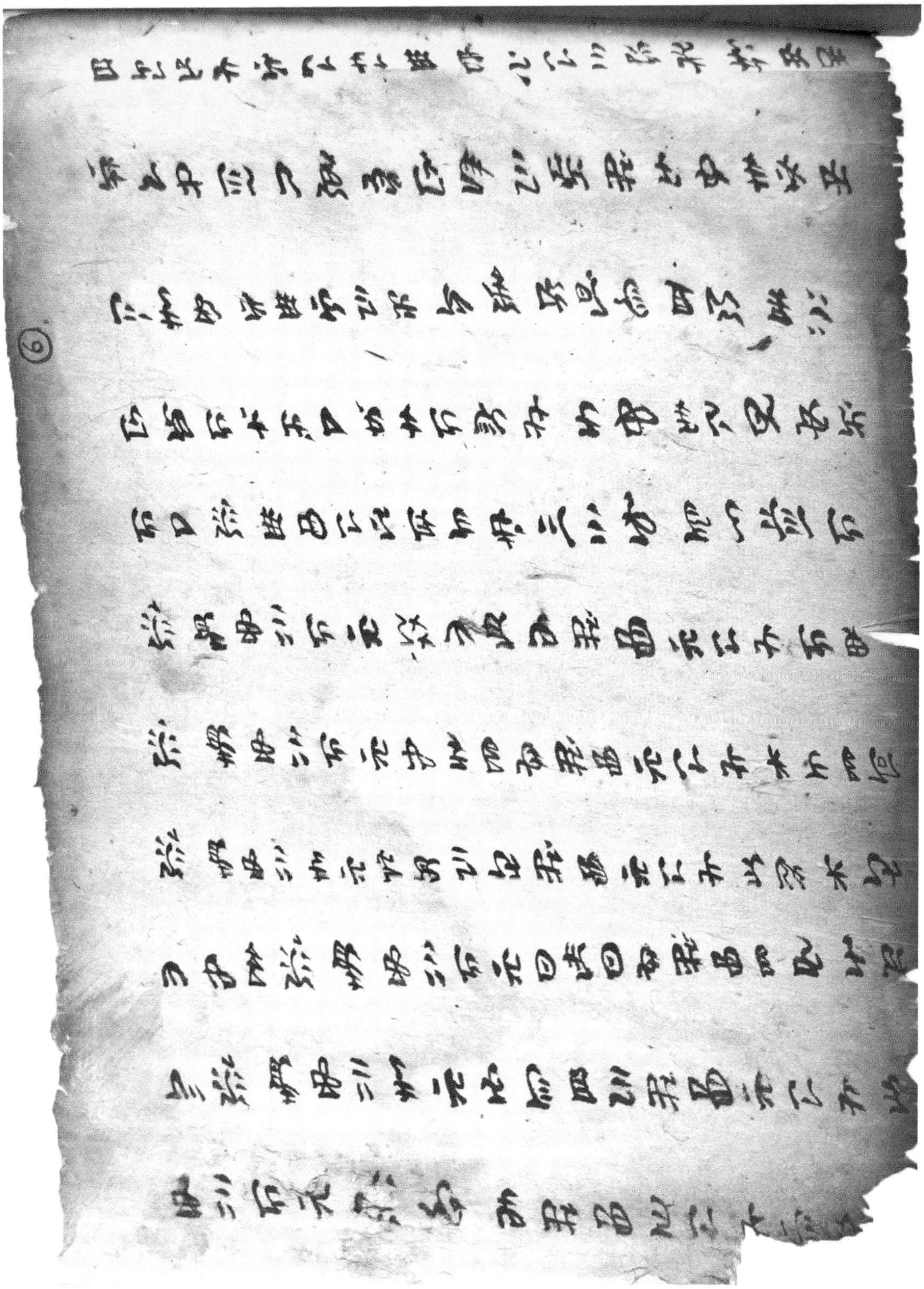

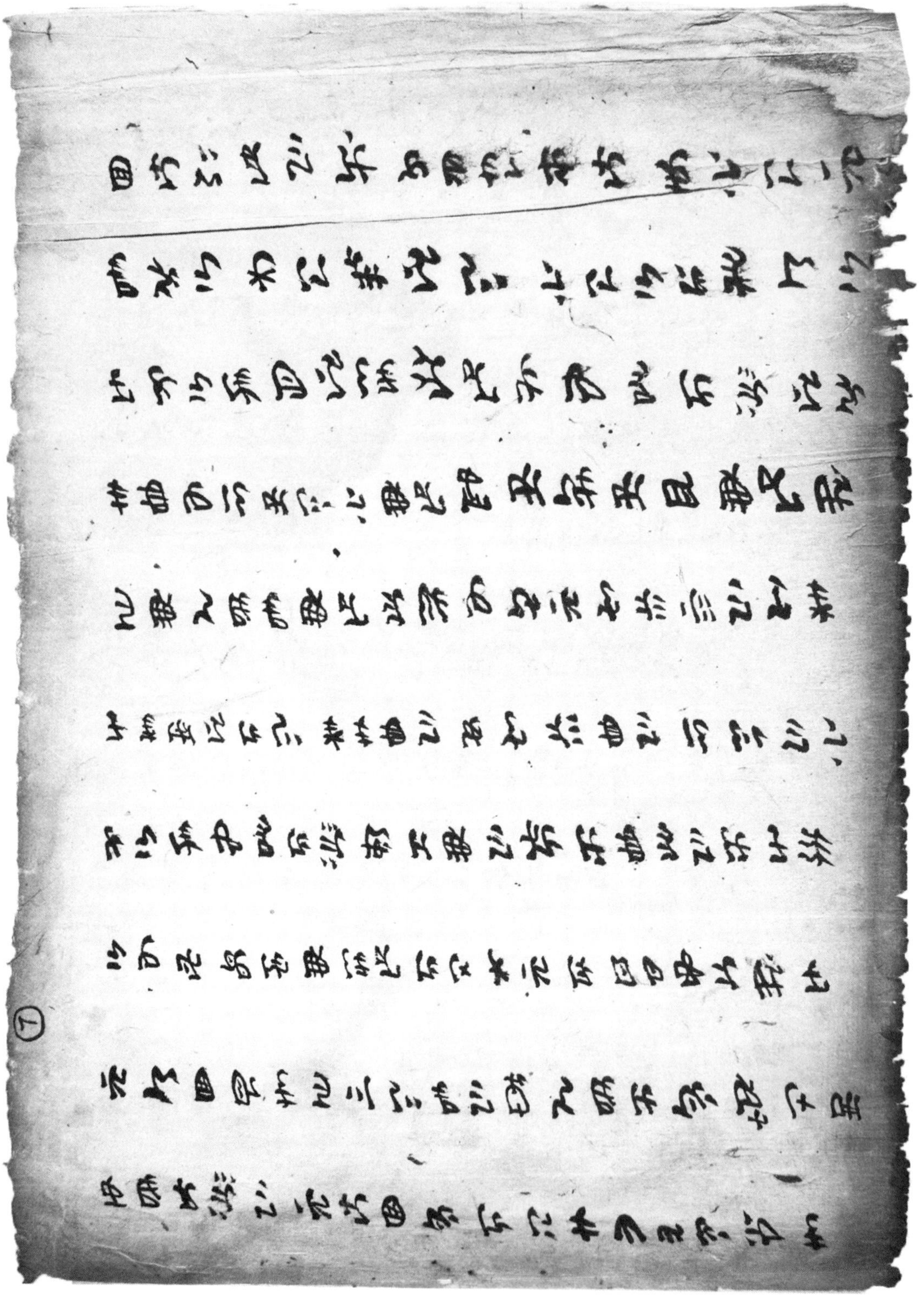

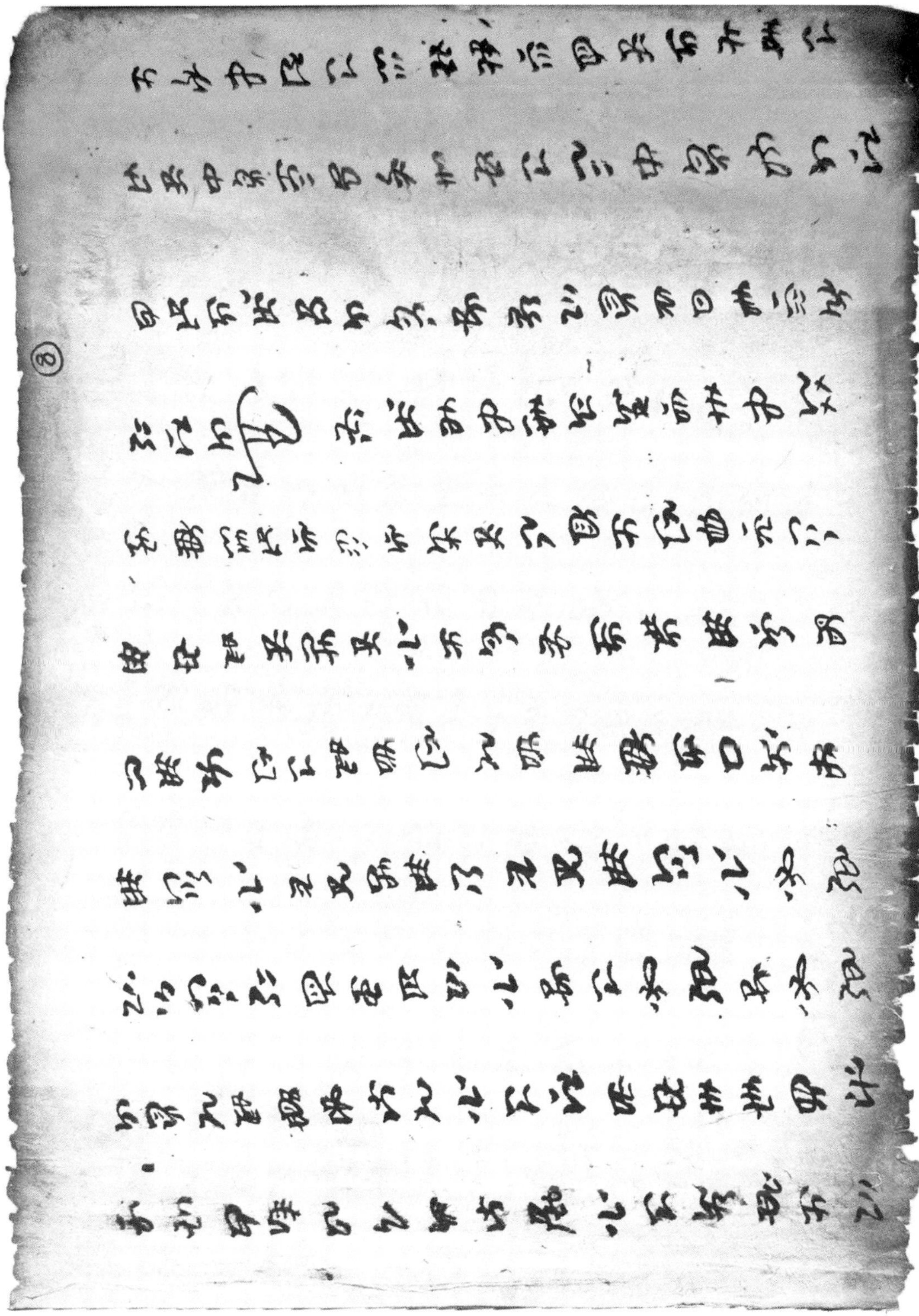

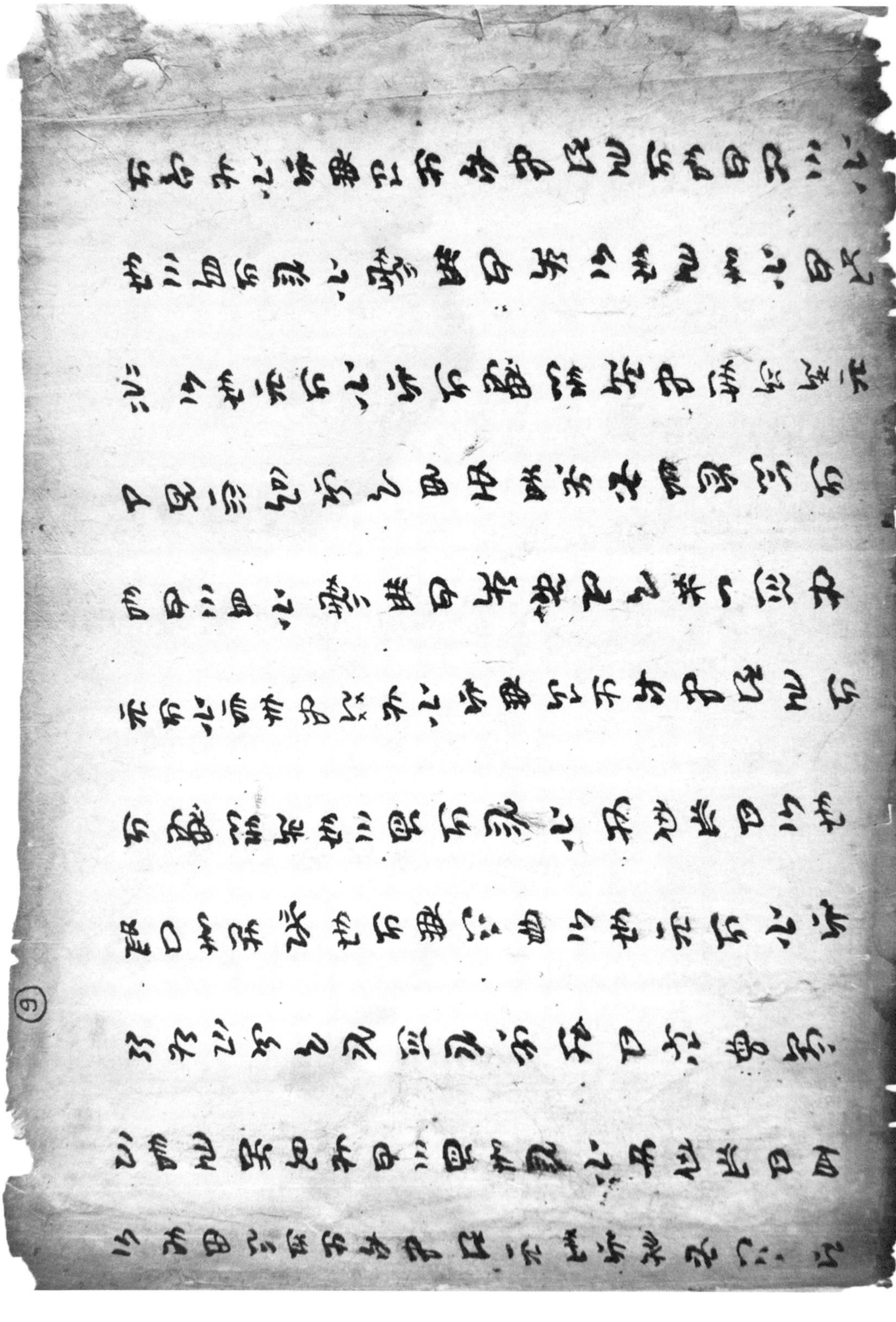

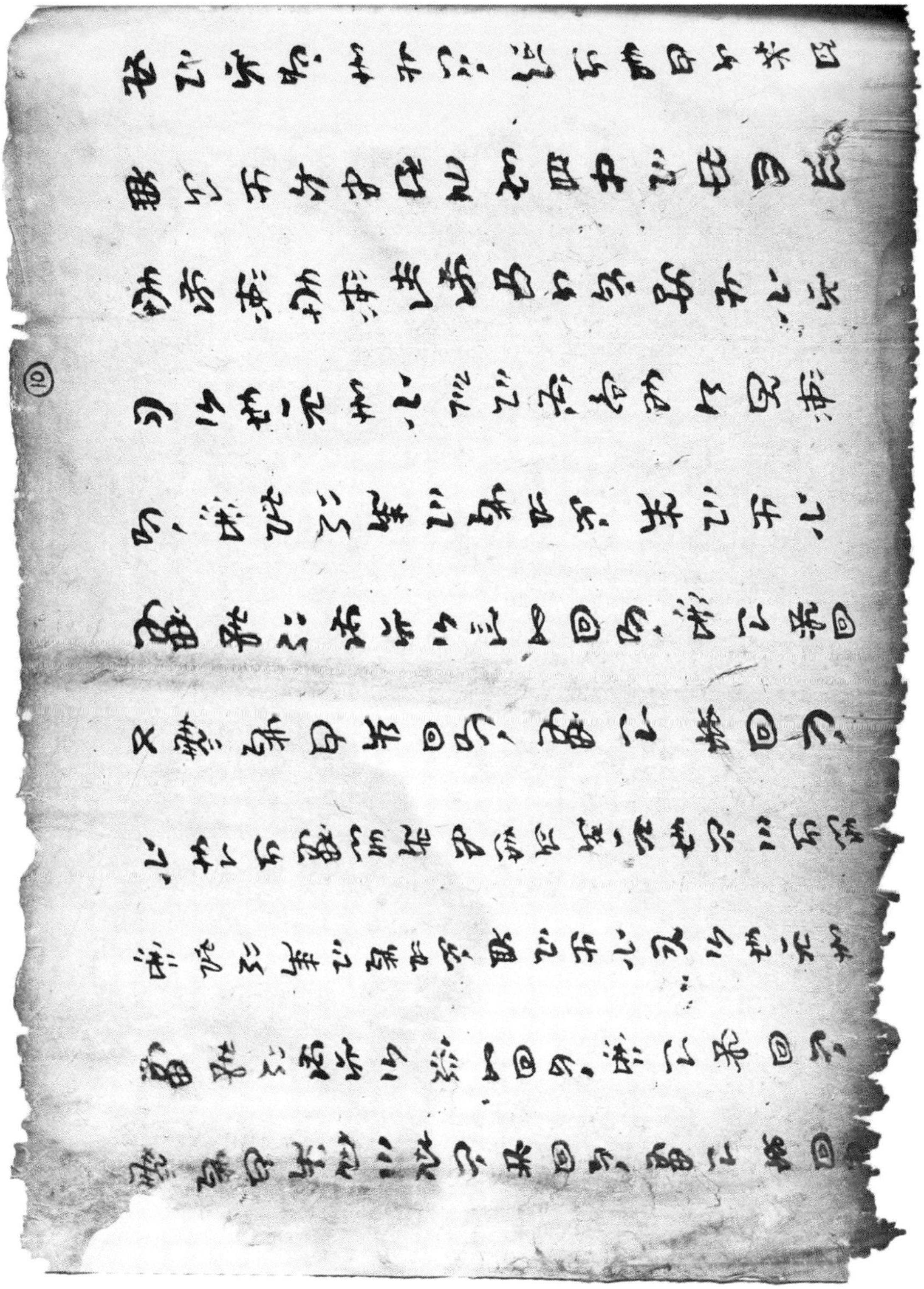

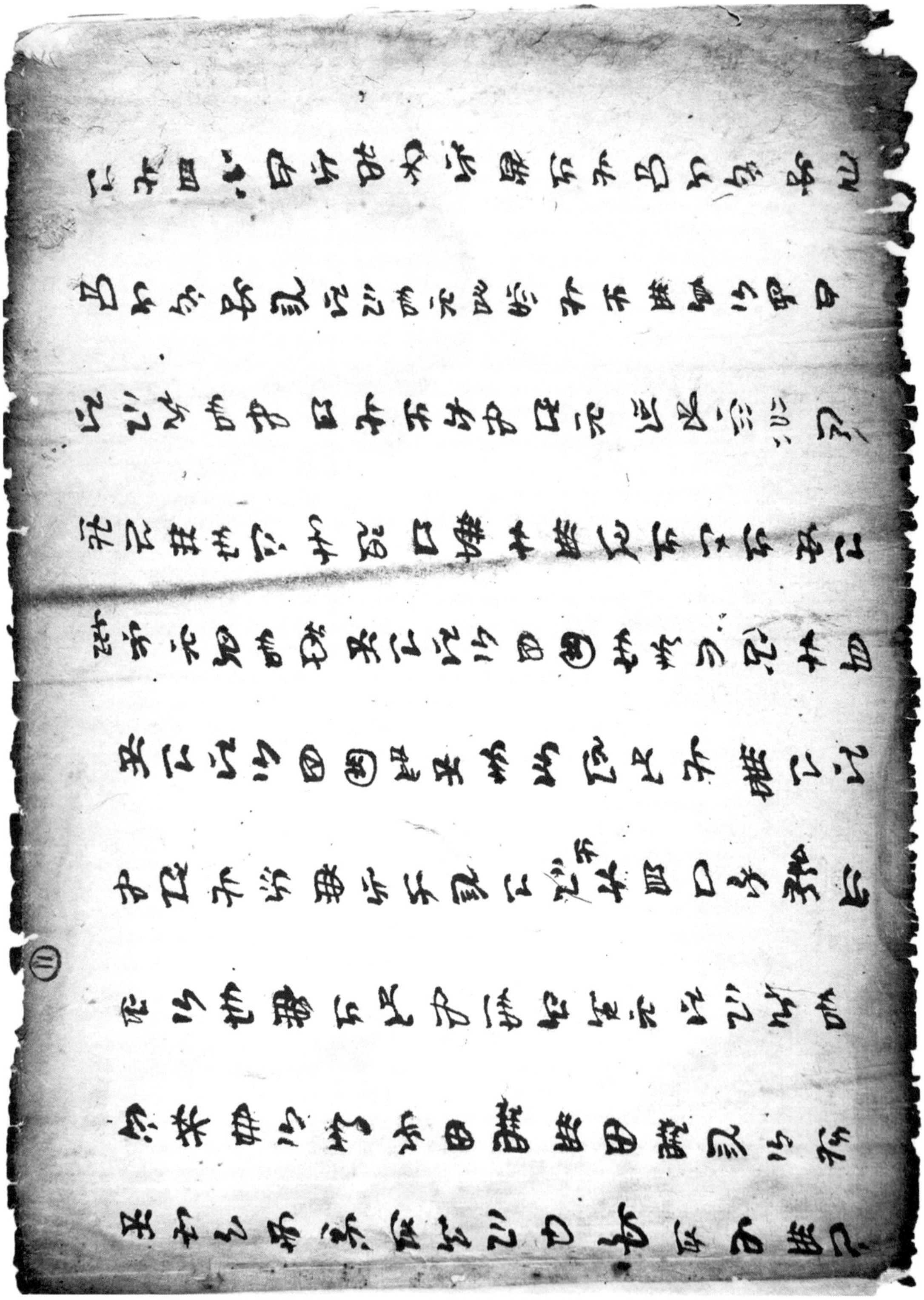

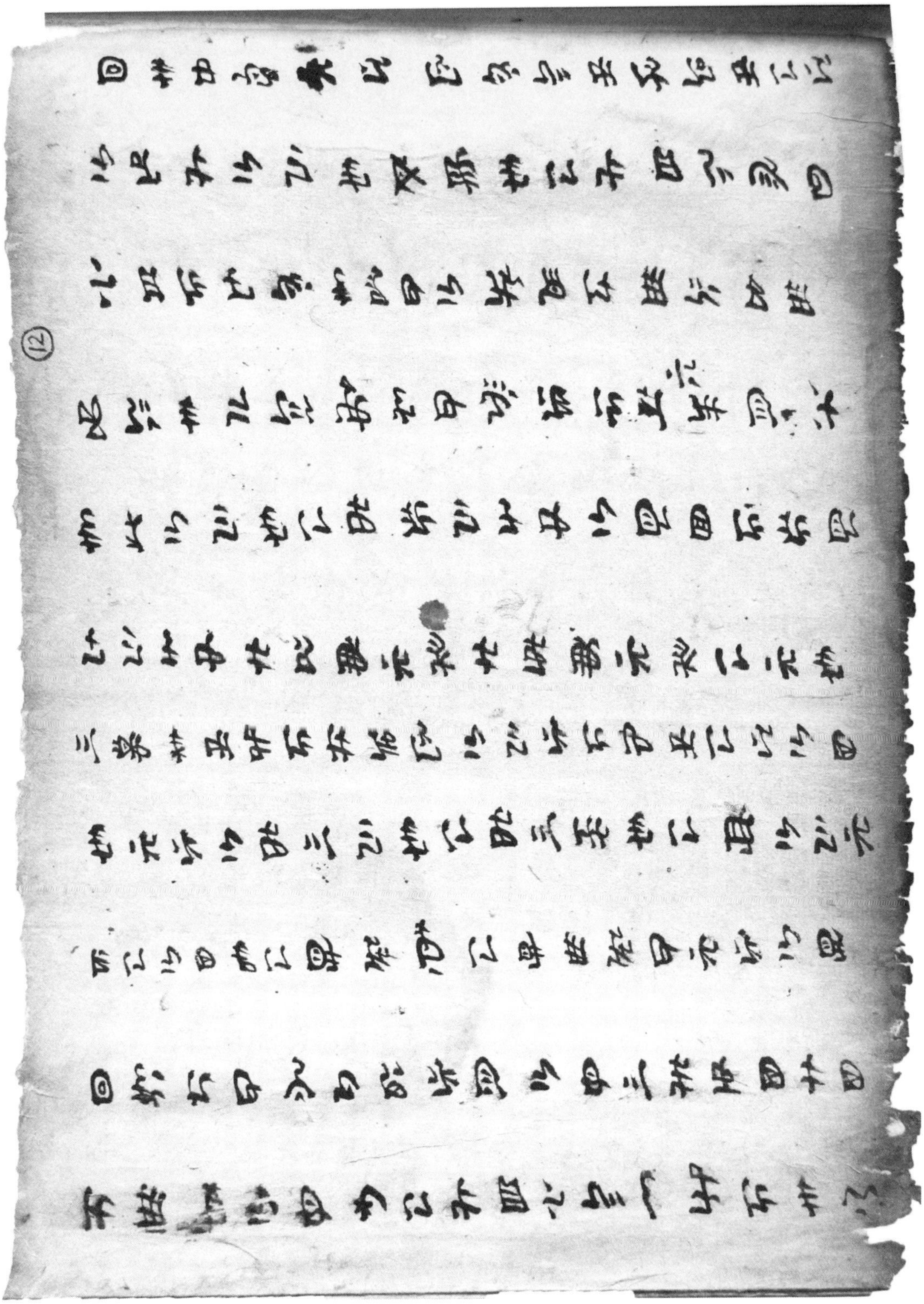

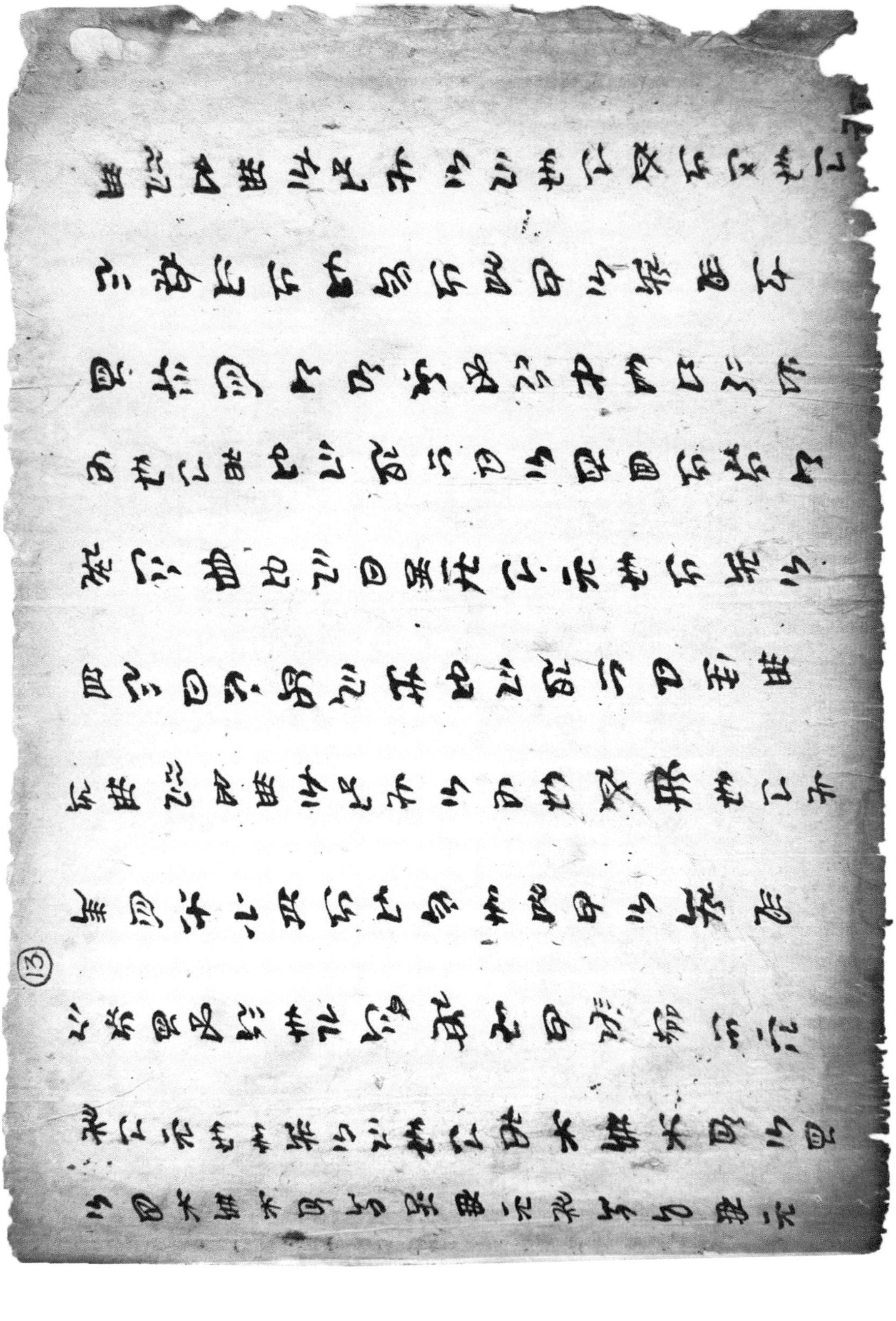

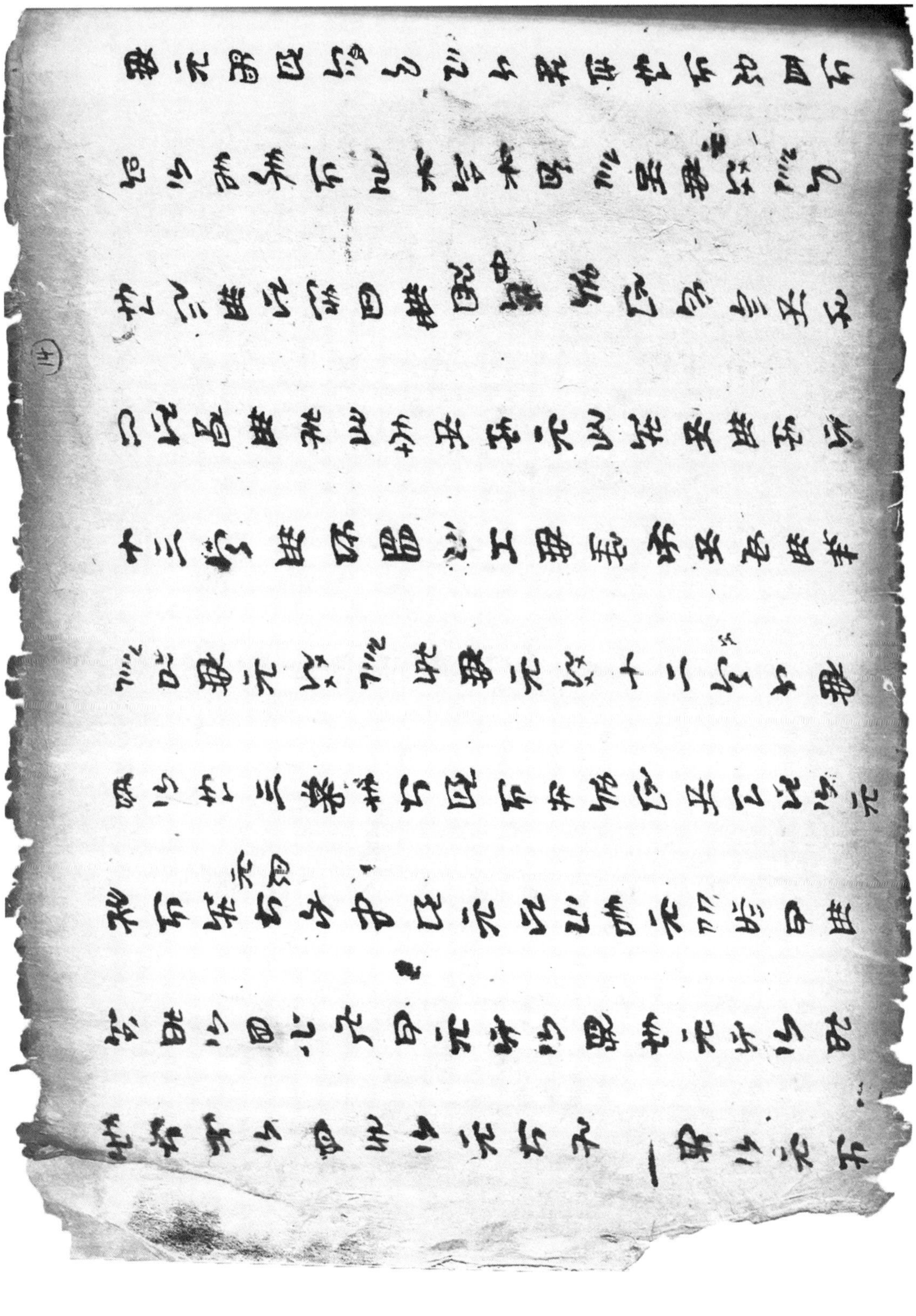

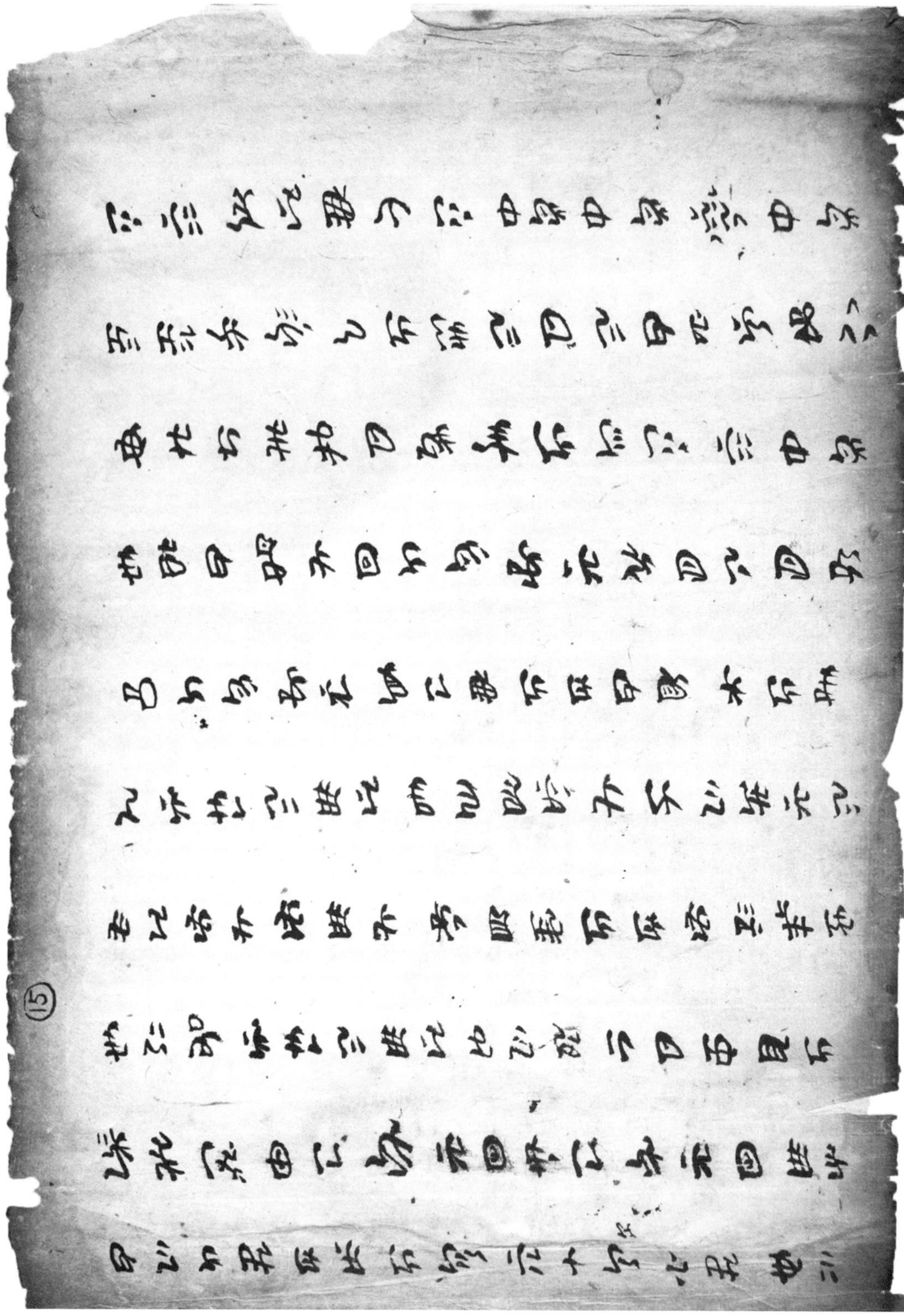

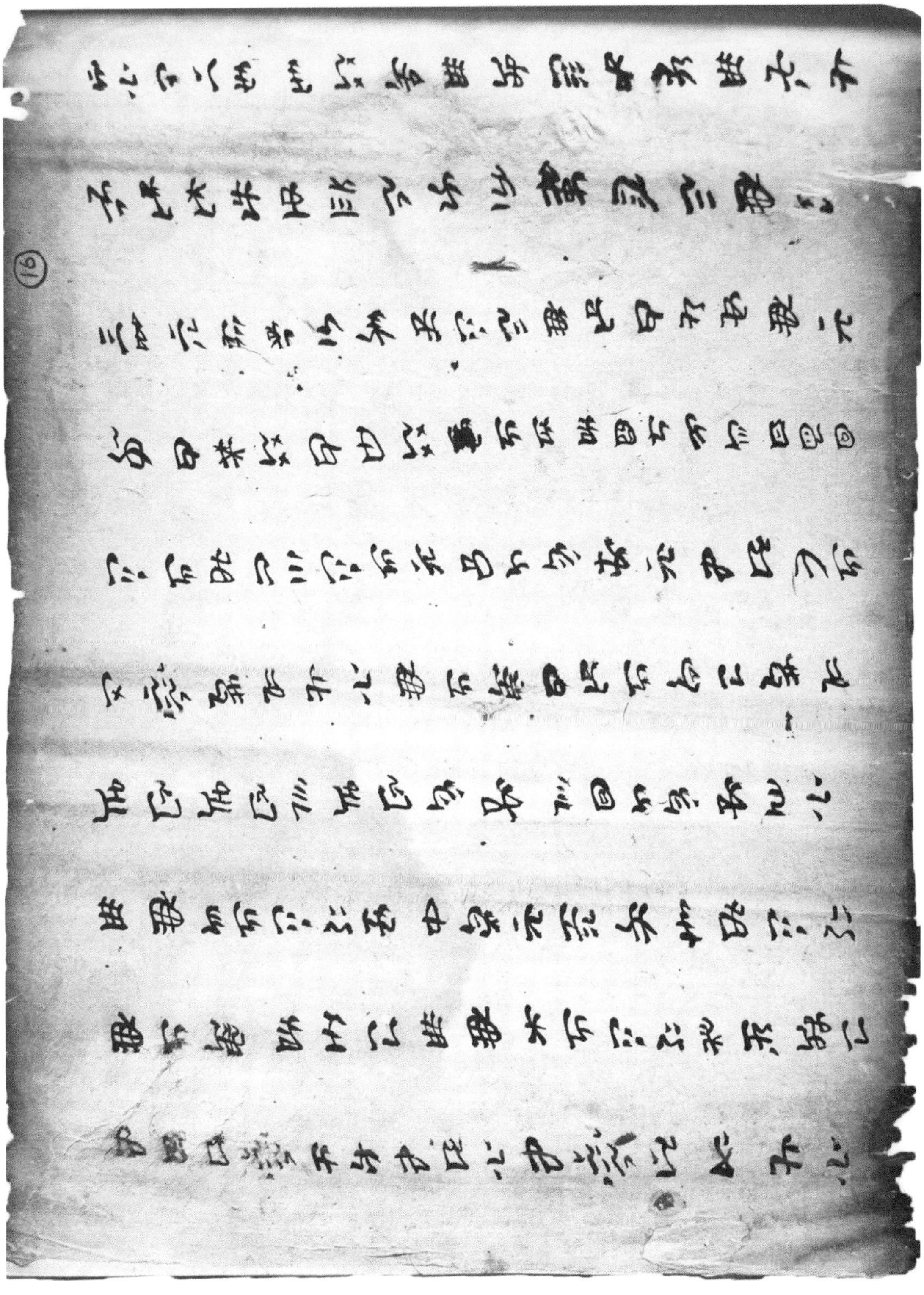

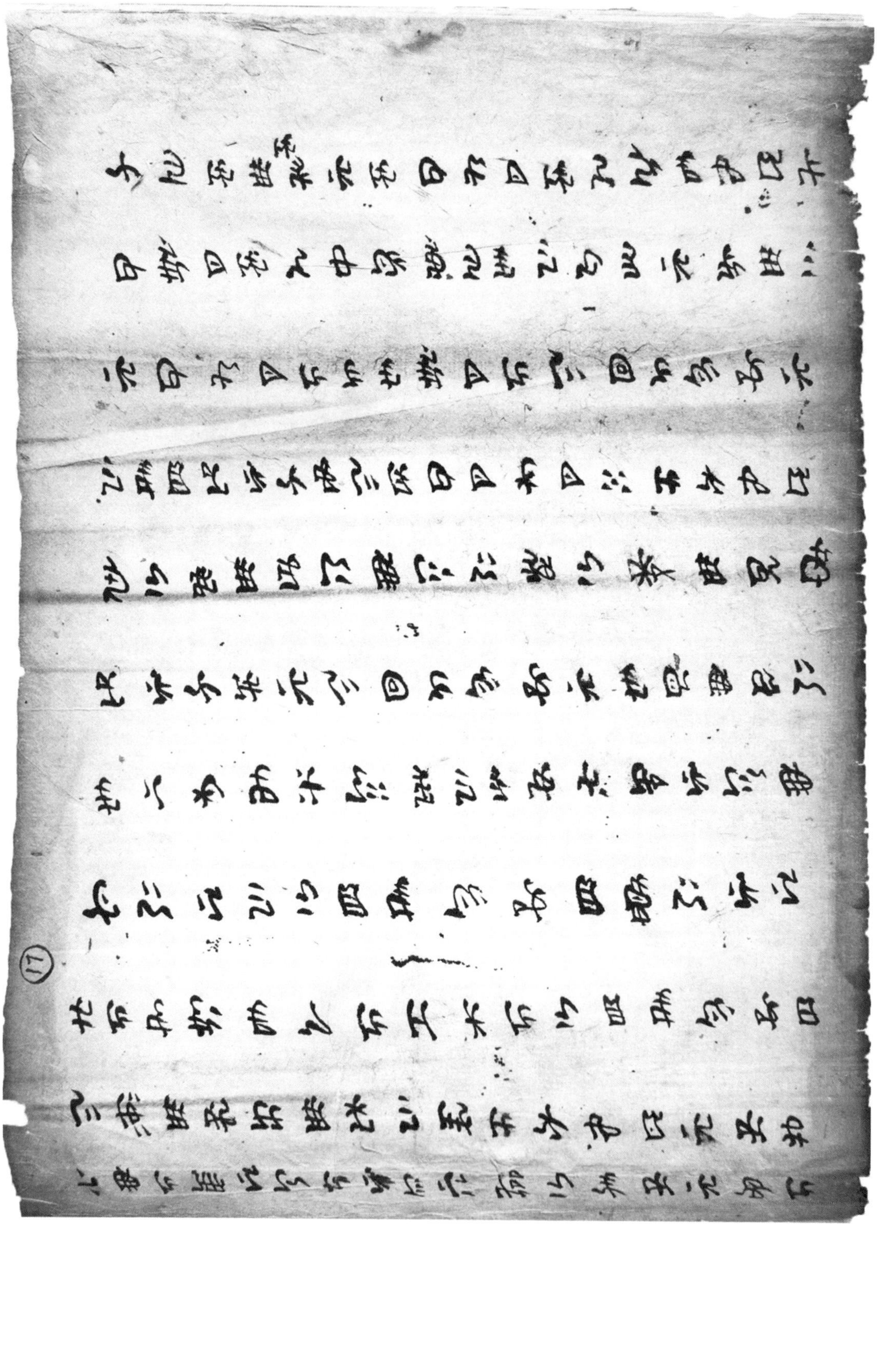

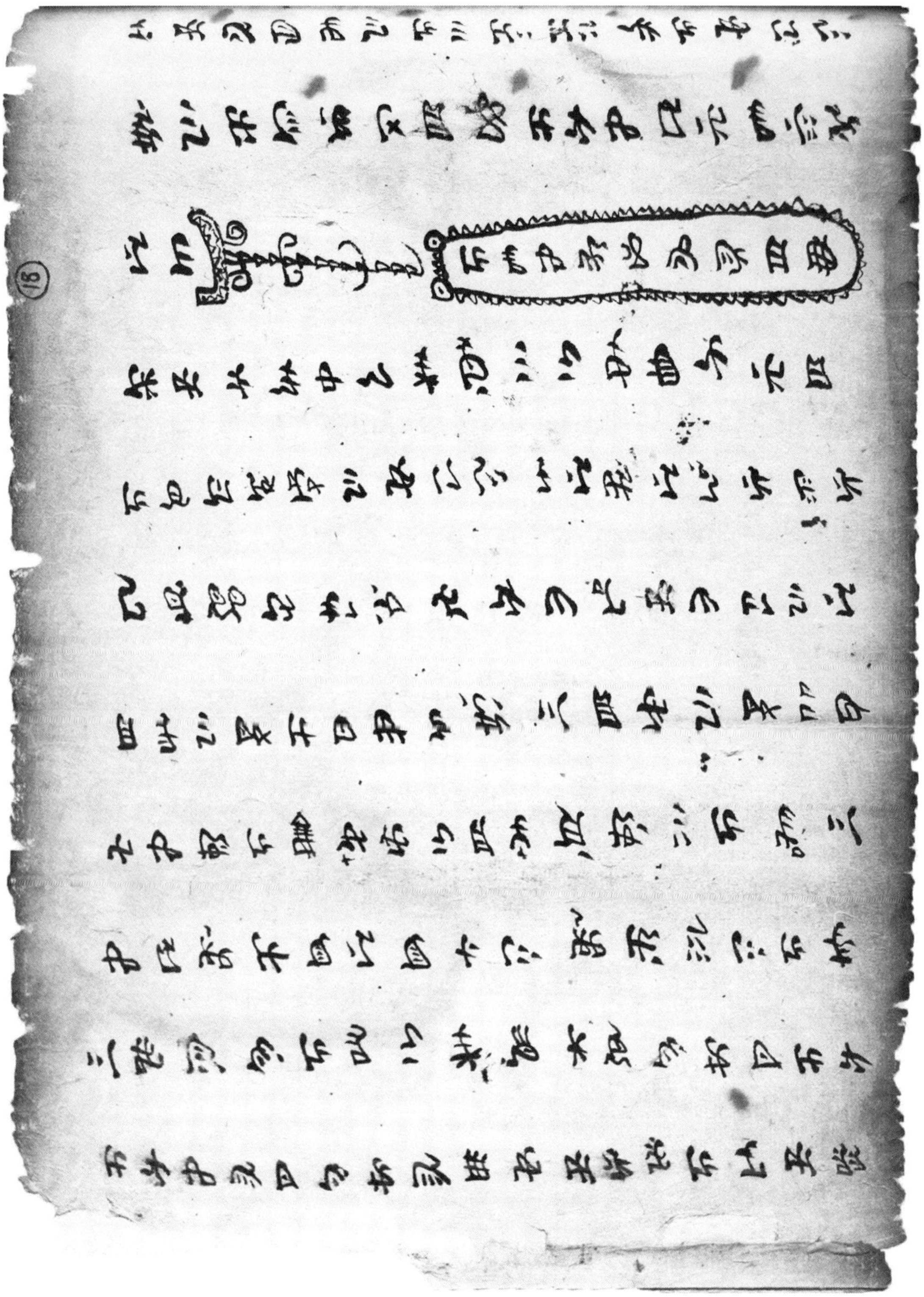

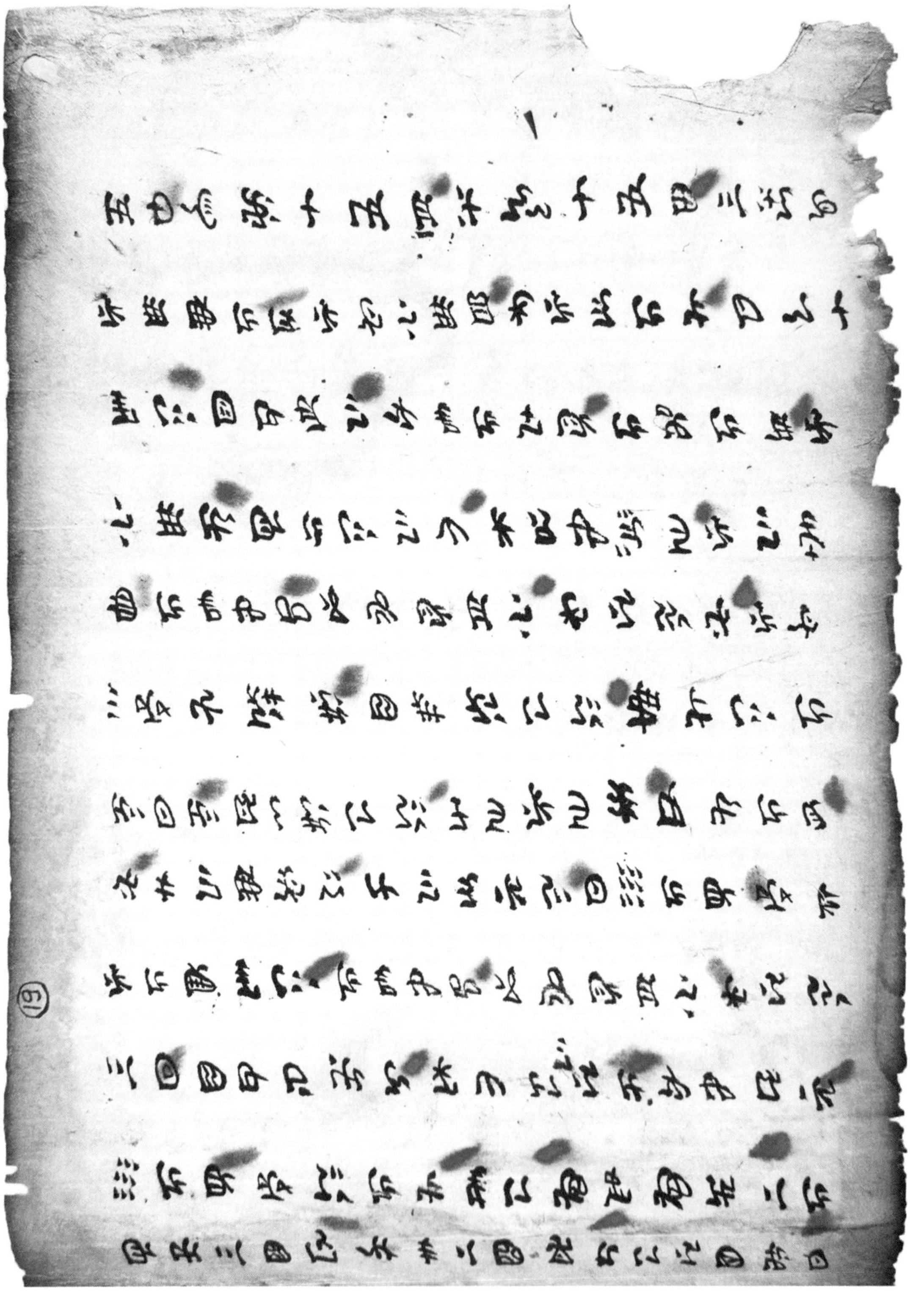

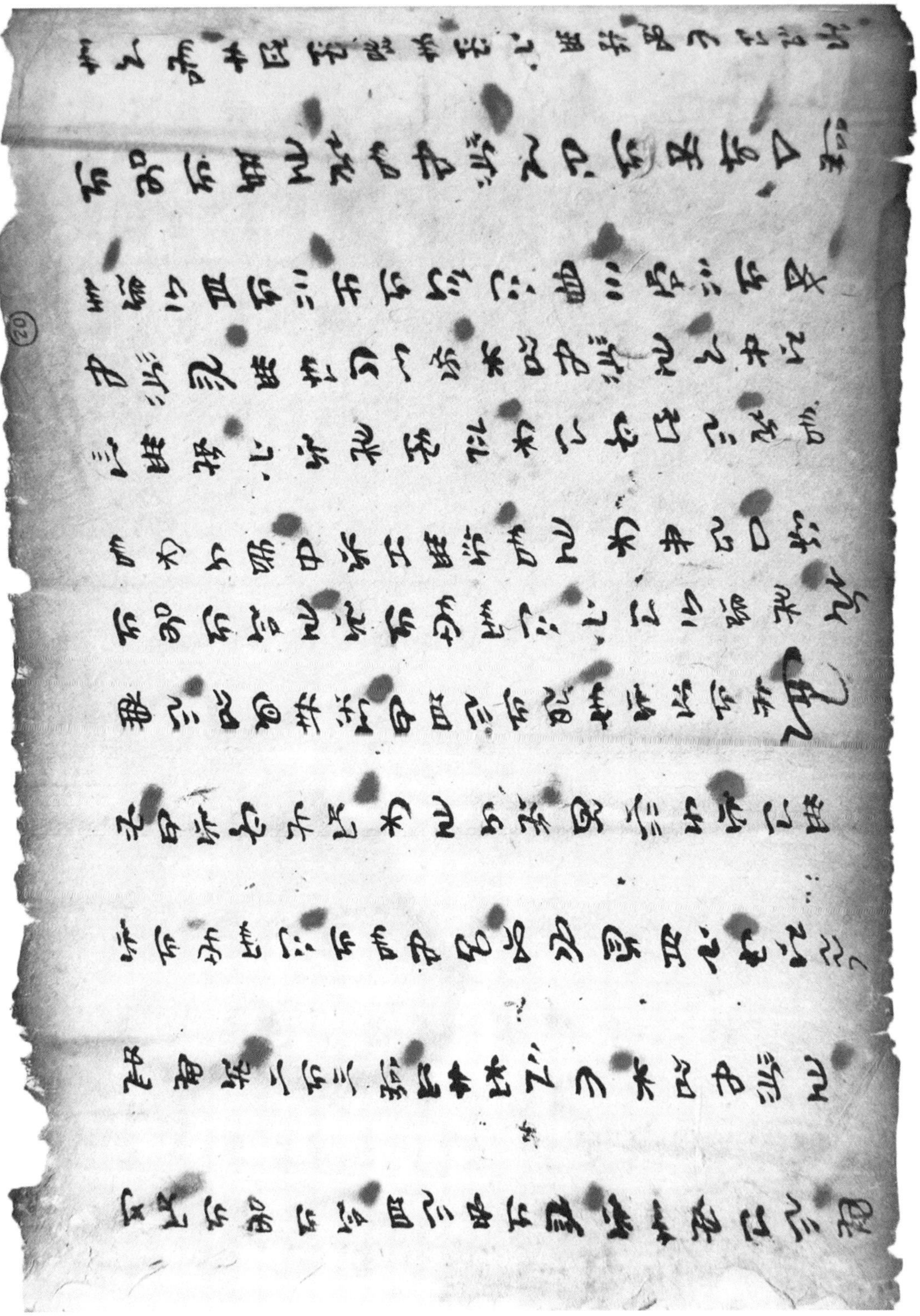

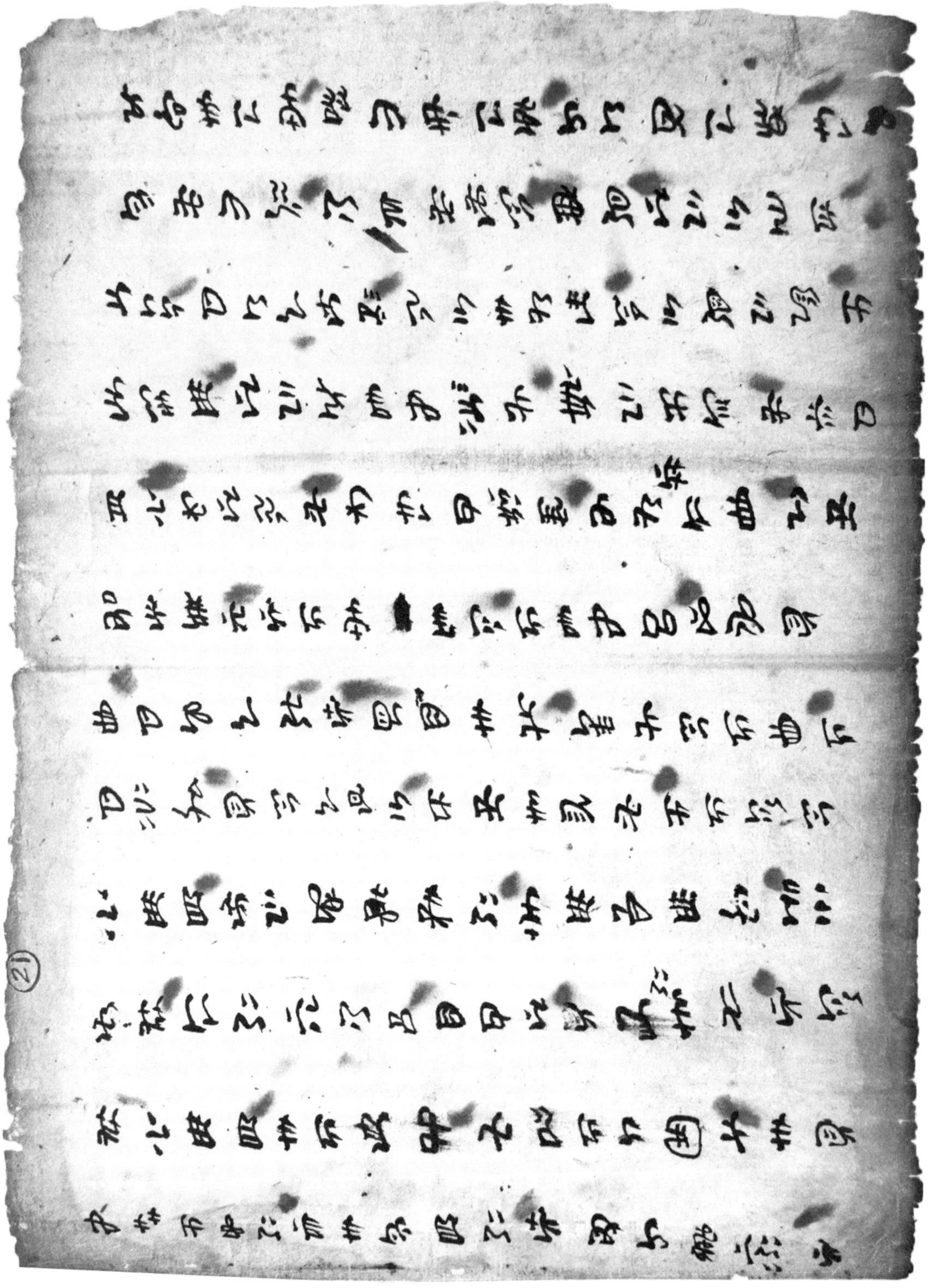

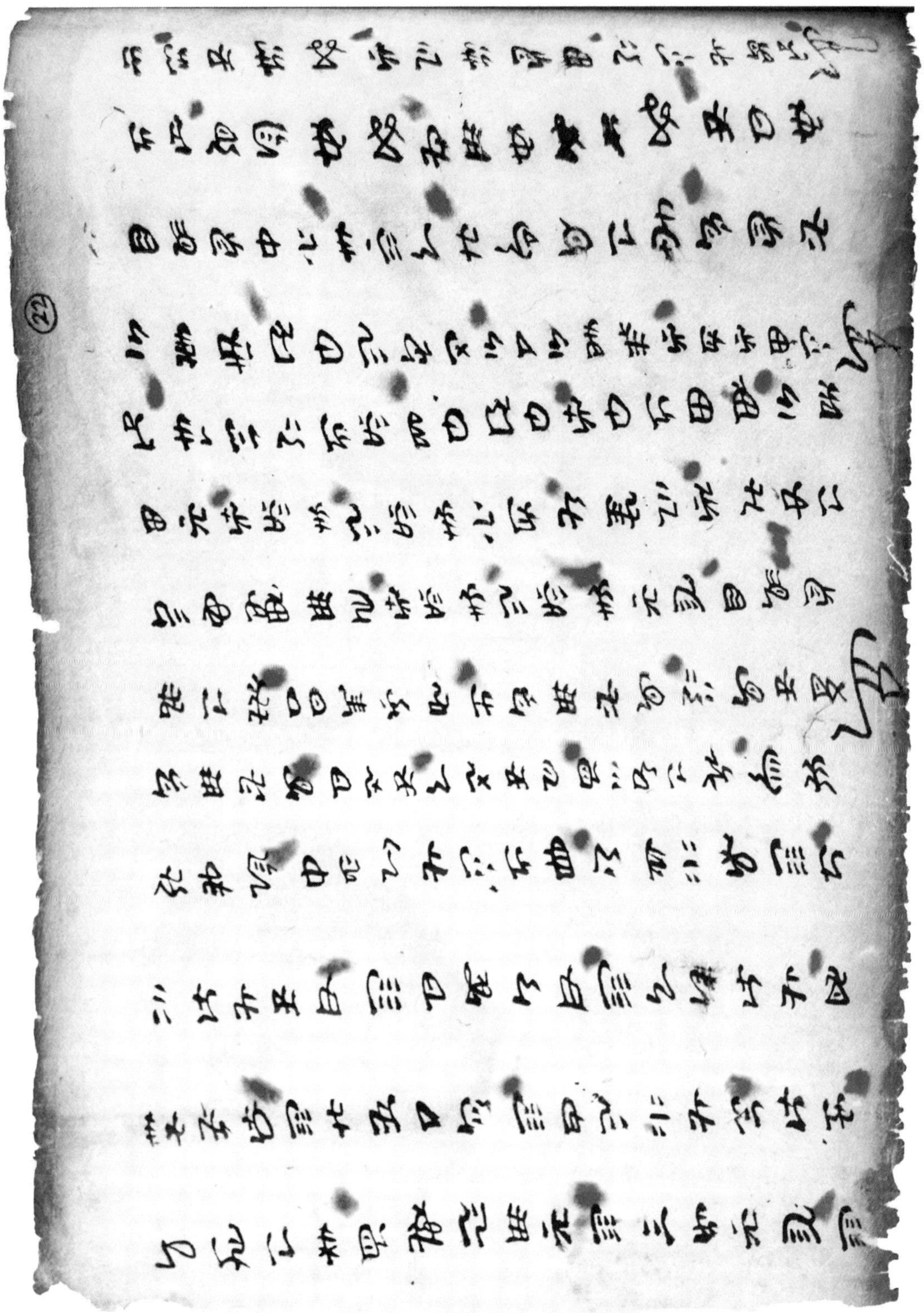

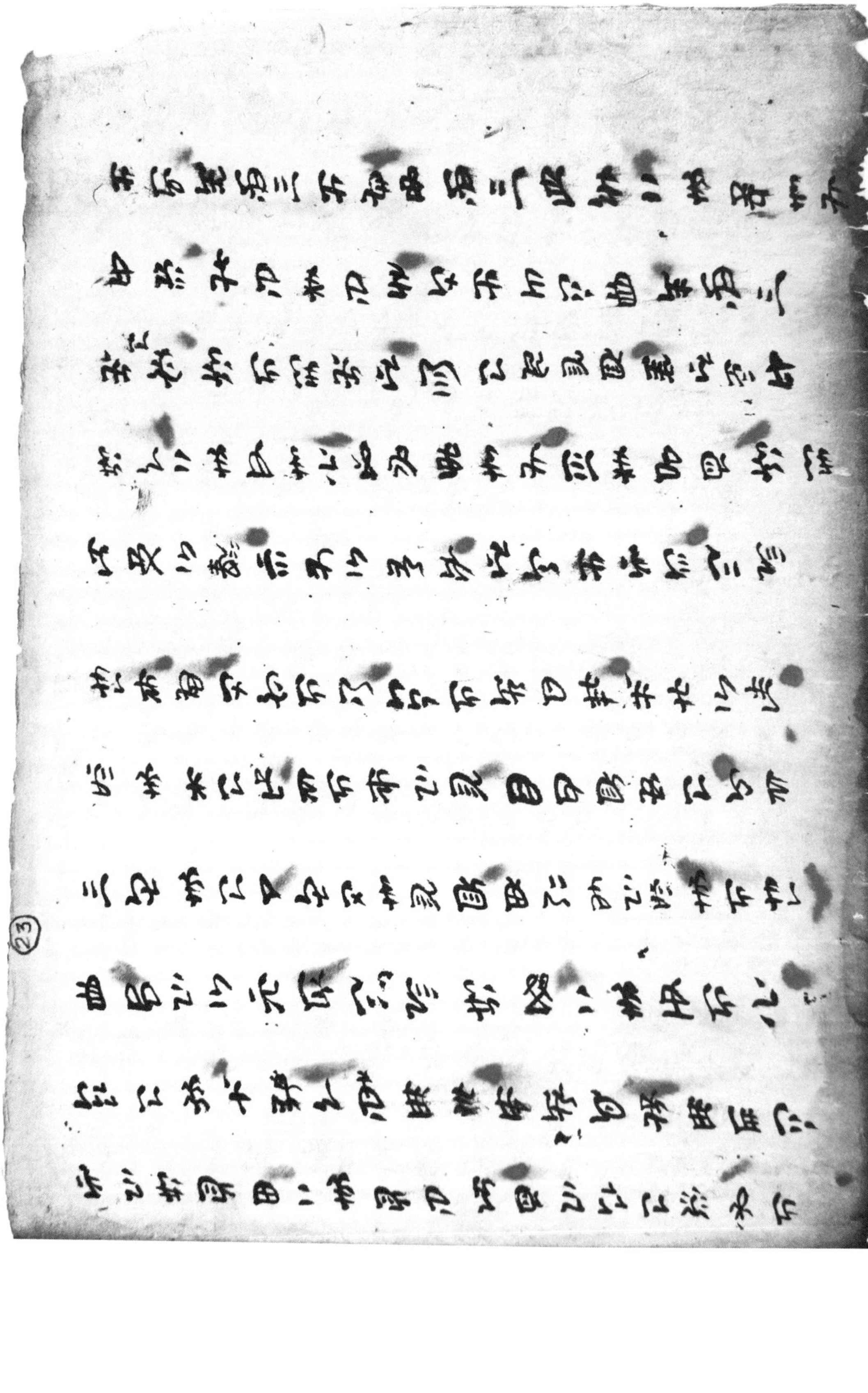

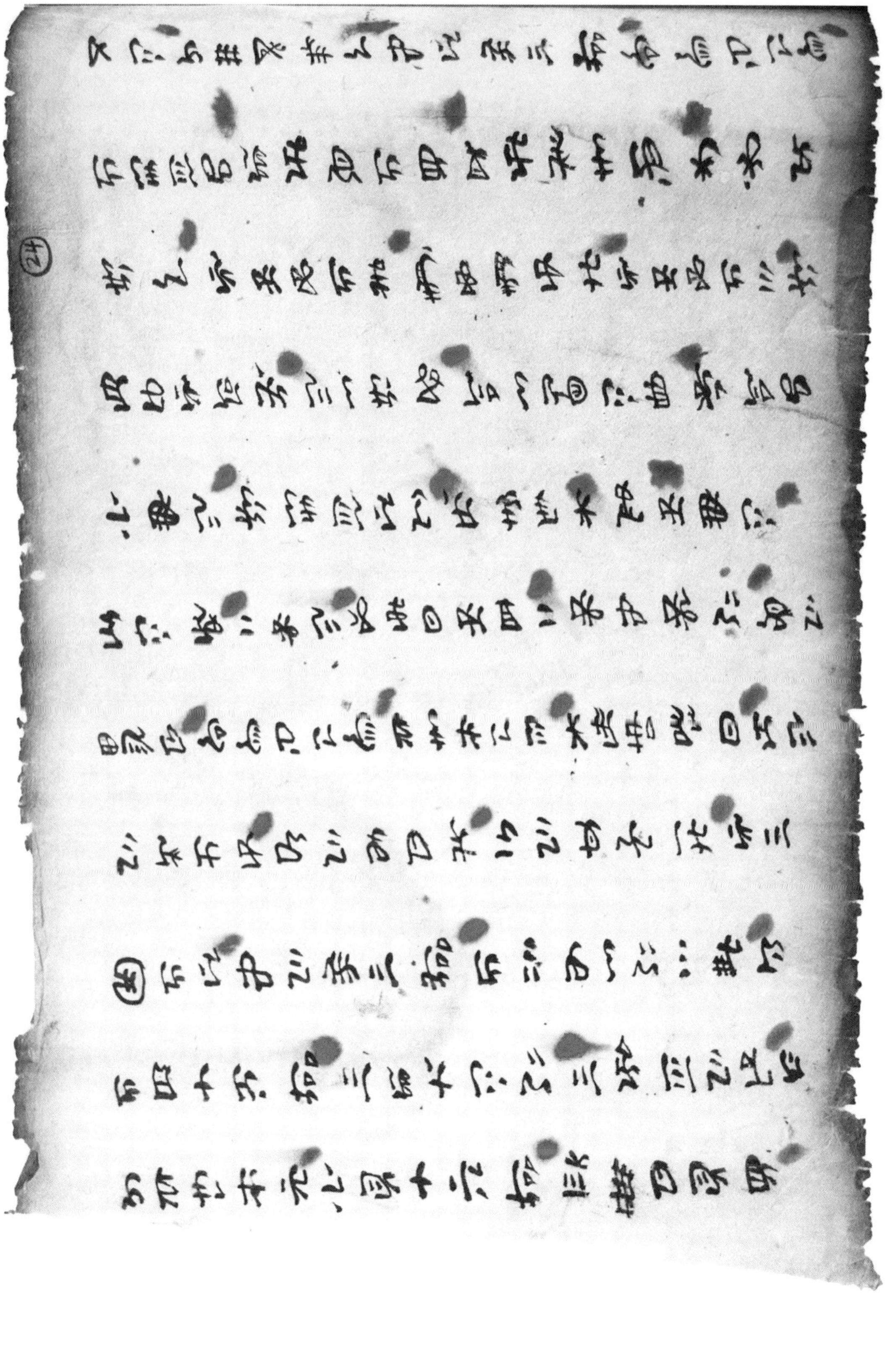

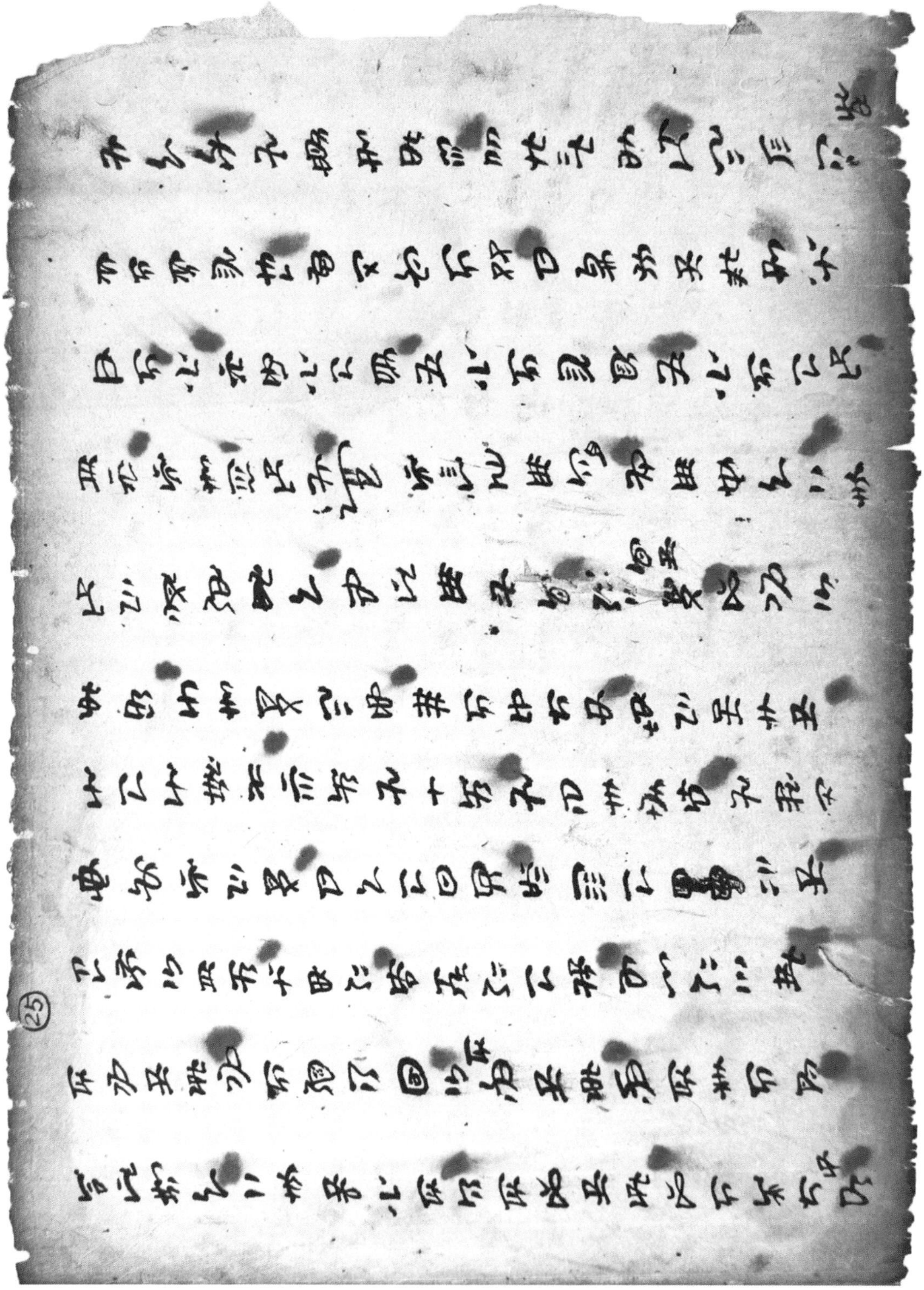

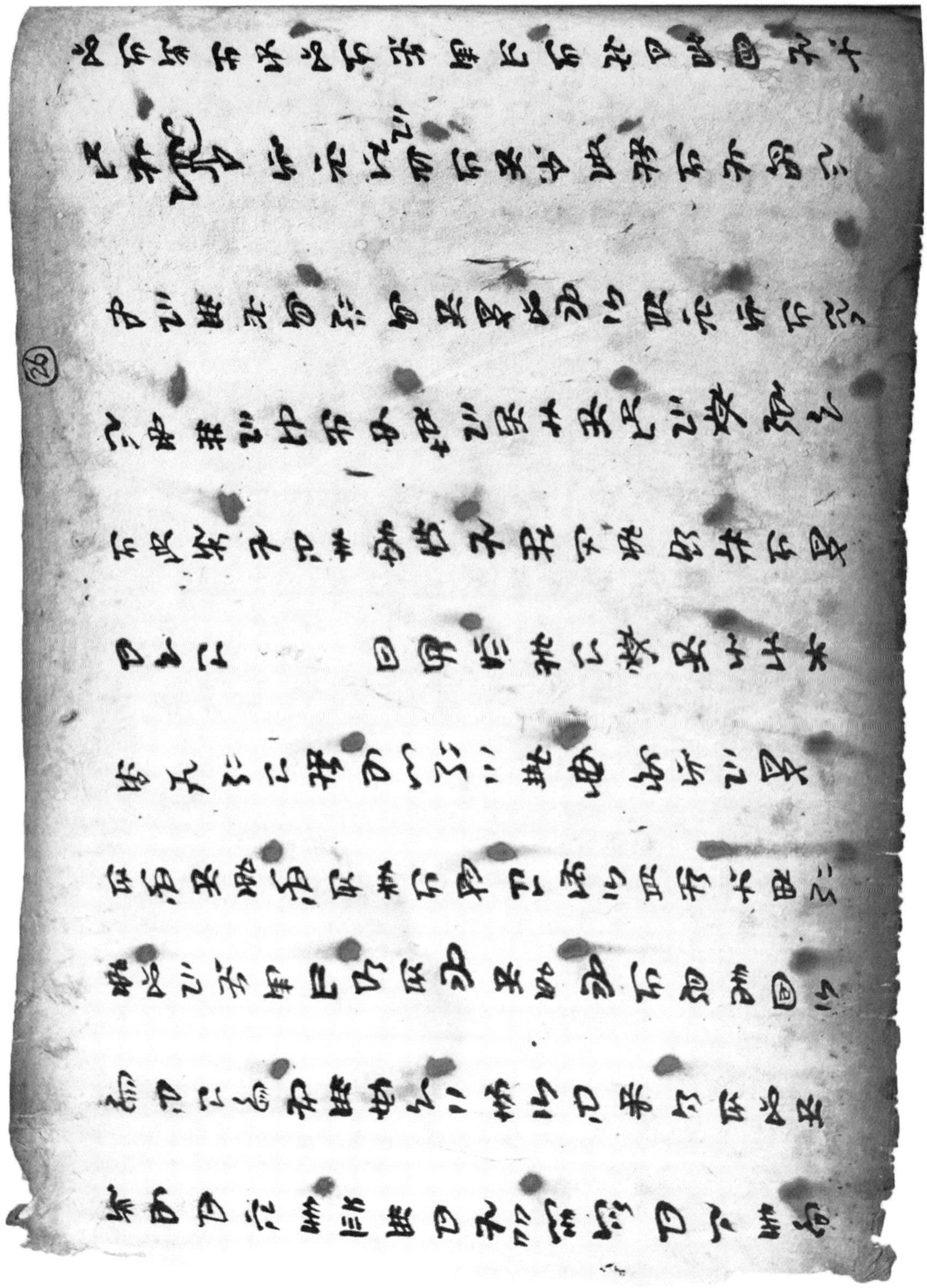

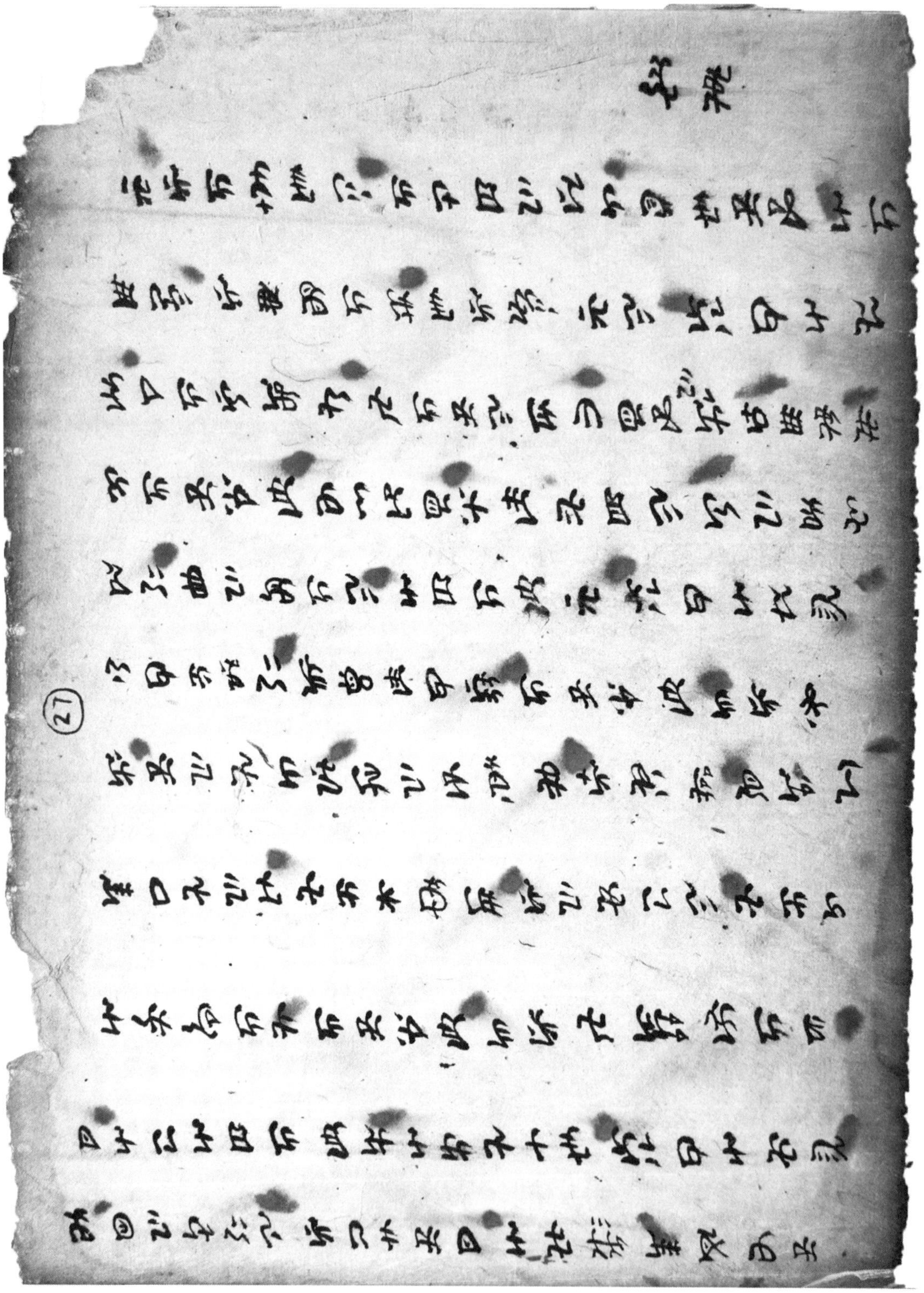

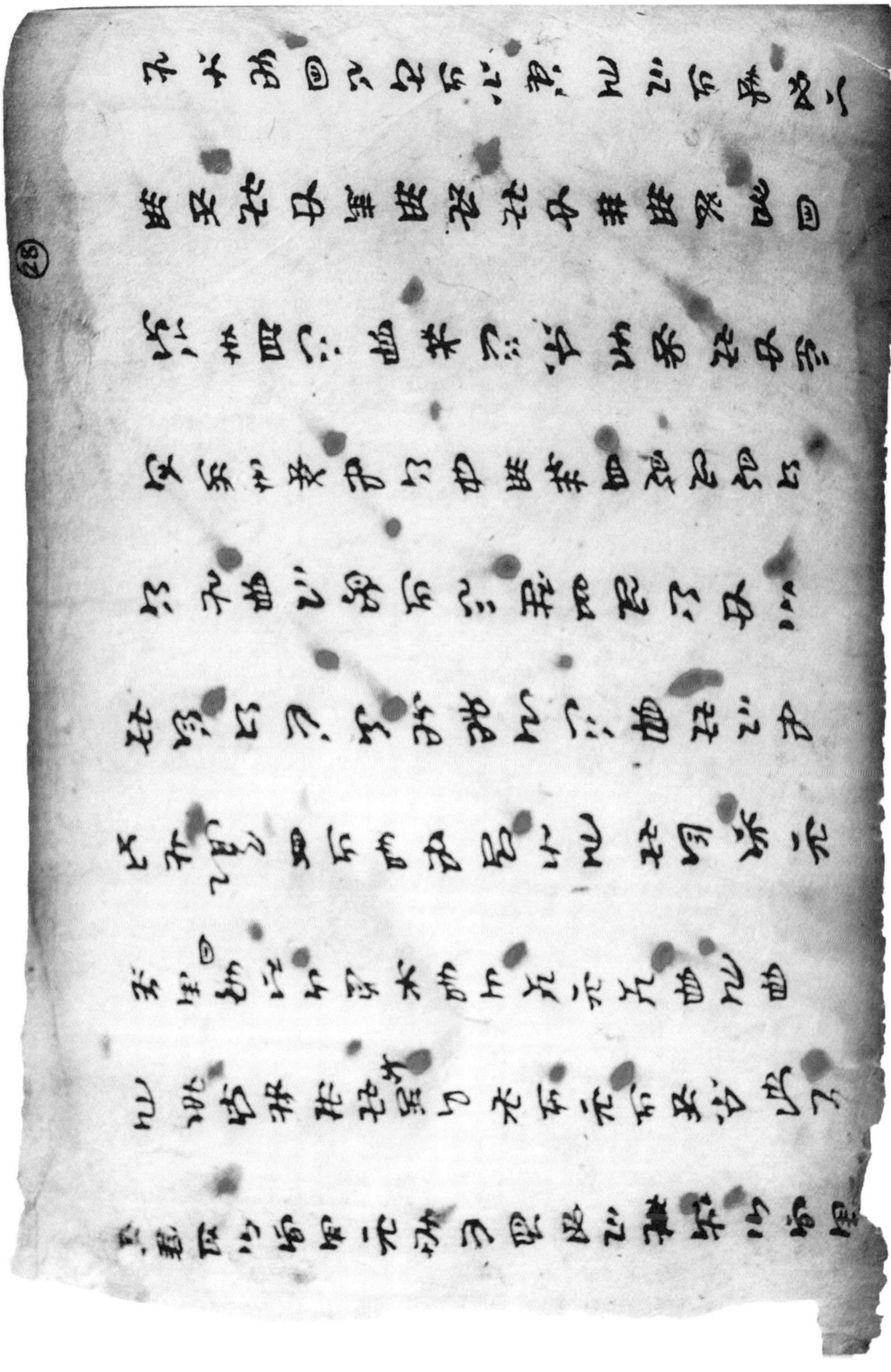

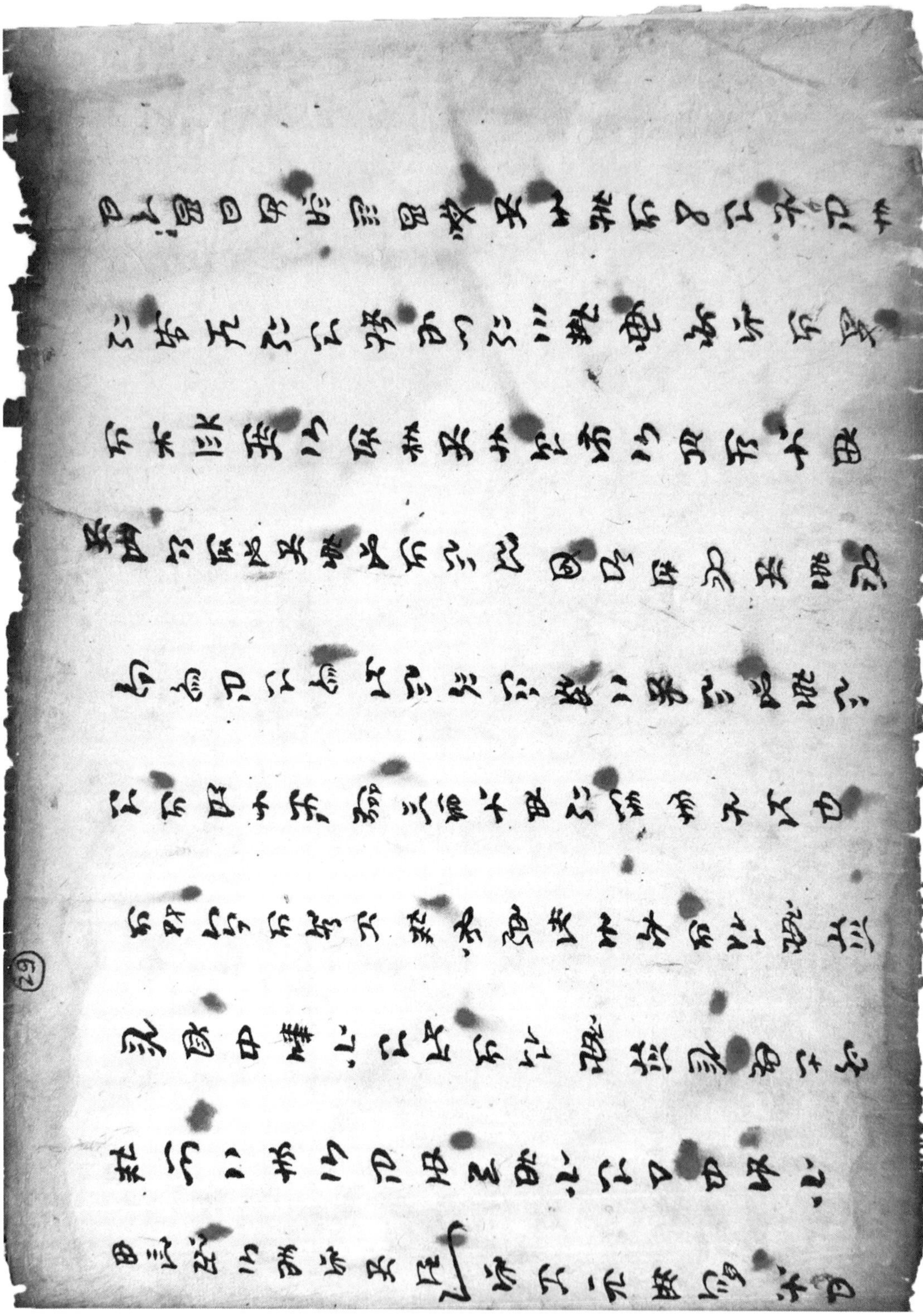

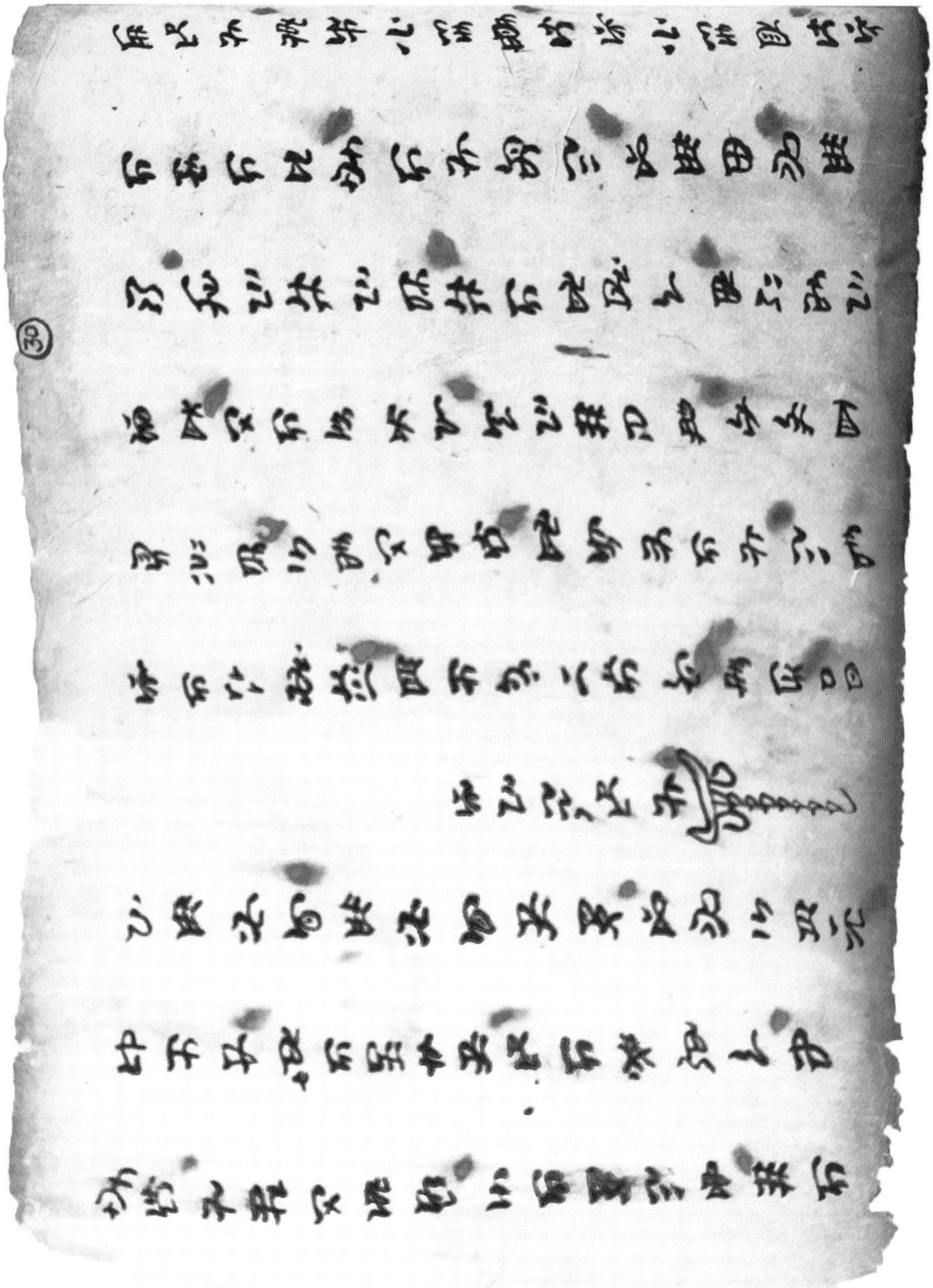

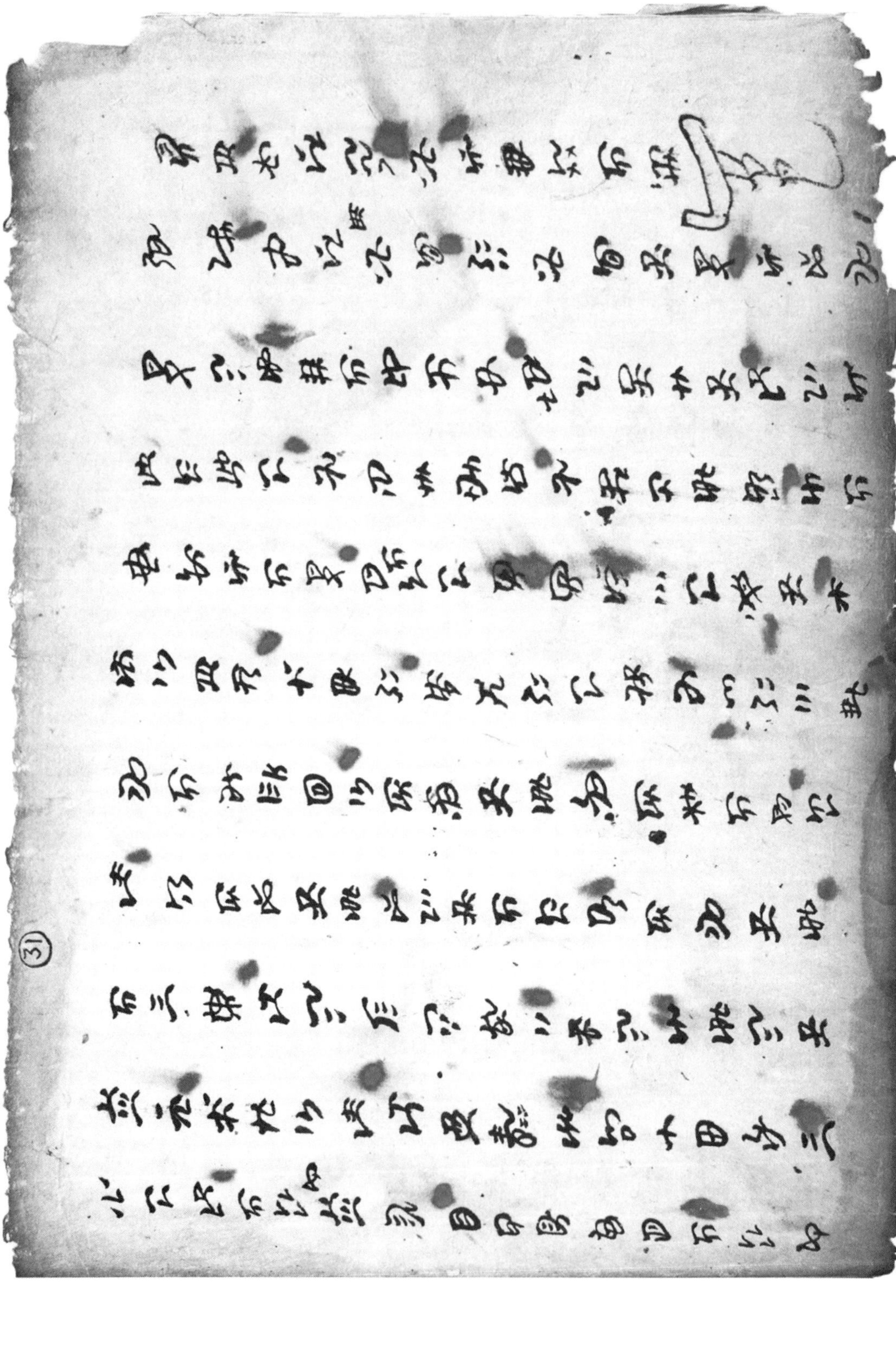

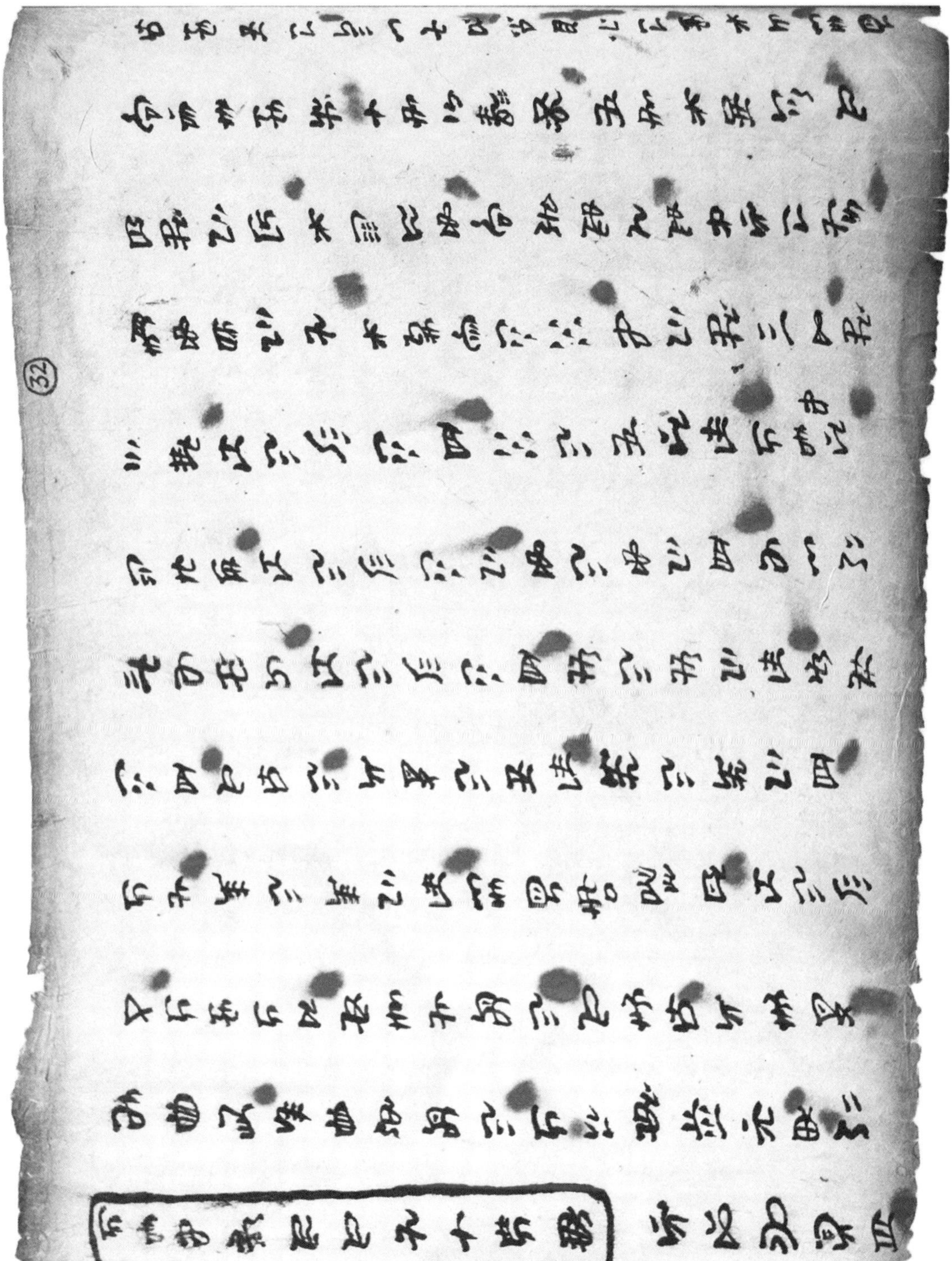

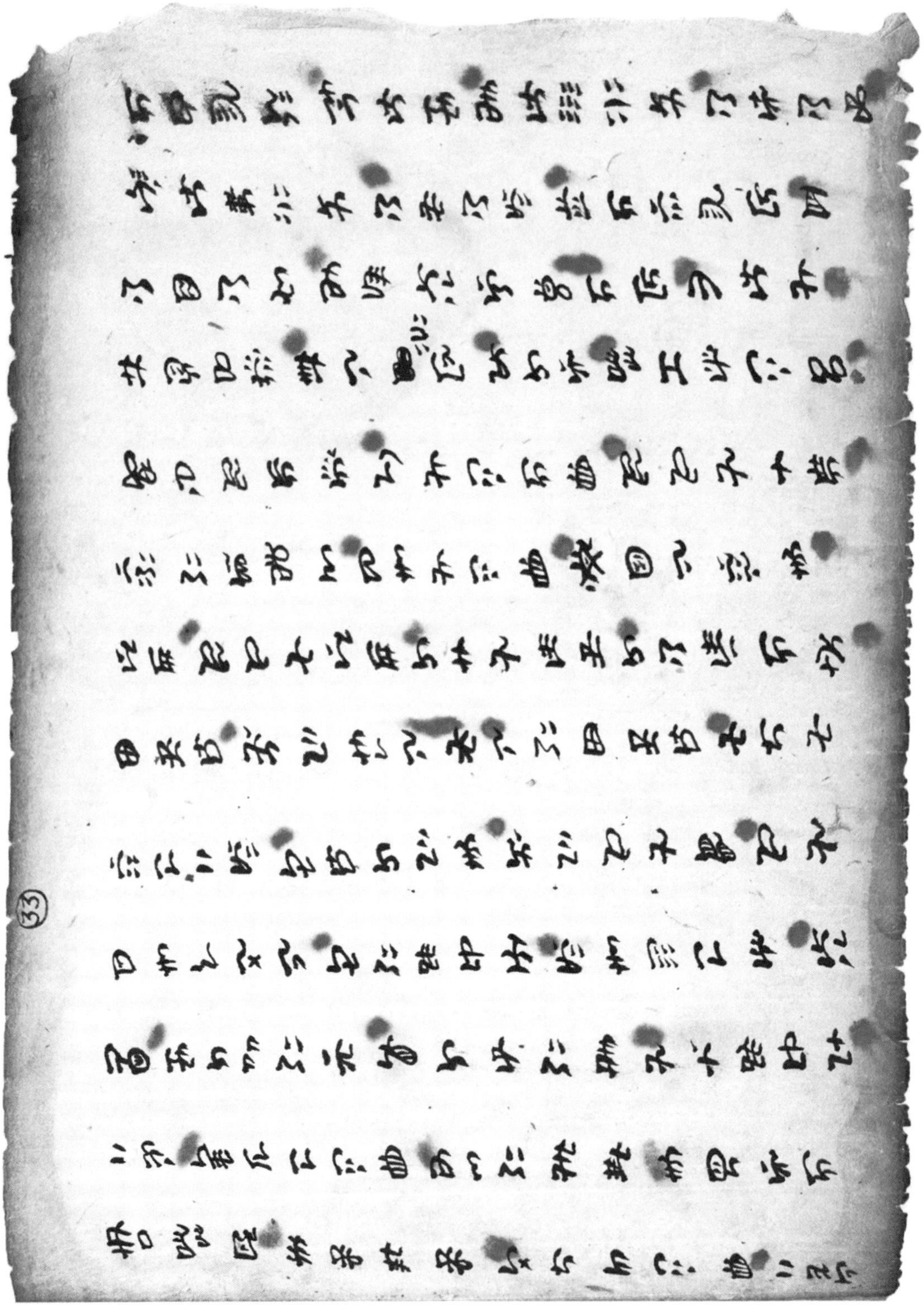

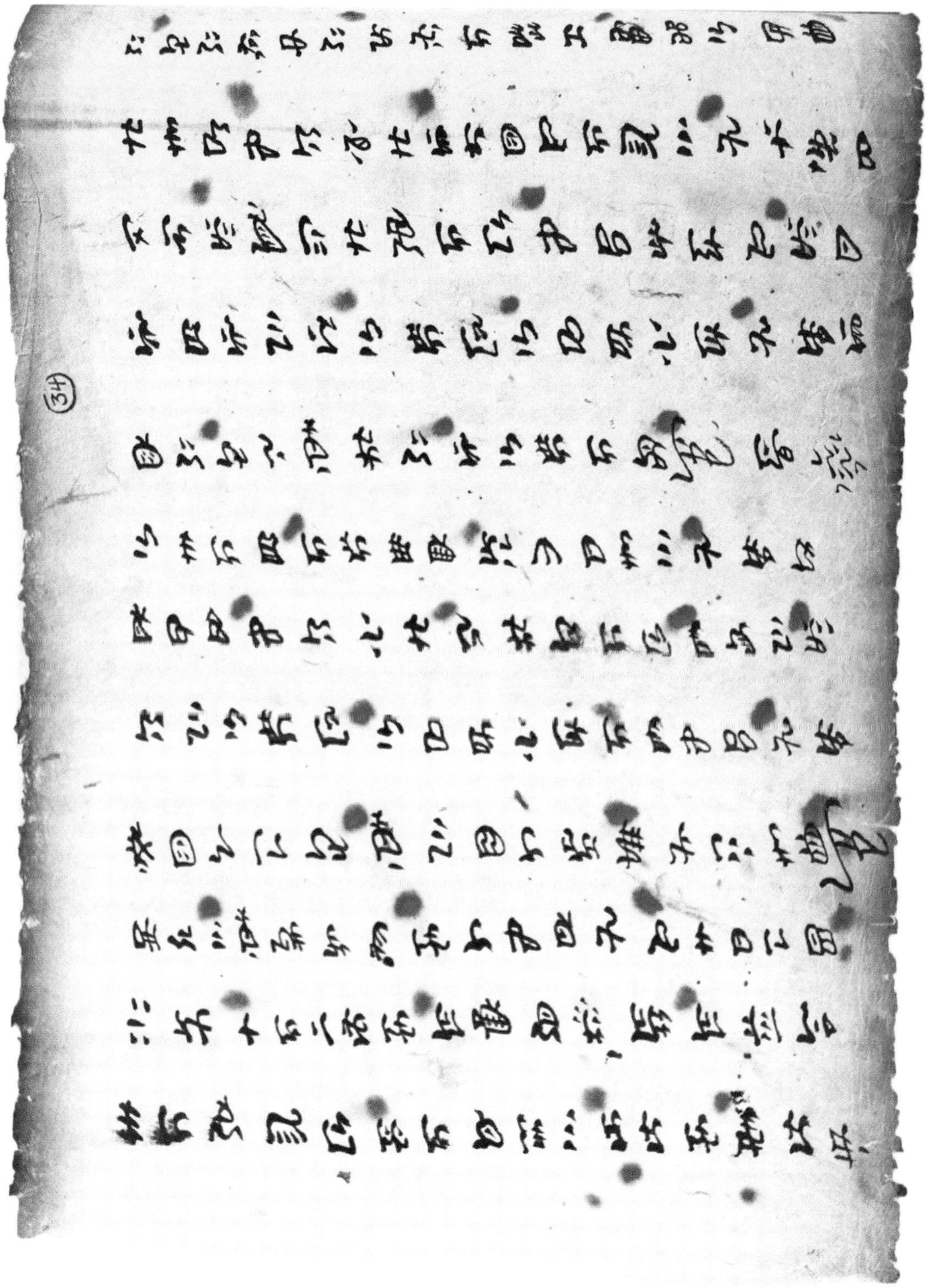

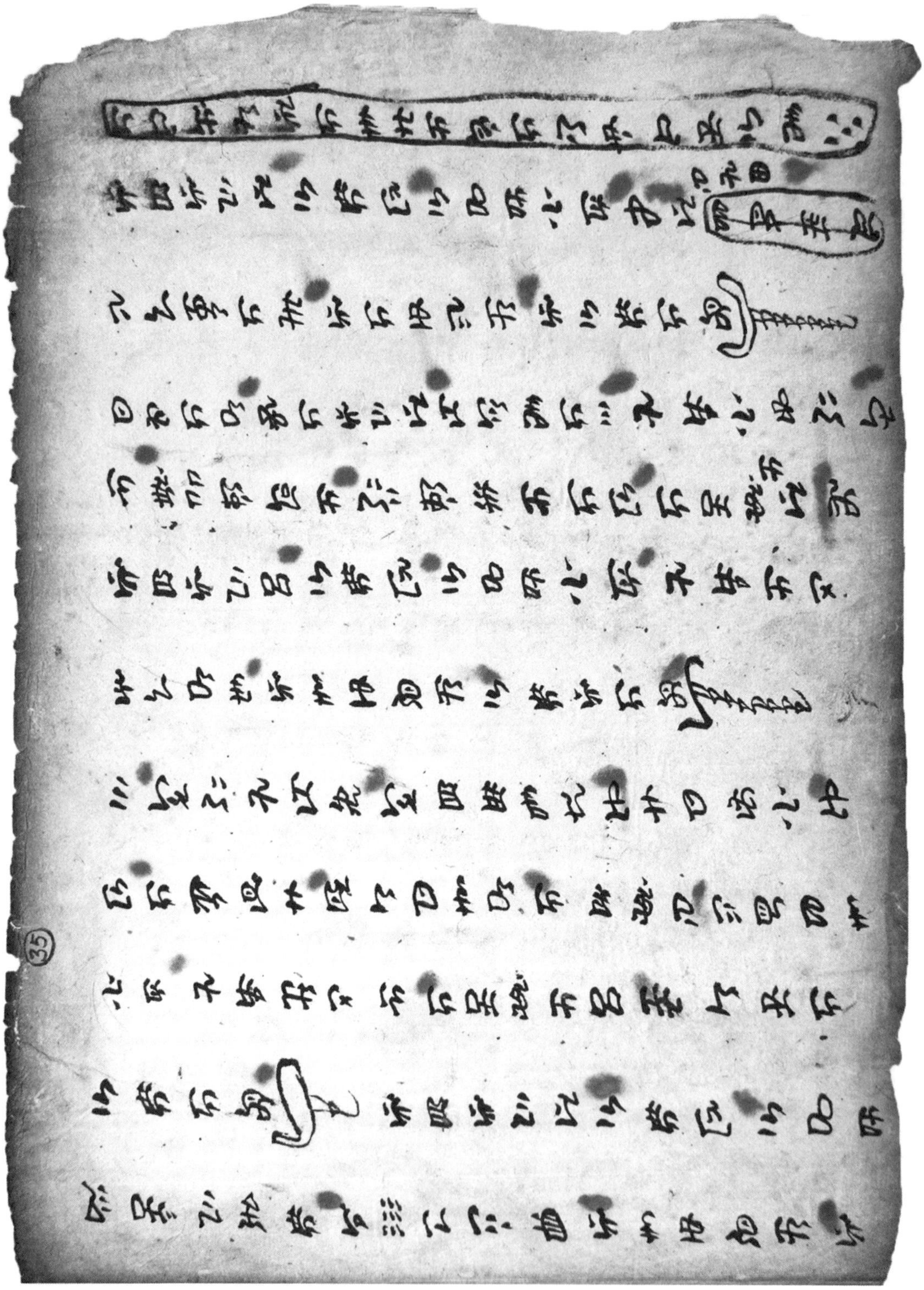

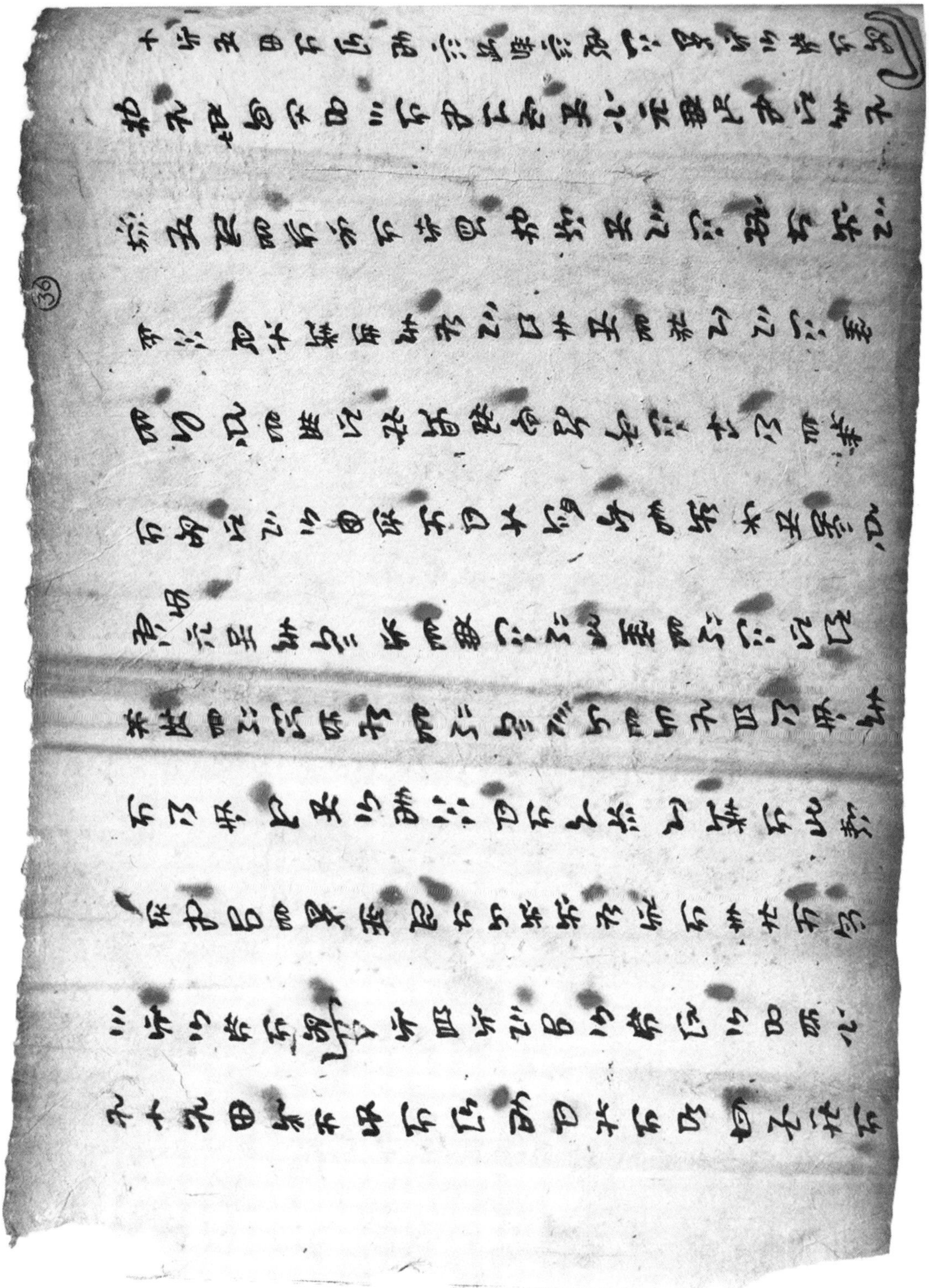

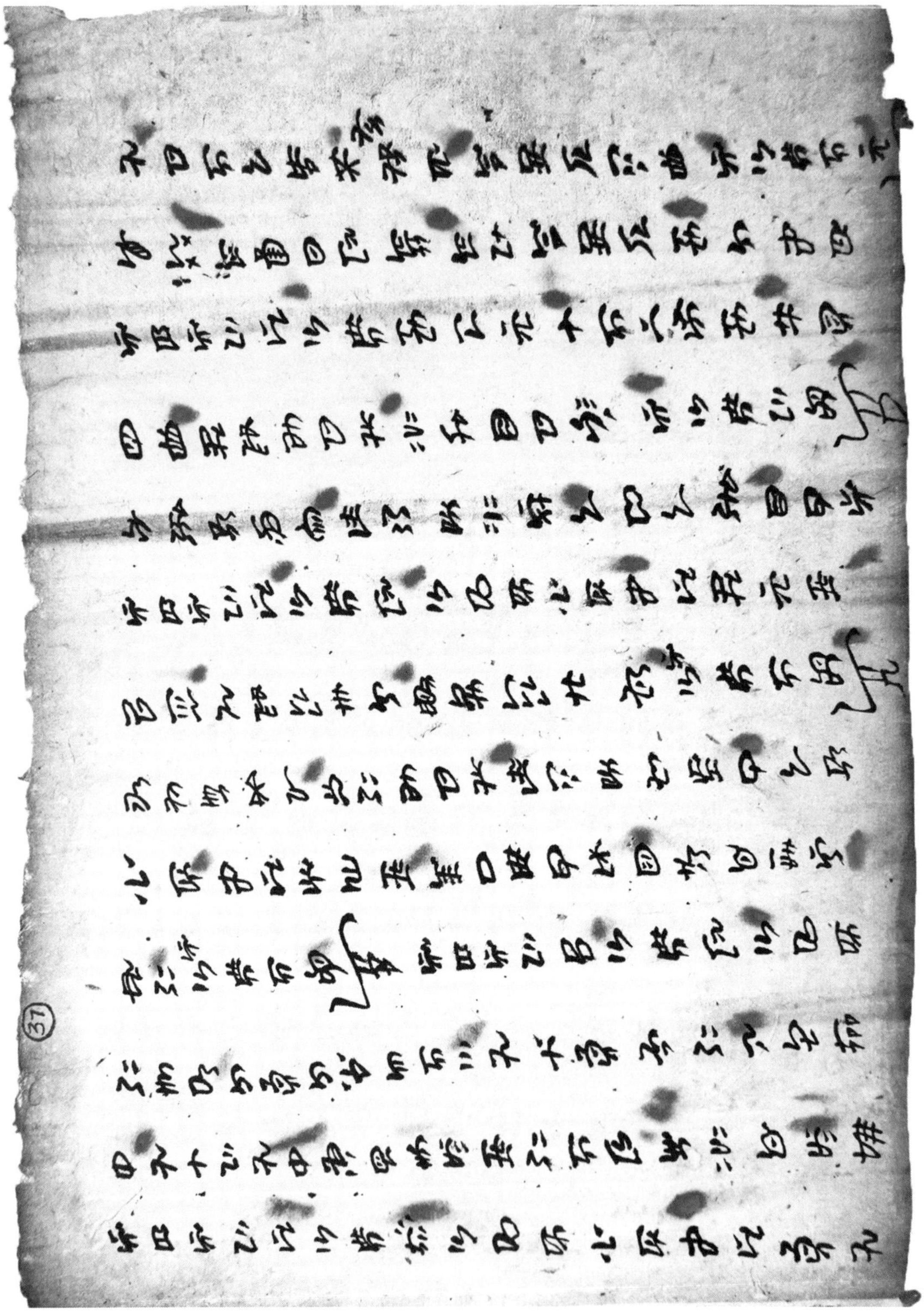

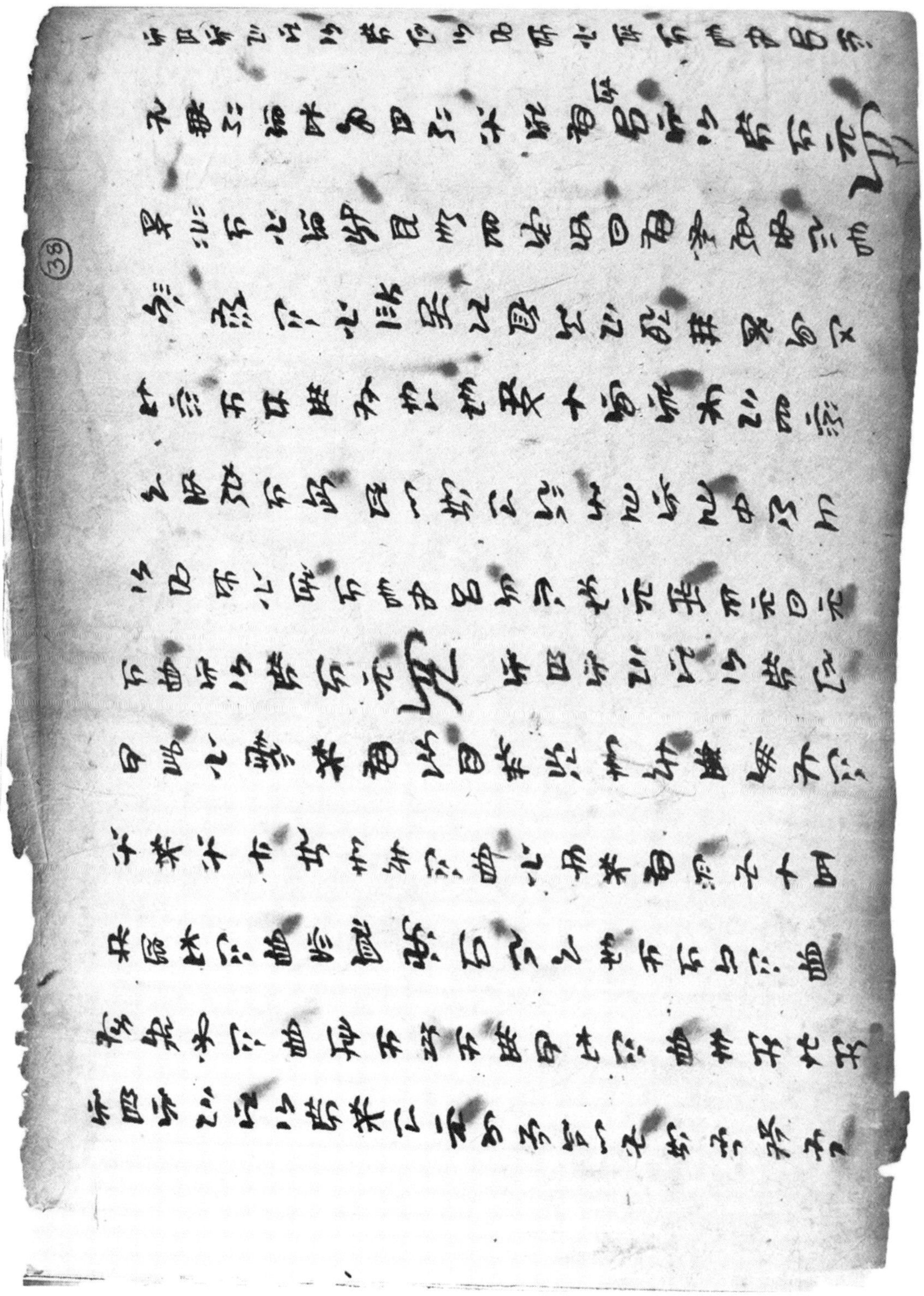

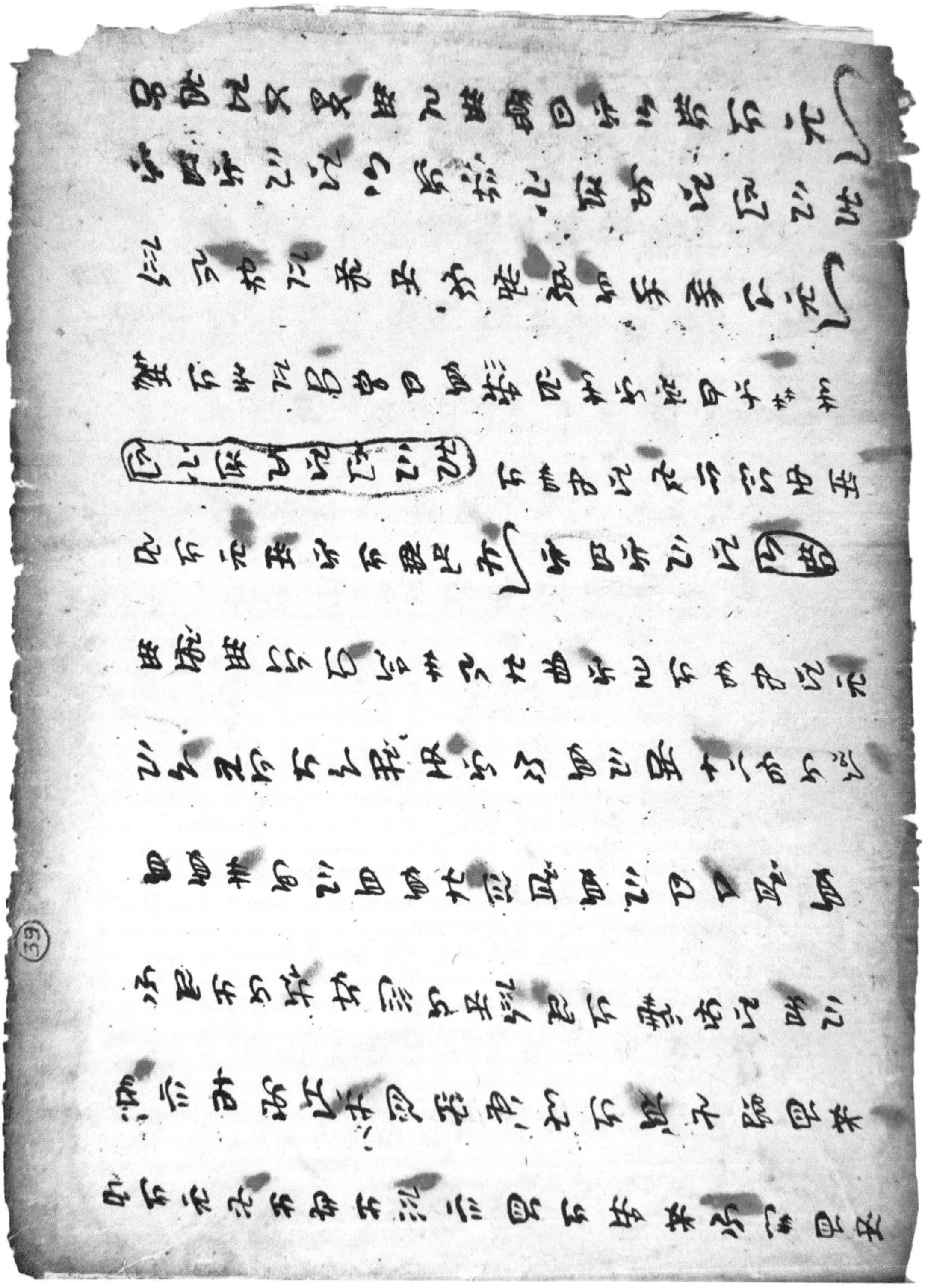

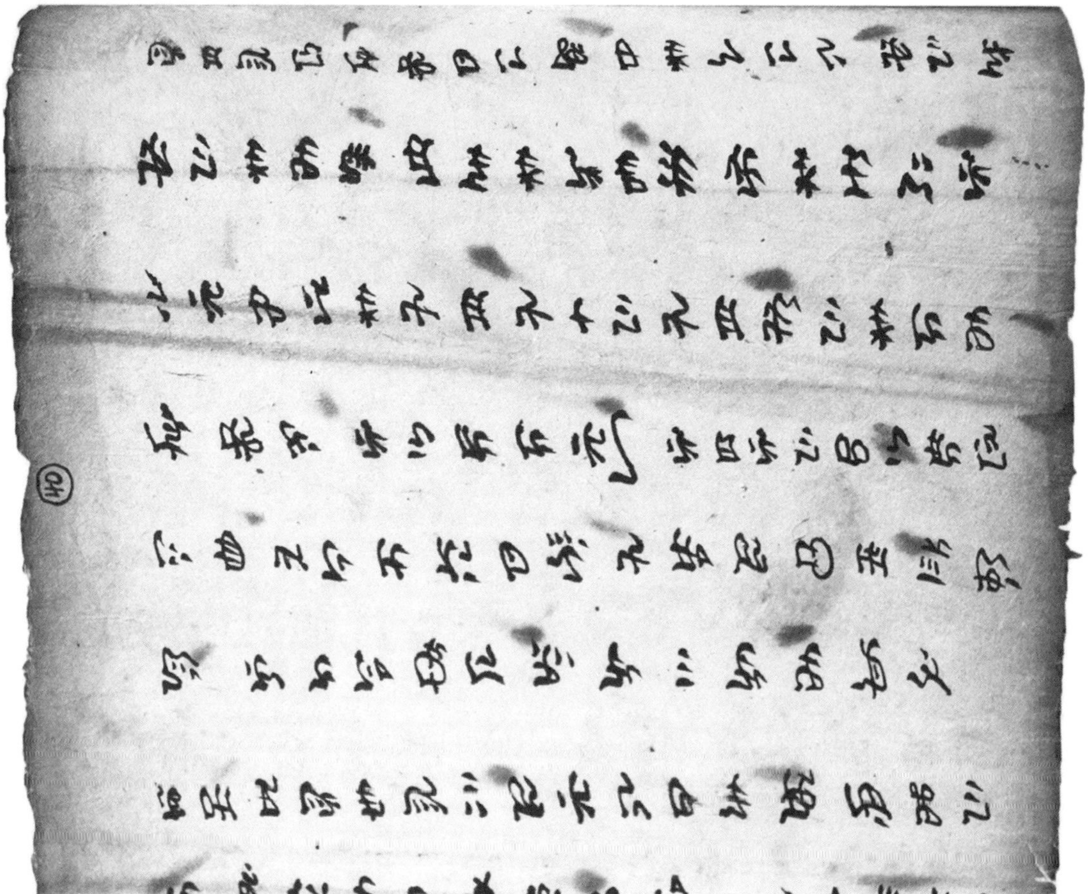

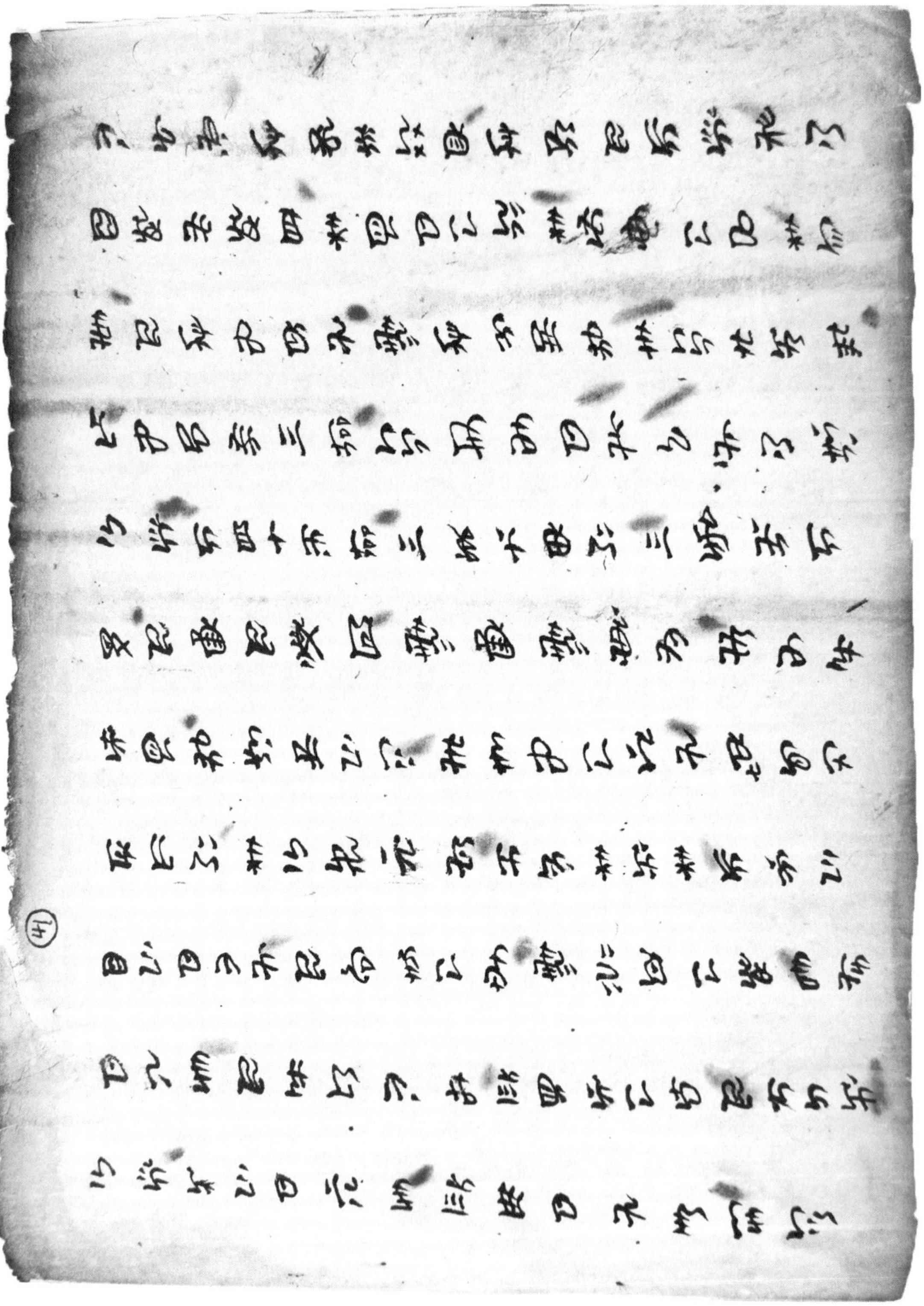

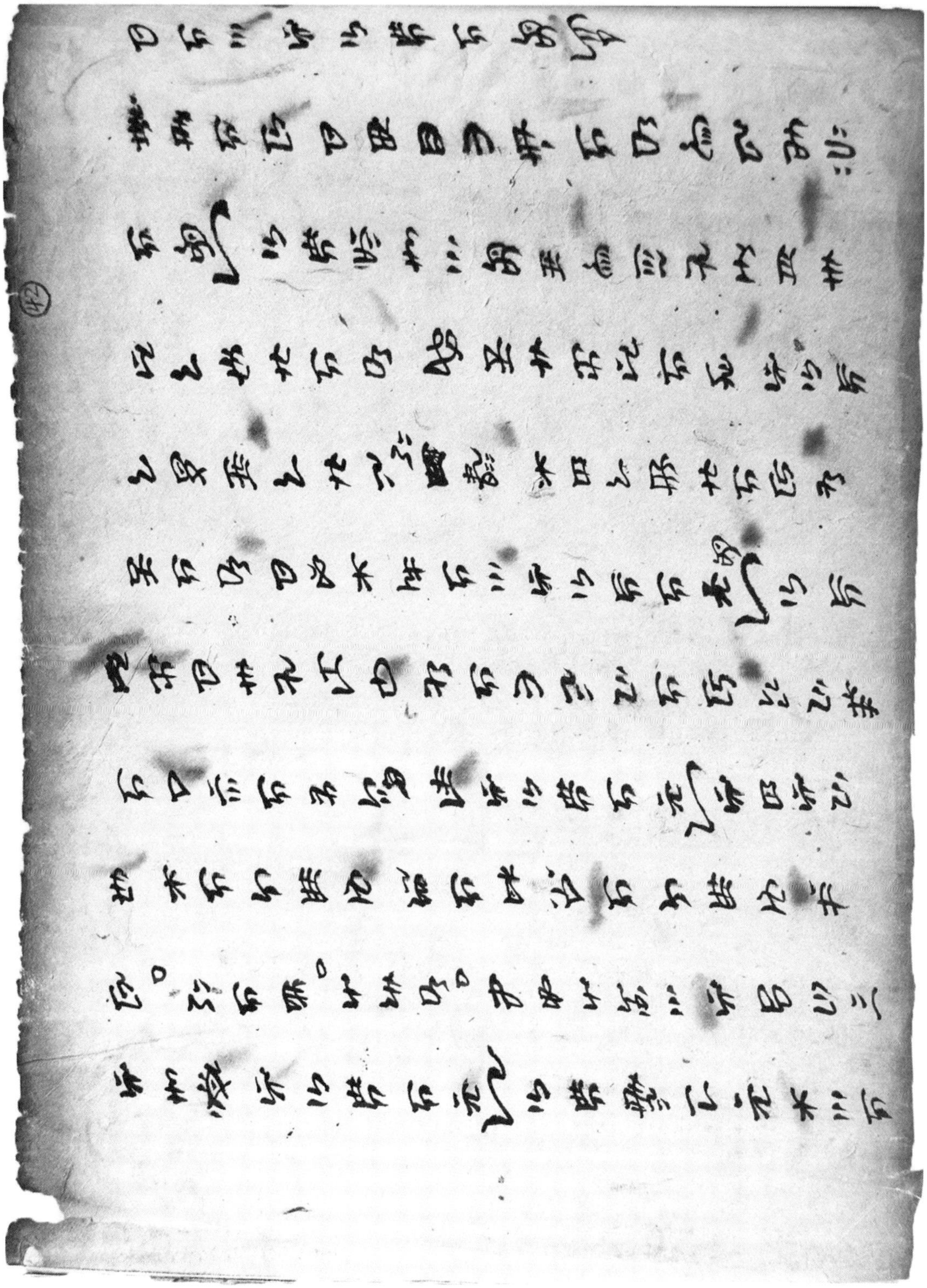

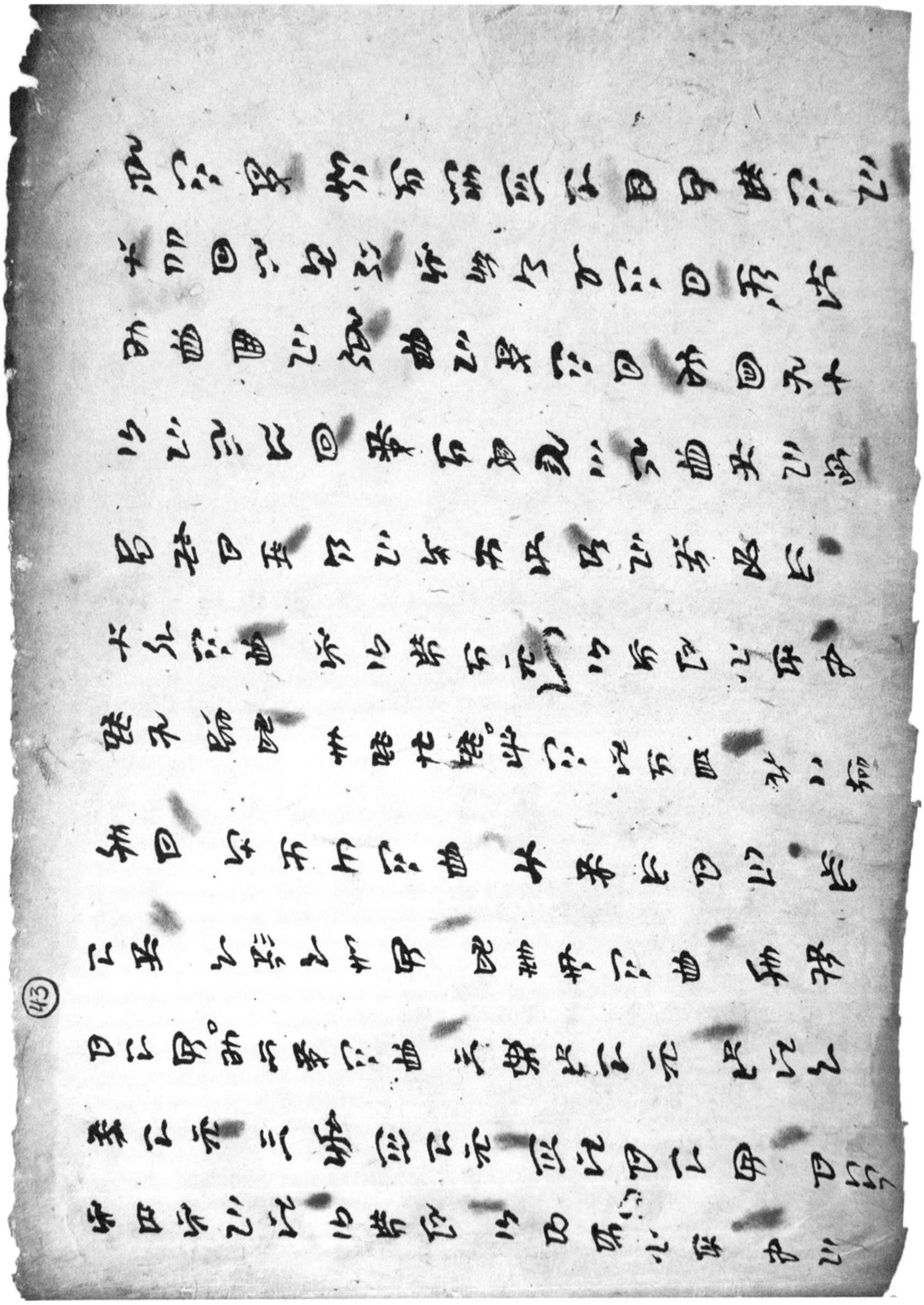

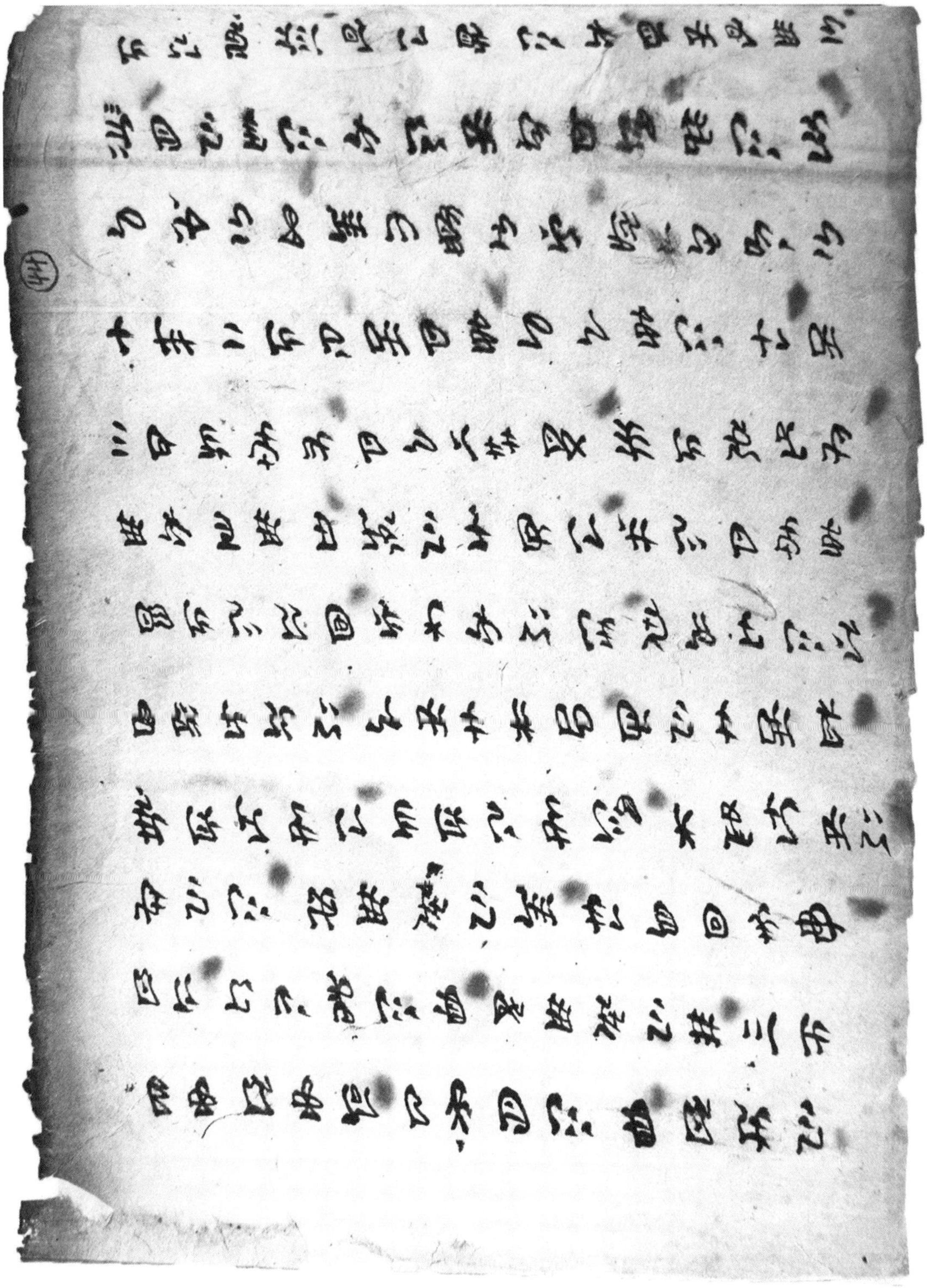

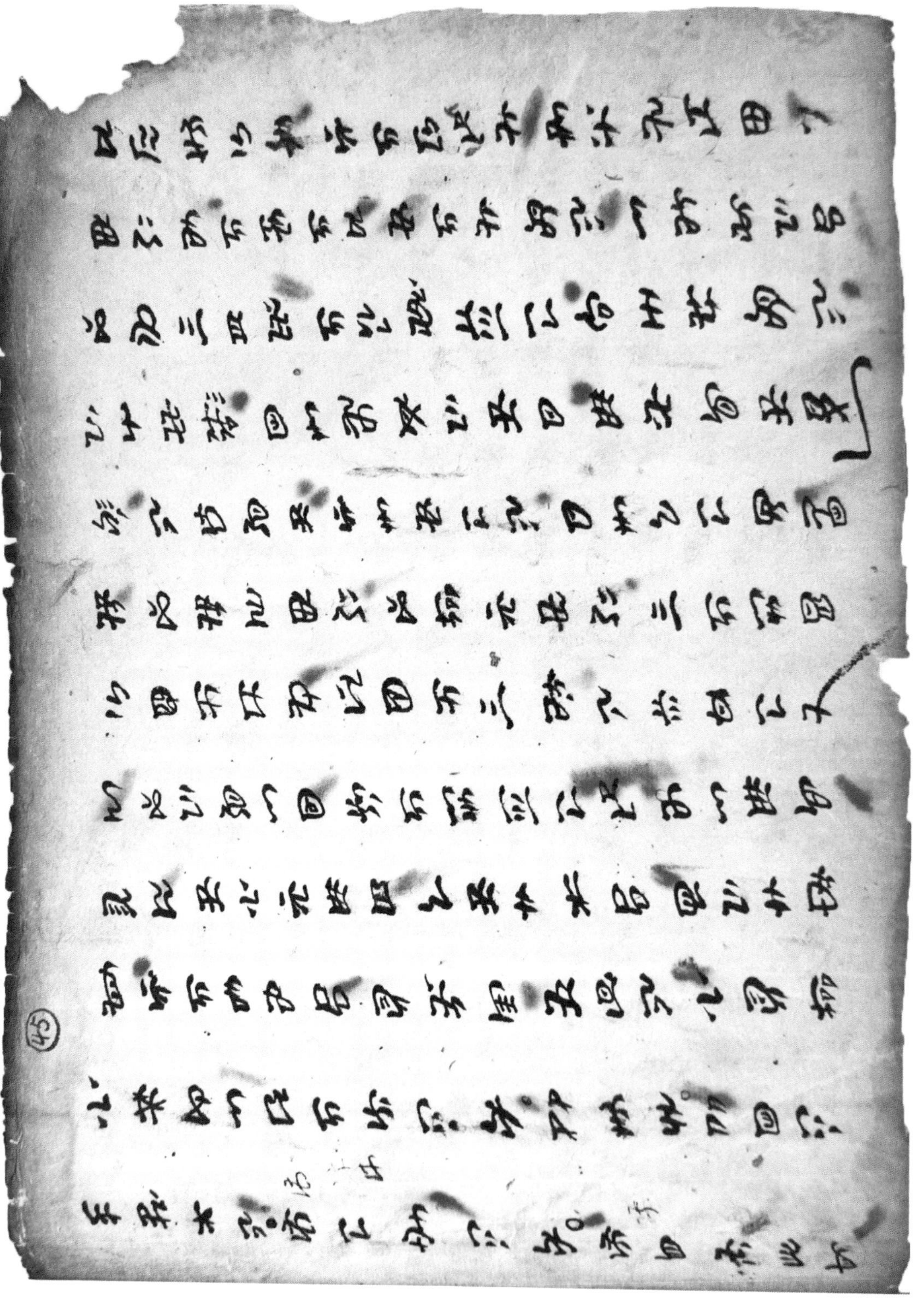

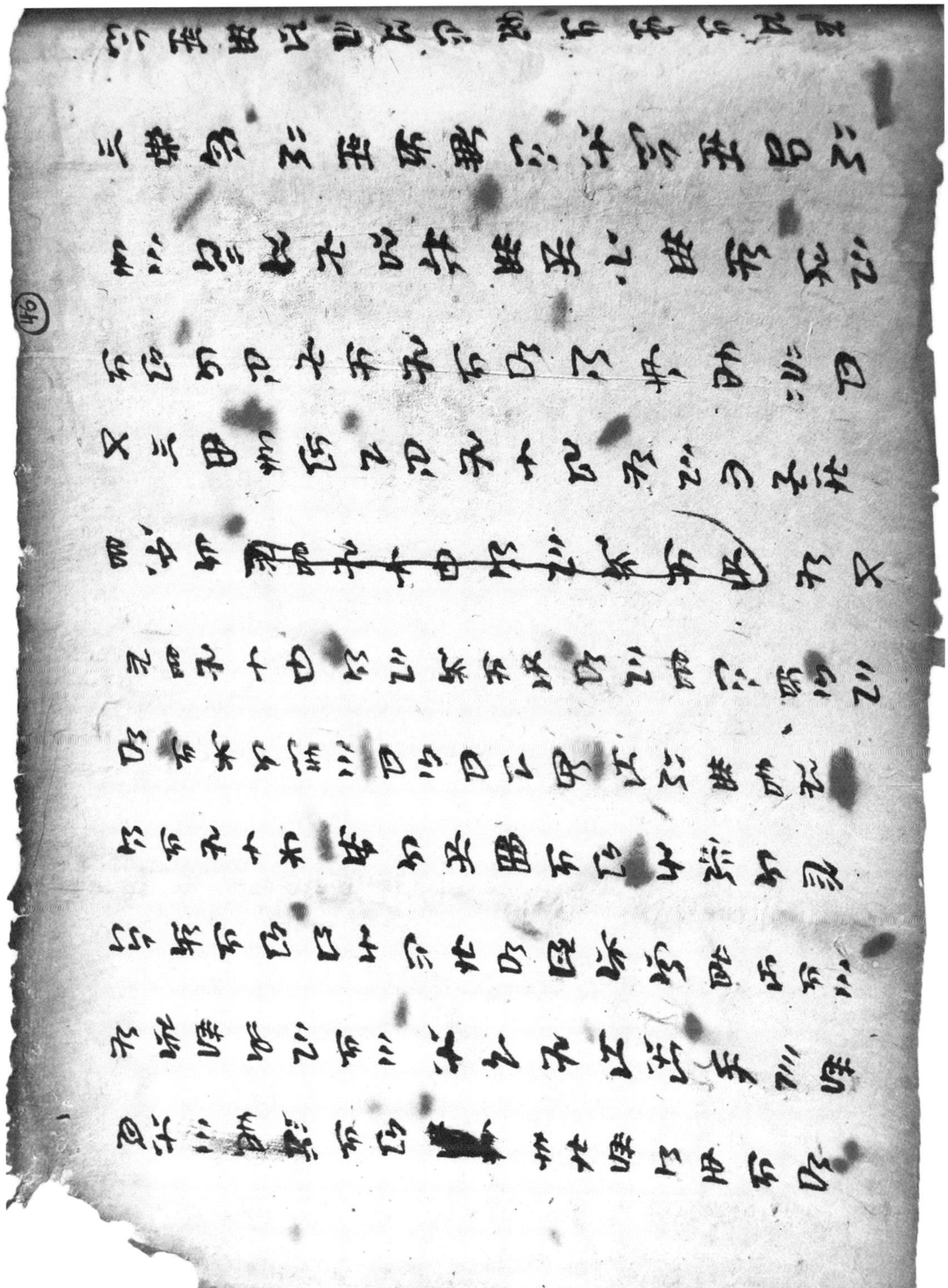

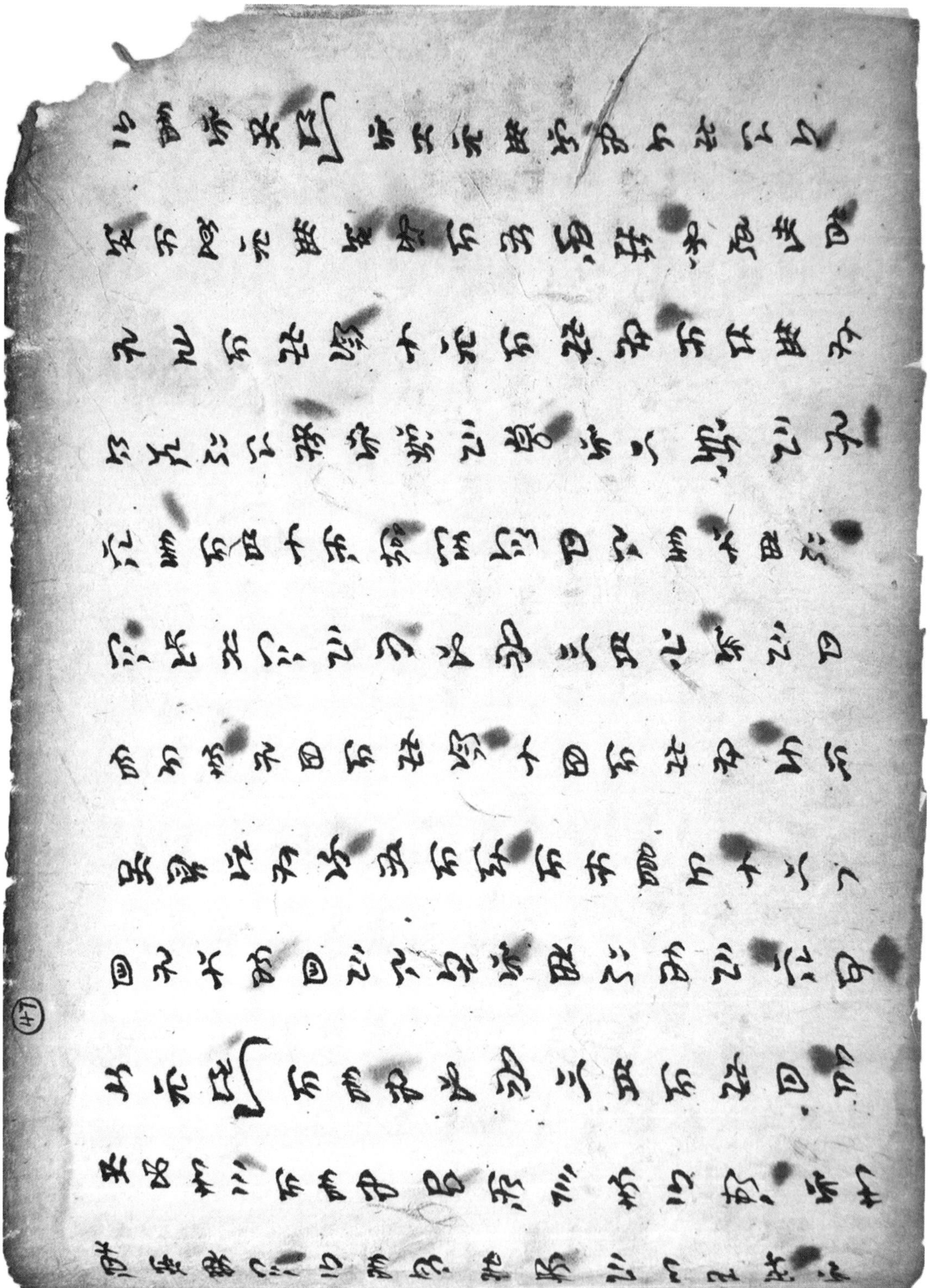

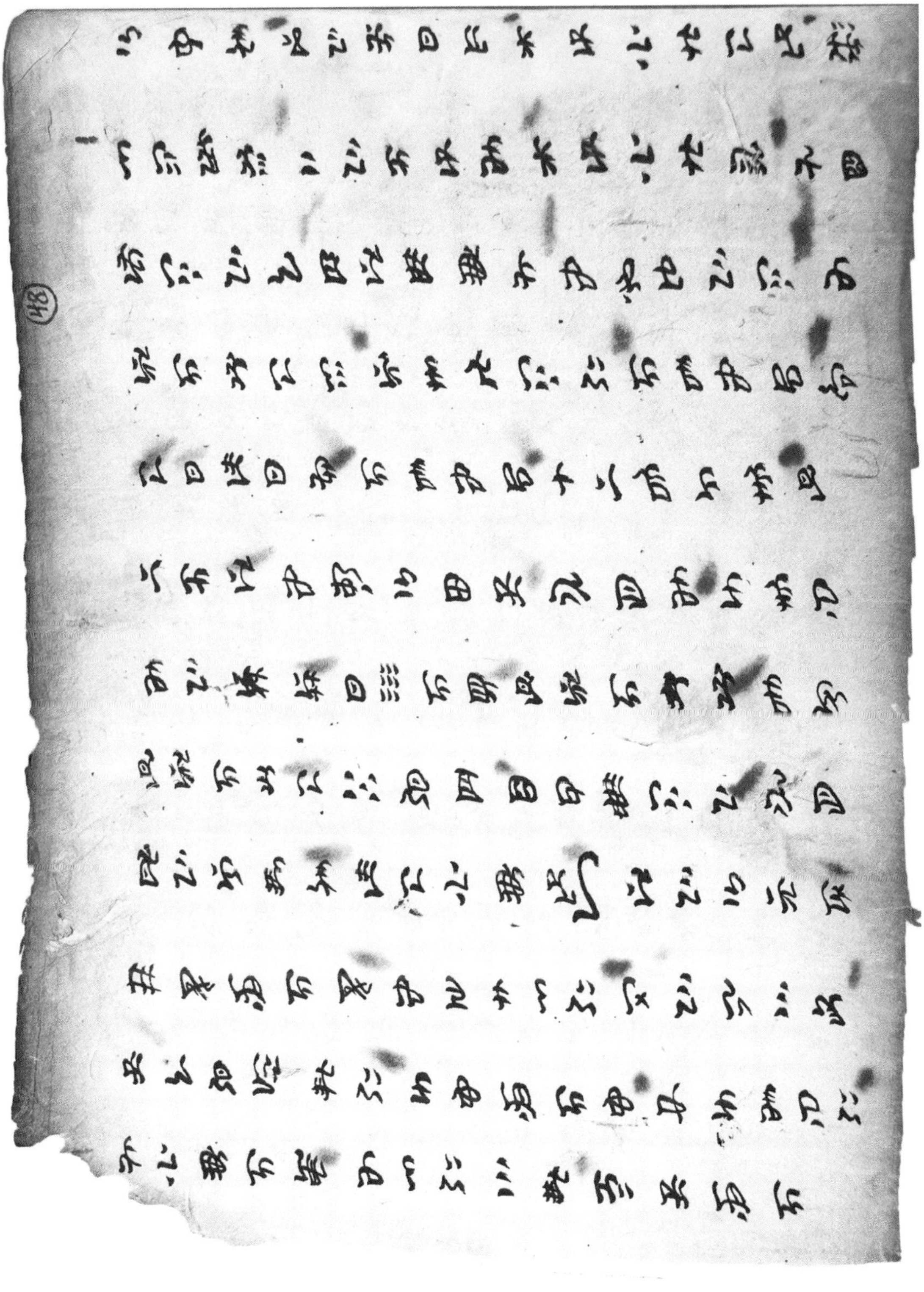

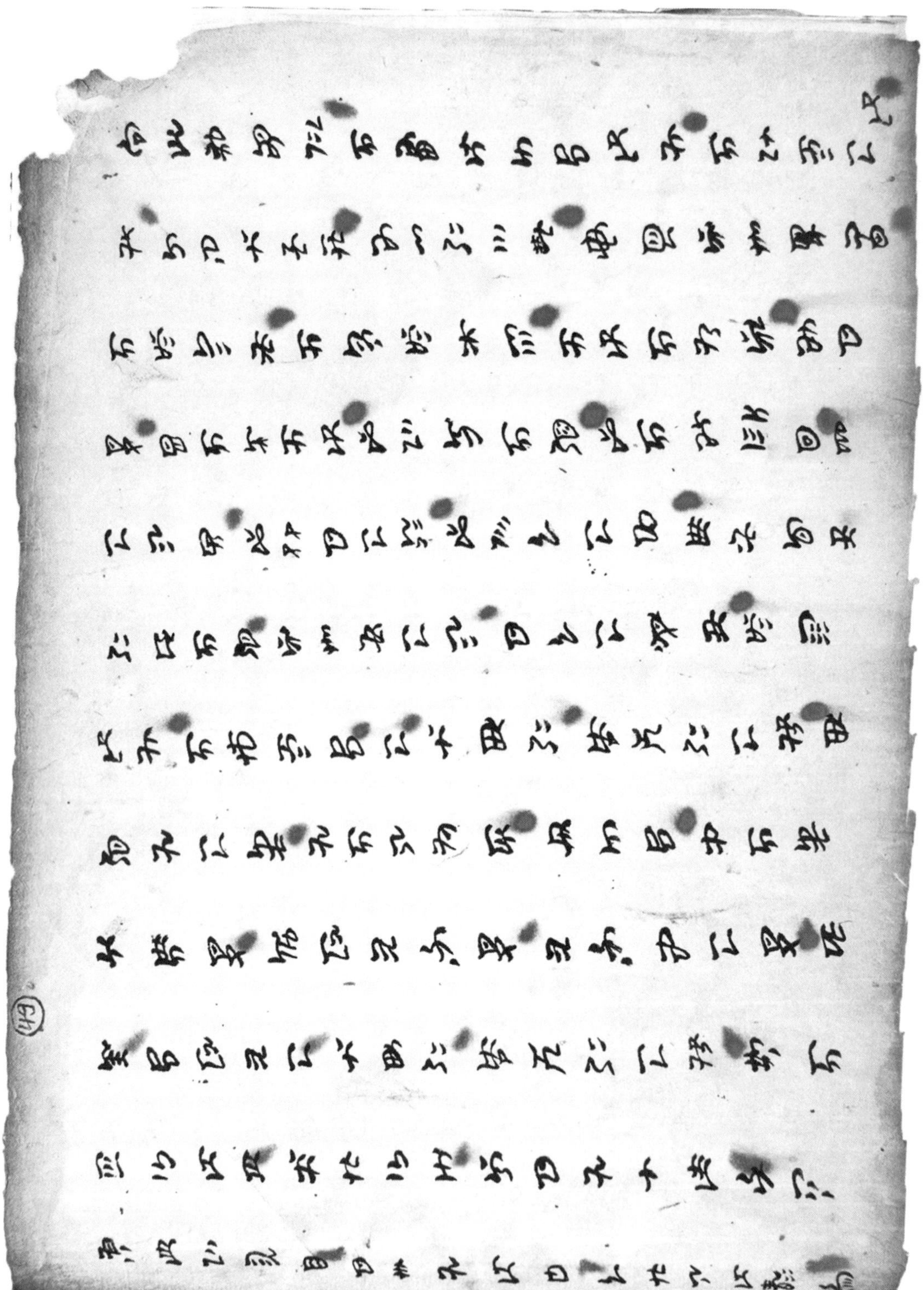

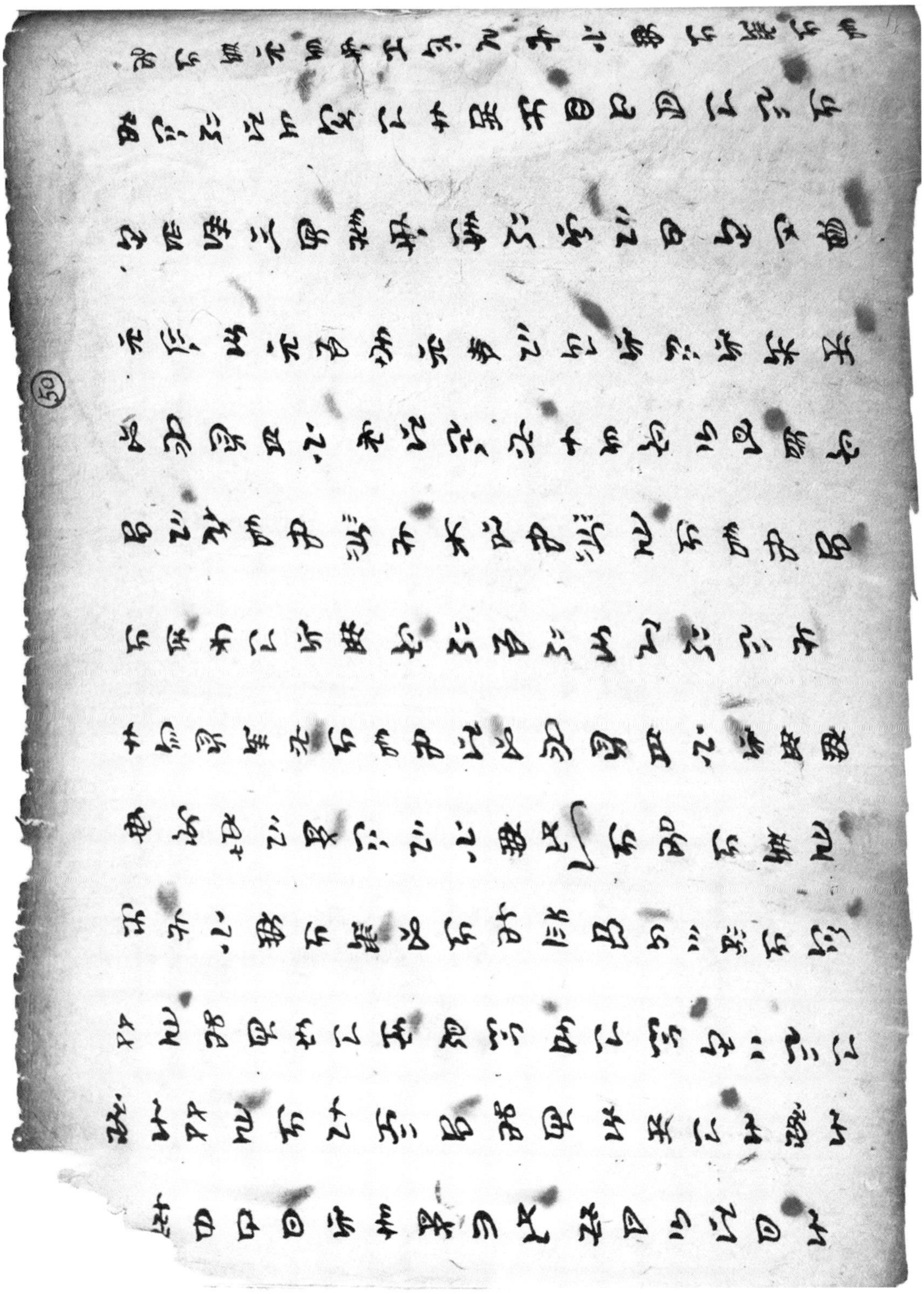

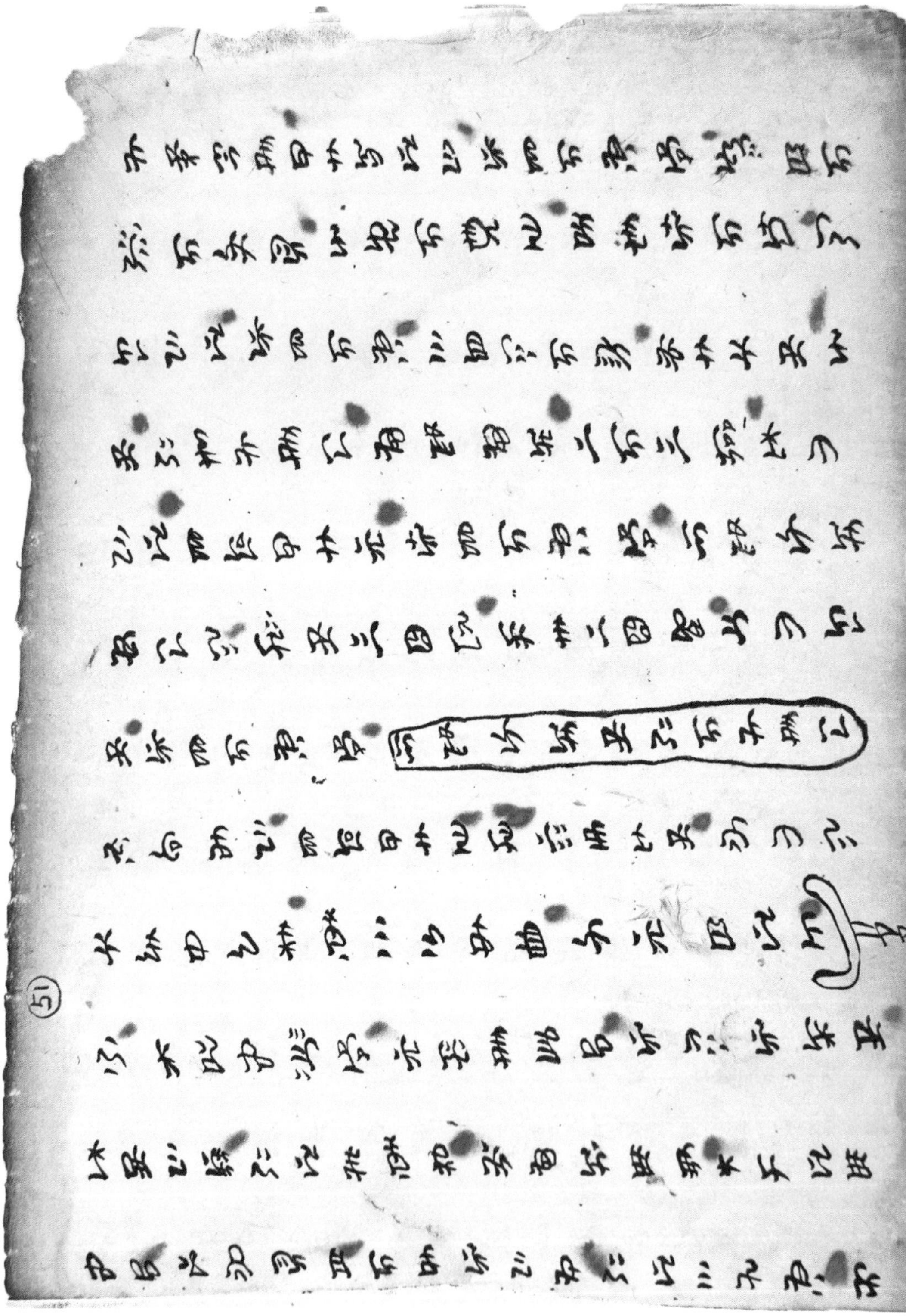

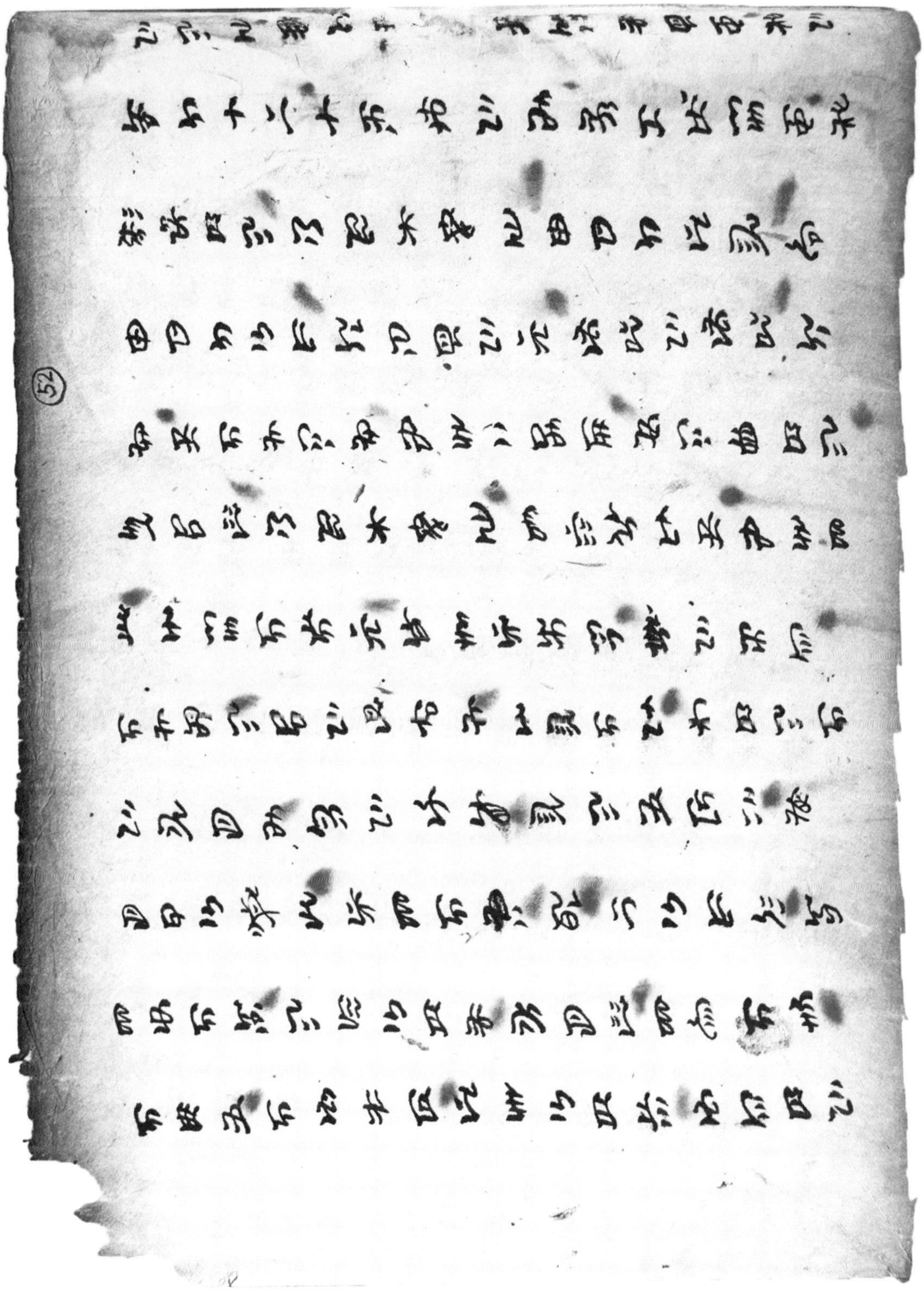

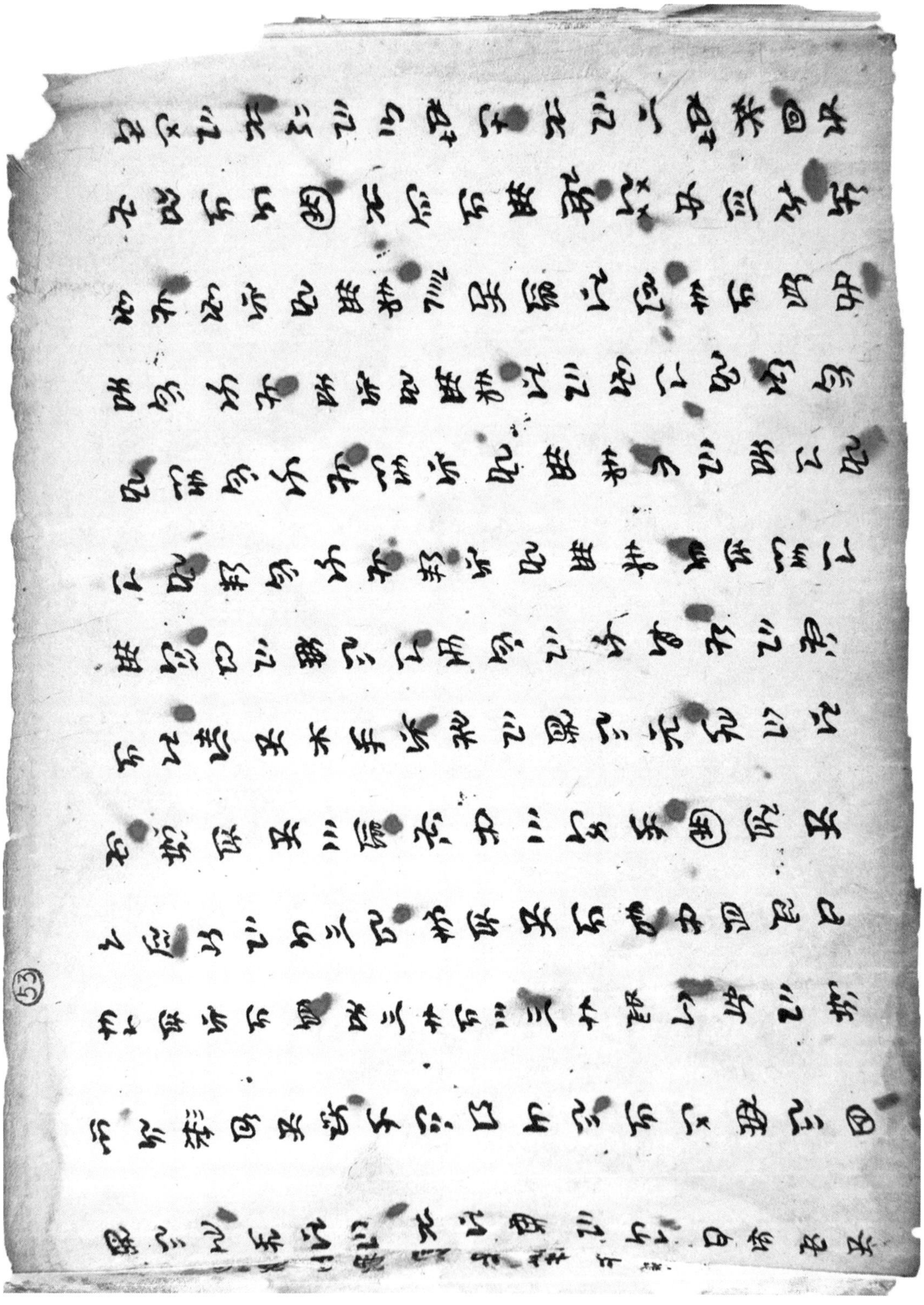

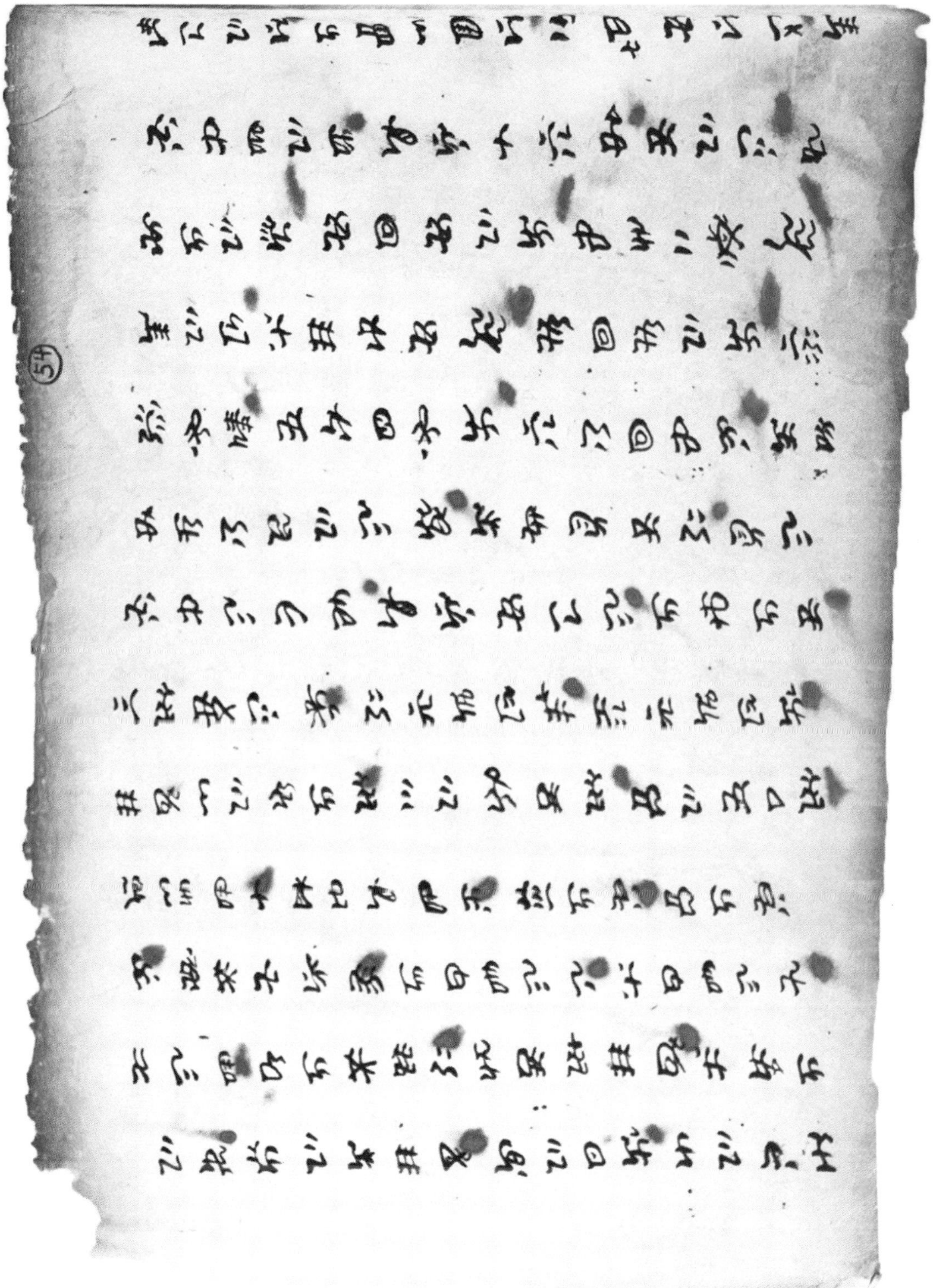

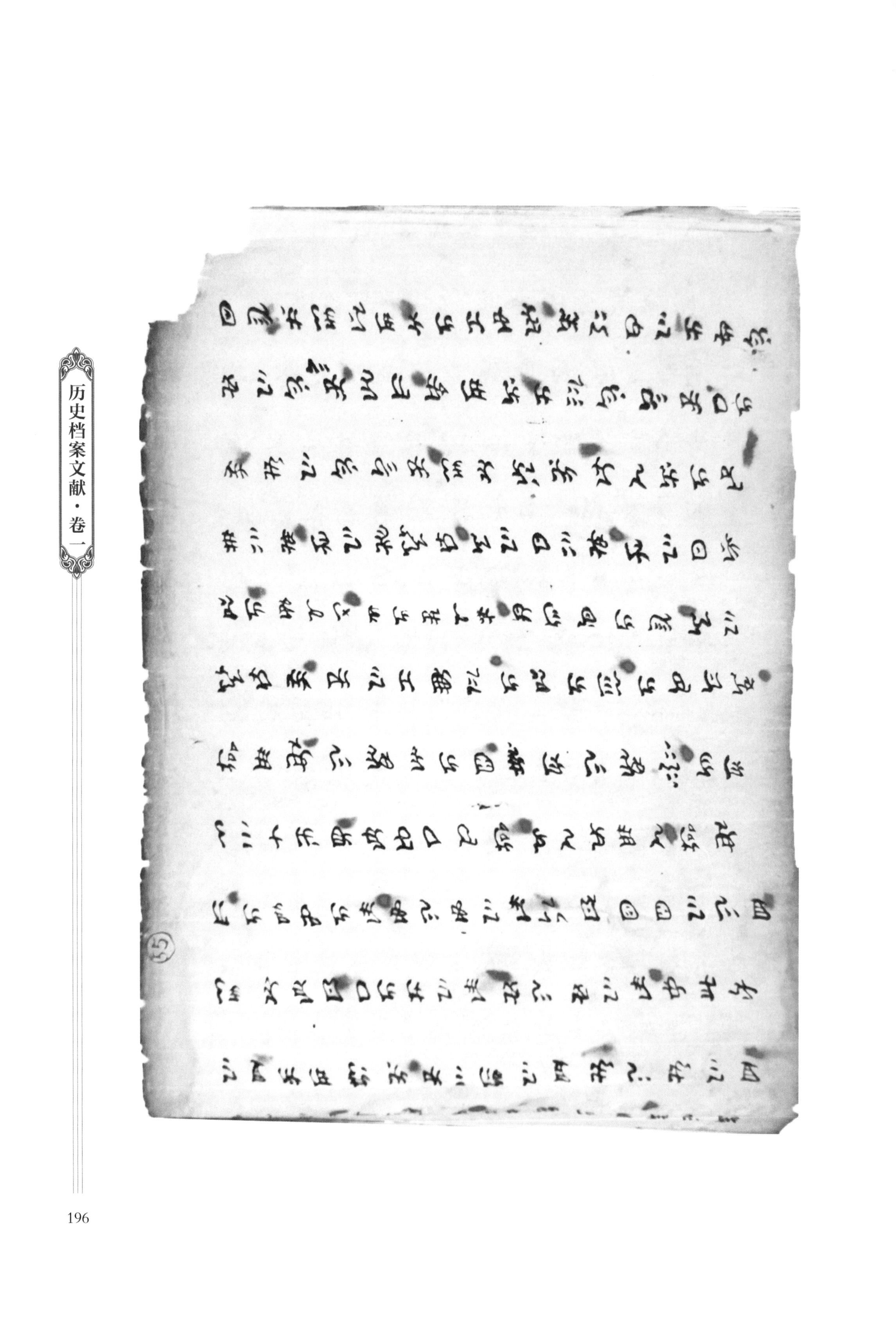

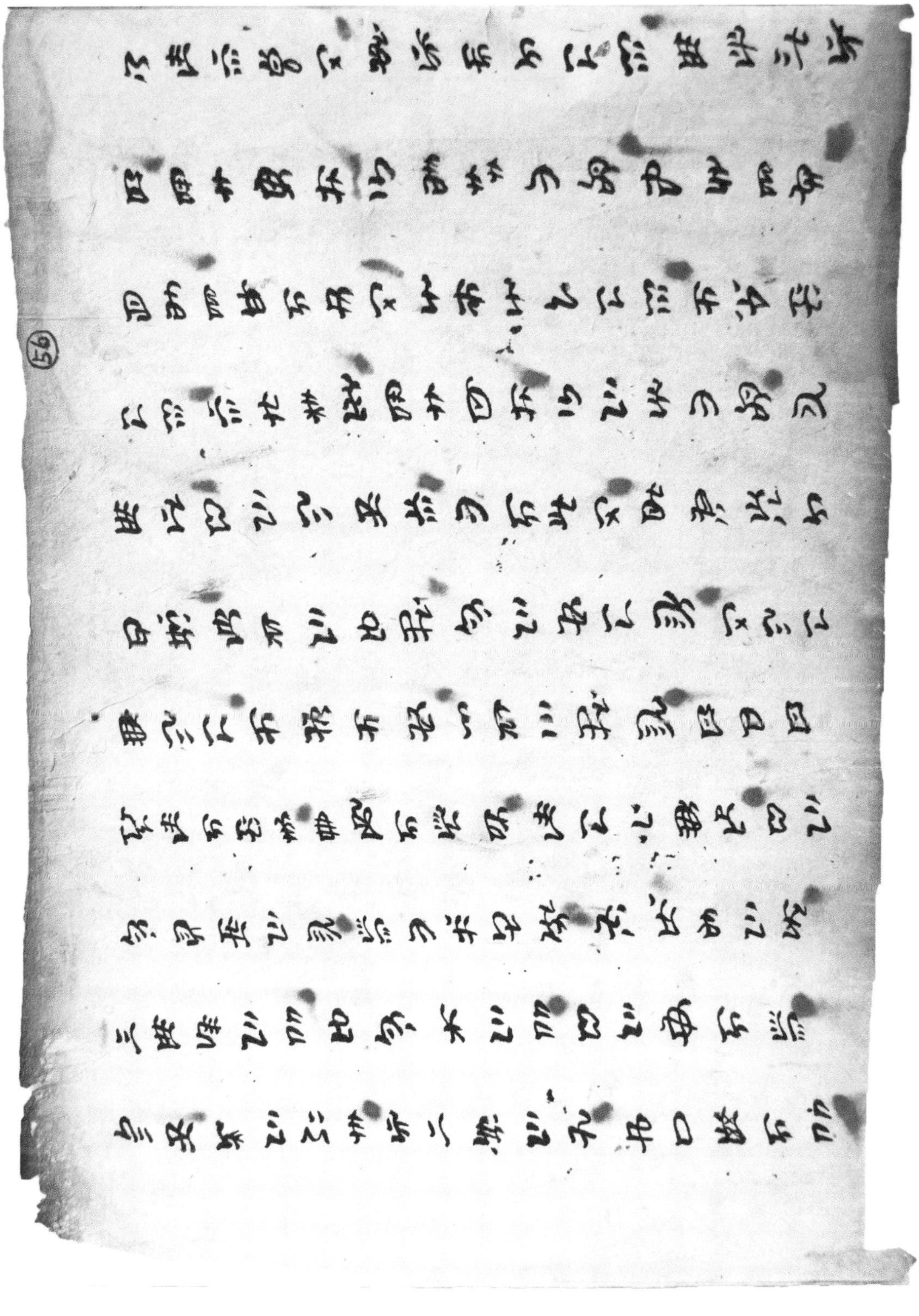

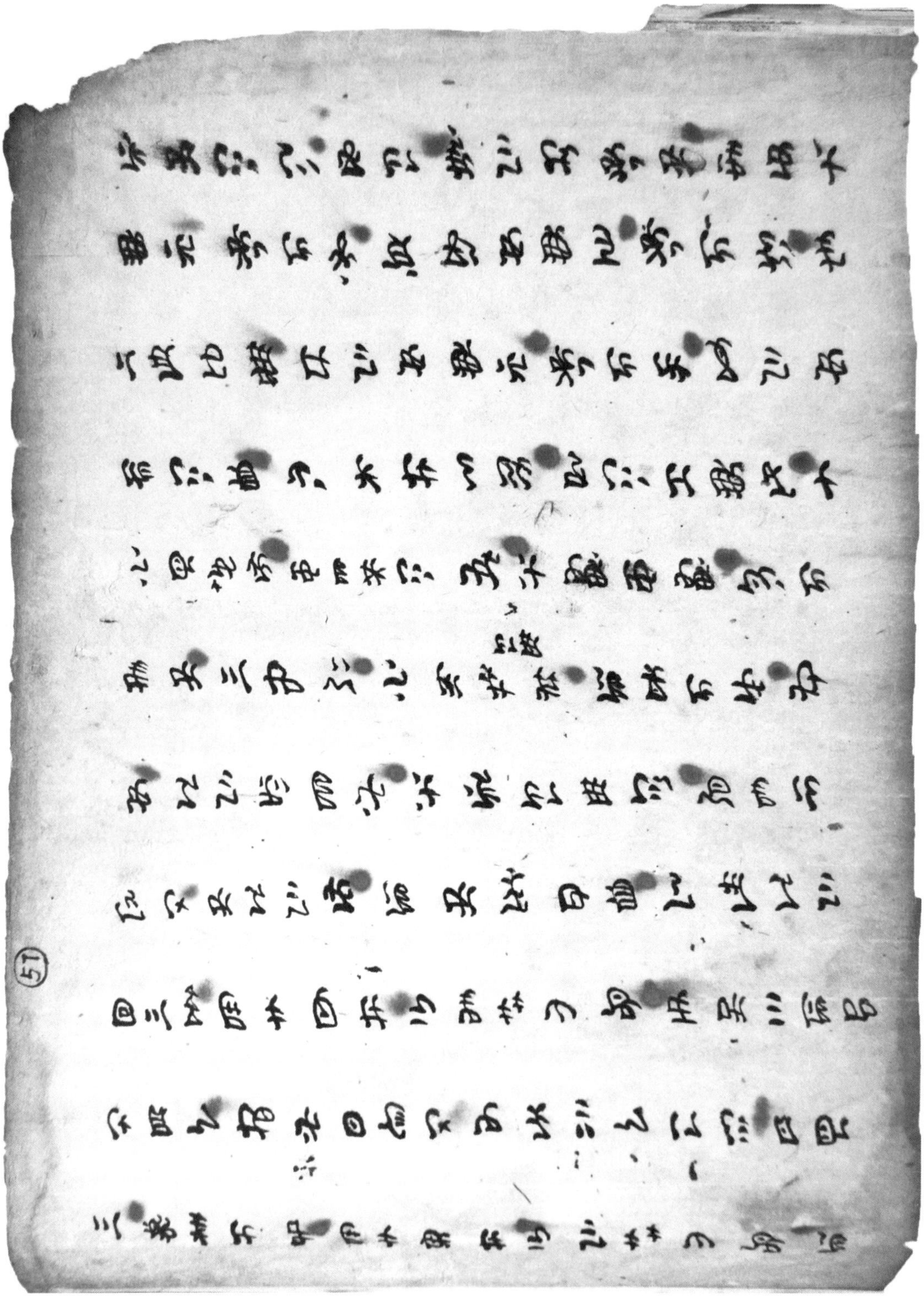

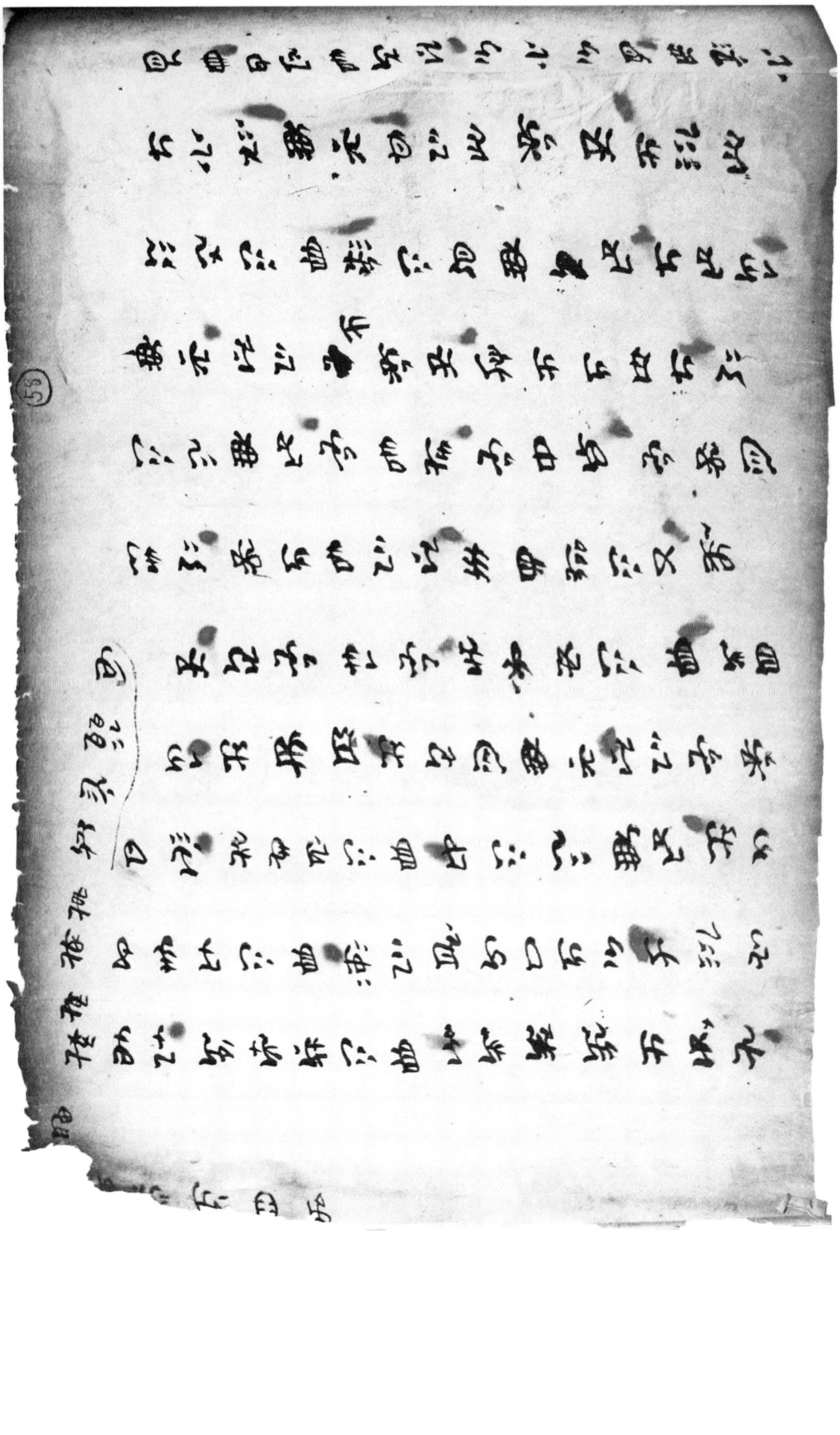

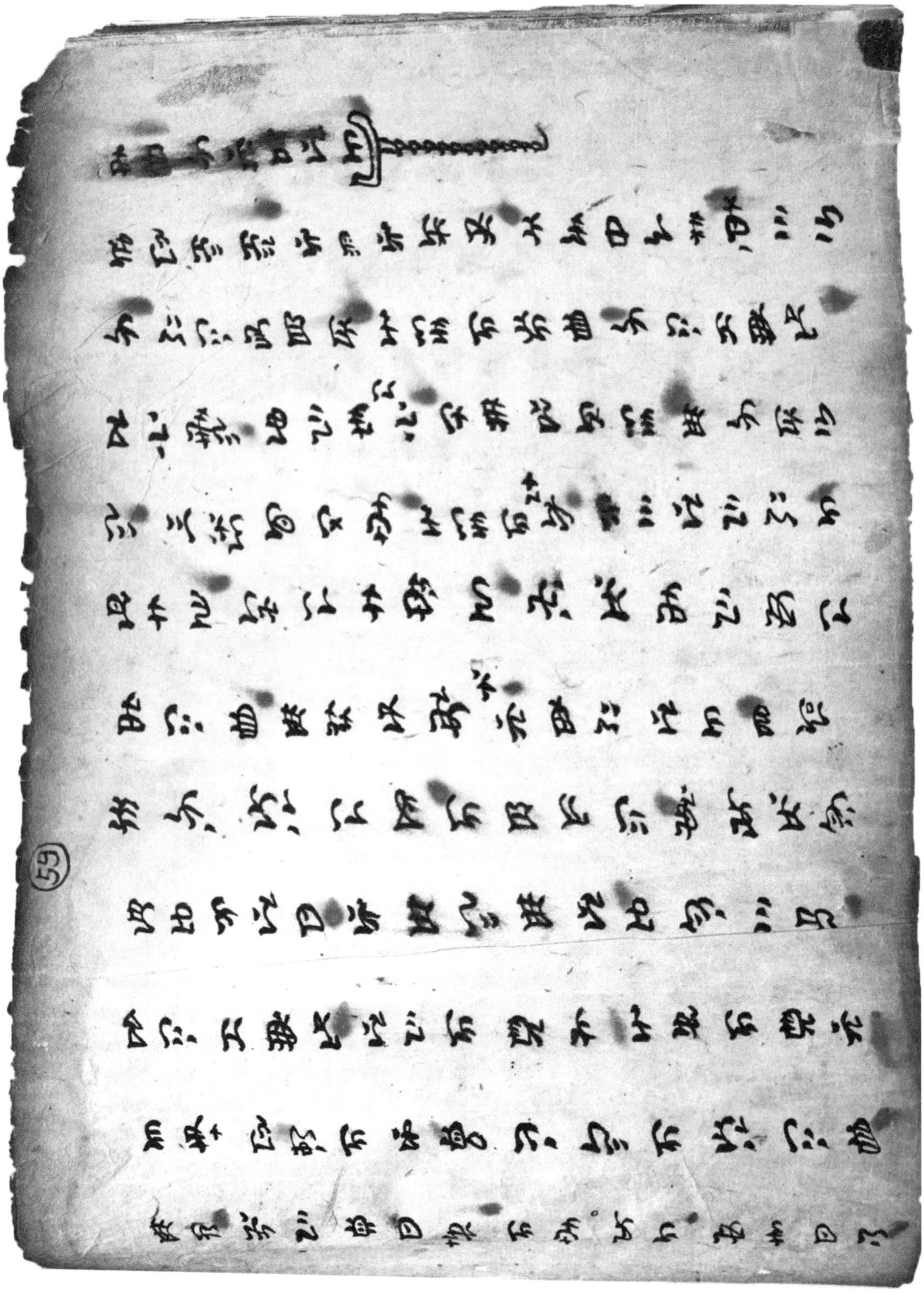

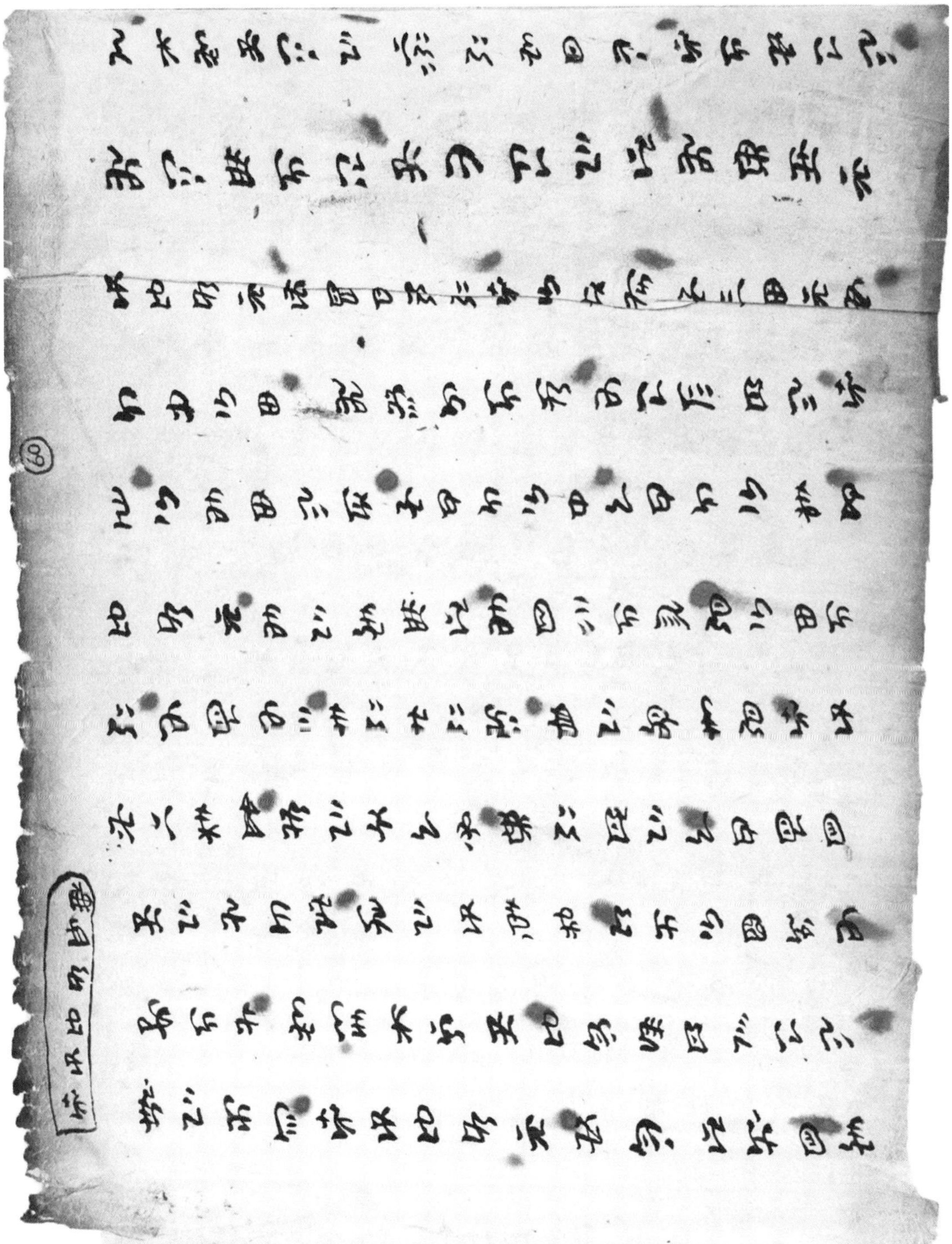

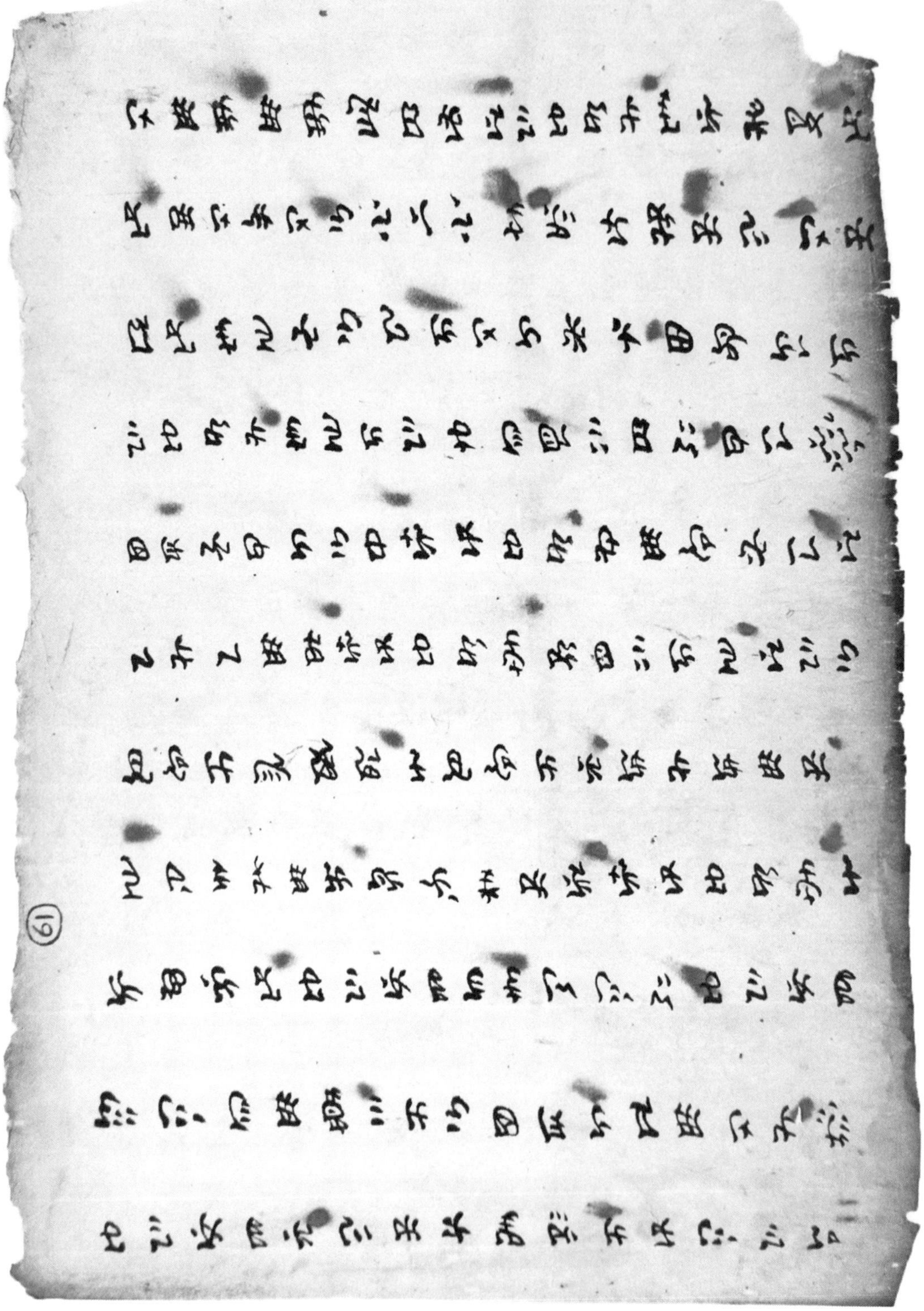

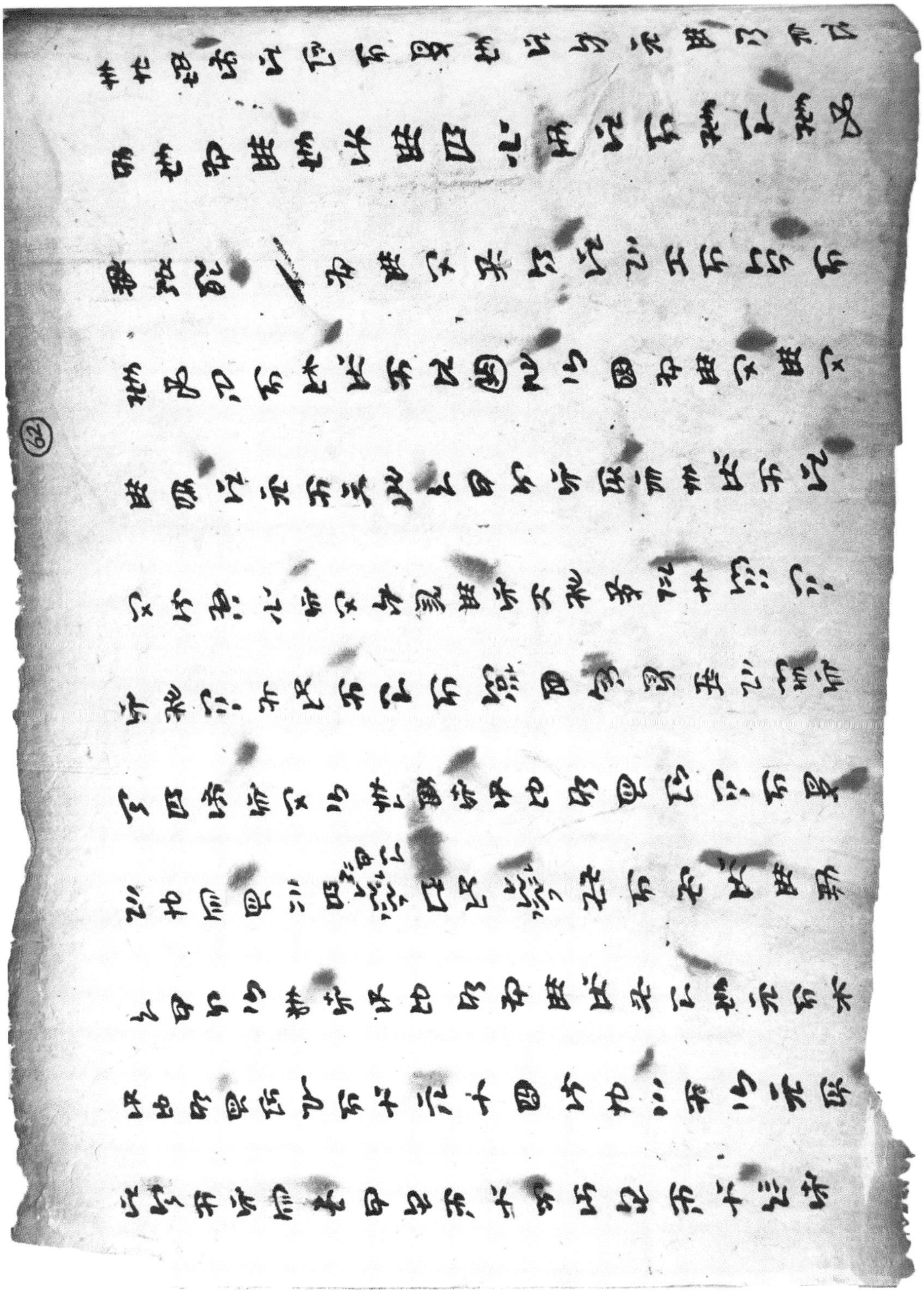

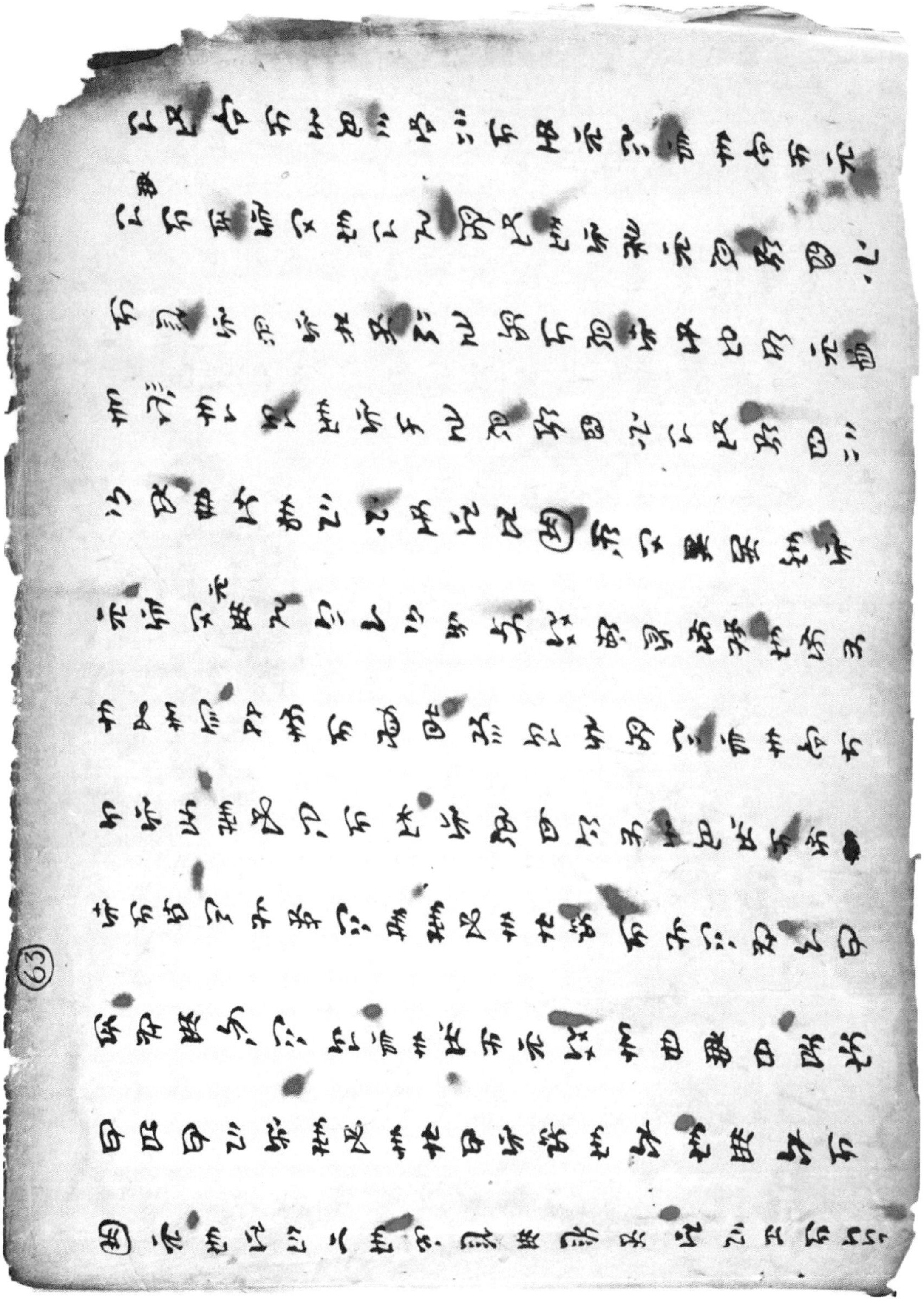

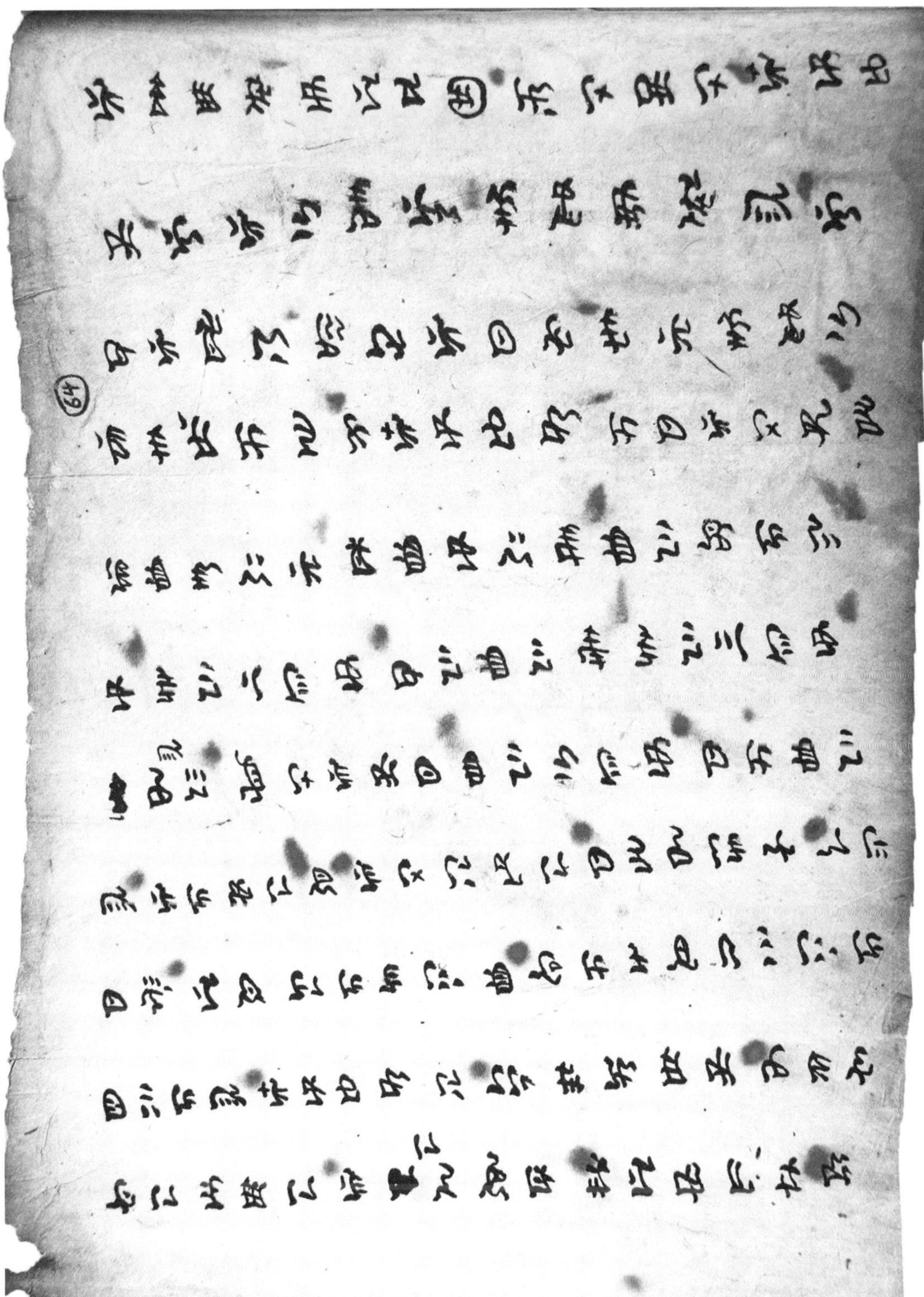

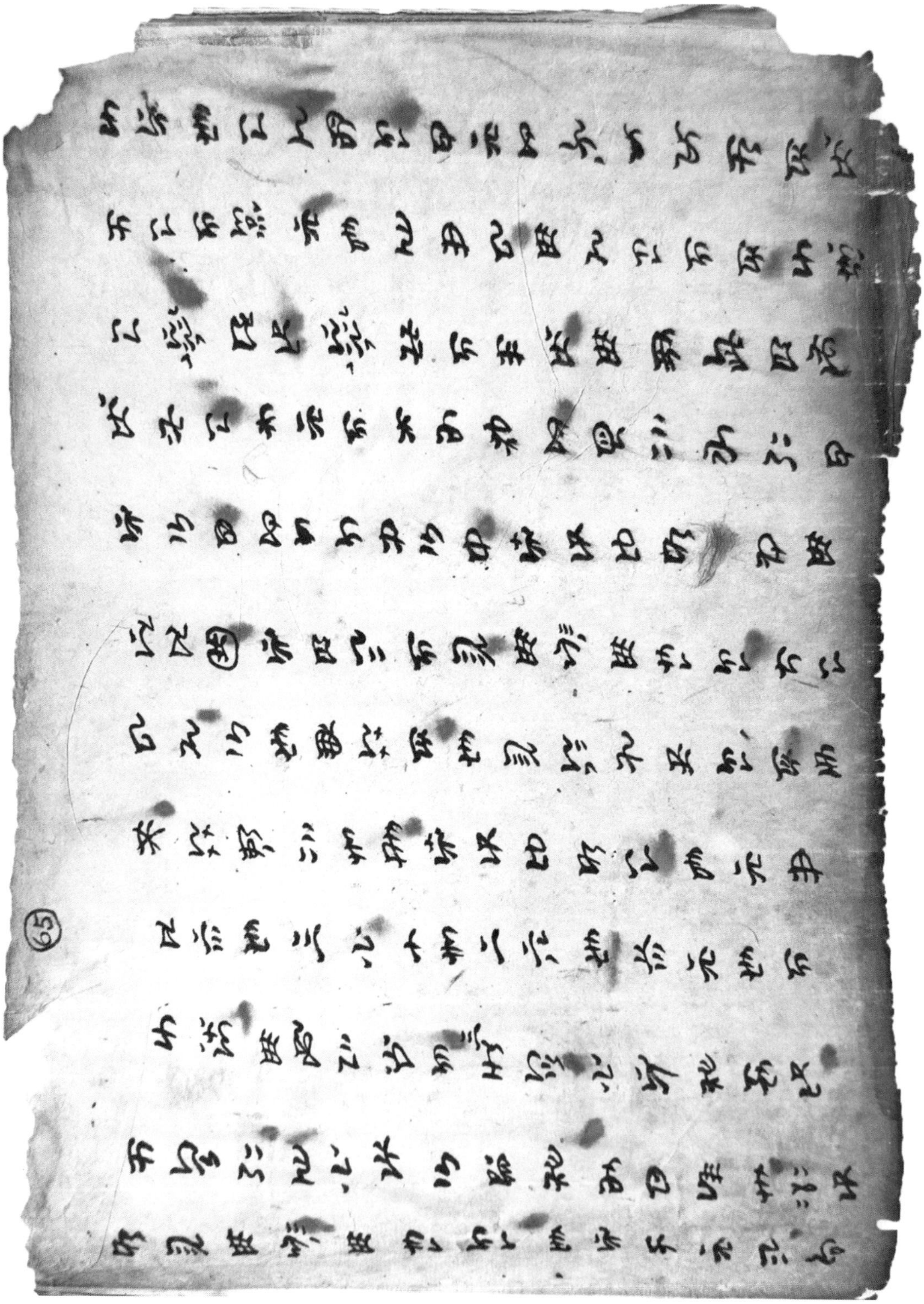

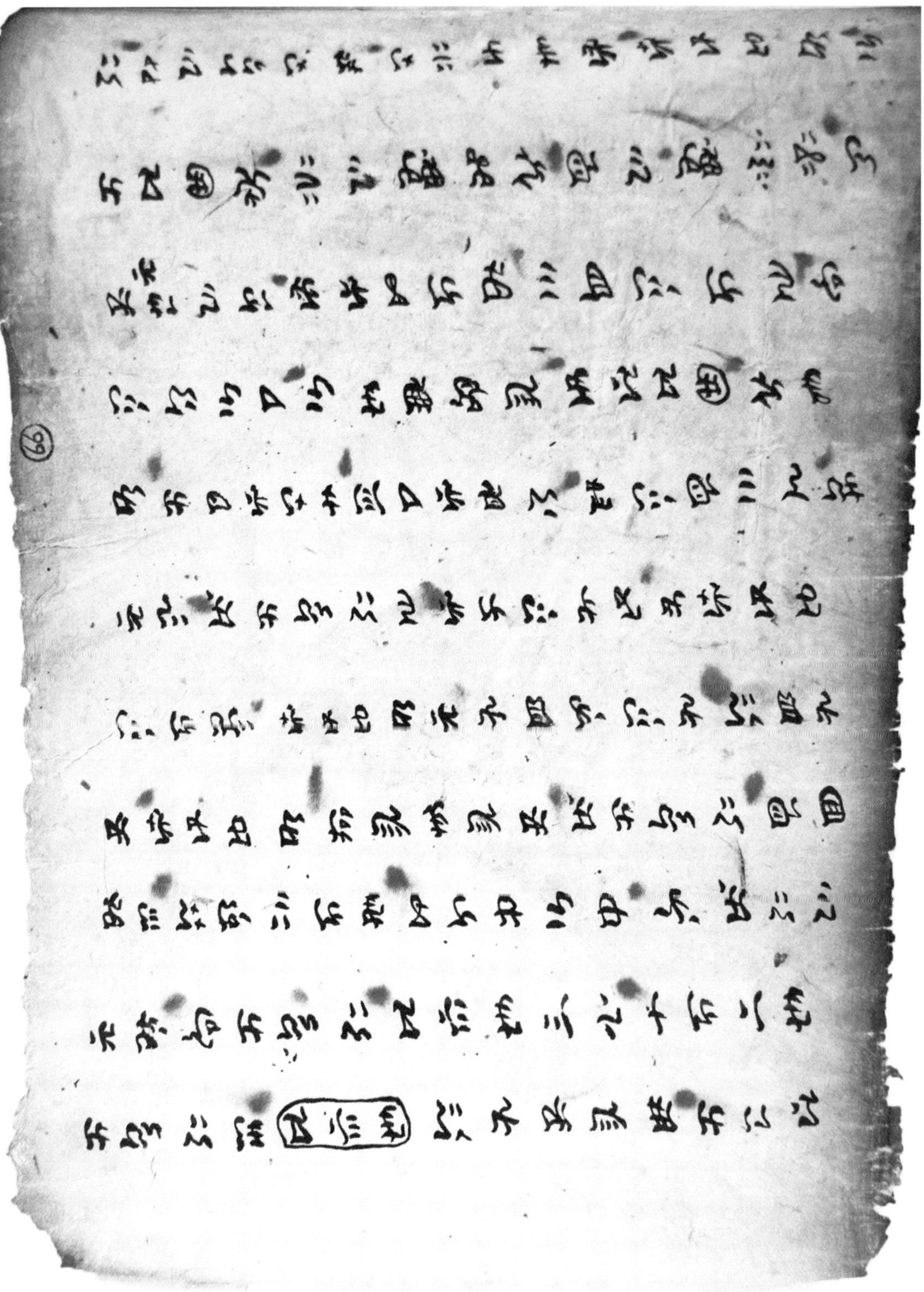

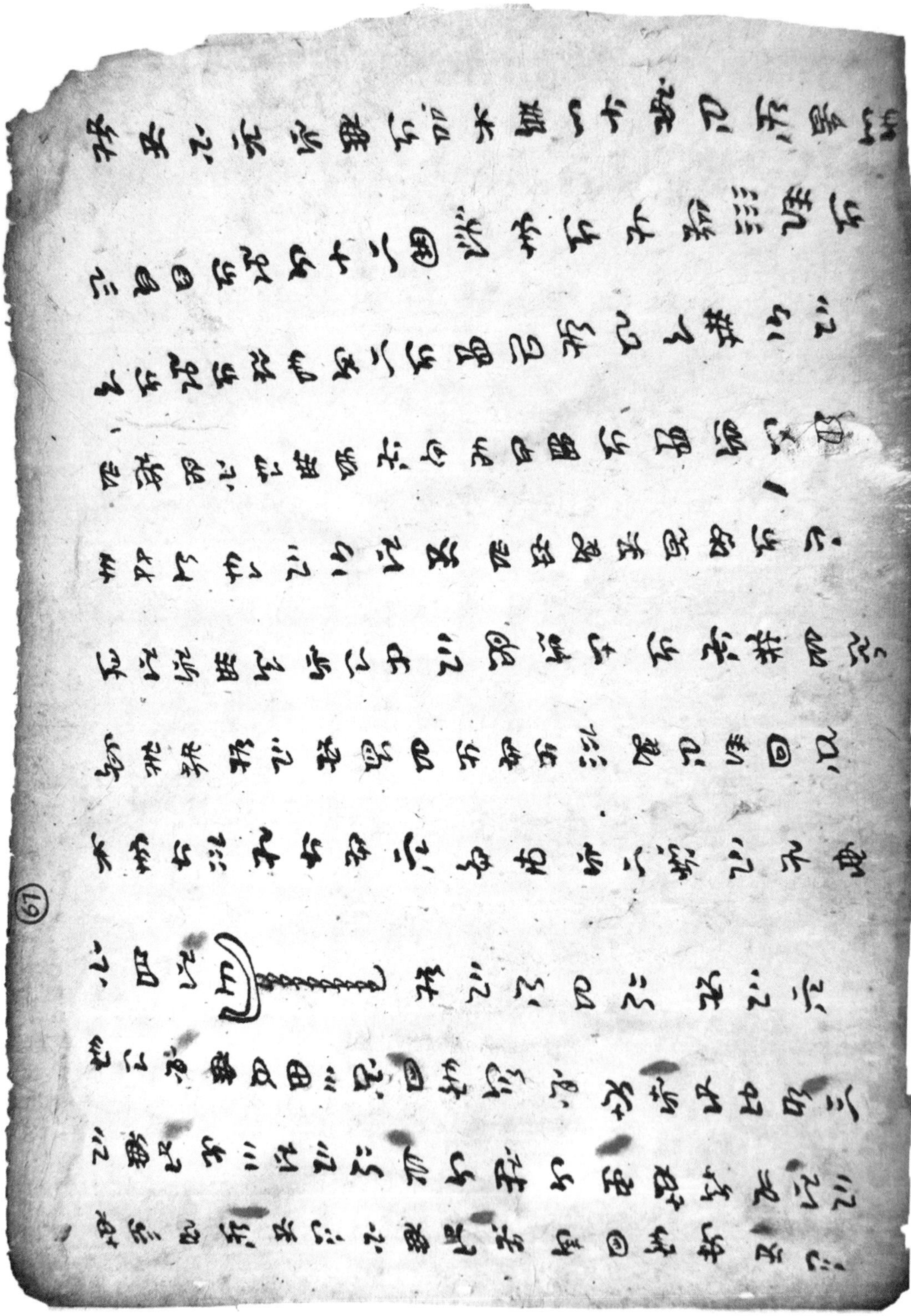

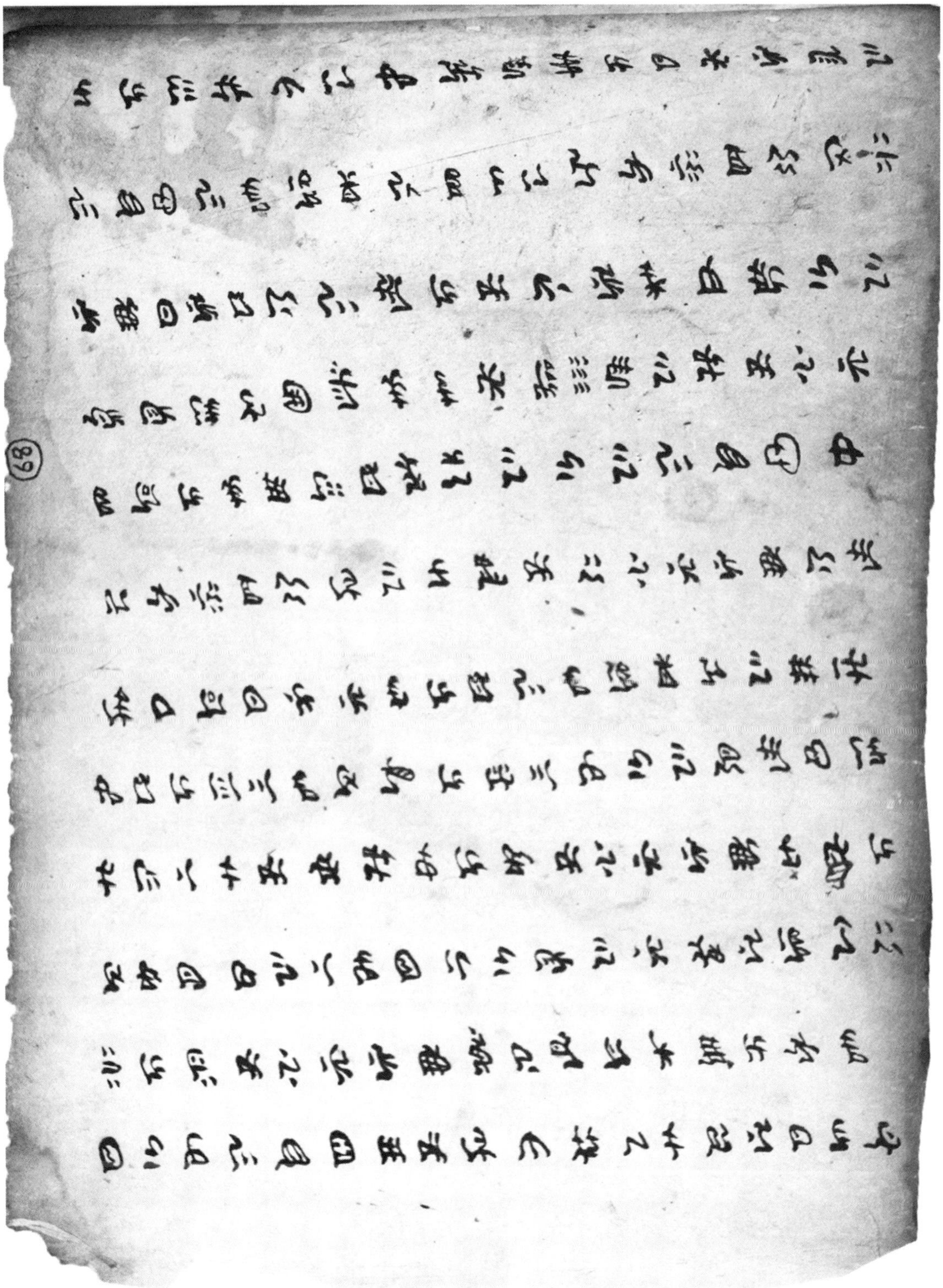

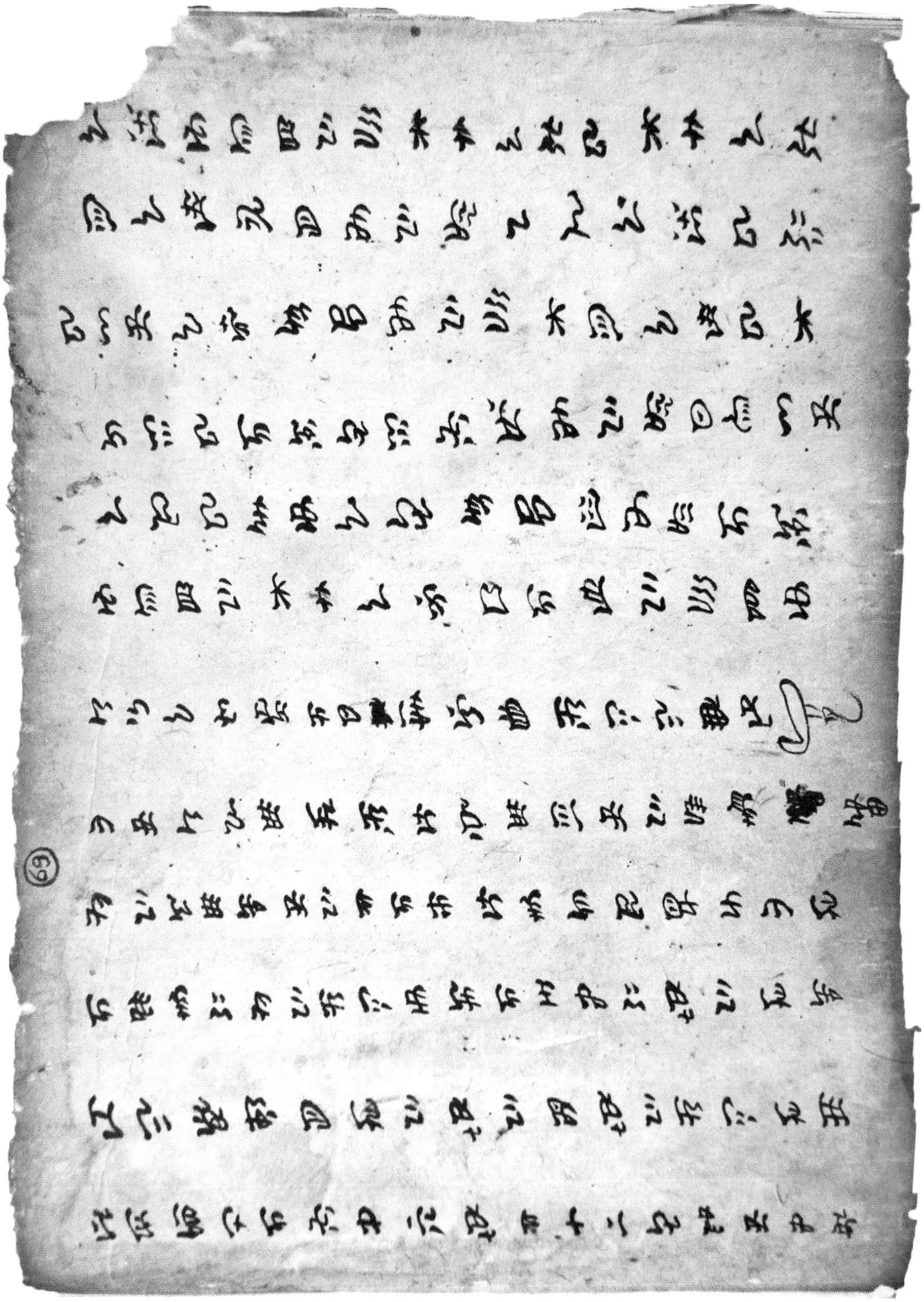

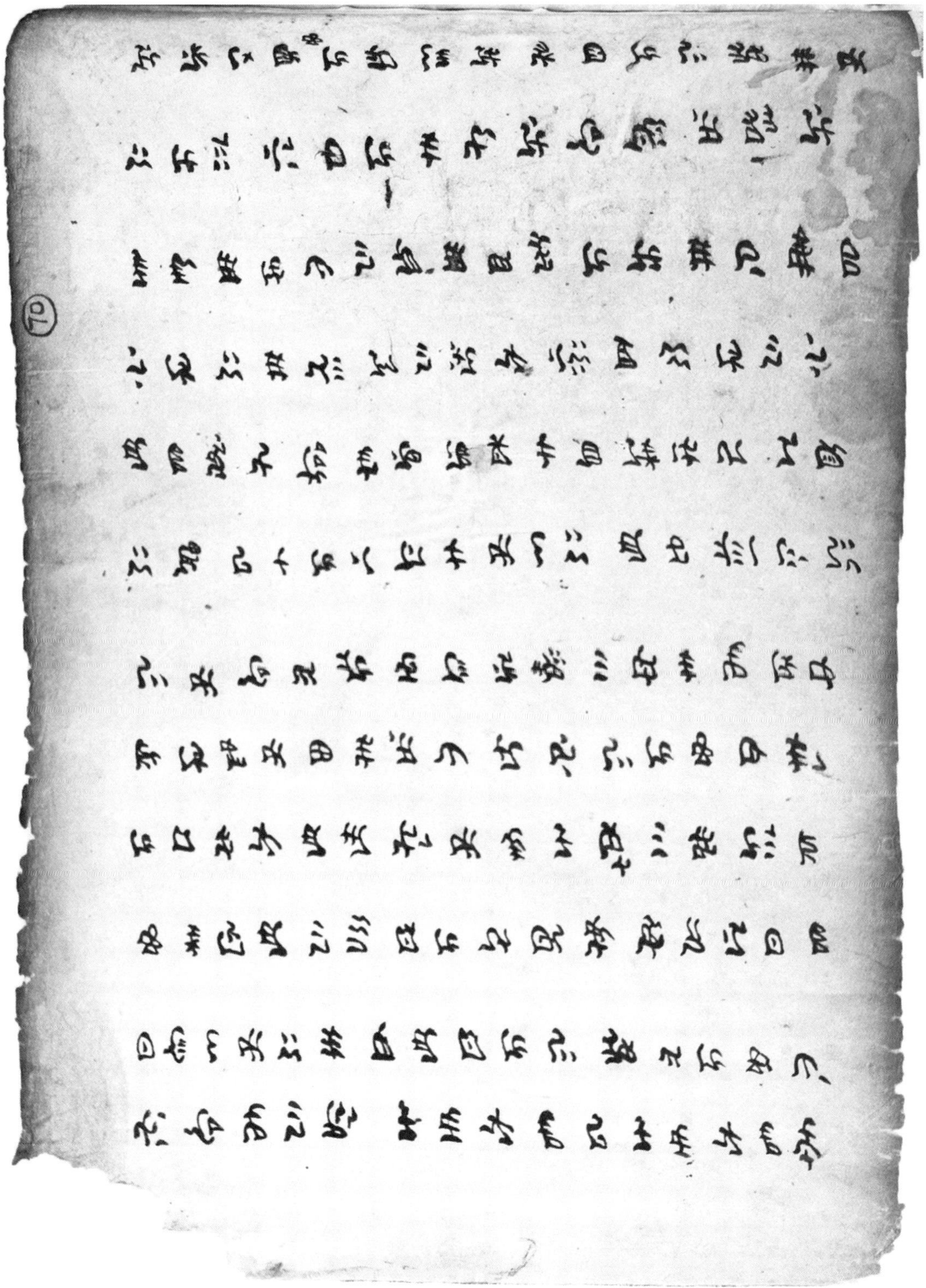

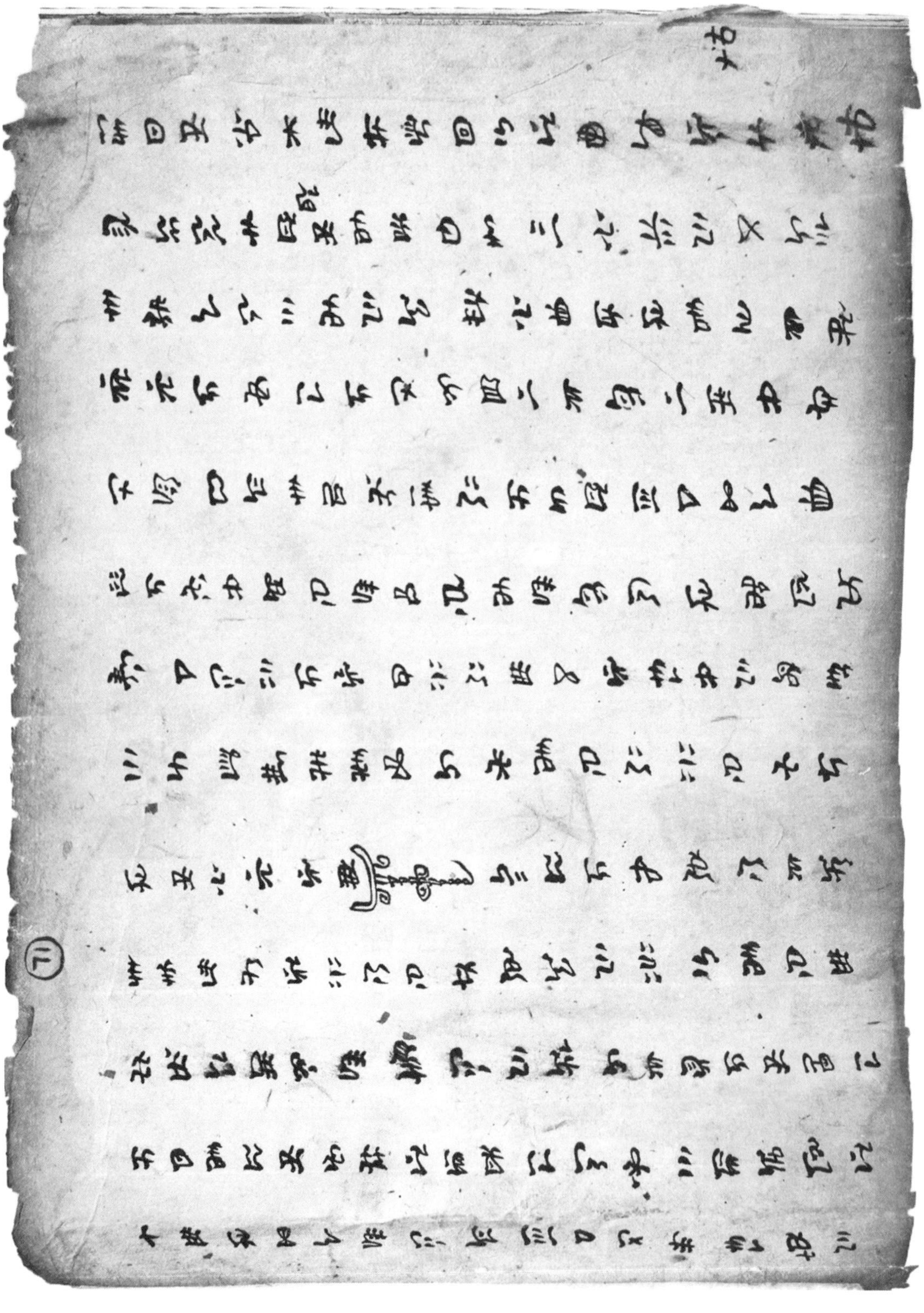

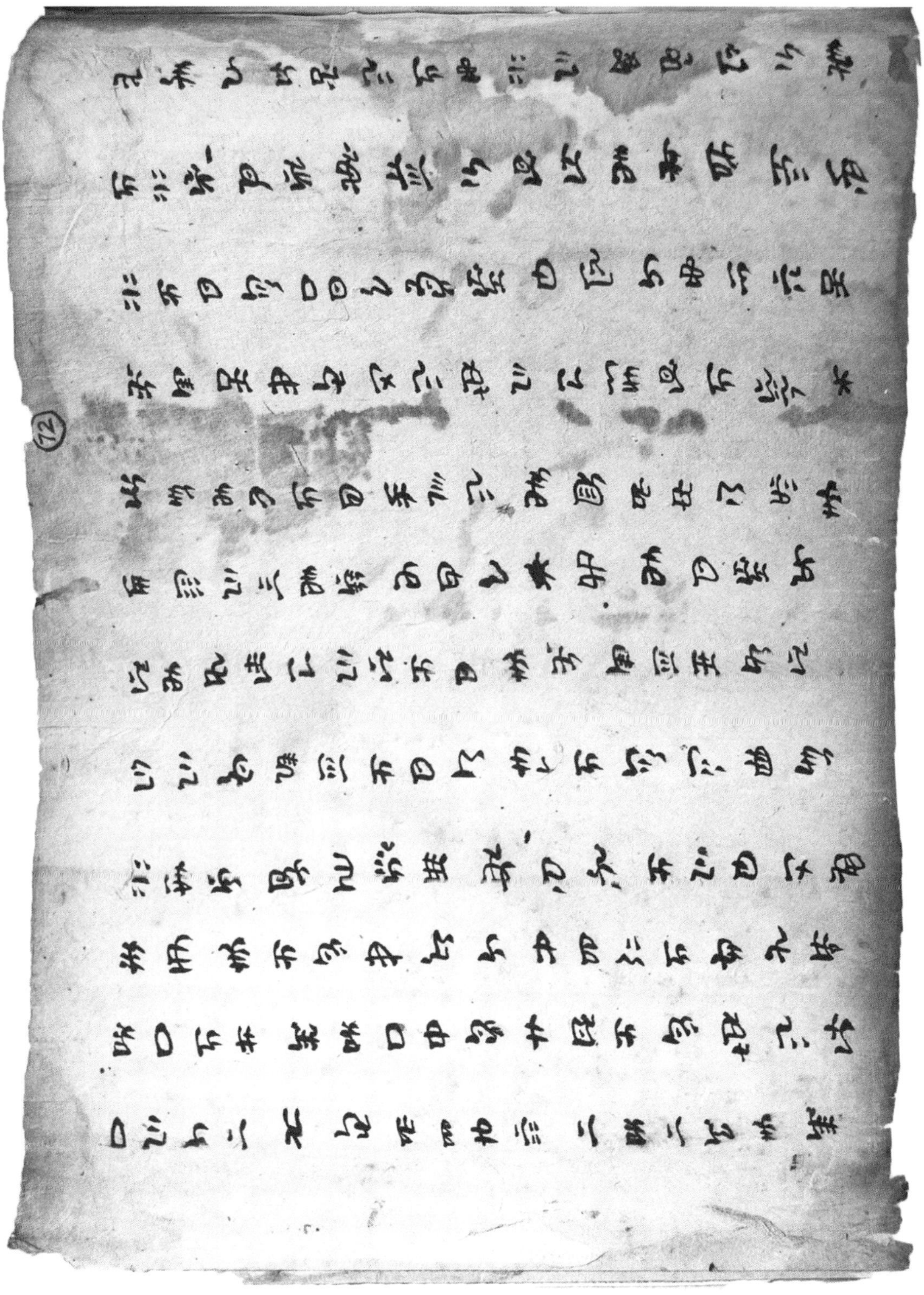

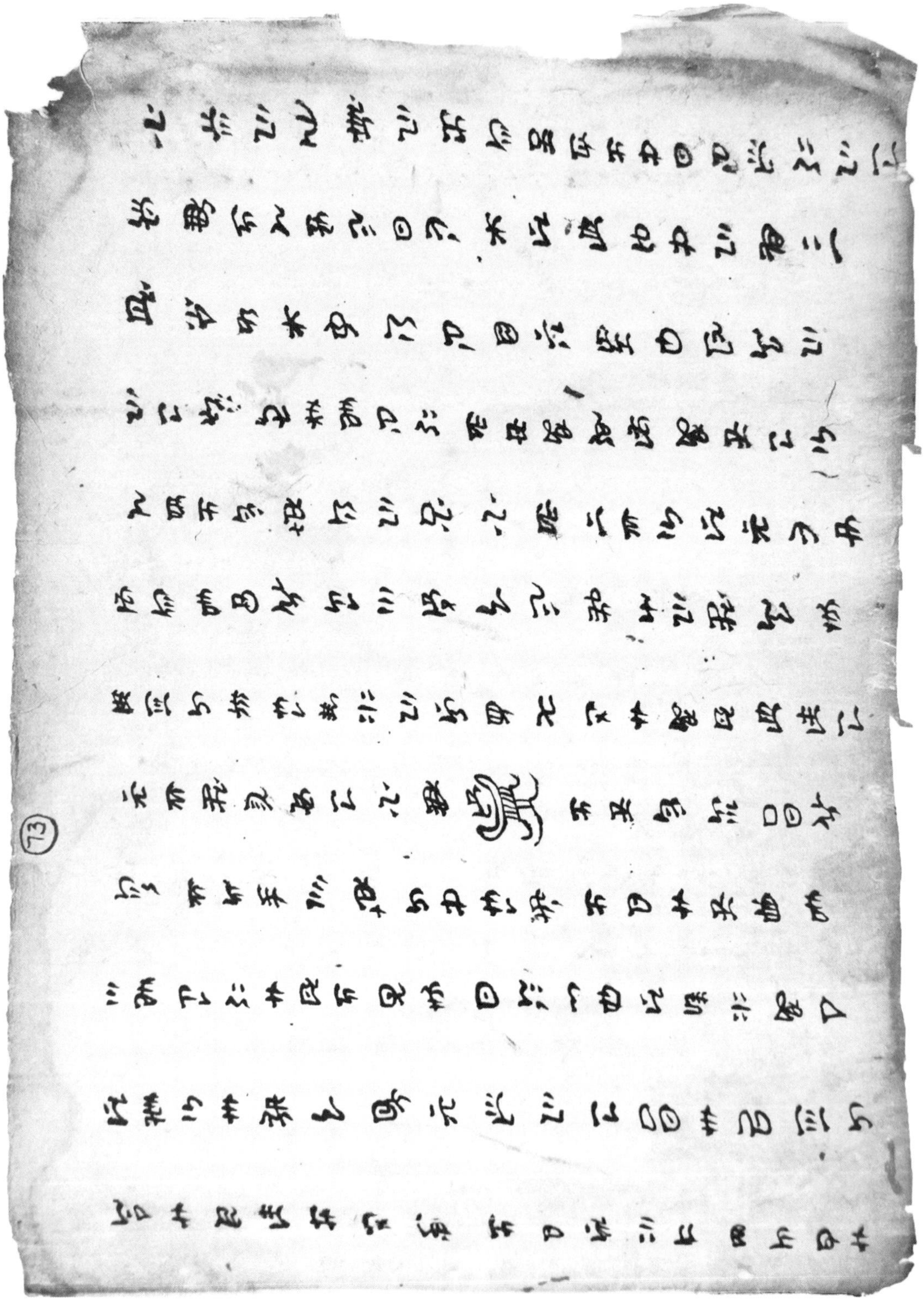

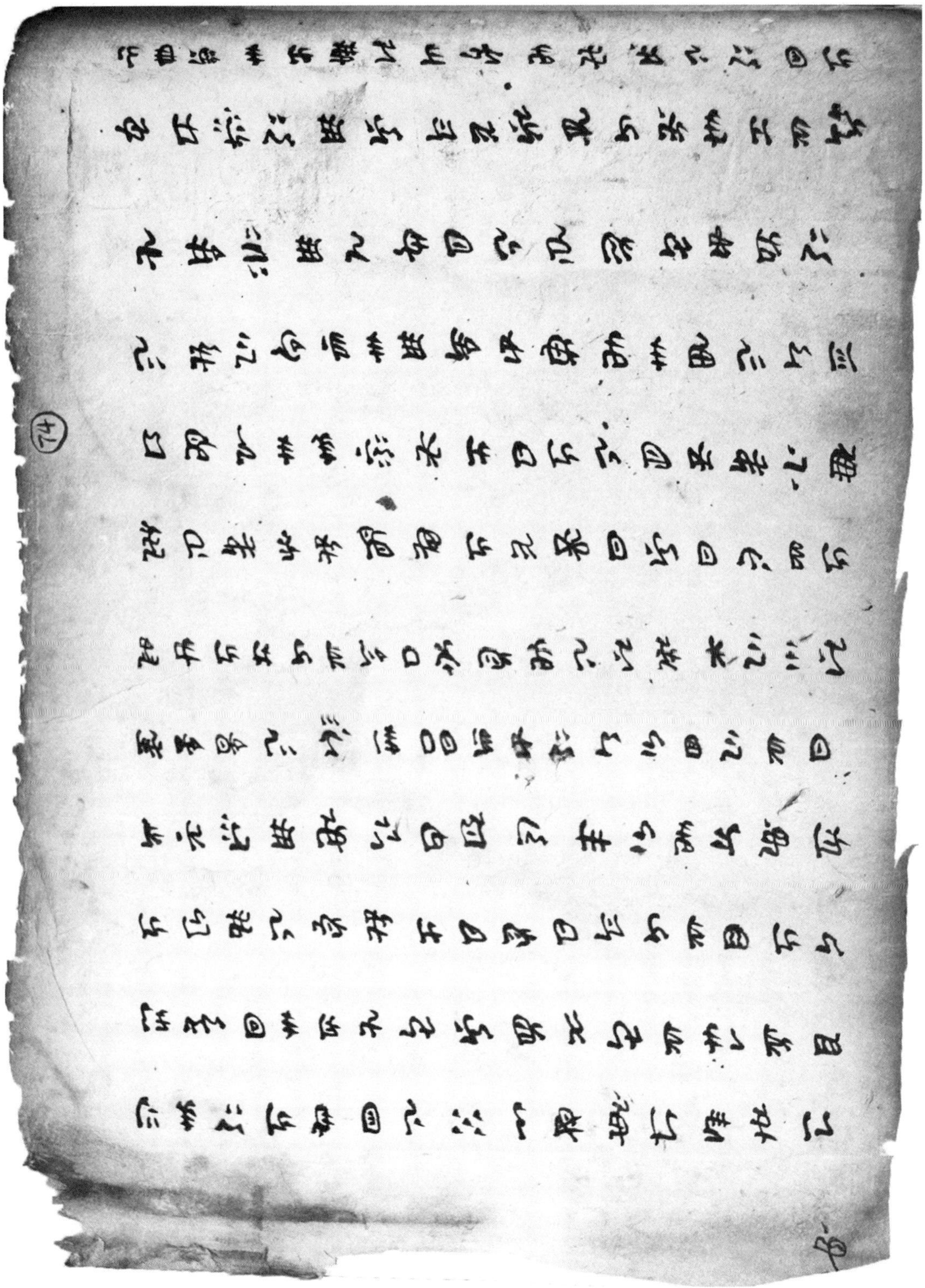

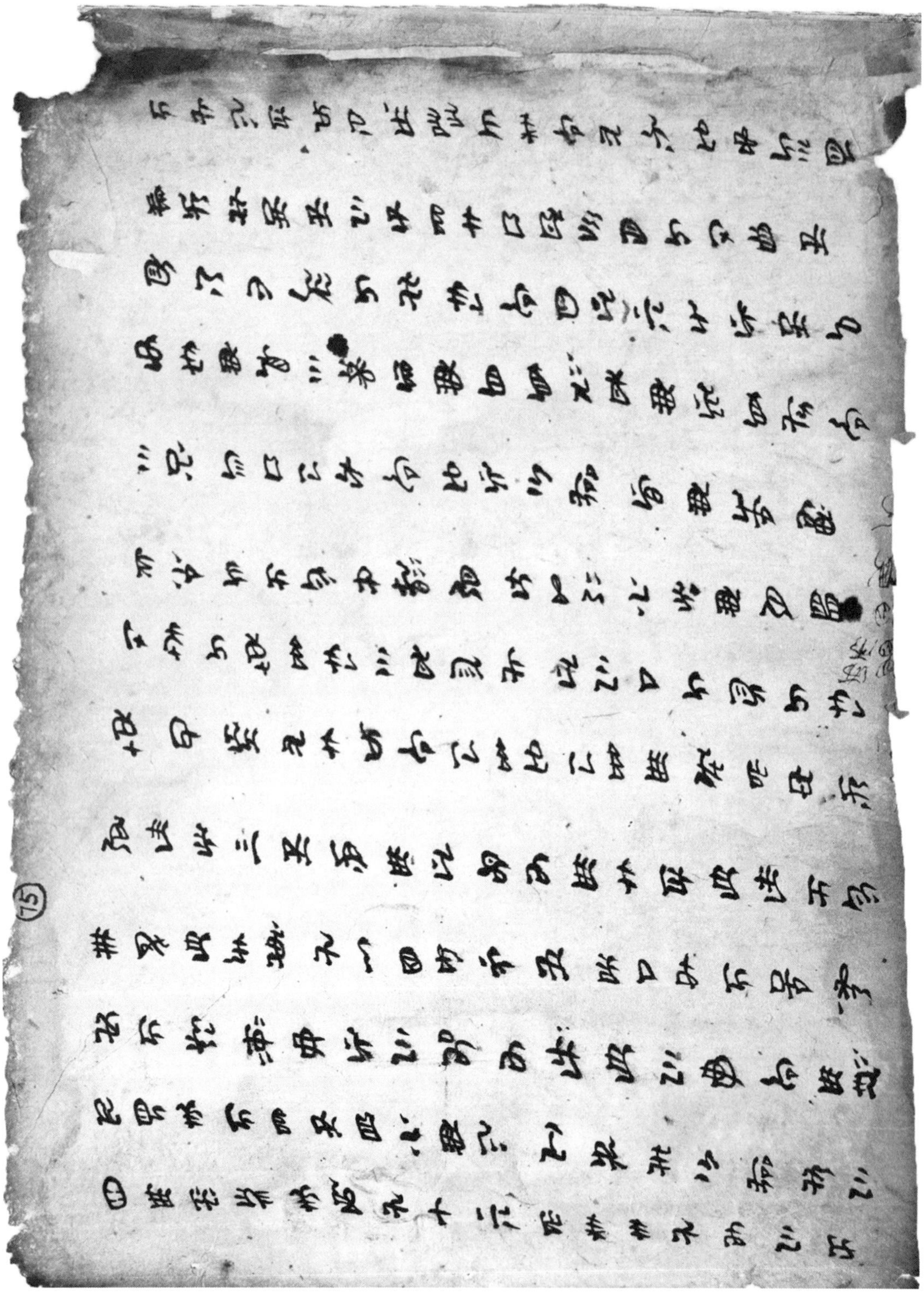

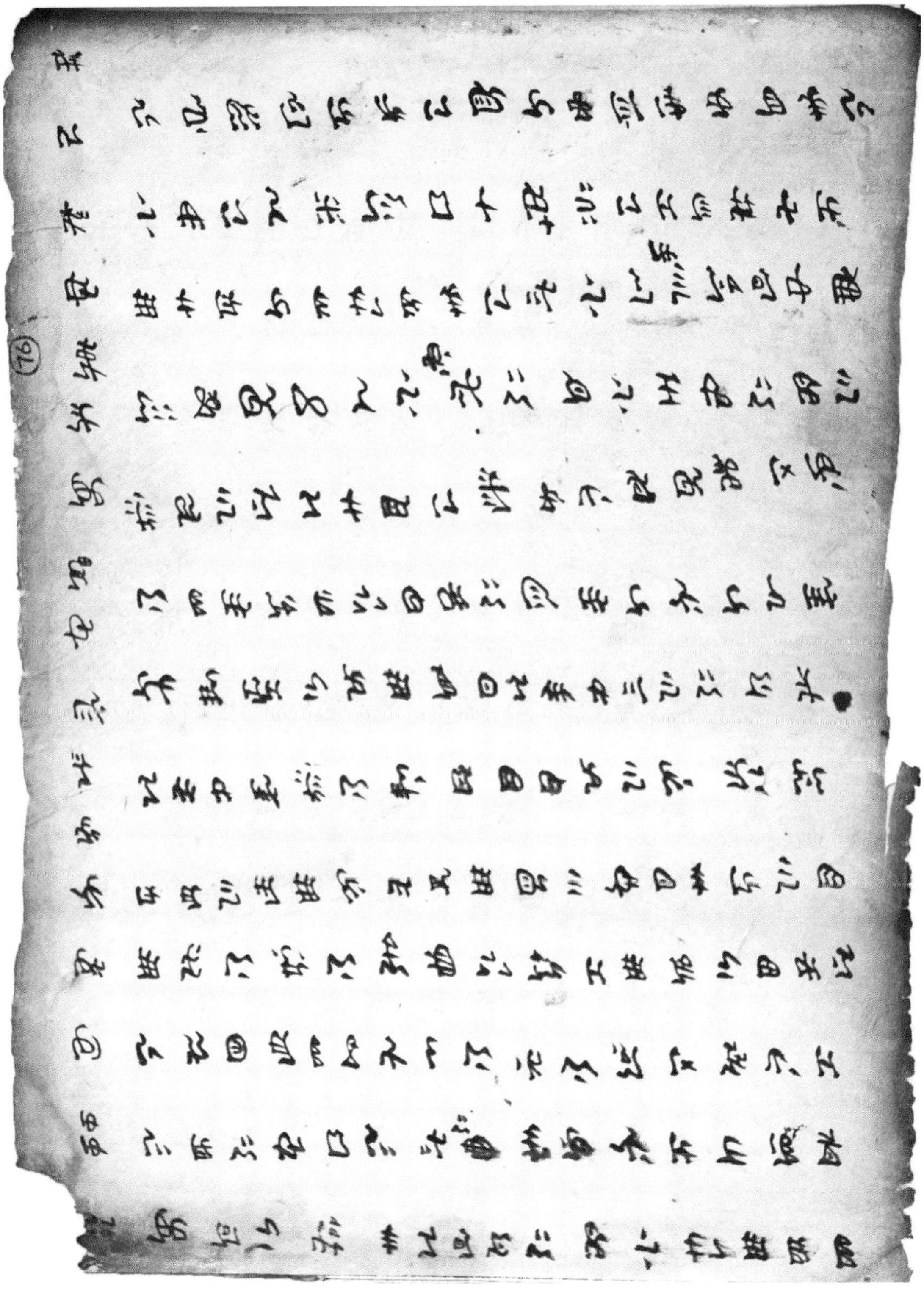

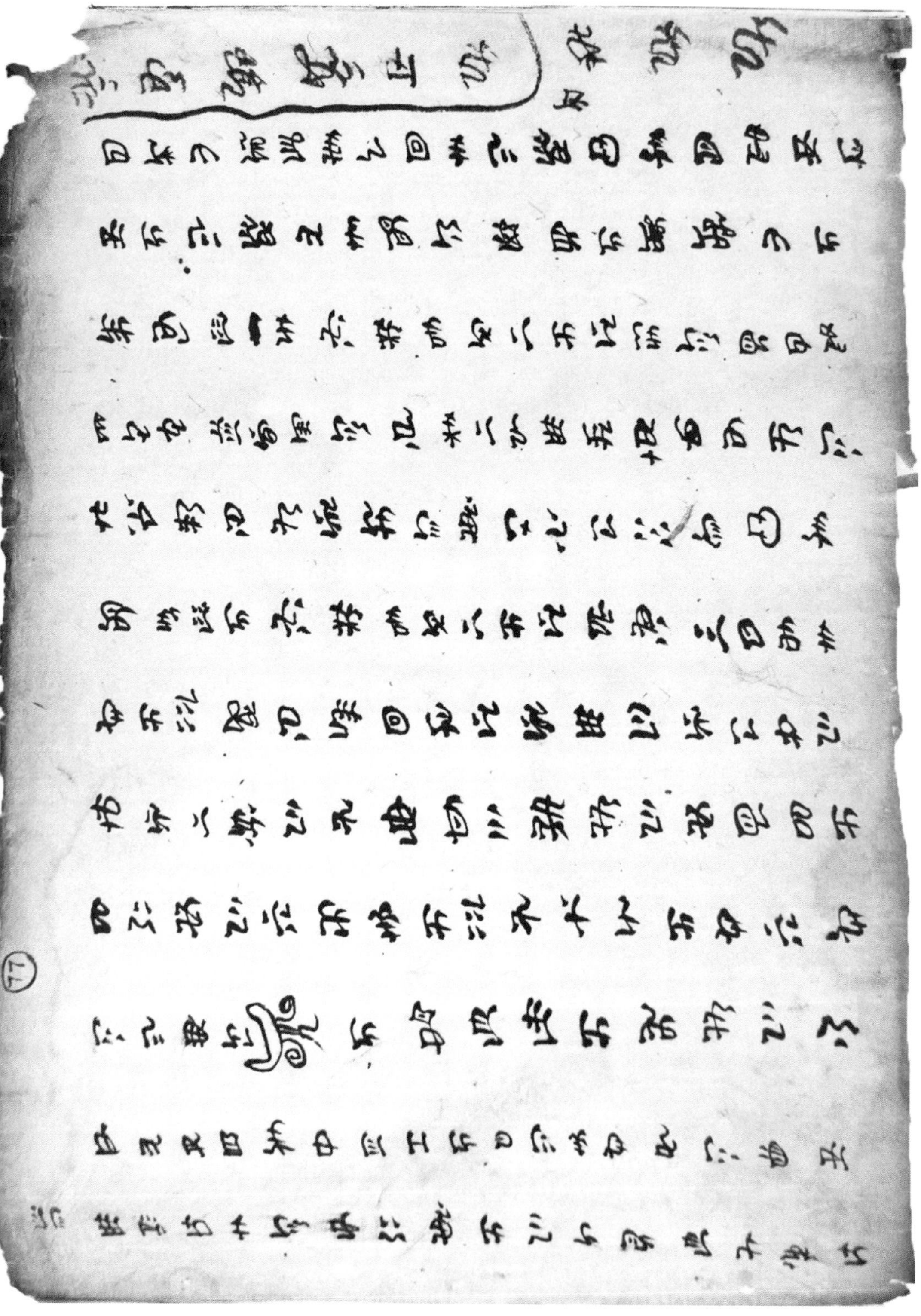

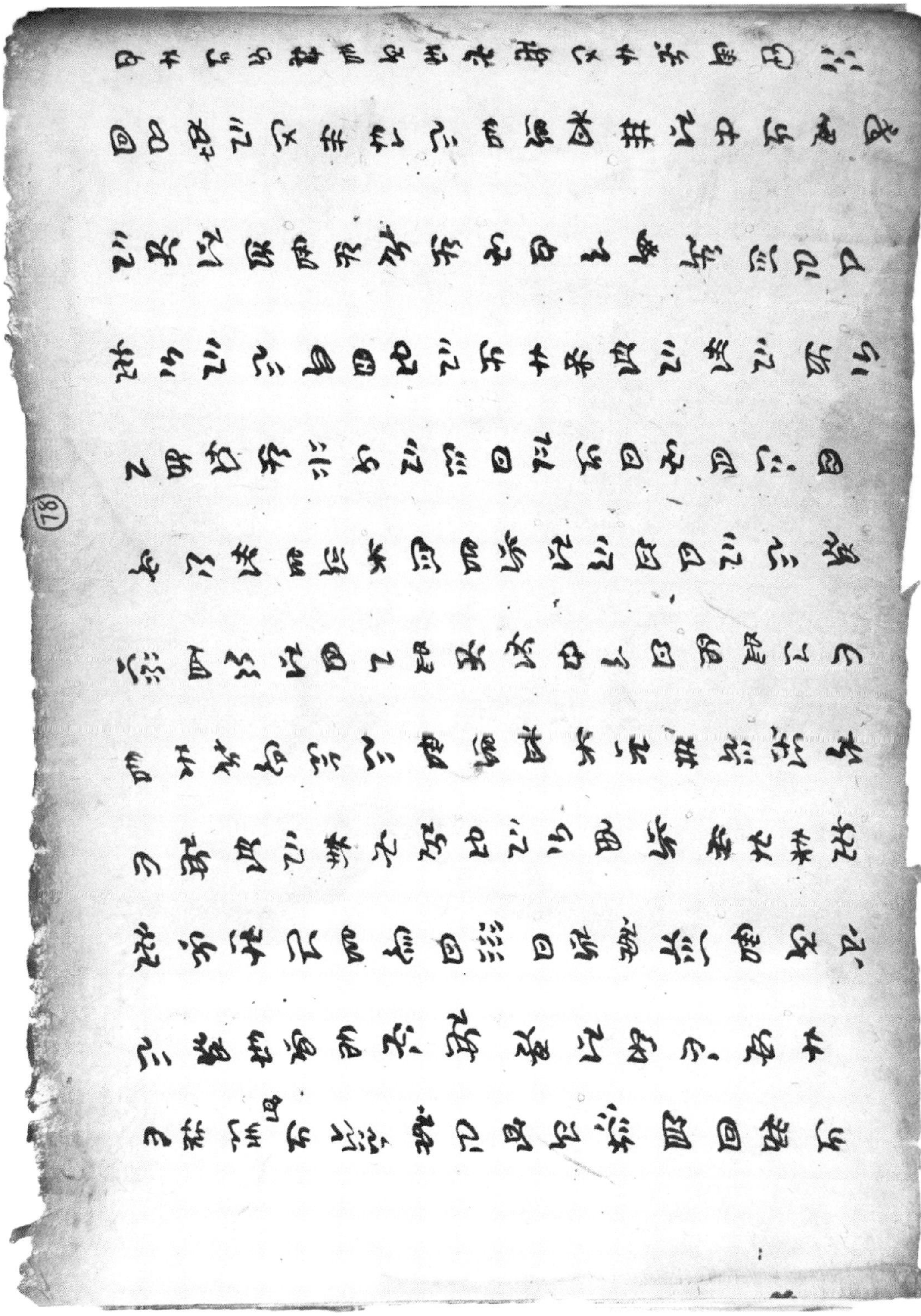

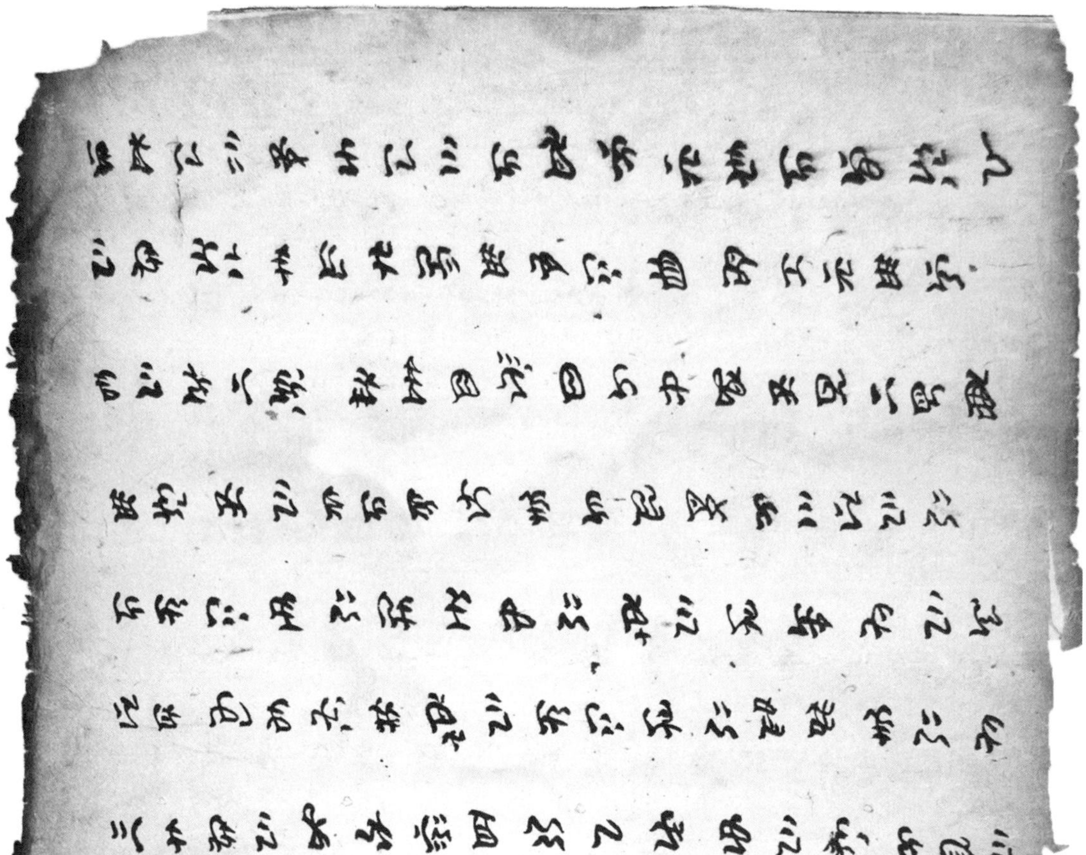

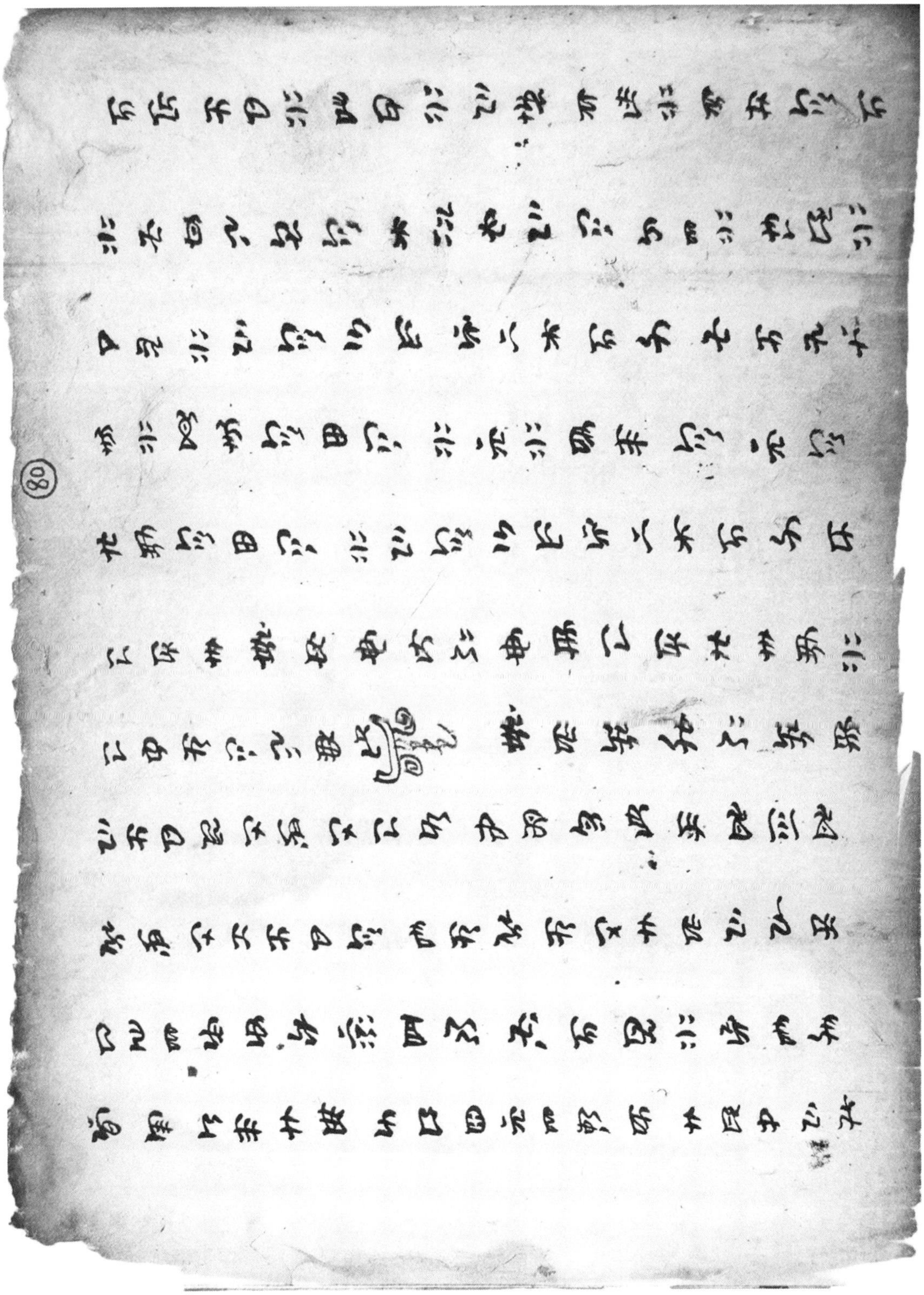

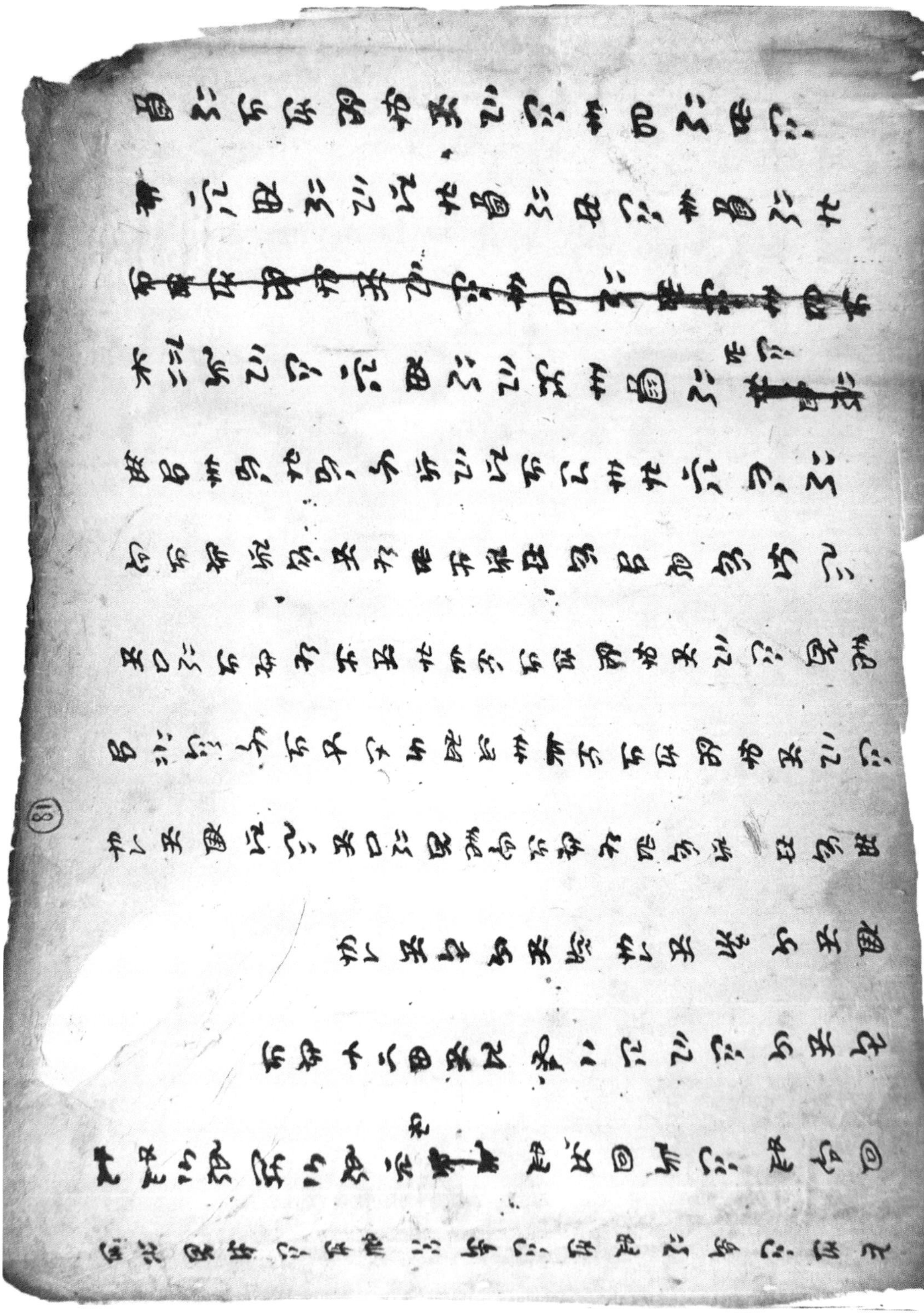

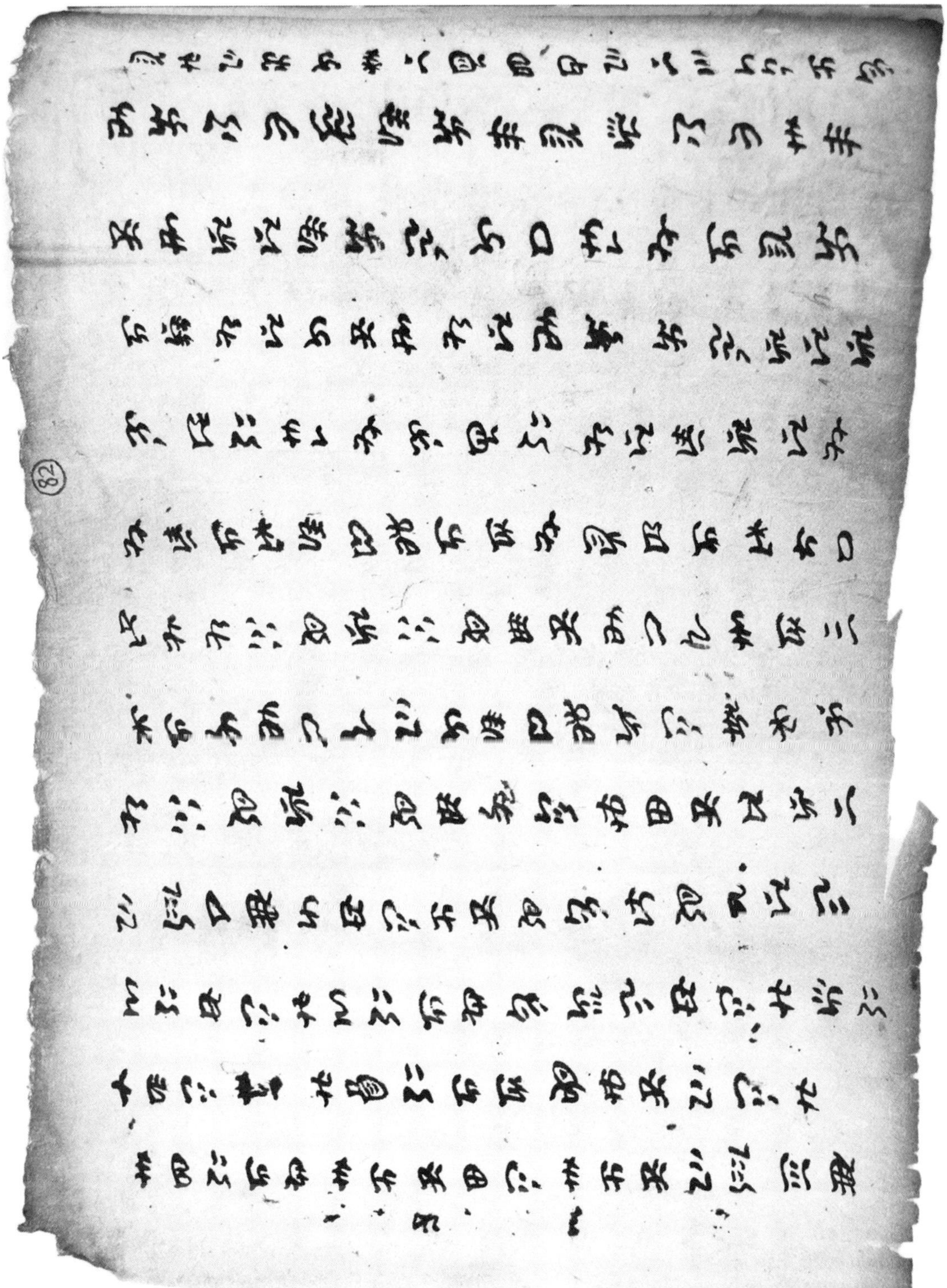

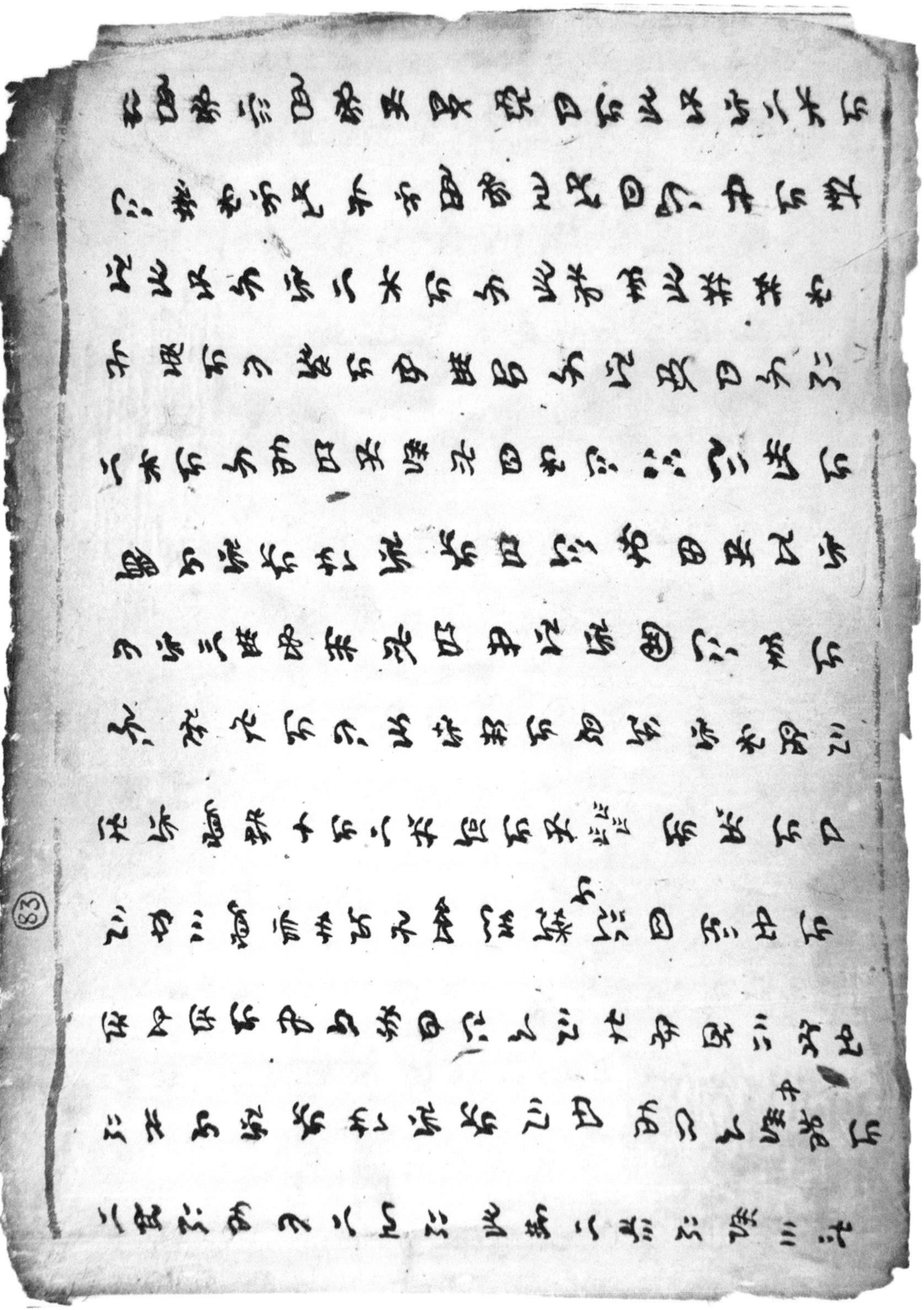

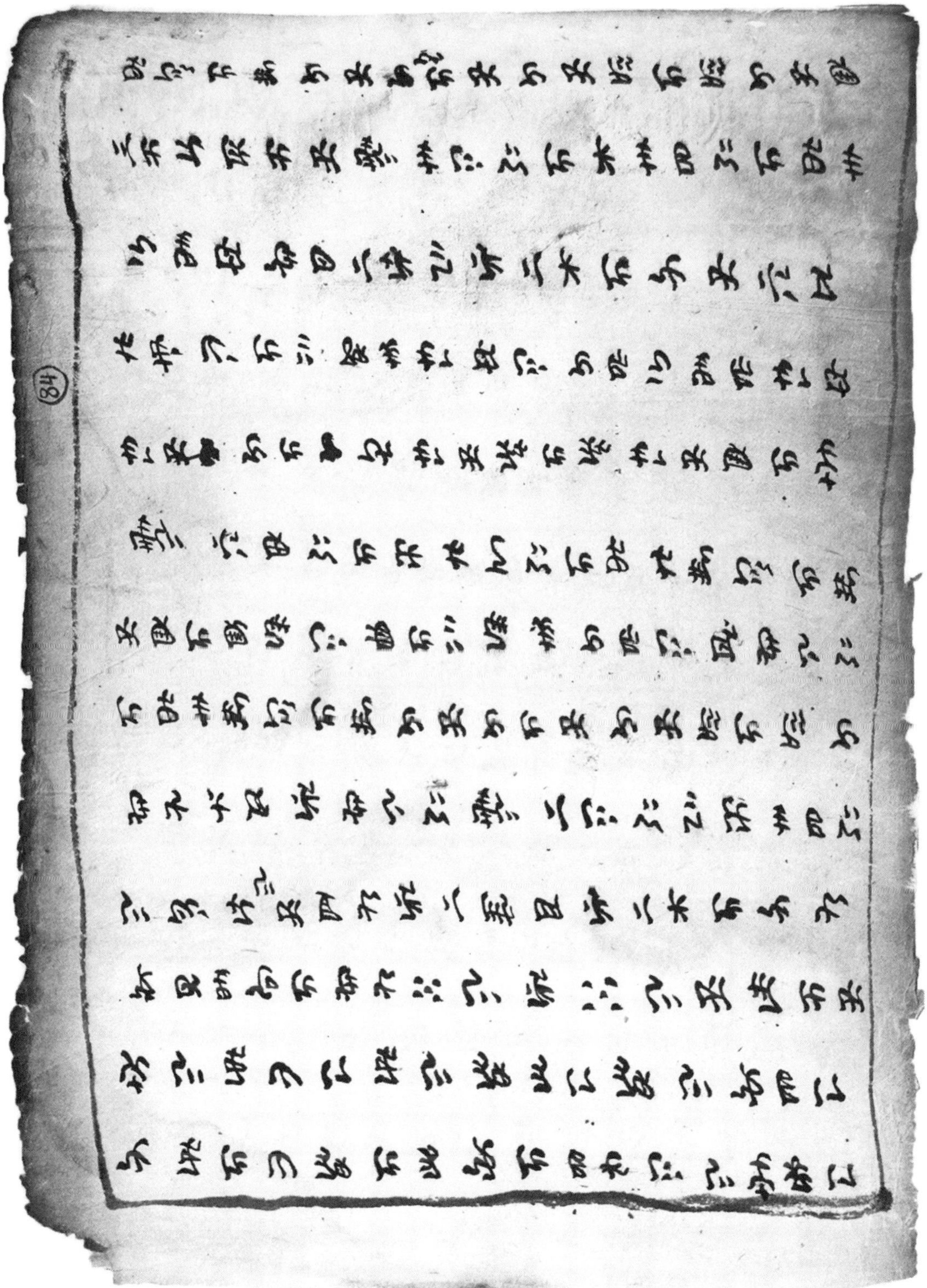

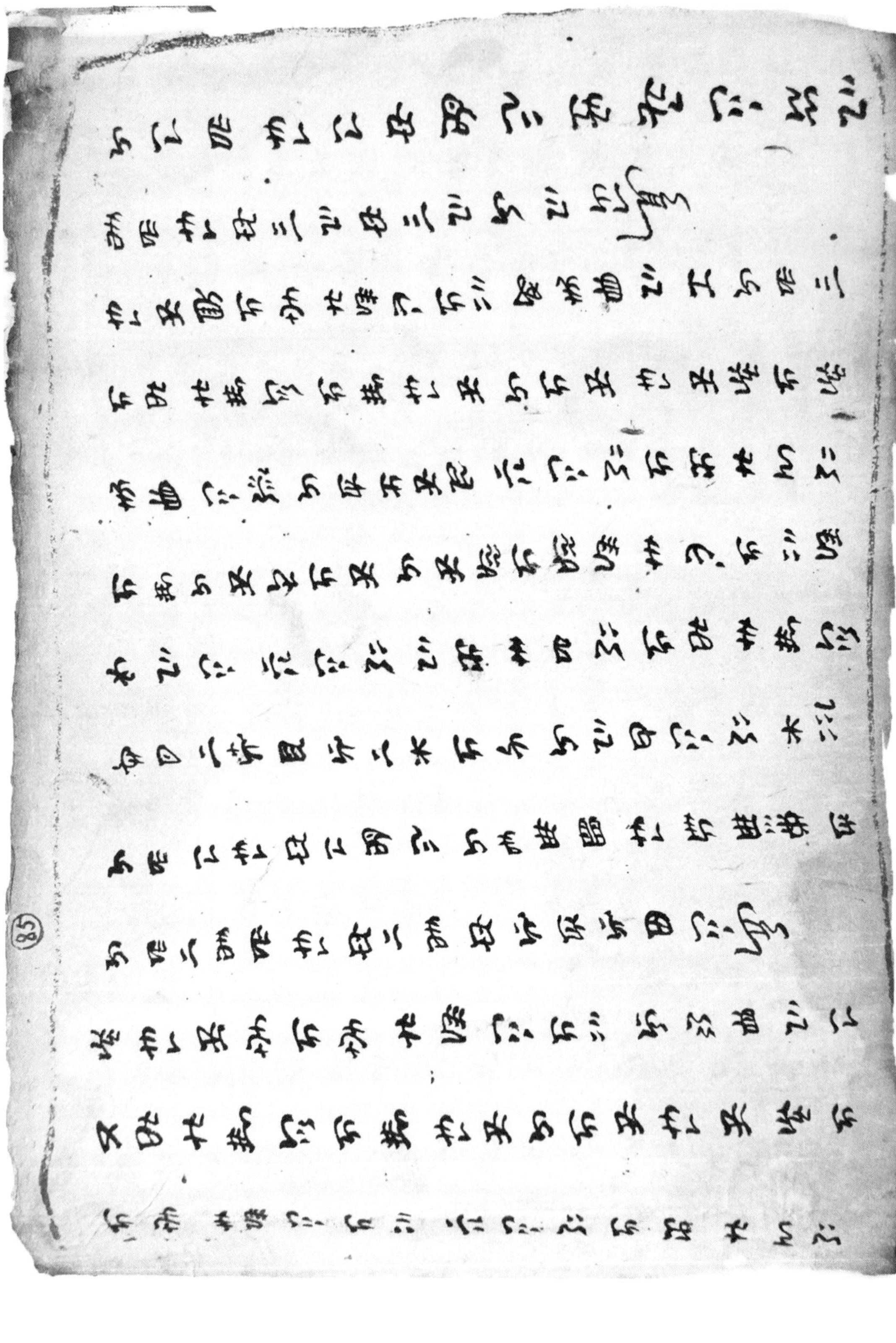

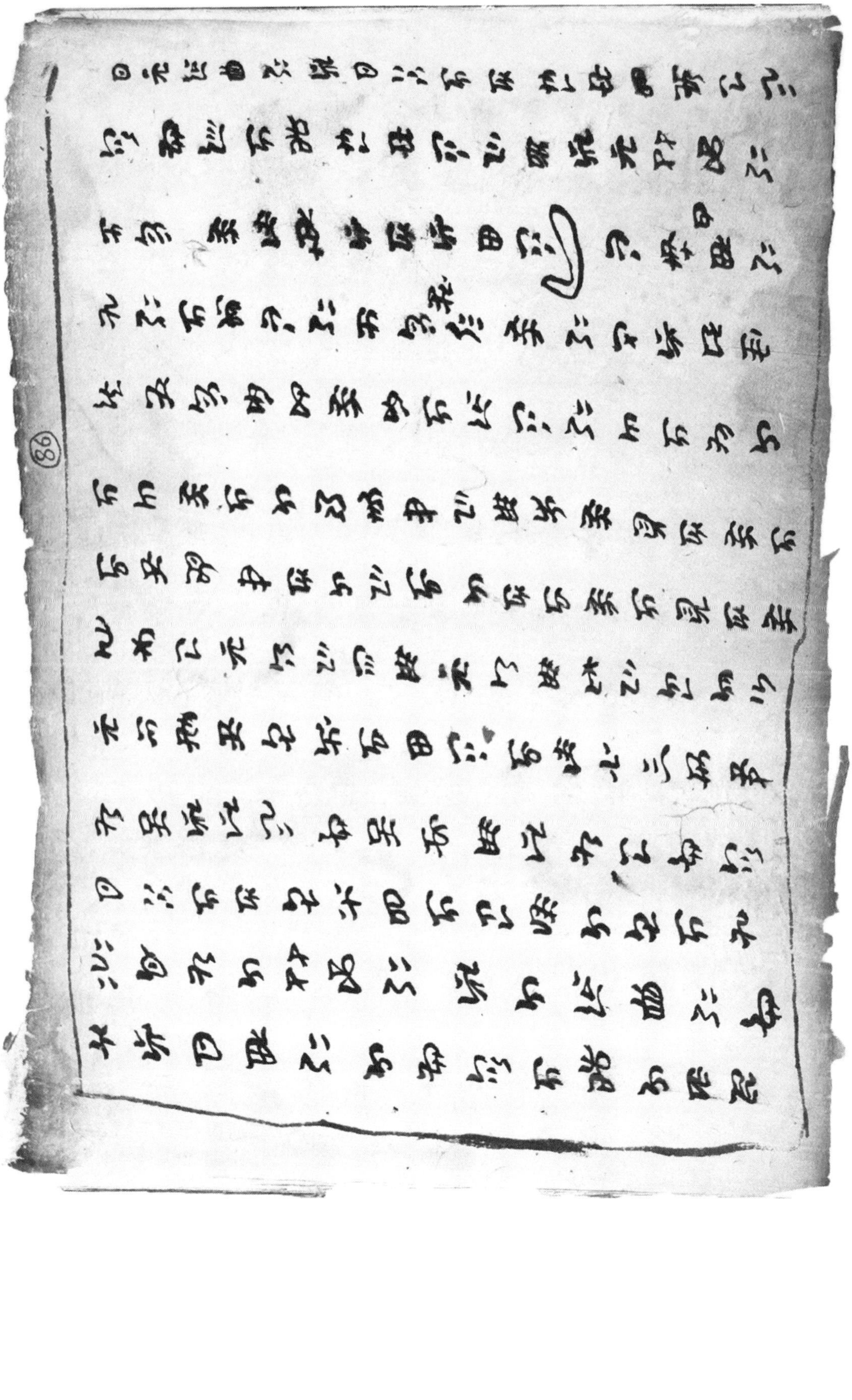

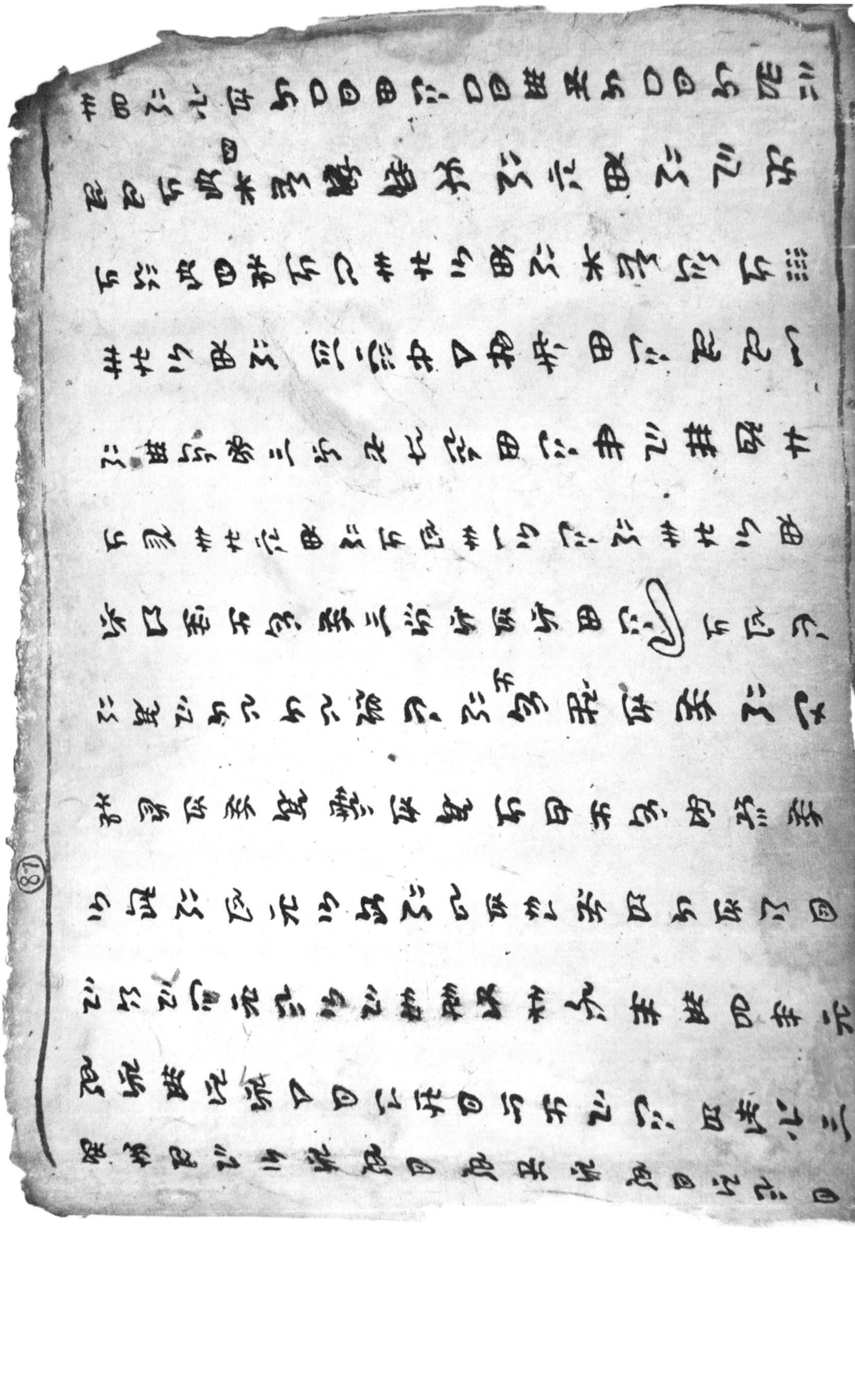

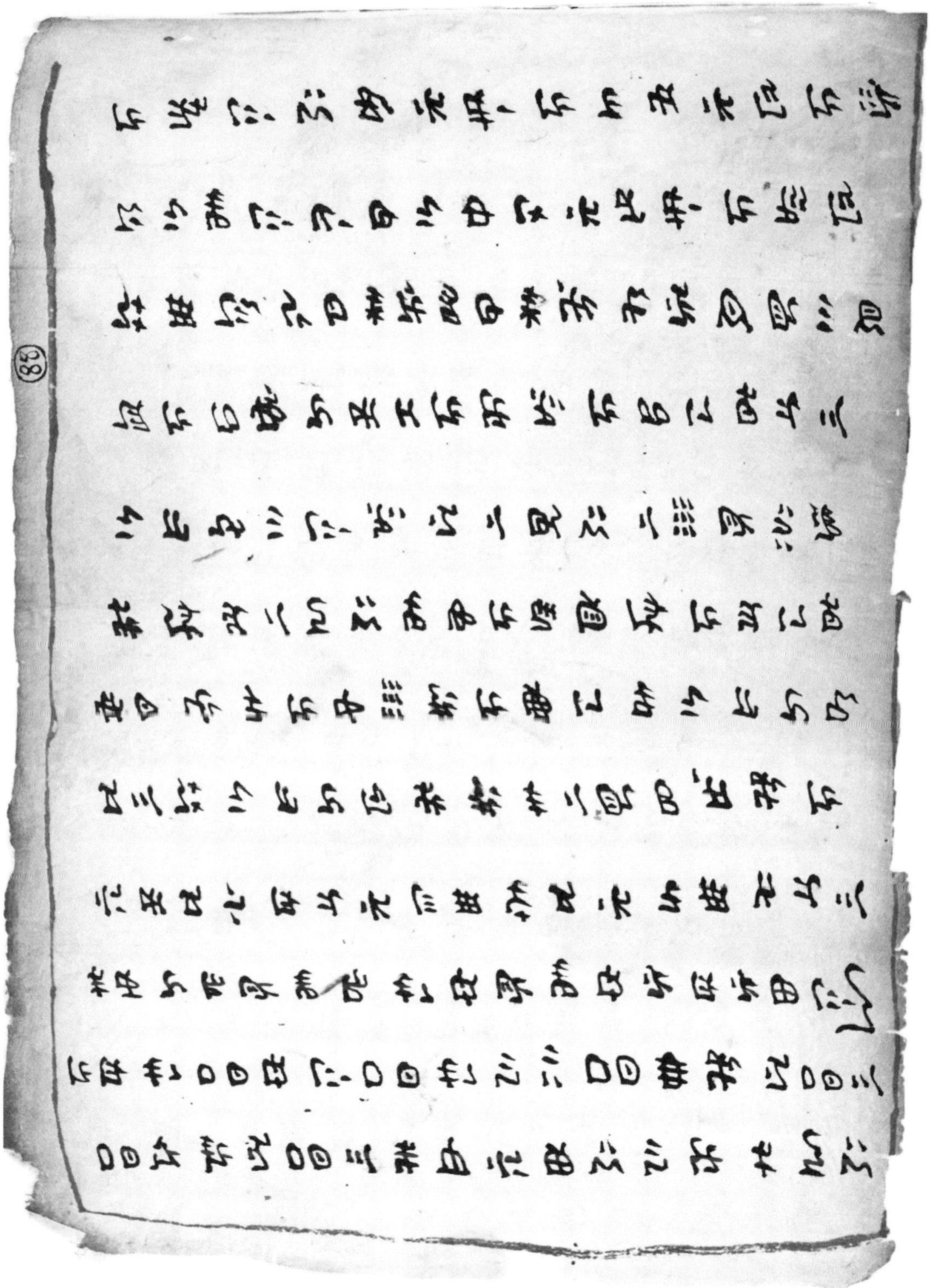

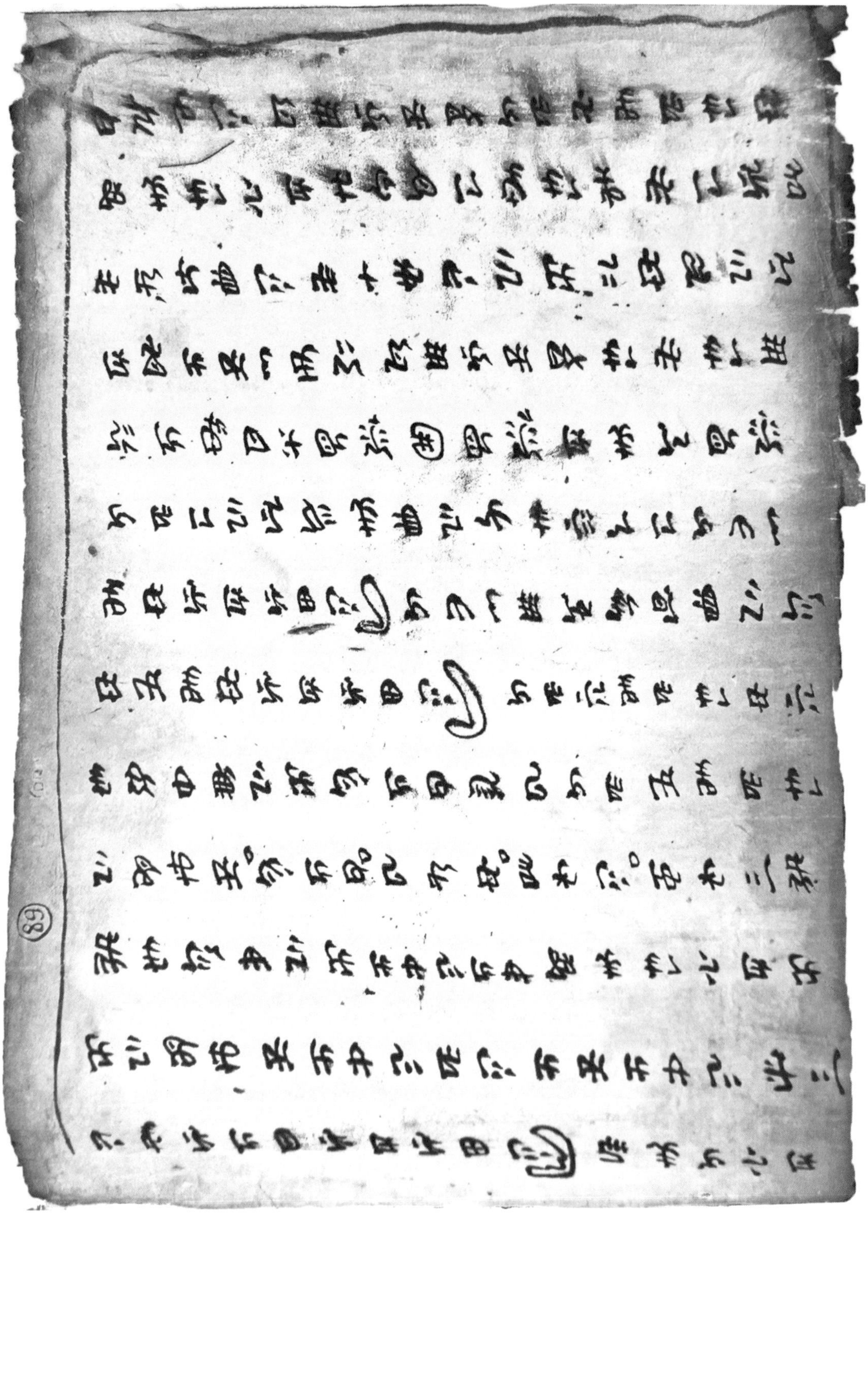

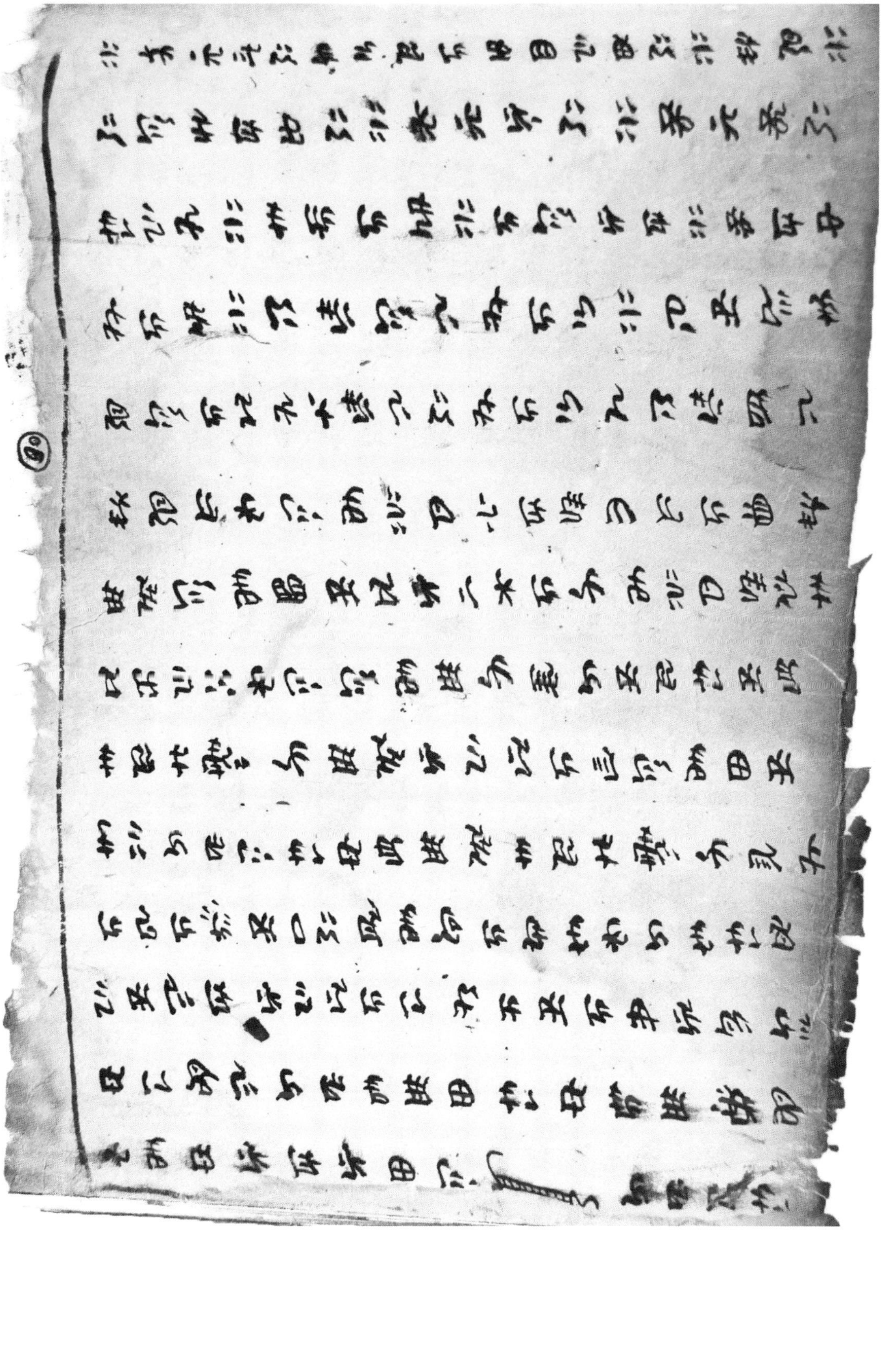

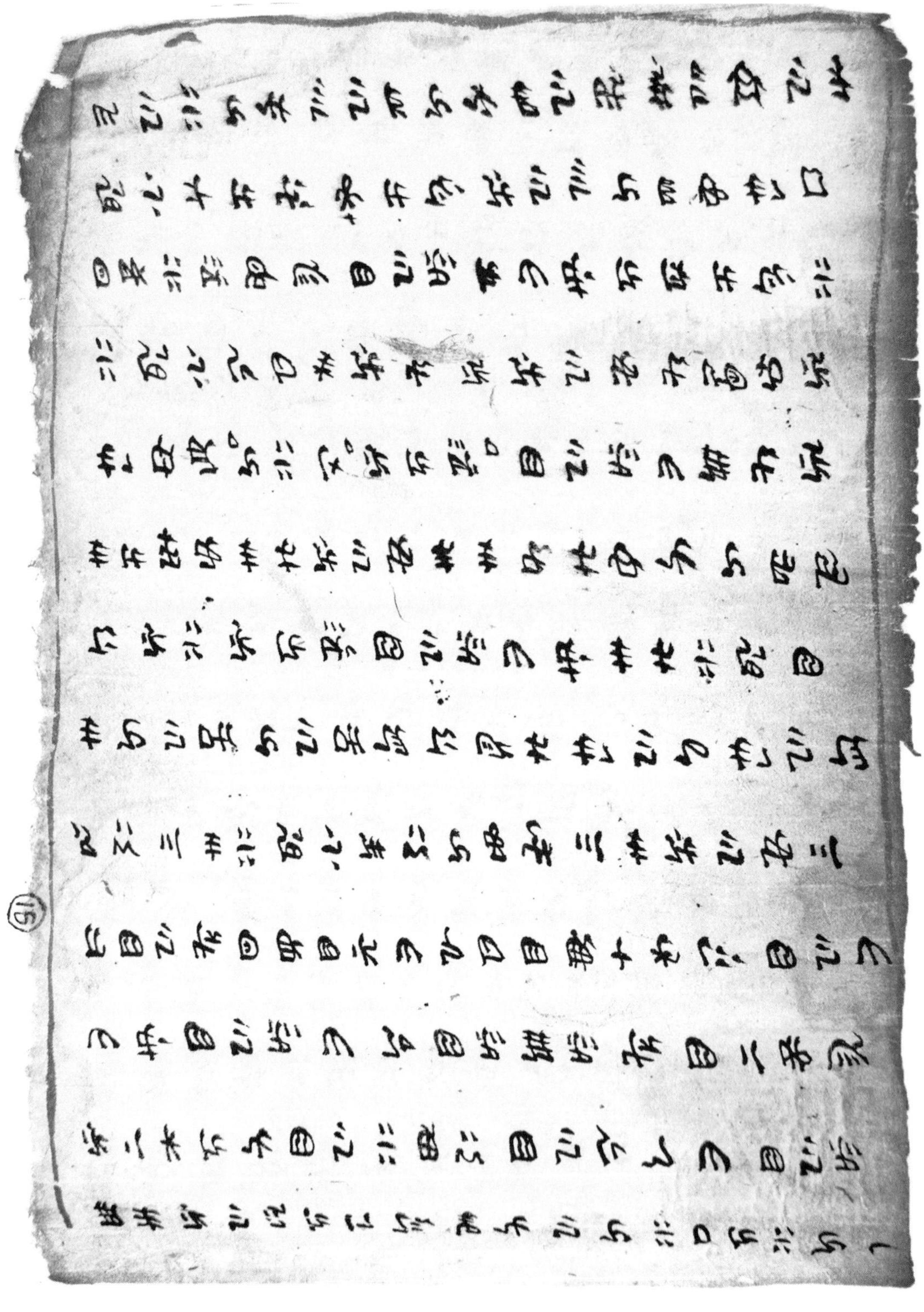

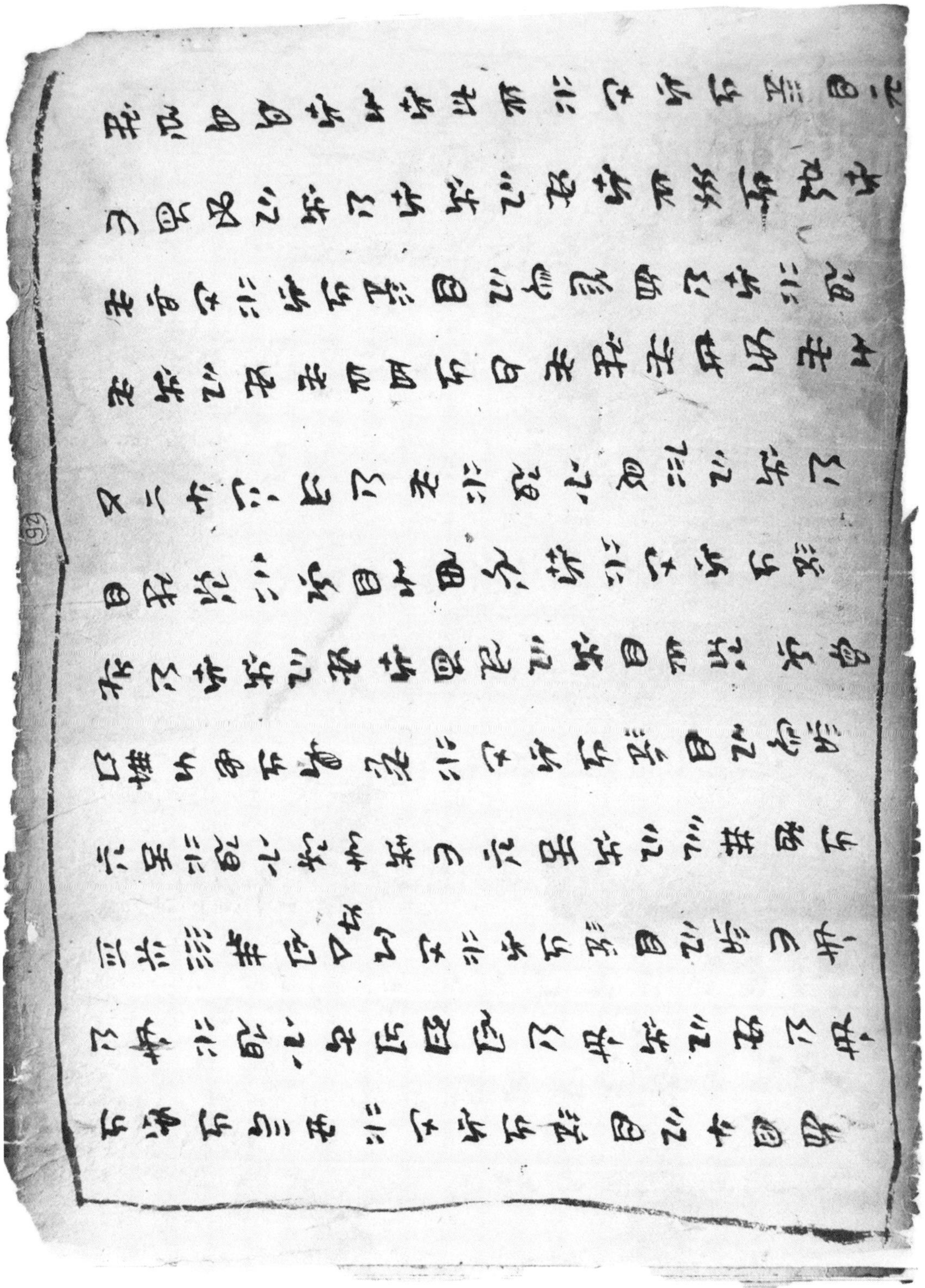

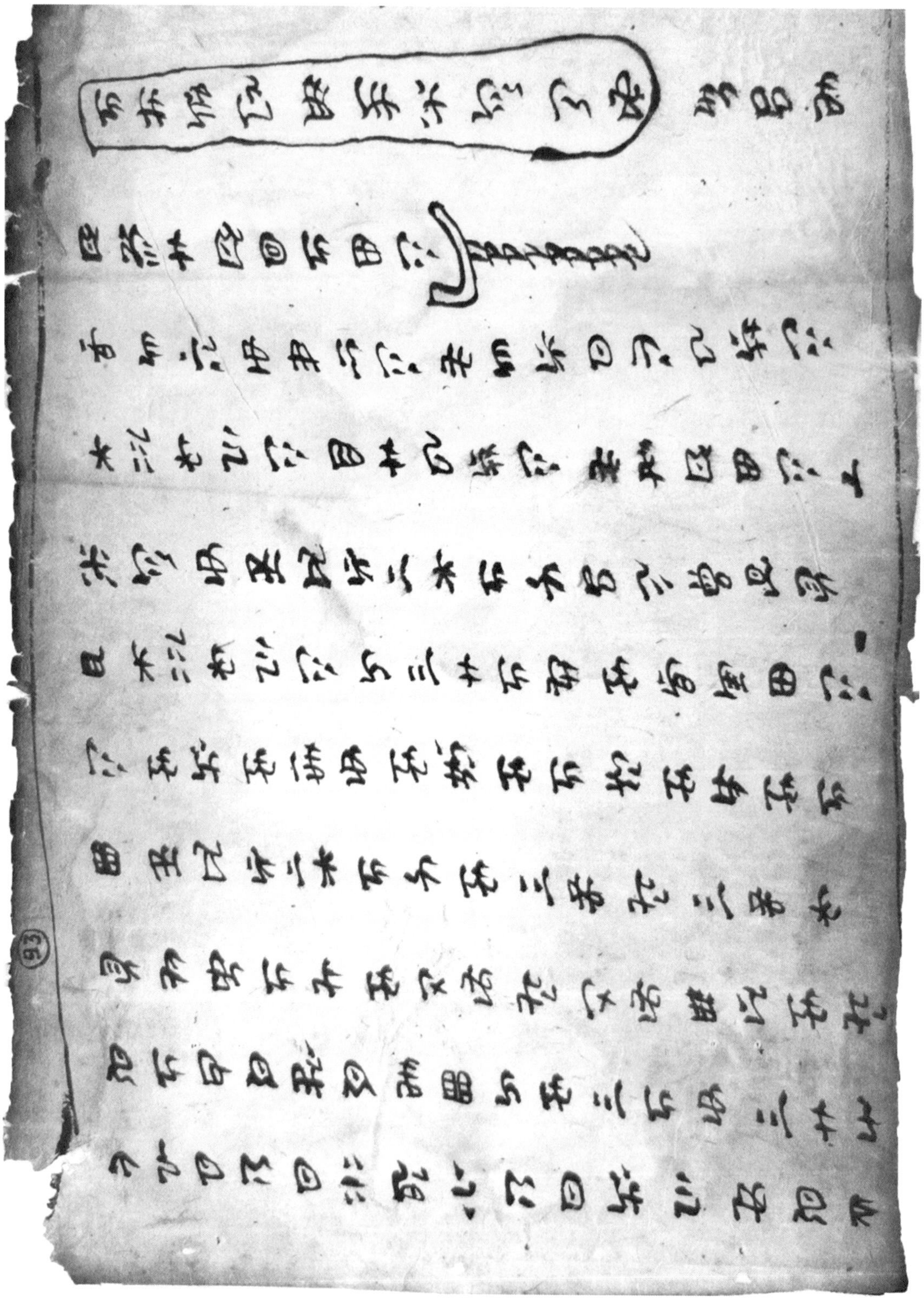

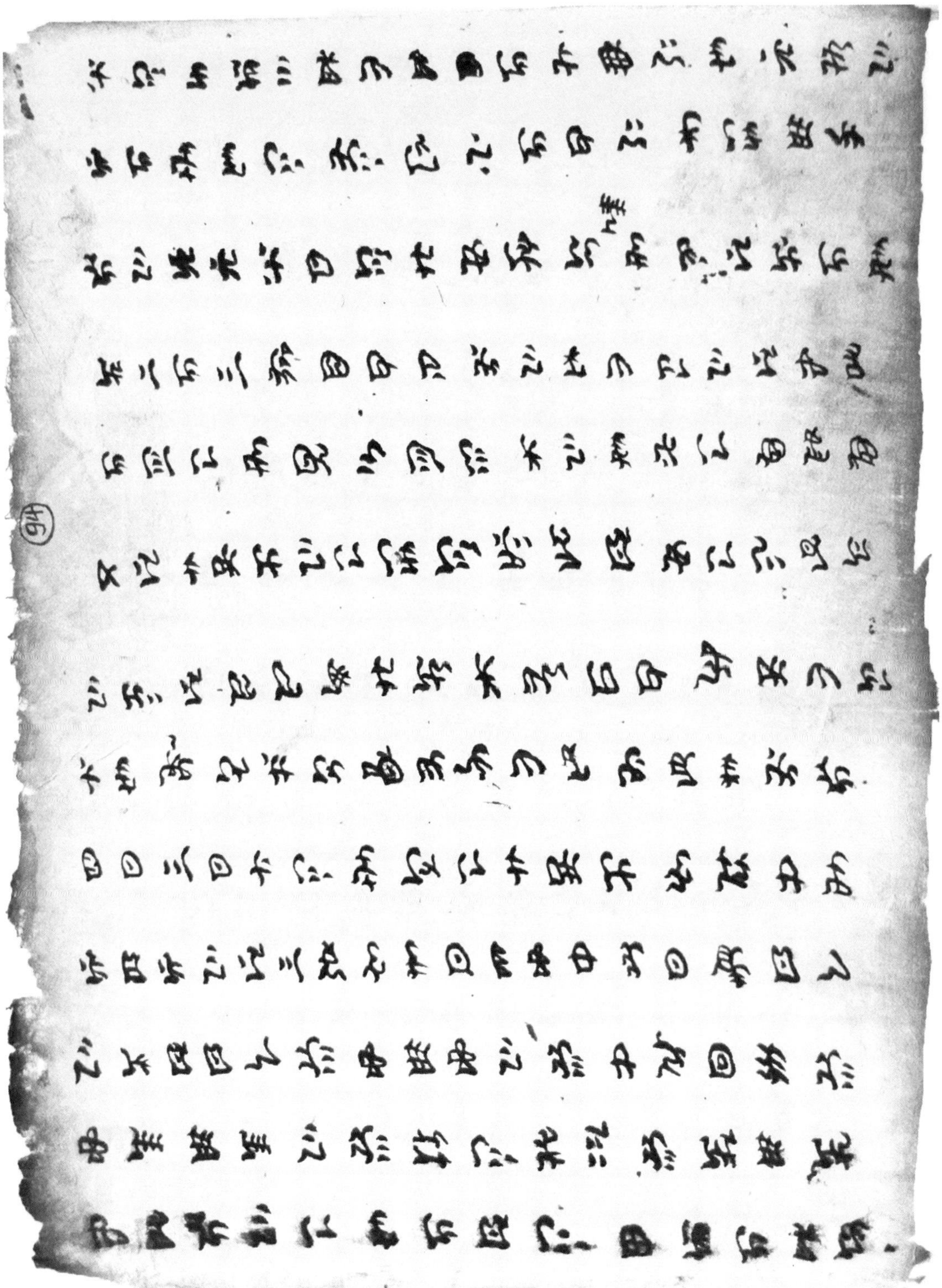

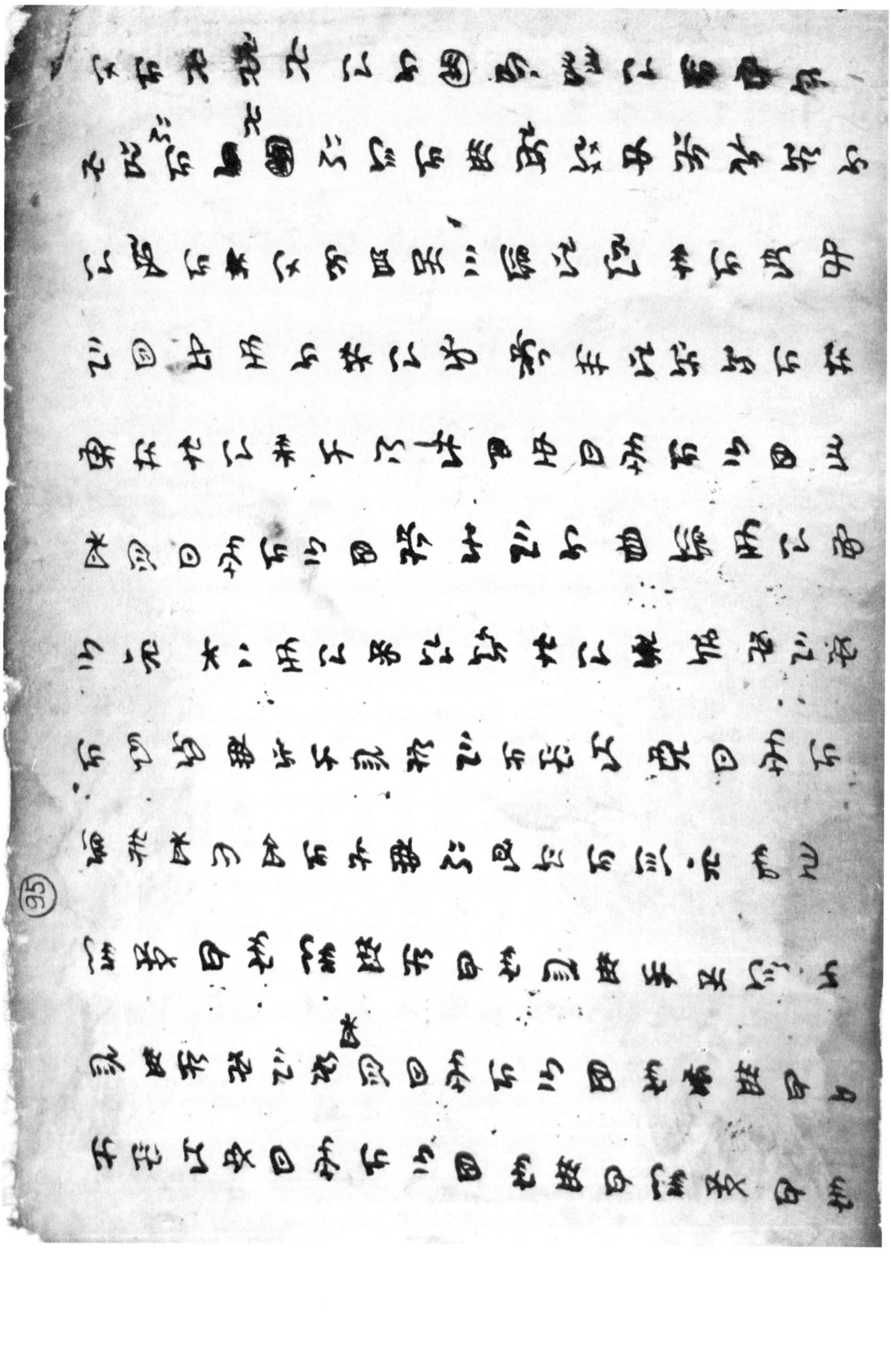

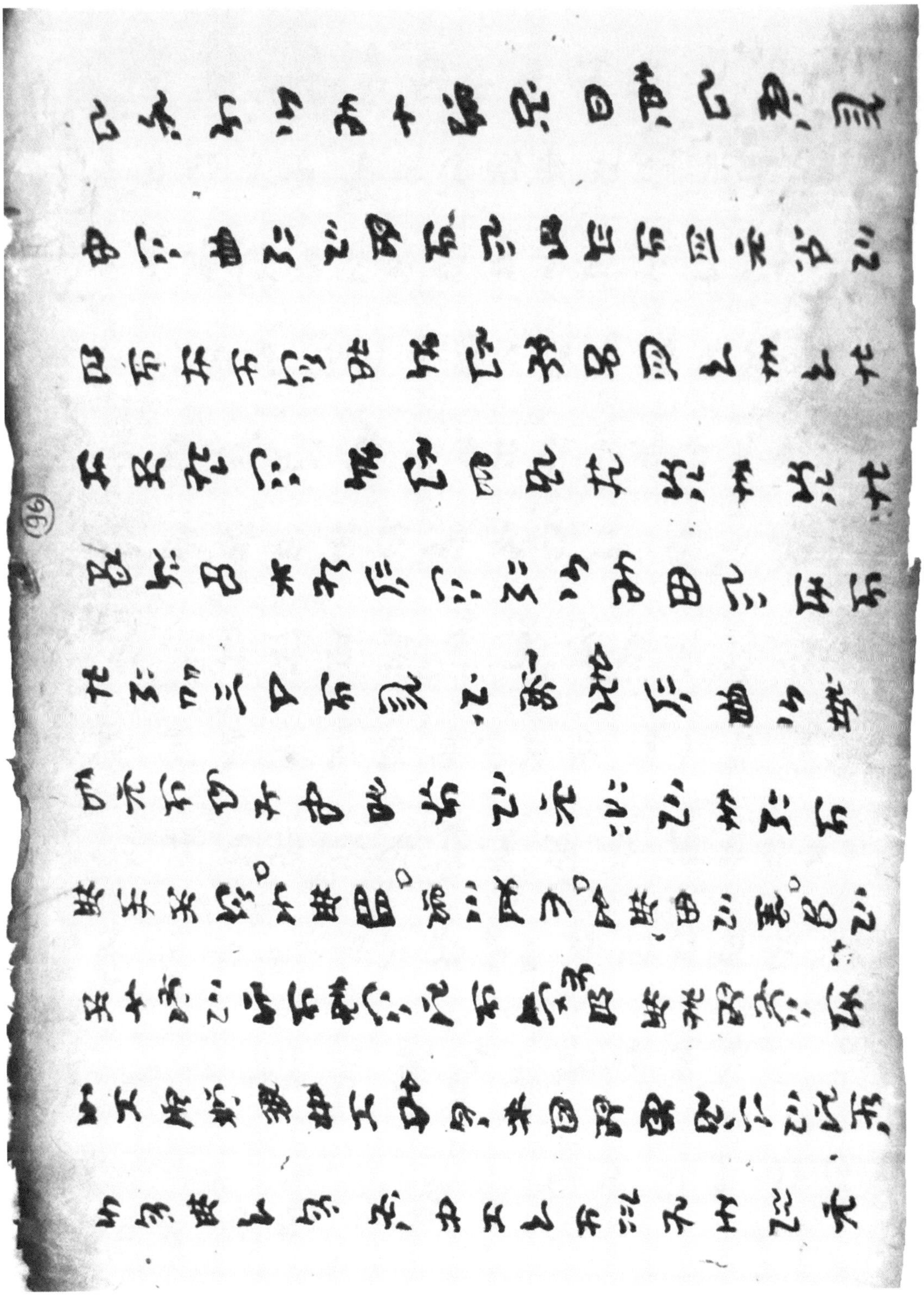

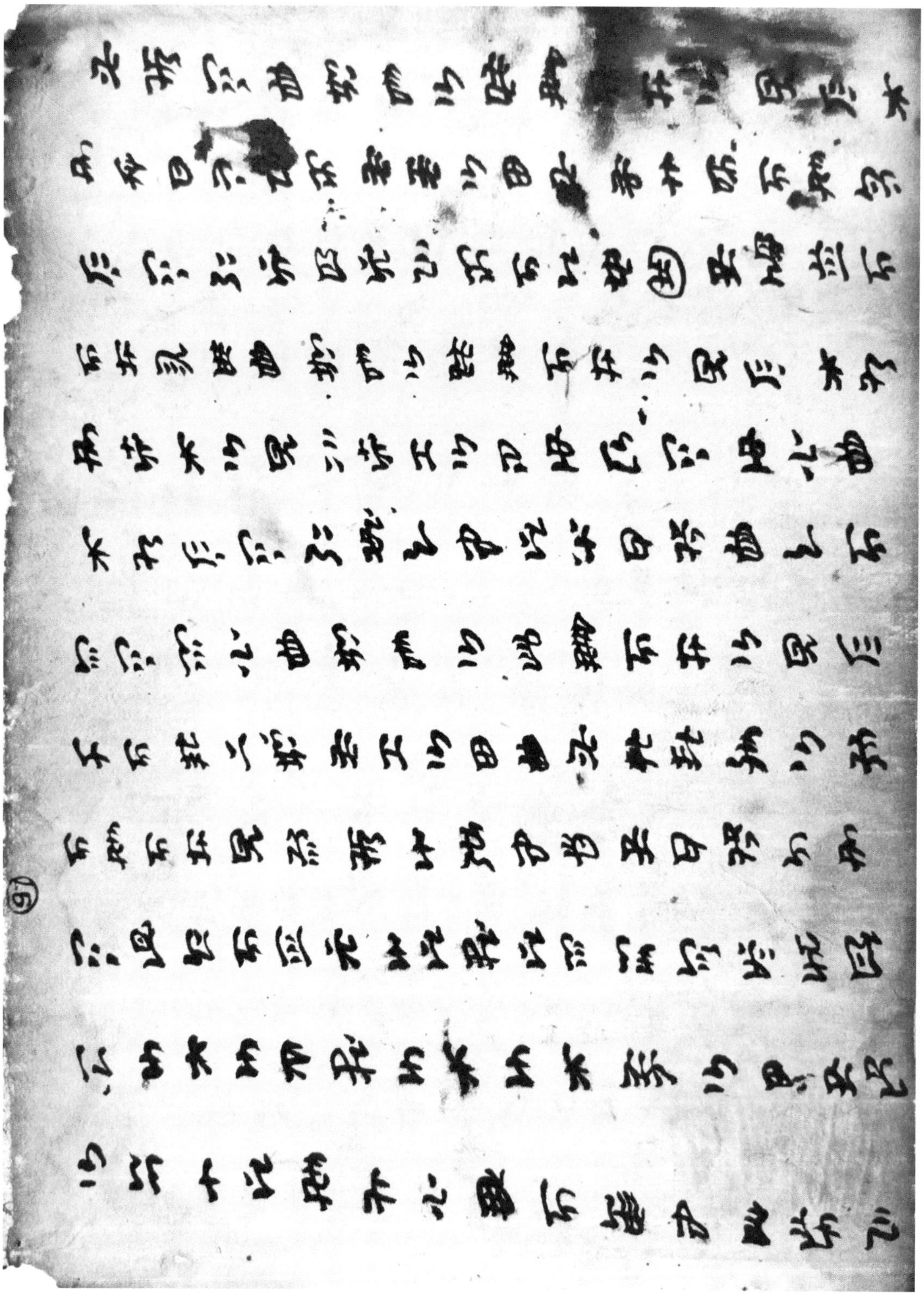

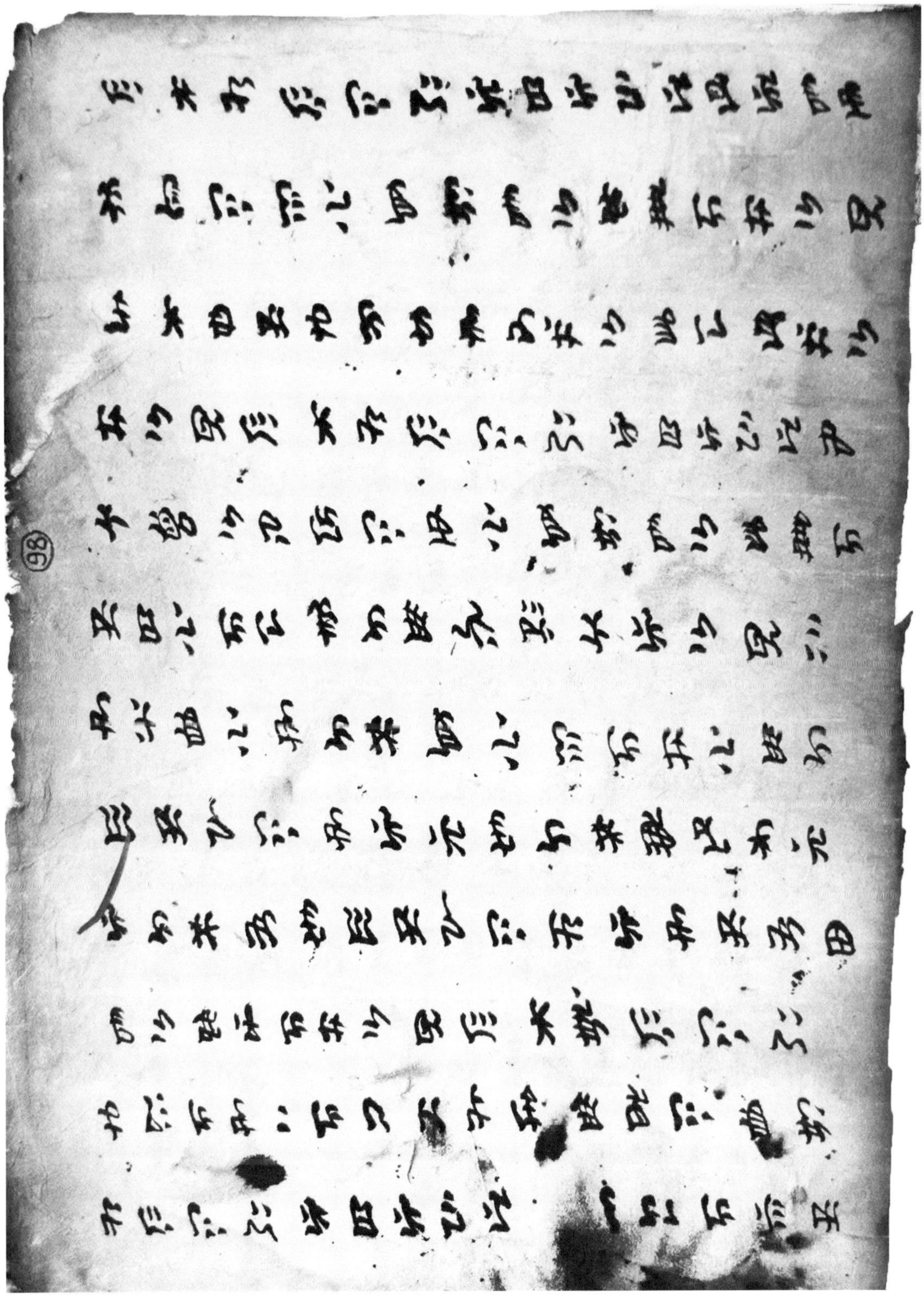

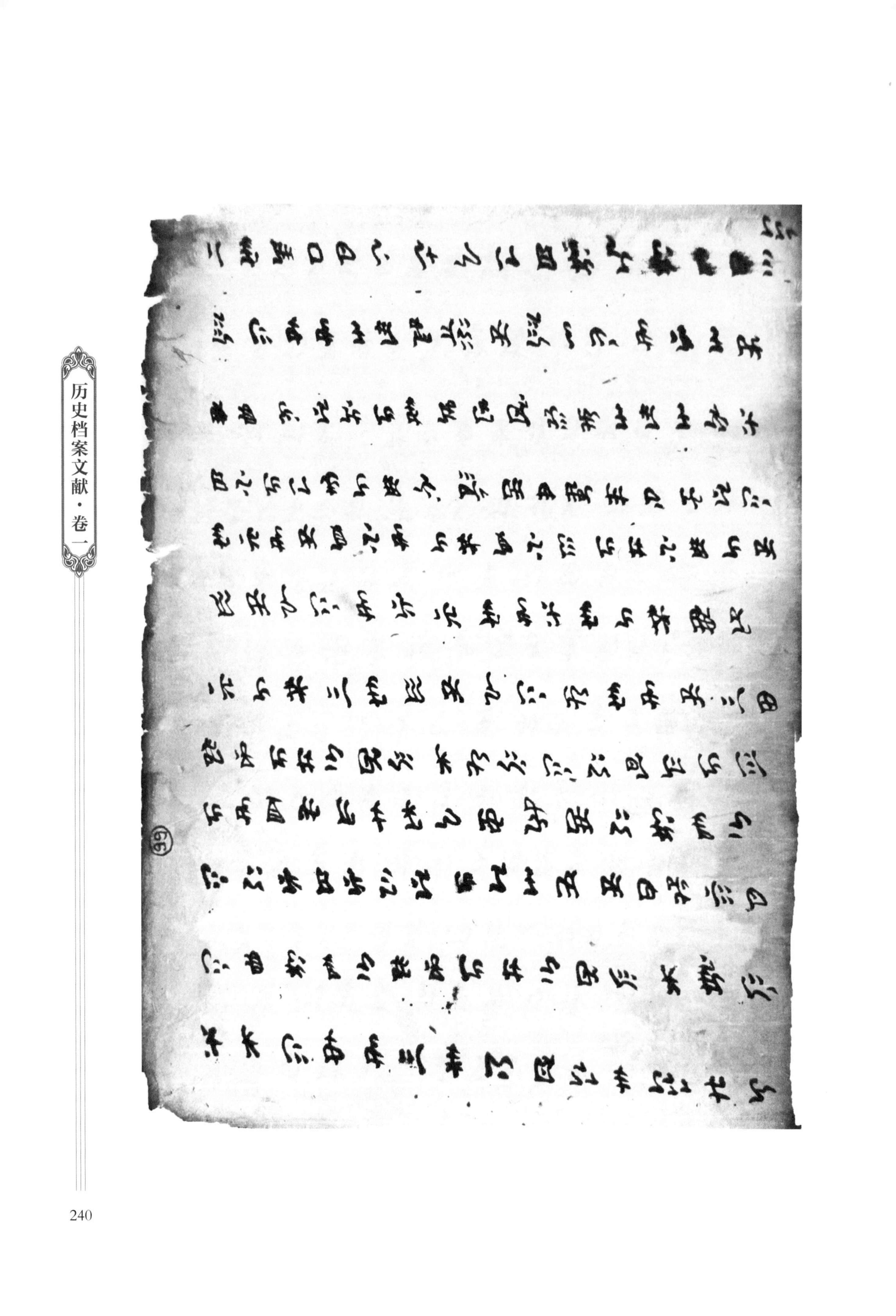

122

(99)

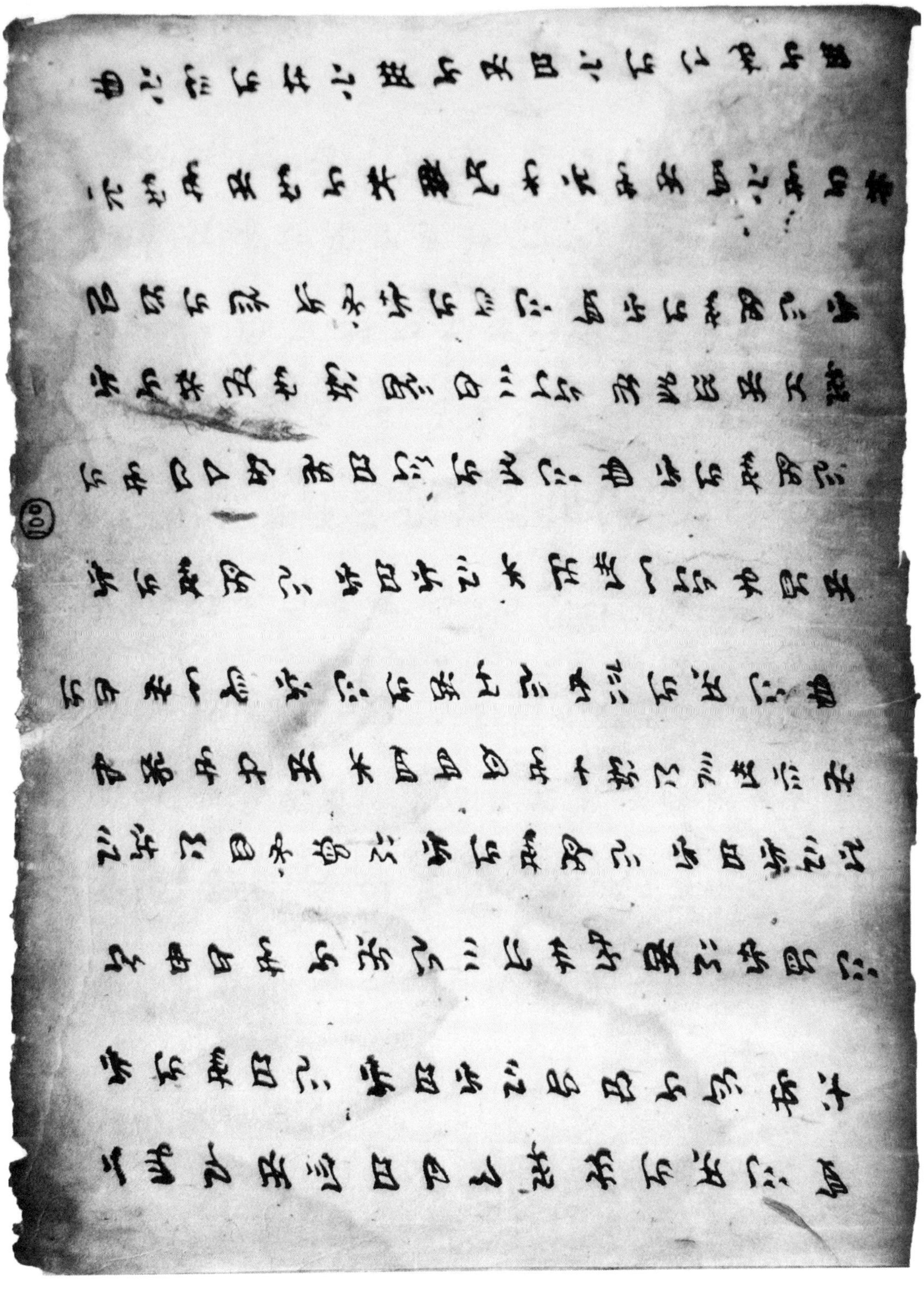

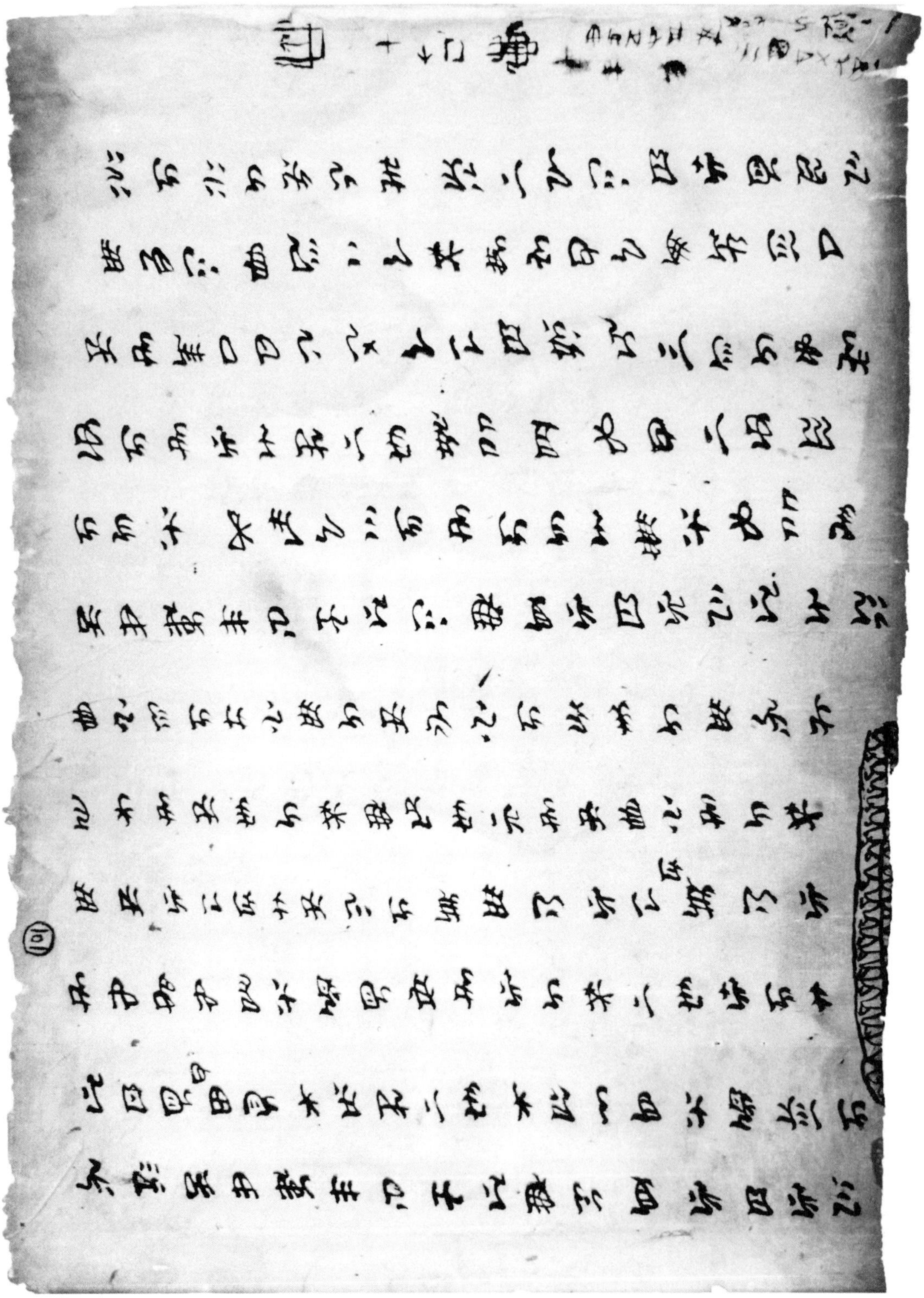

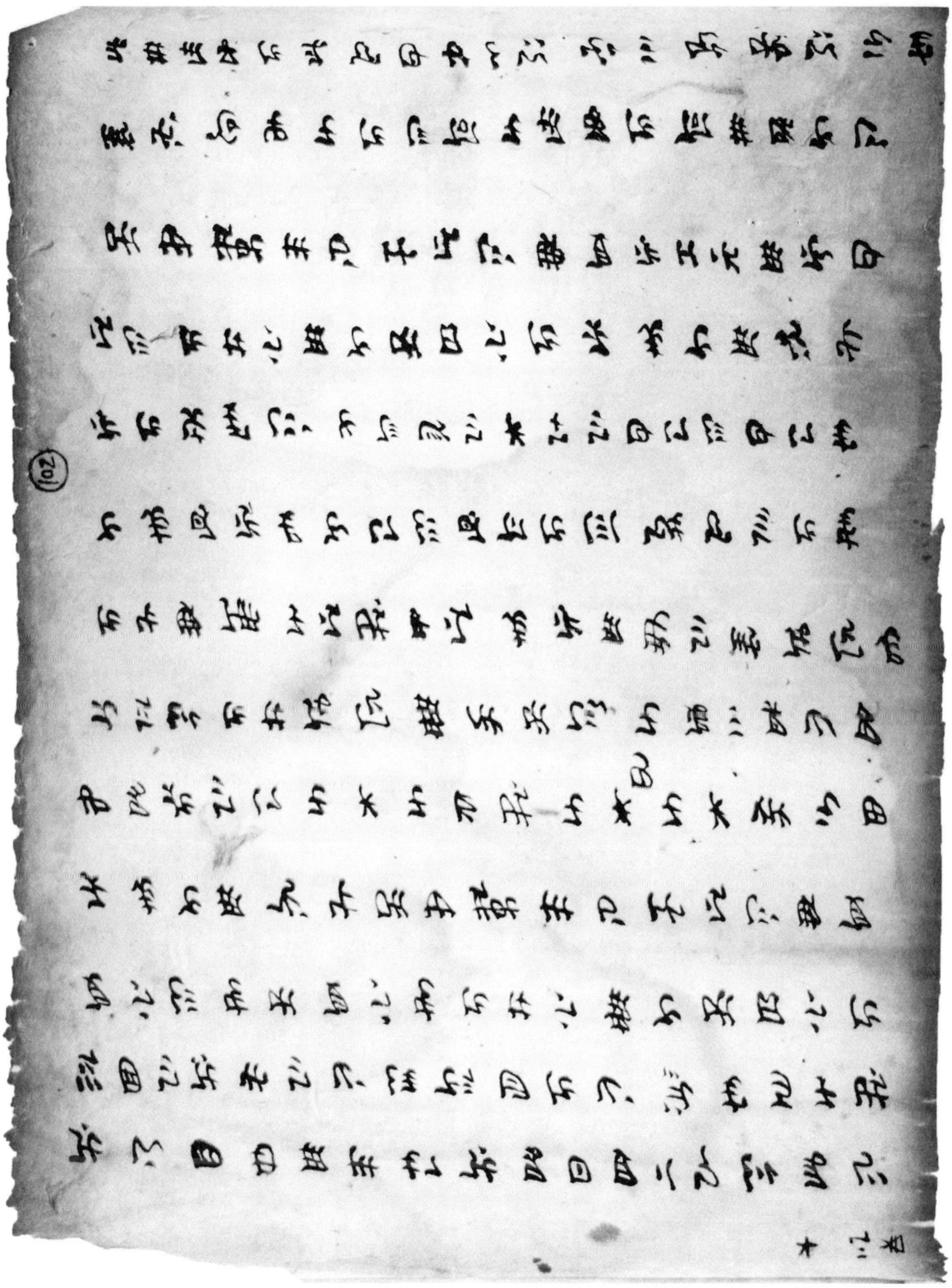

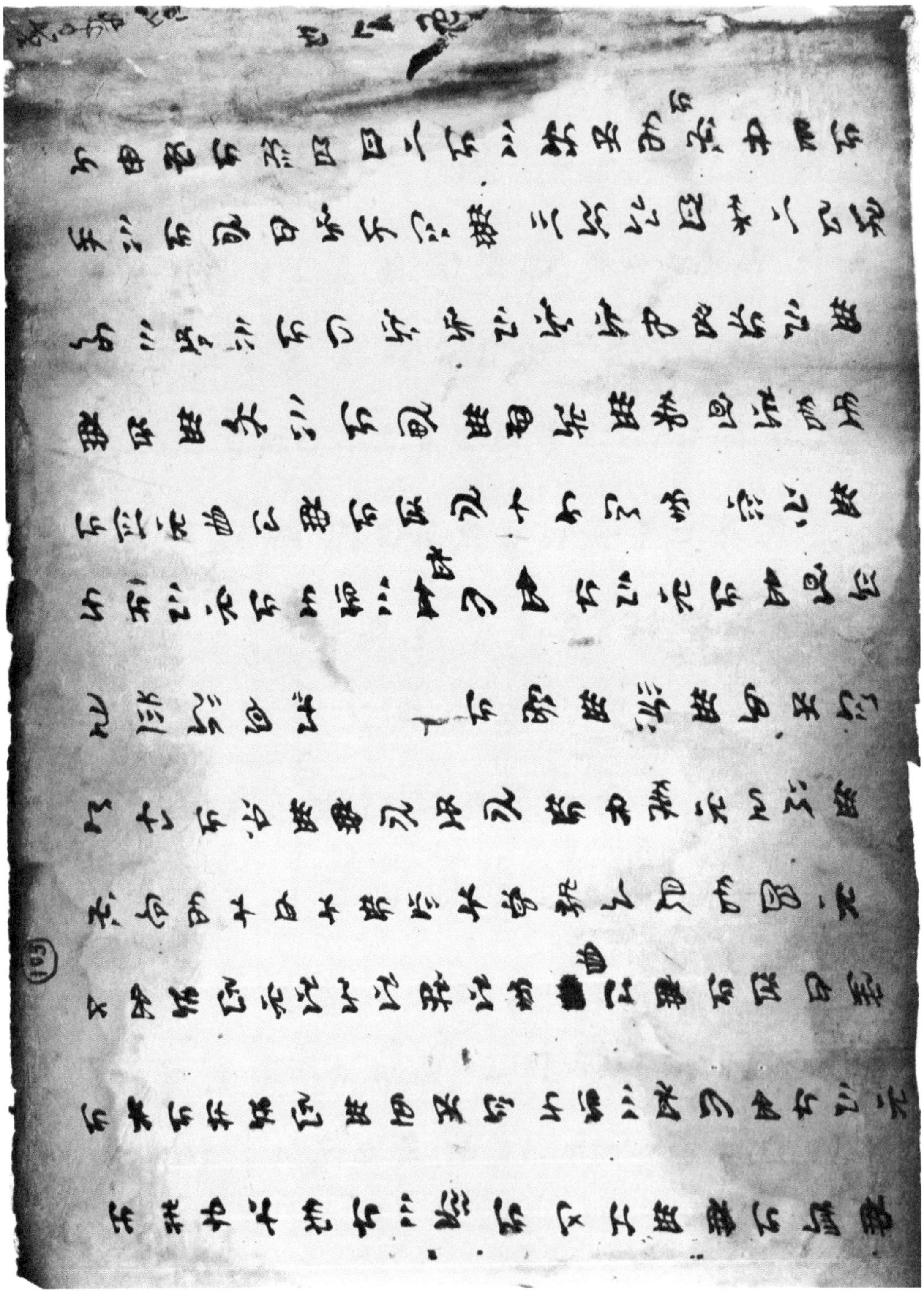

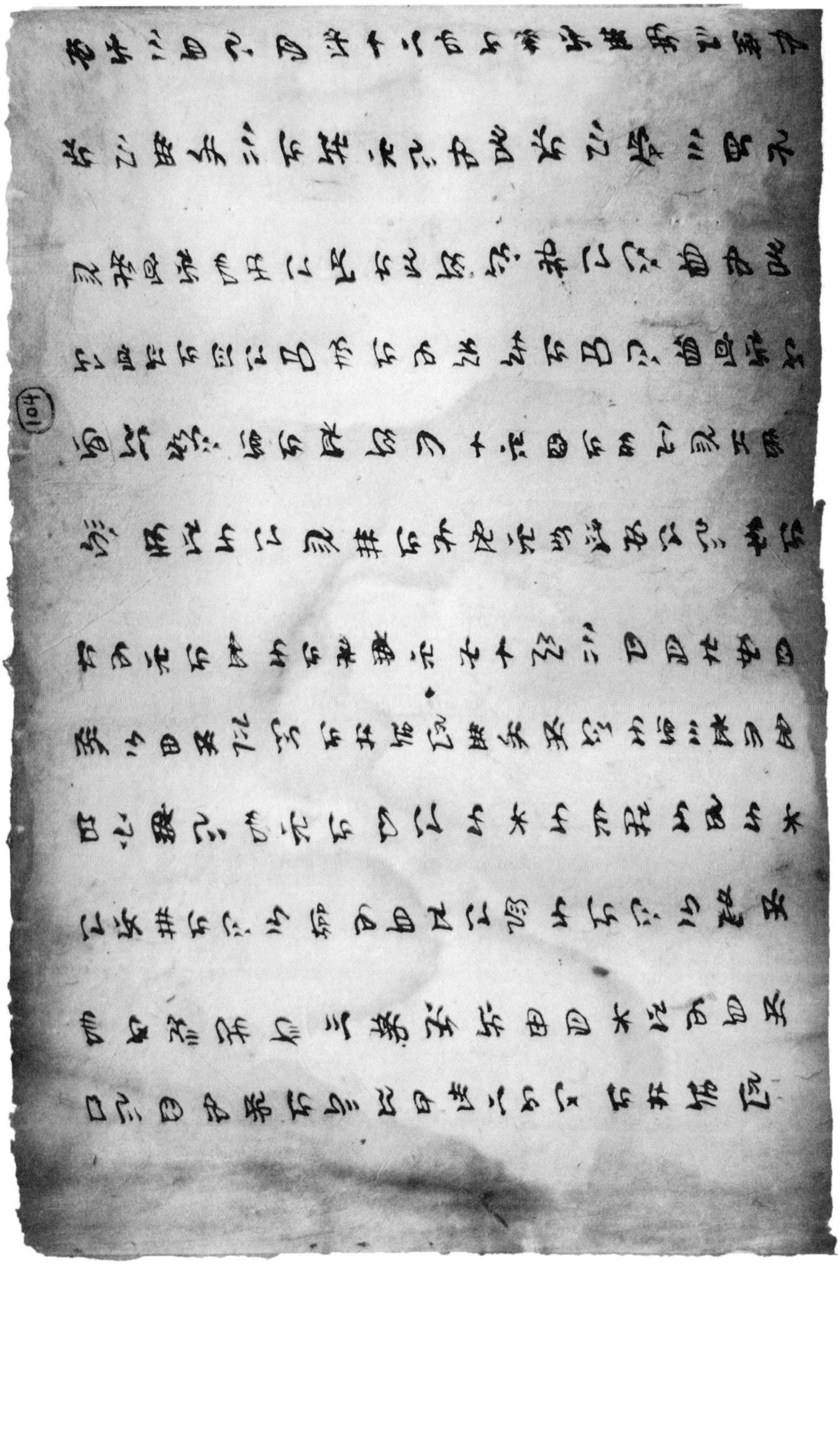

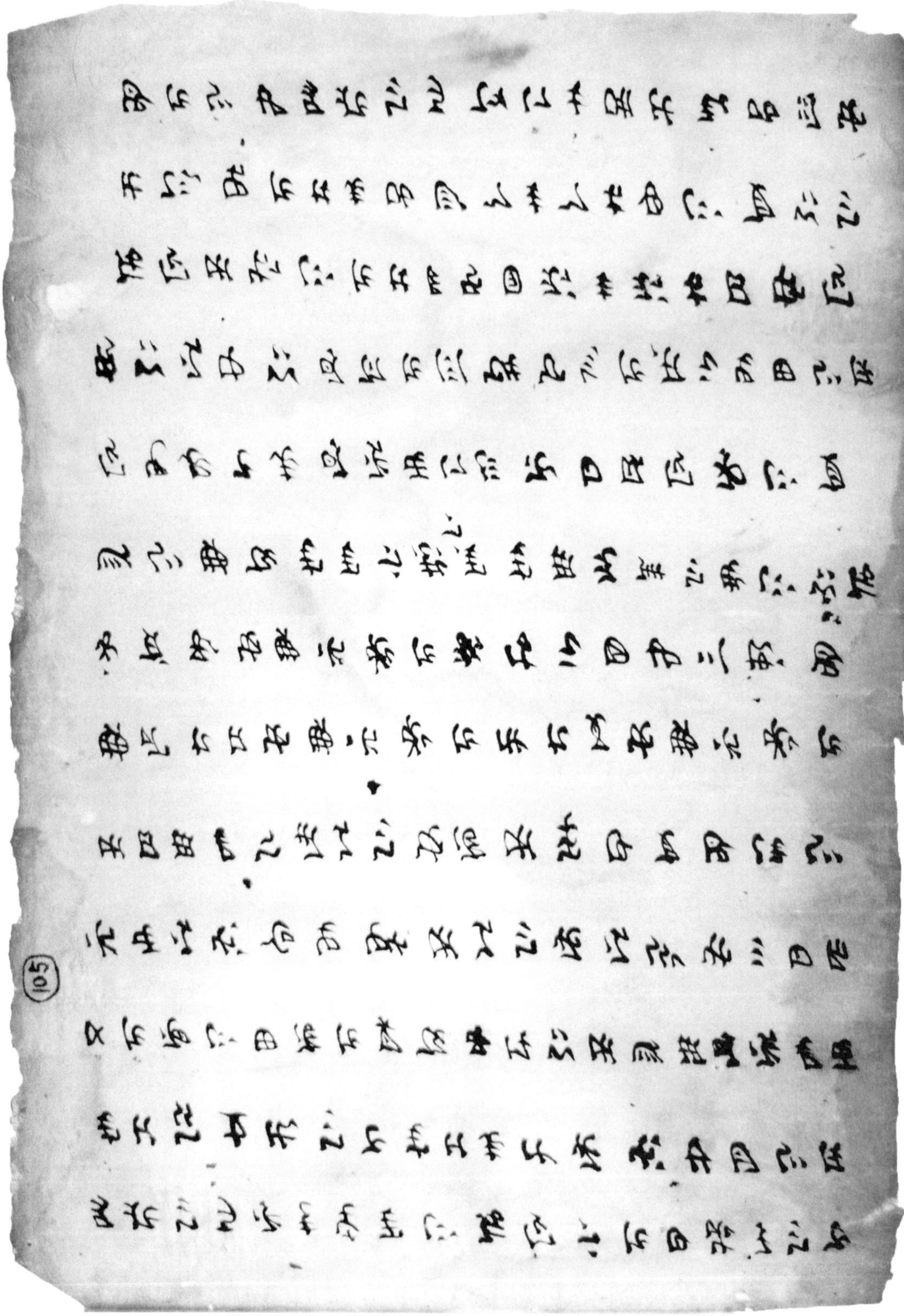

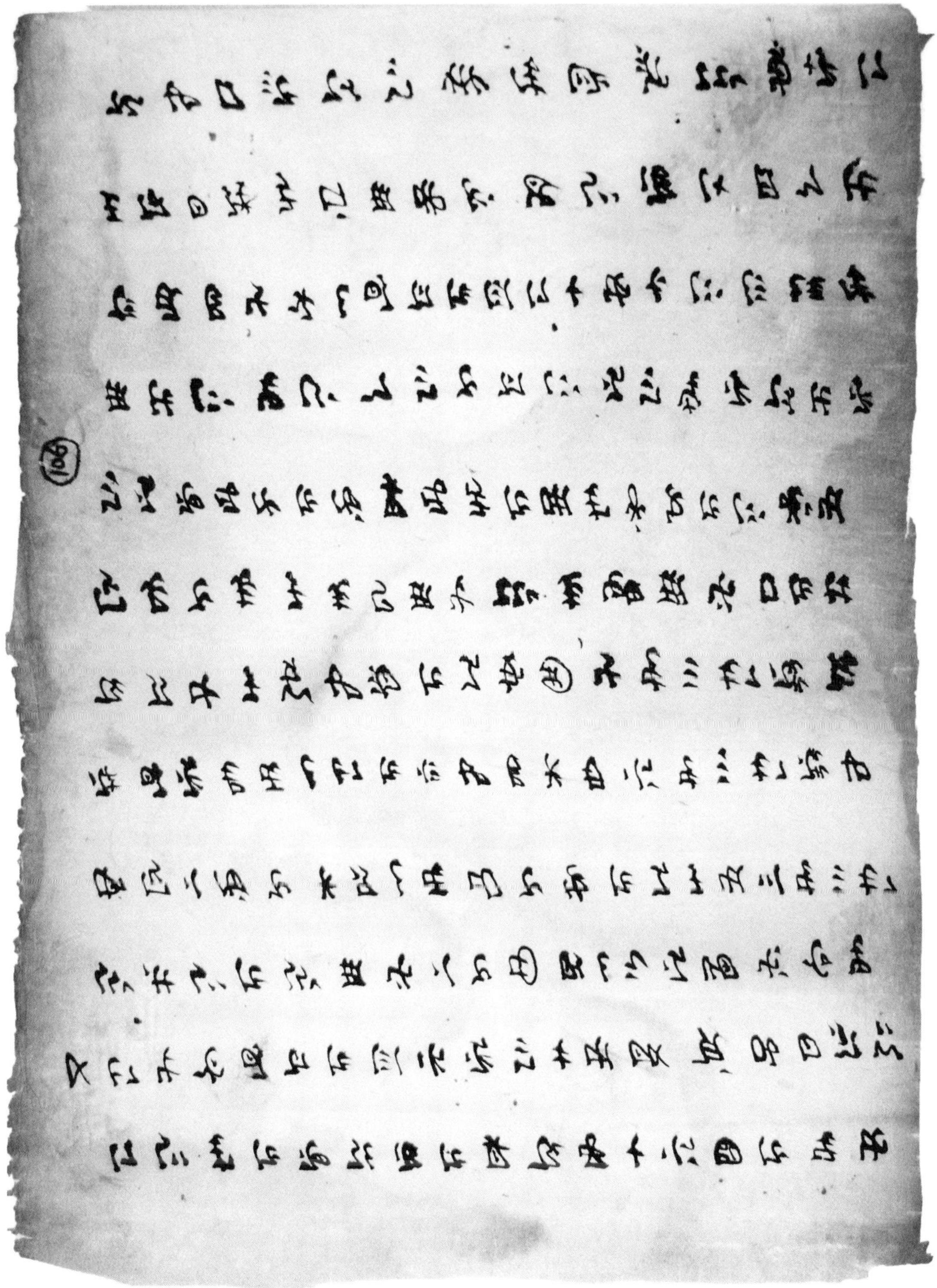

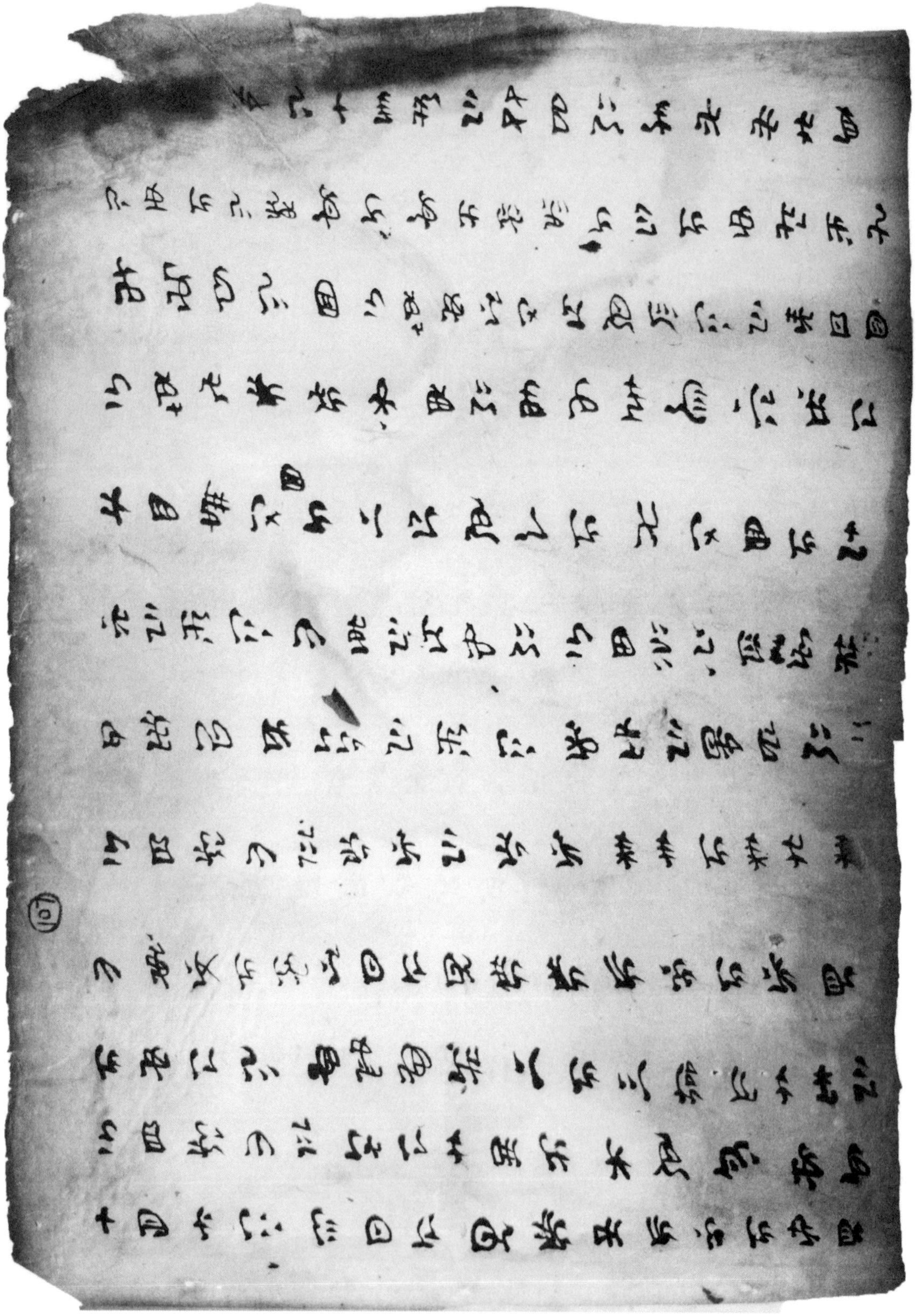

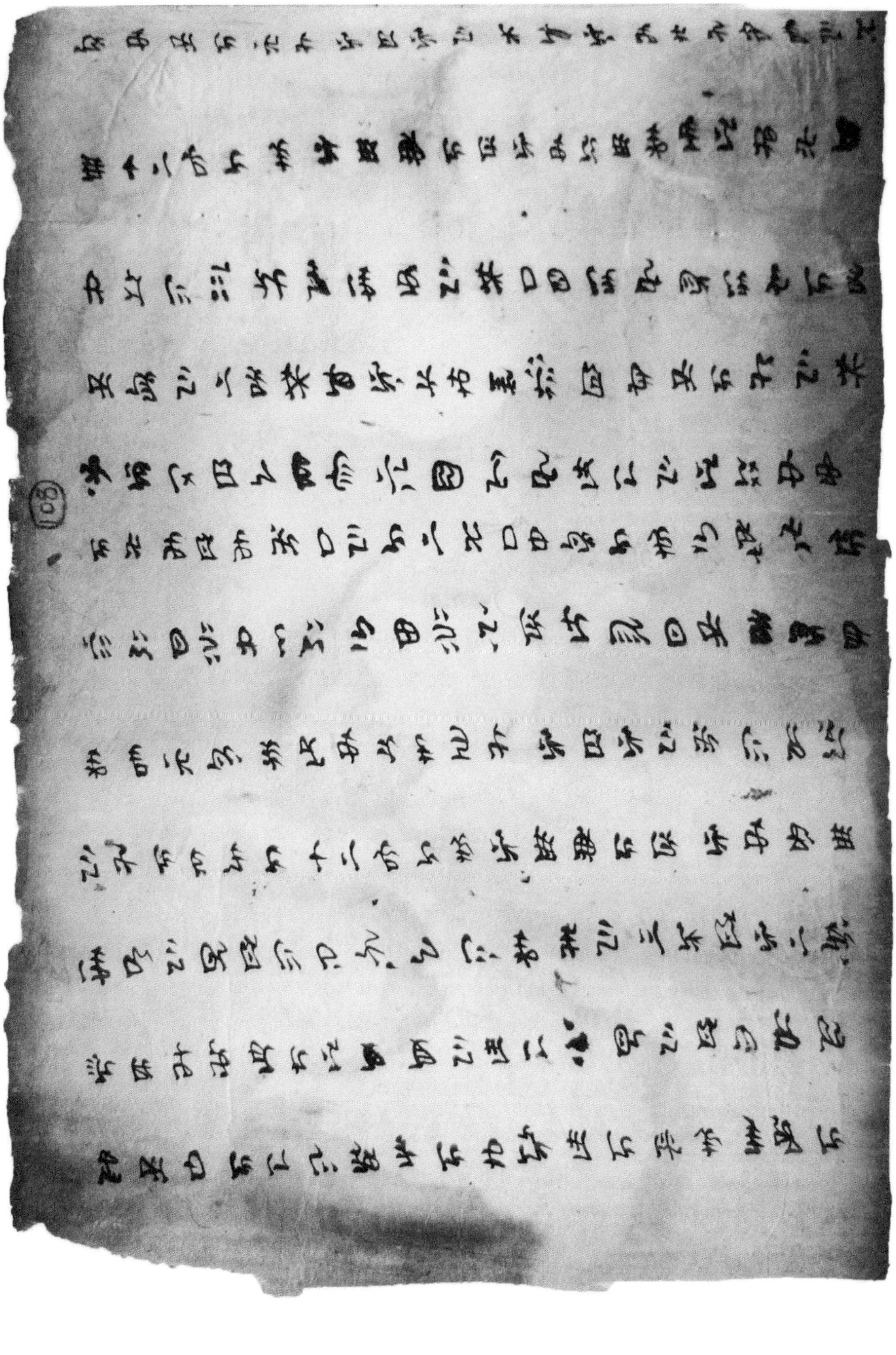

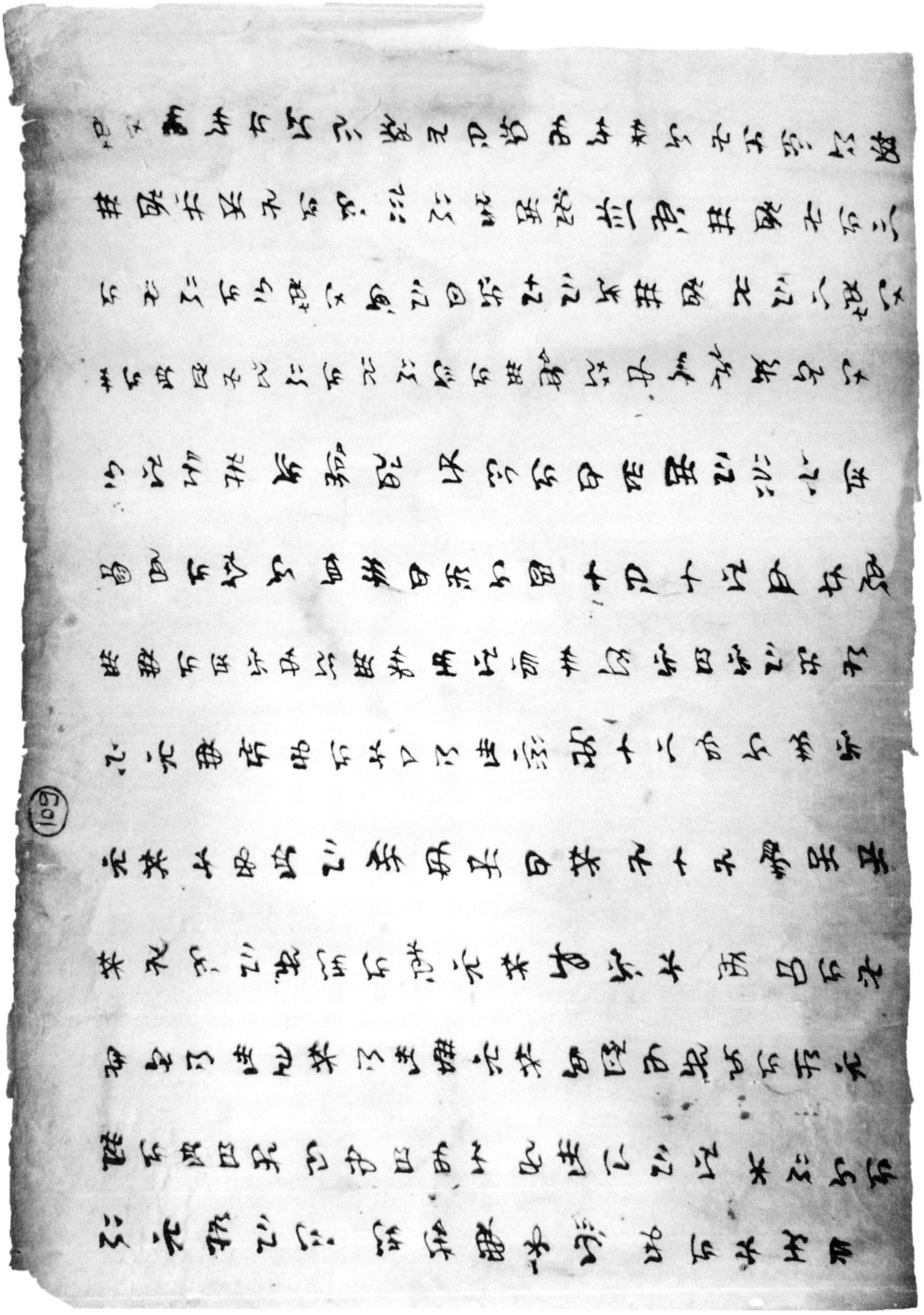

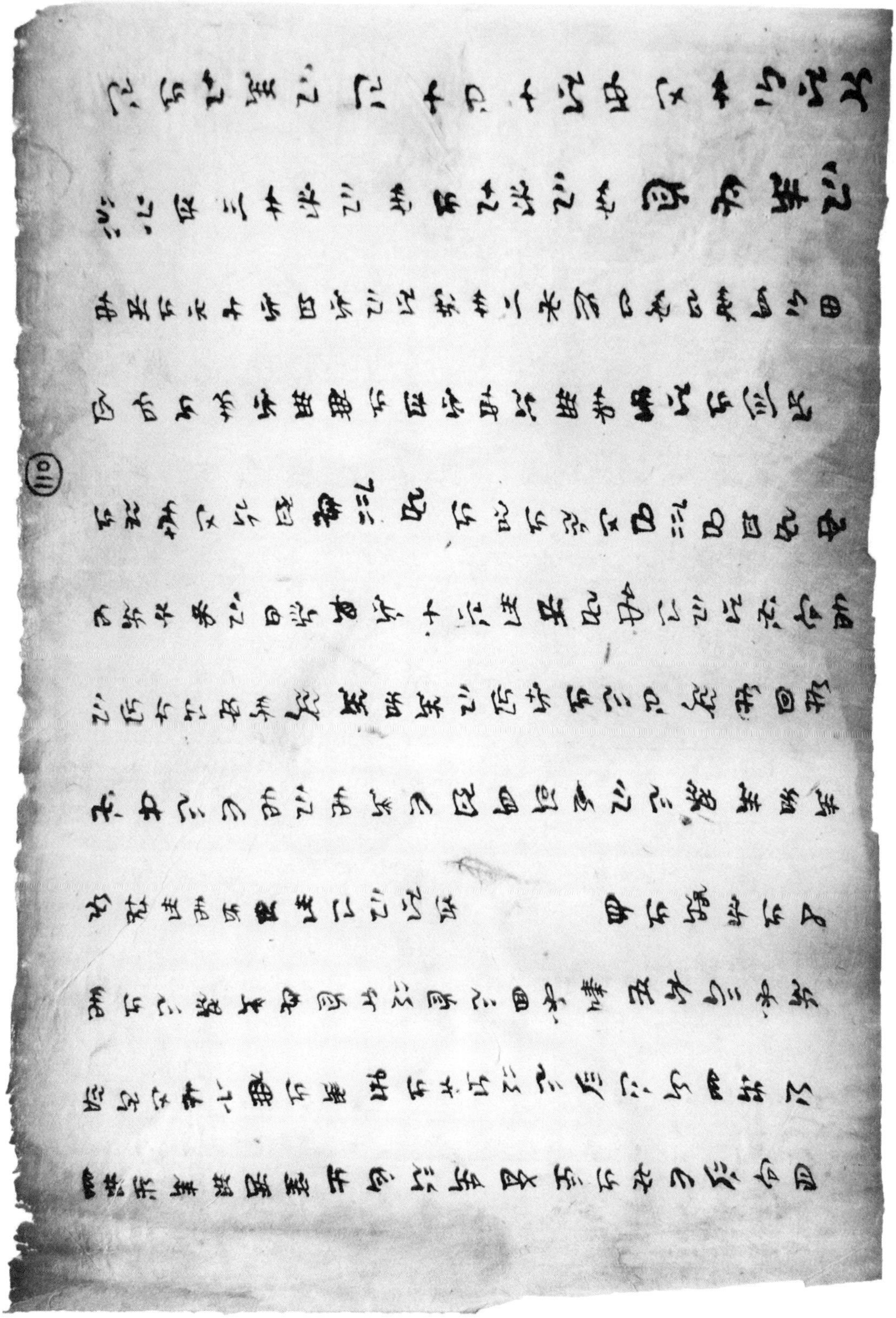

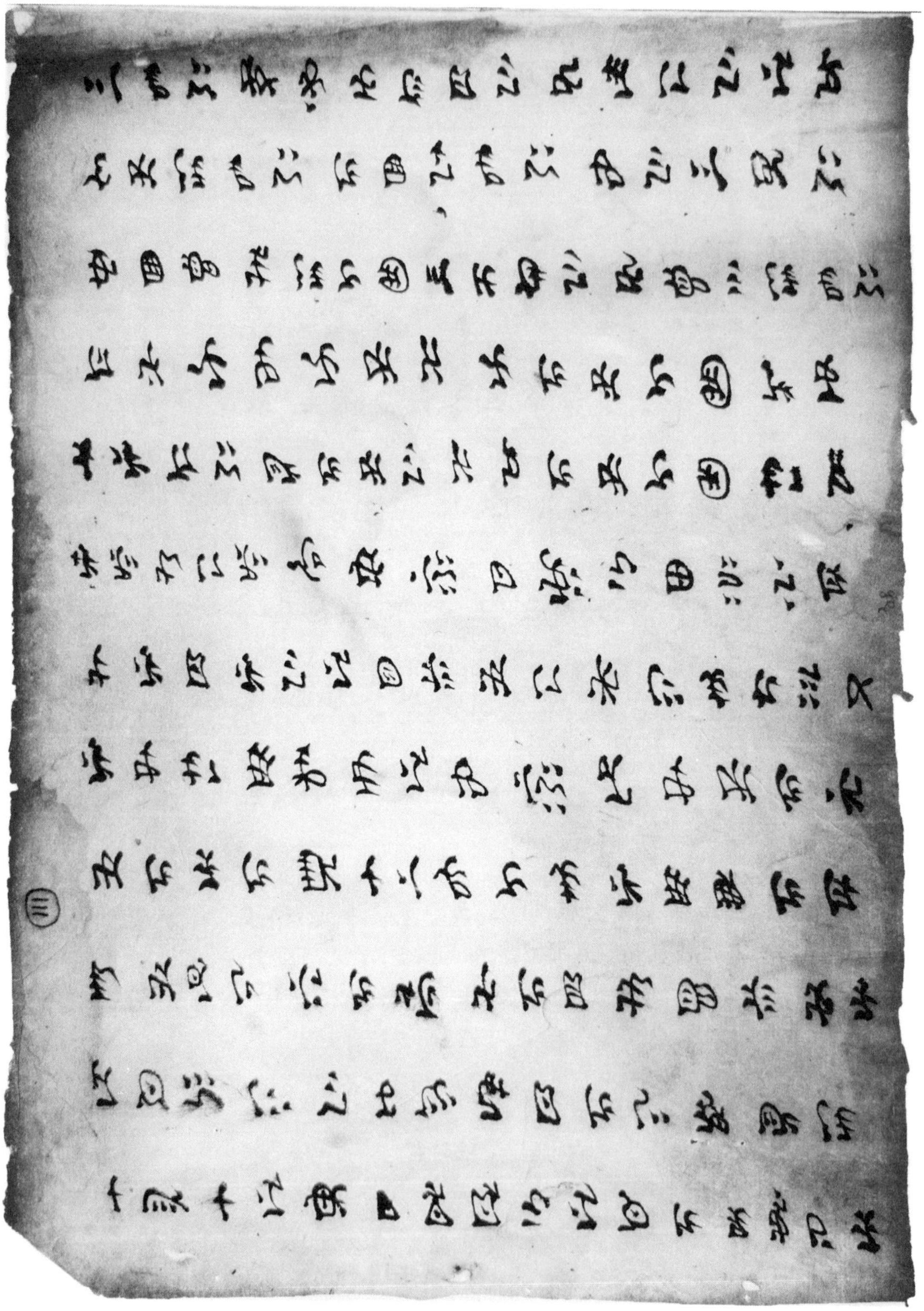

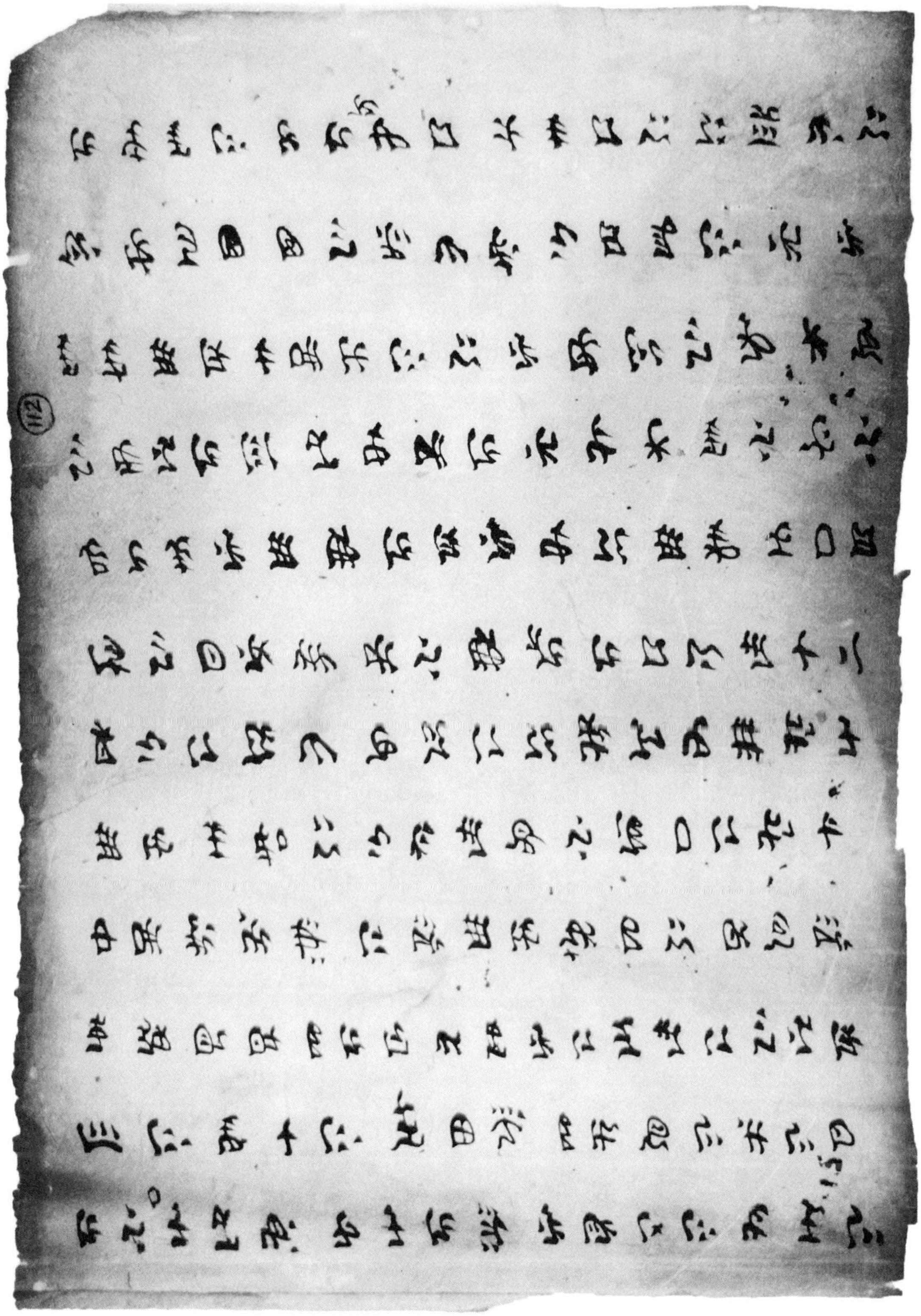

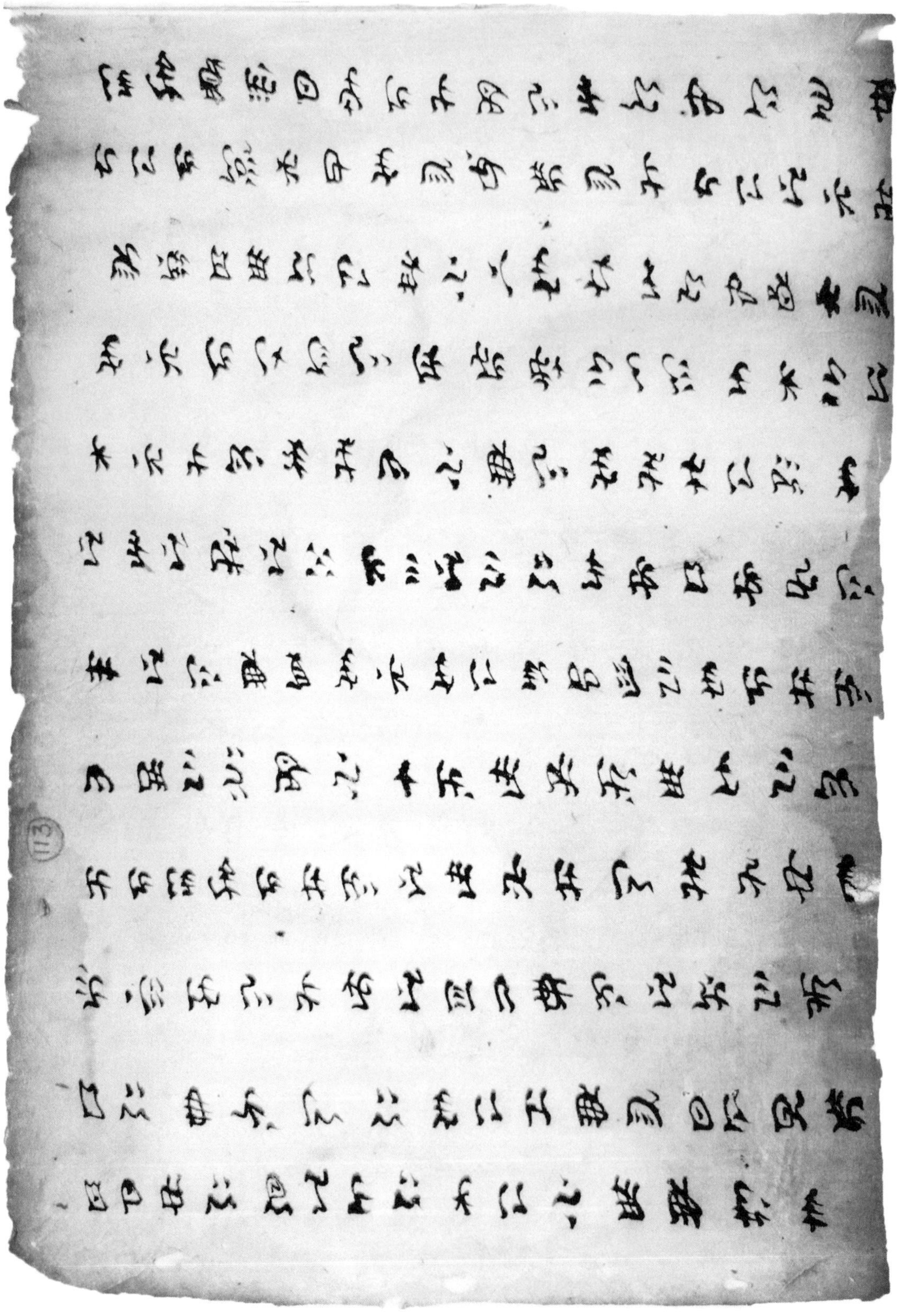

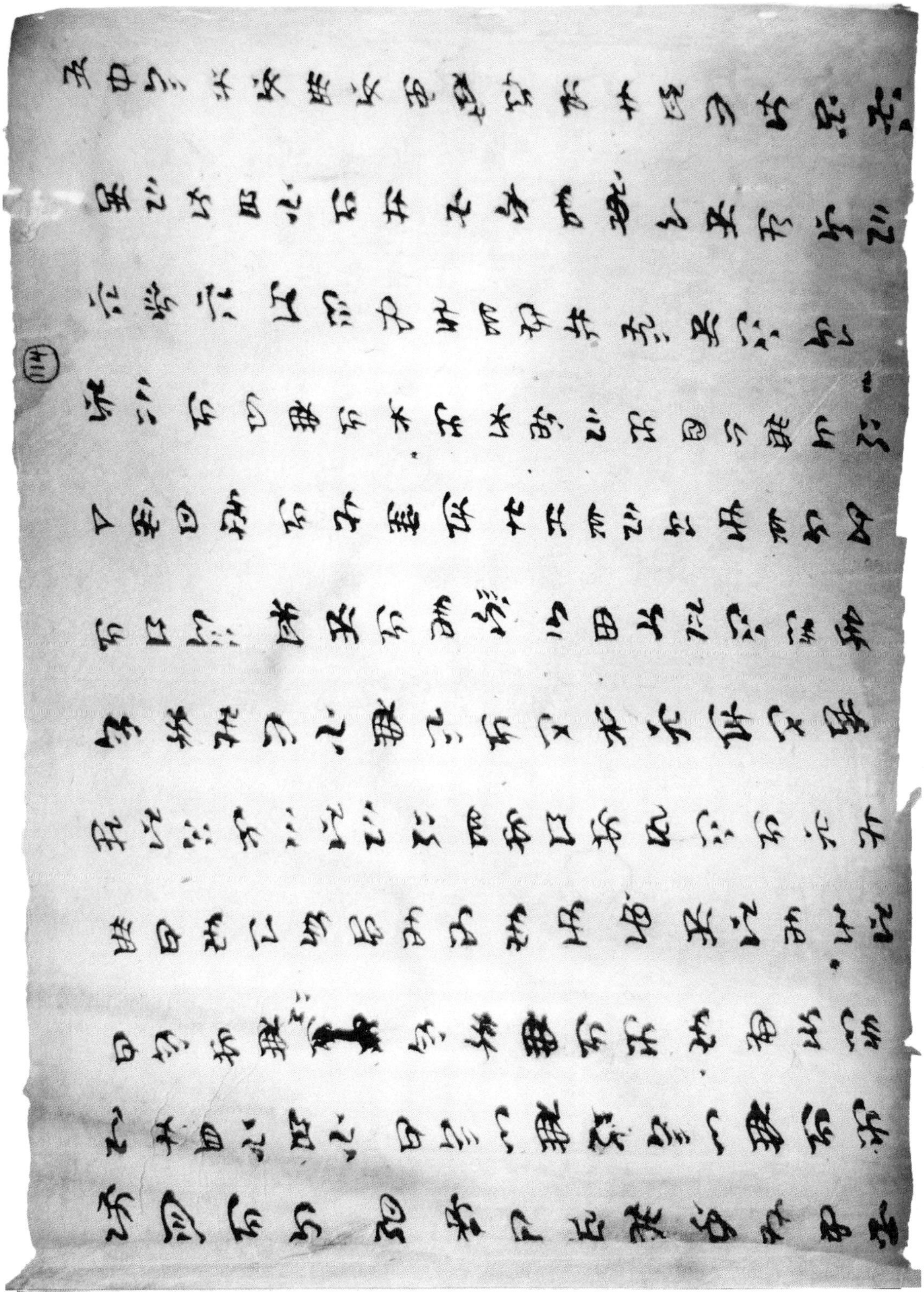

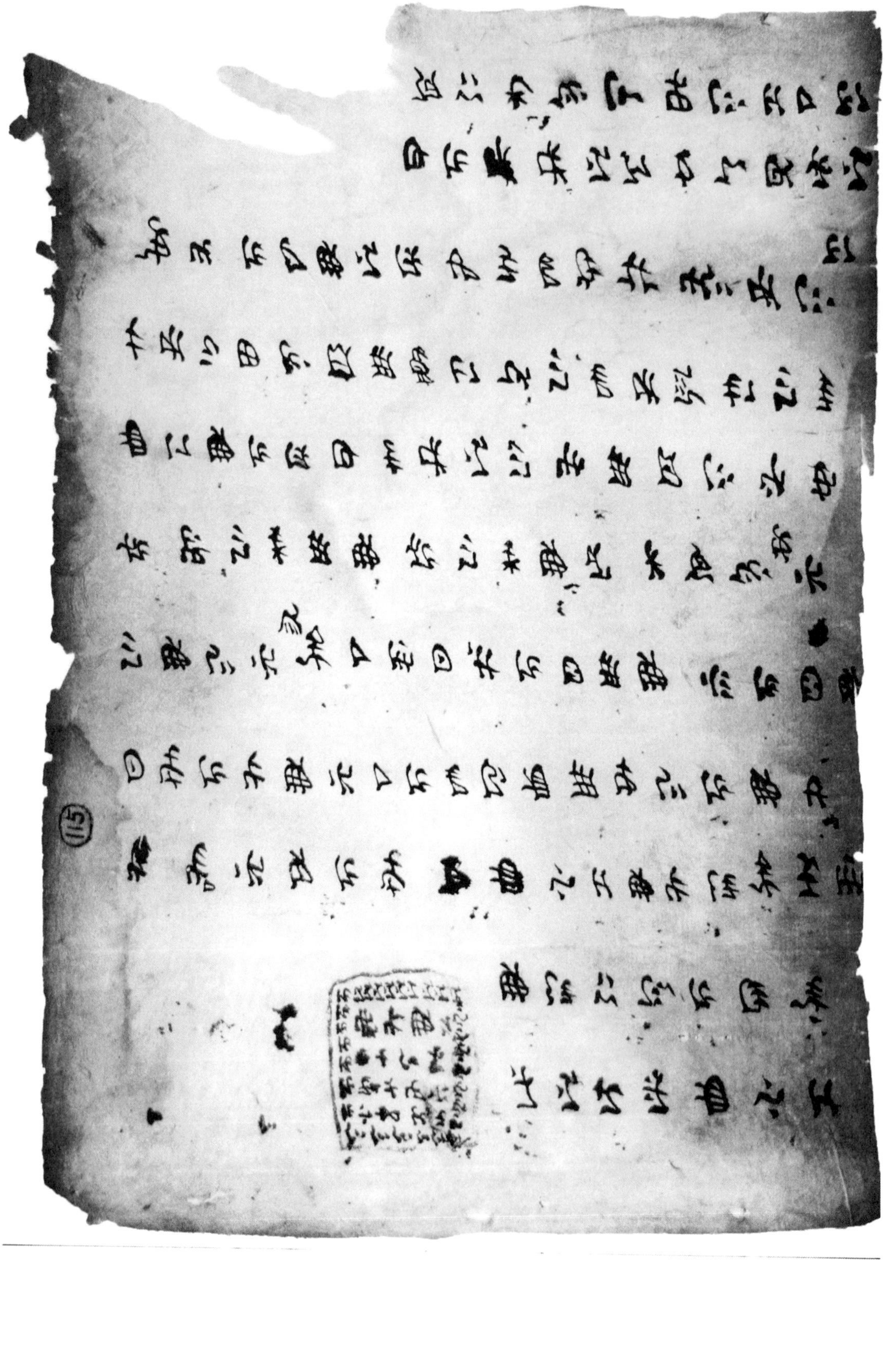

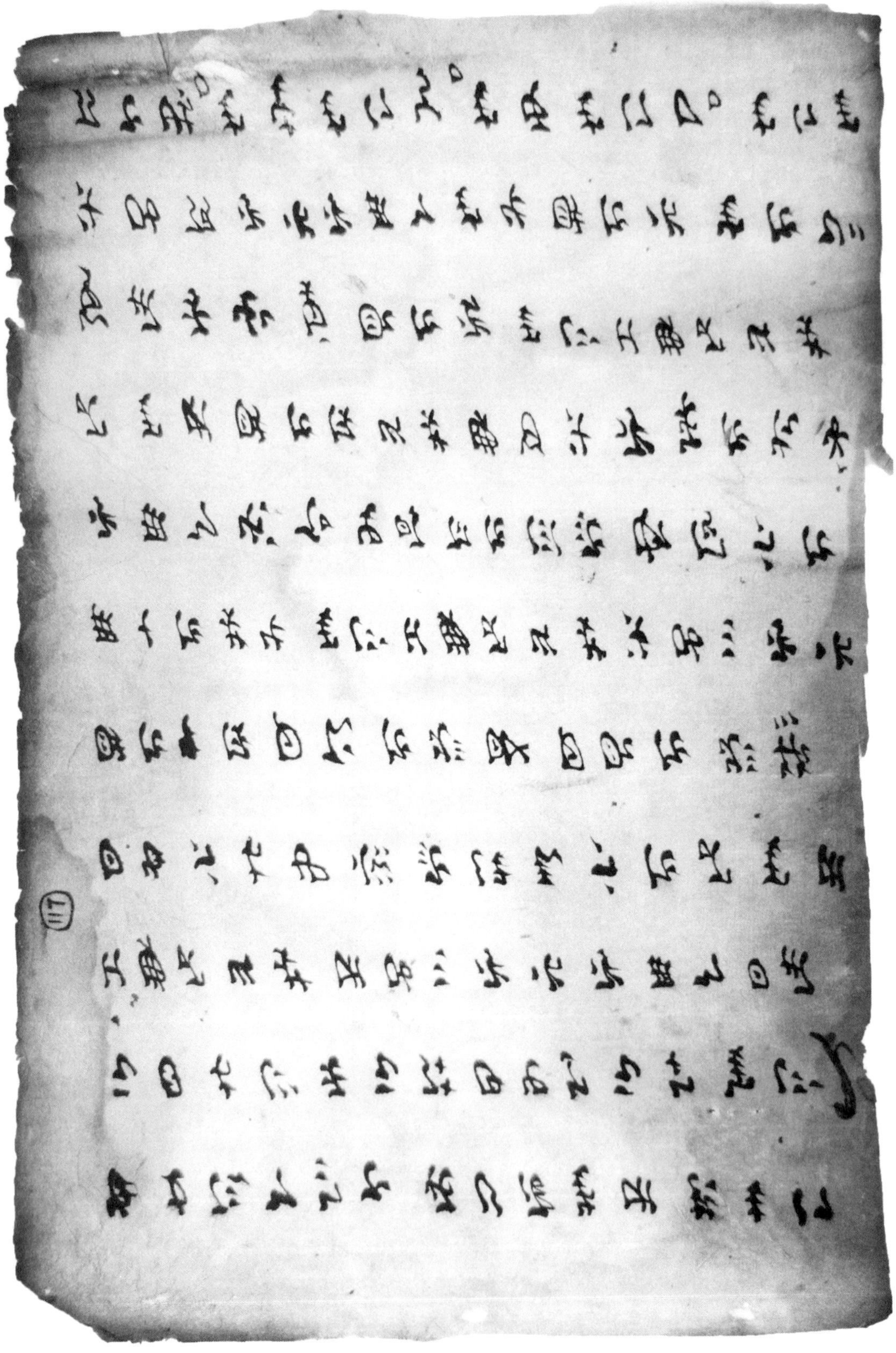

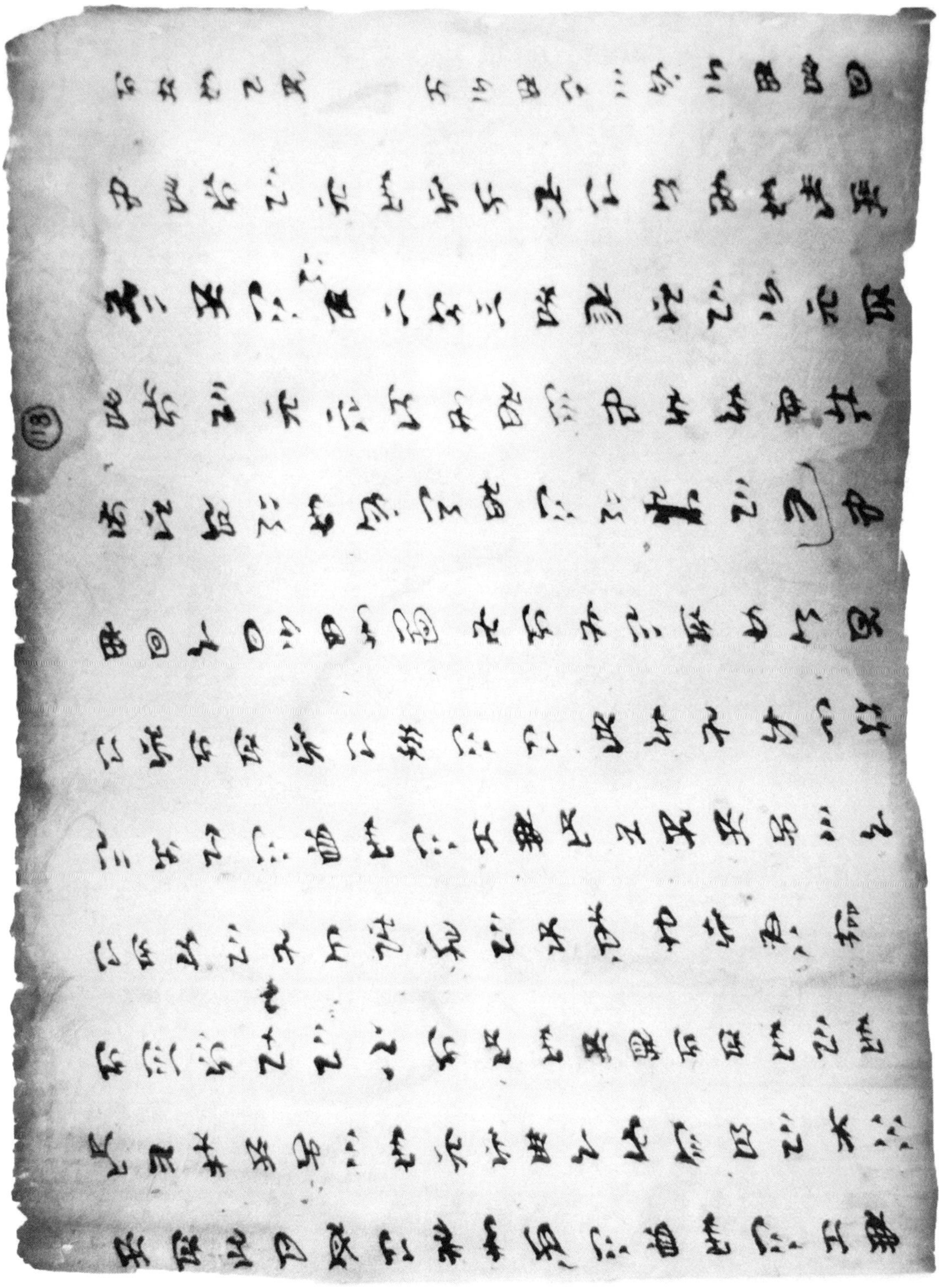

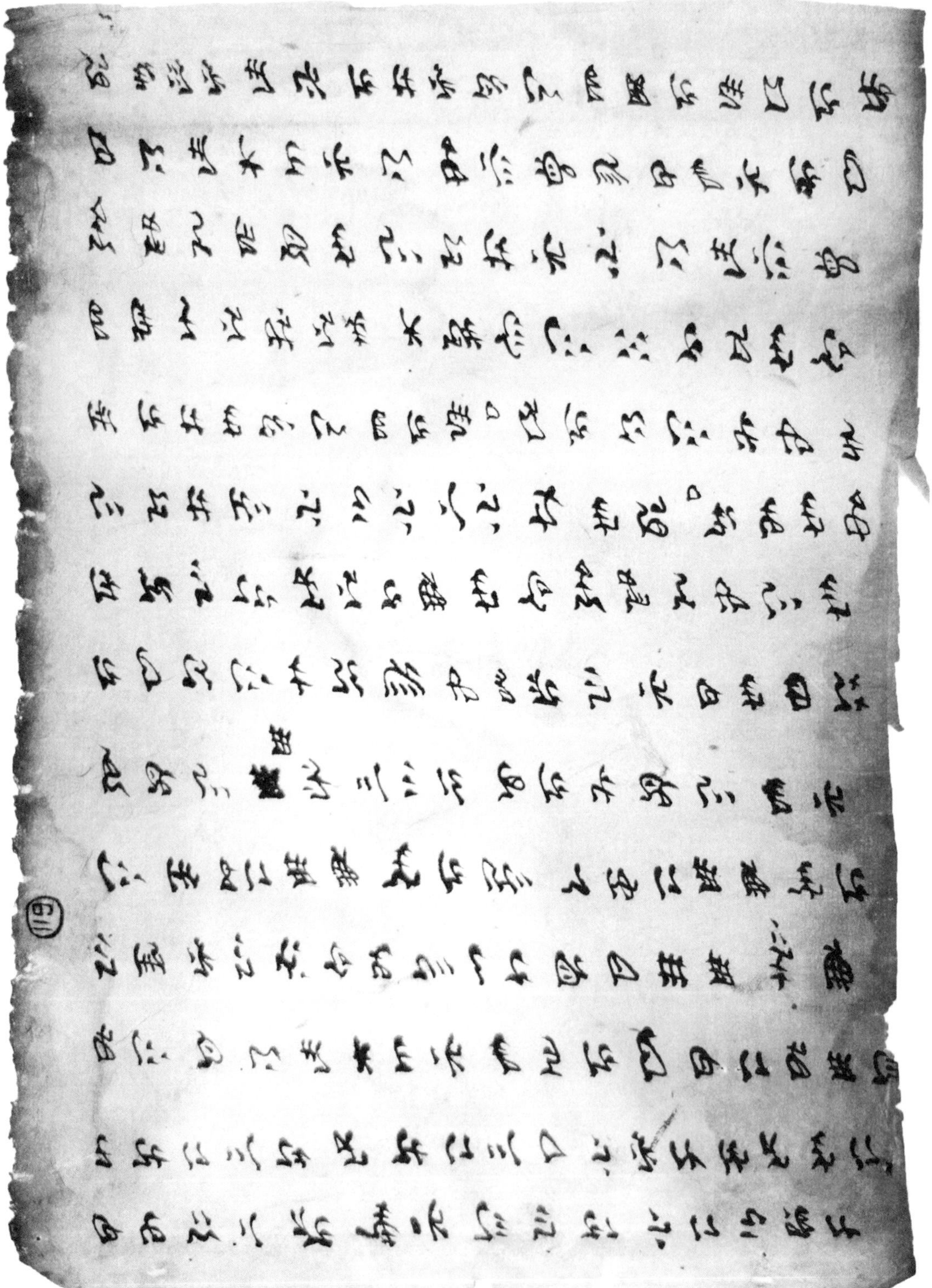

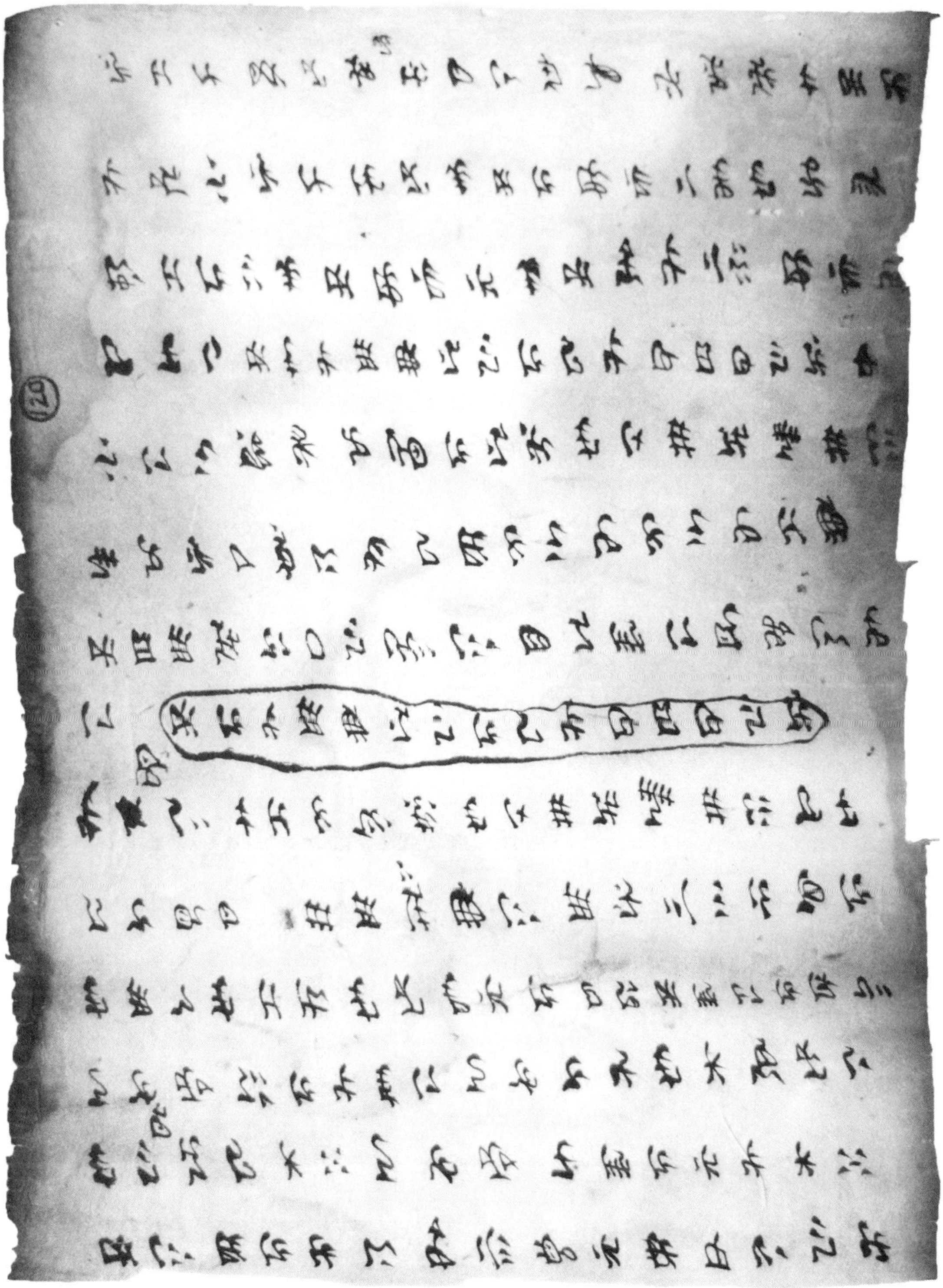

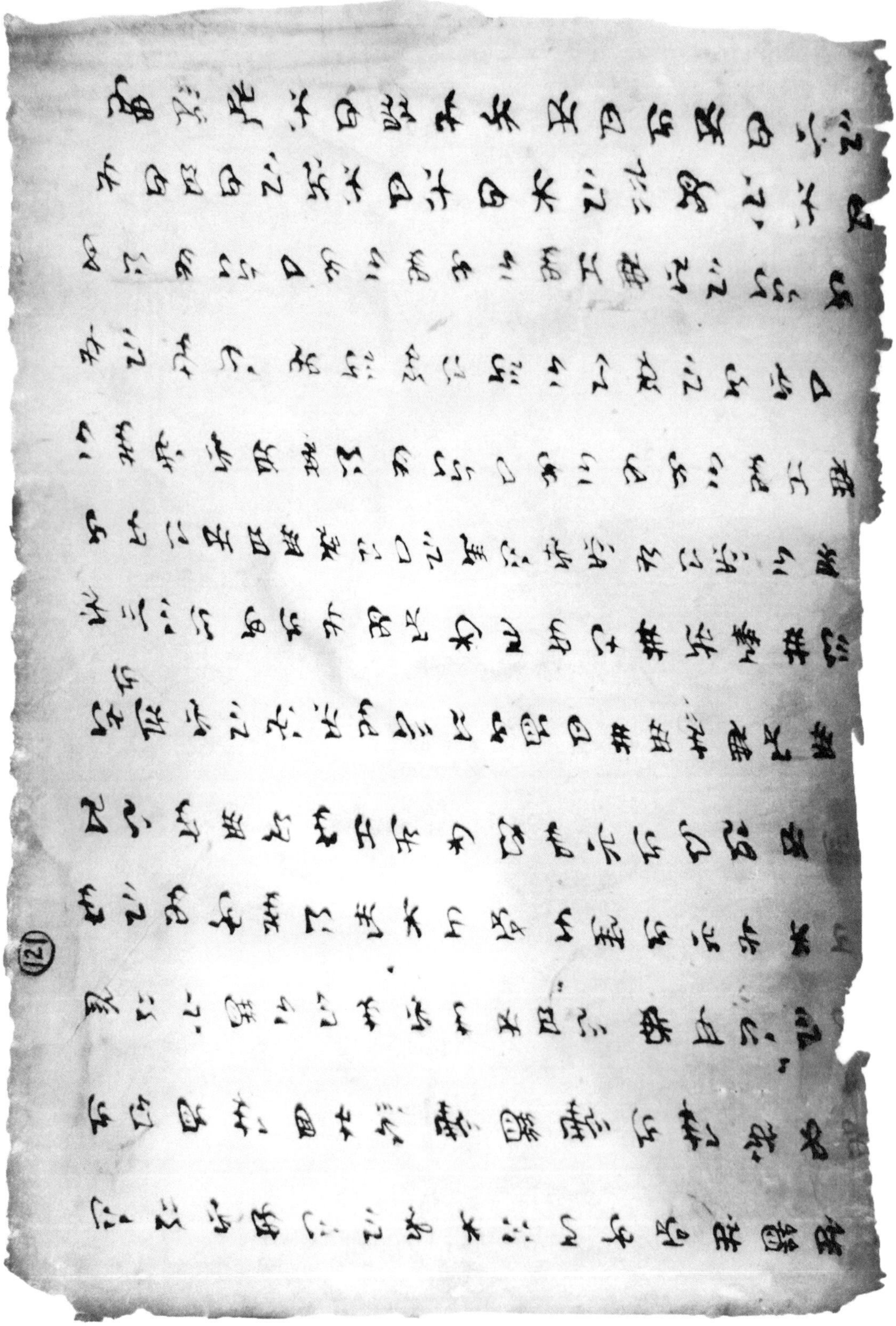

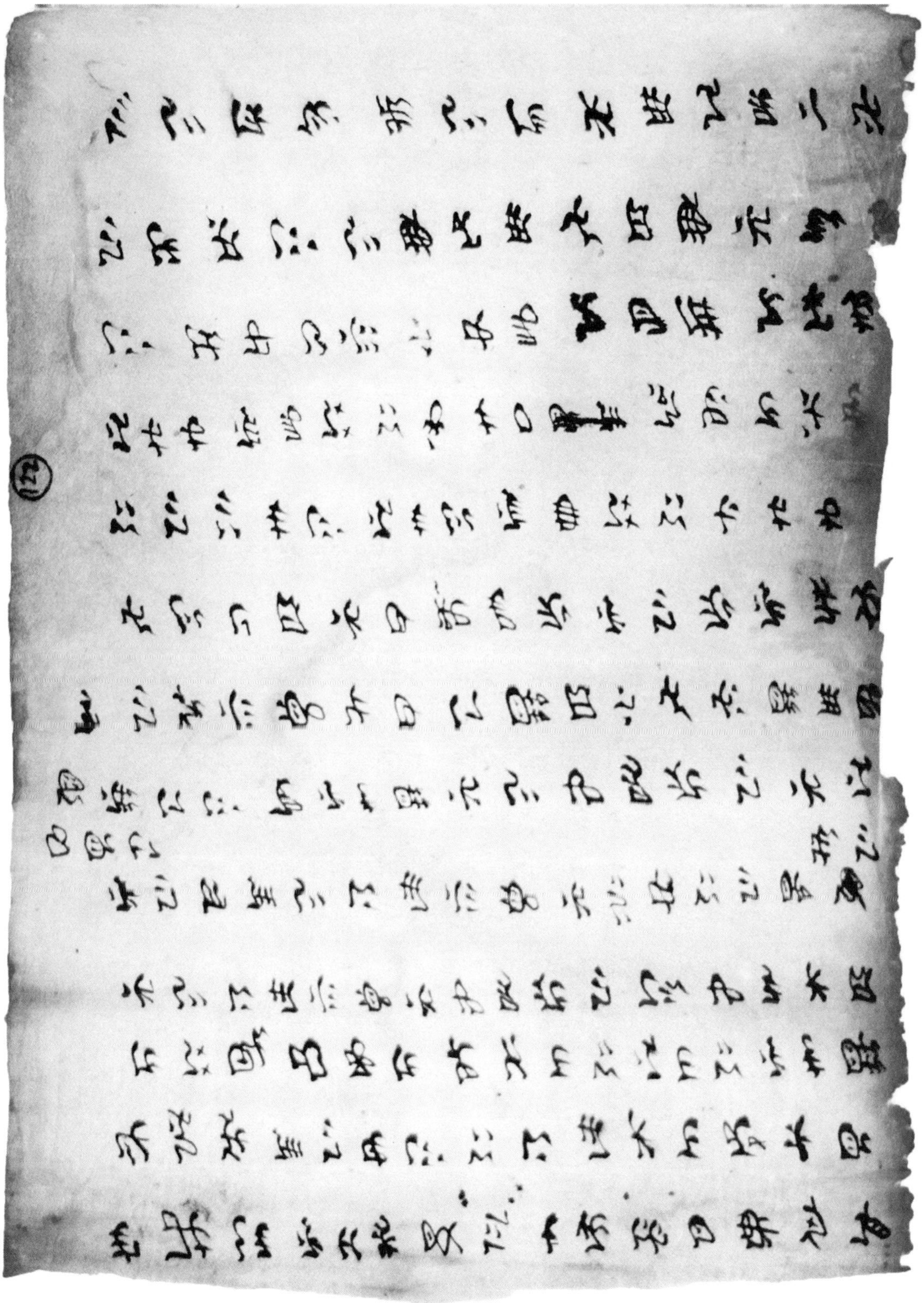

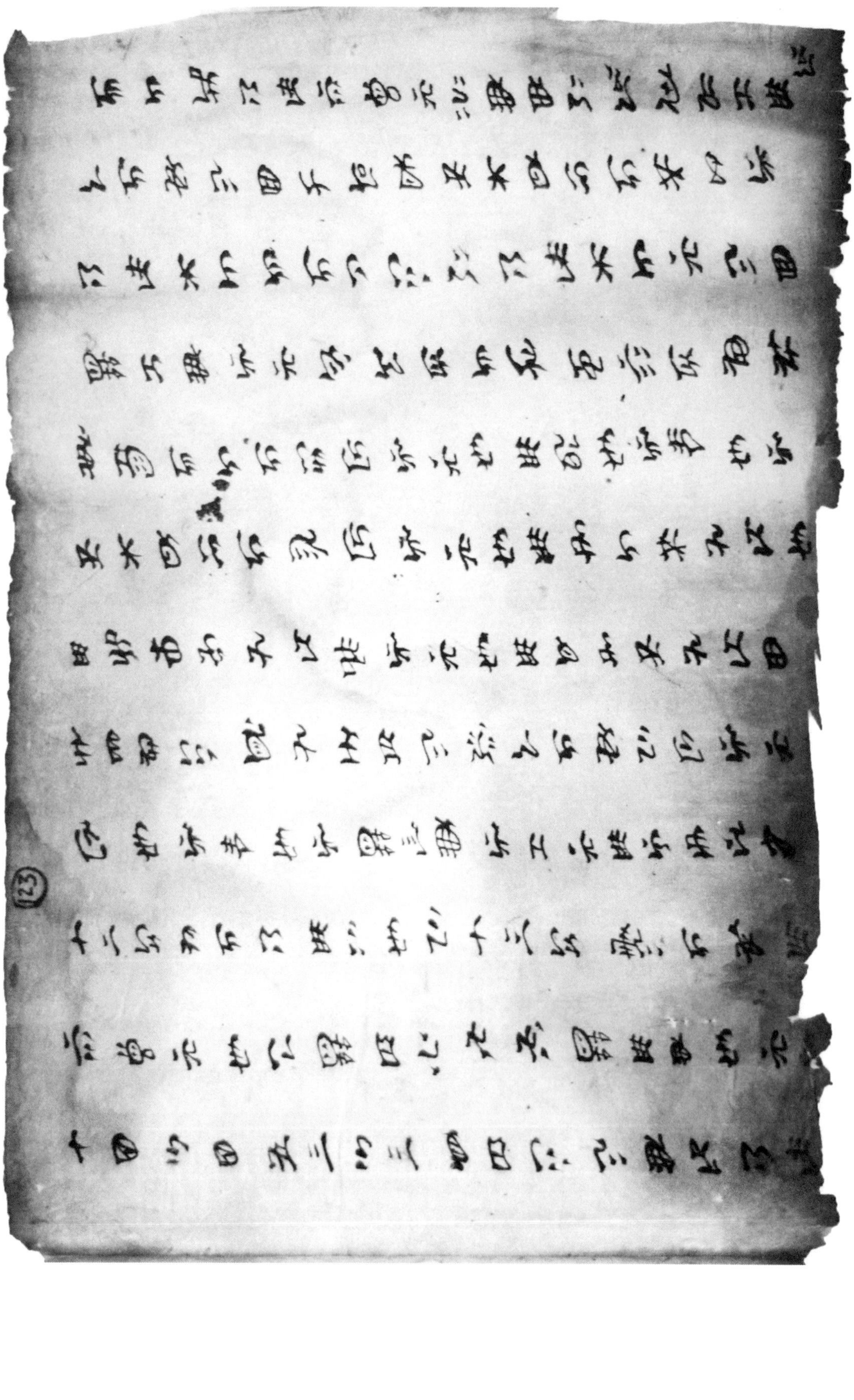

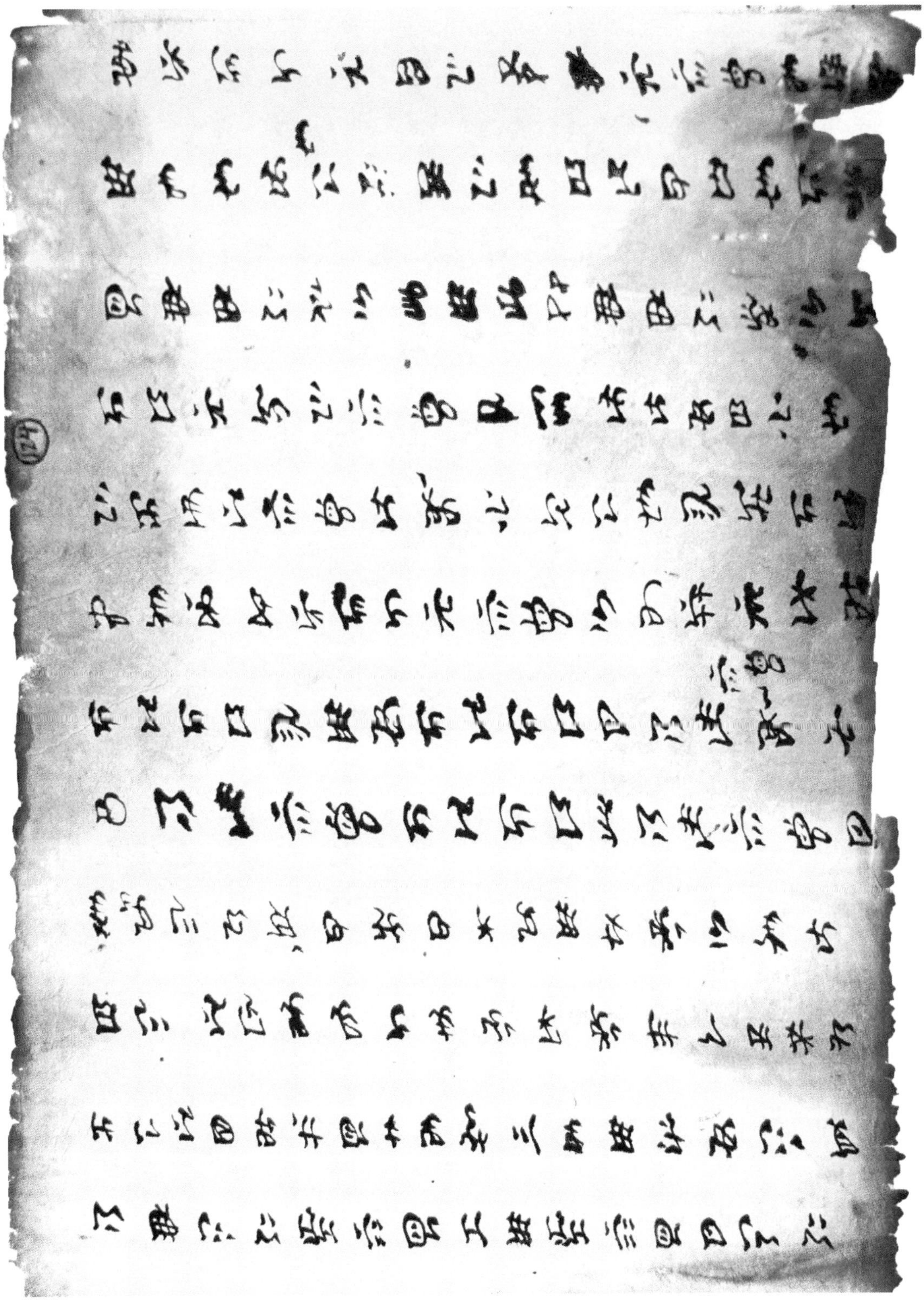

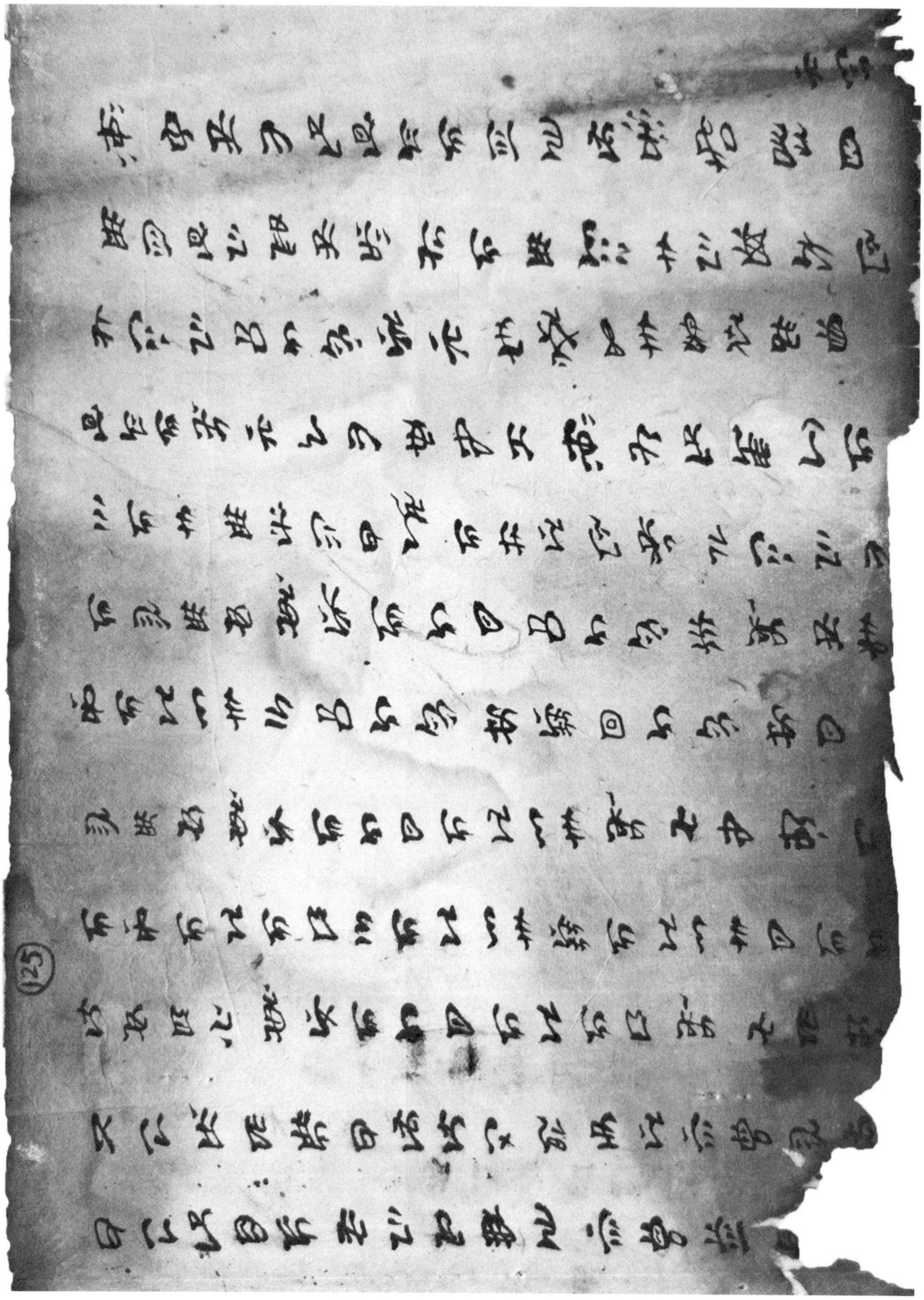

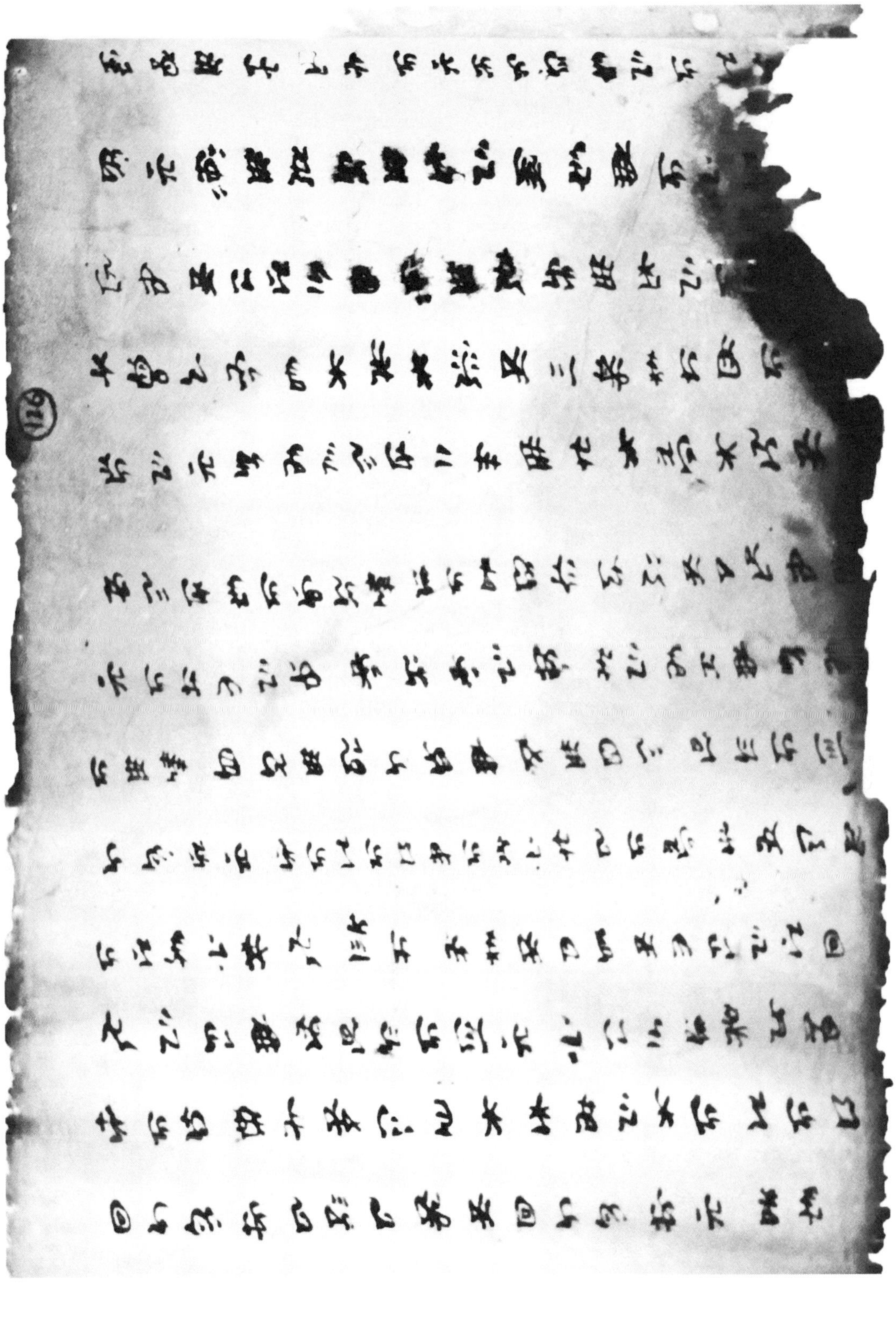

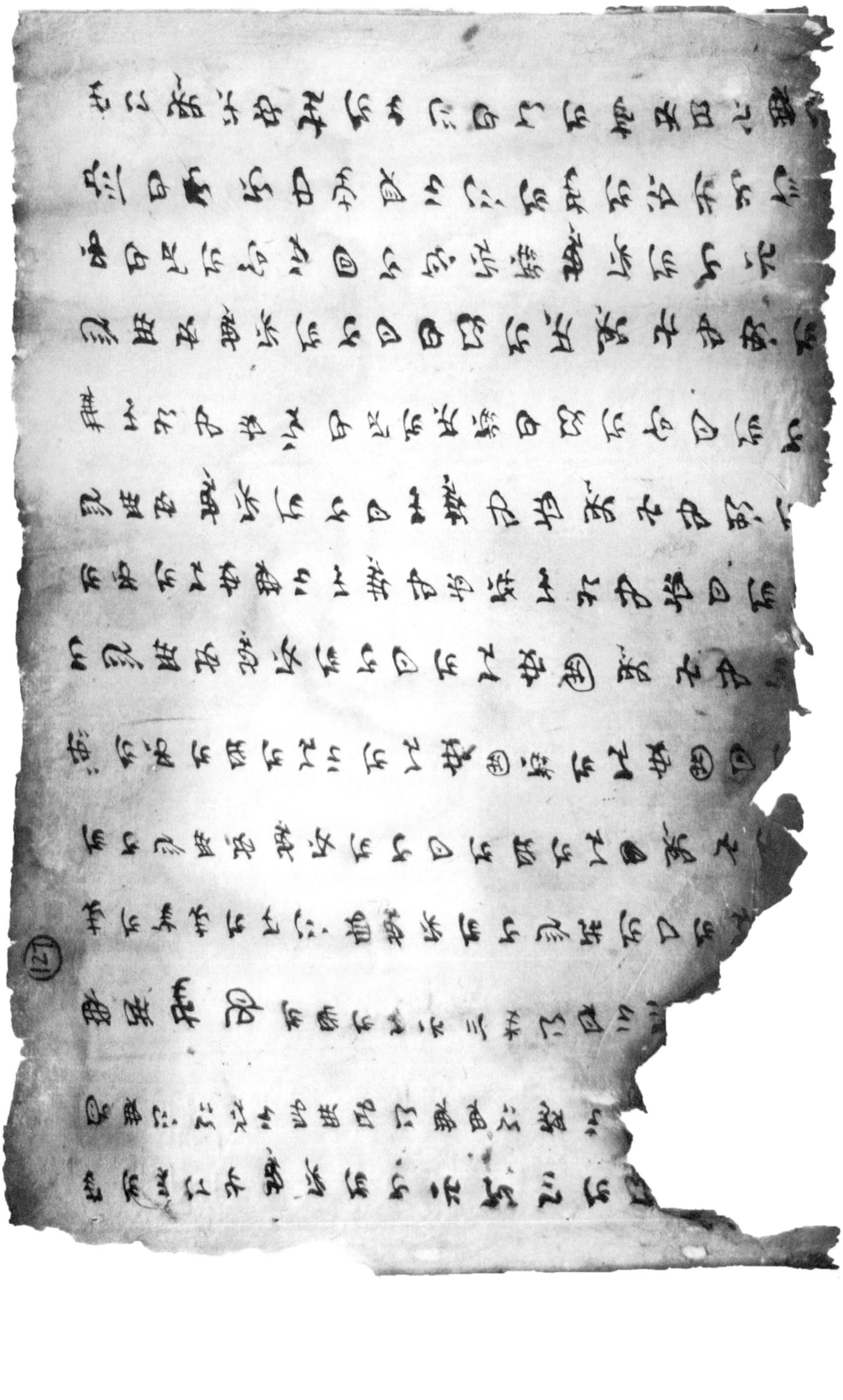

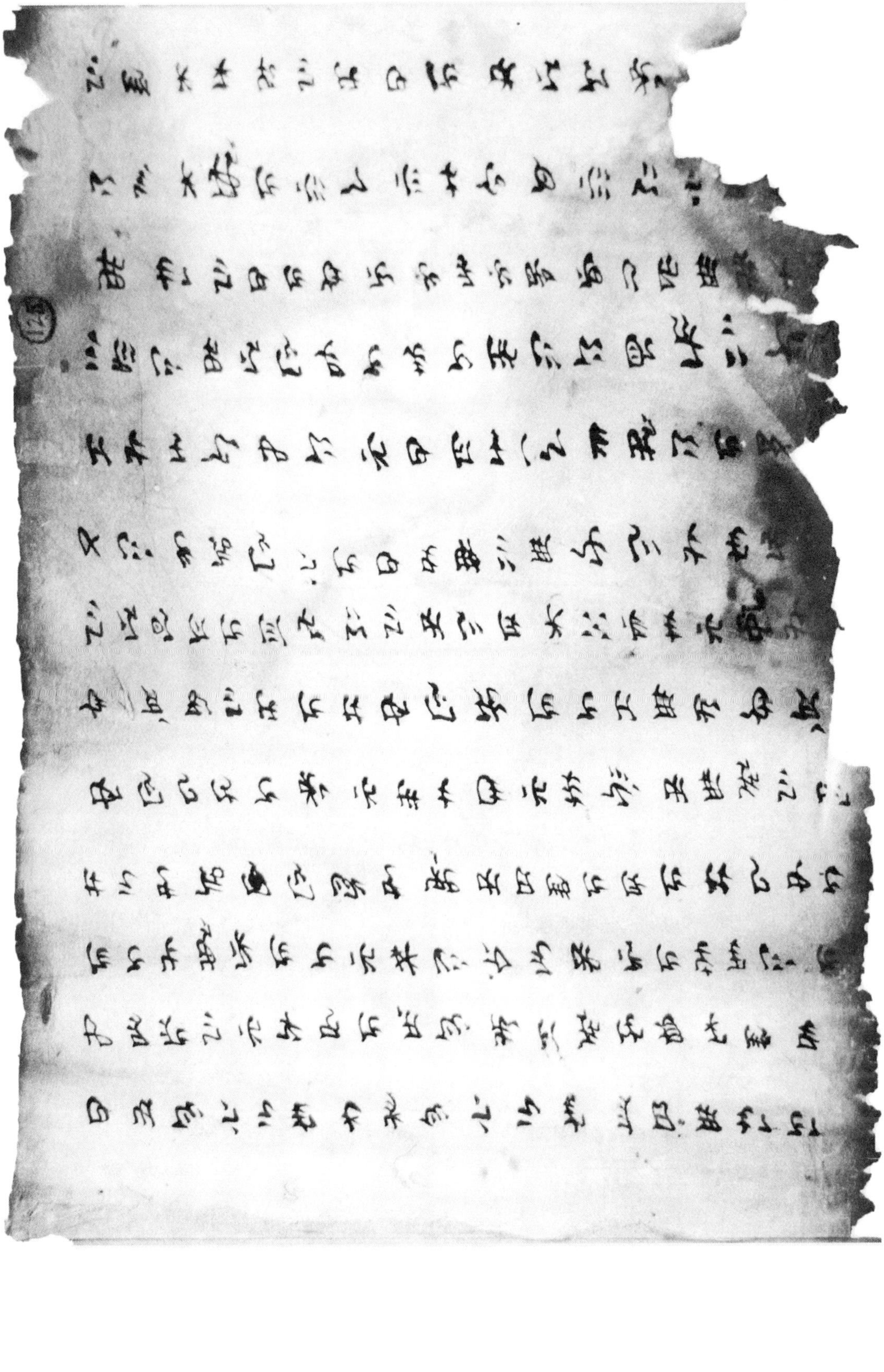

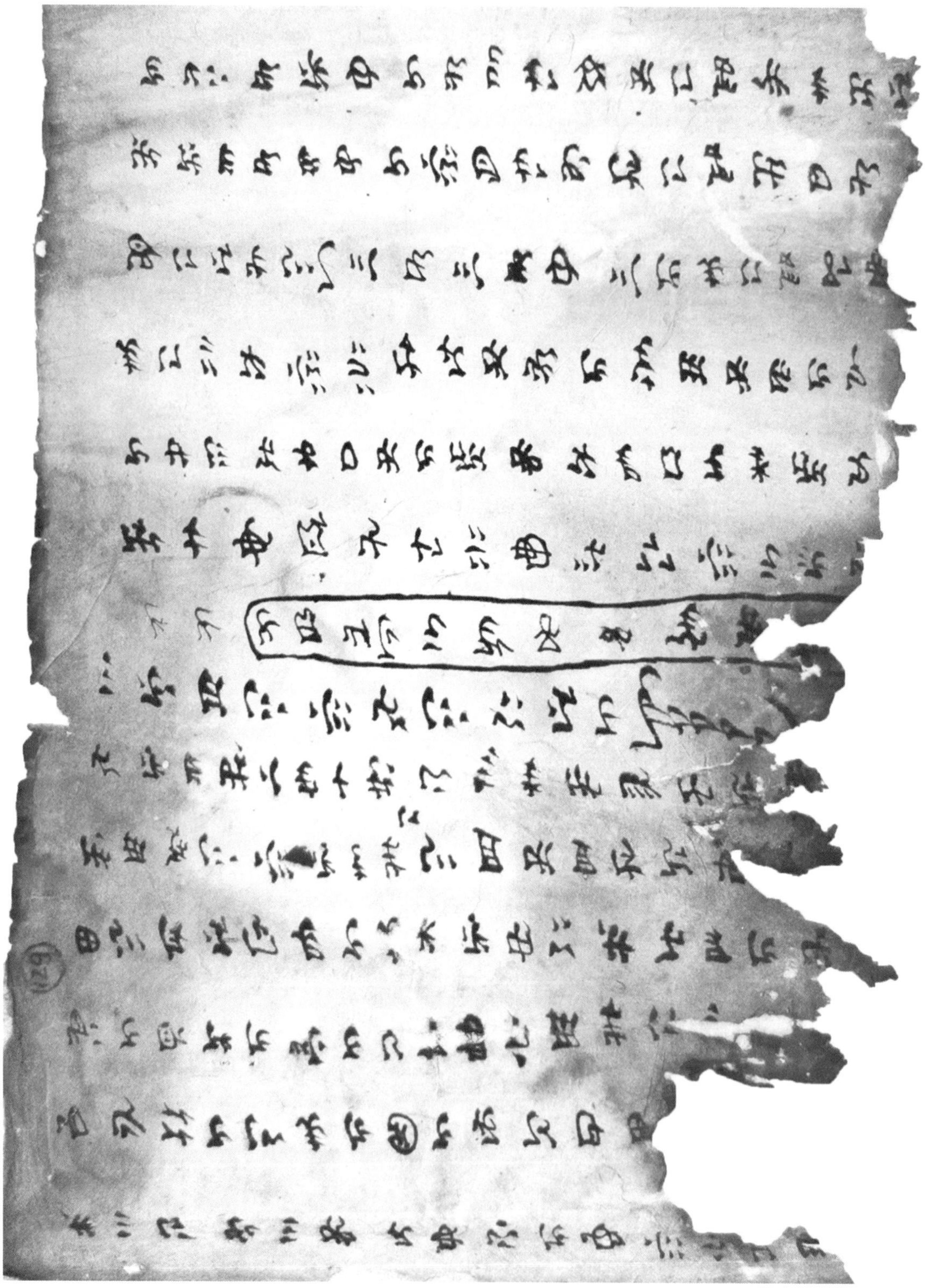

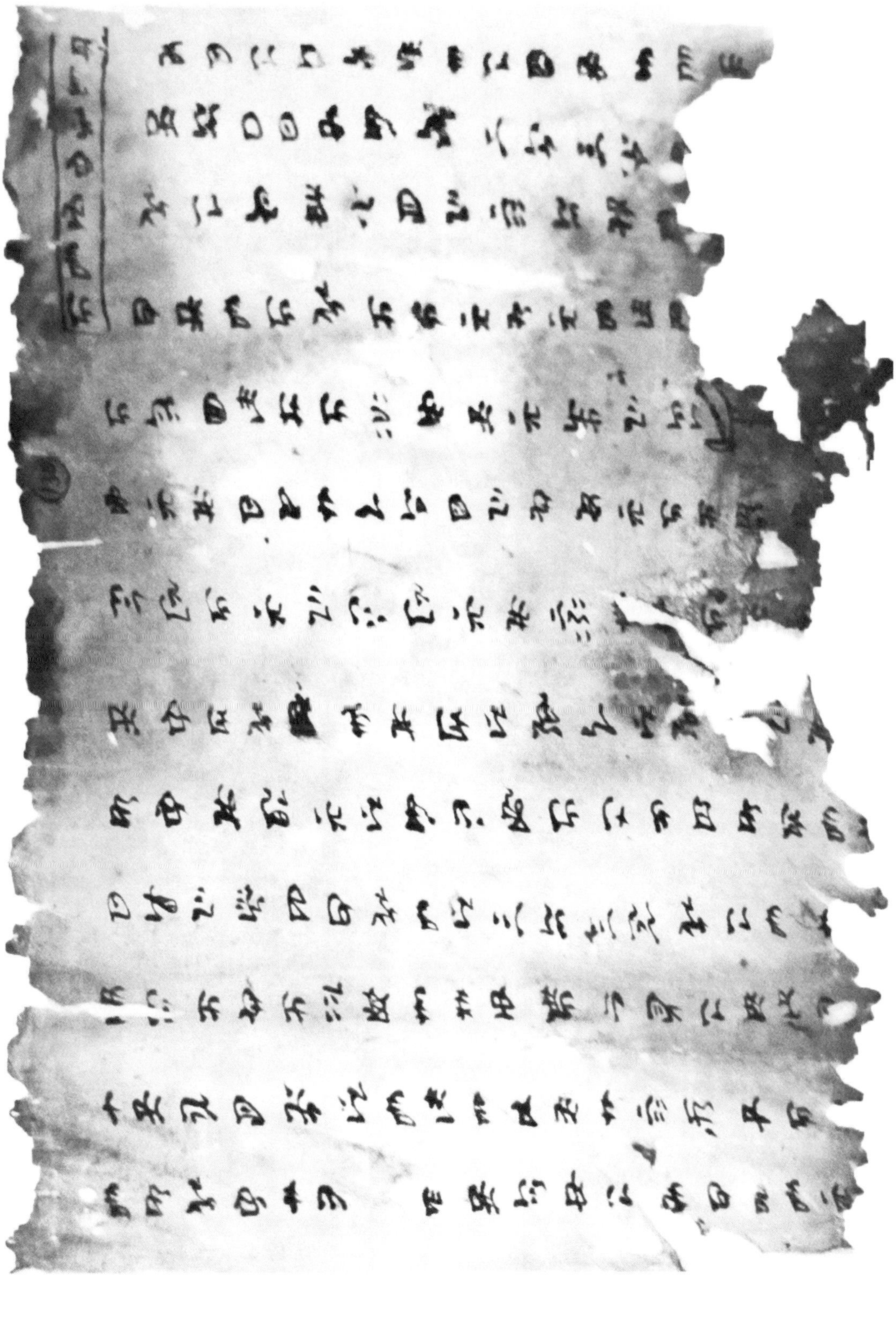

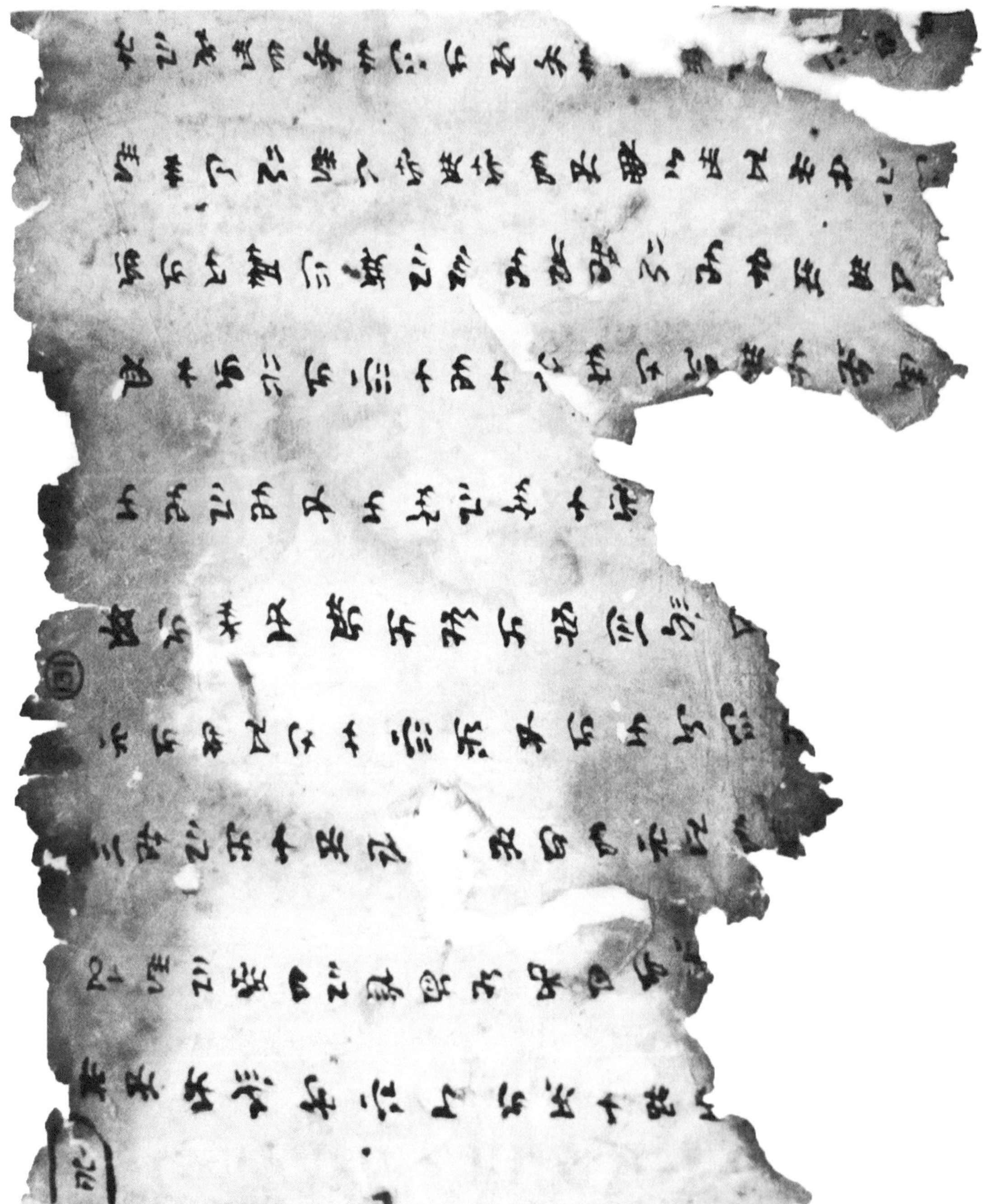

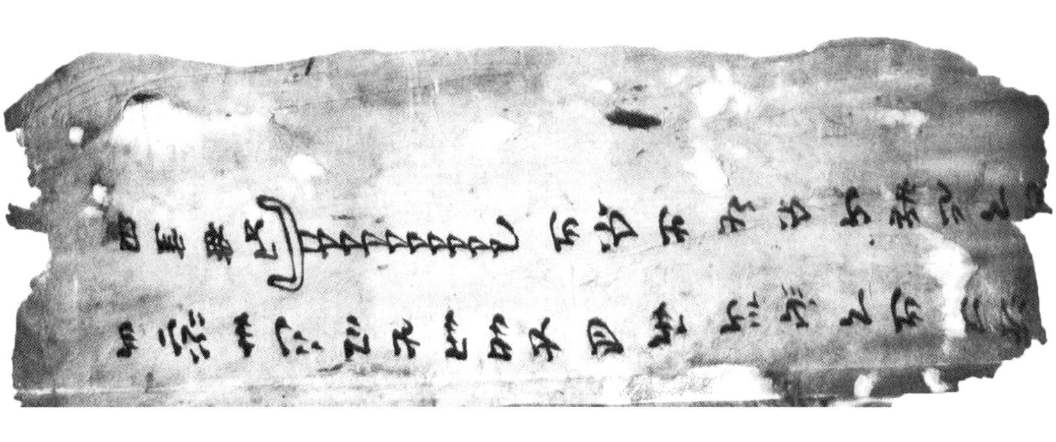

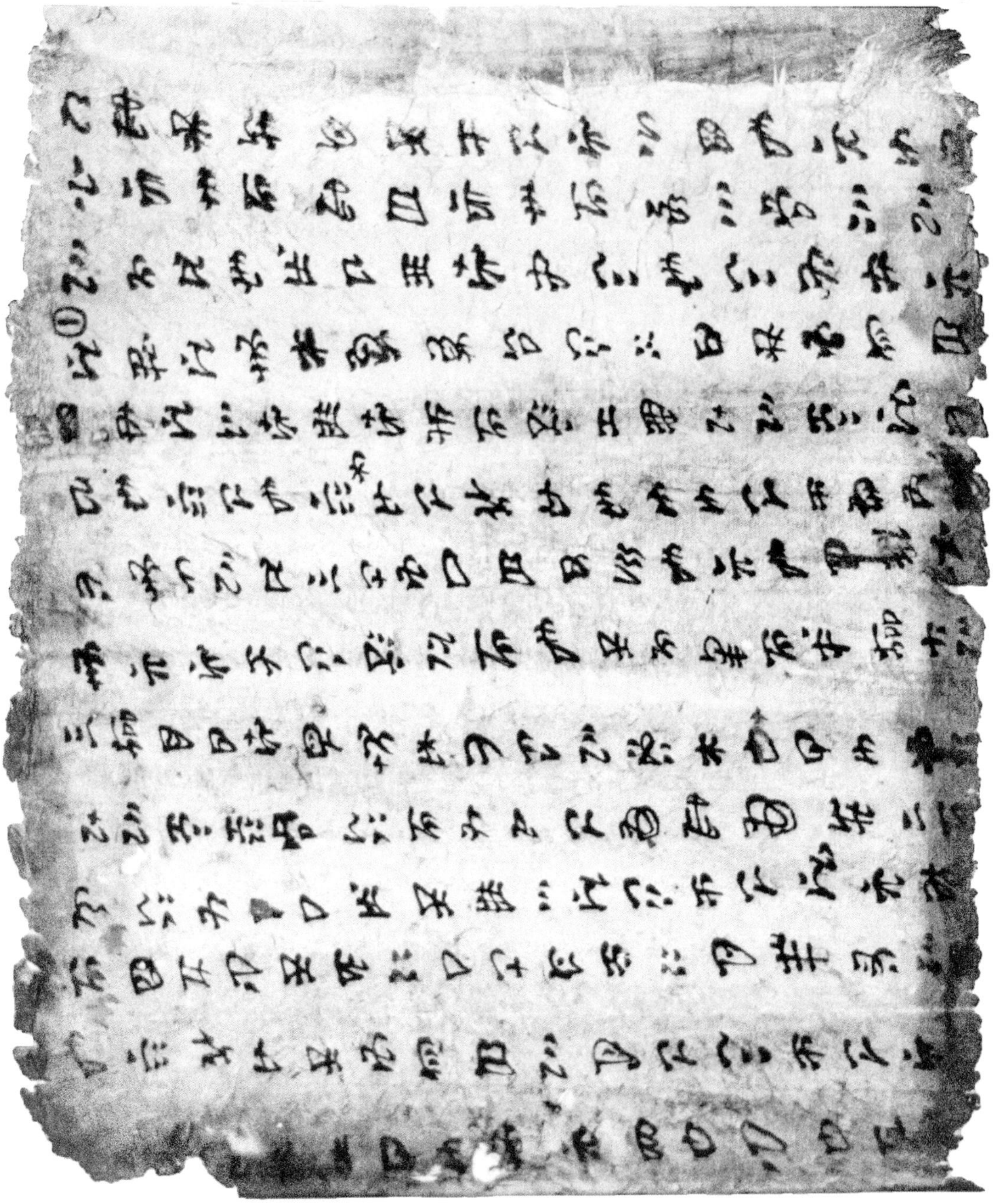

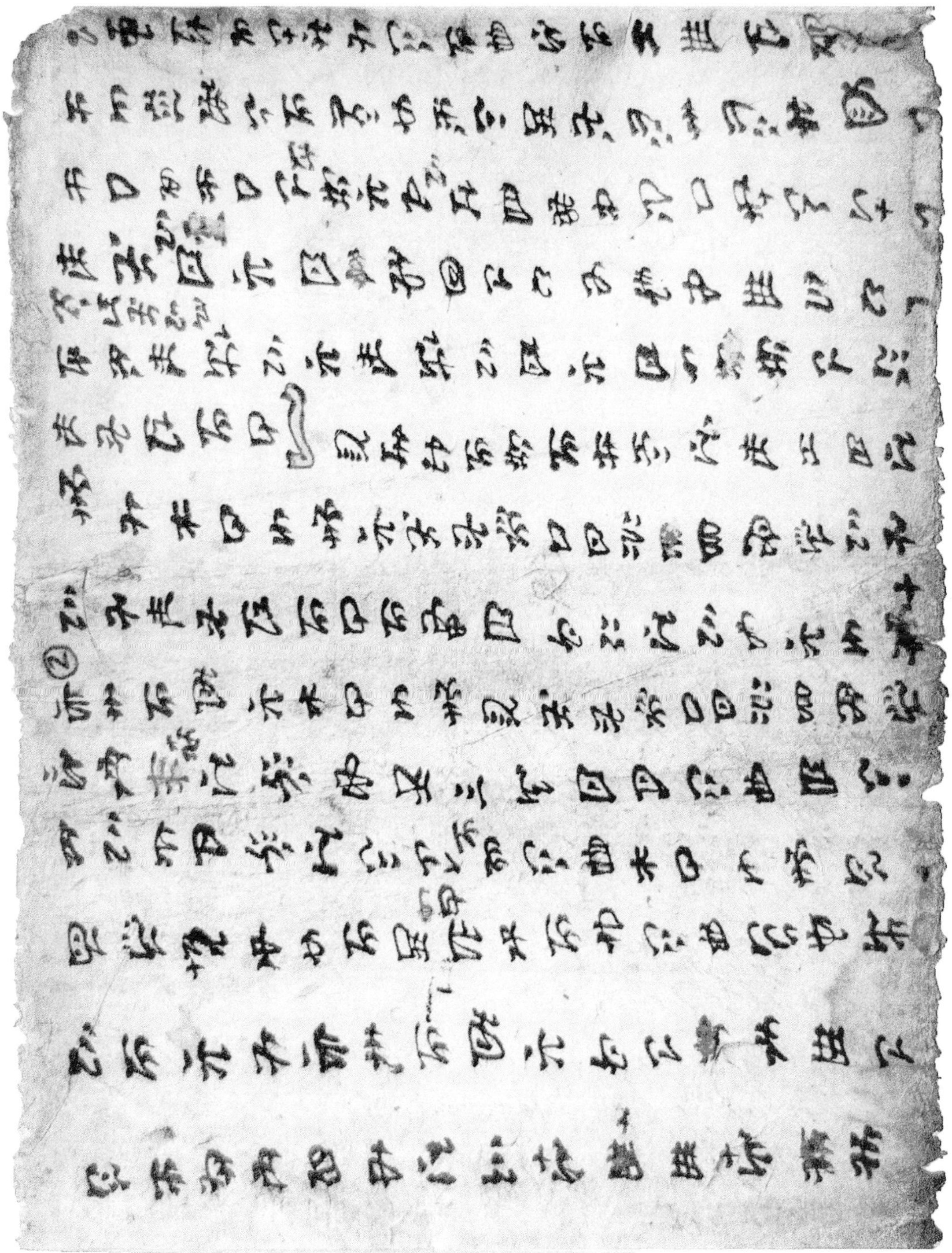

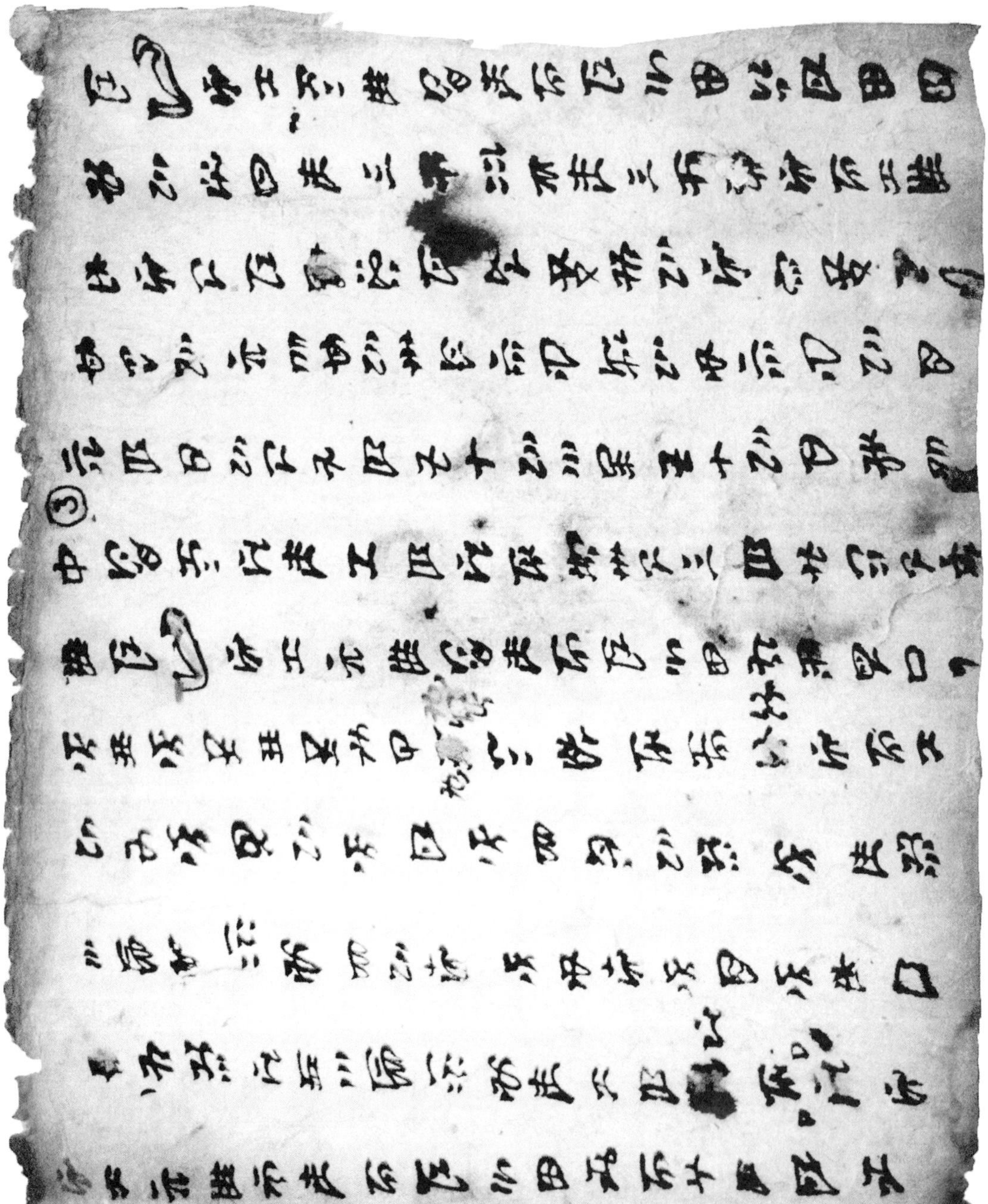

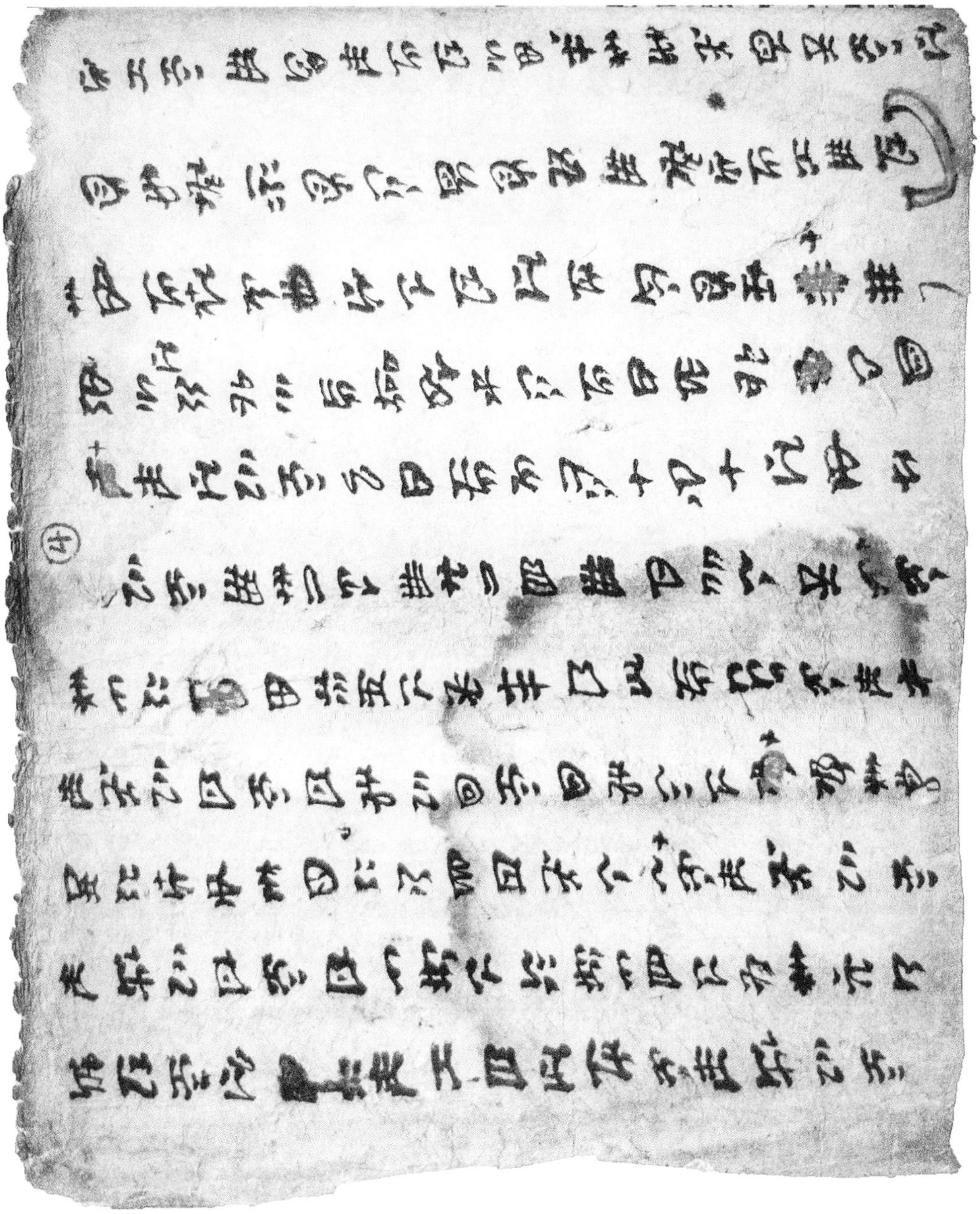

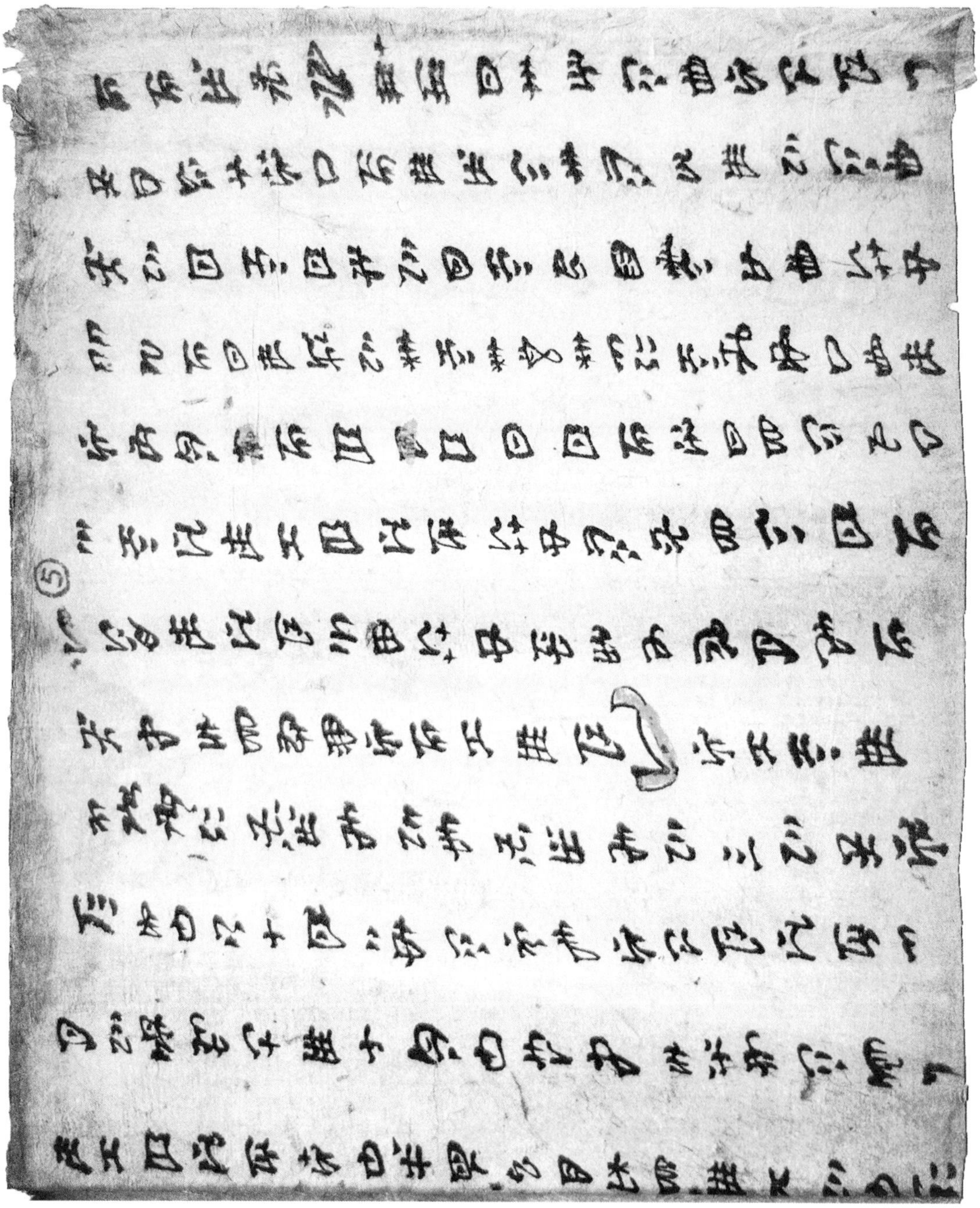

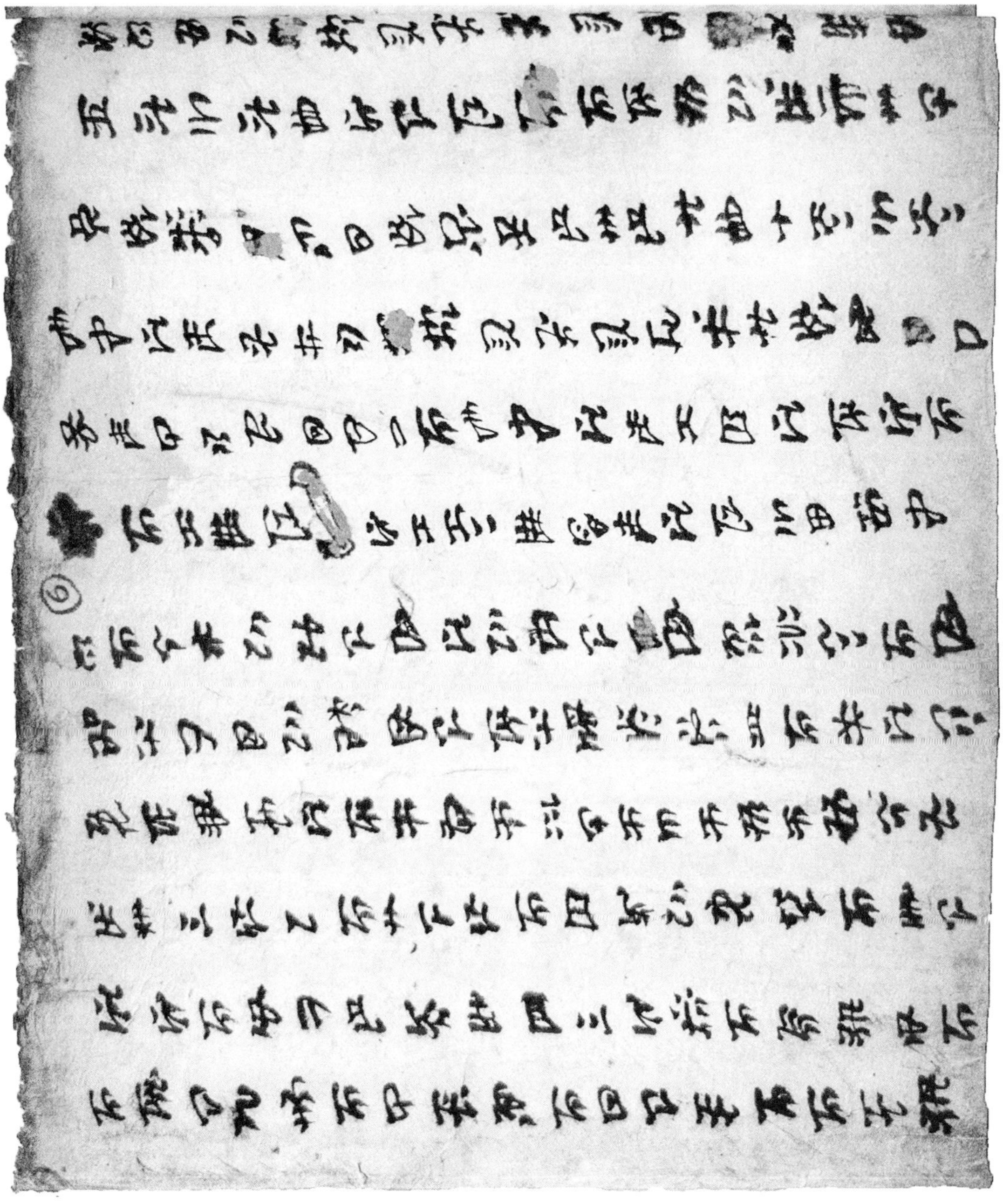

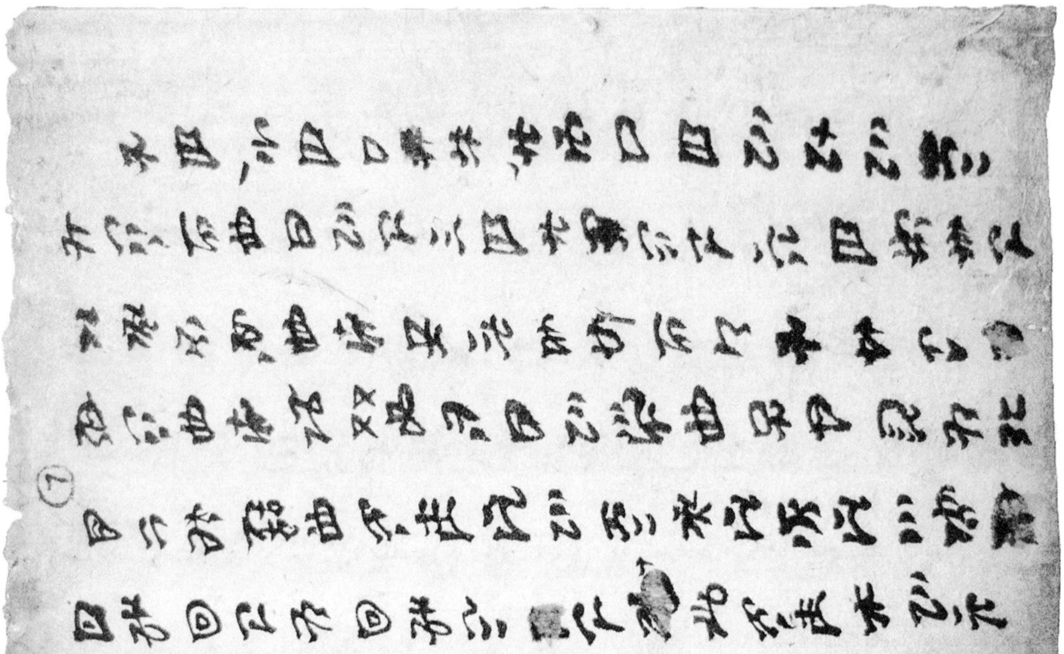

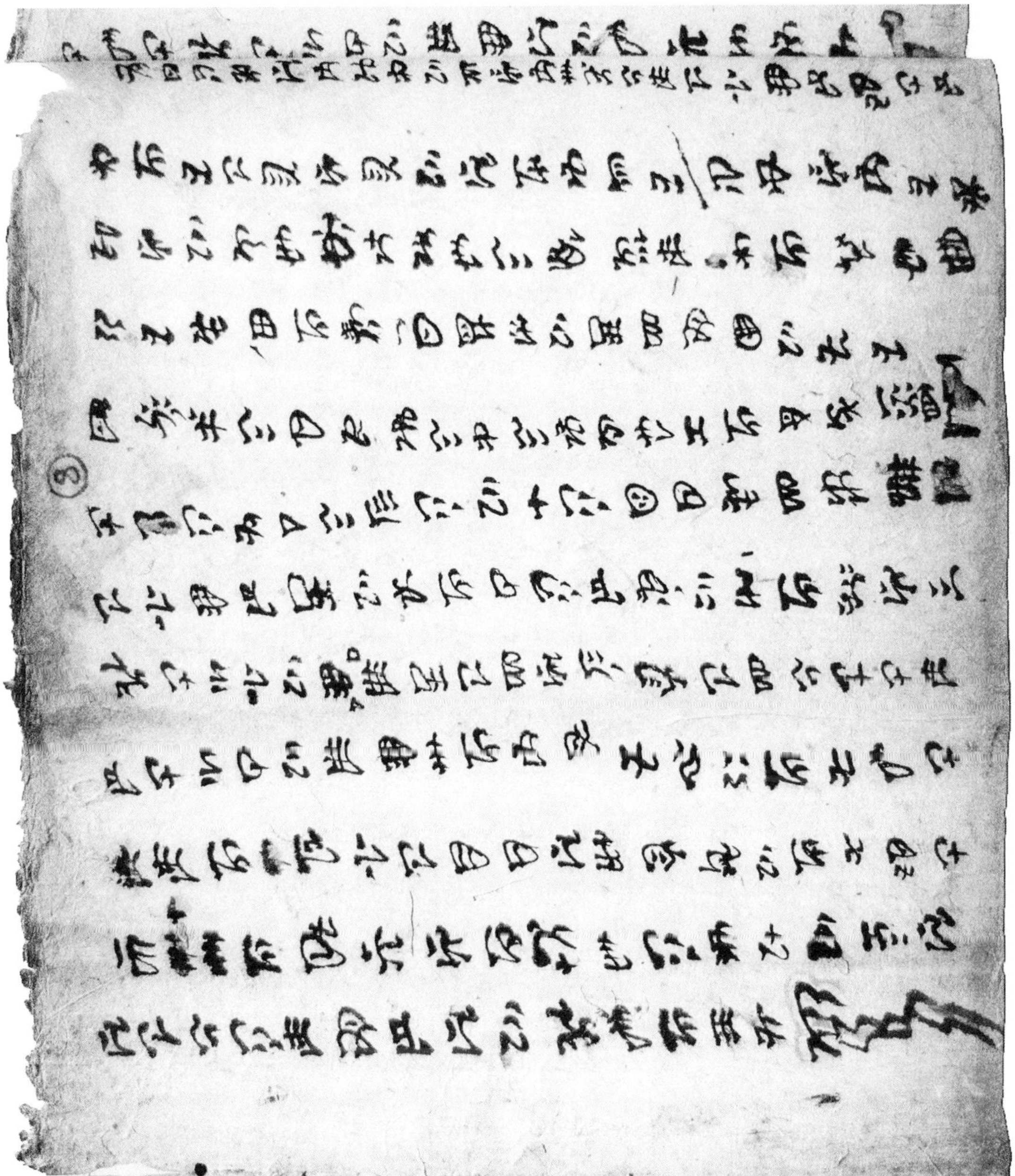

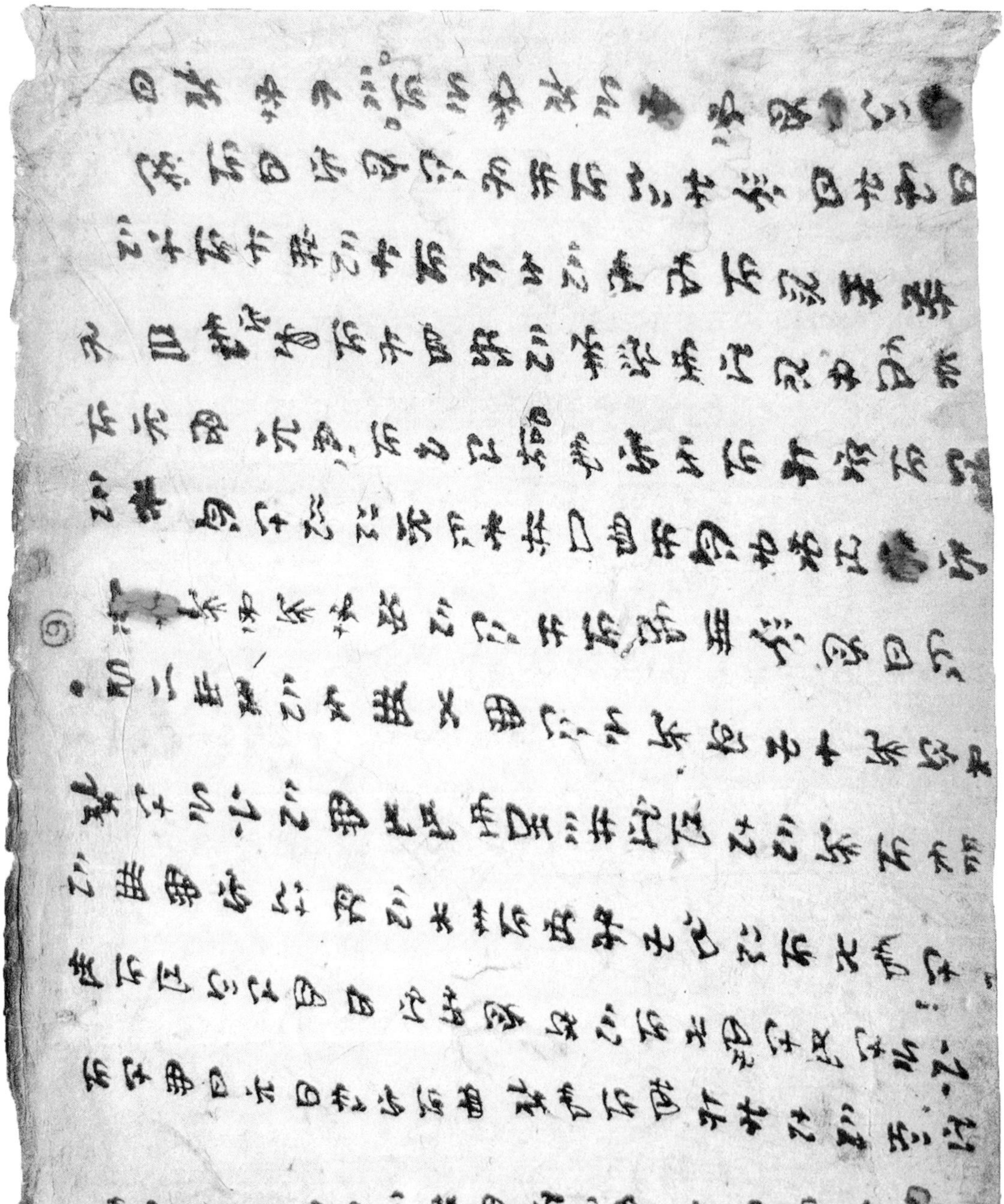

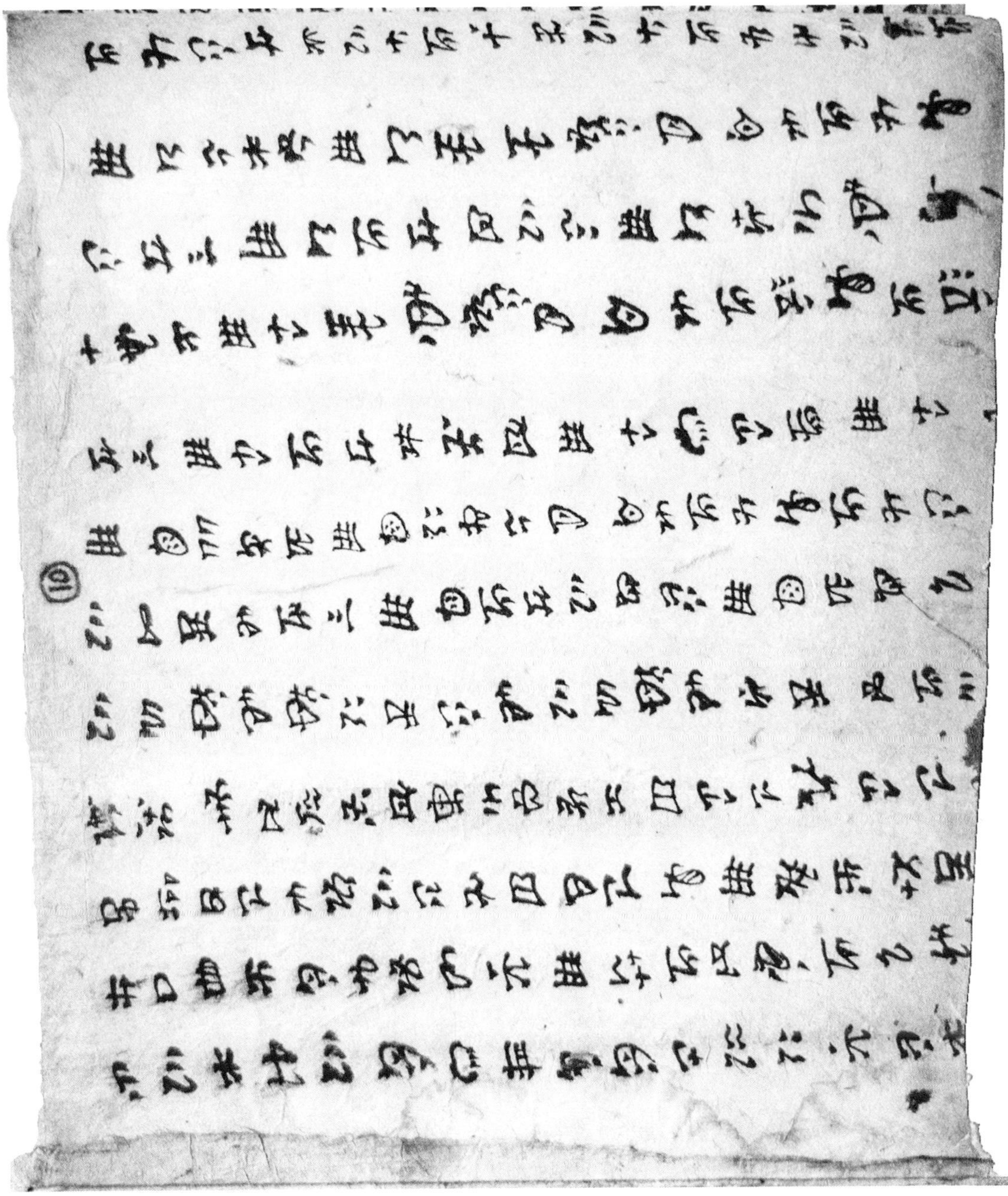

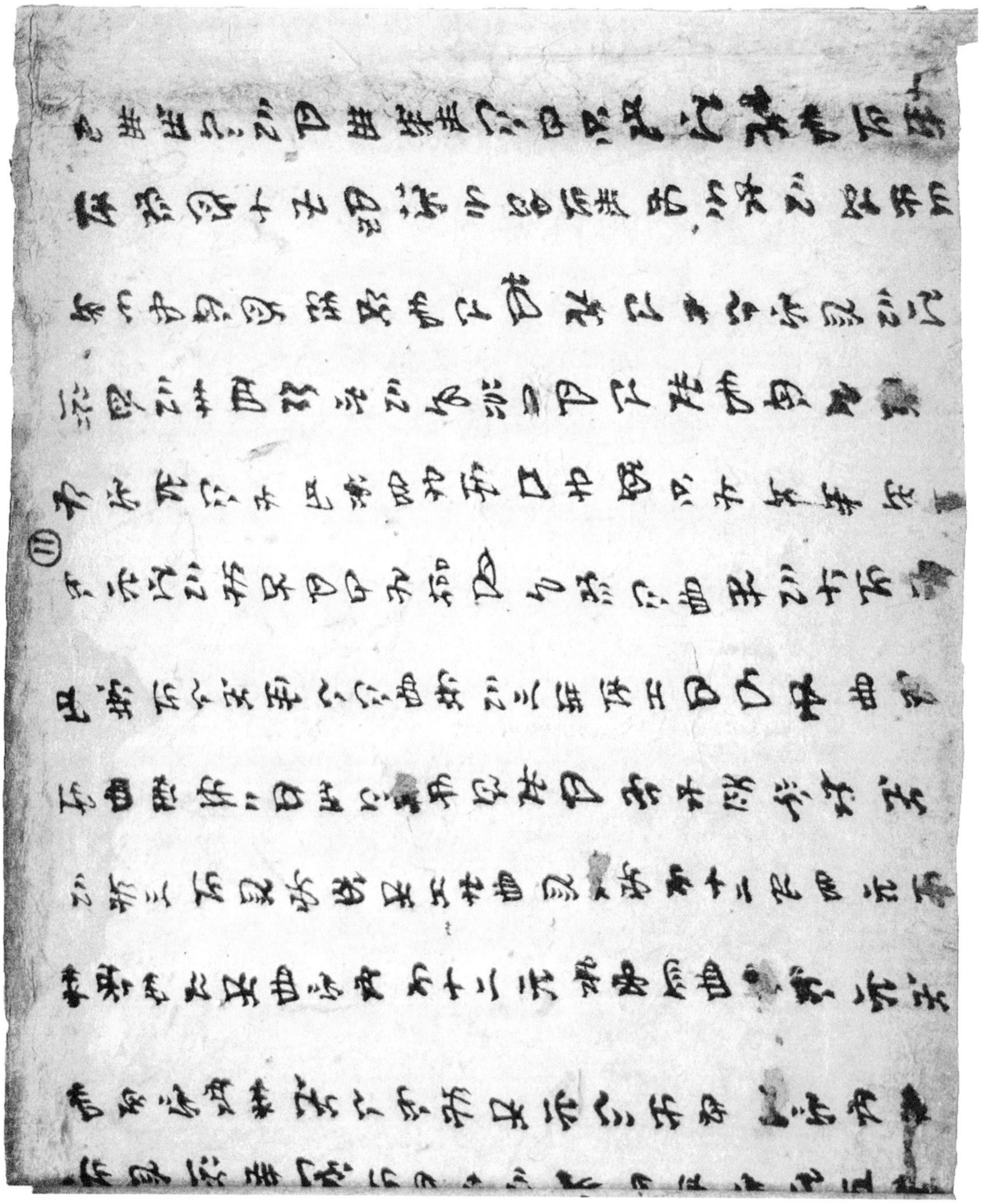

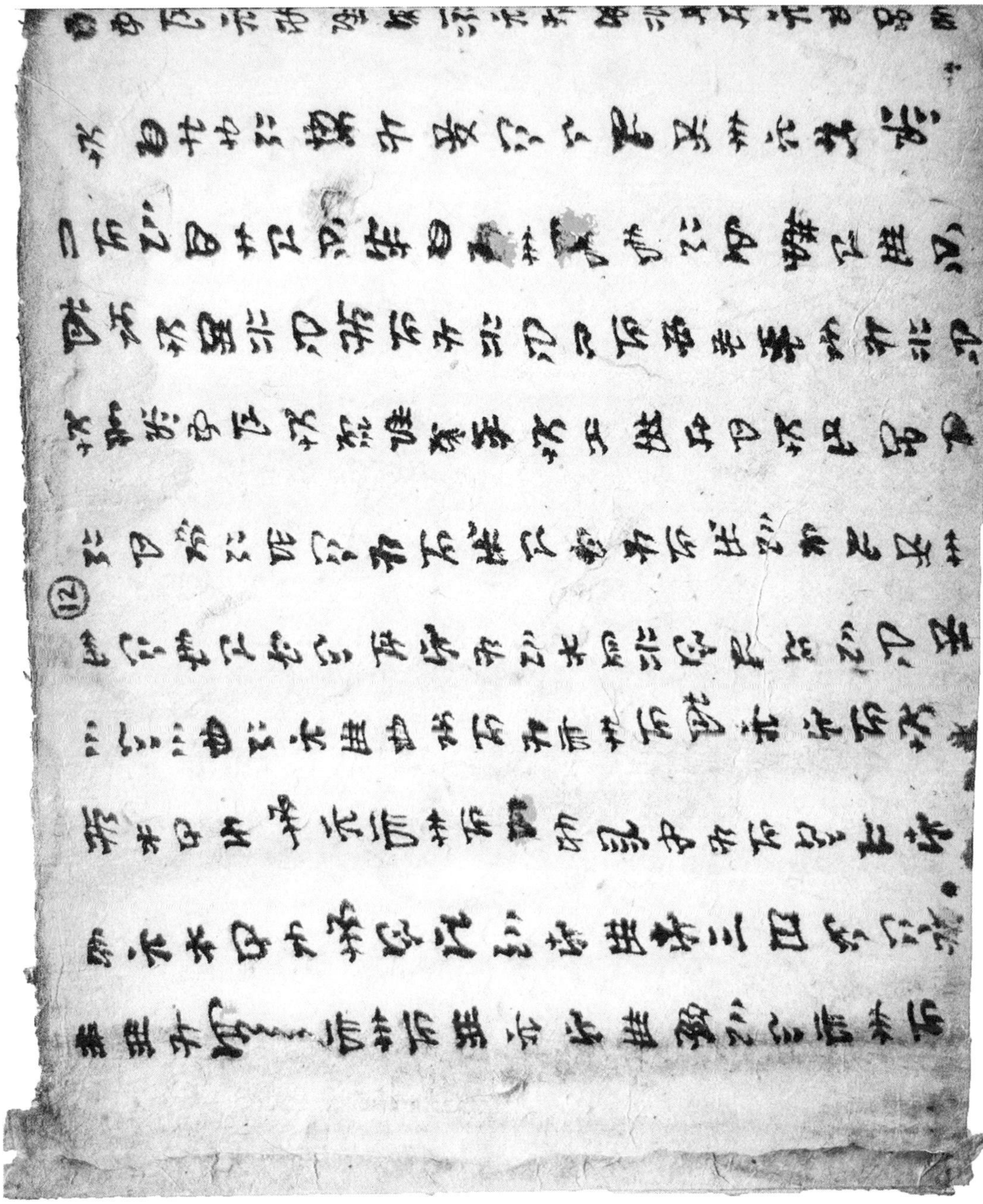

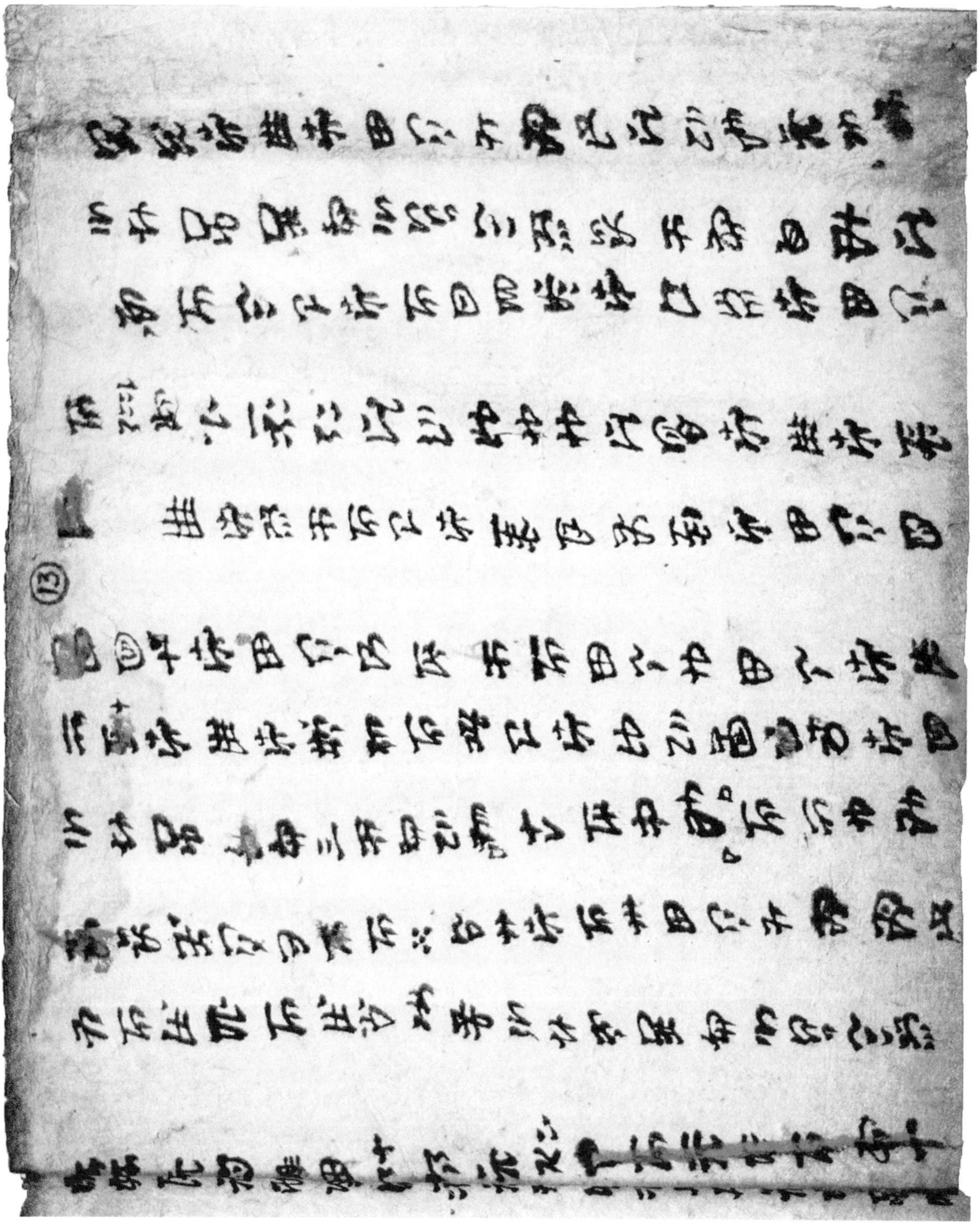

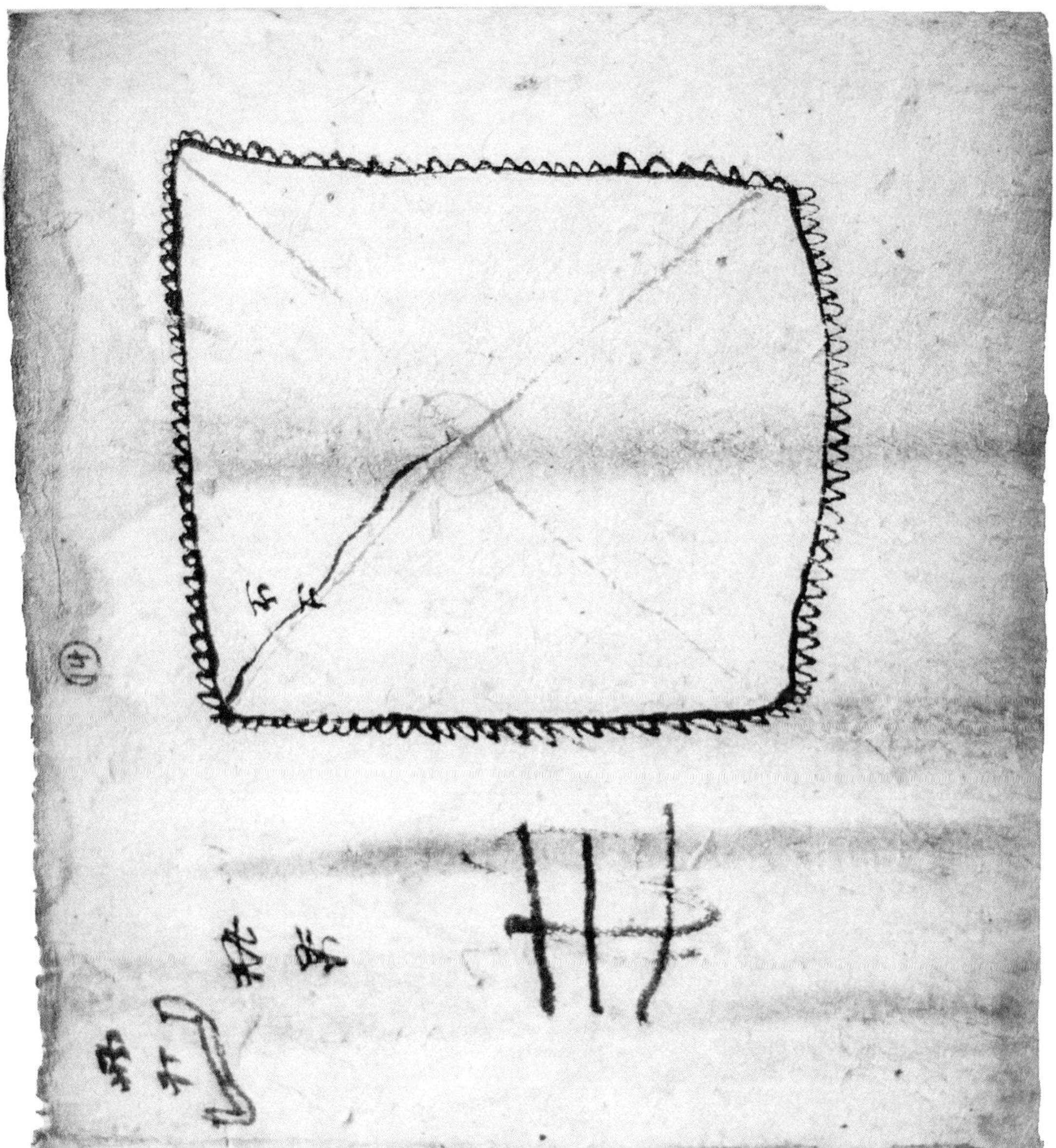

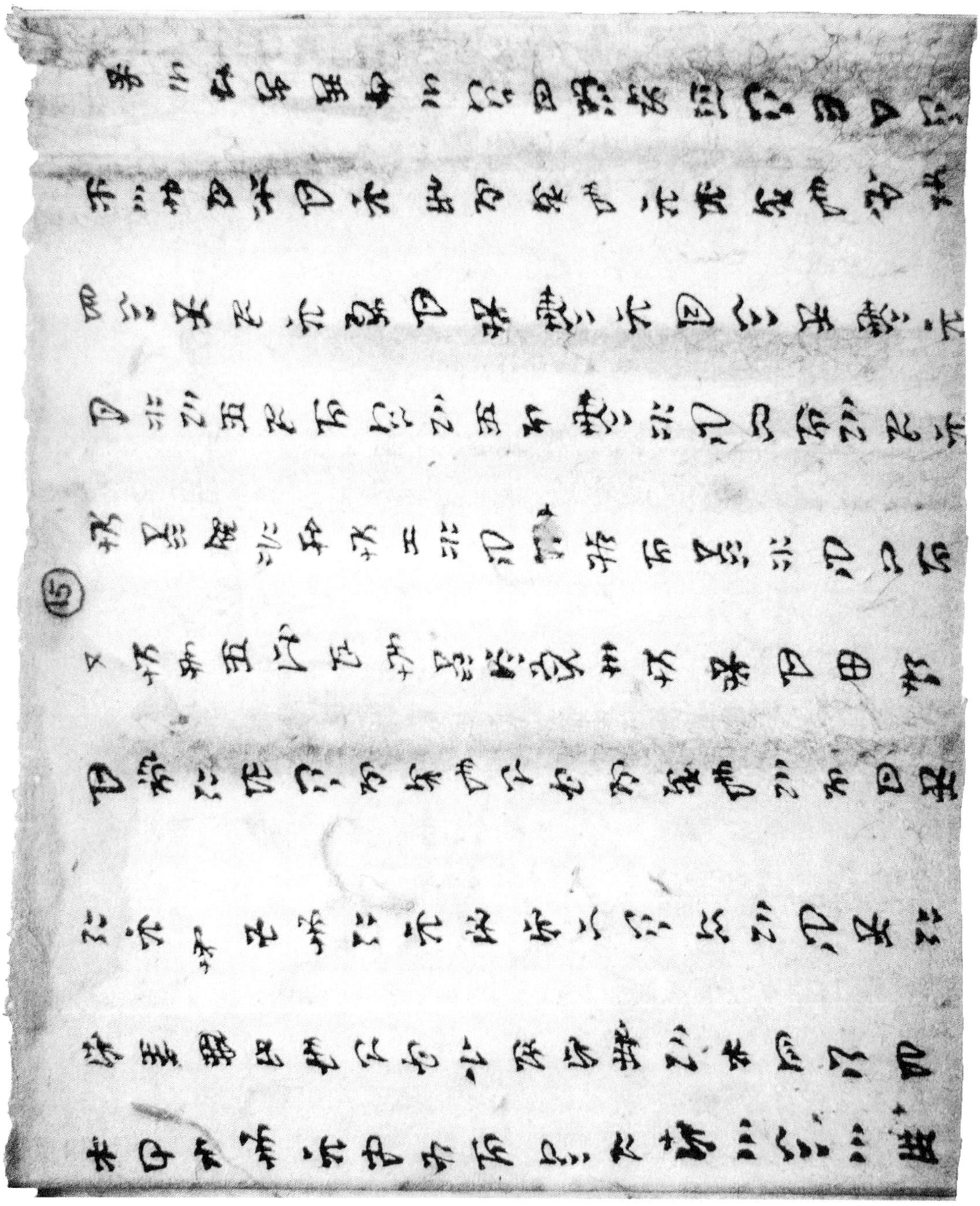

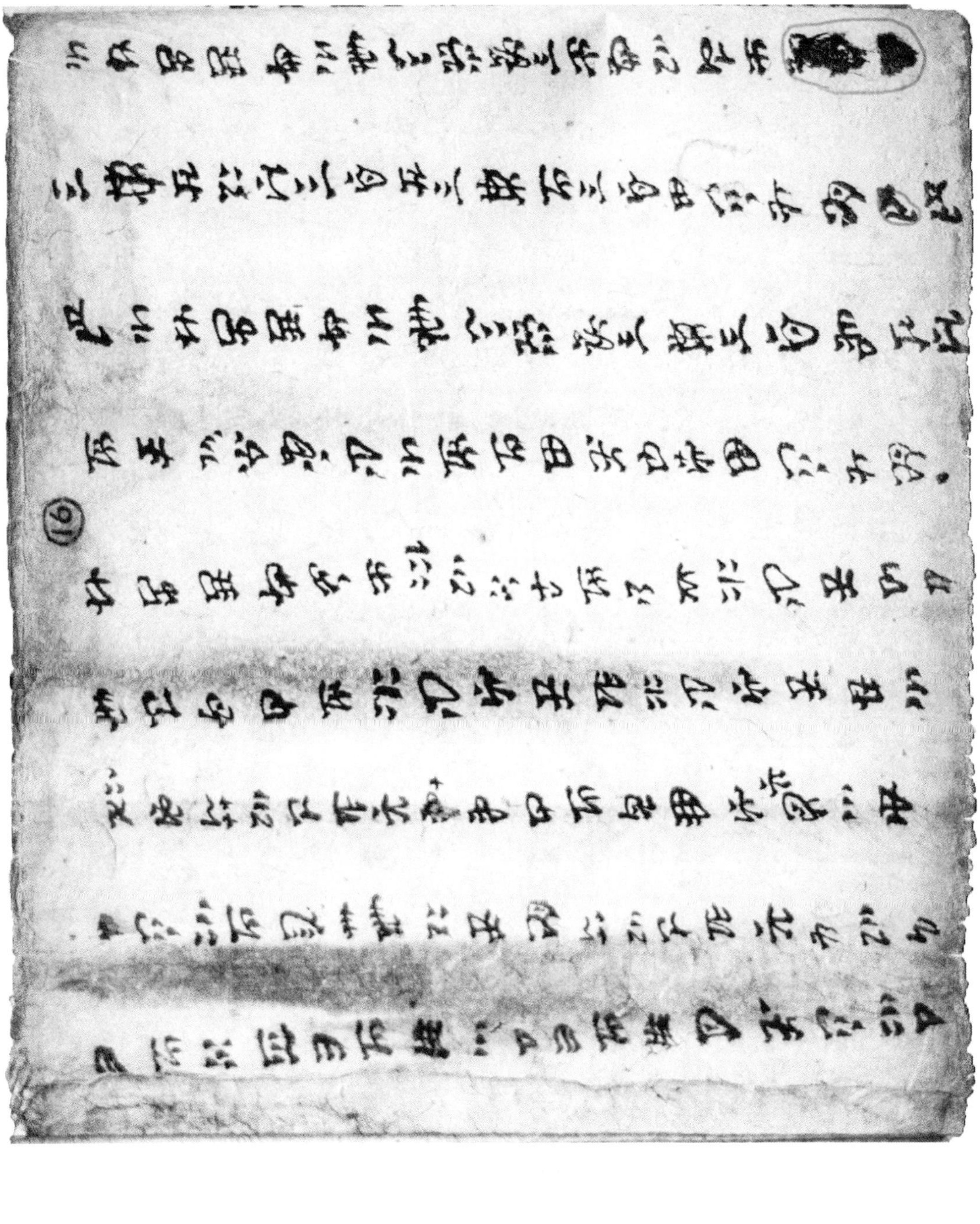

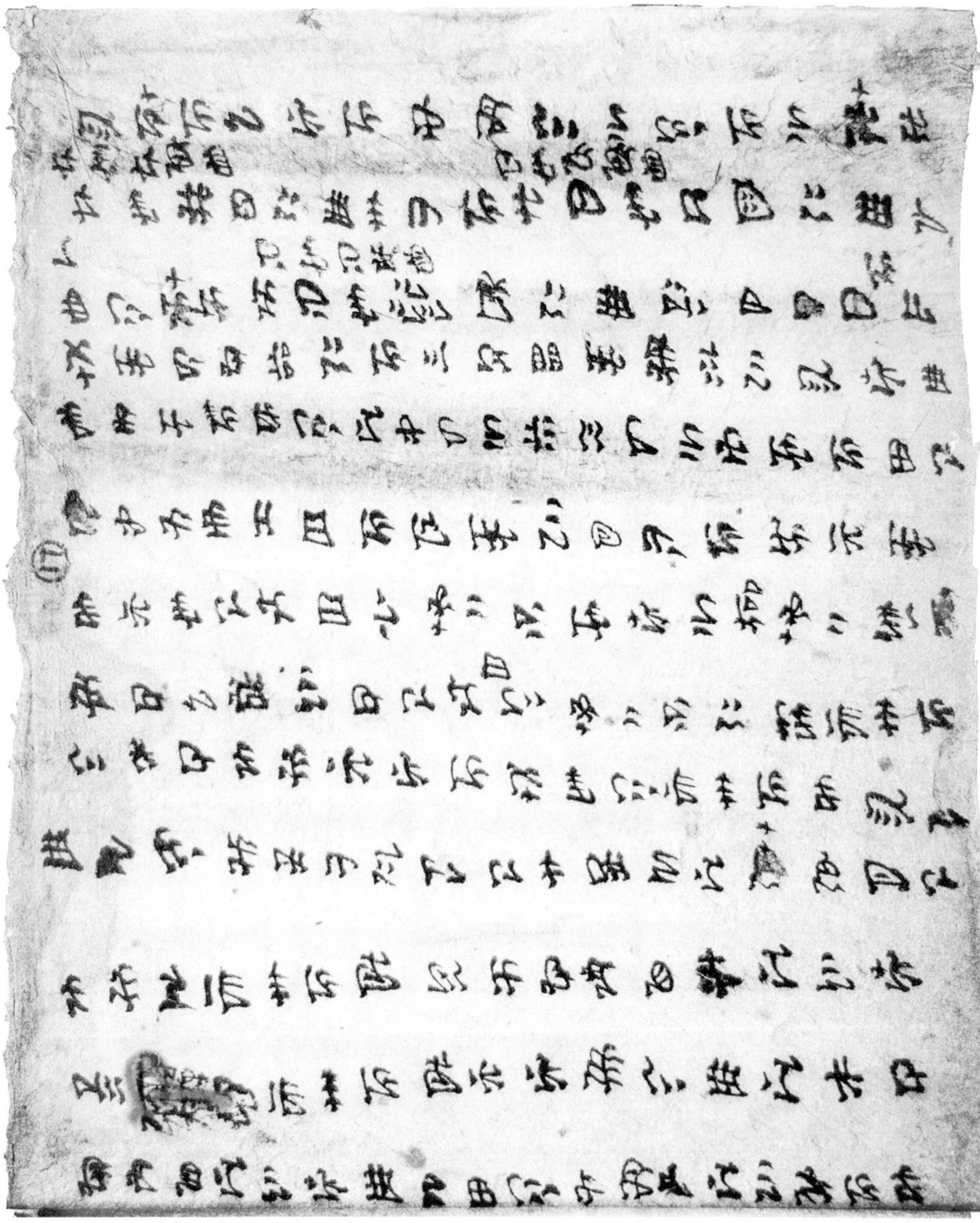

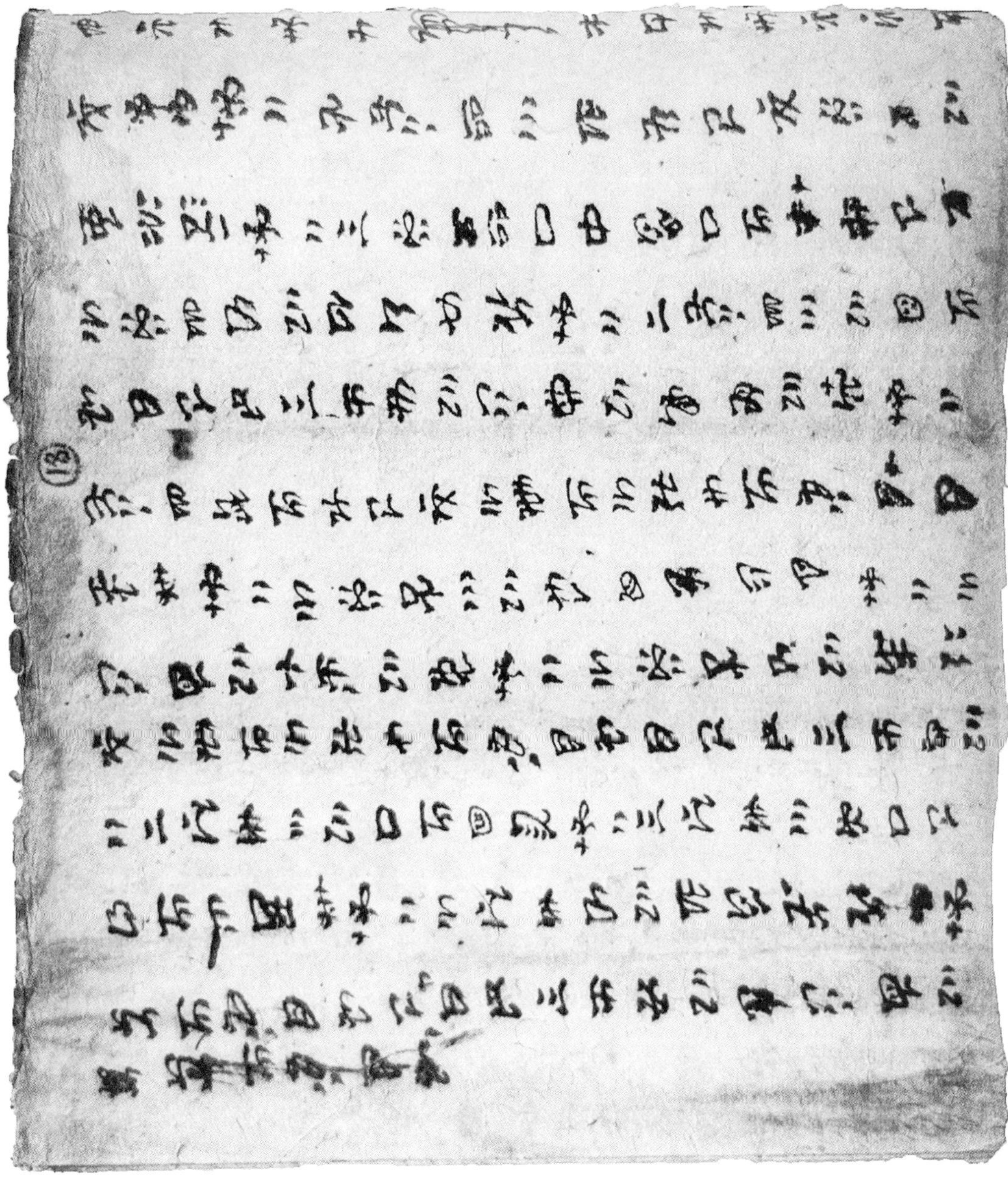

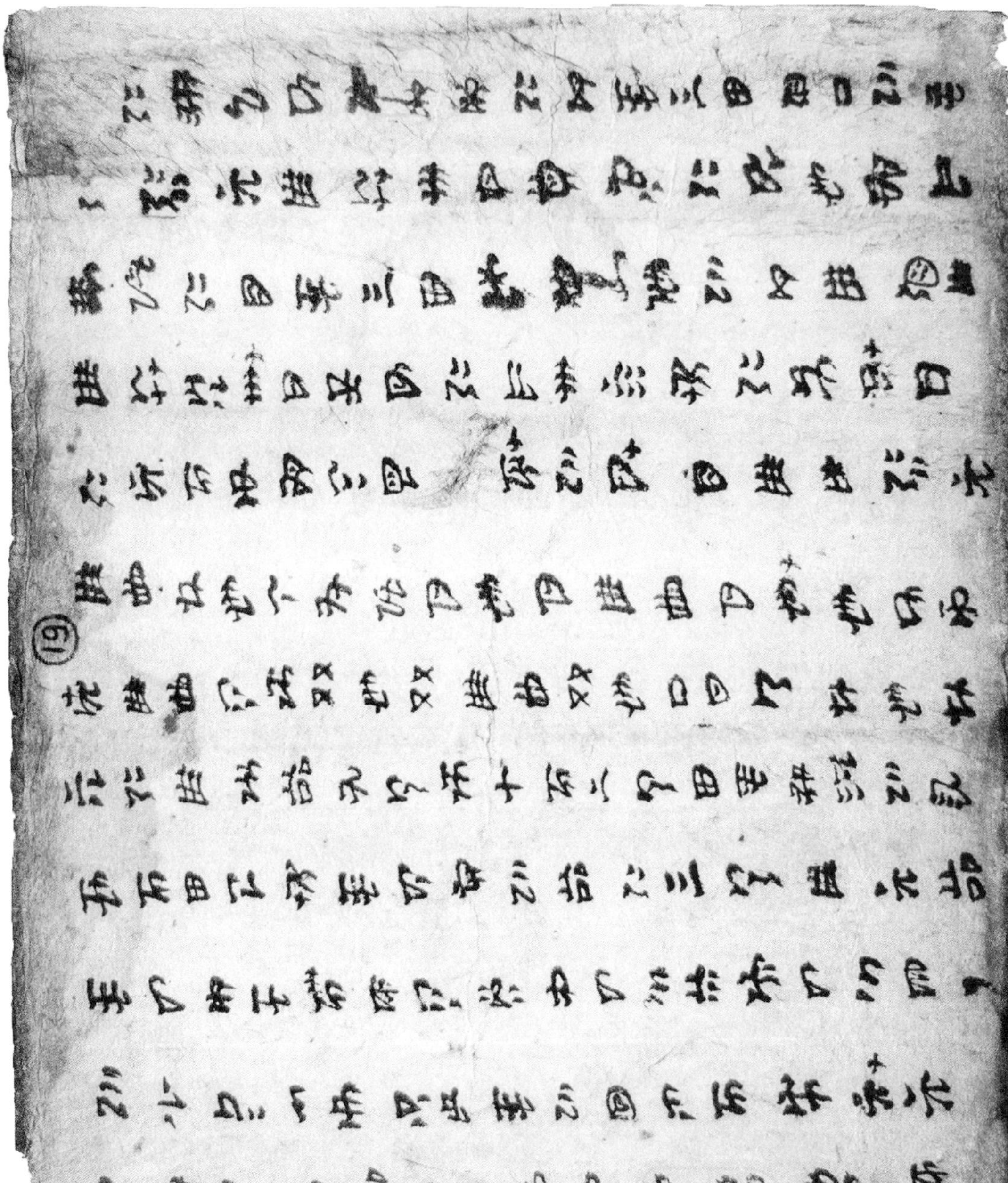

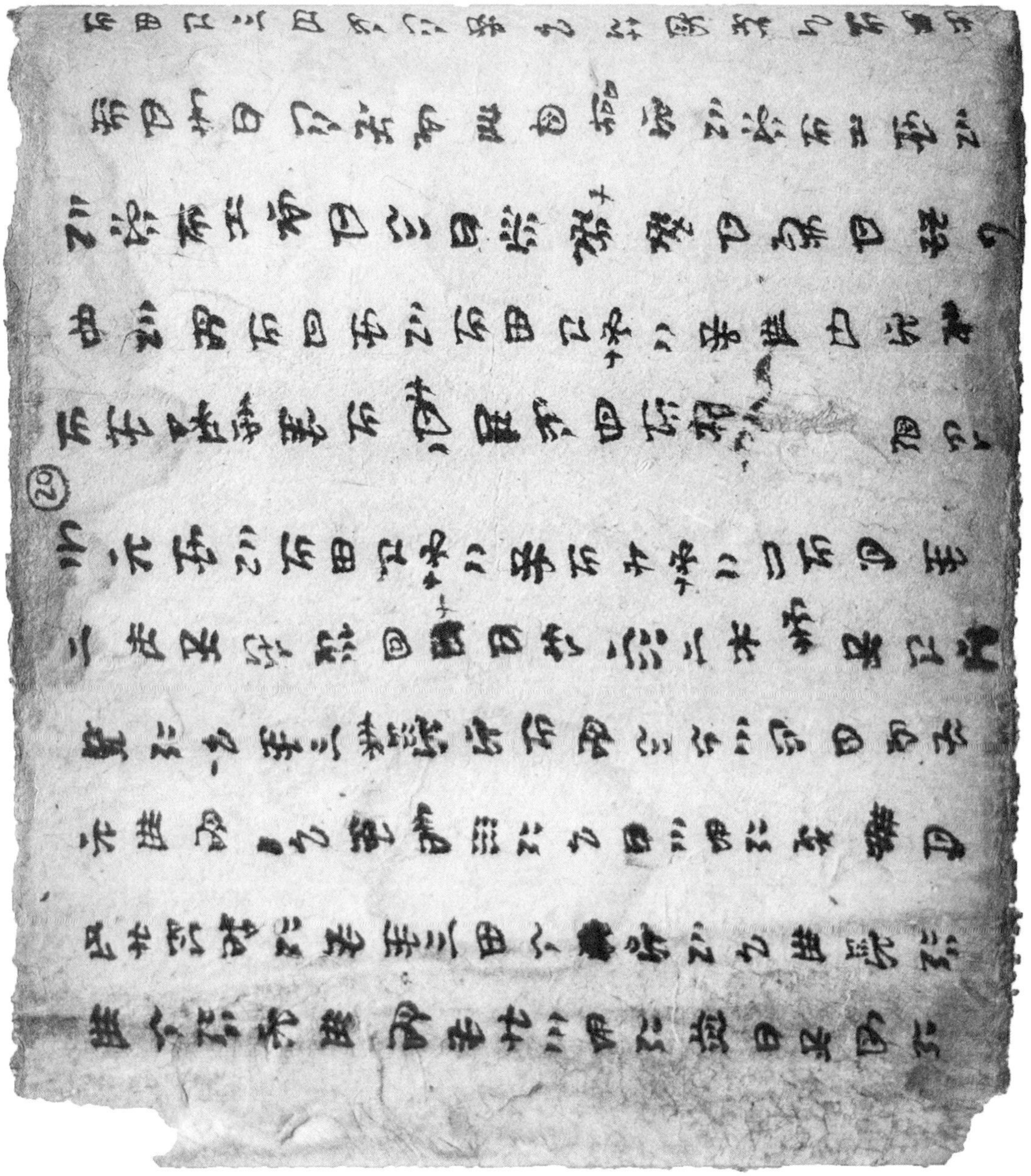

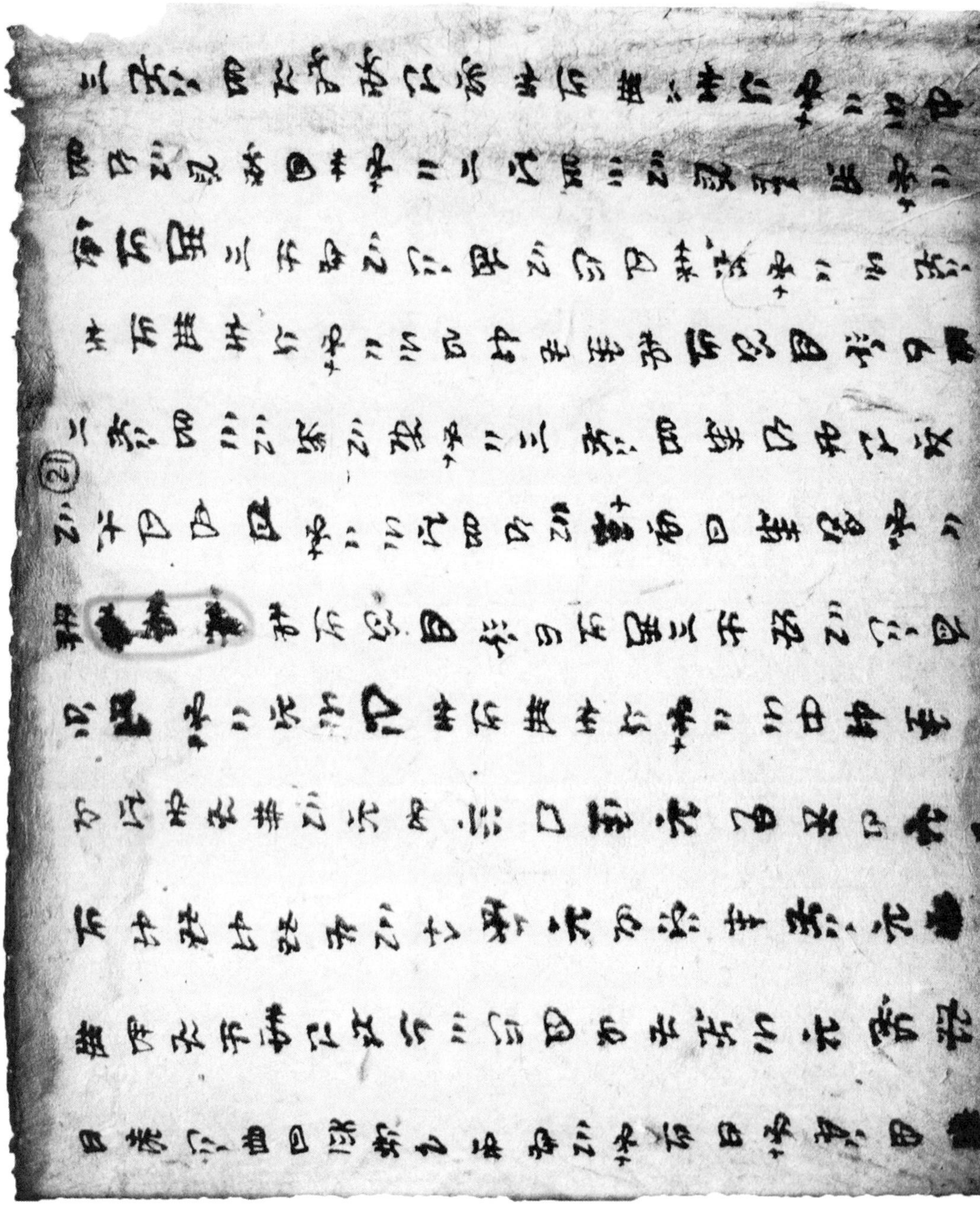

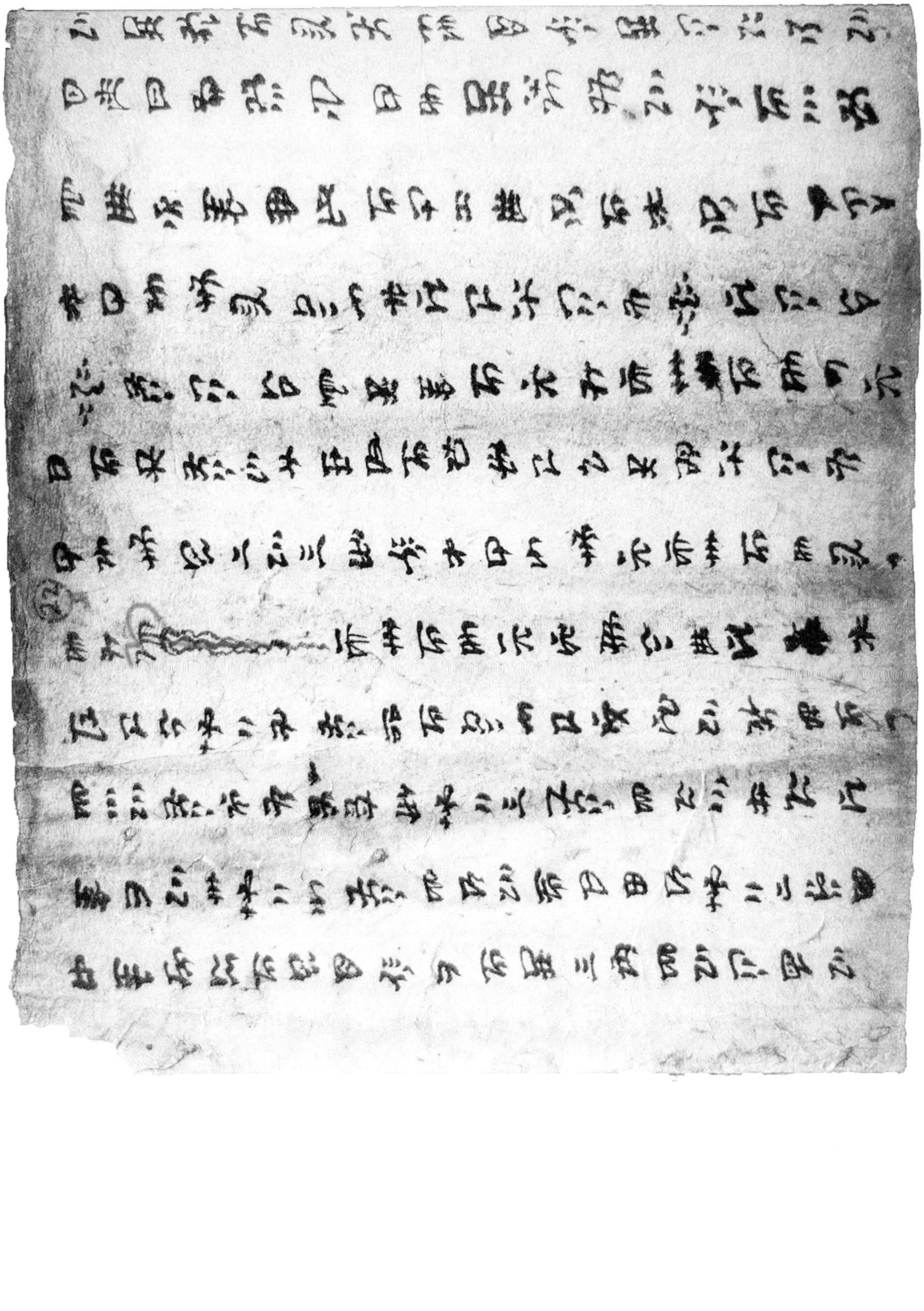

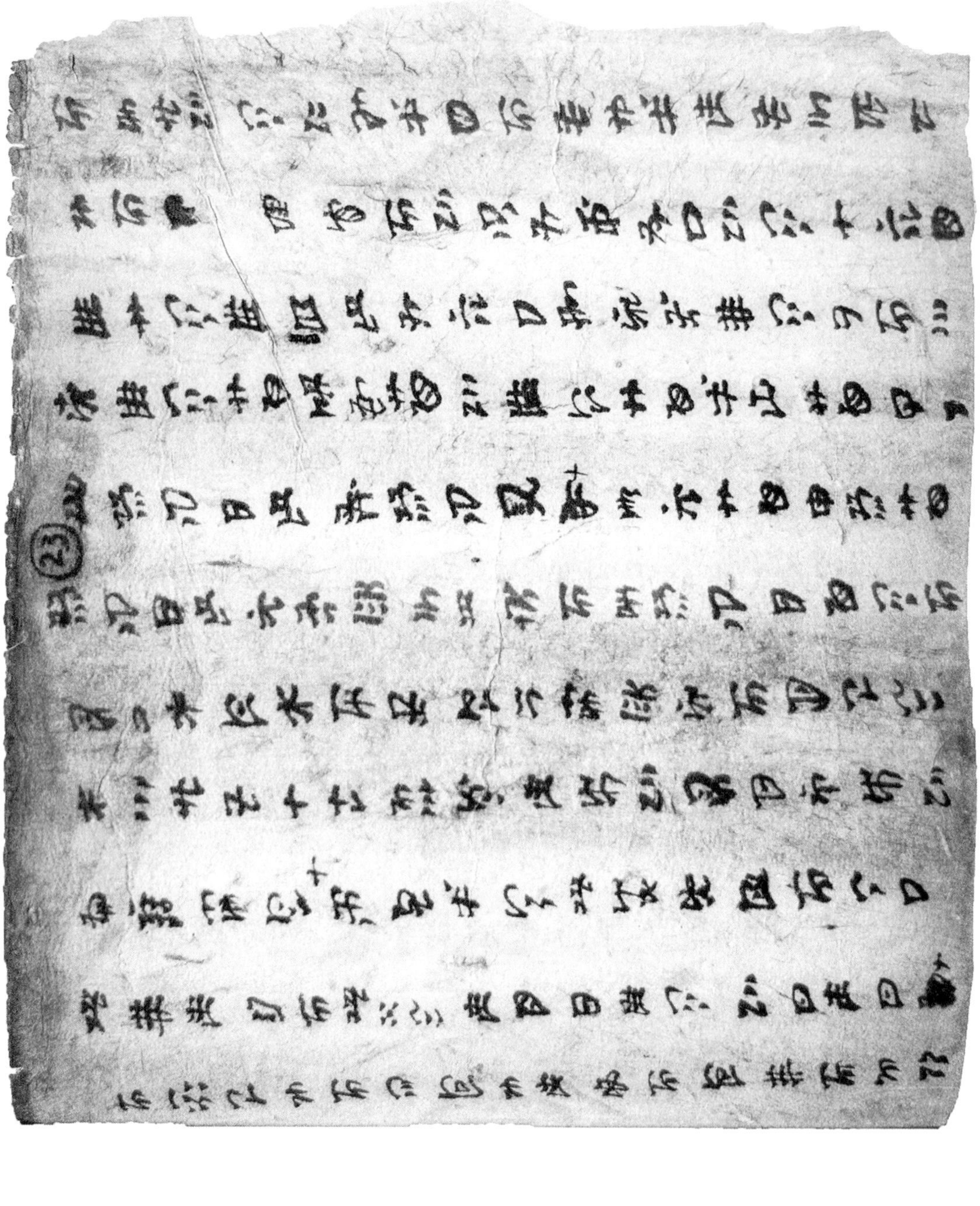

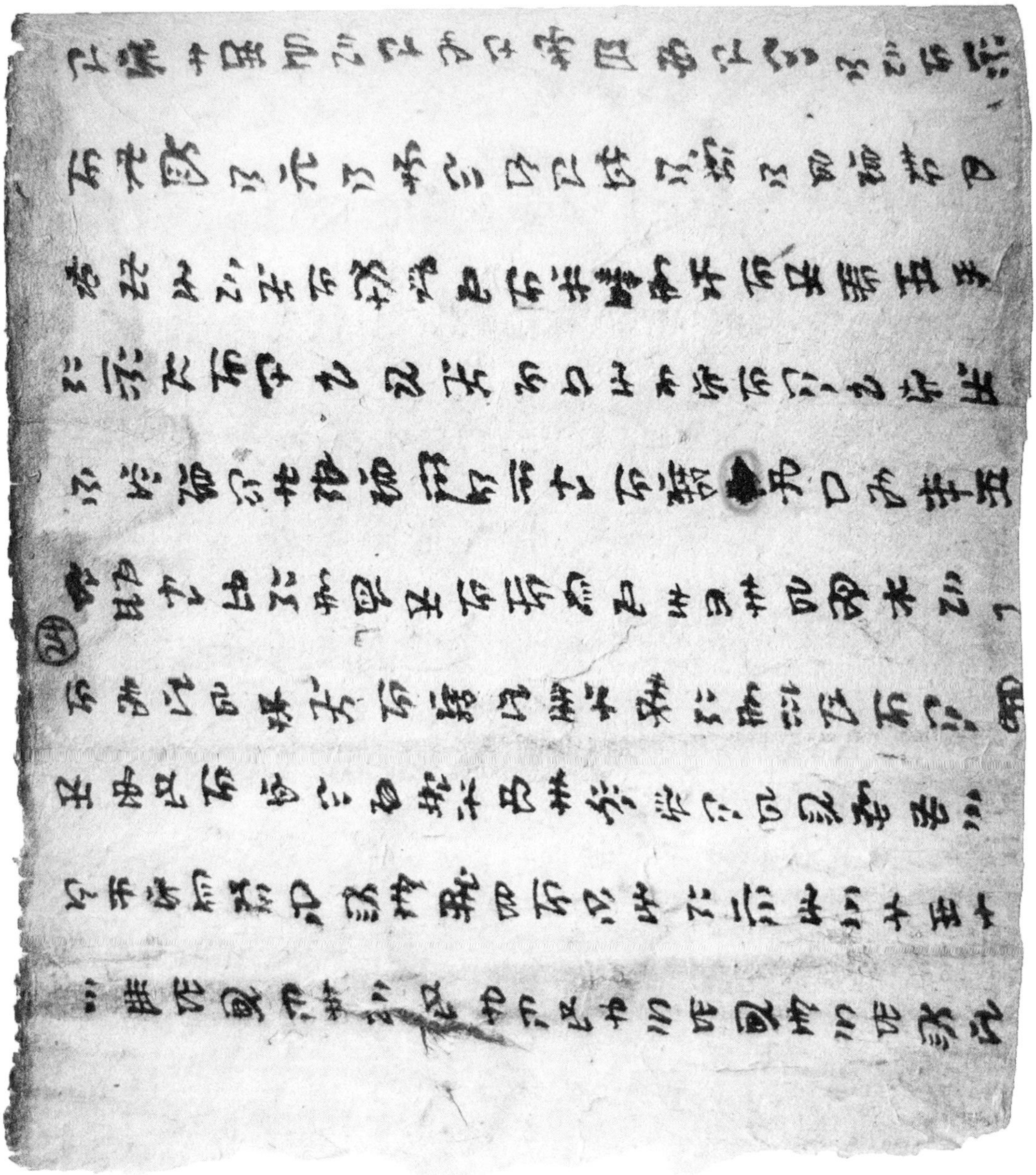

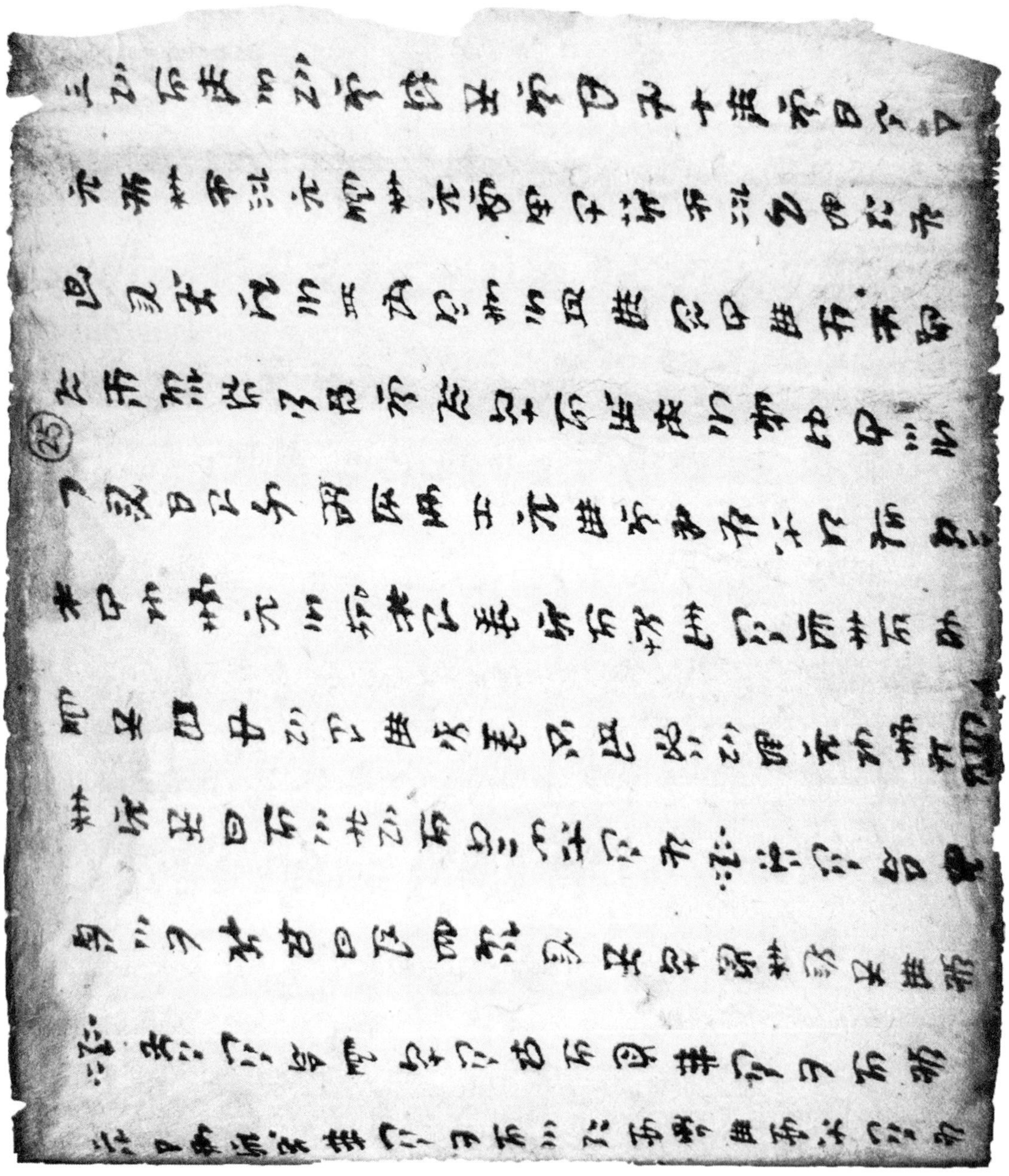

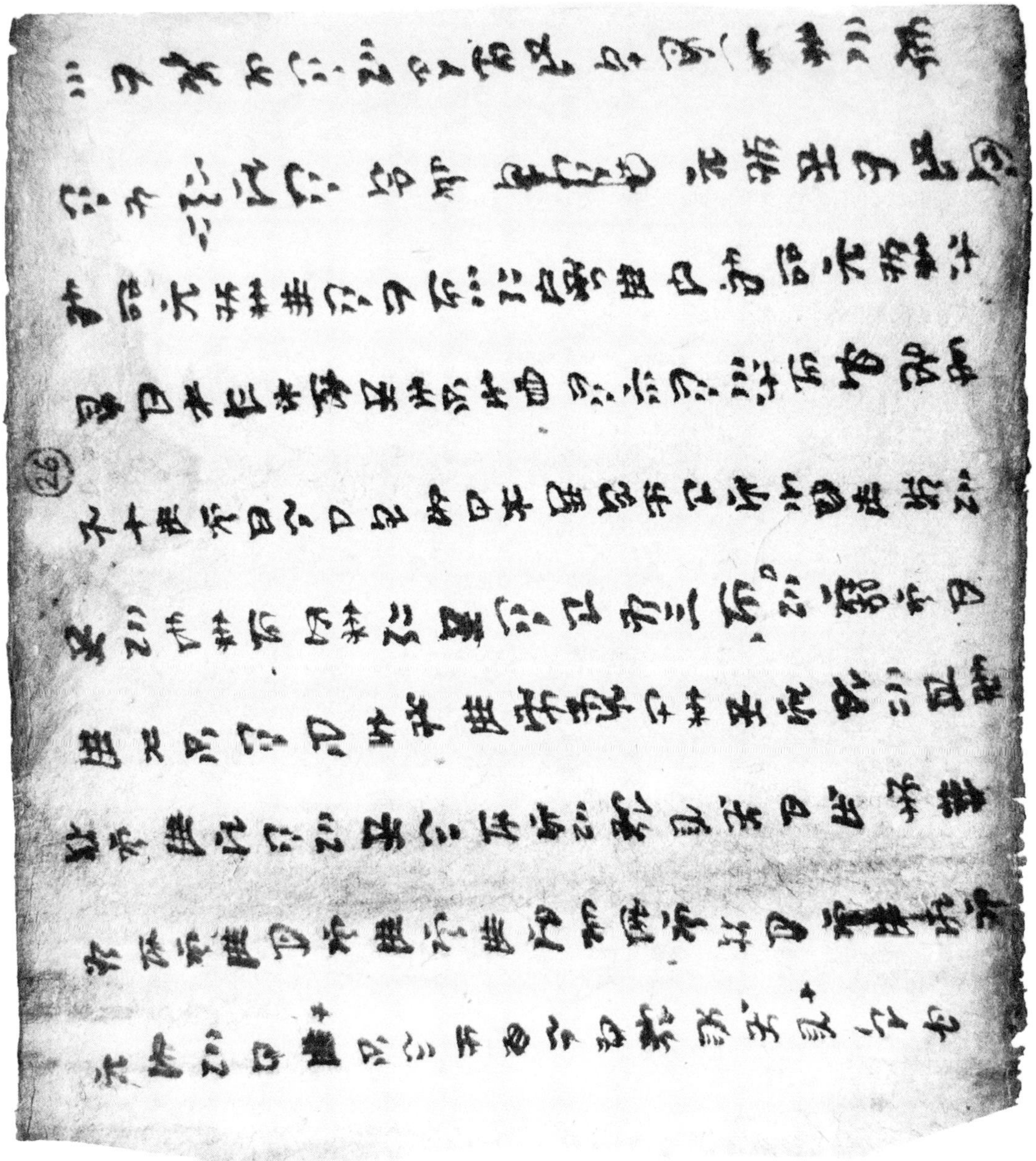

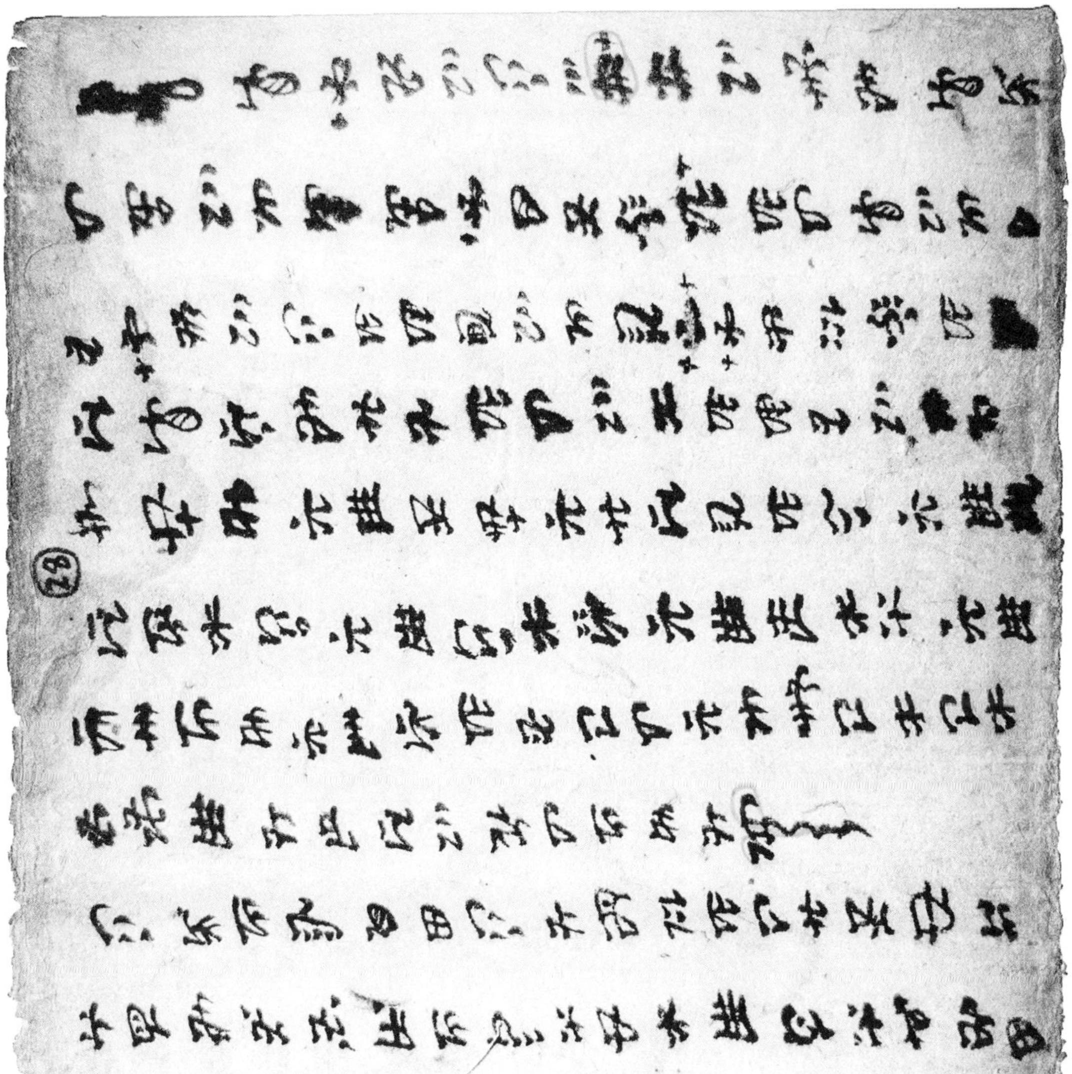

29

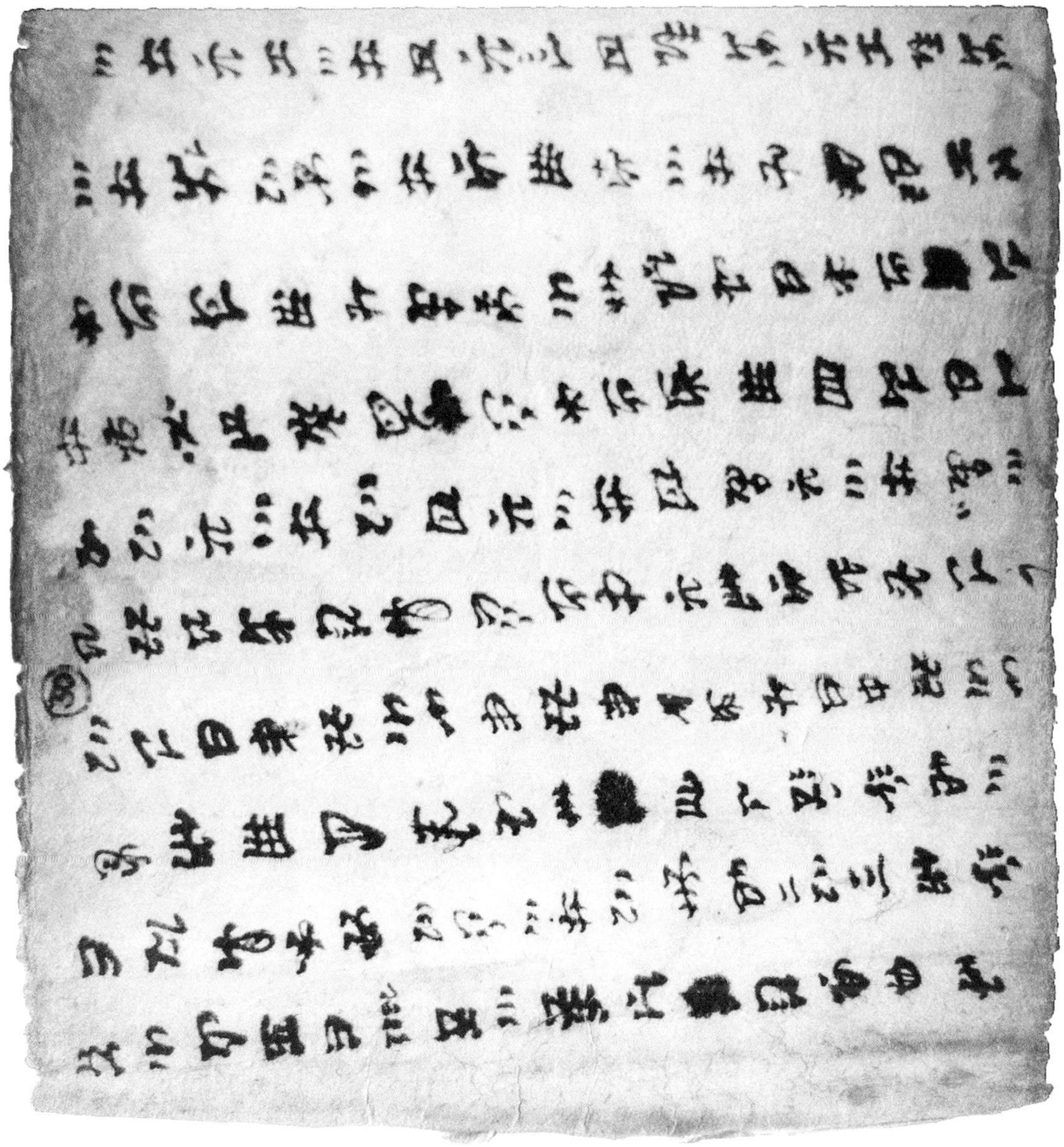

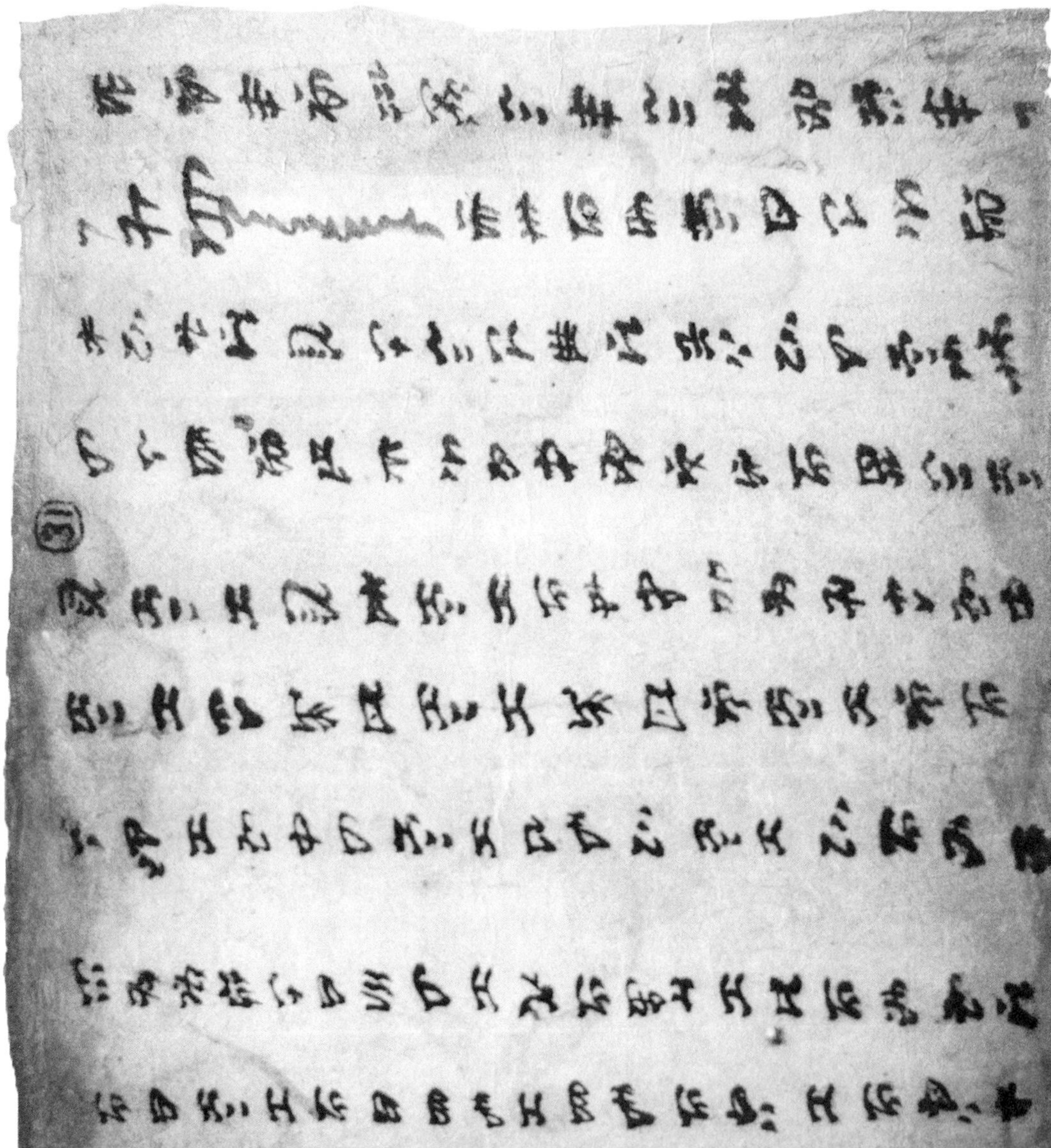

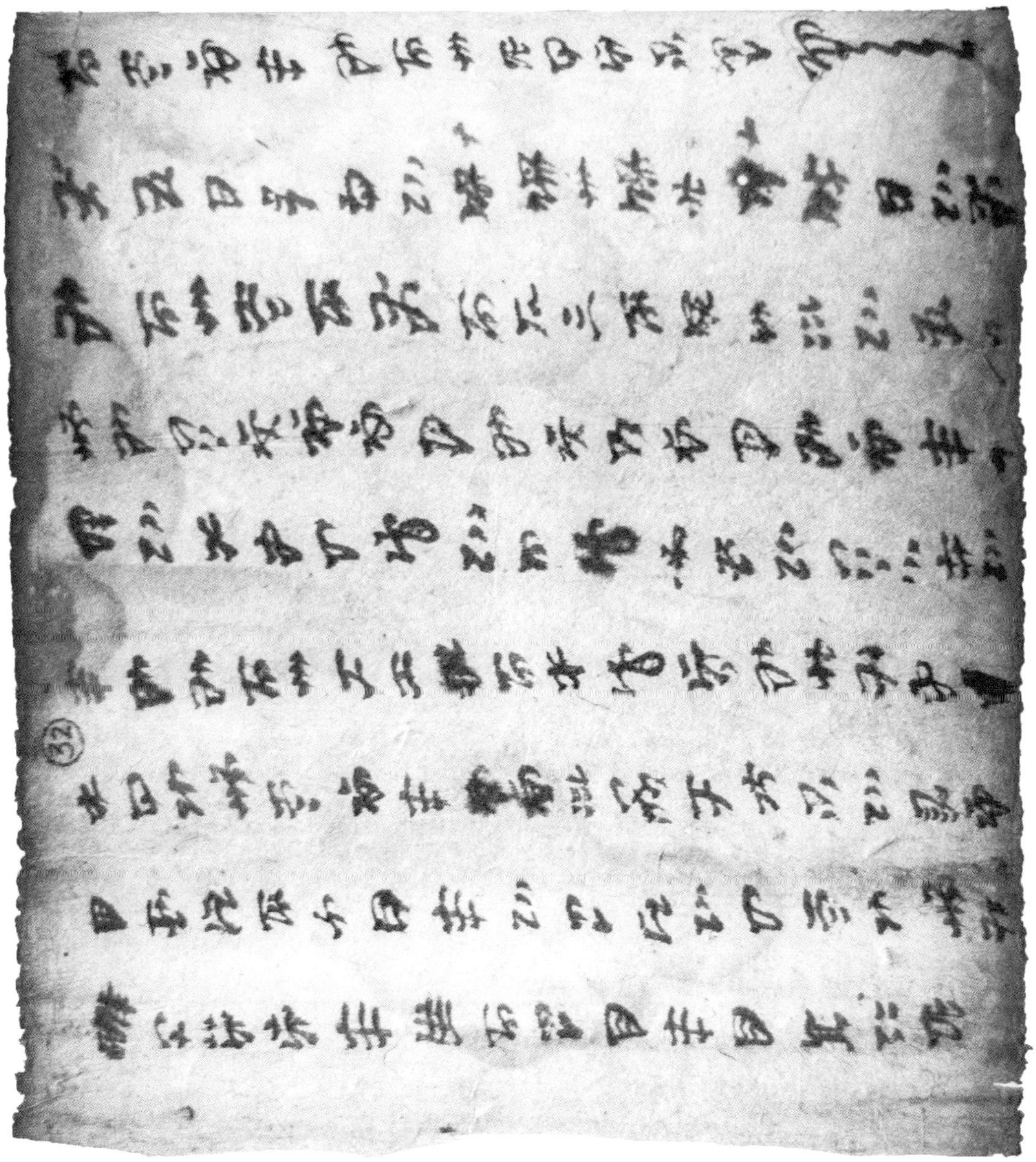

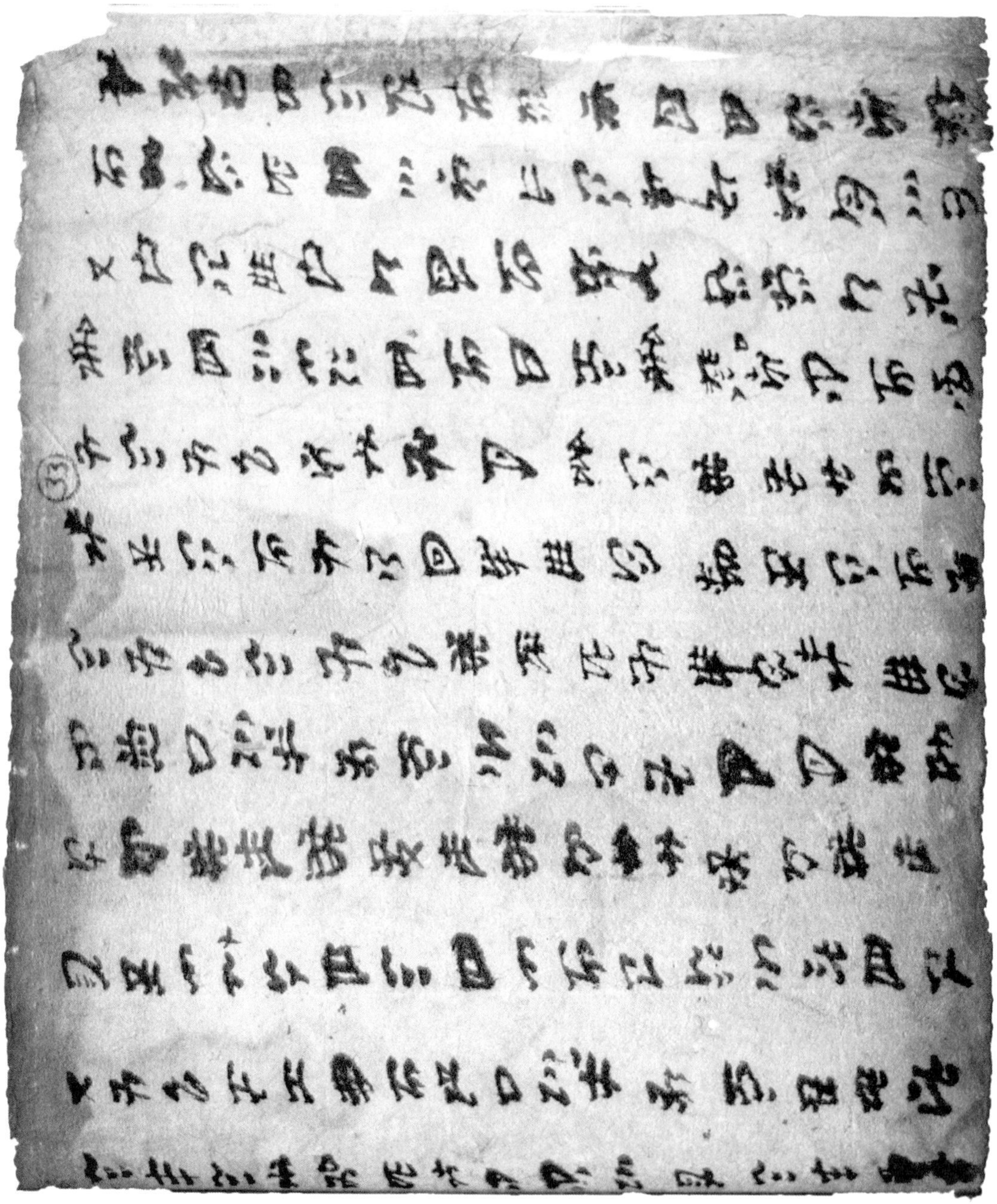

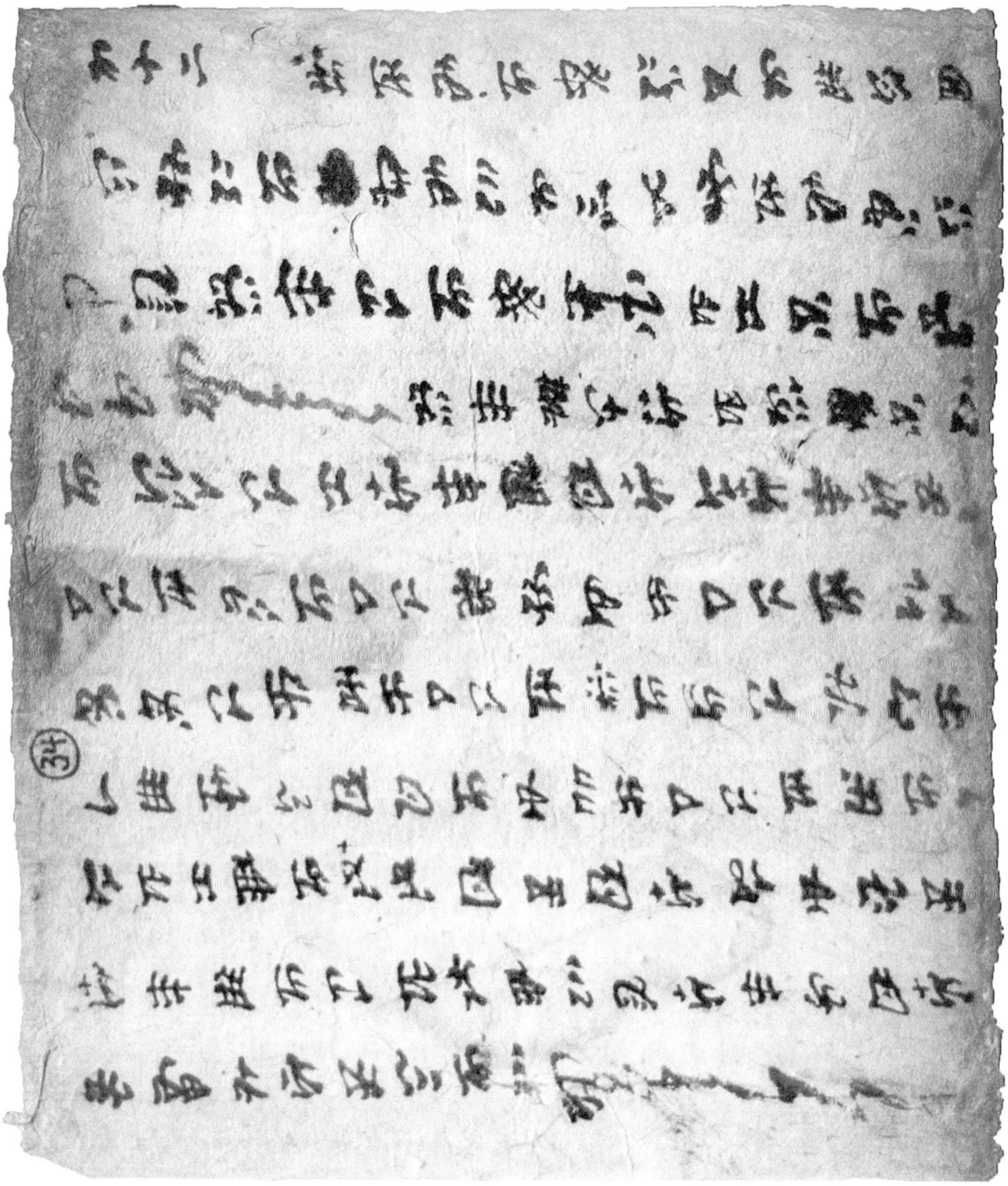

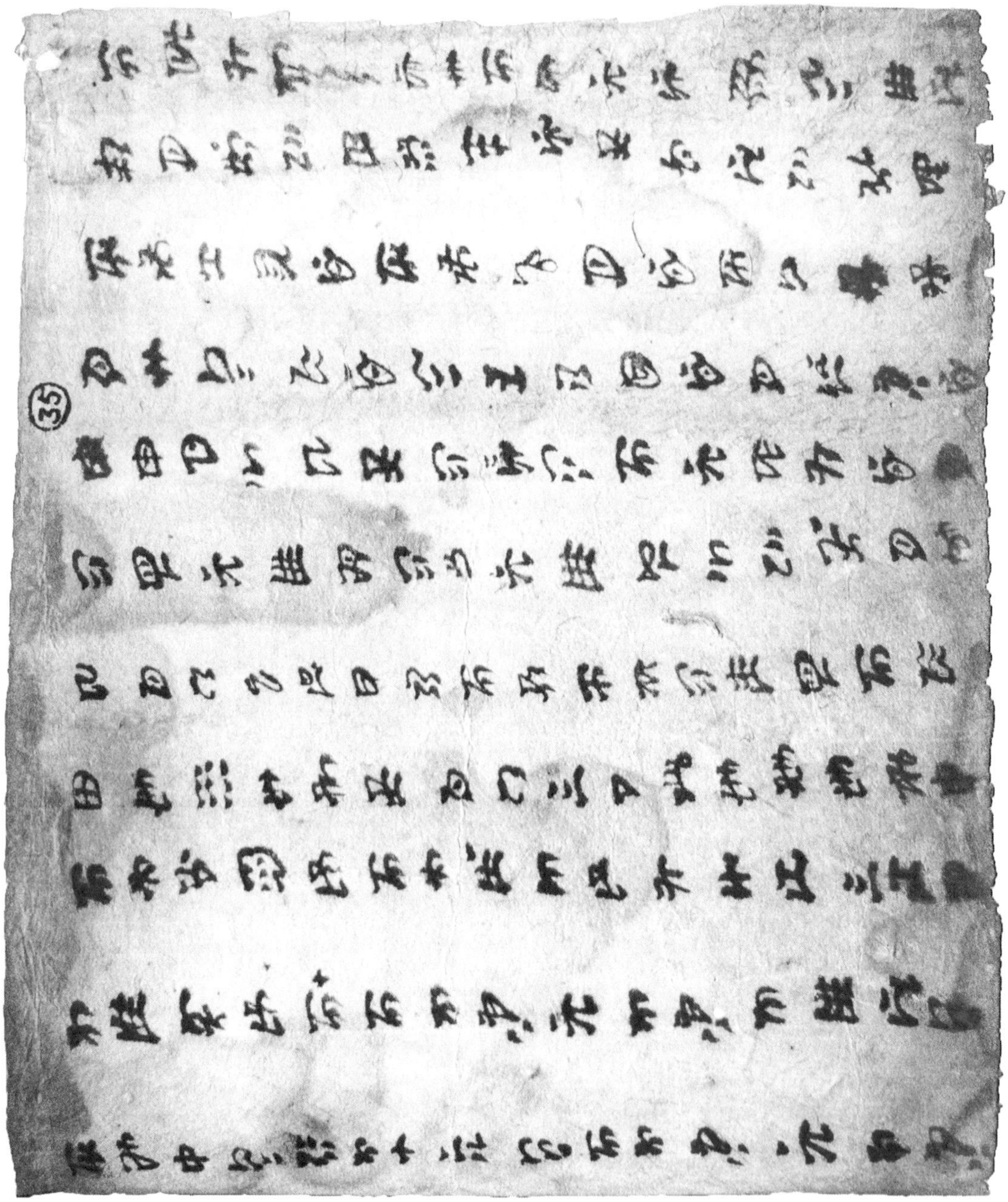
35

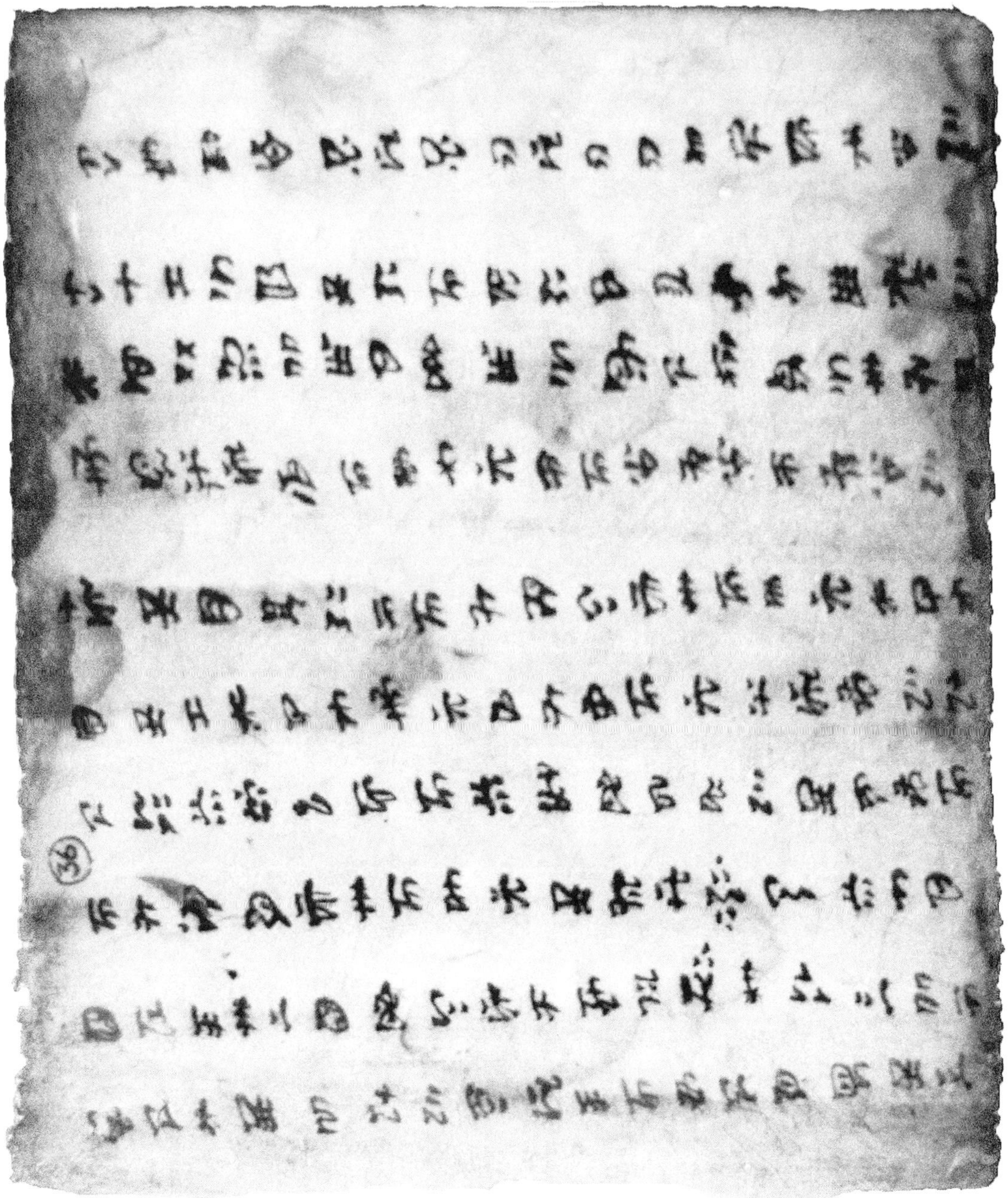

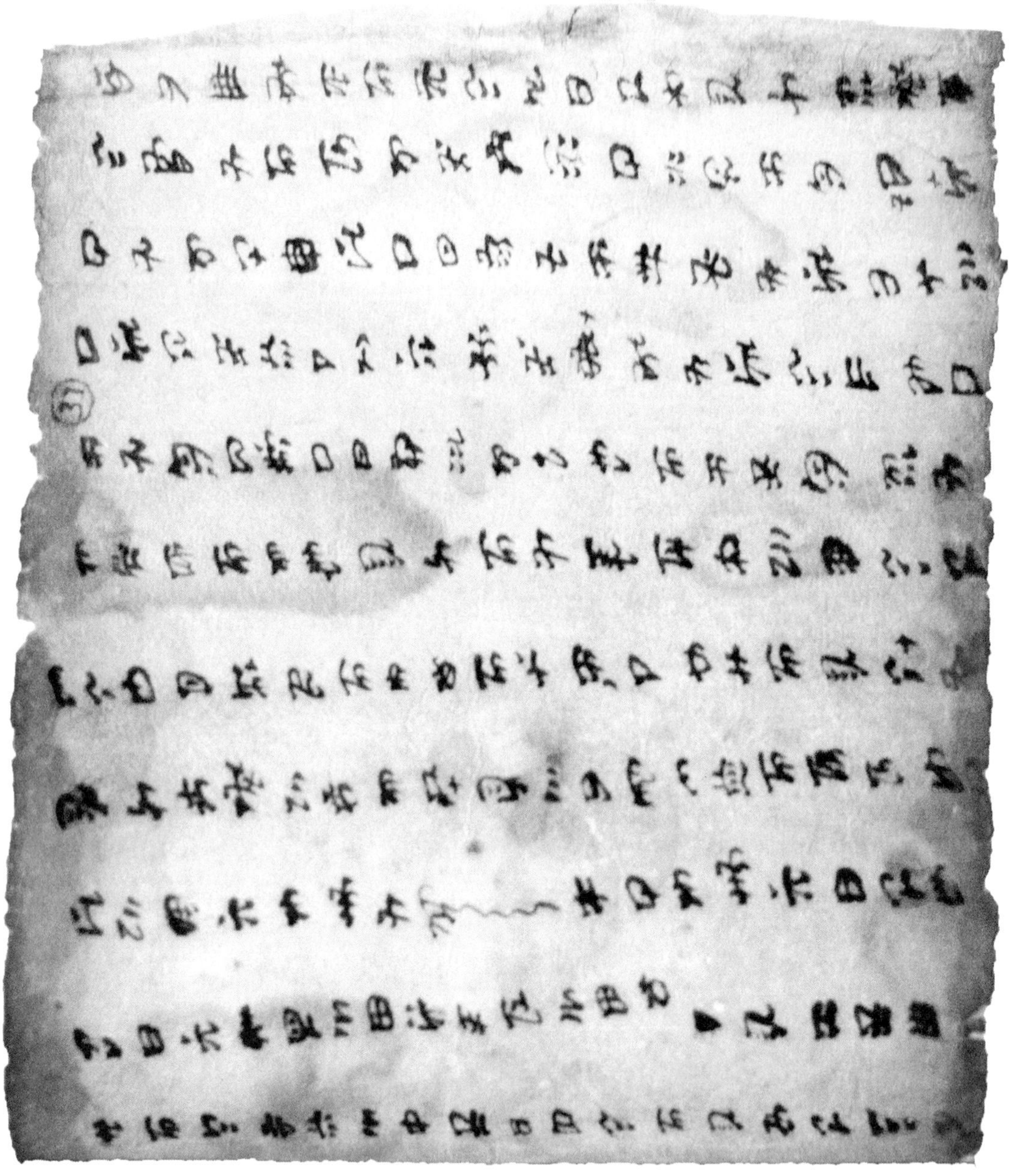

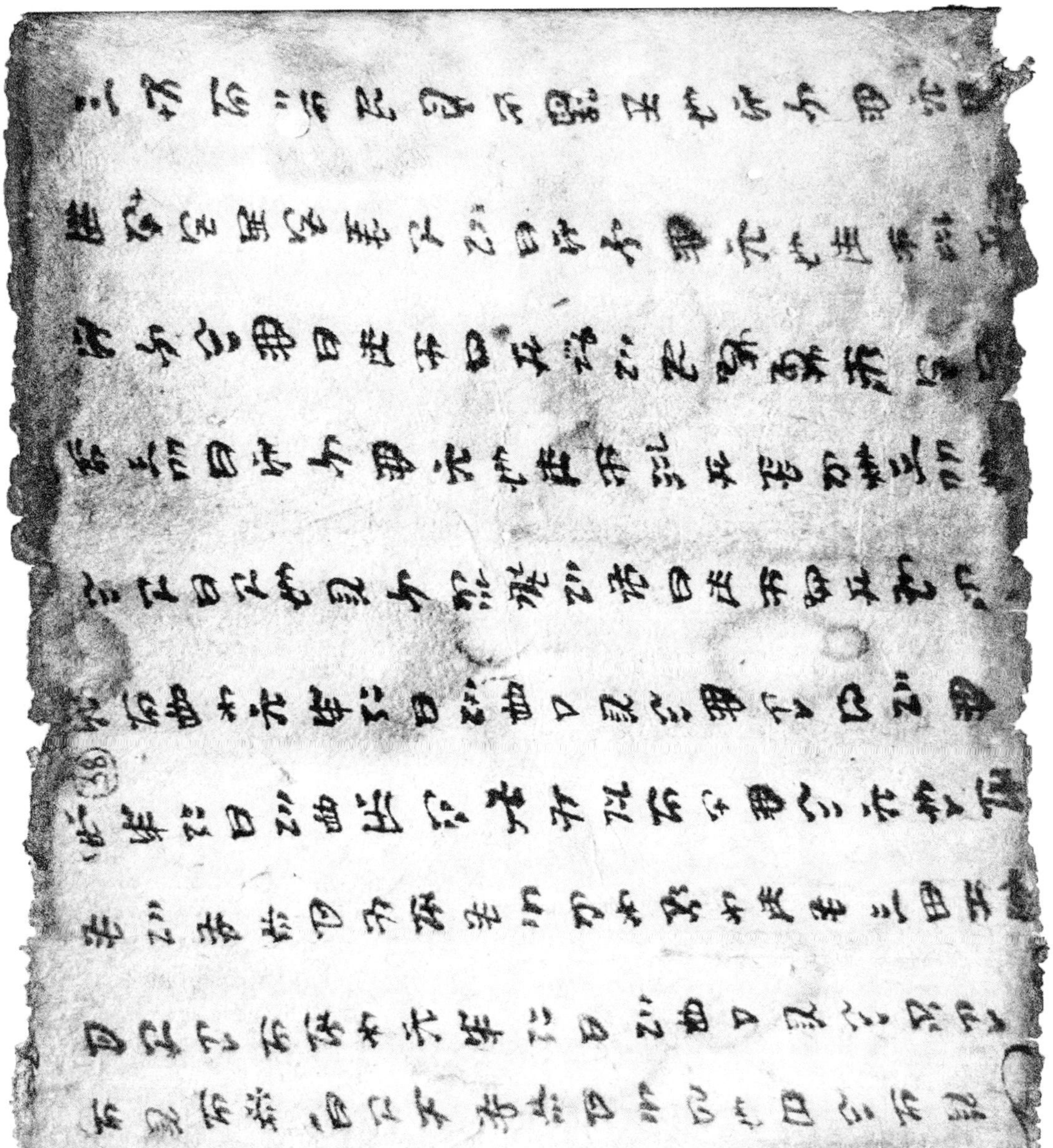

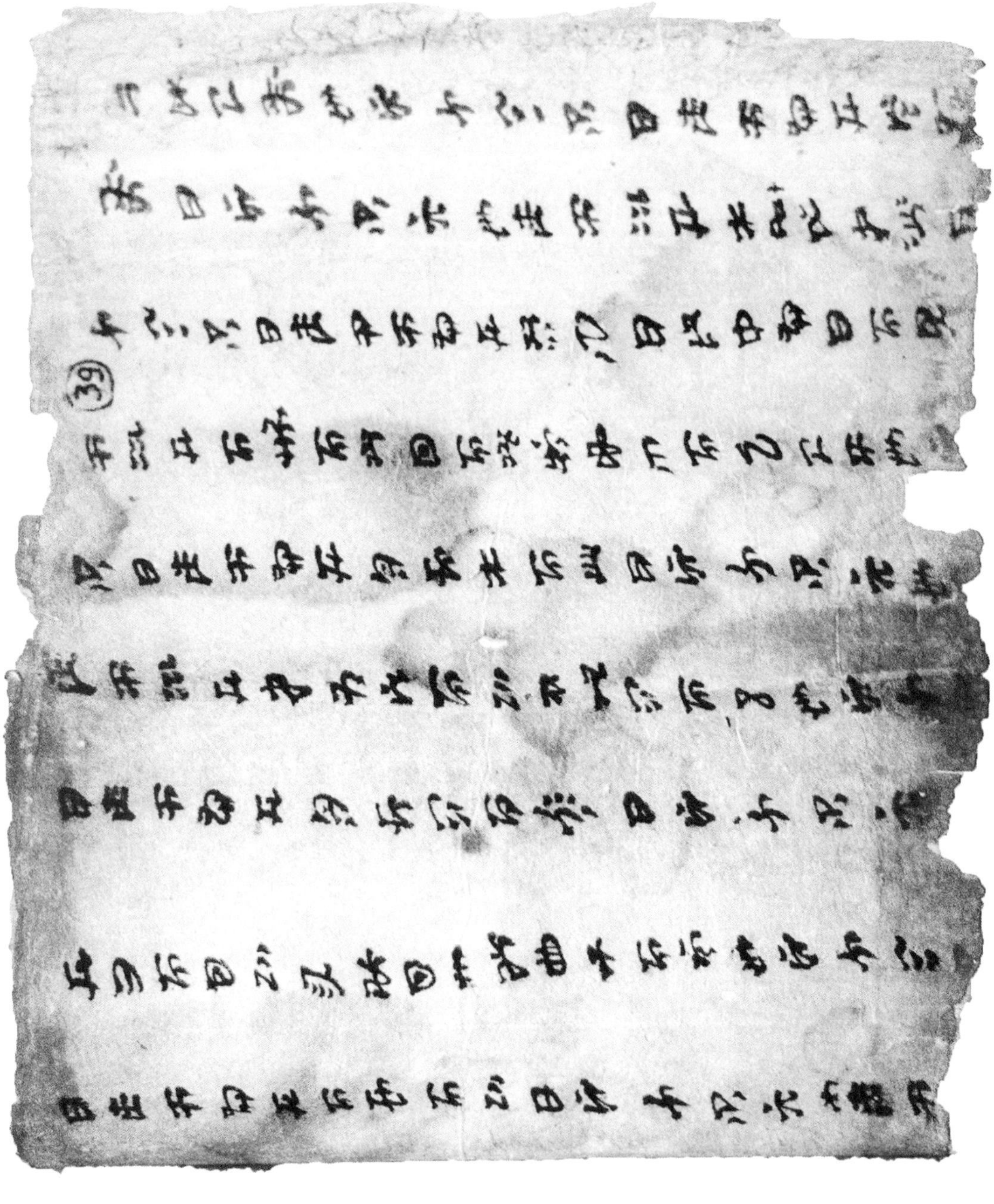

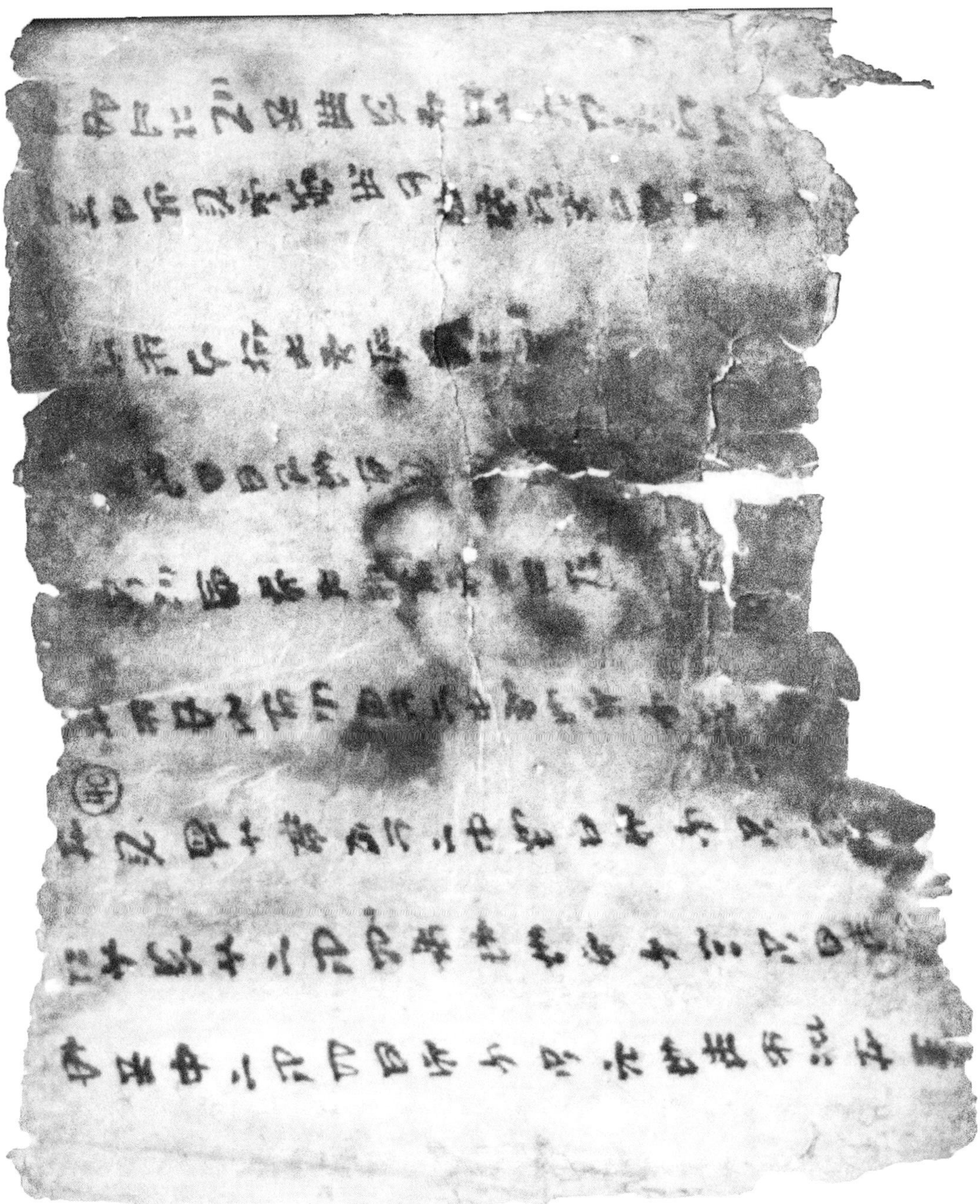

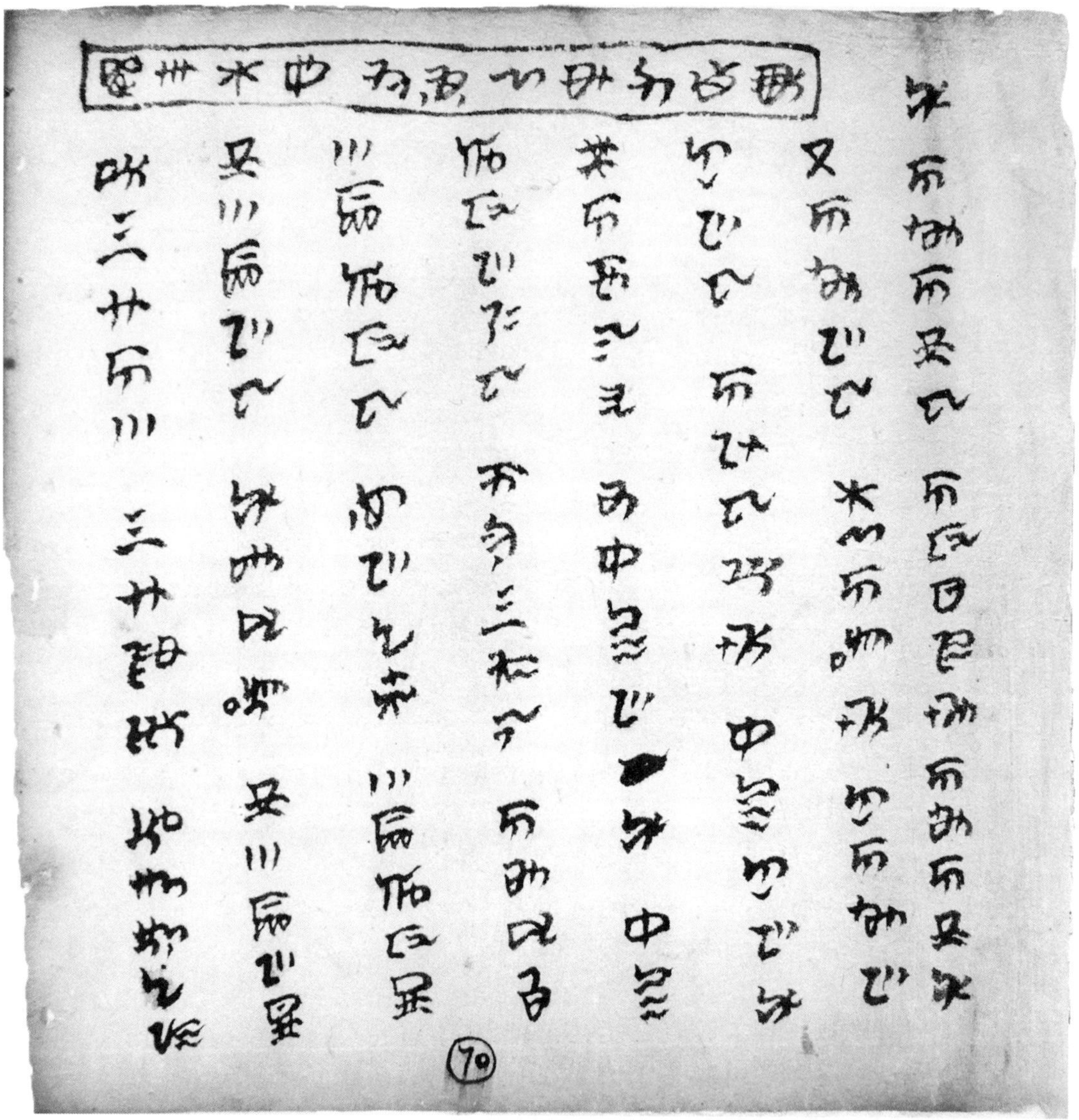

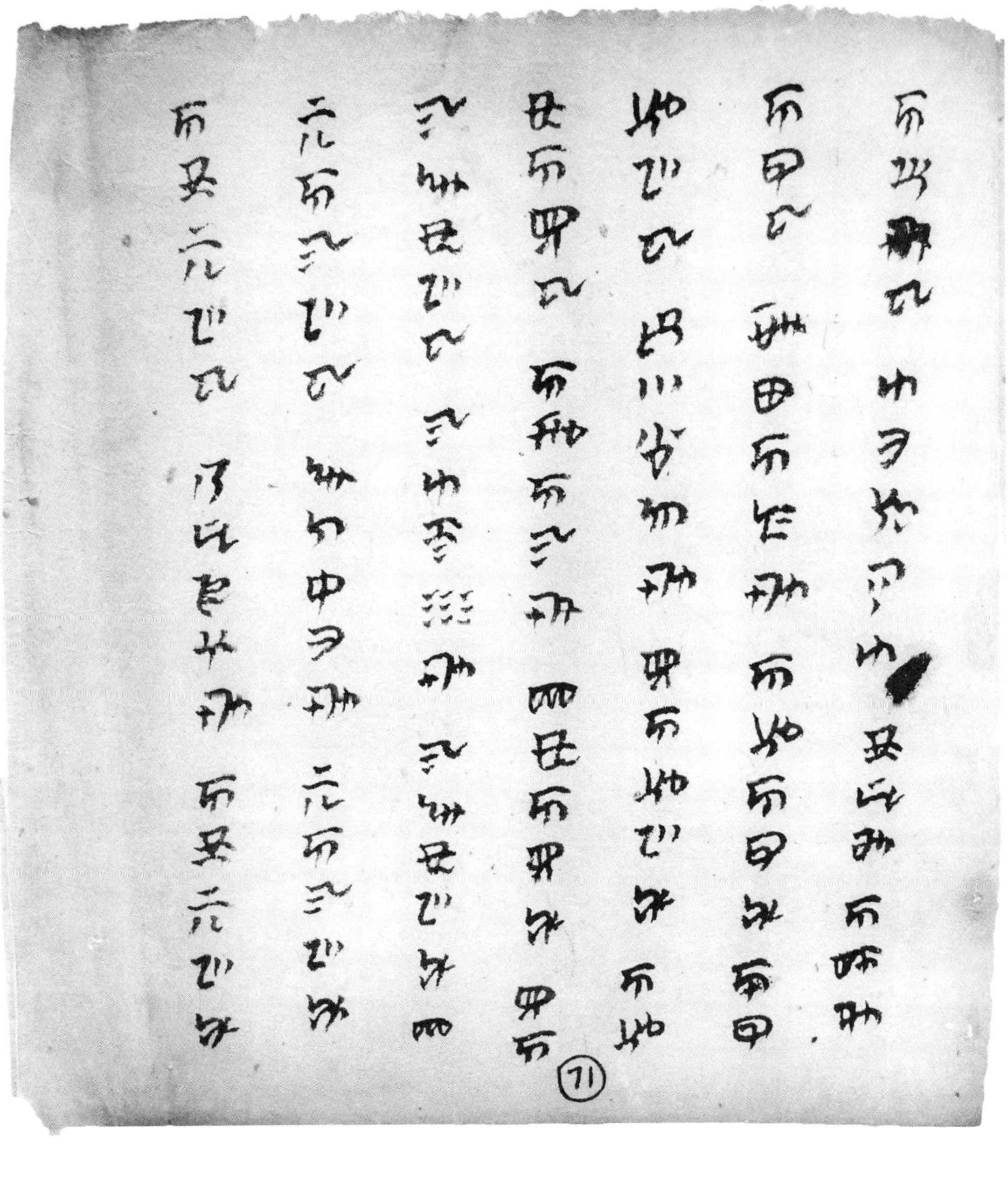

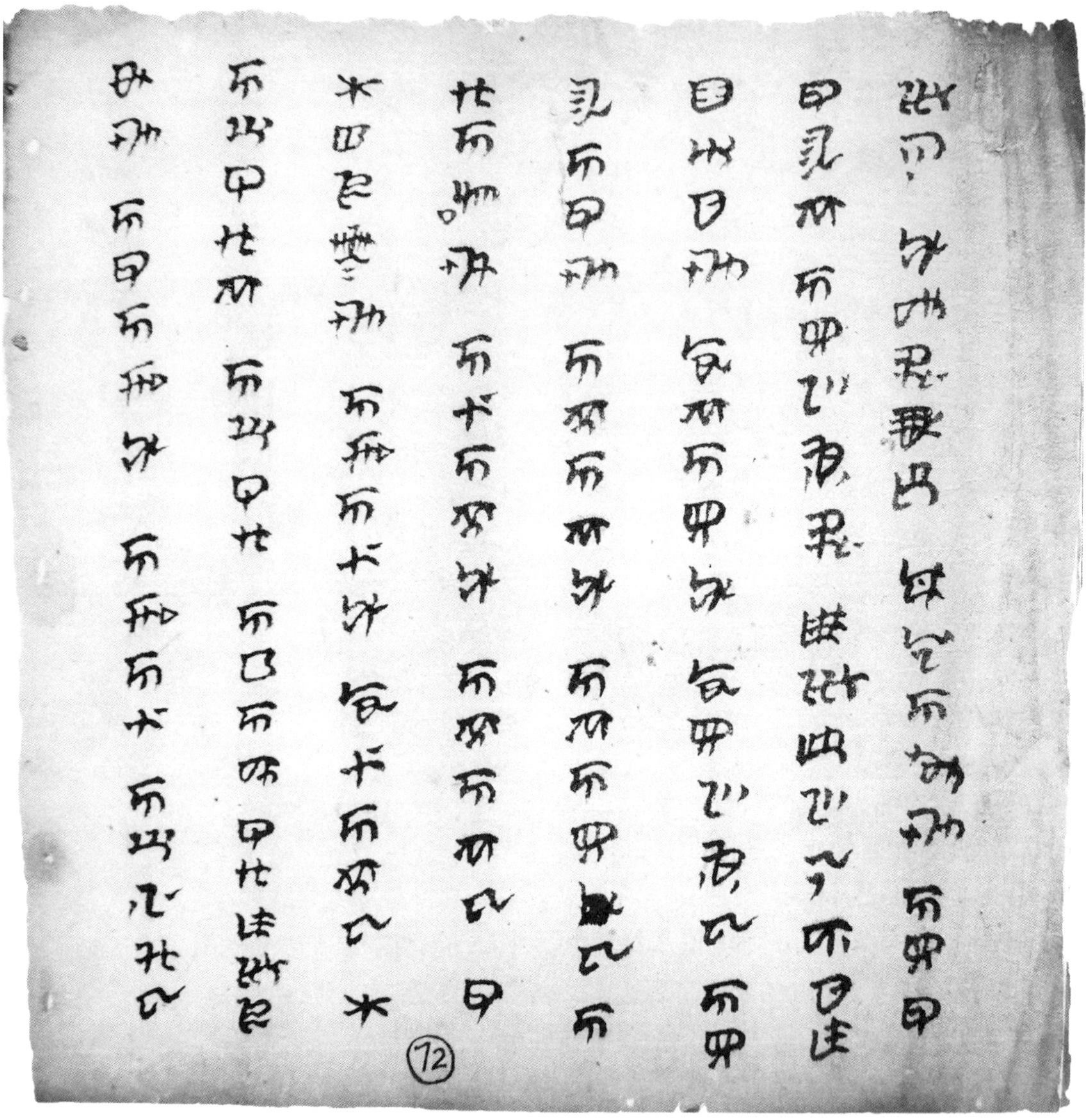

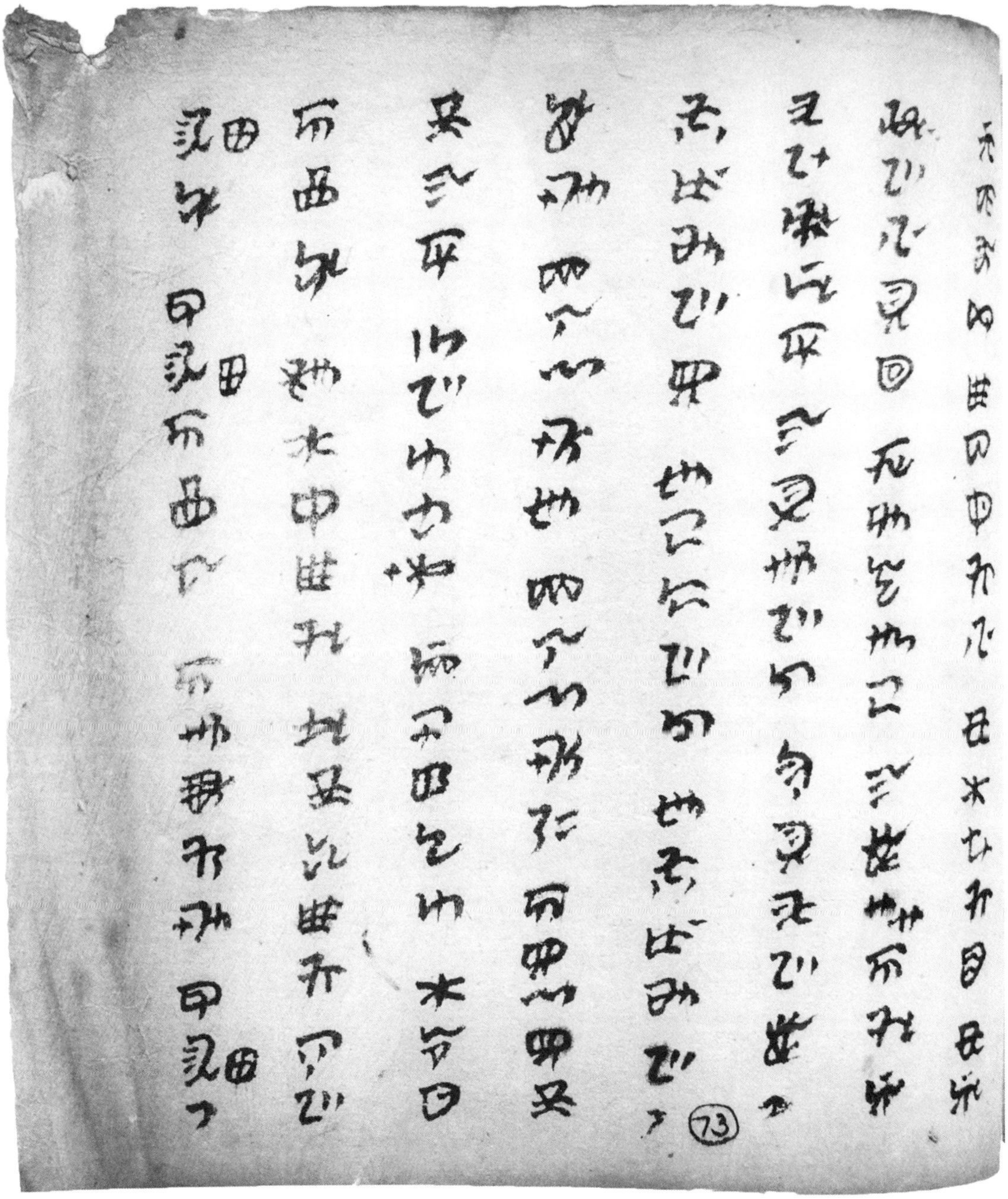

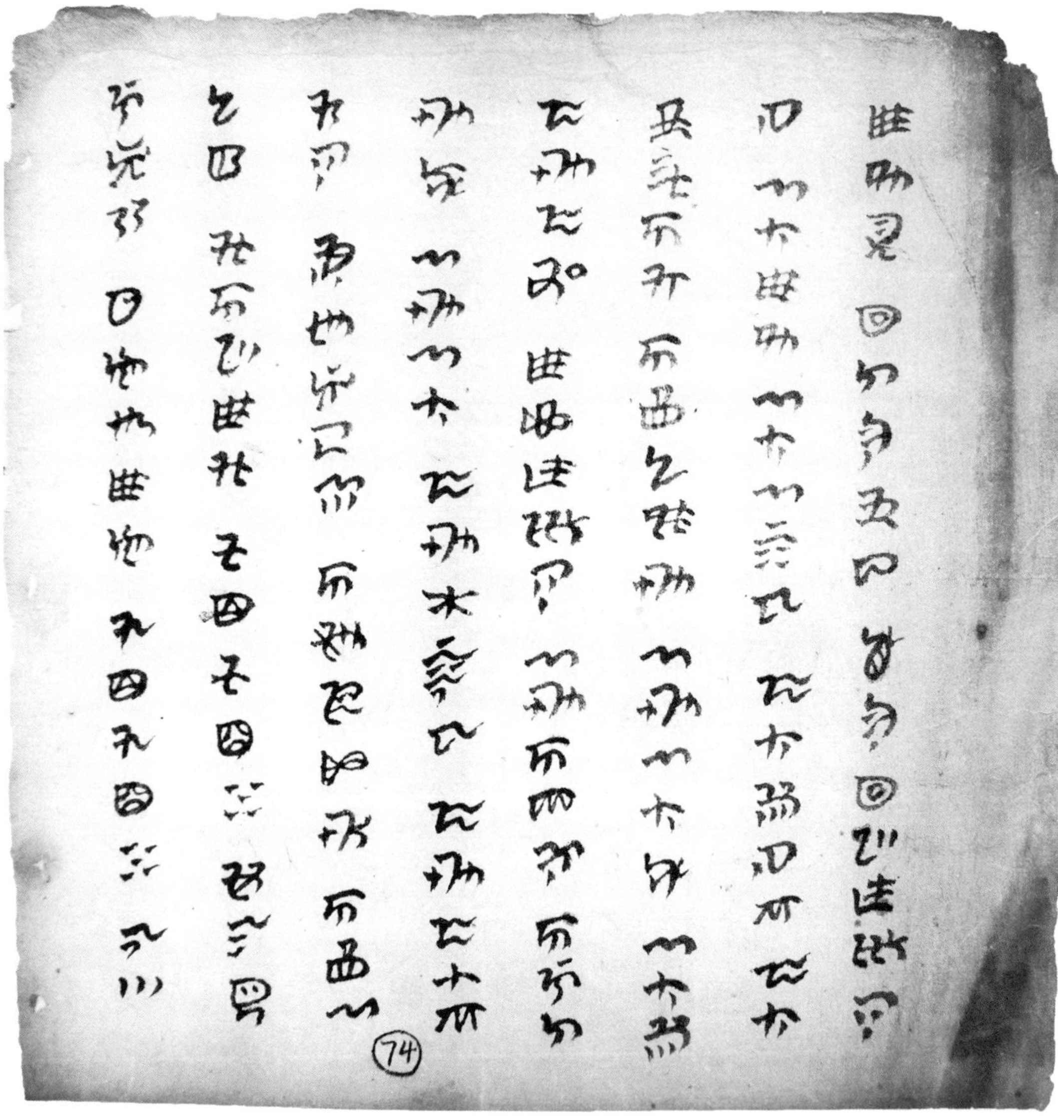

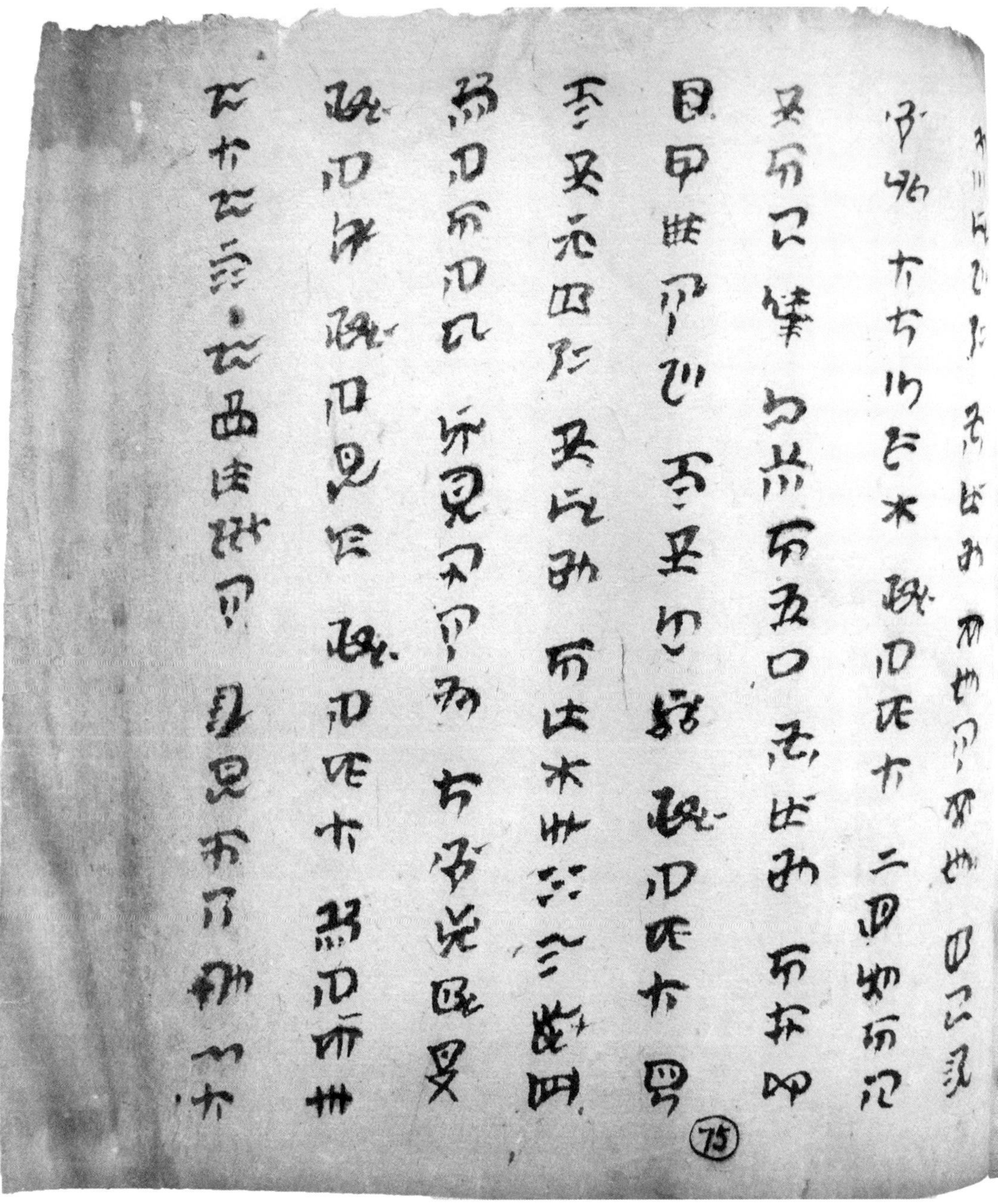
75

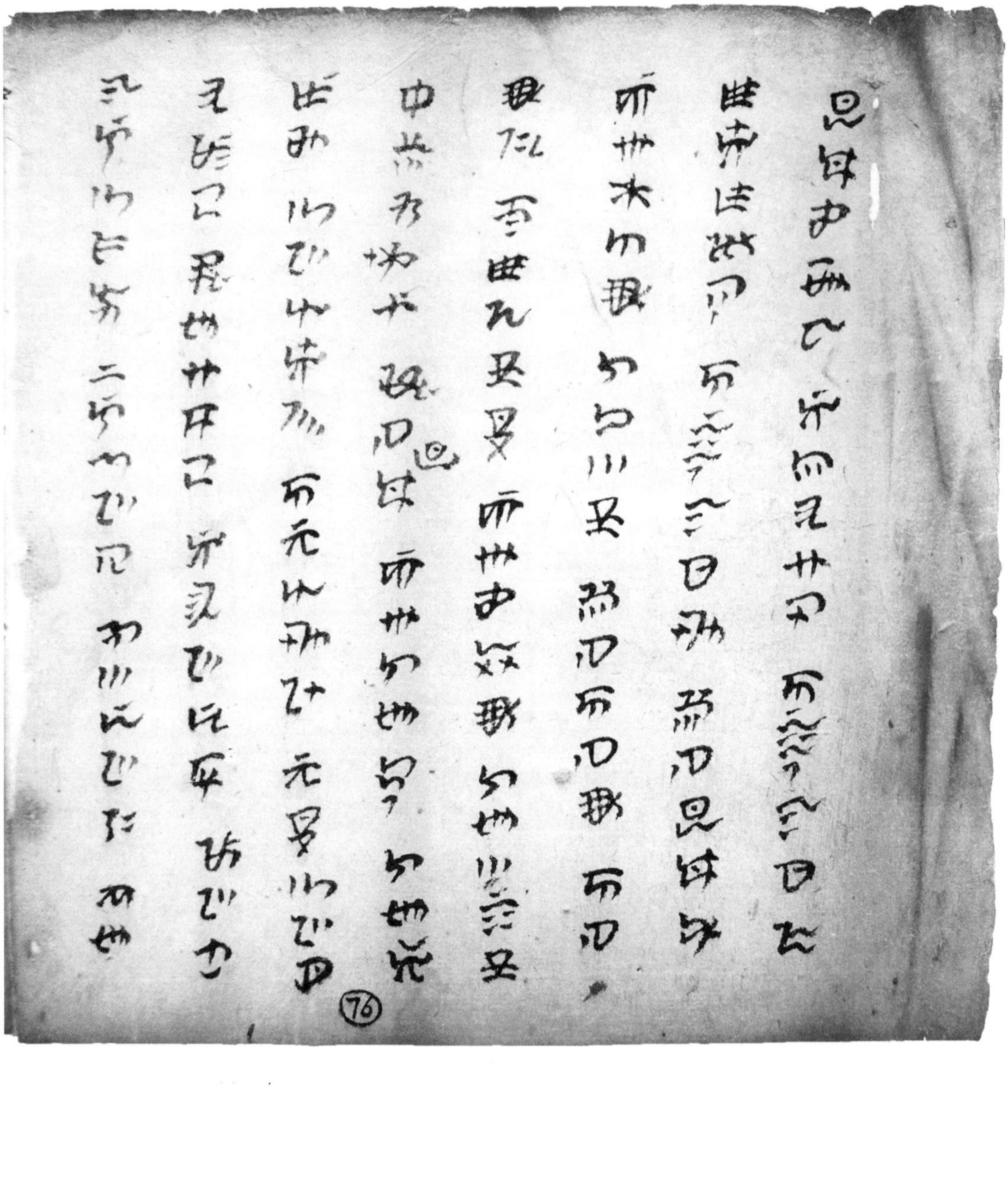

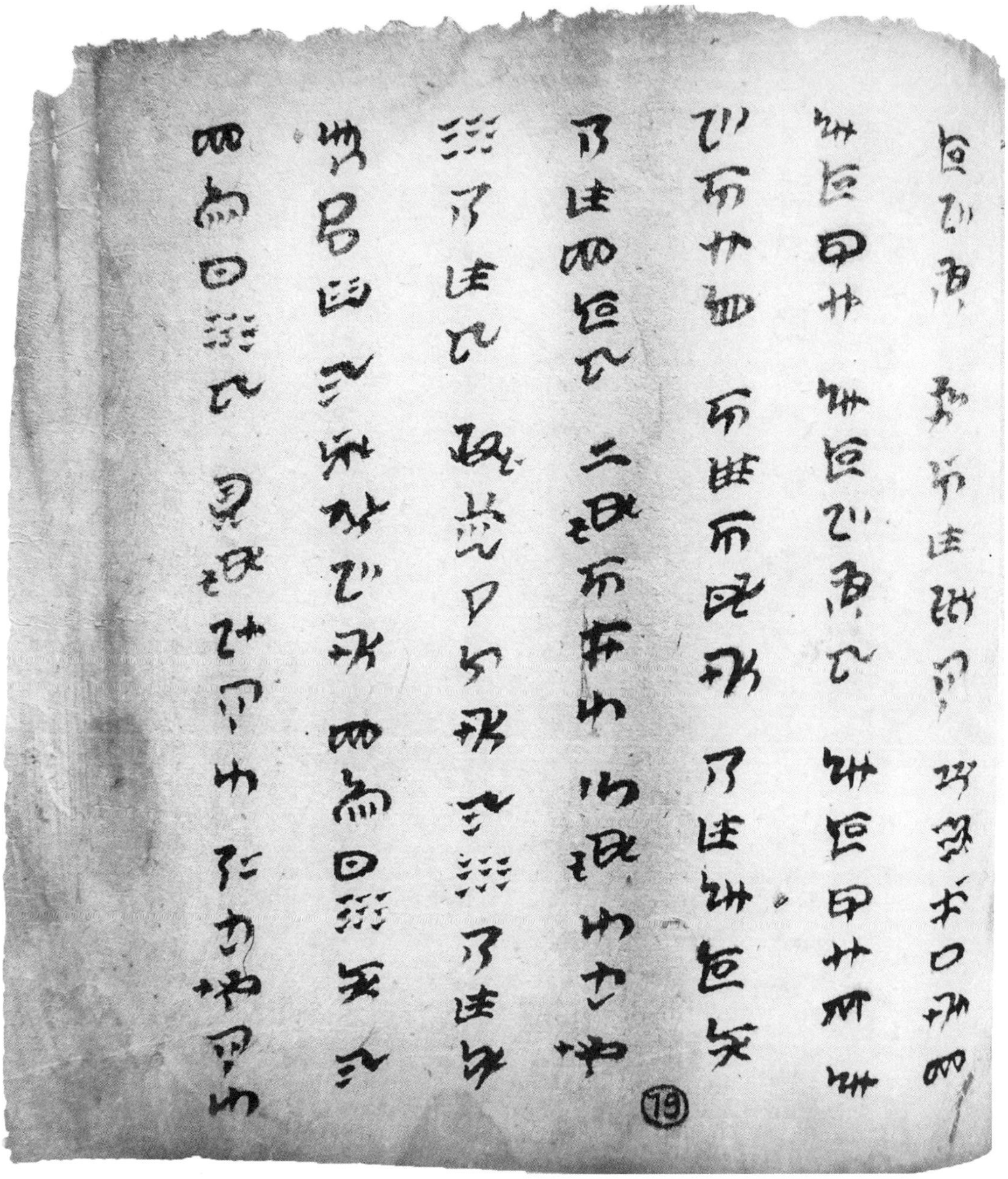

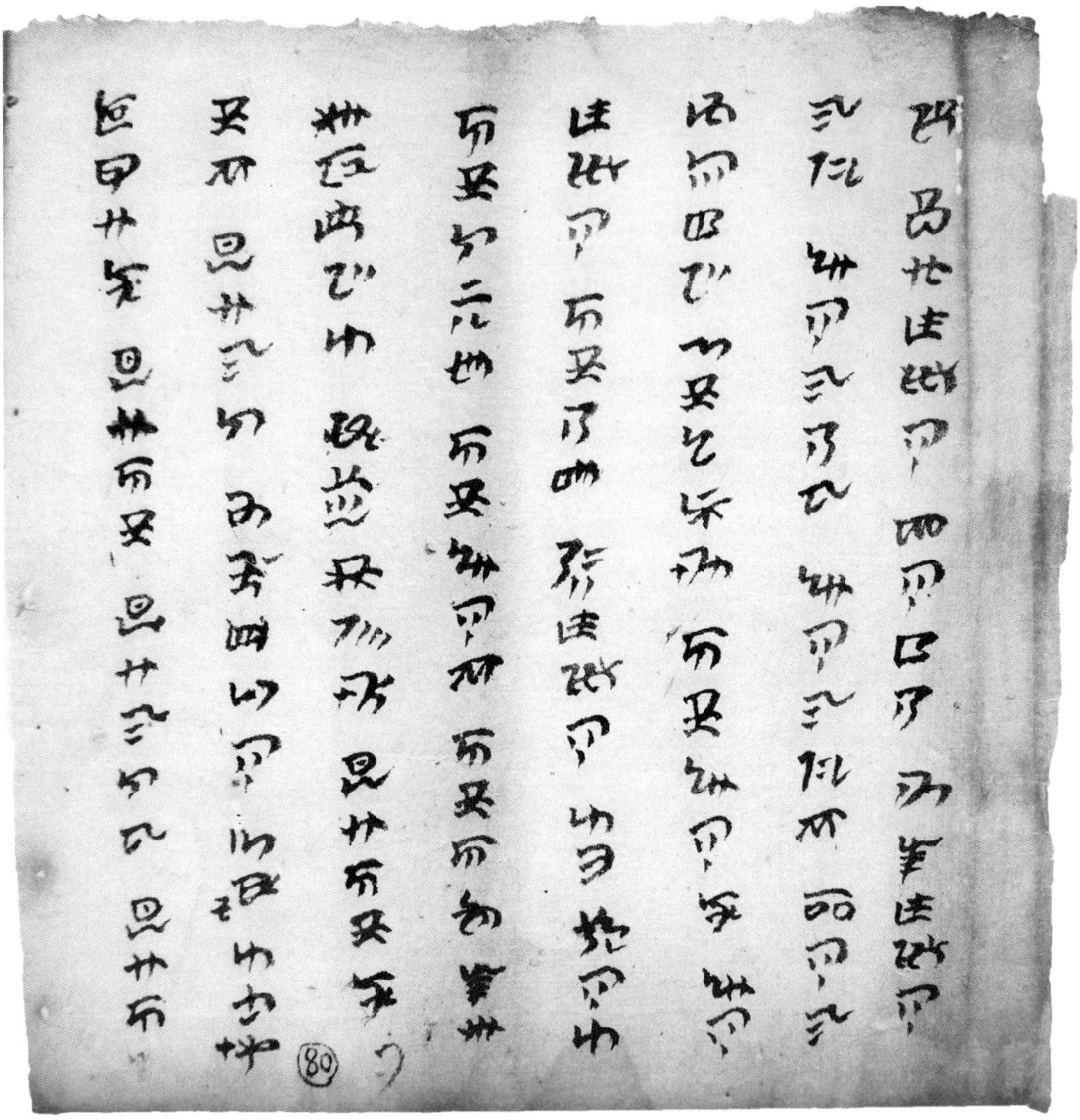

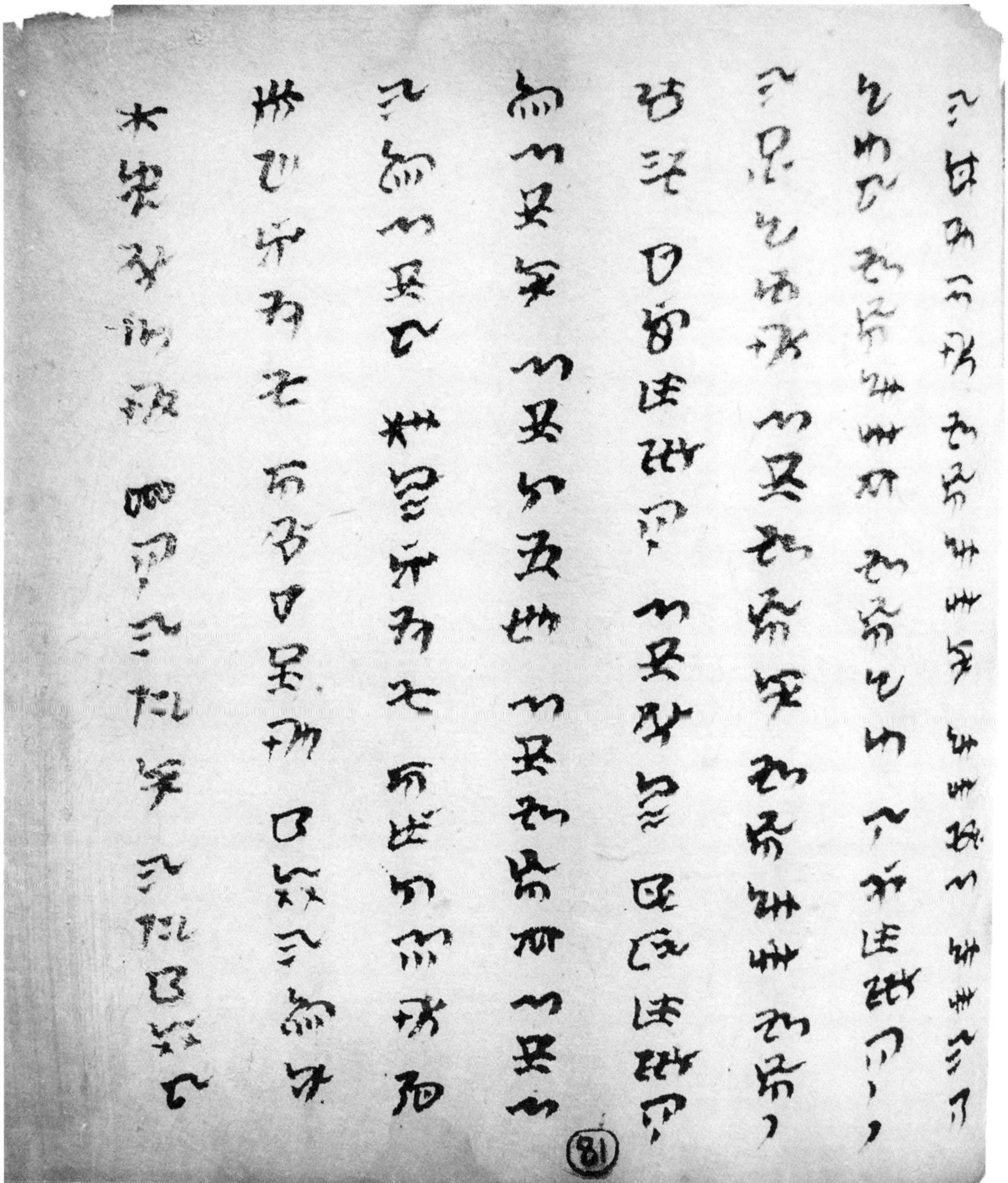

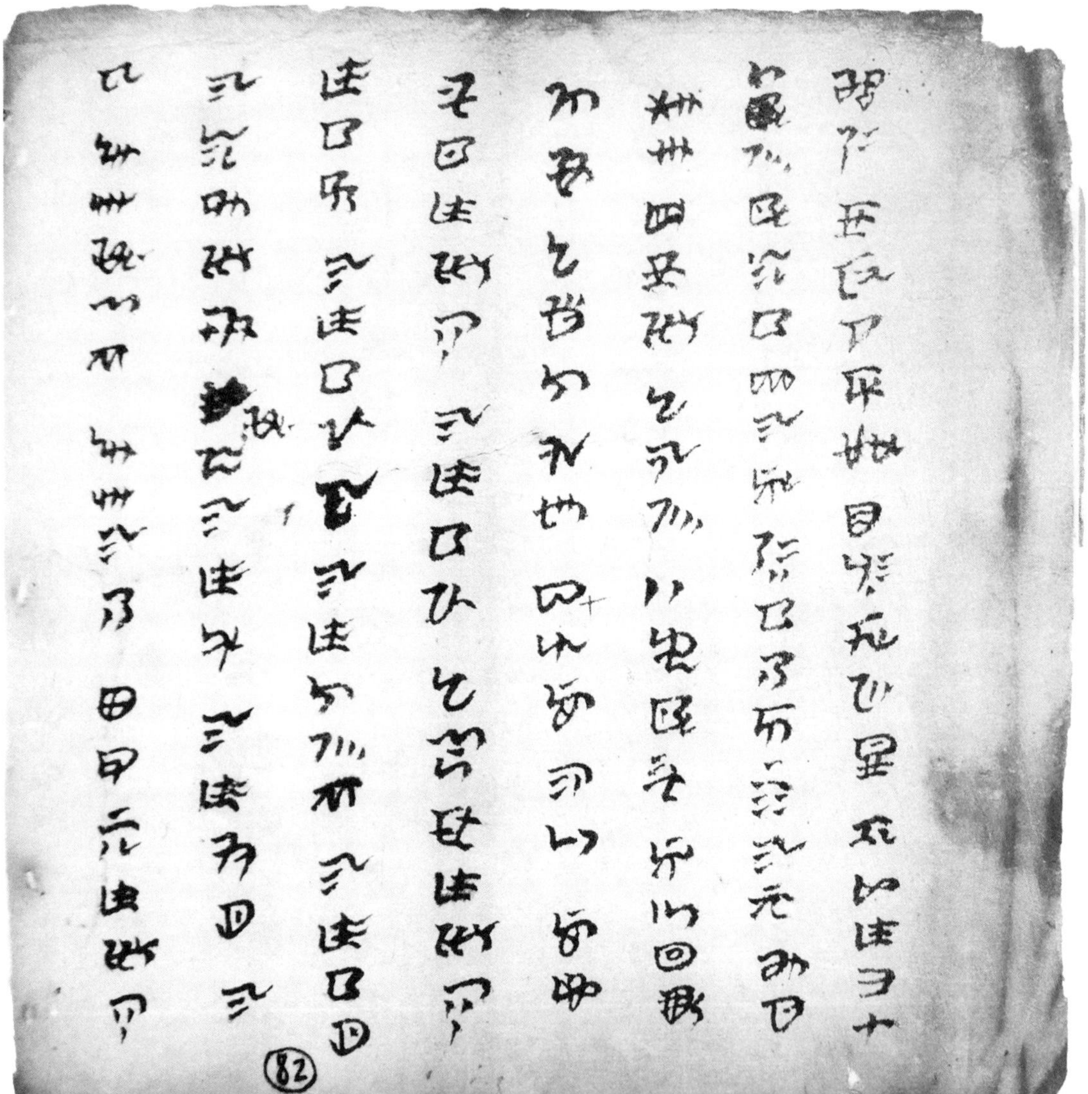

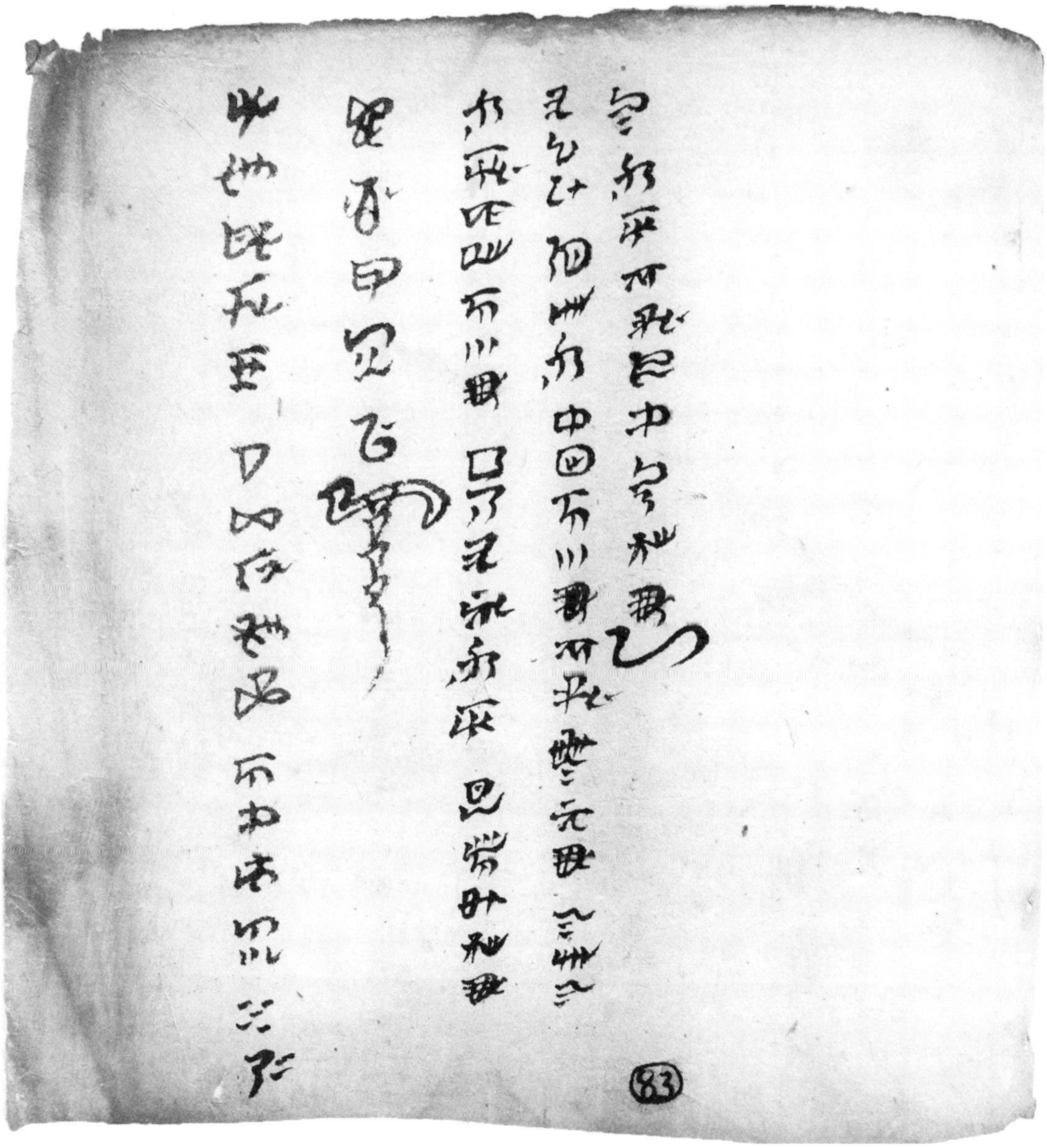

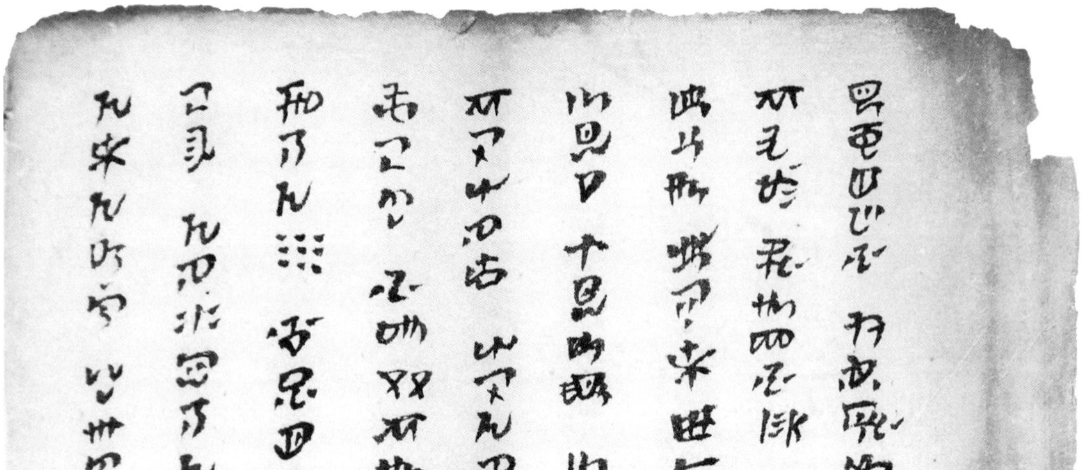
84

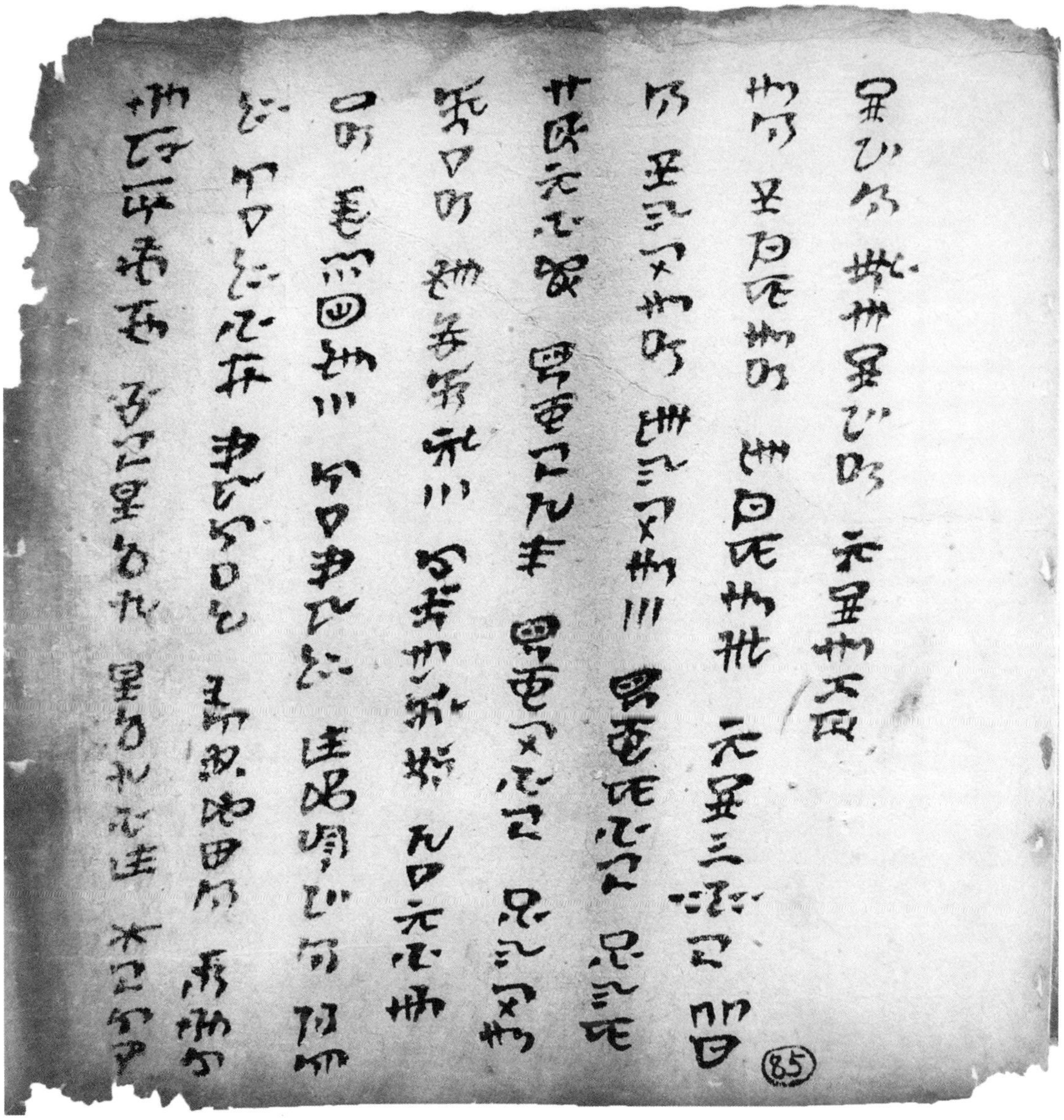

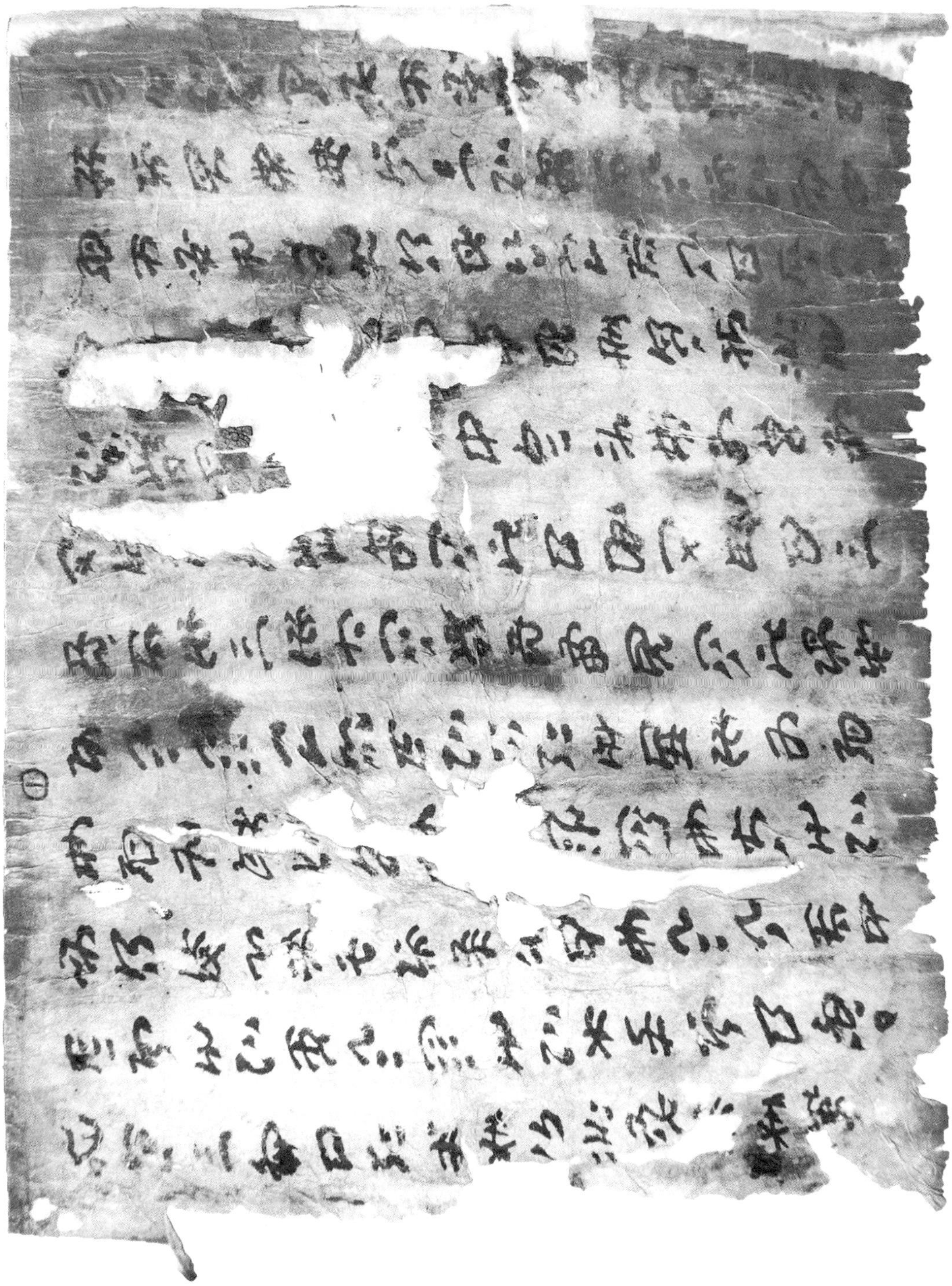

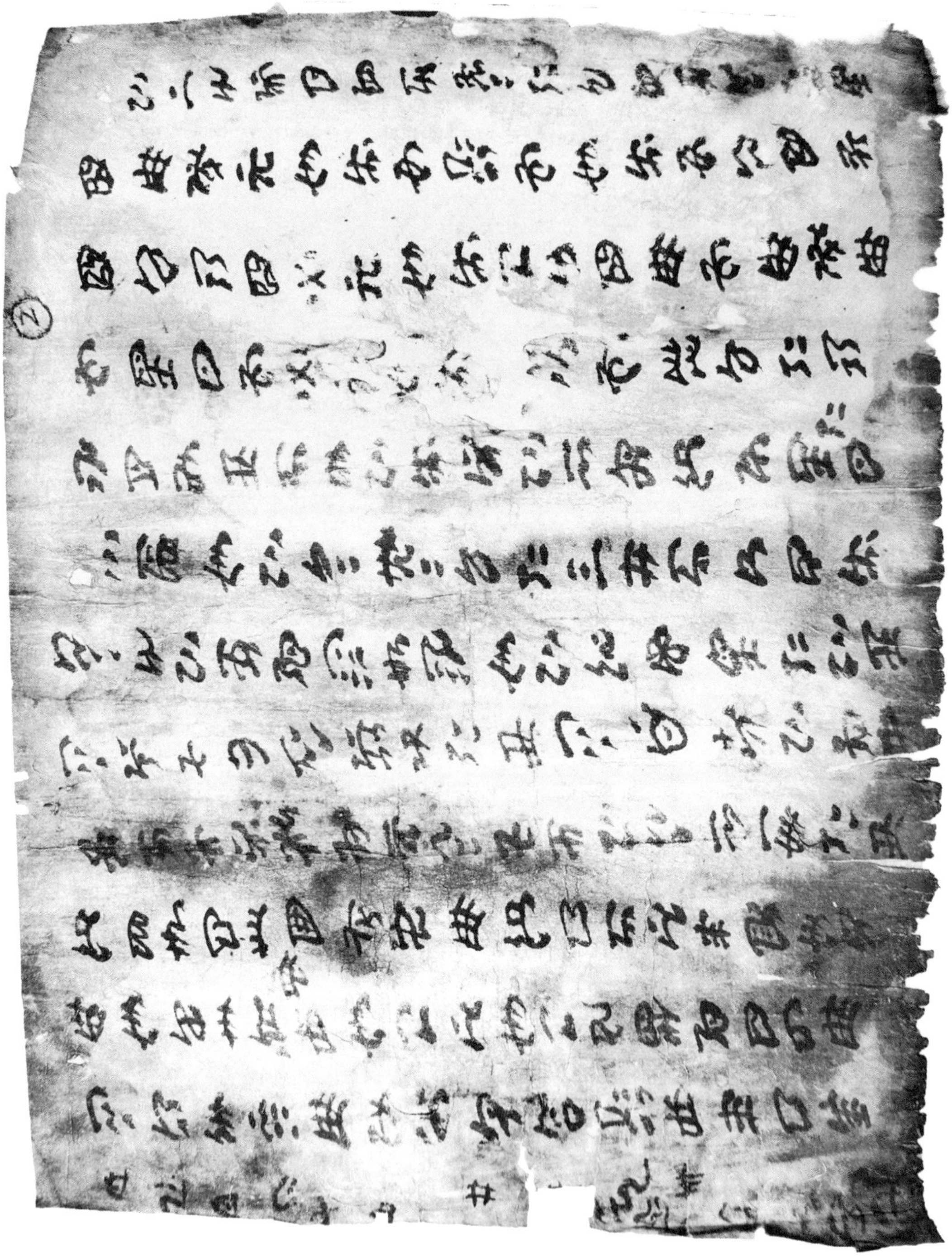

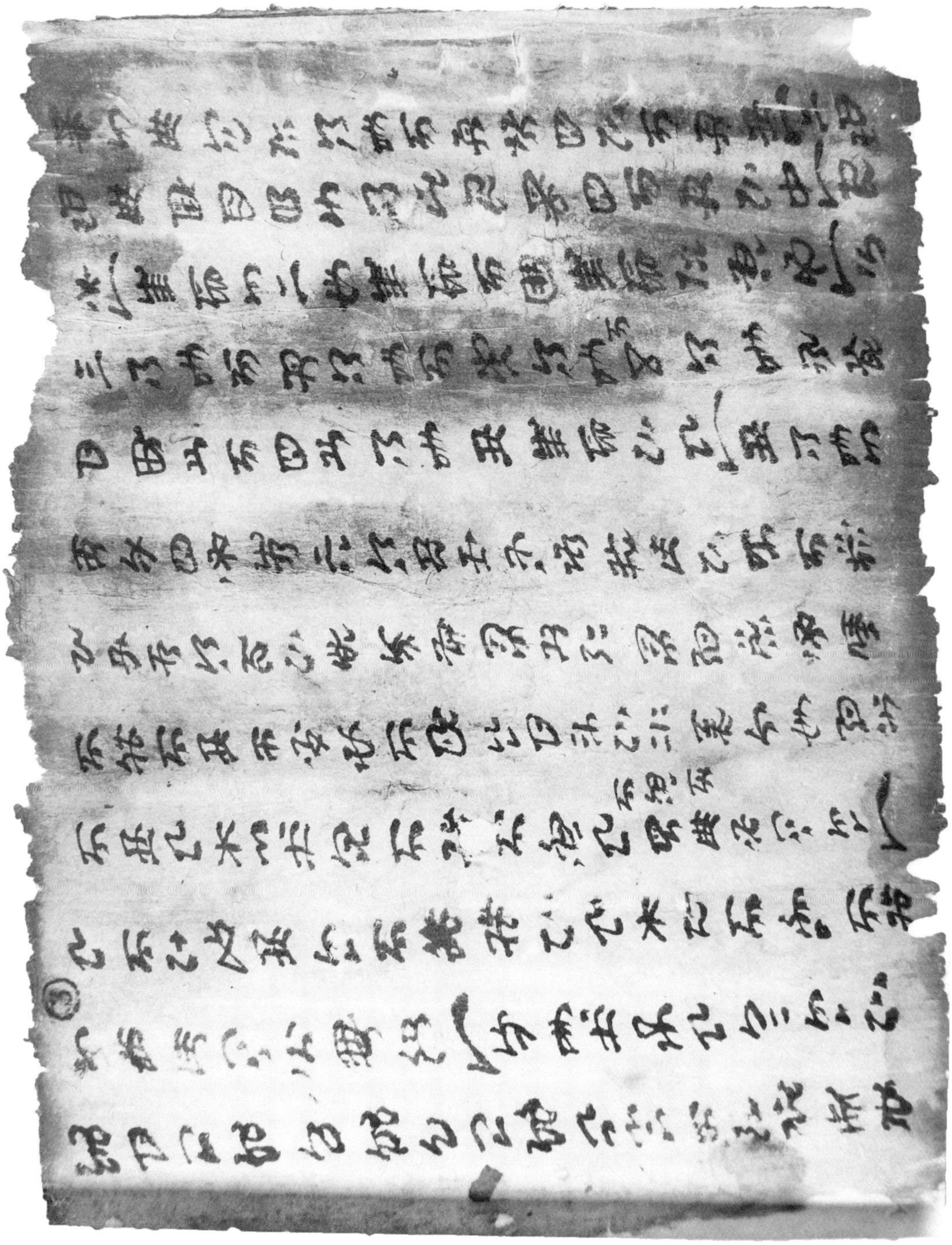

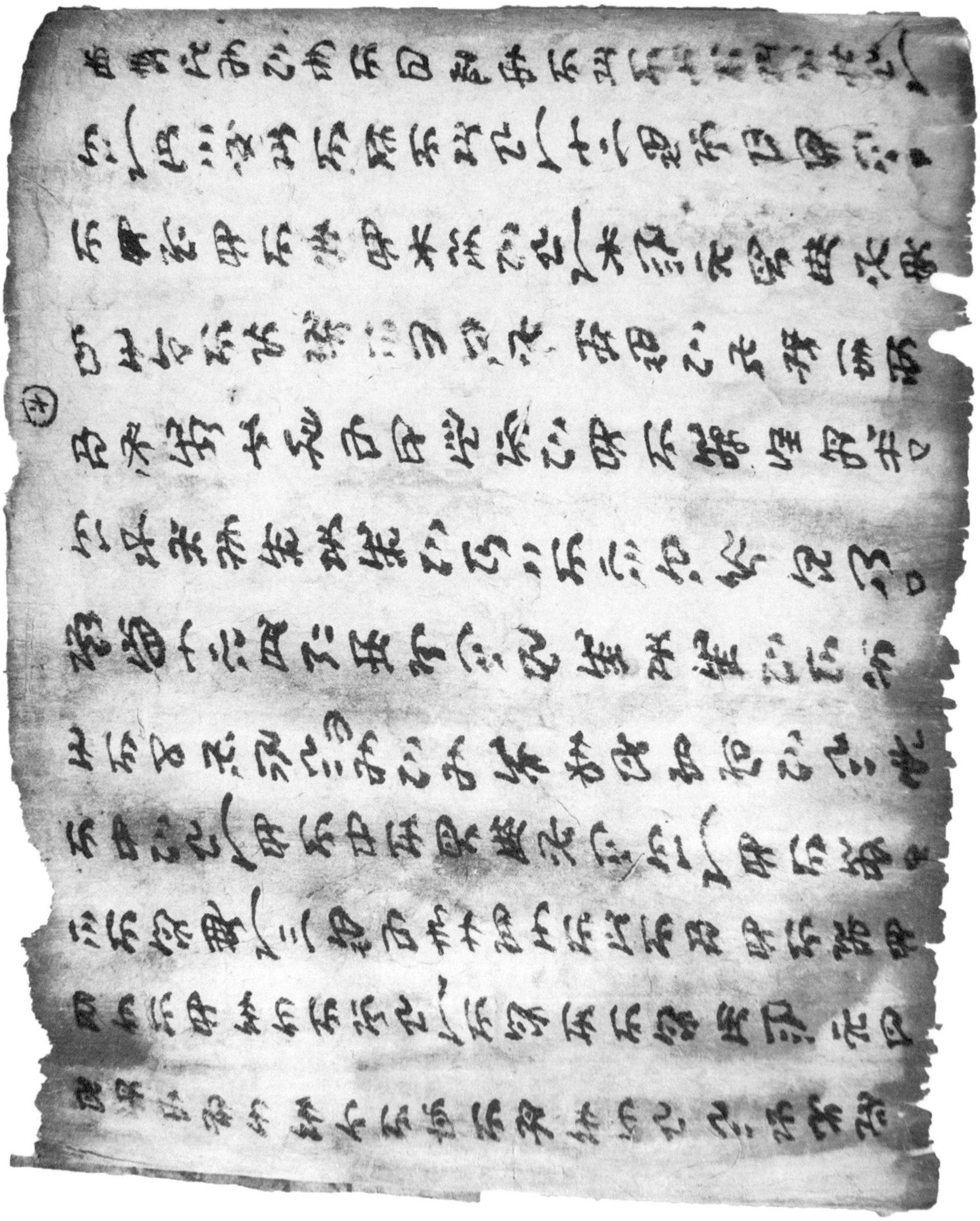

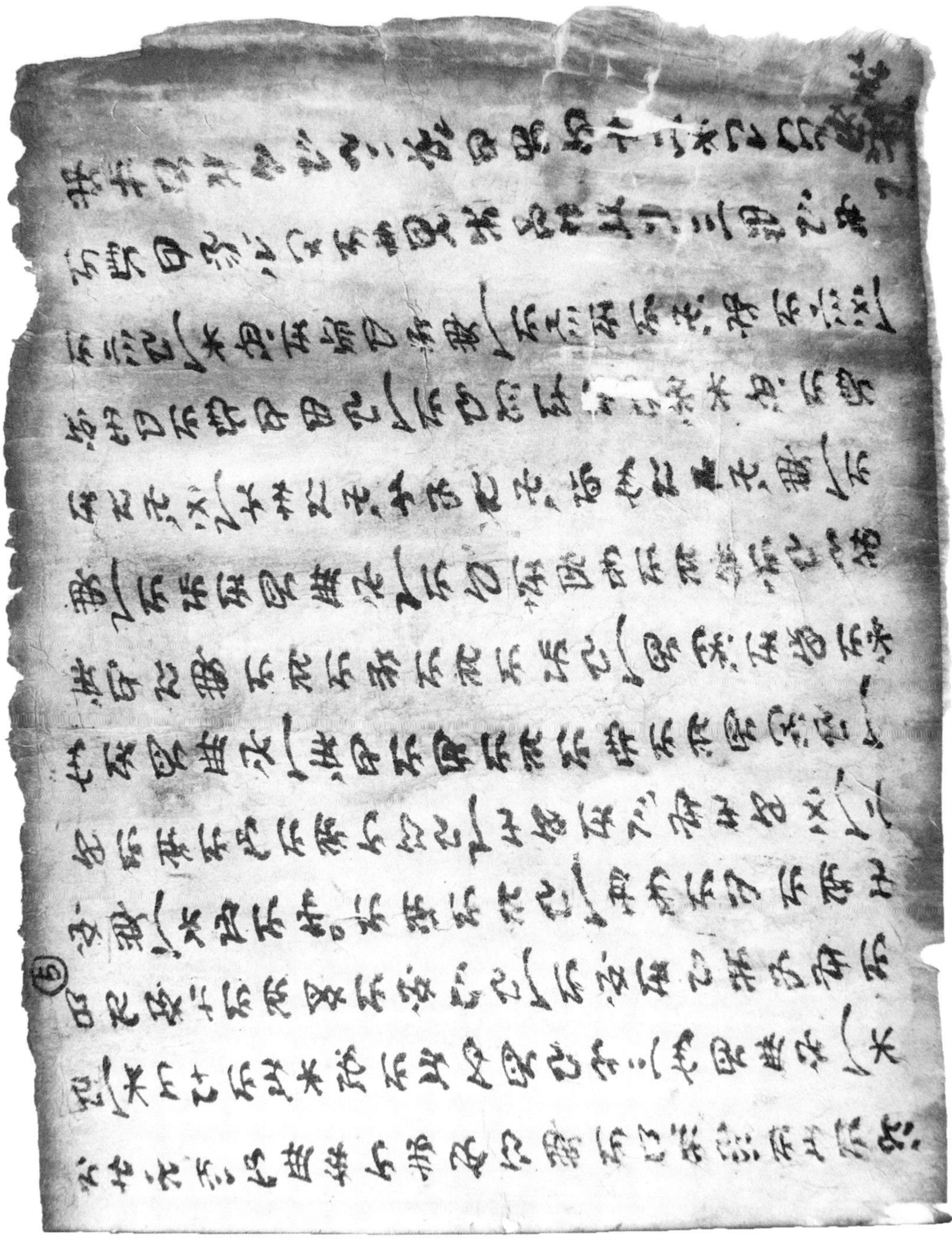

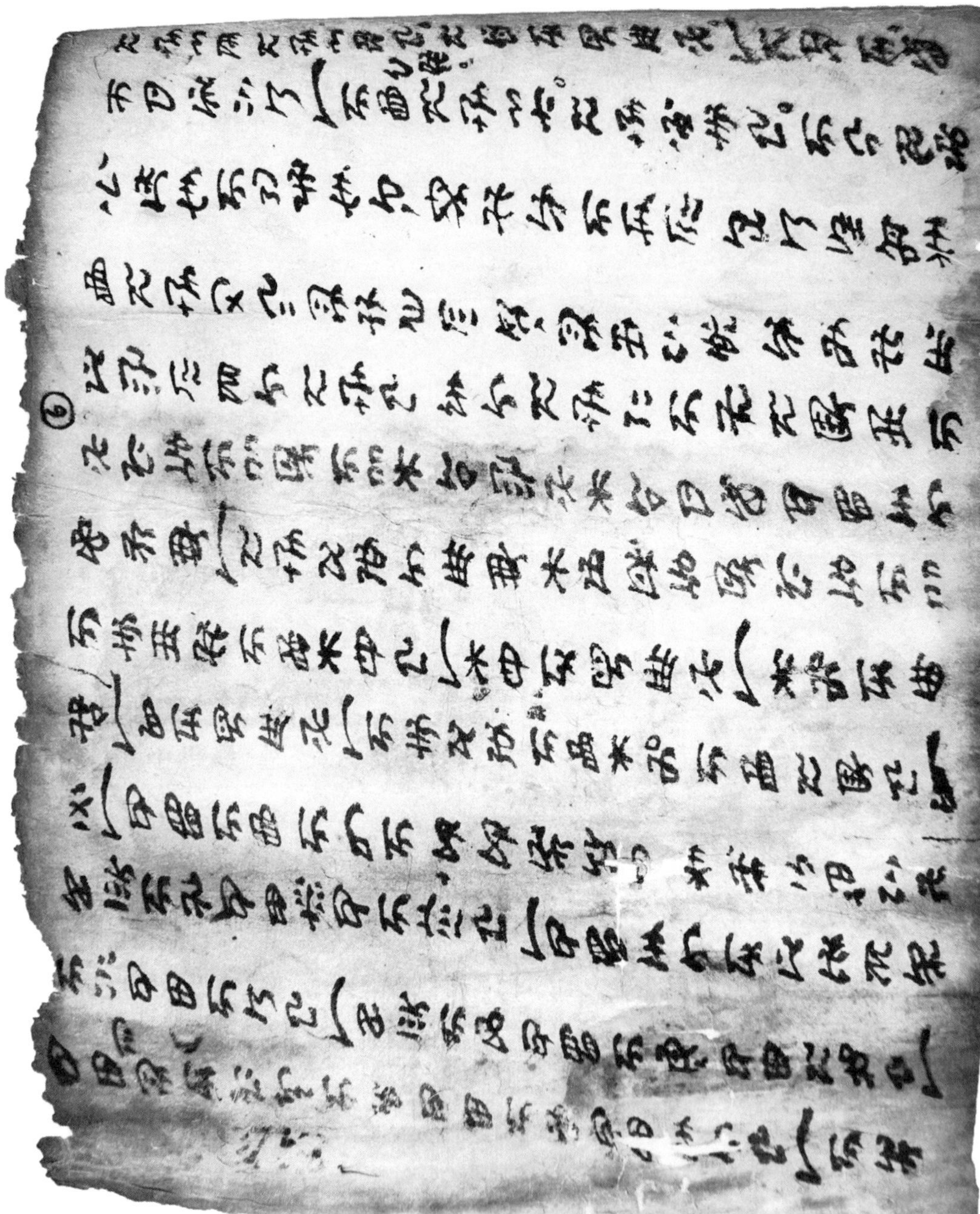

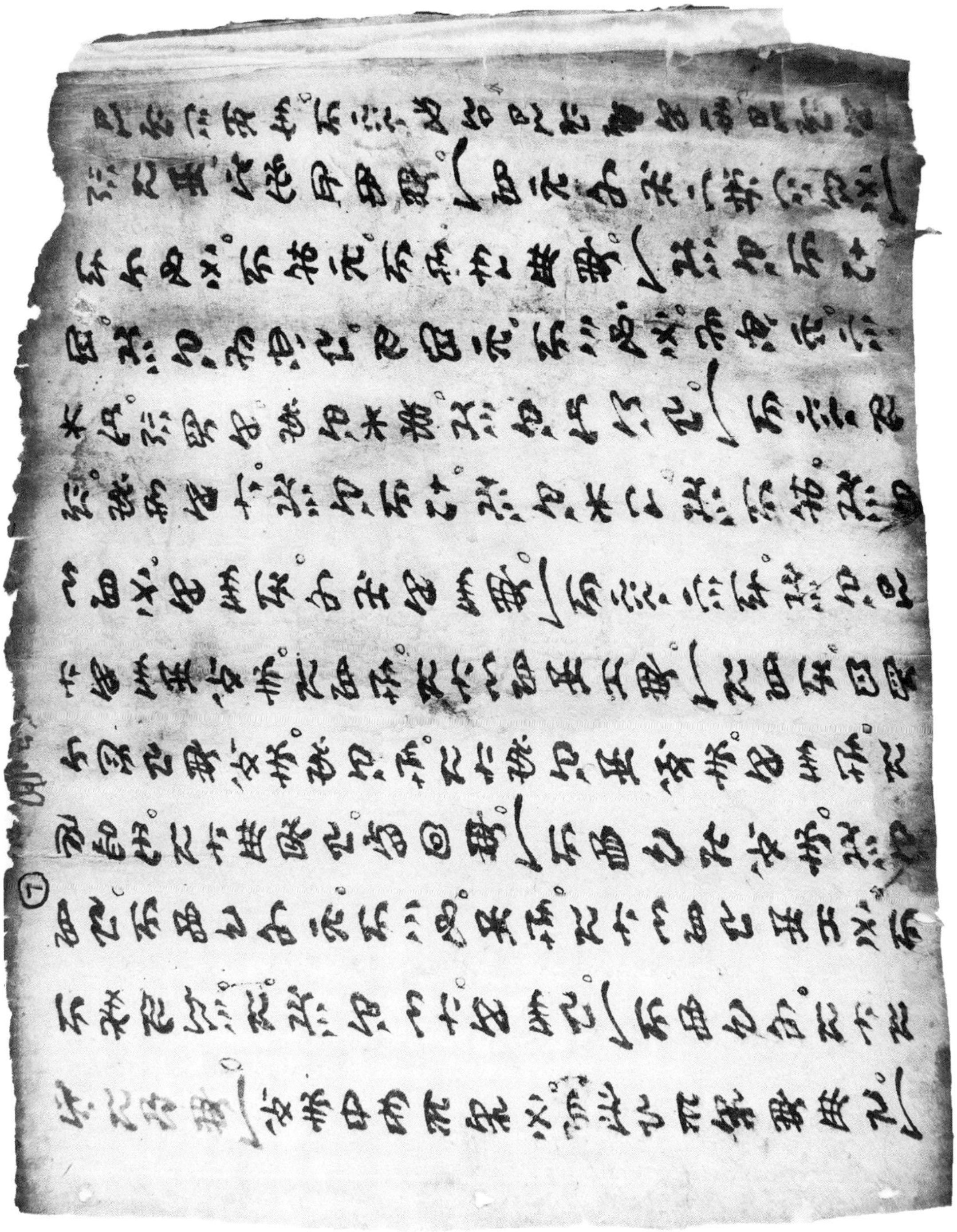

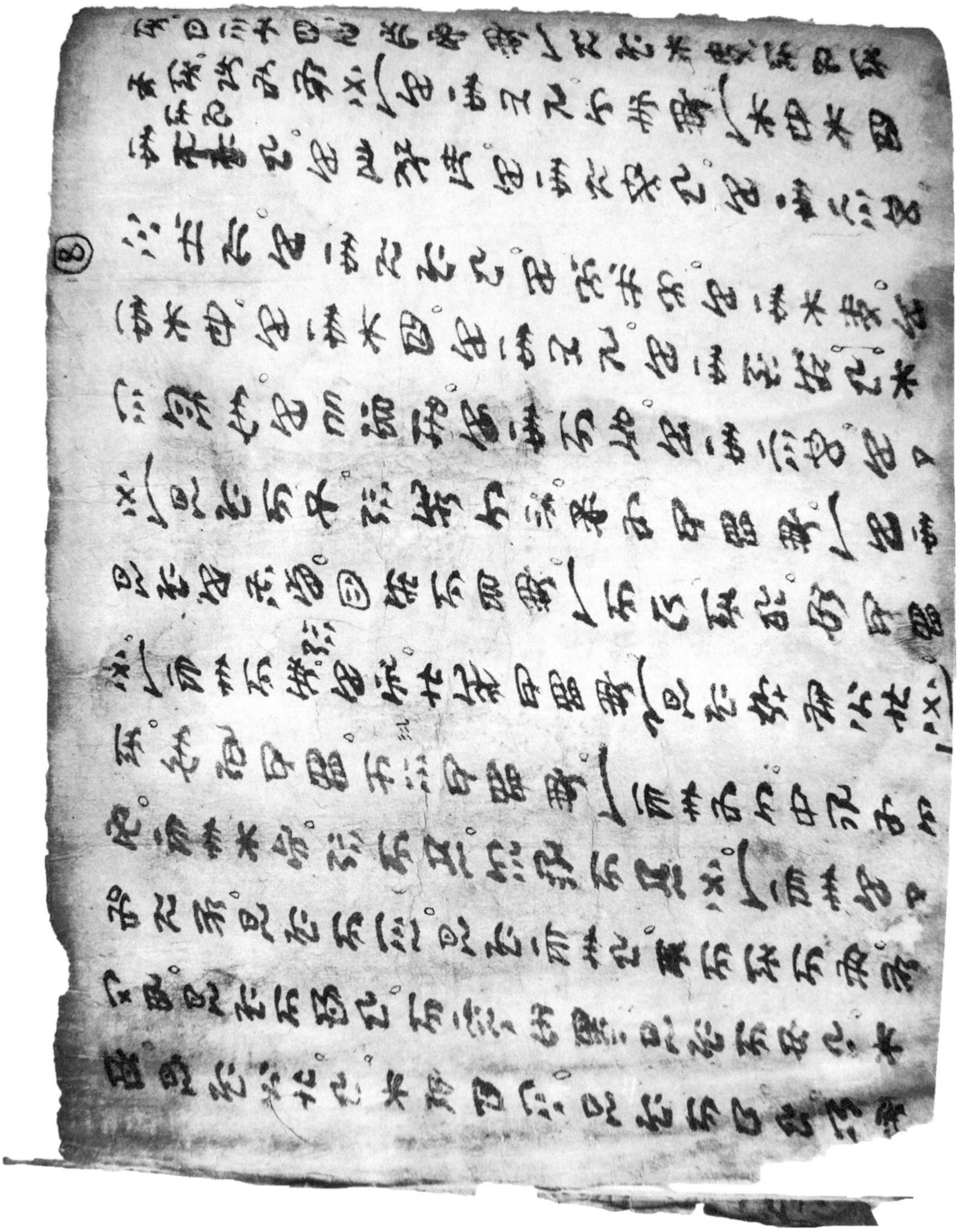

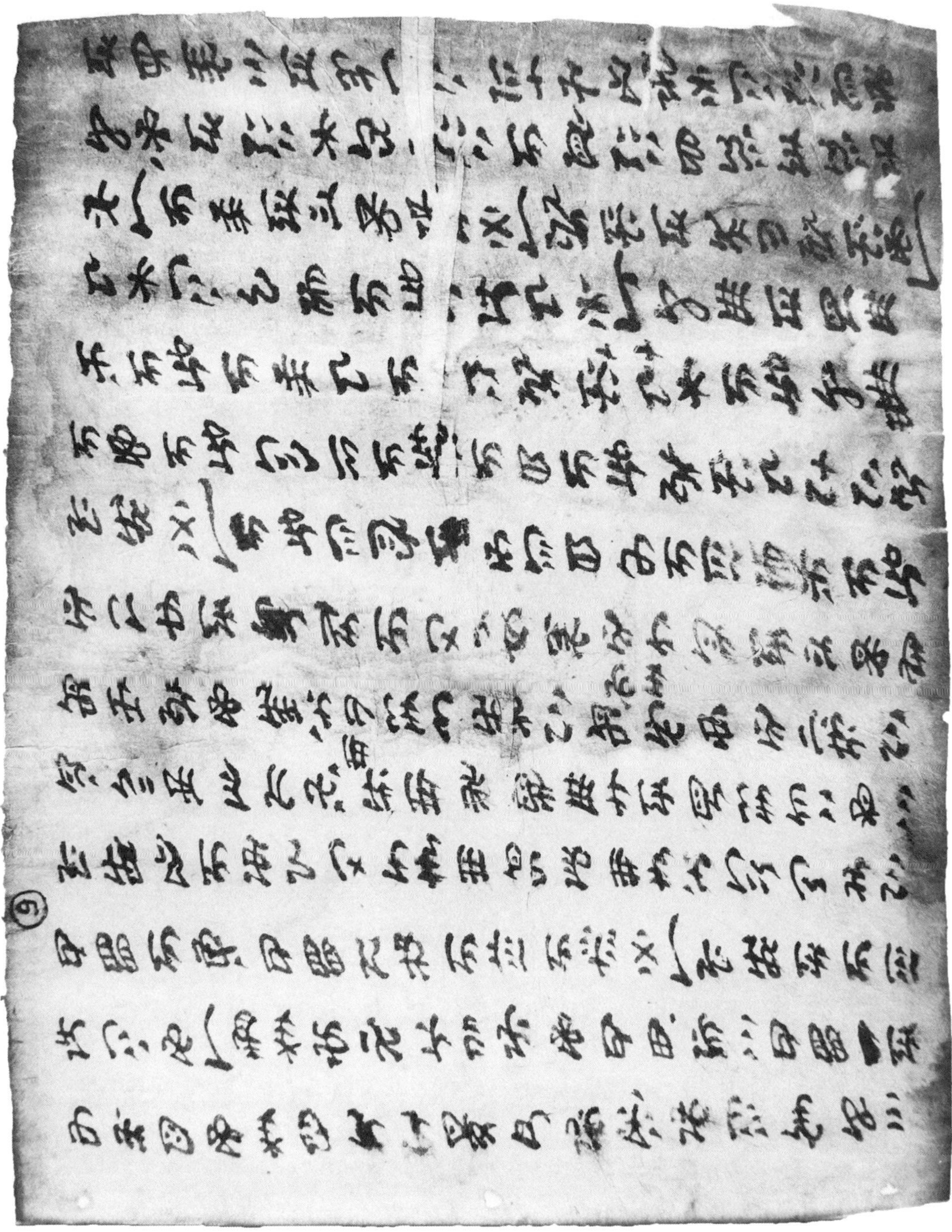

⑩

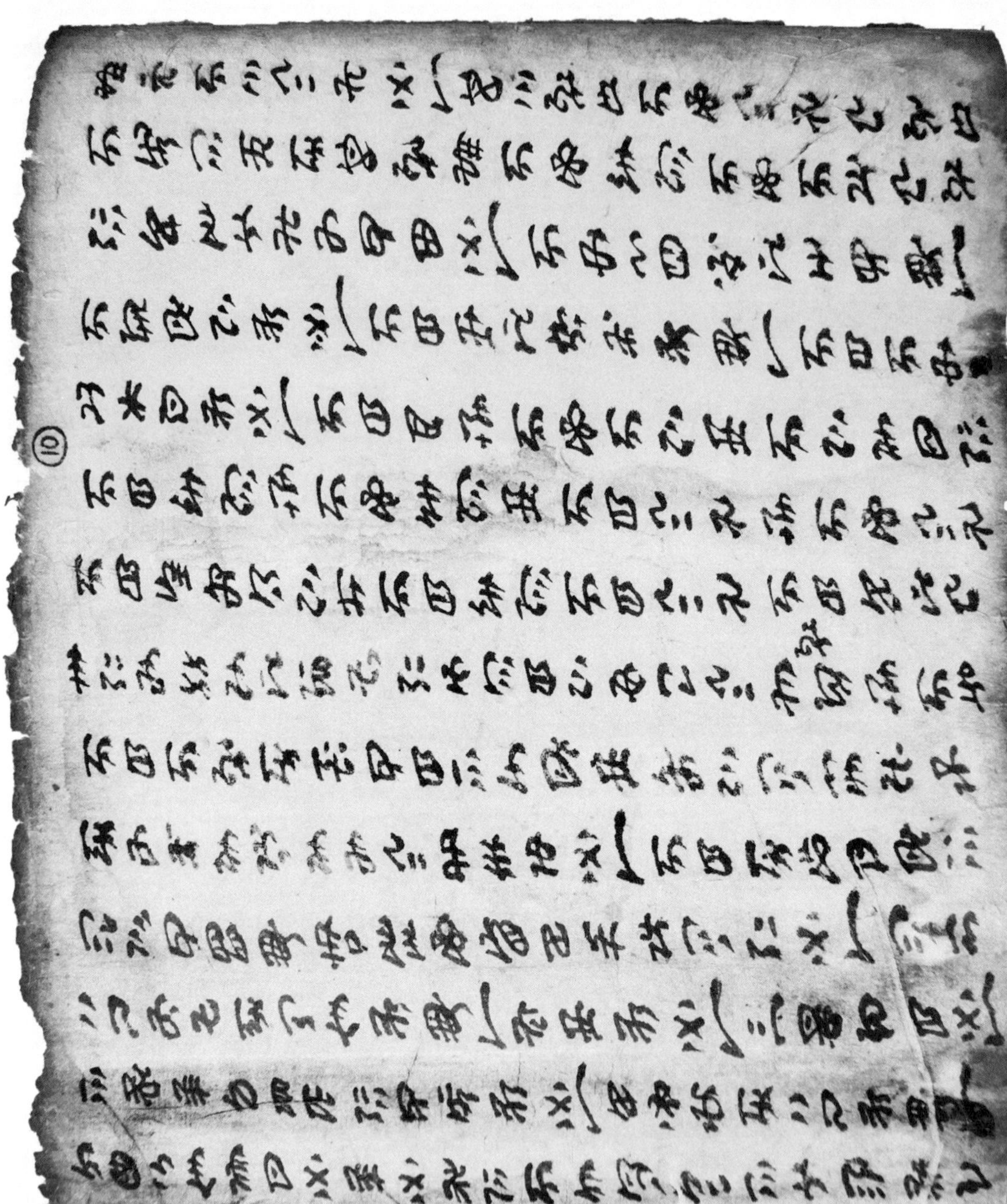

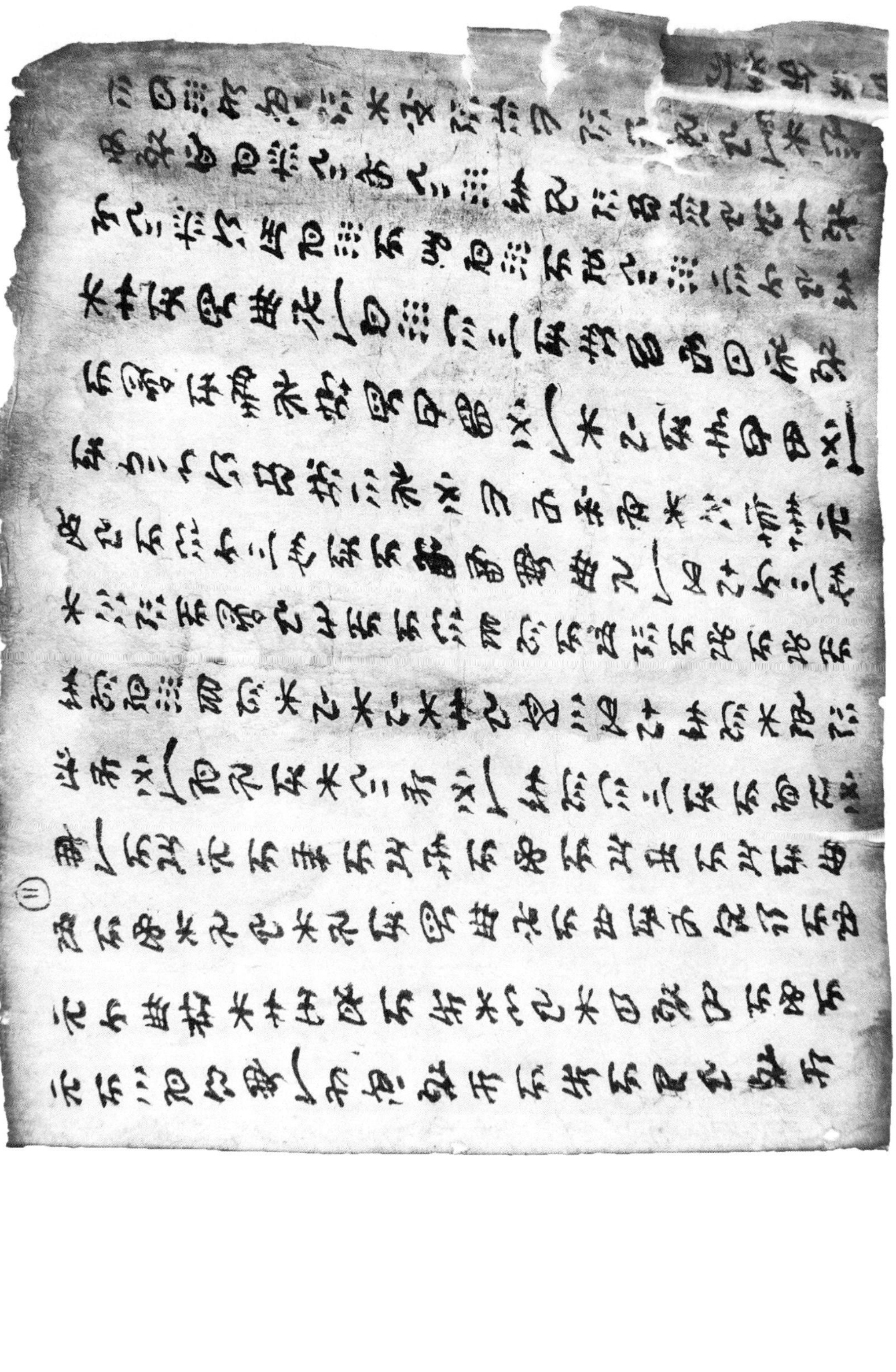

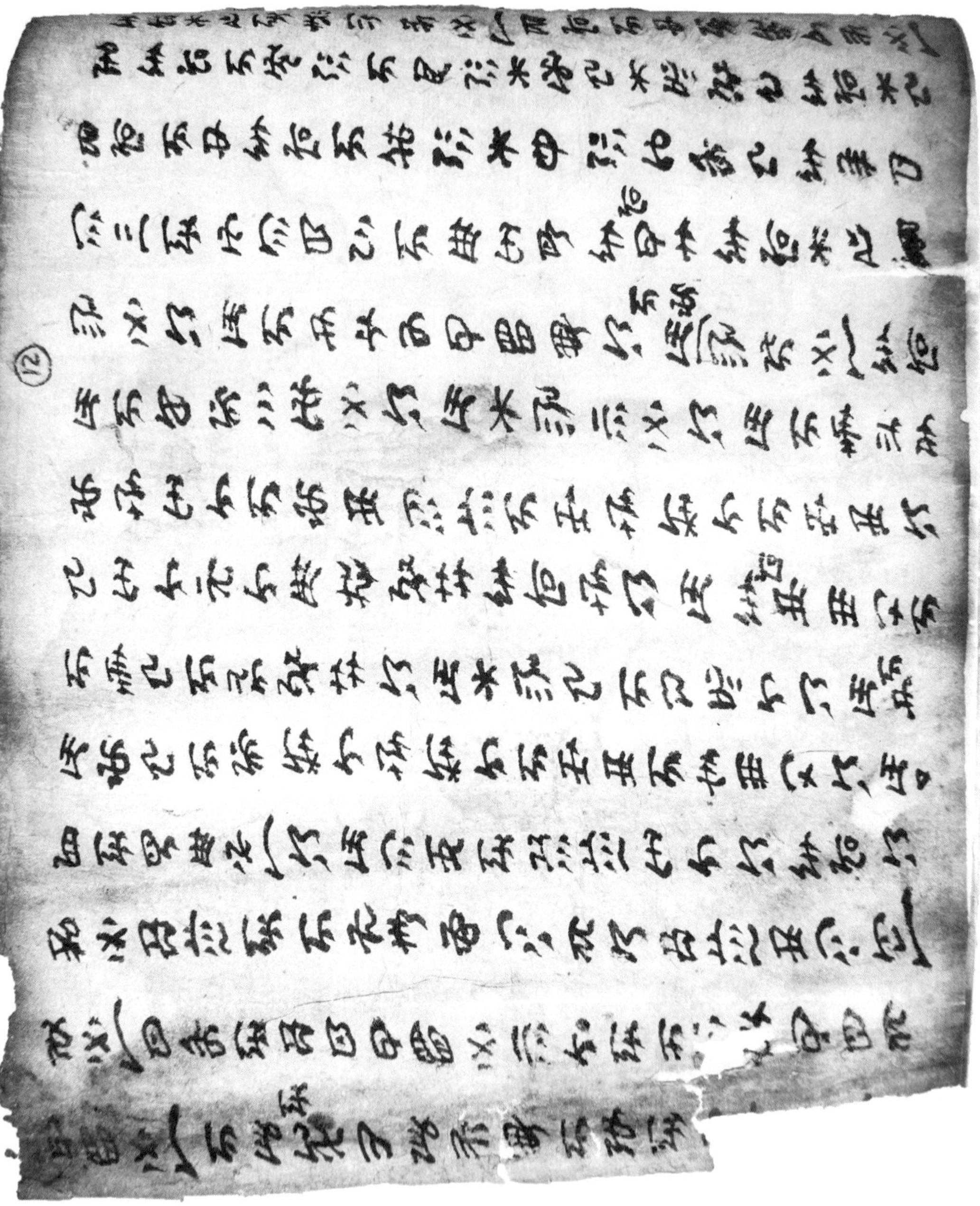

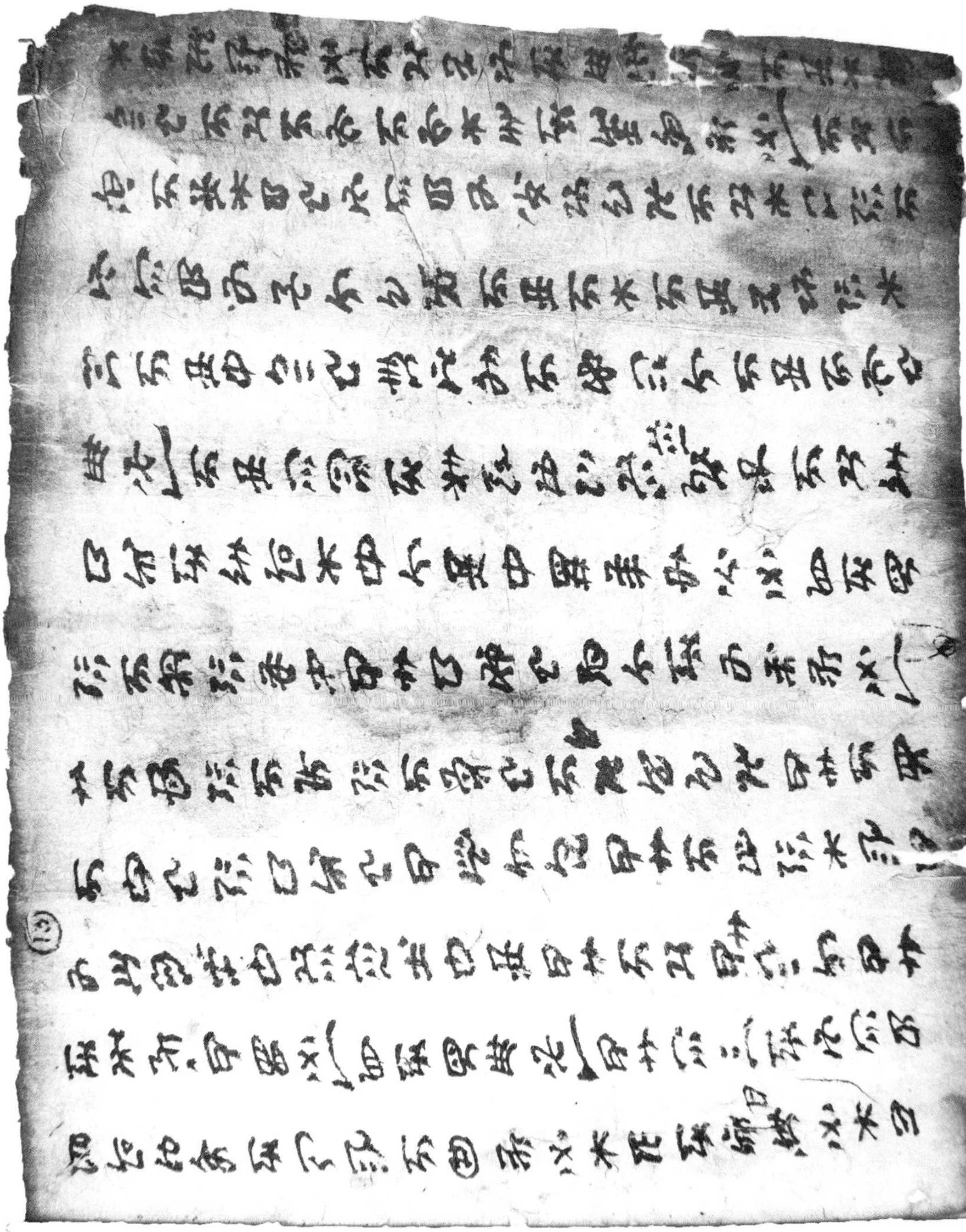

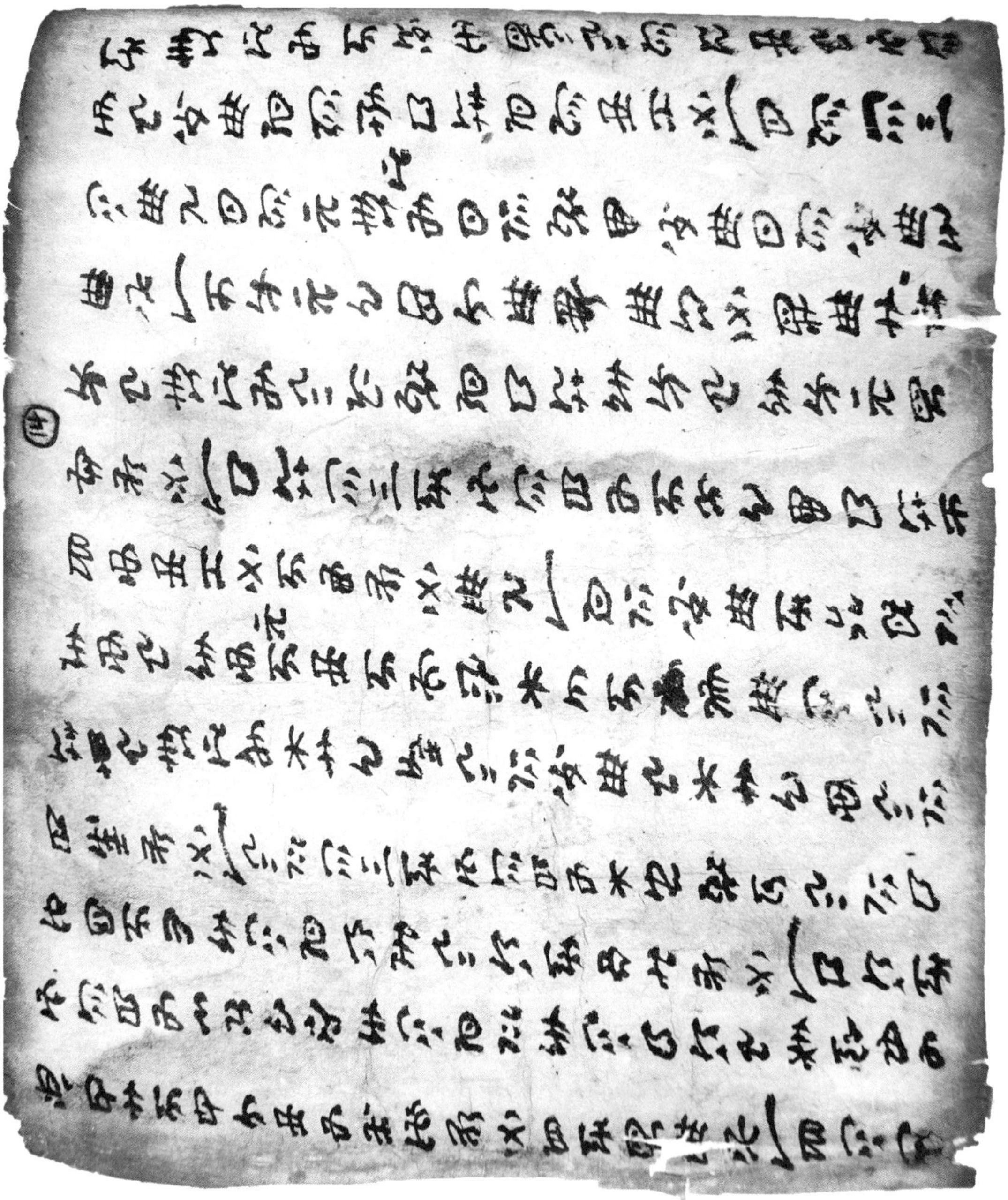

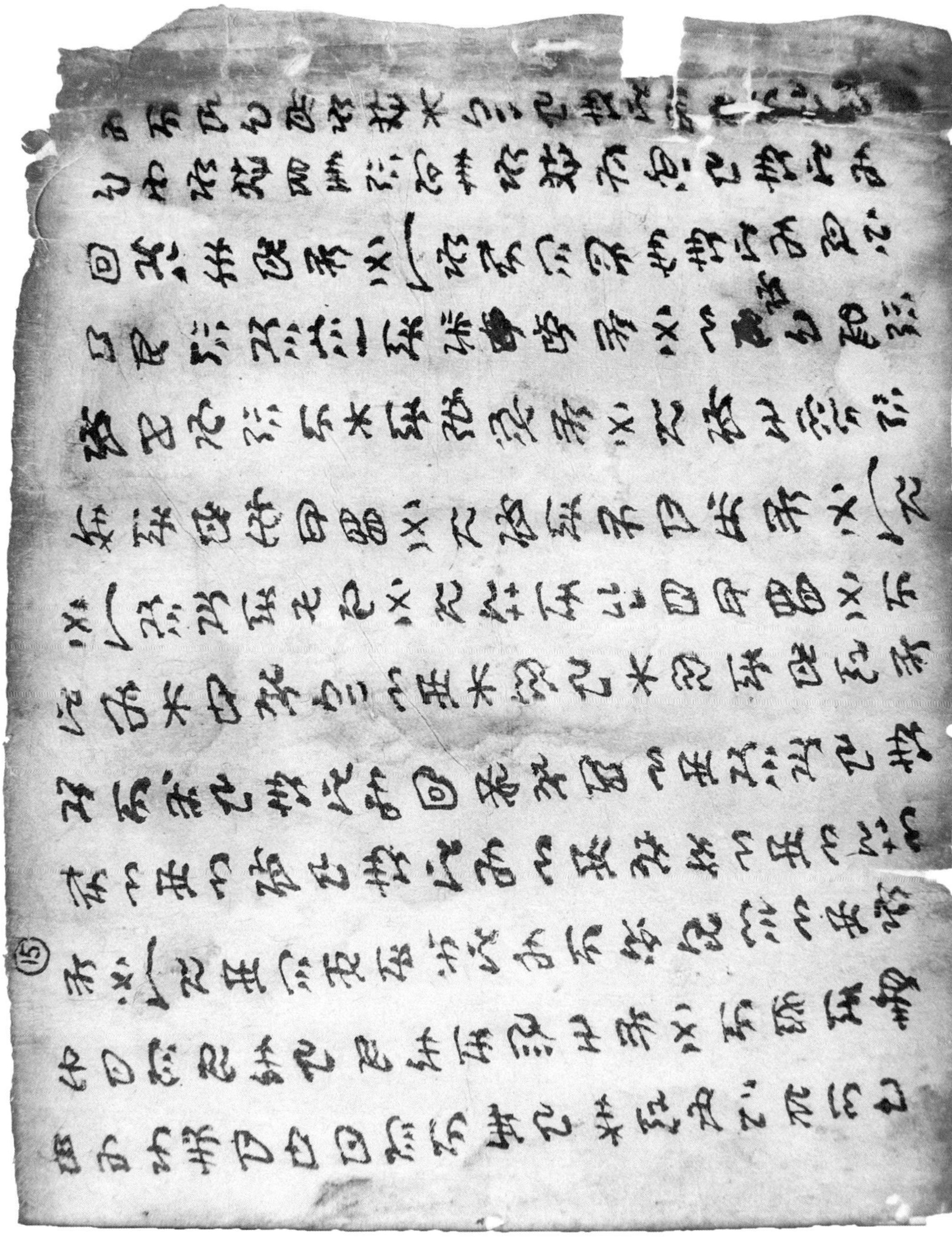

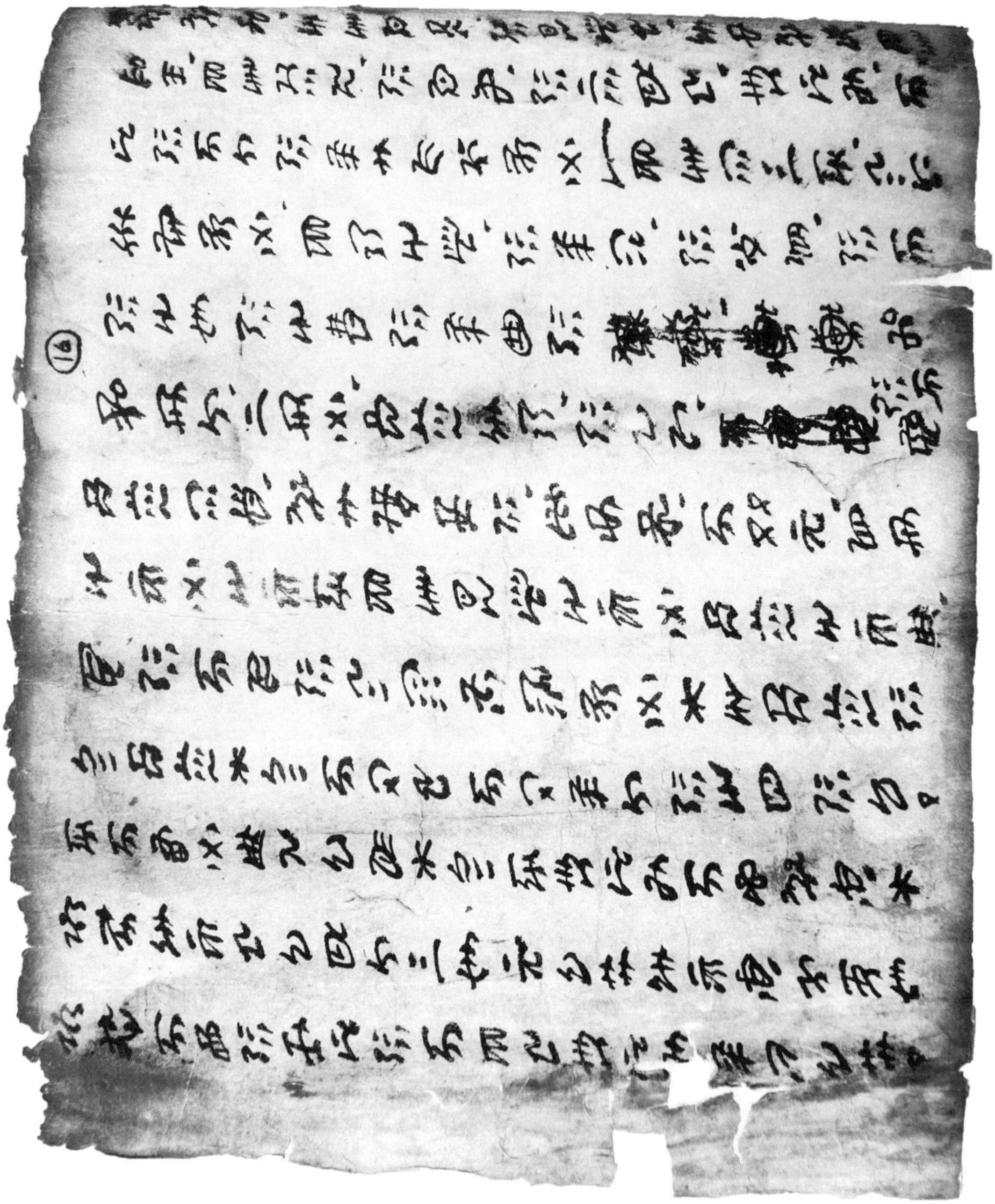

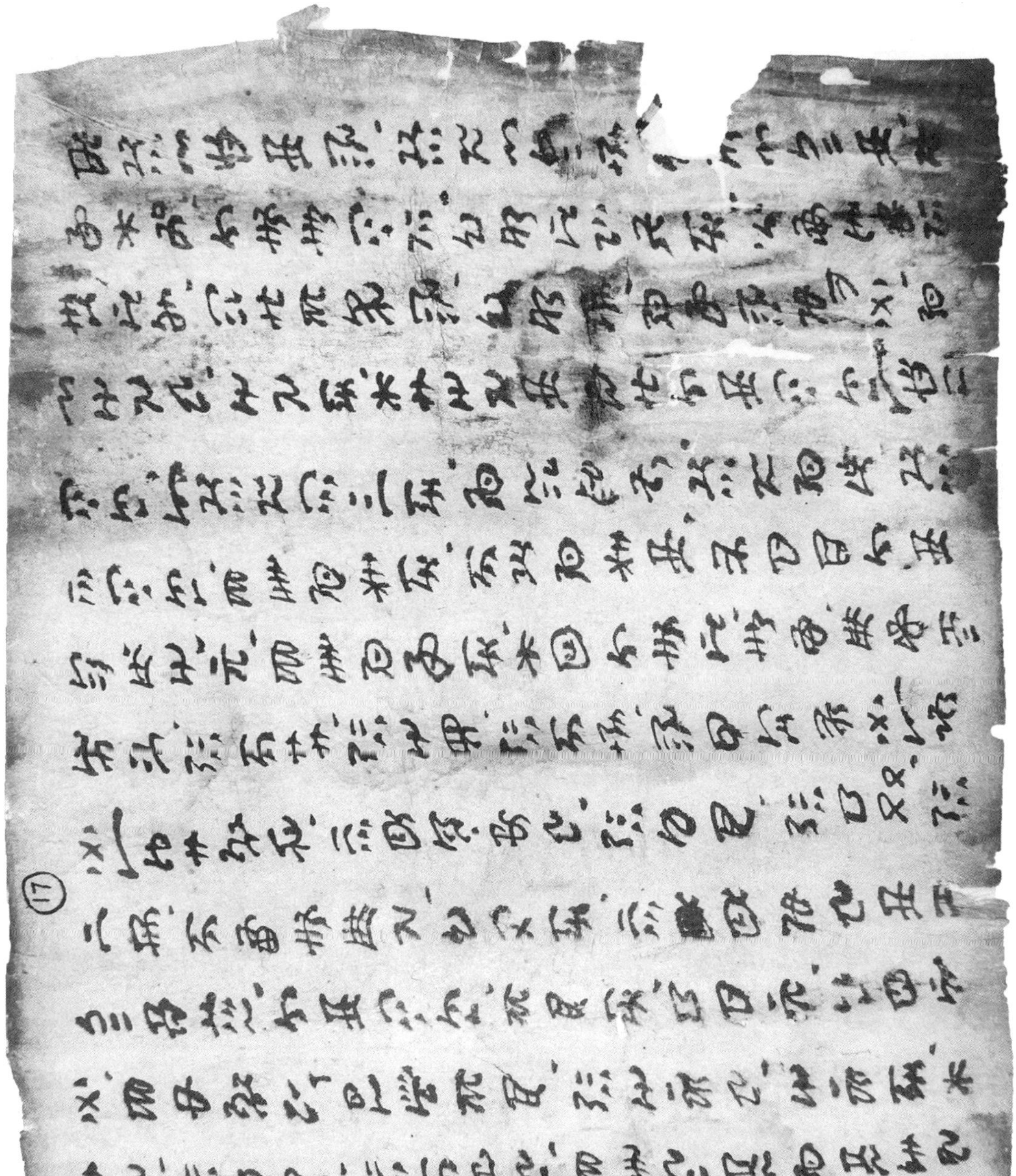

⑱

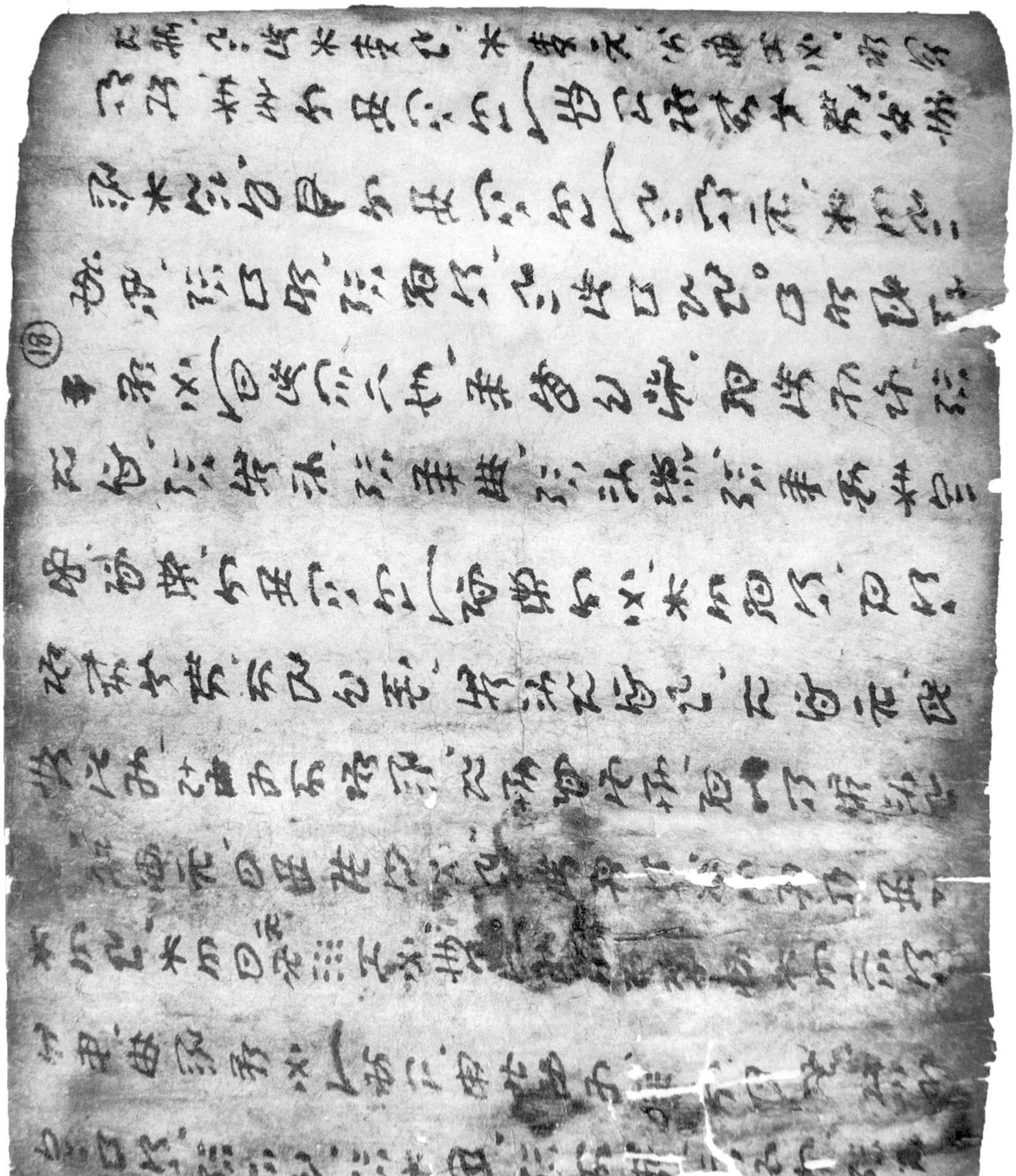

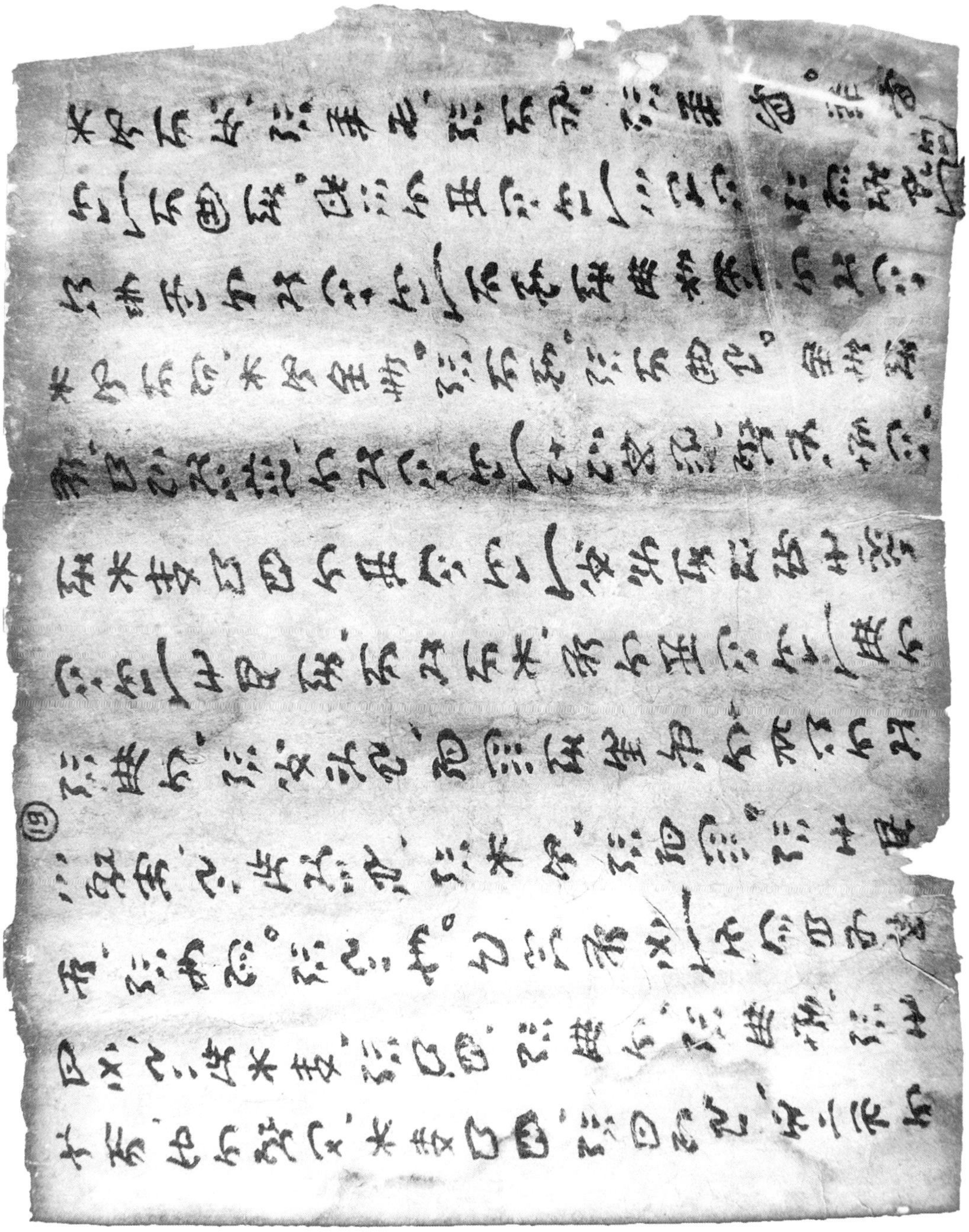

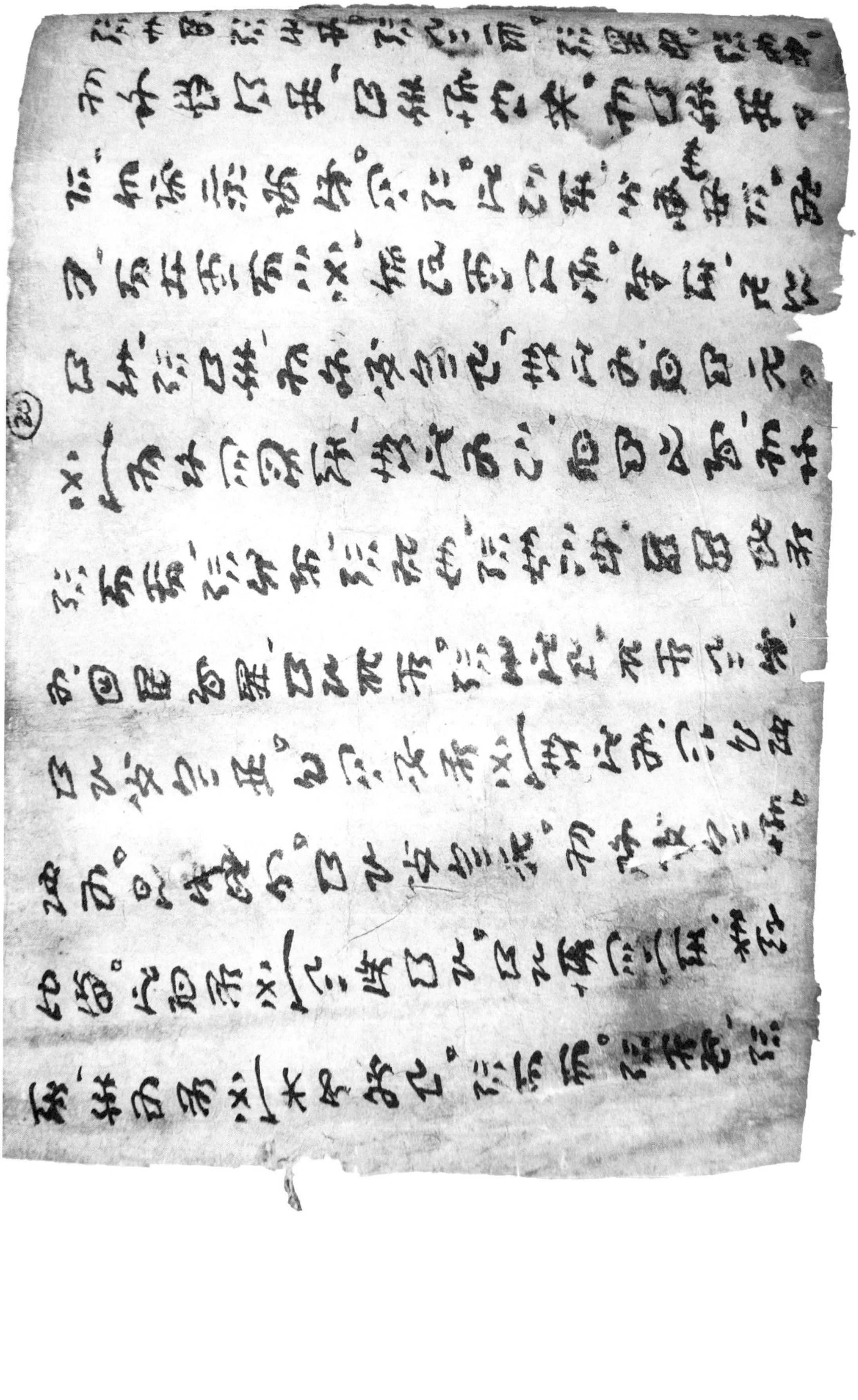

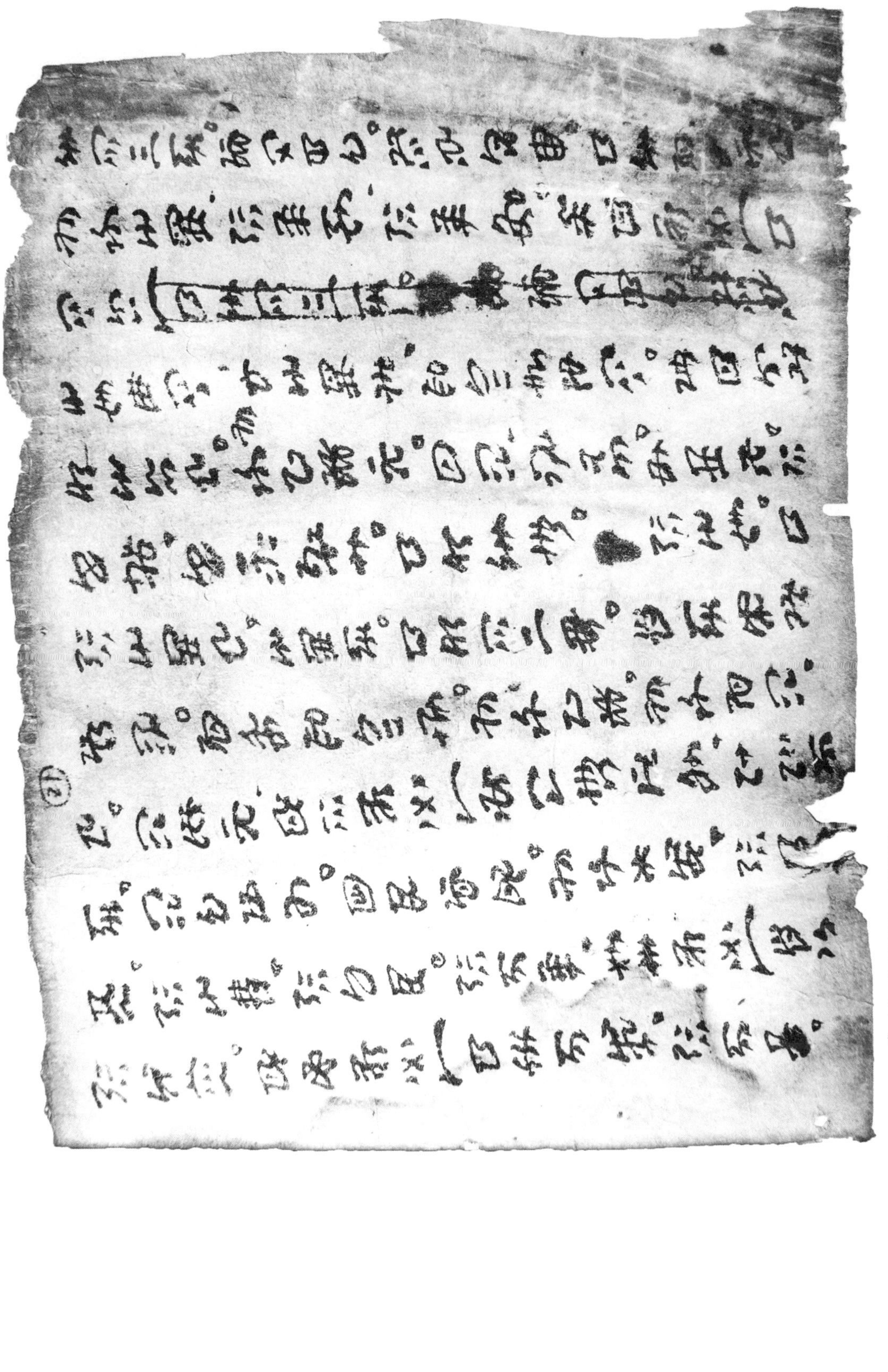

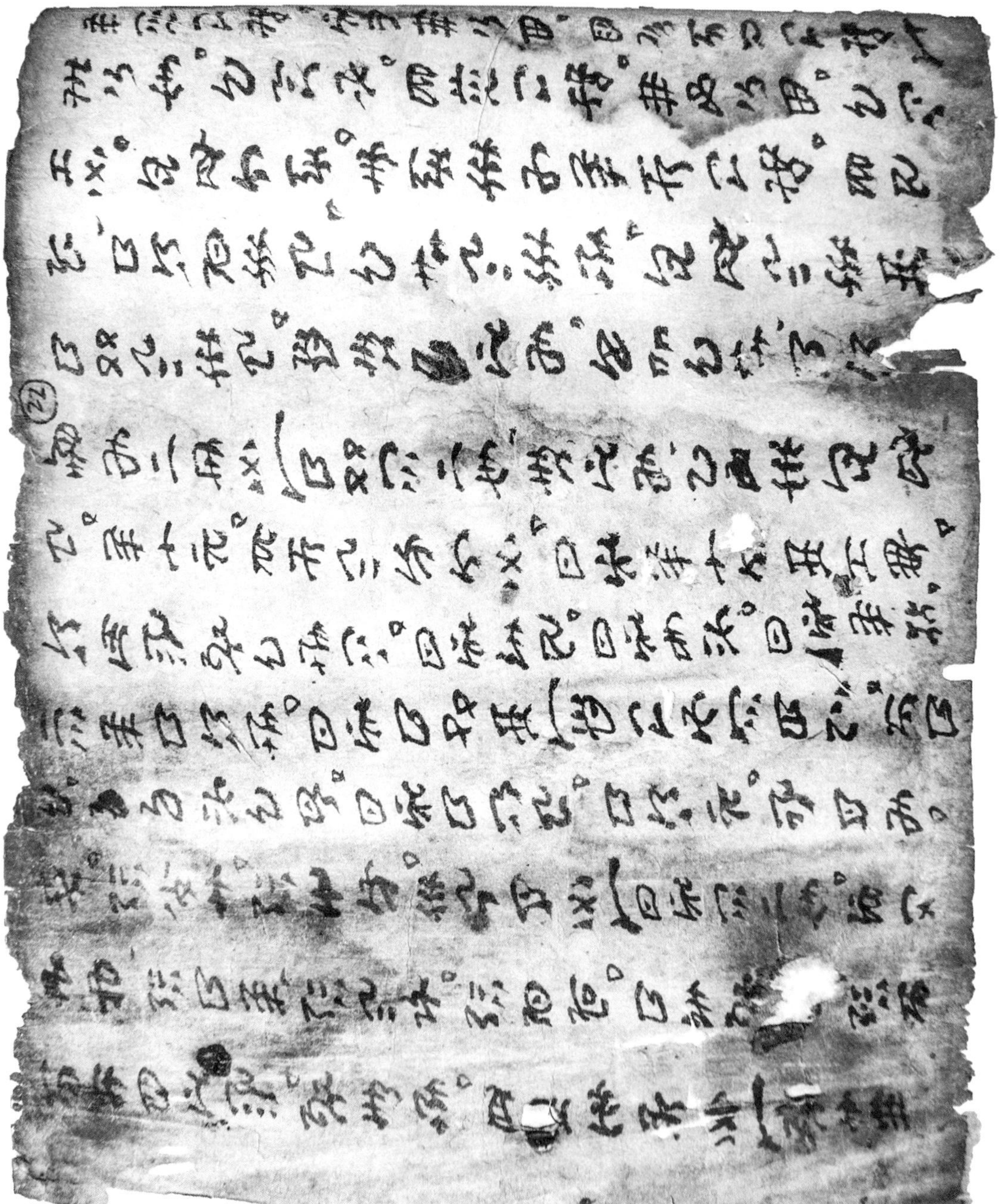

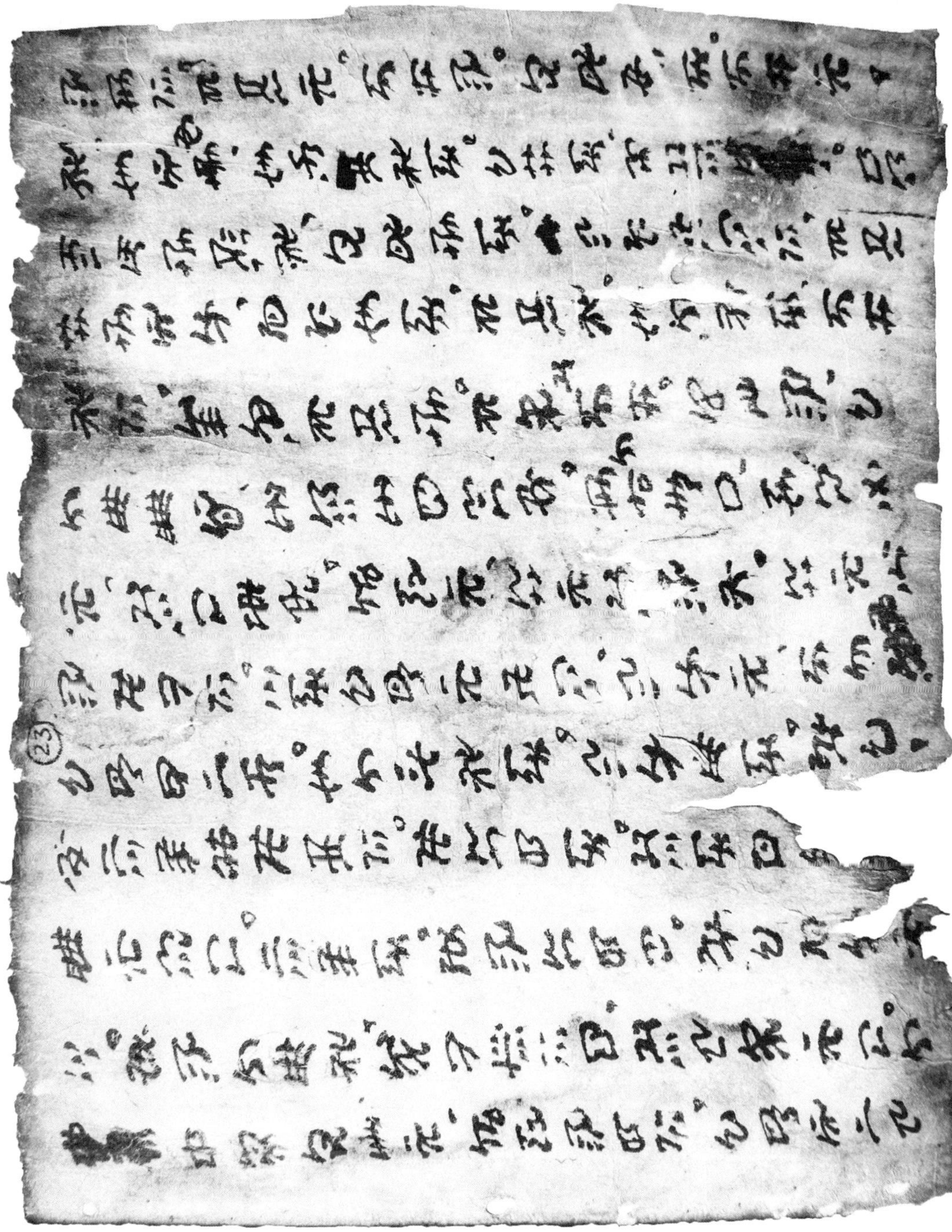

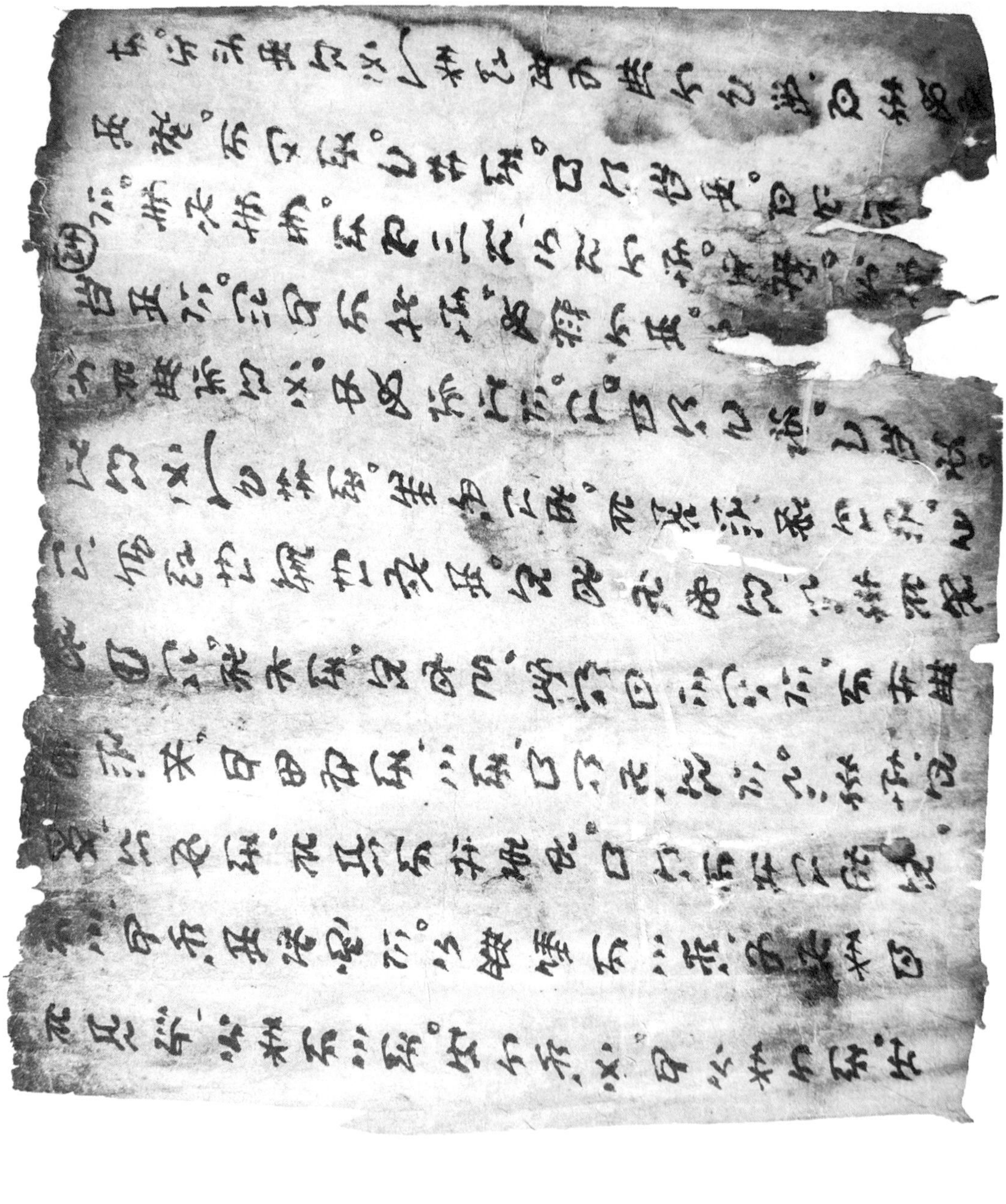

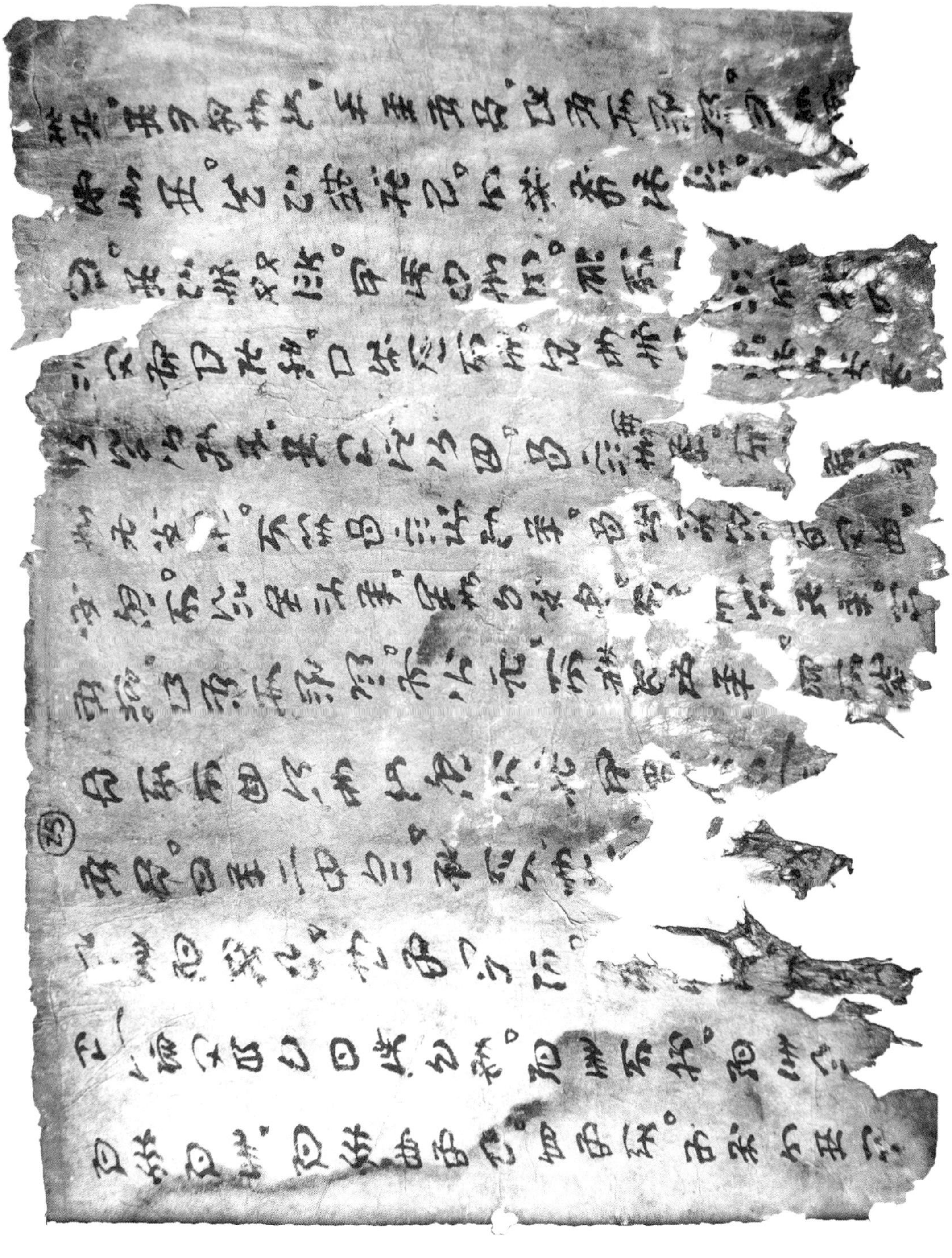

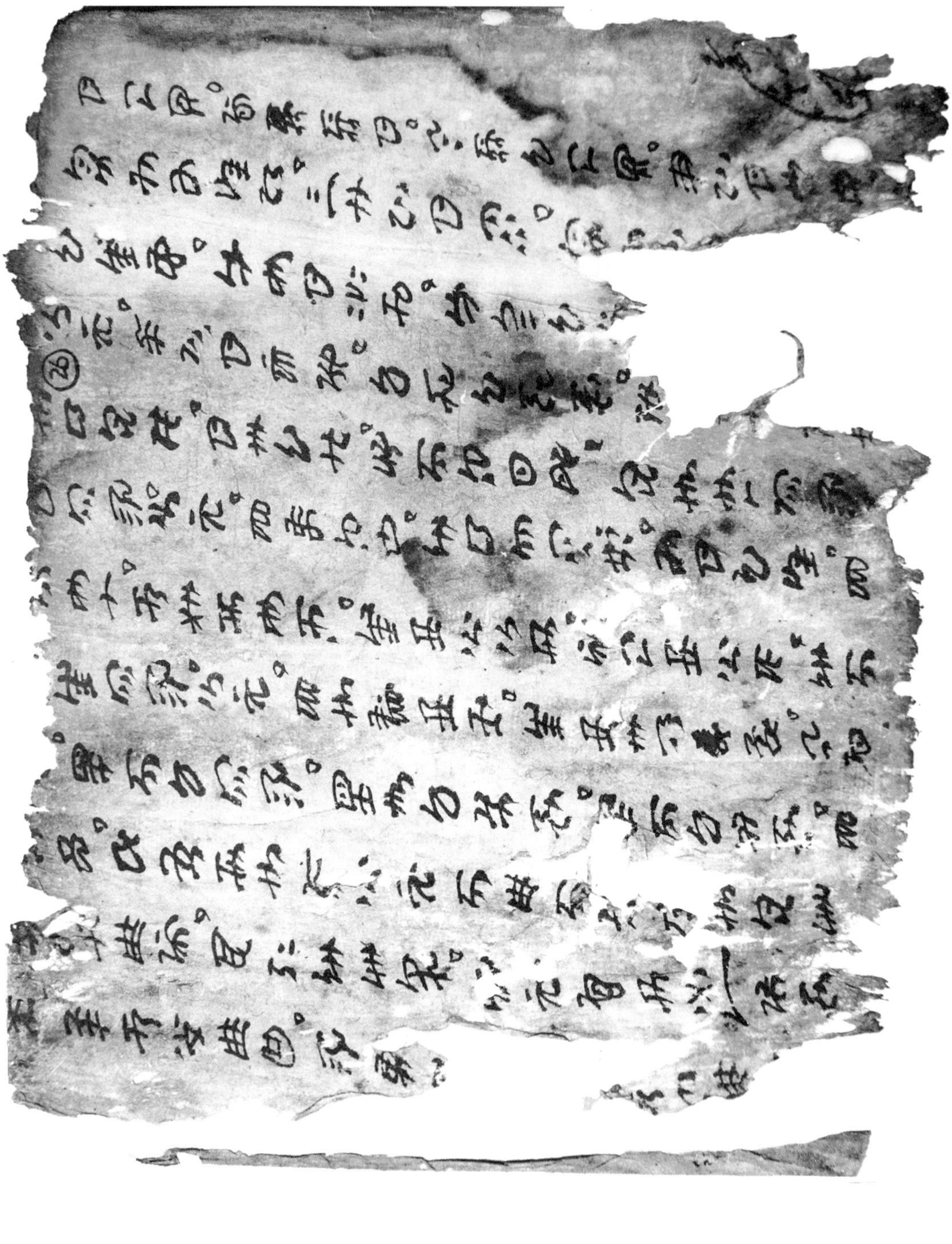

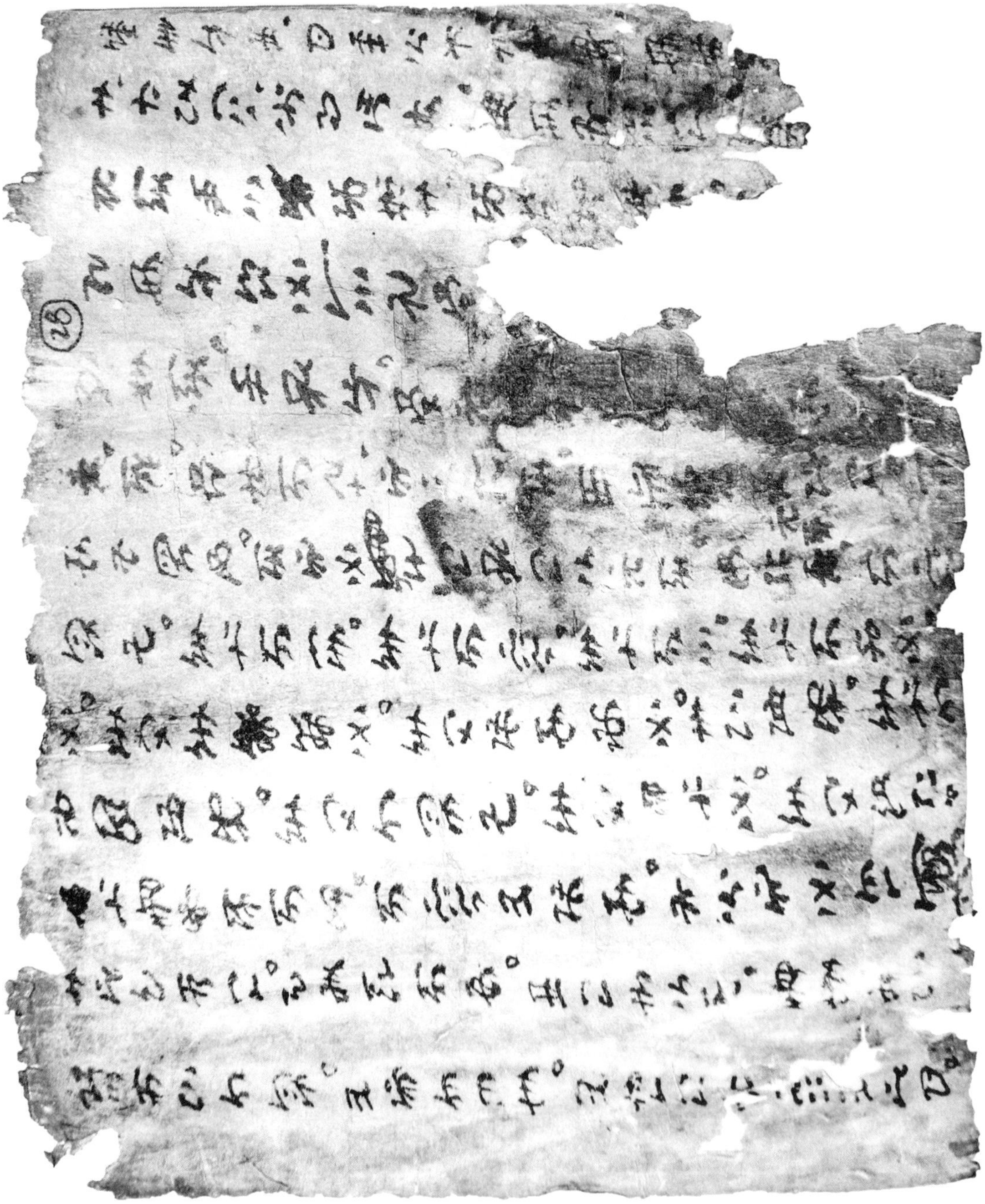

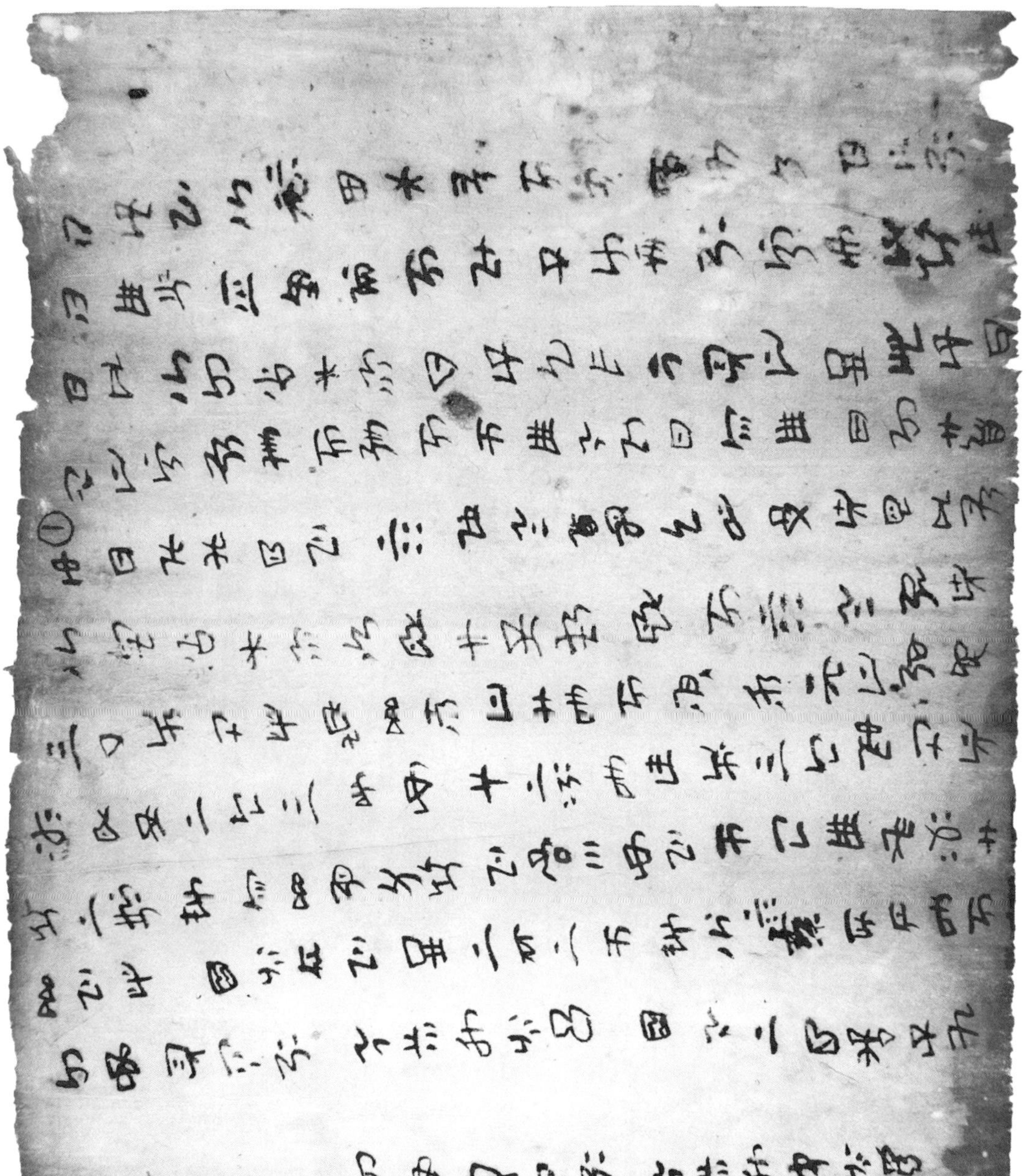

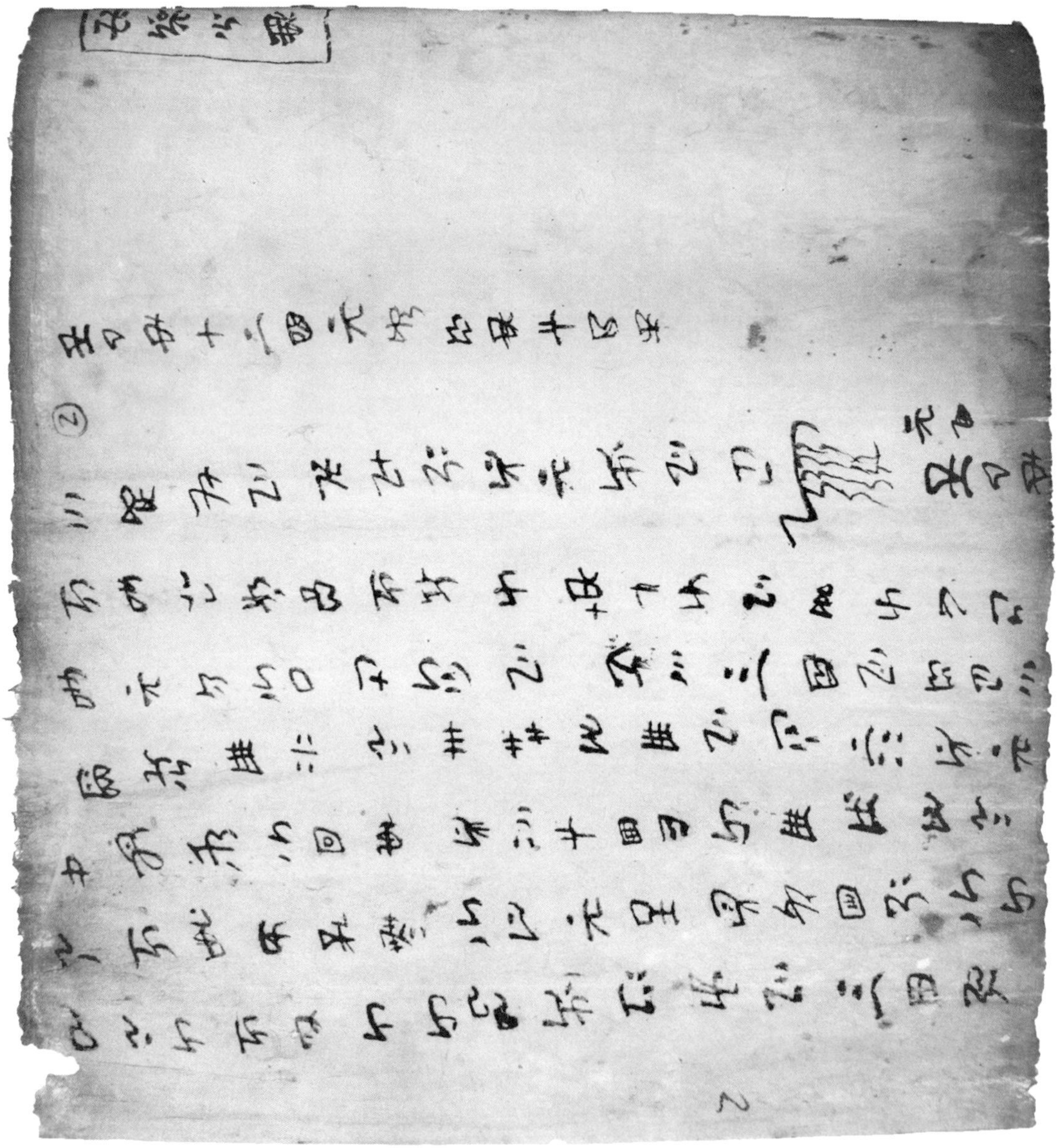

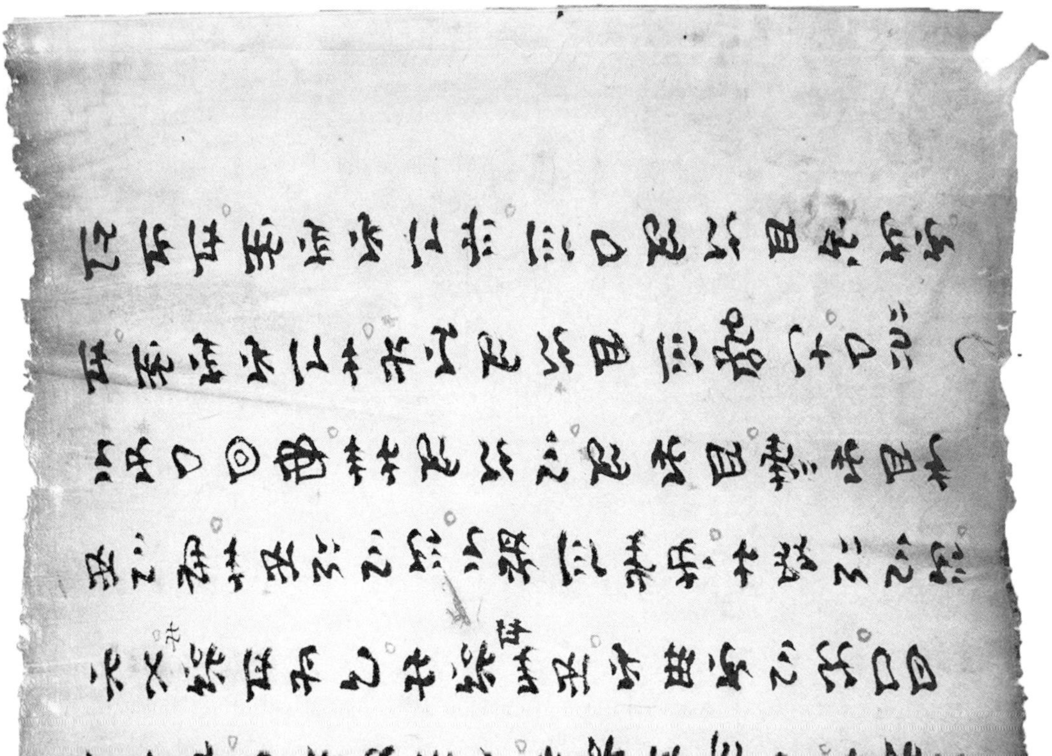

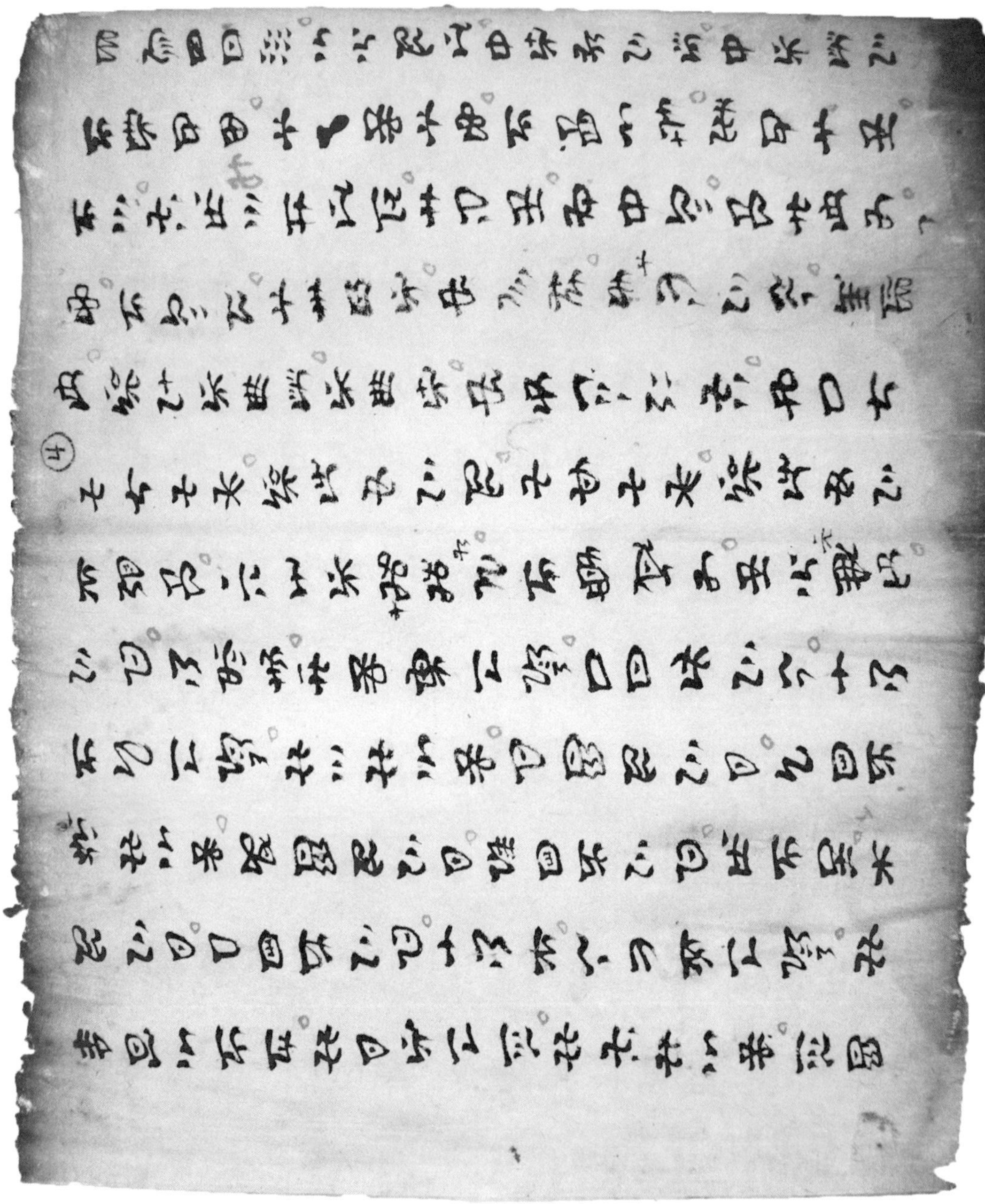

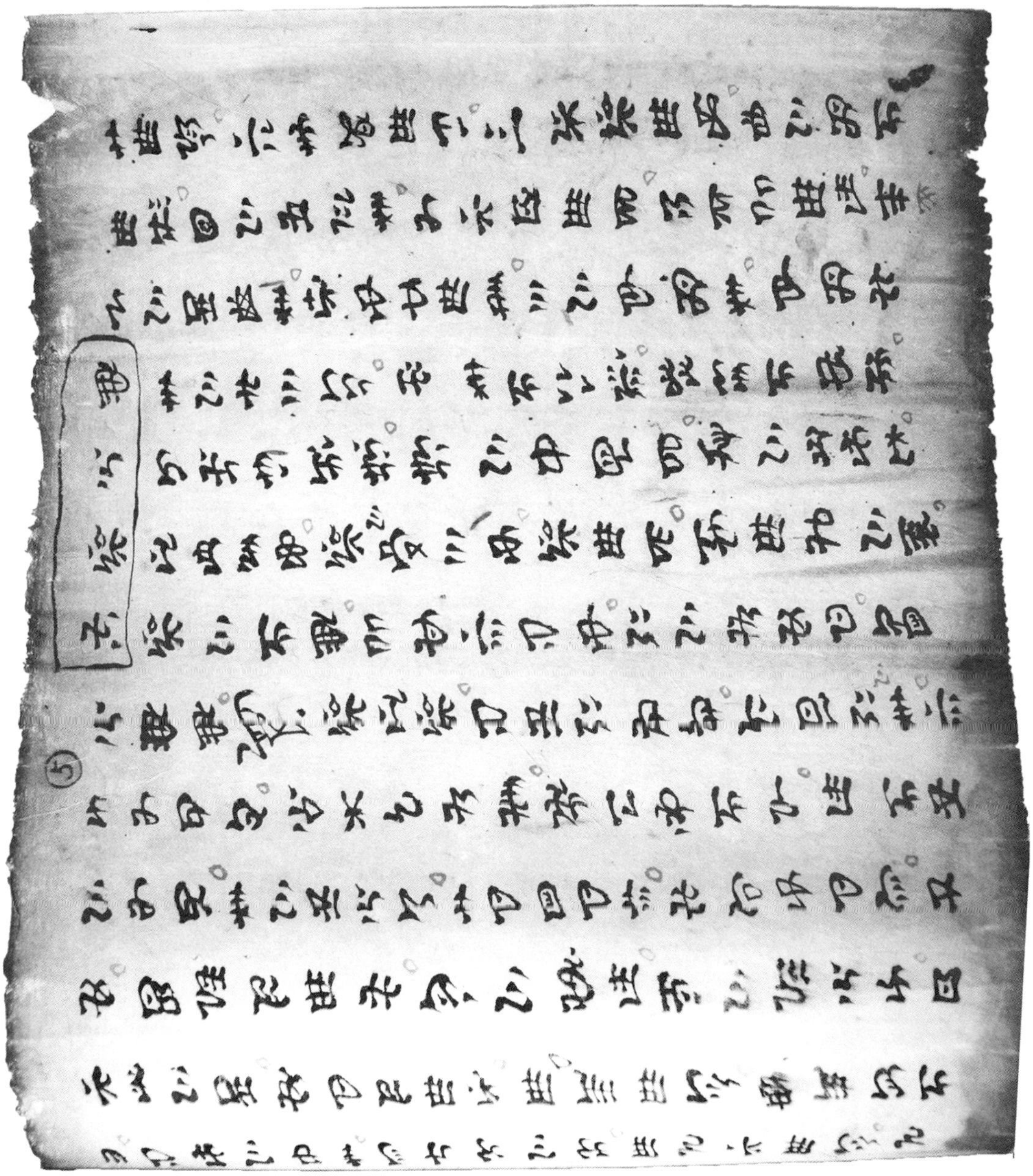

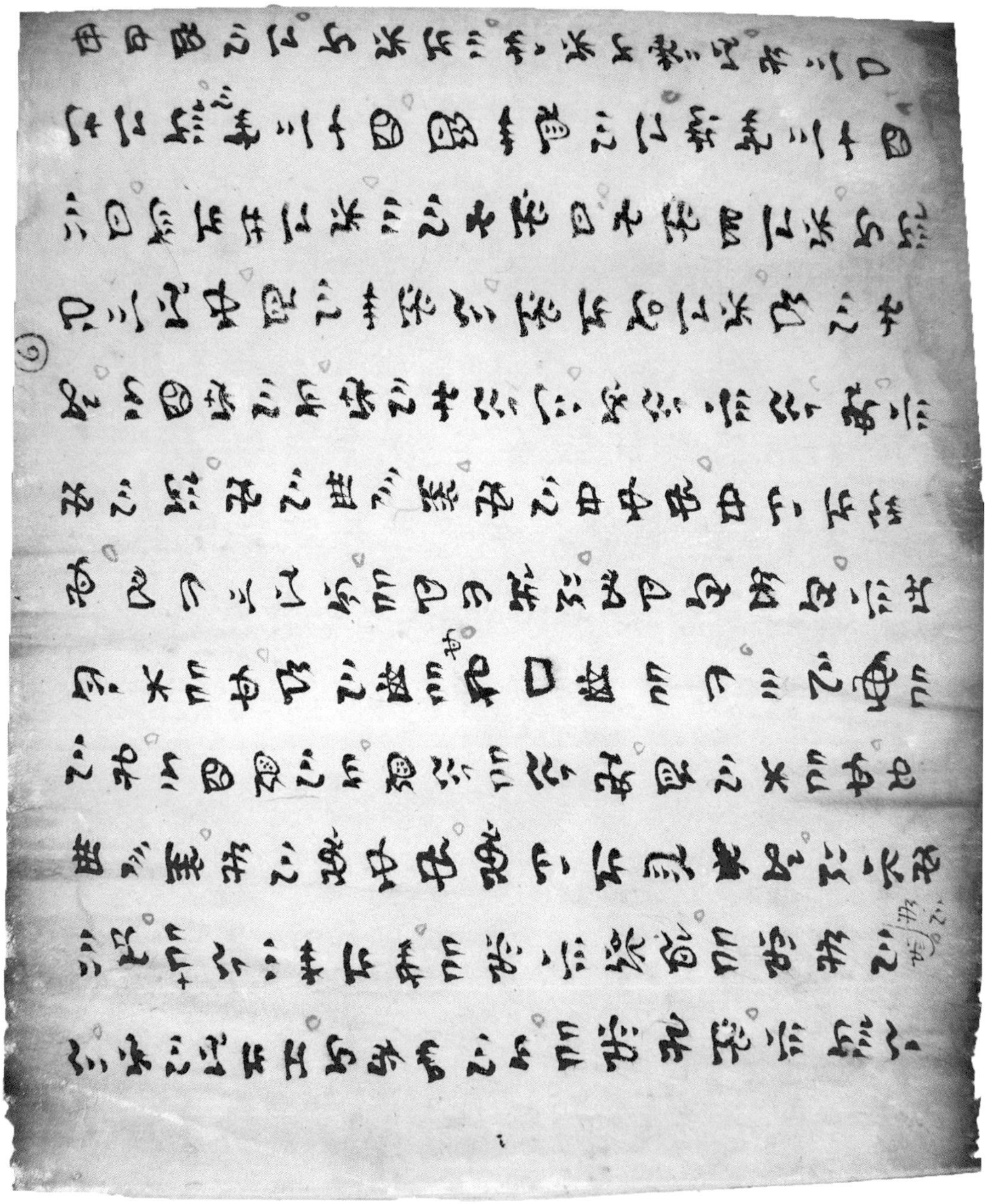

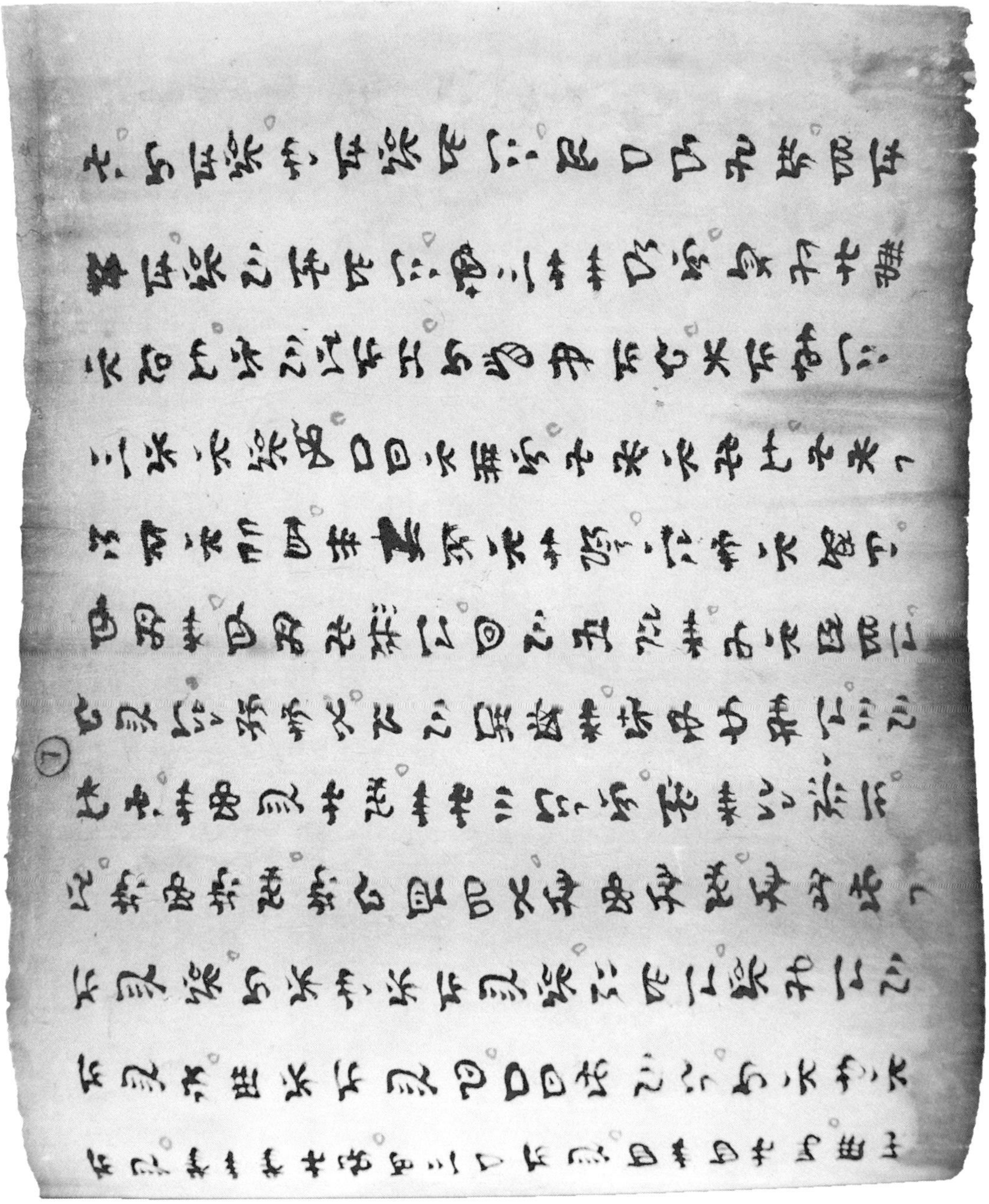

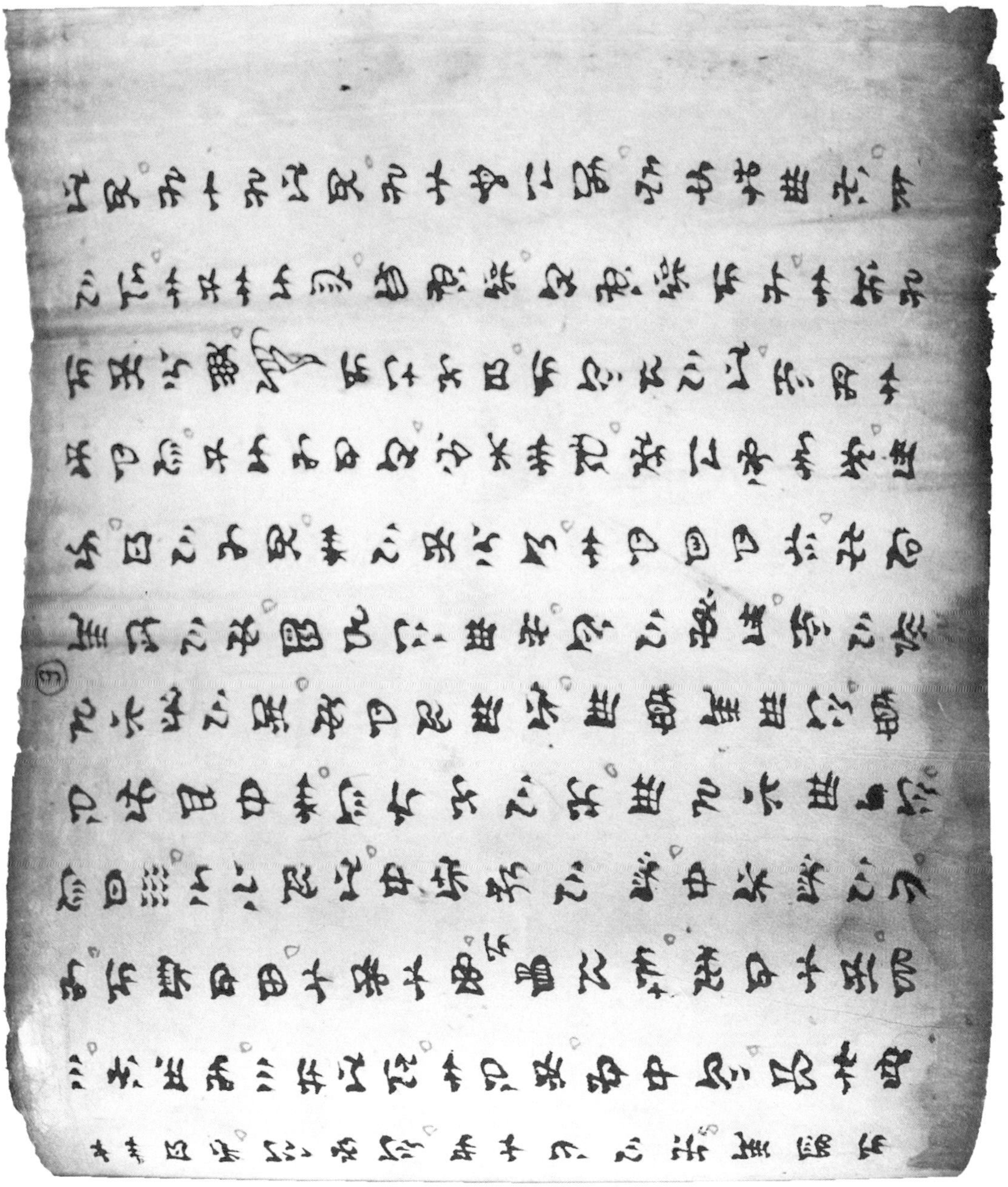

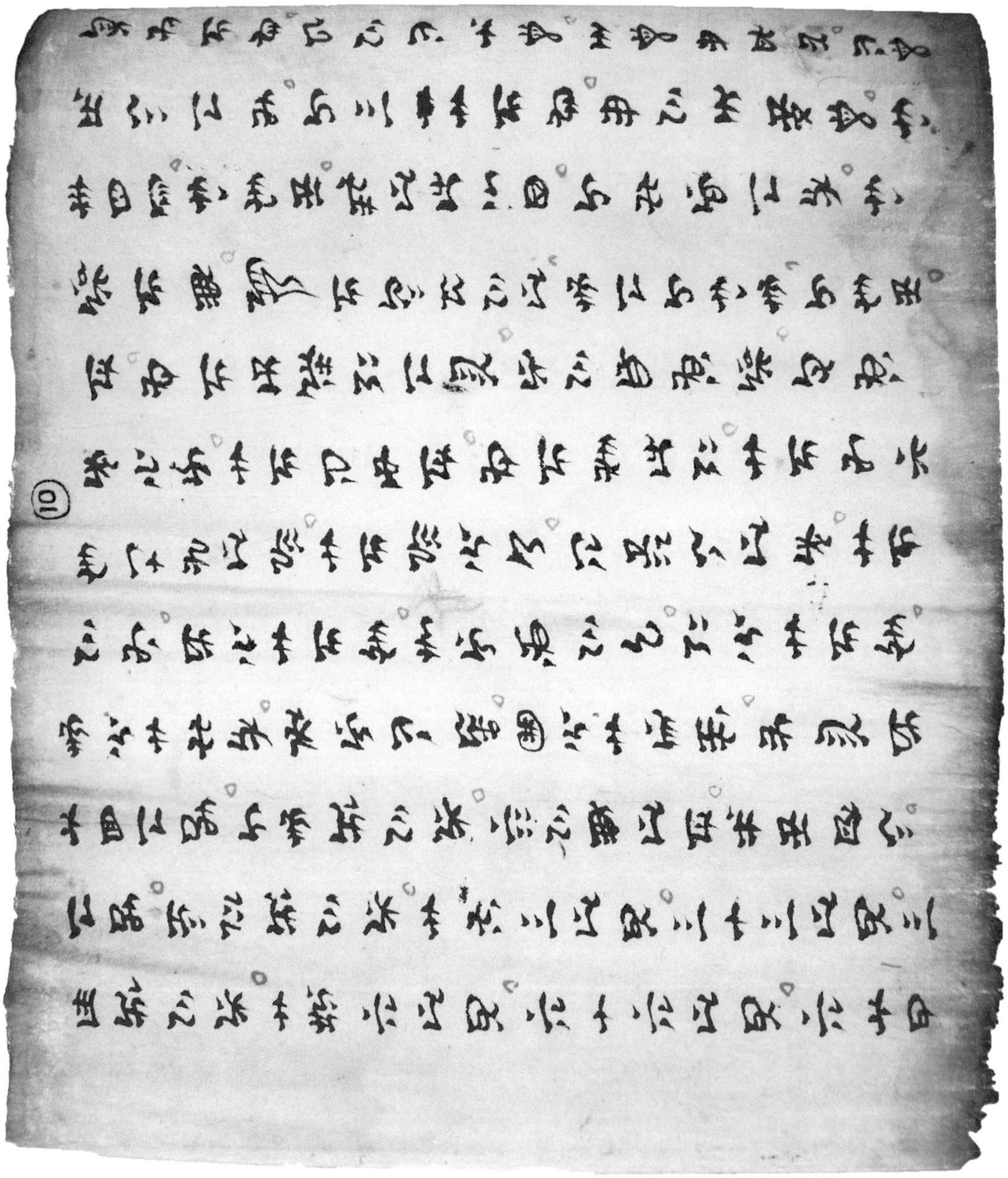

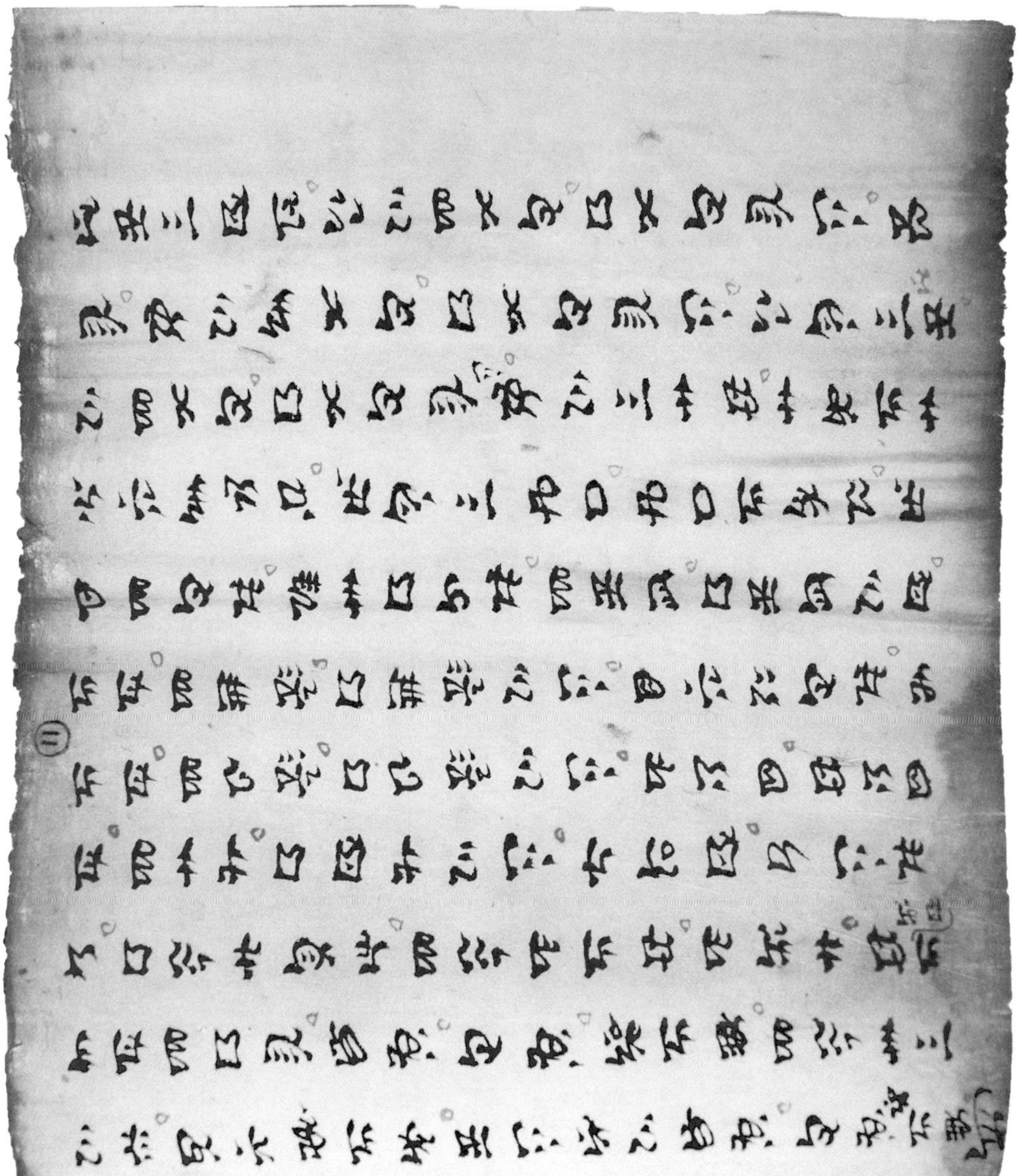

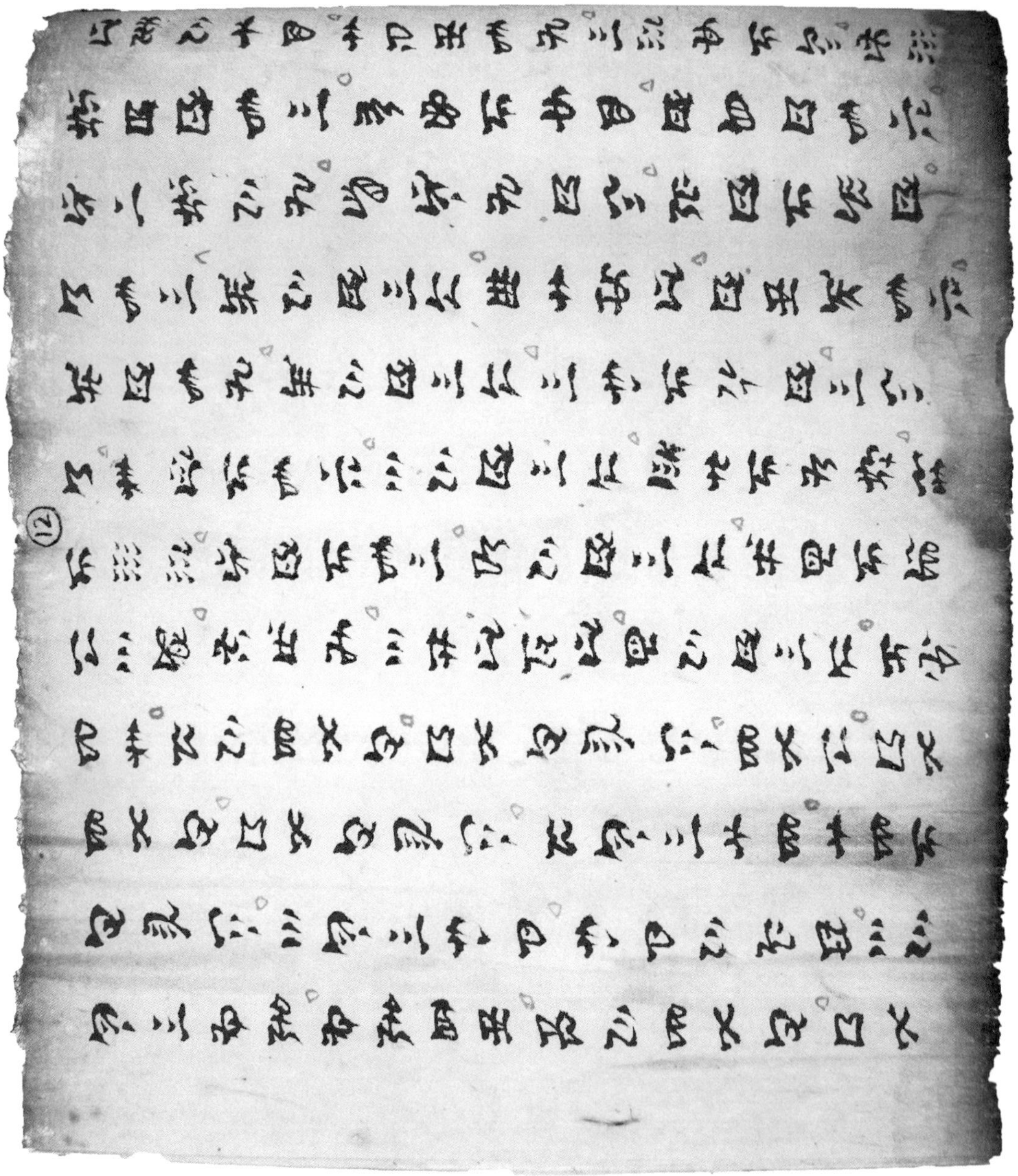

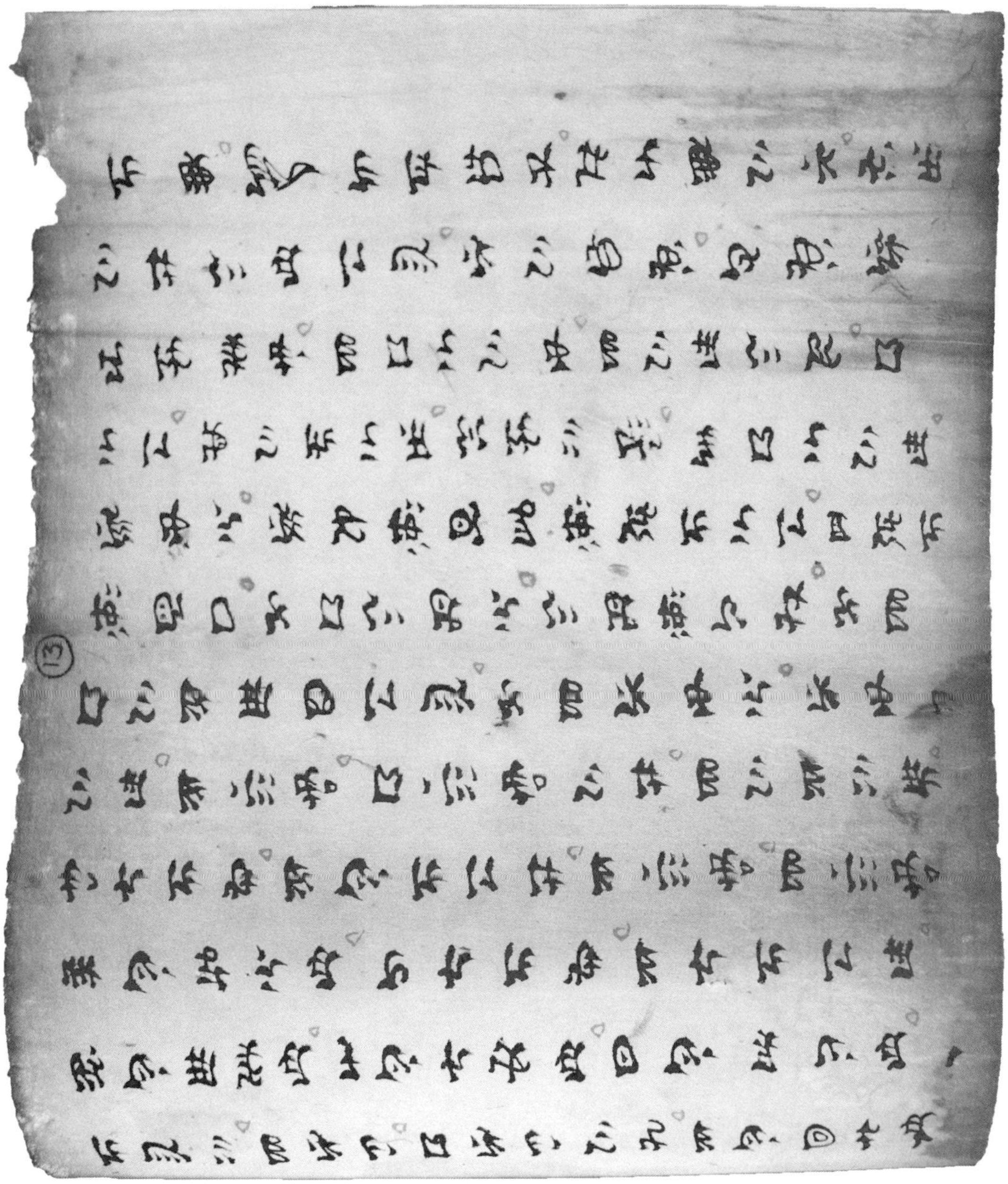

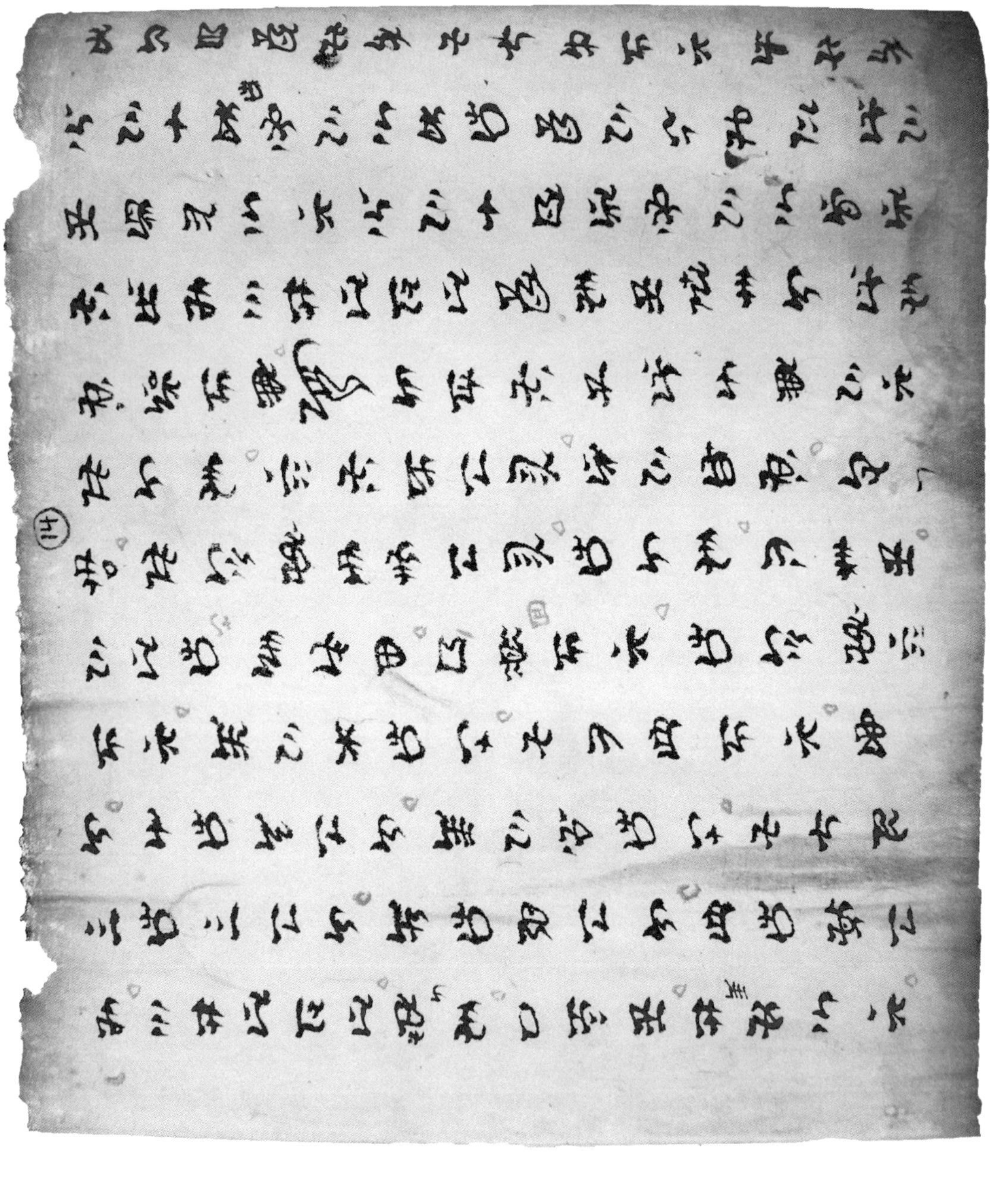

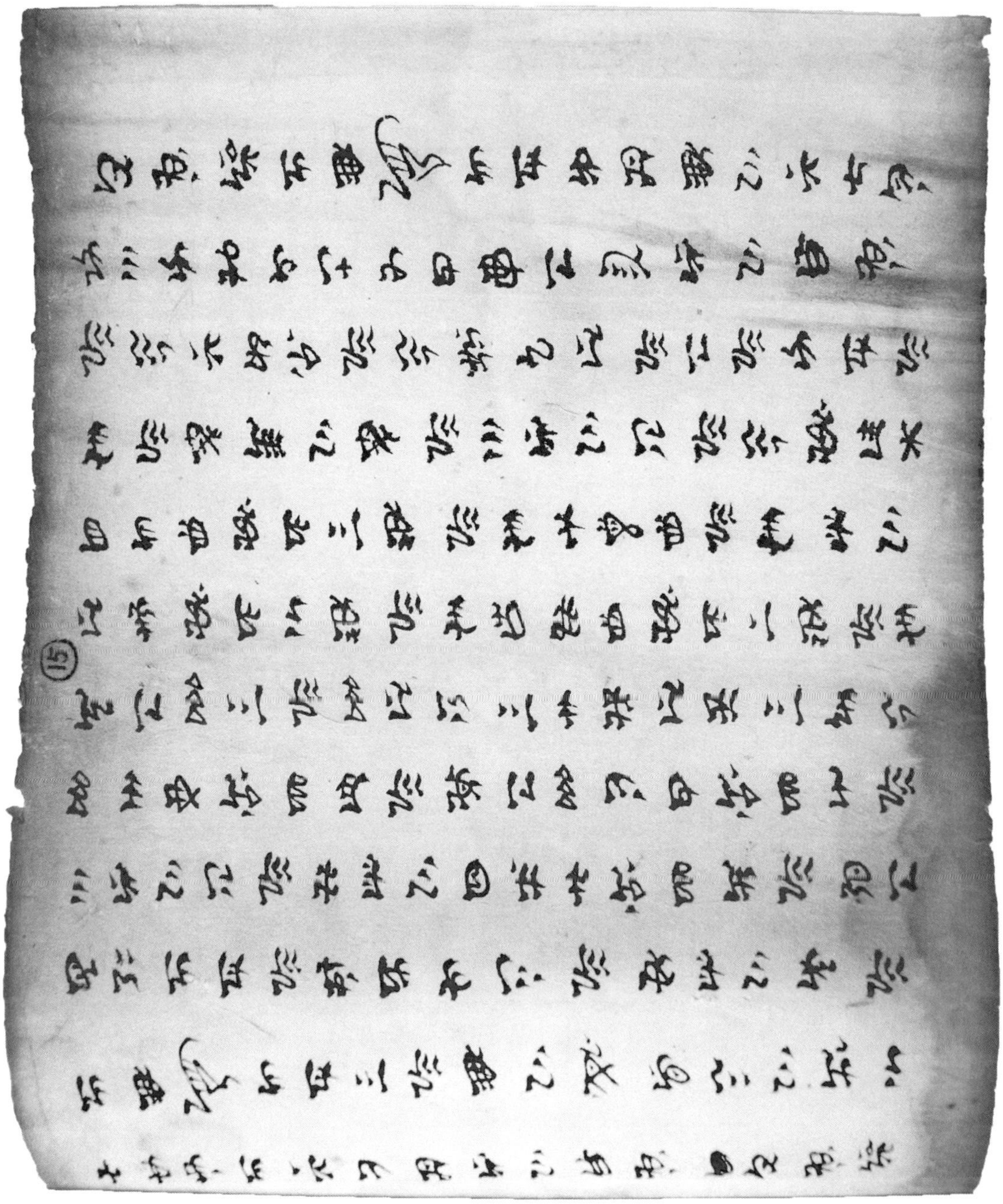

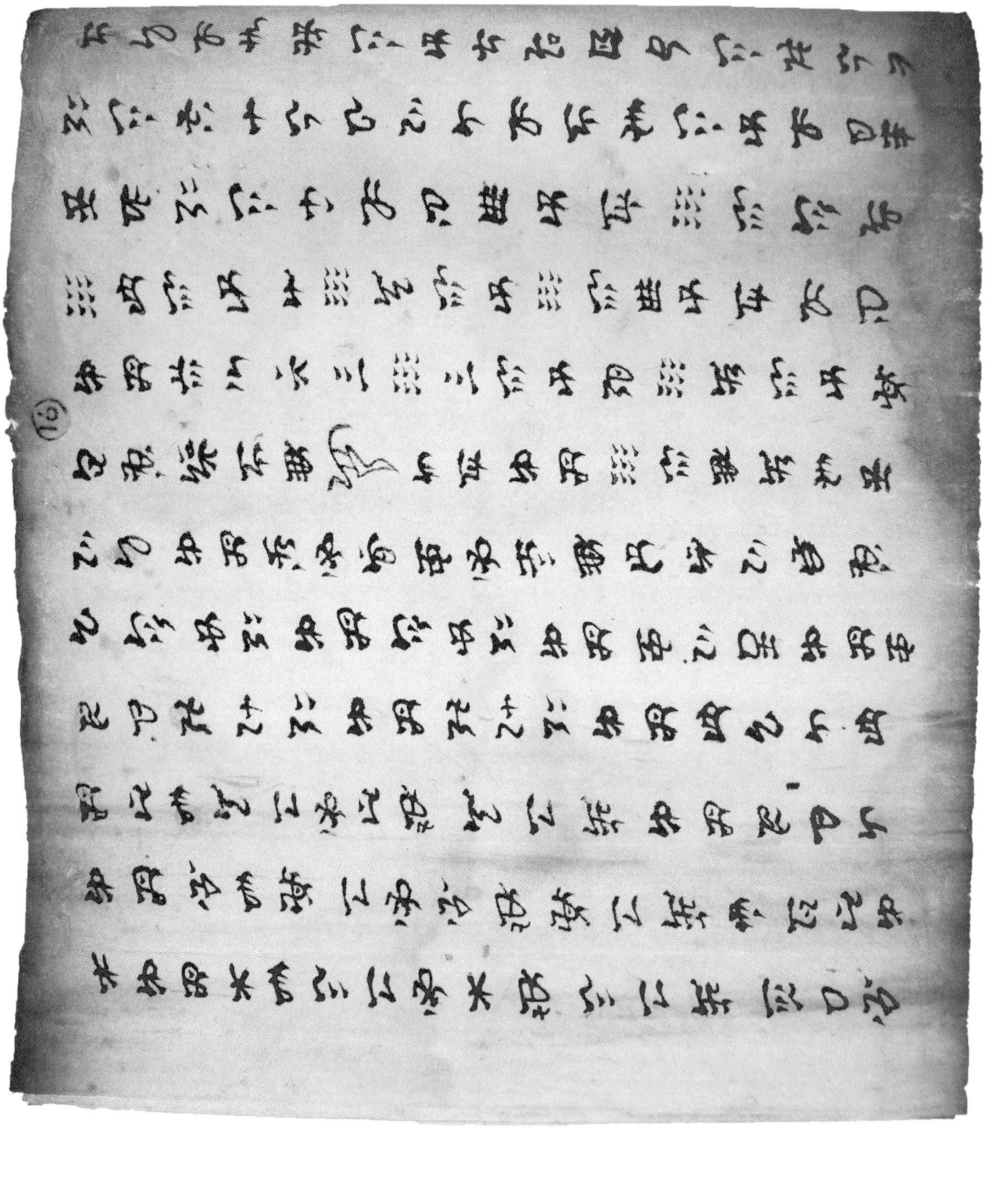

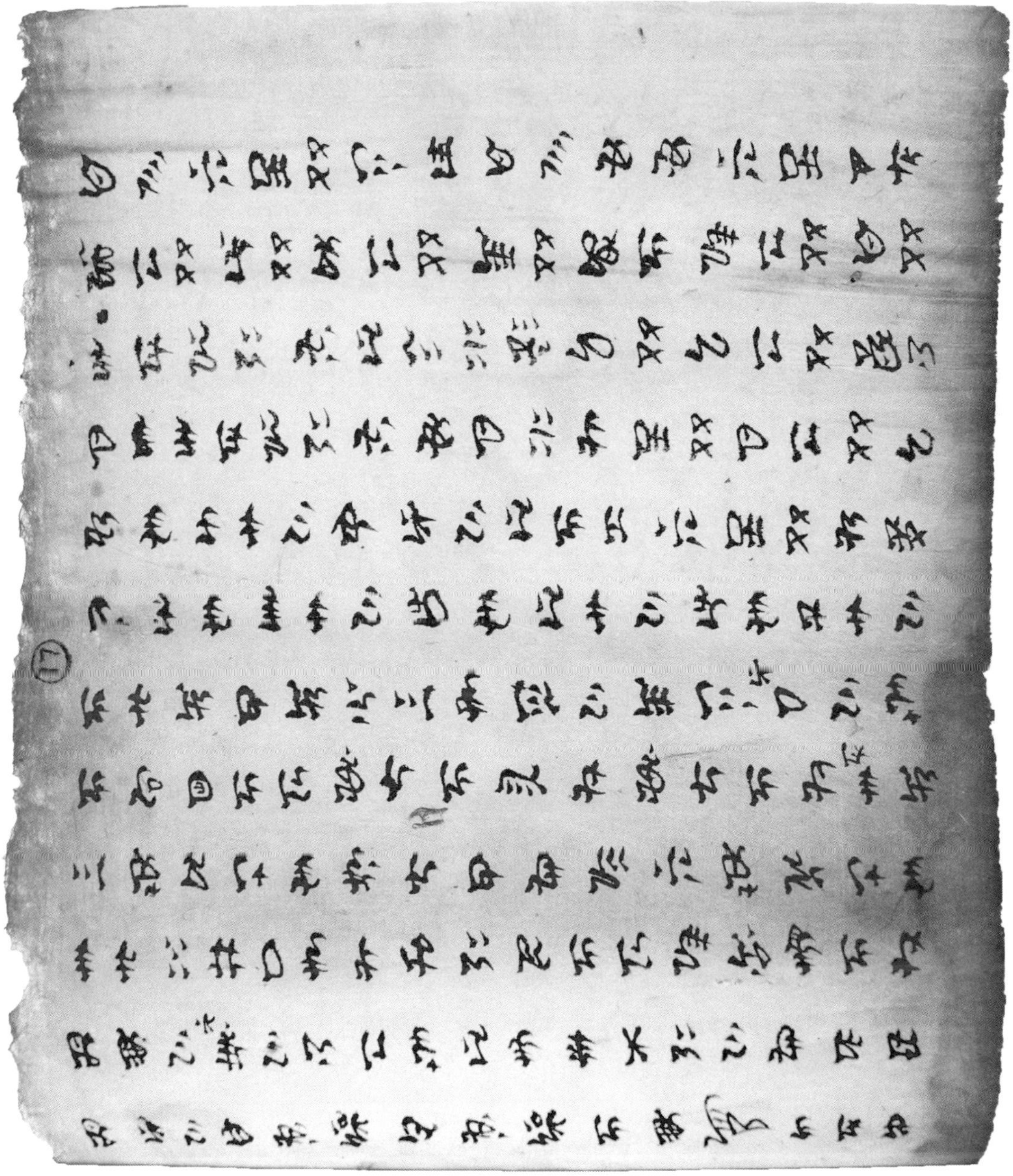

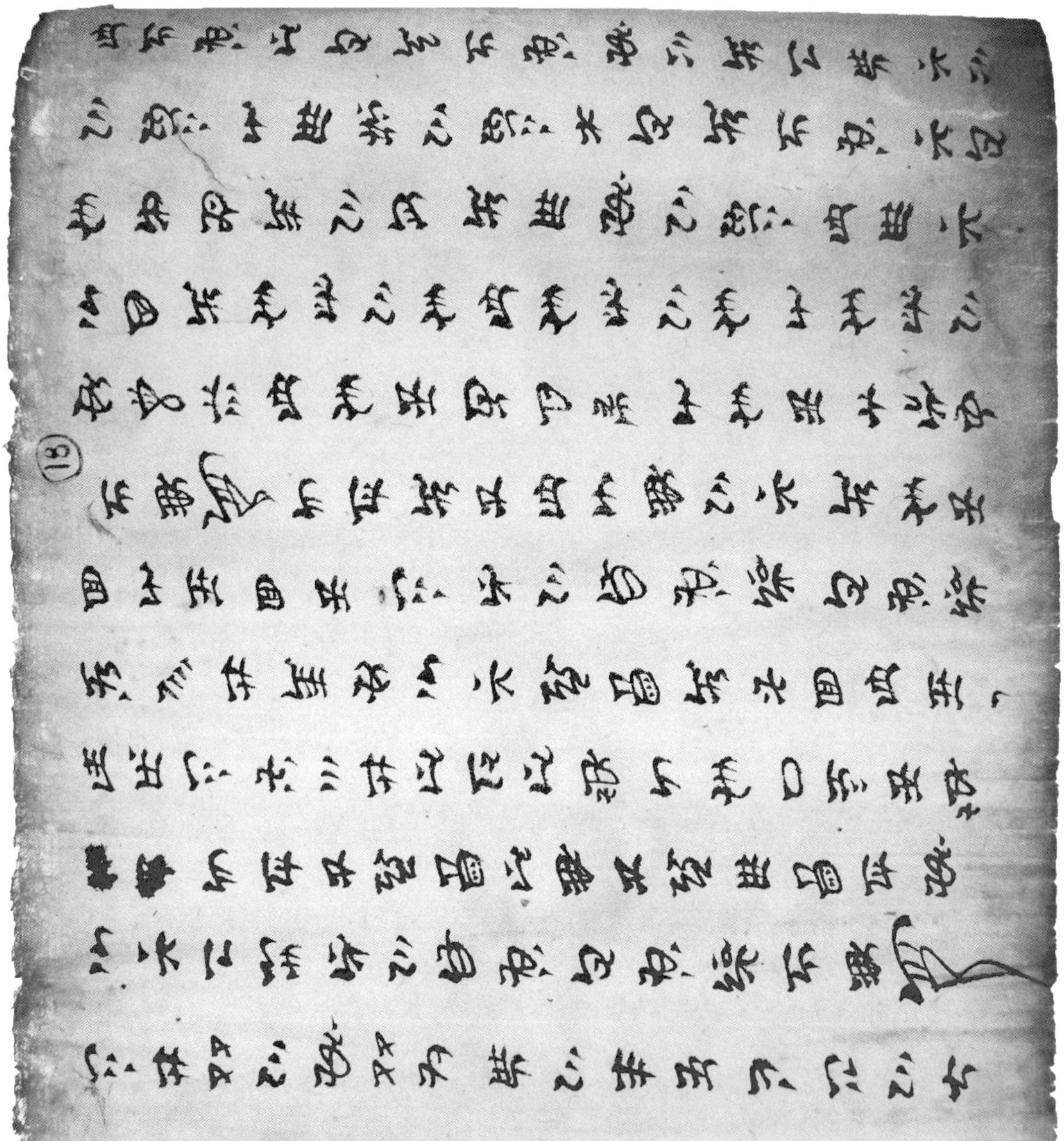

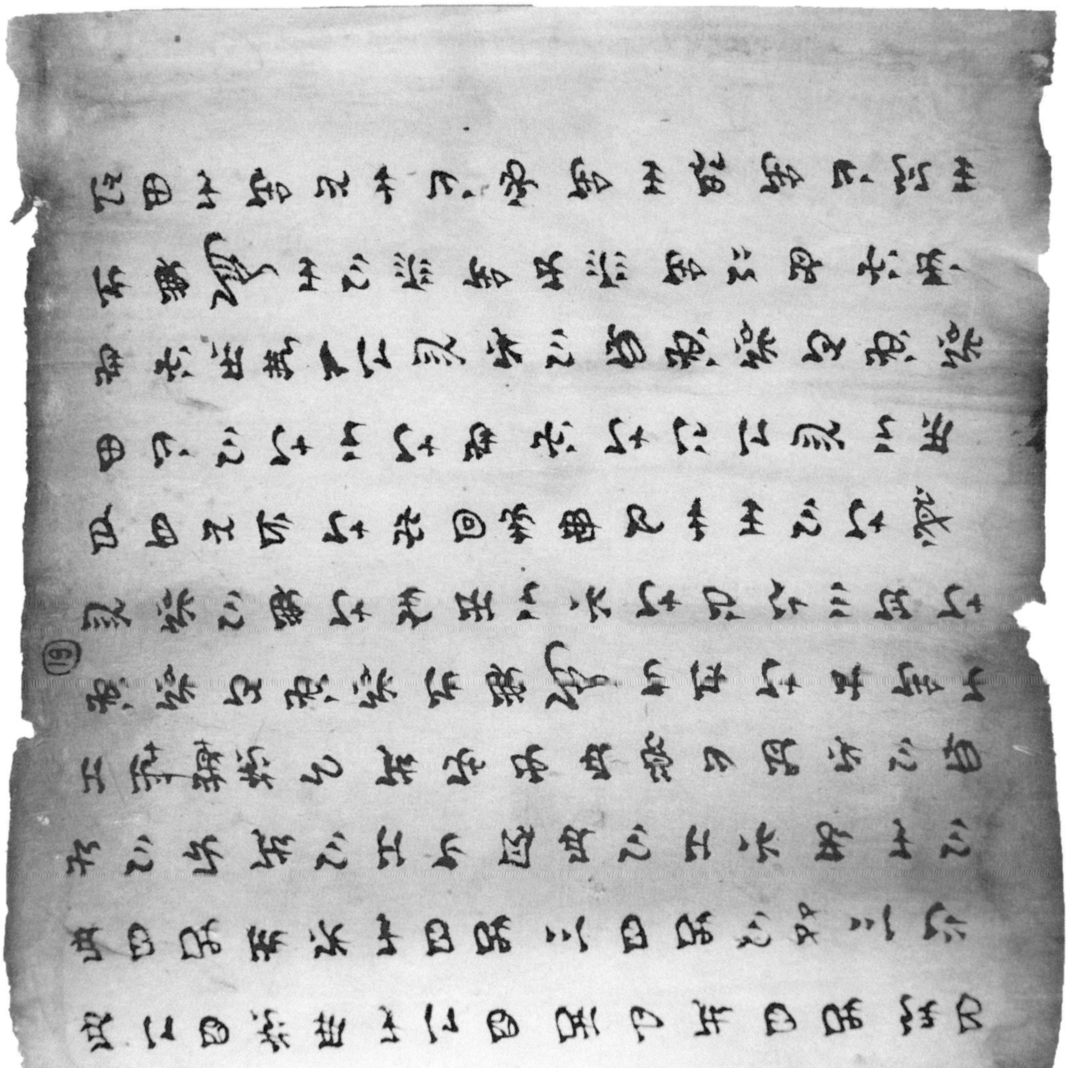

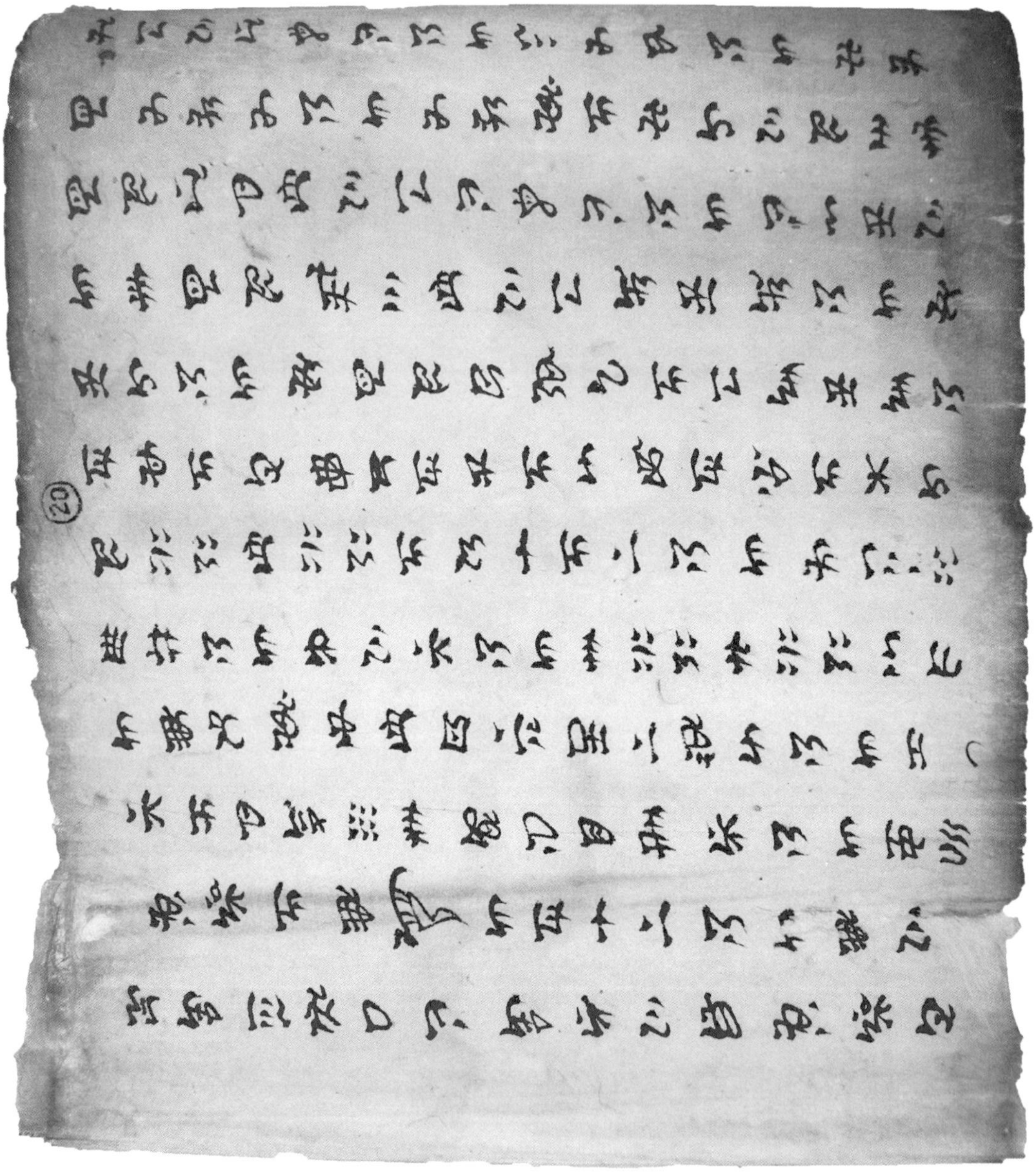

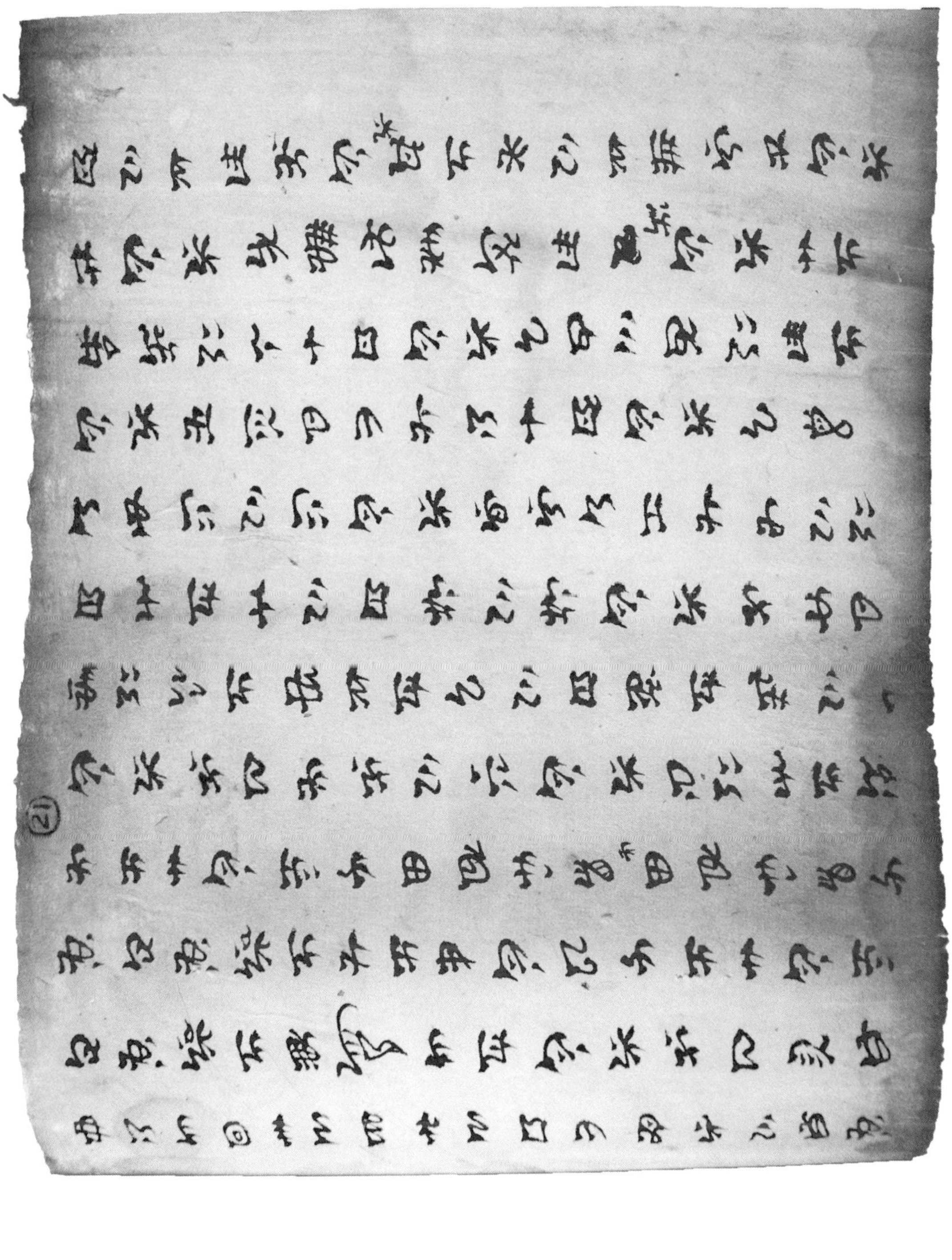

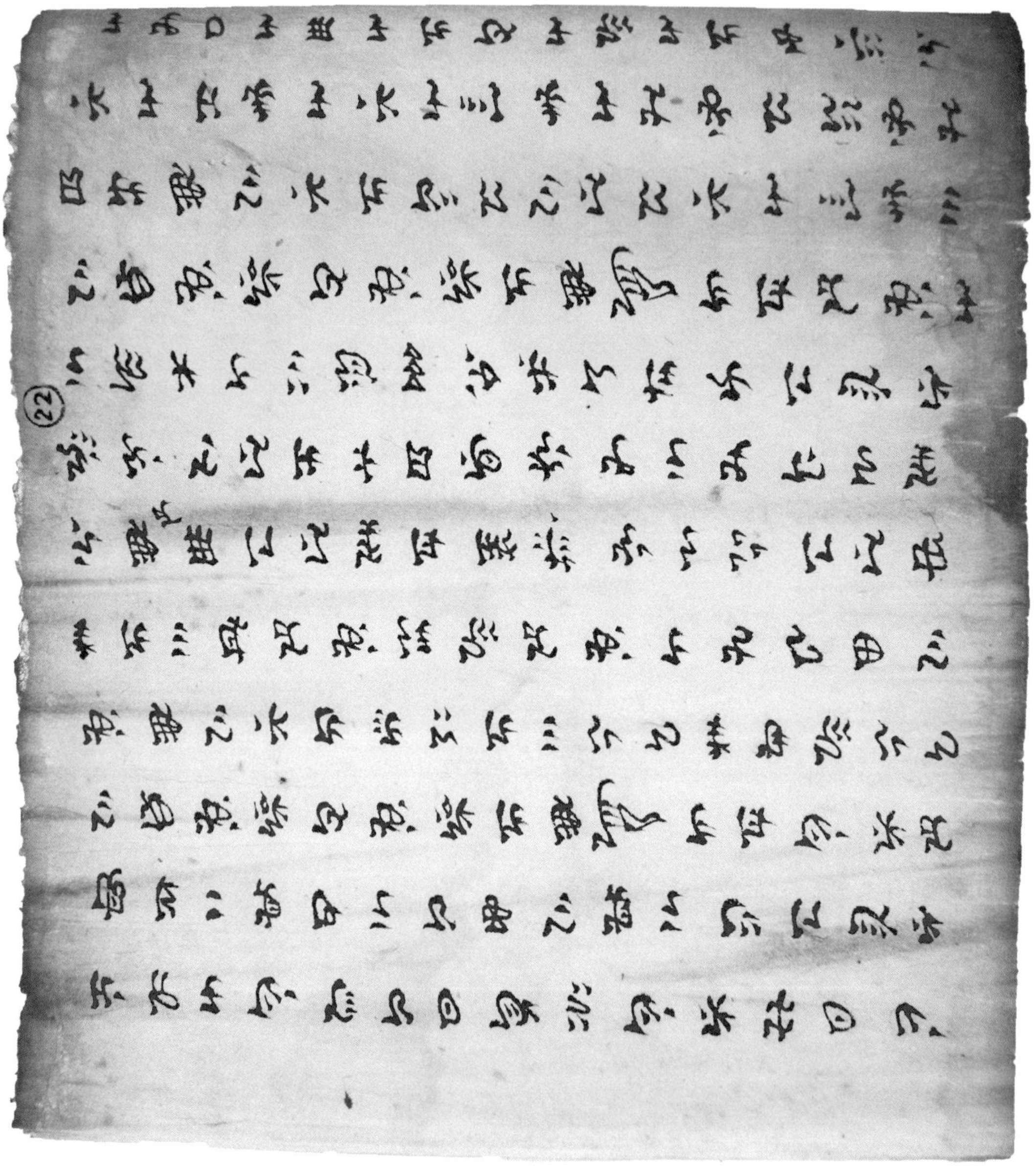

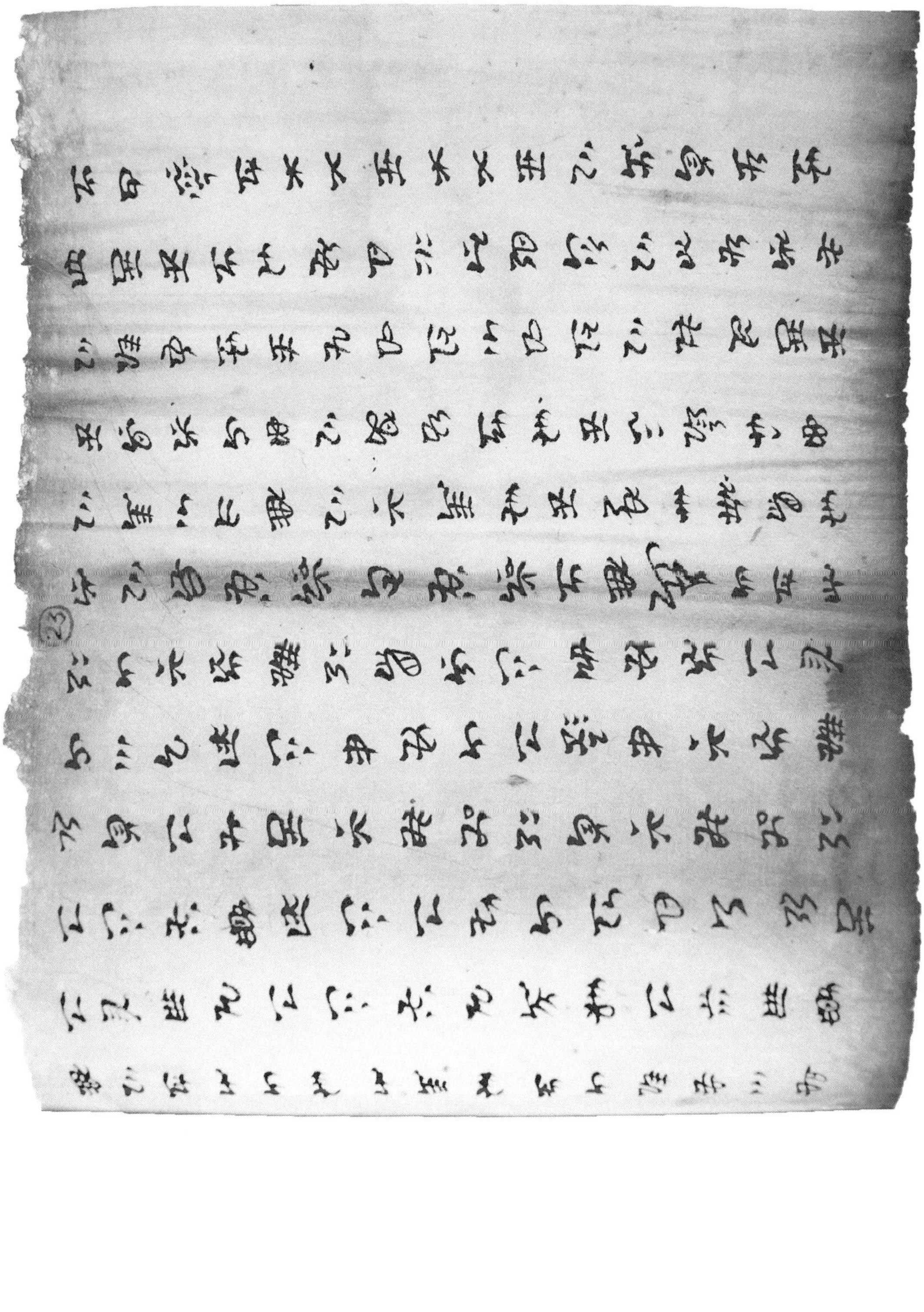

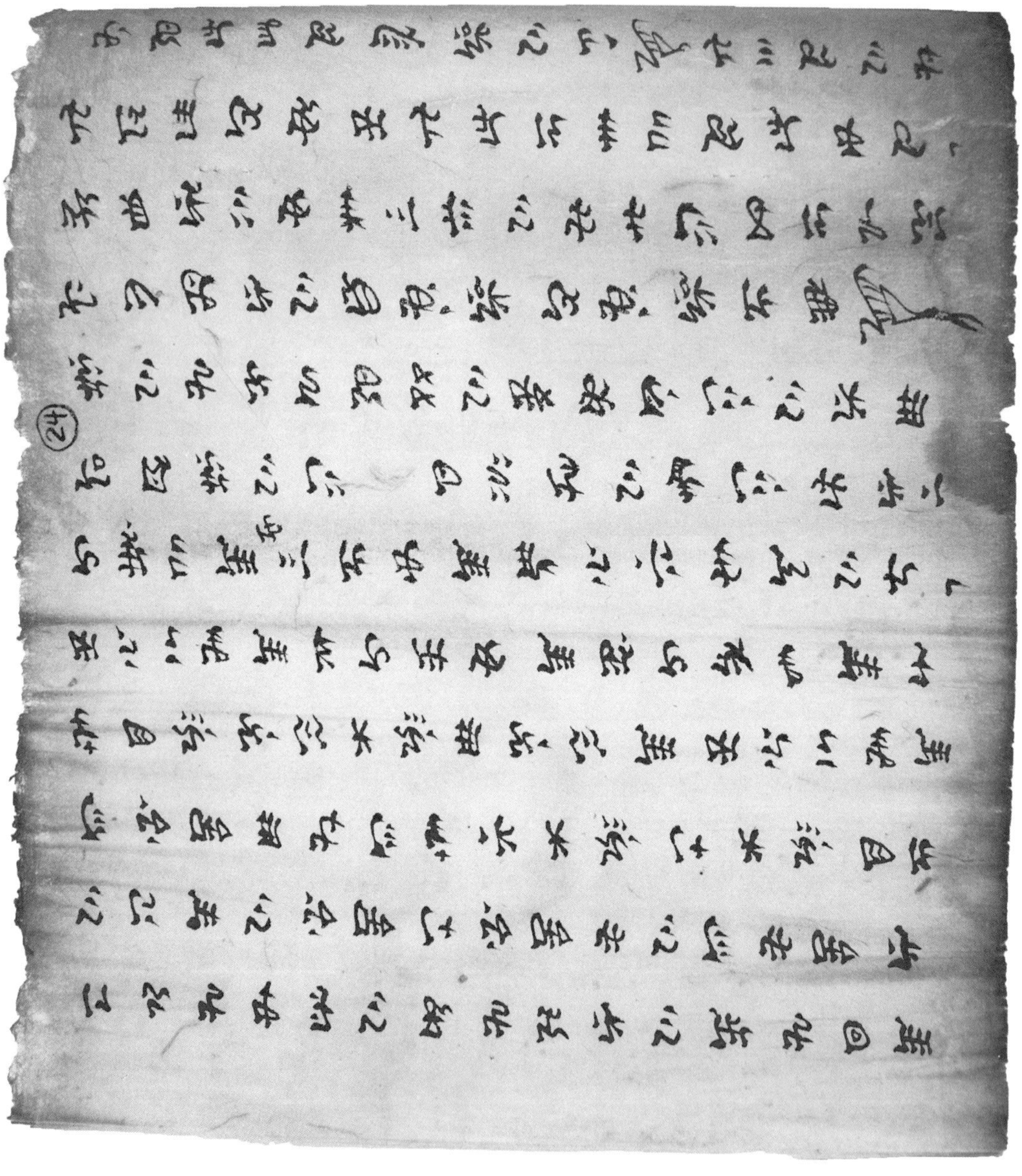

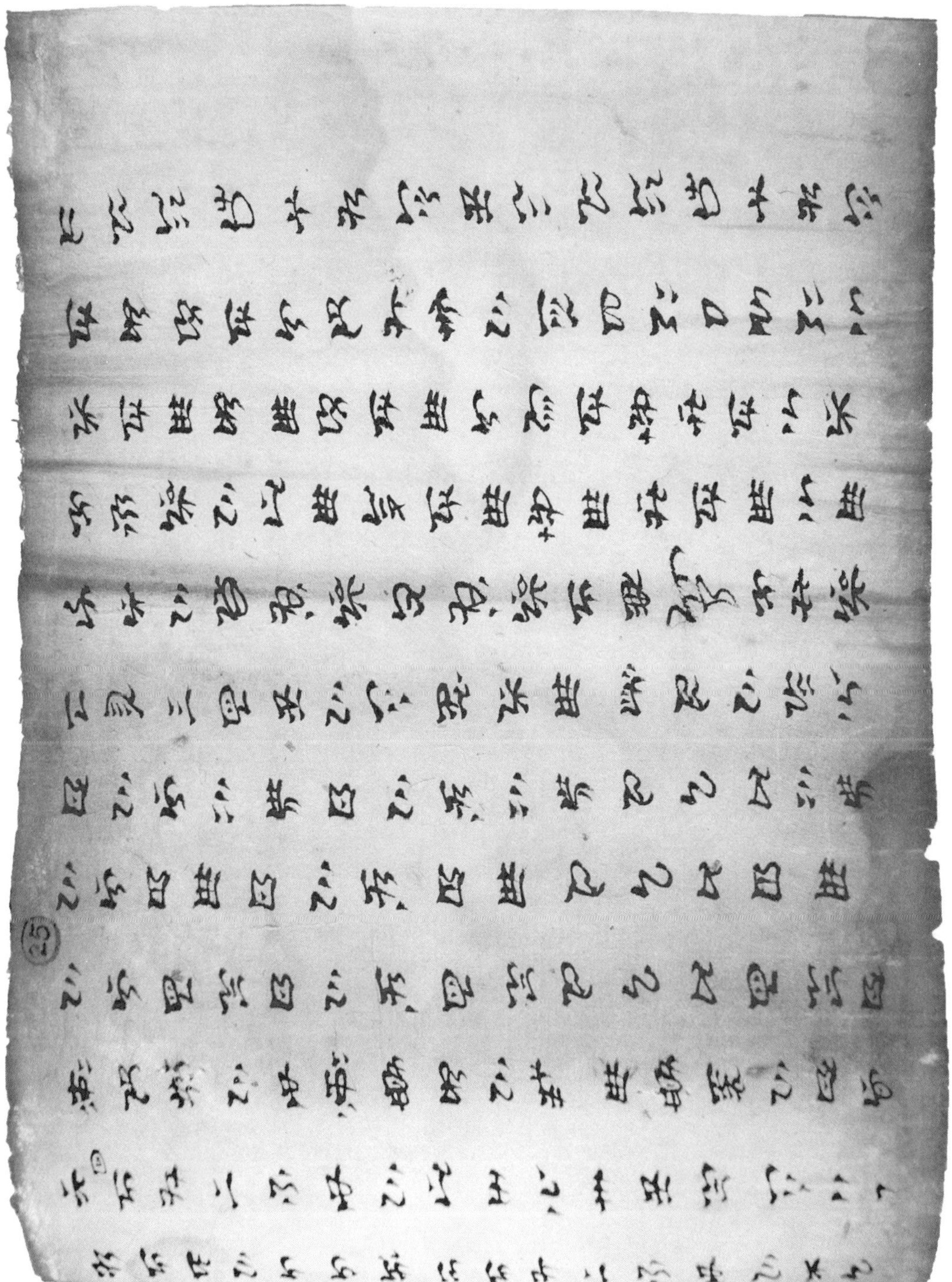

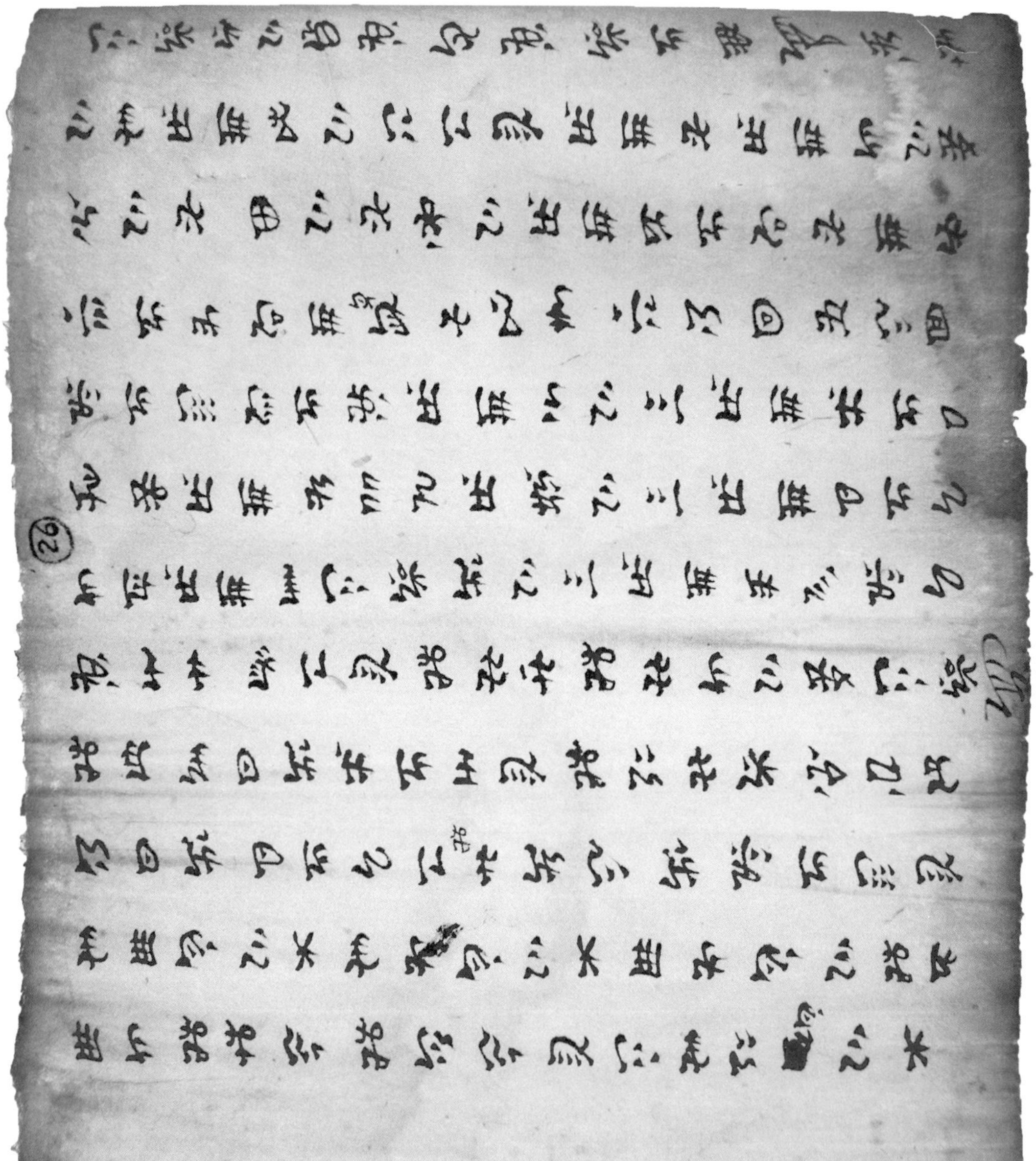

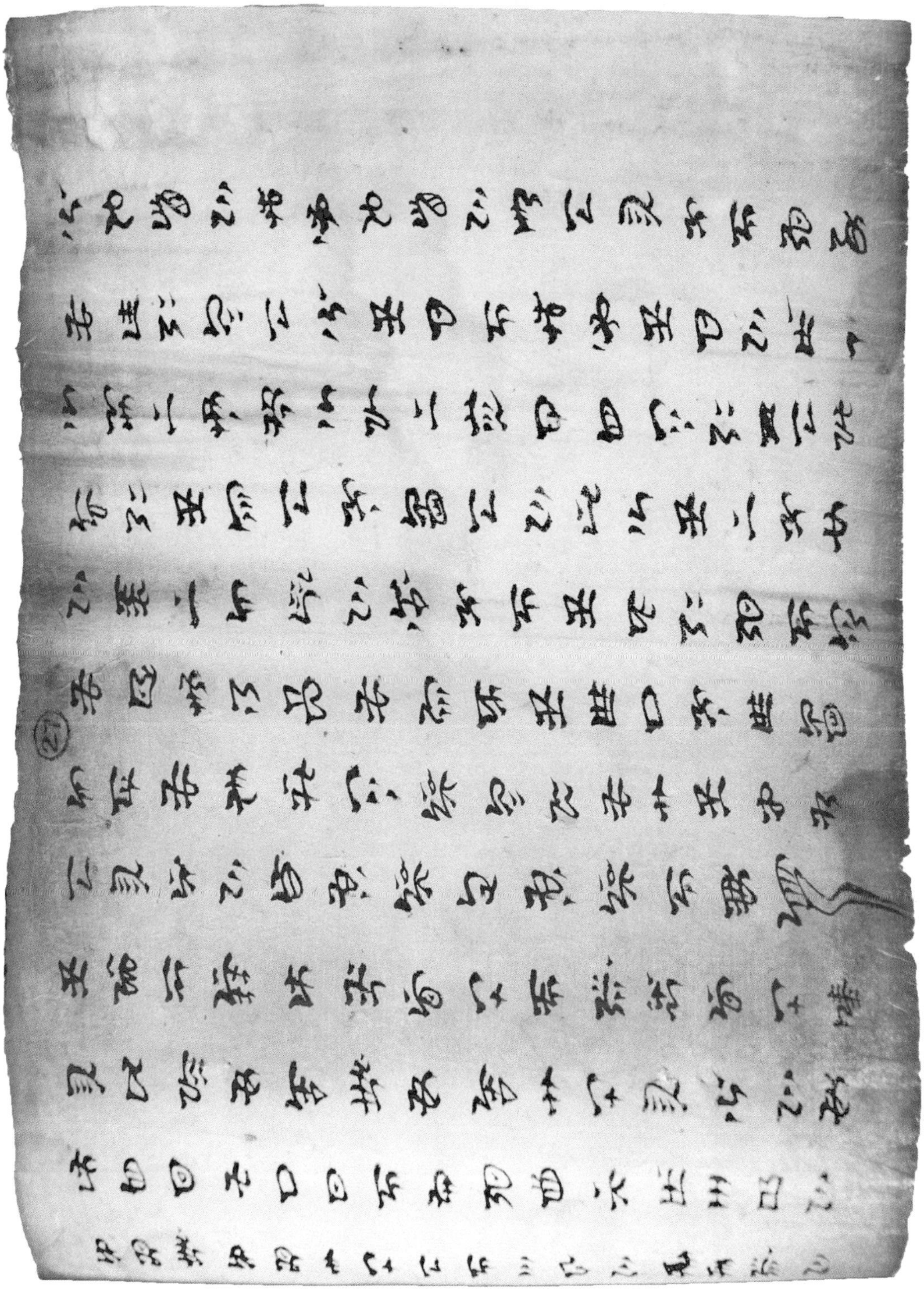

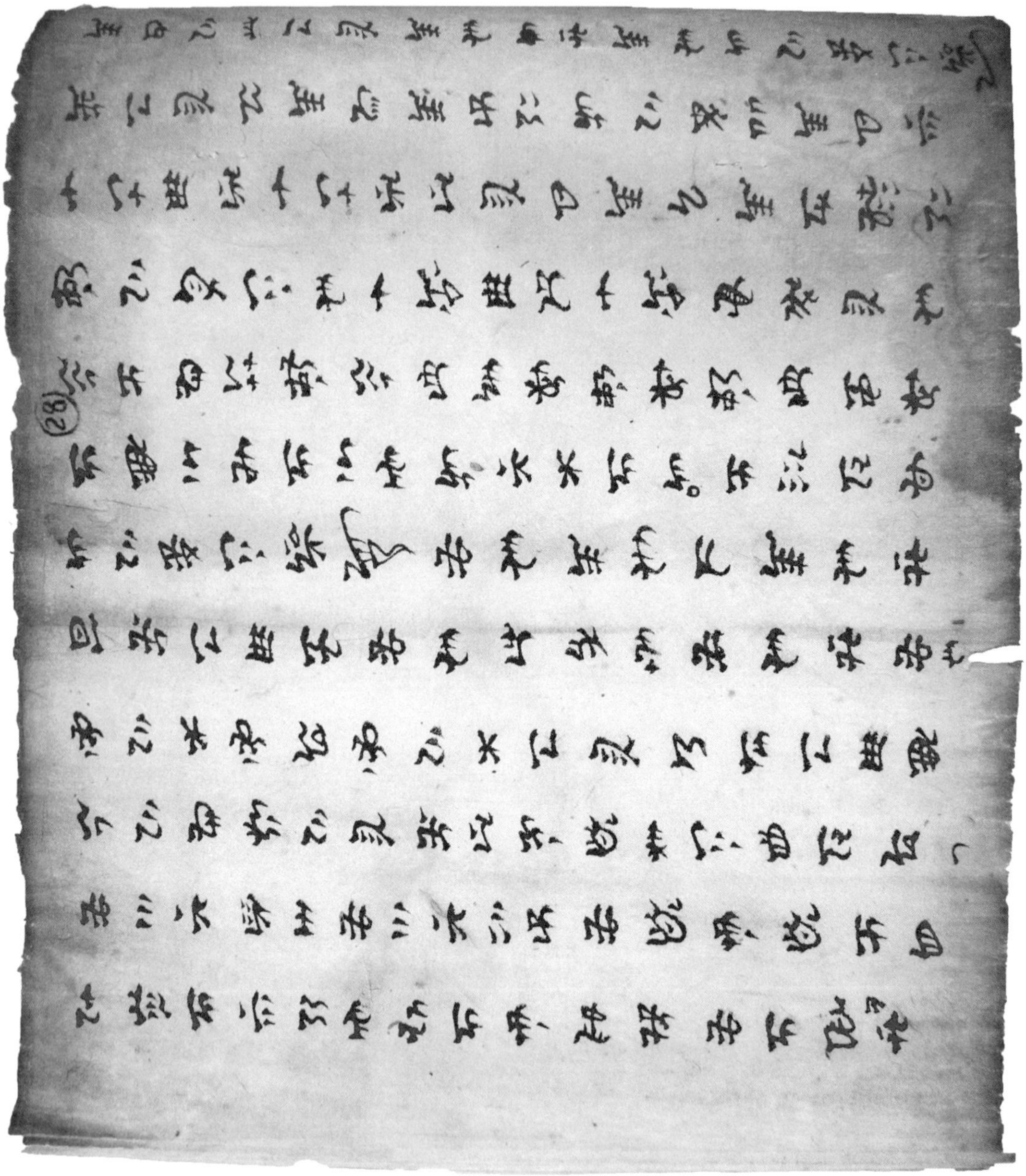

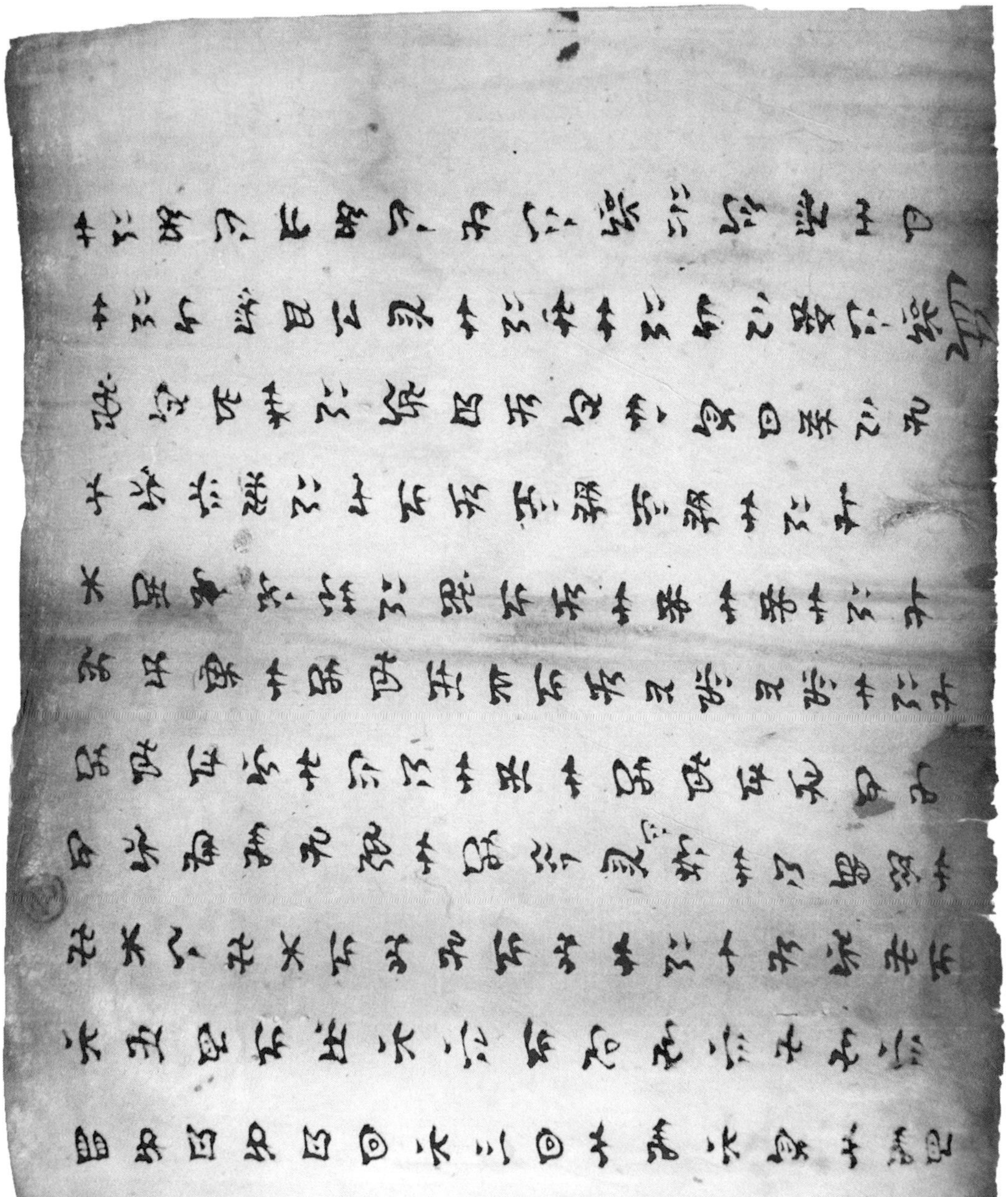

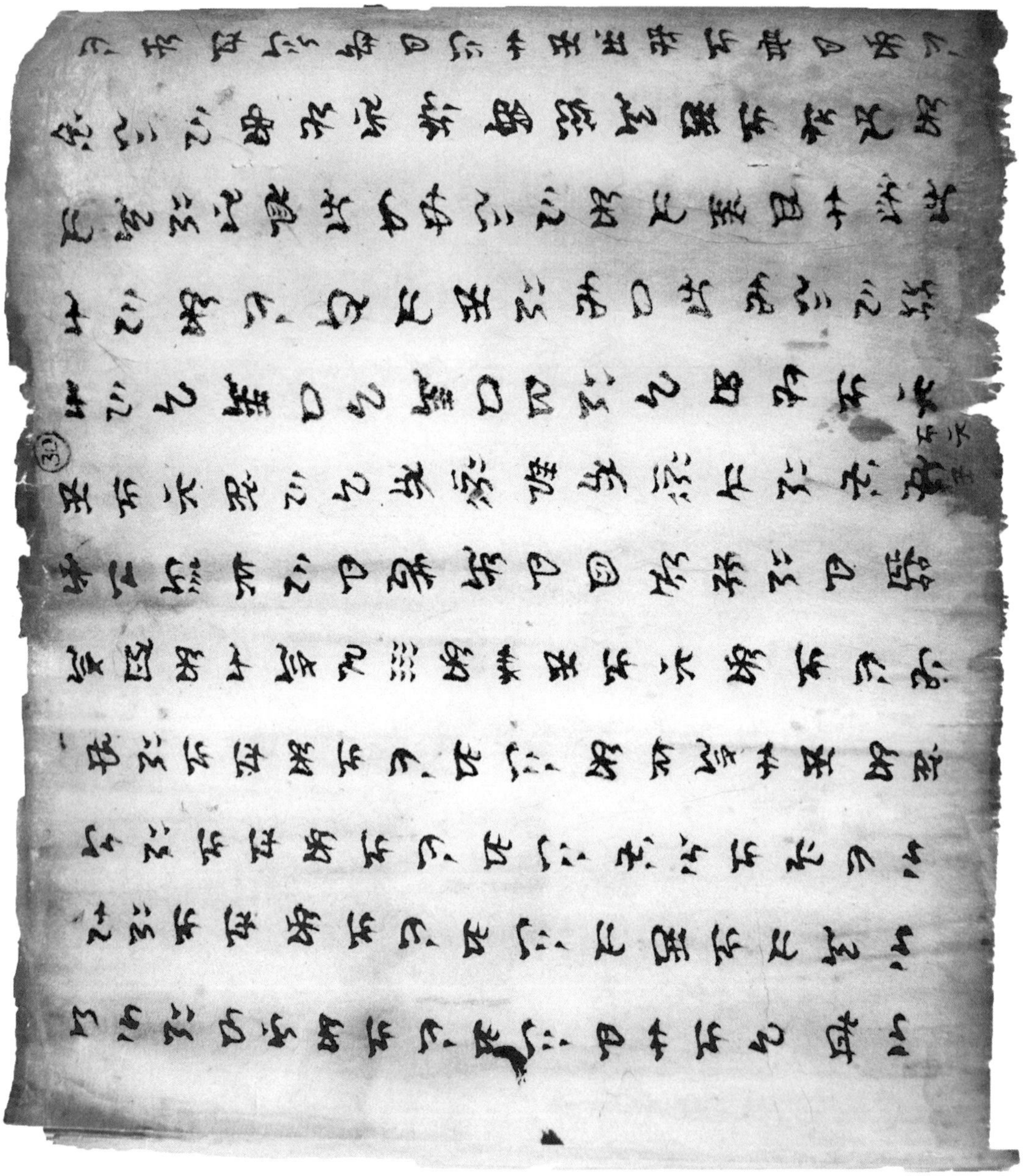

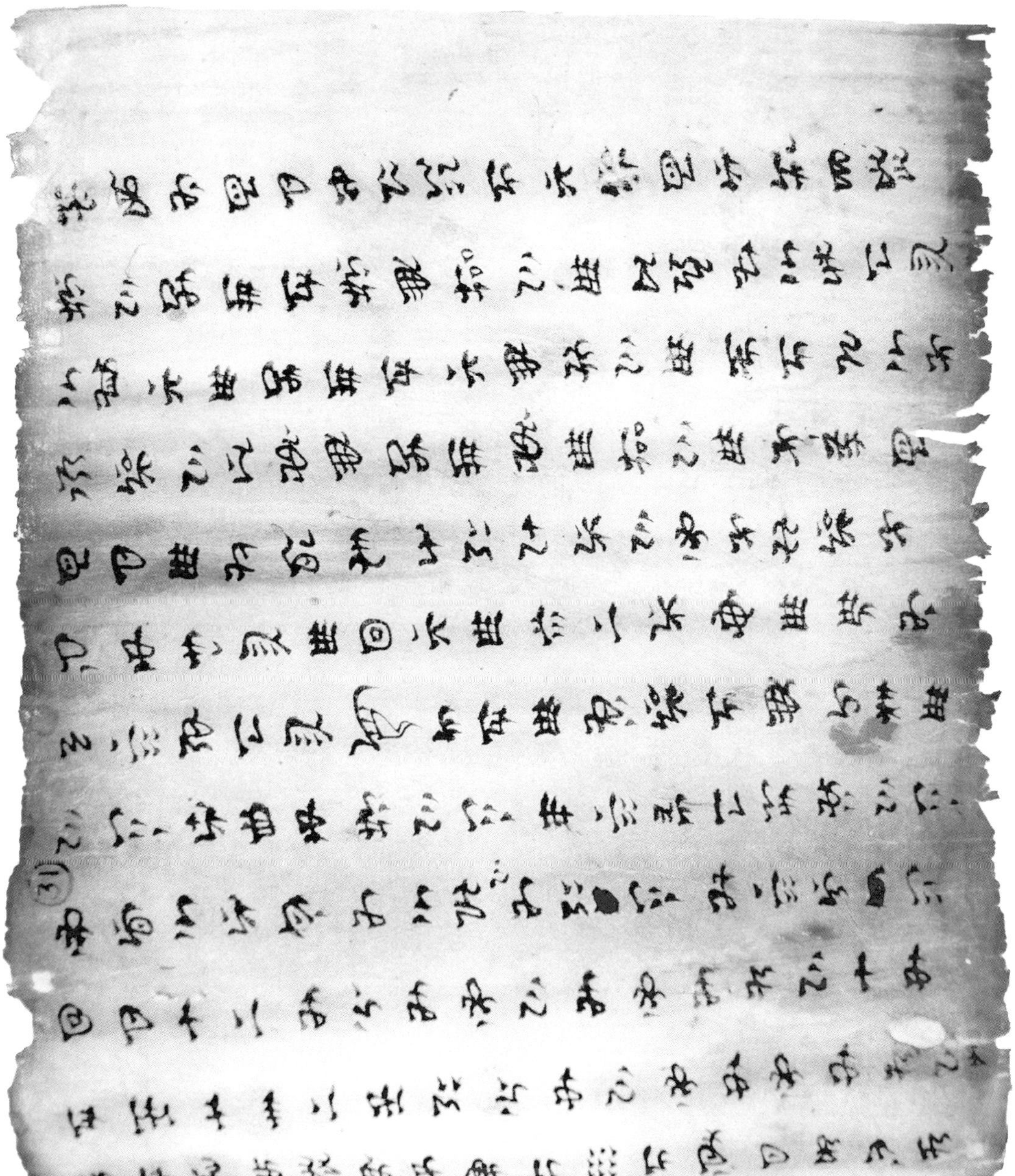

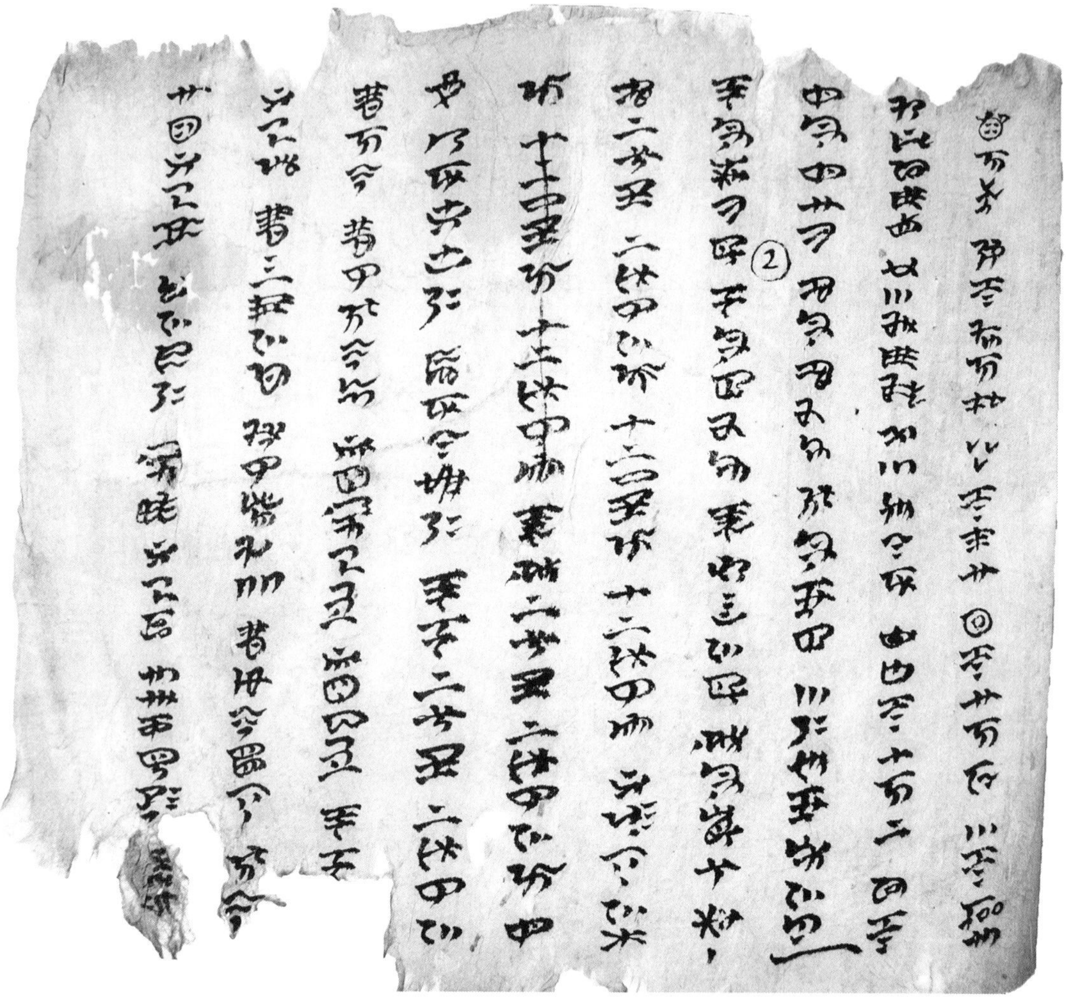

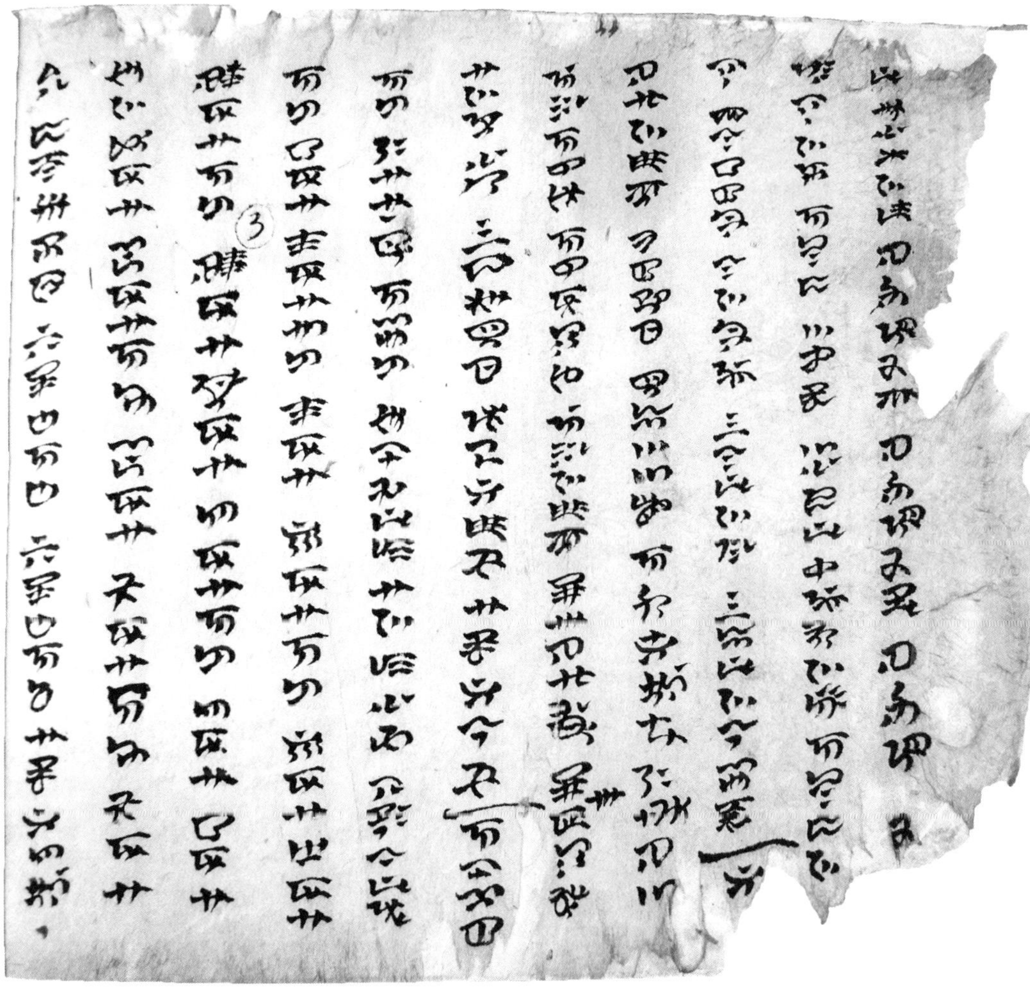

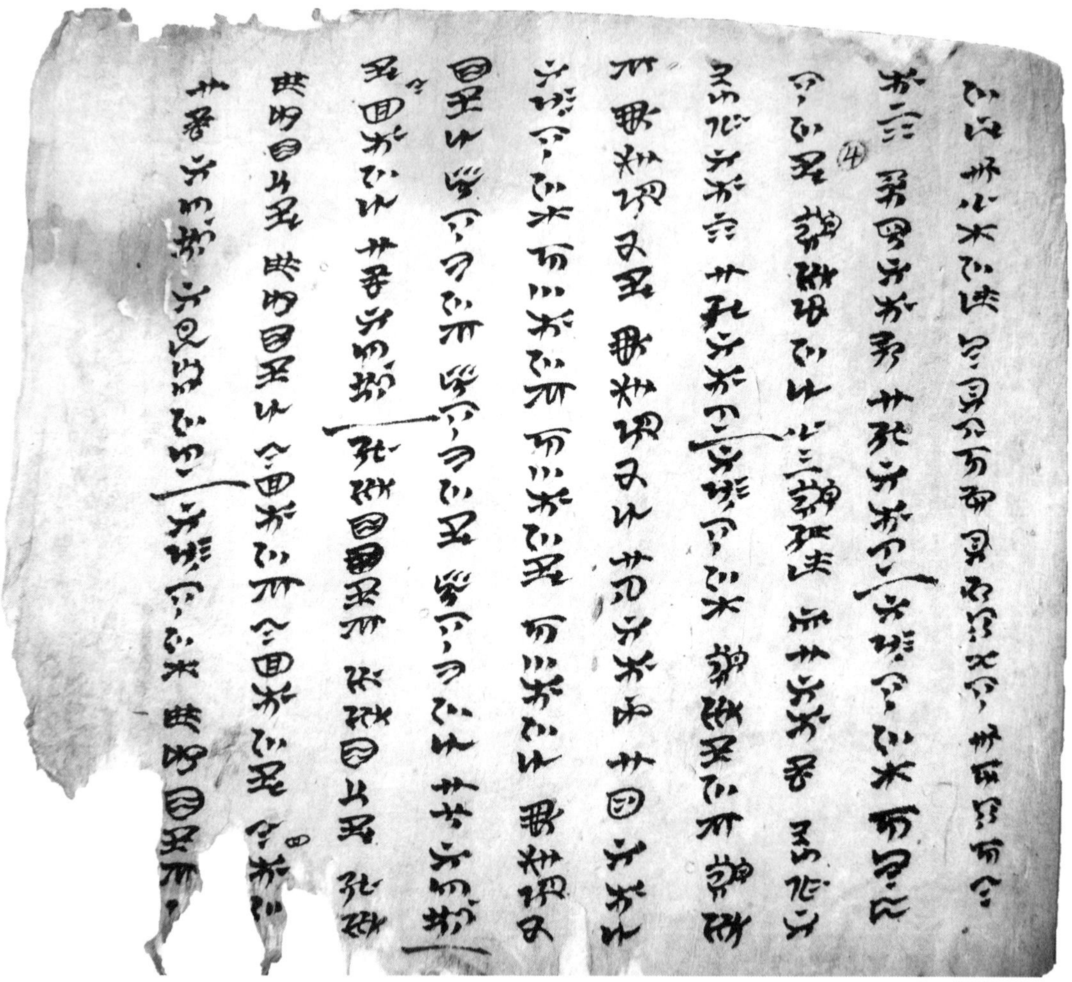

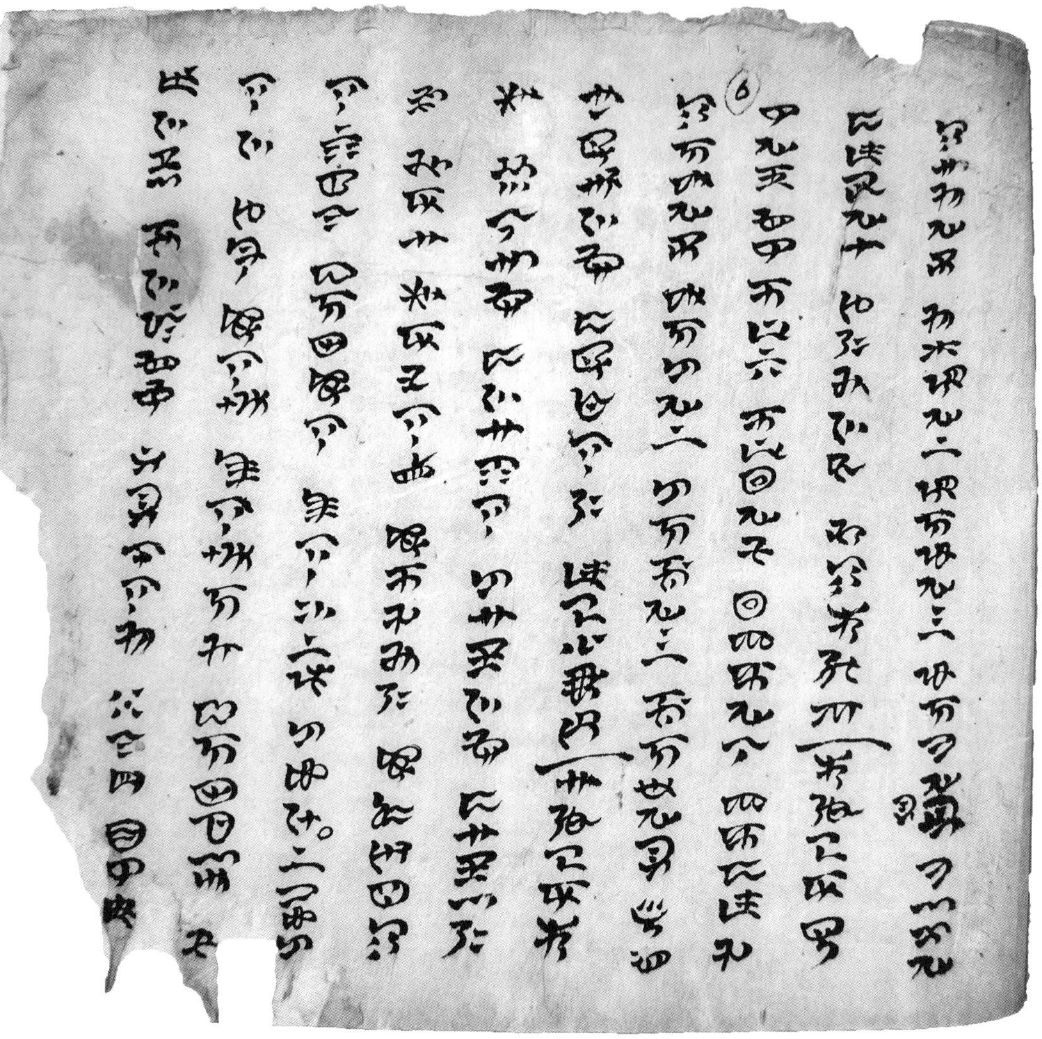

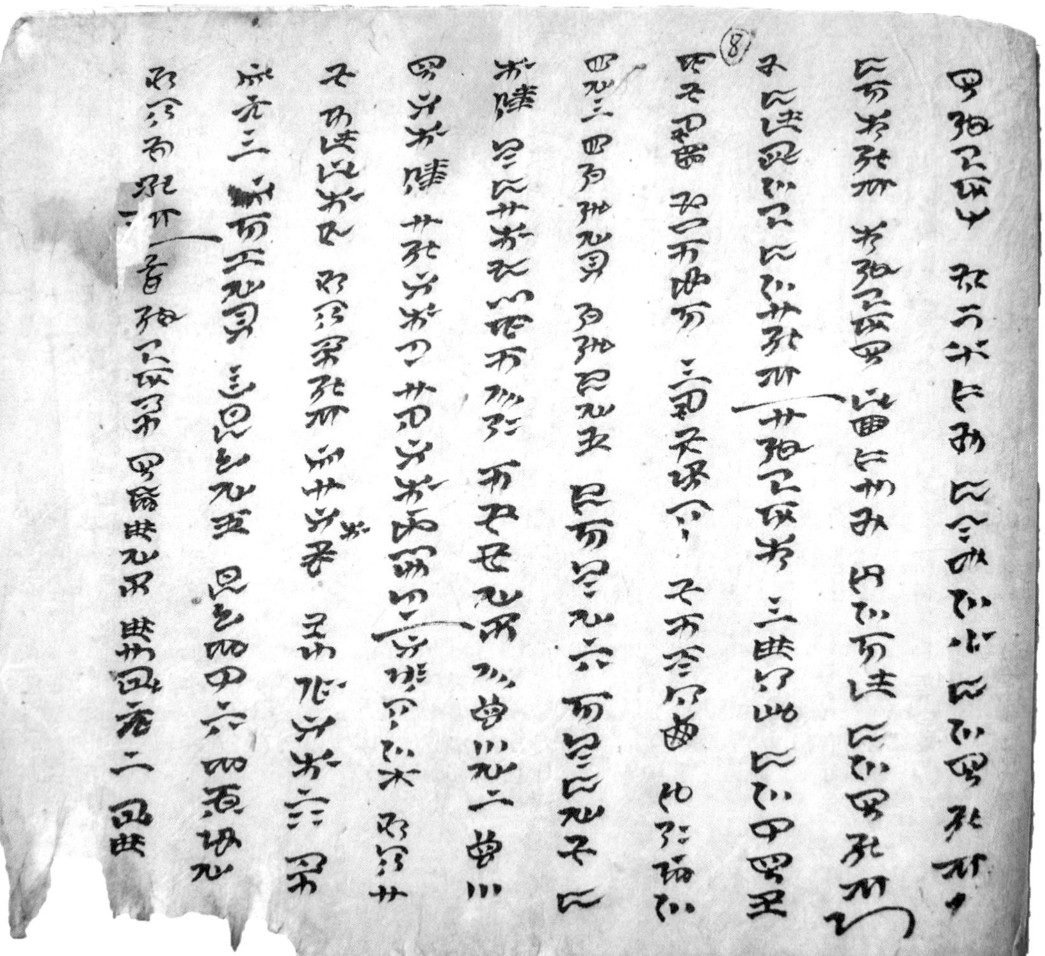

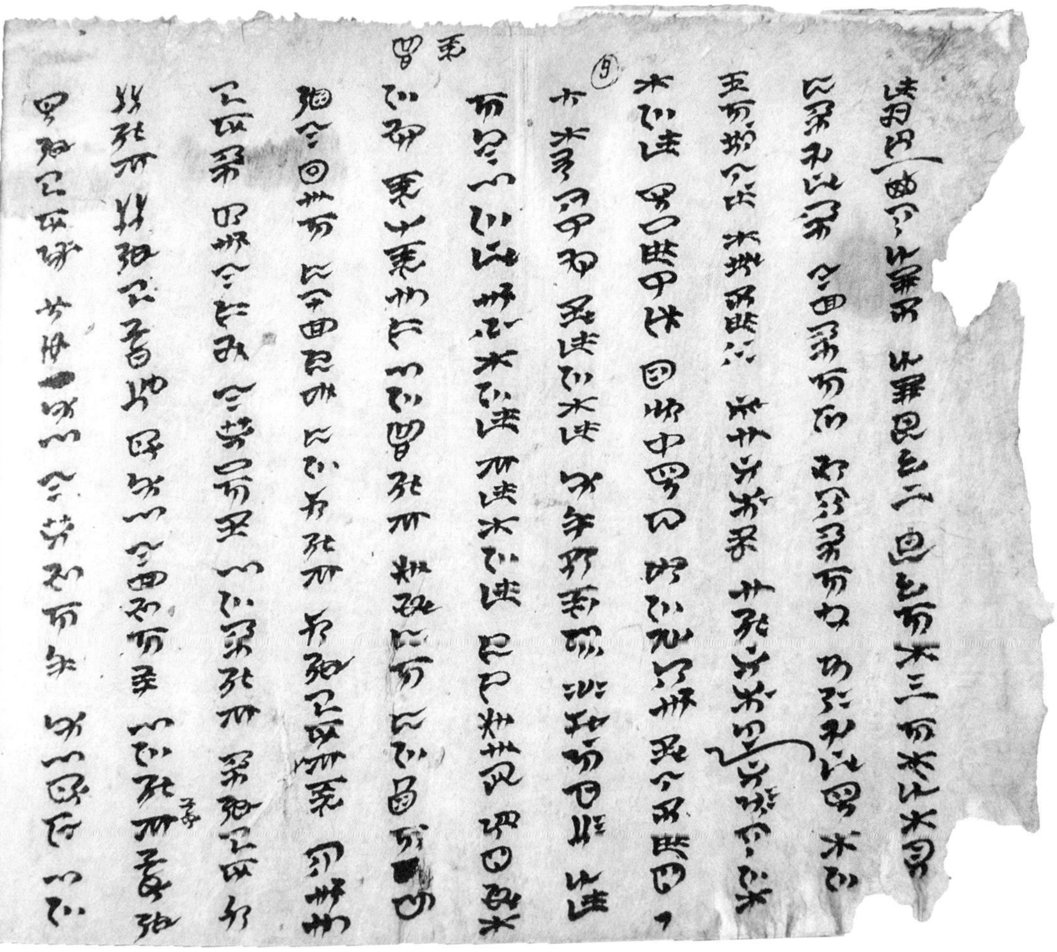

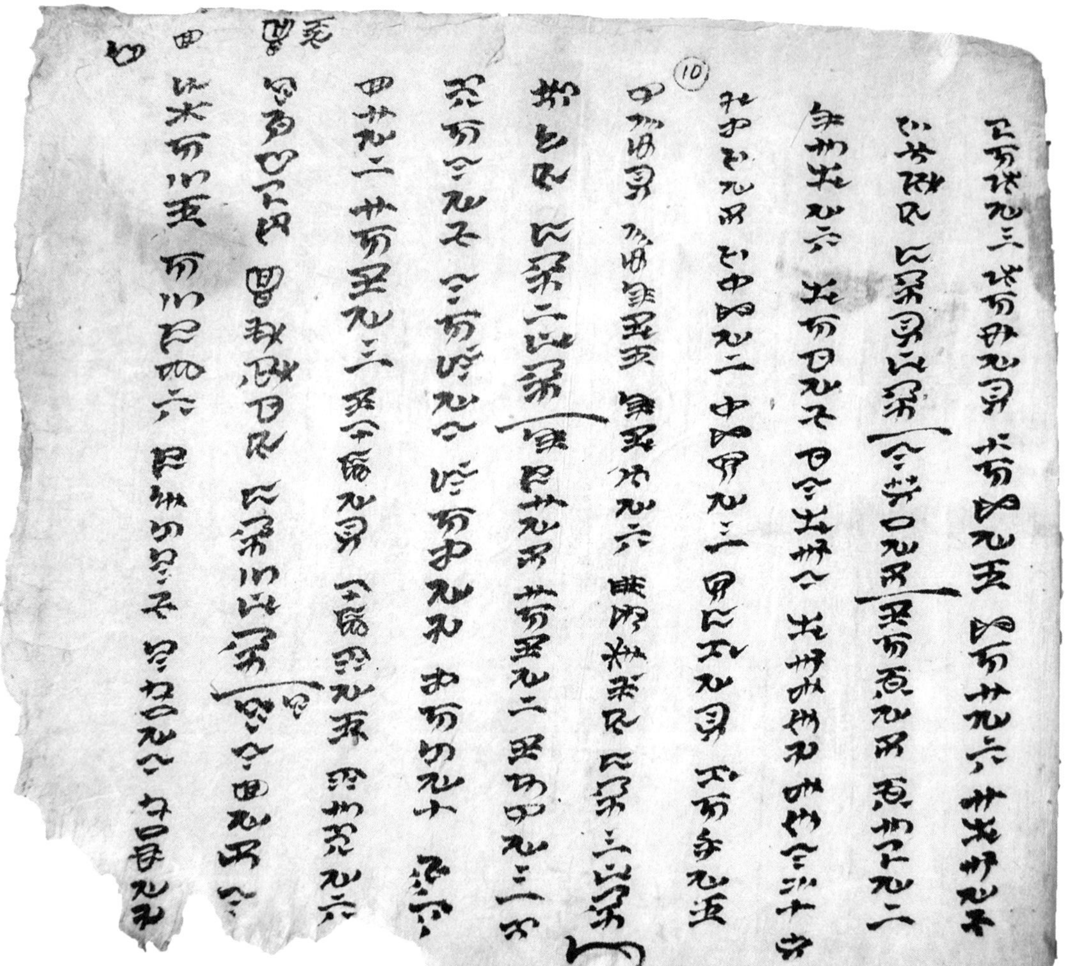

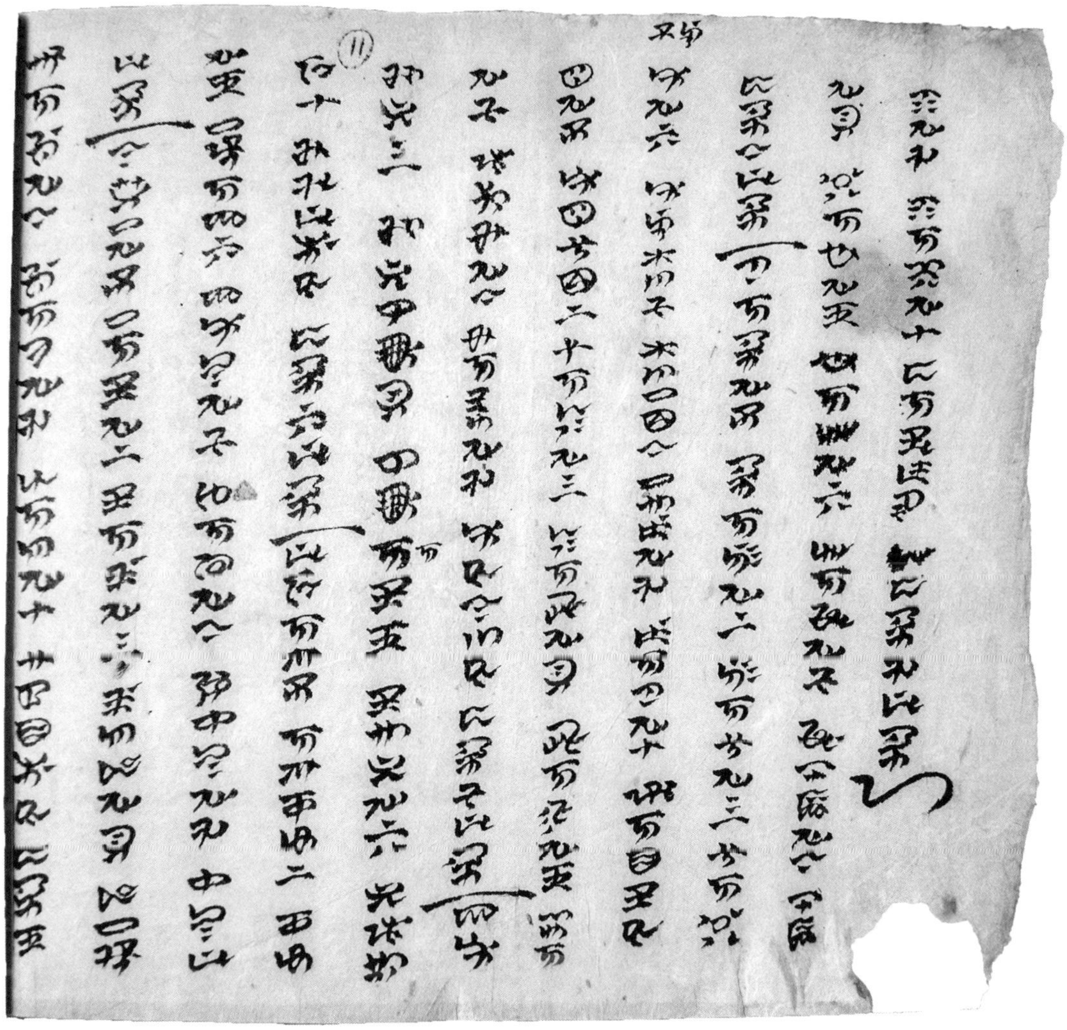

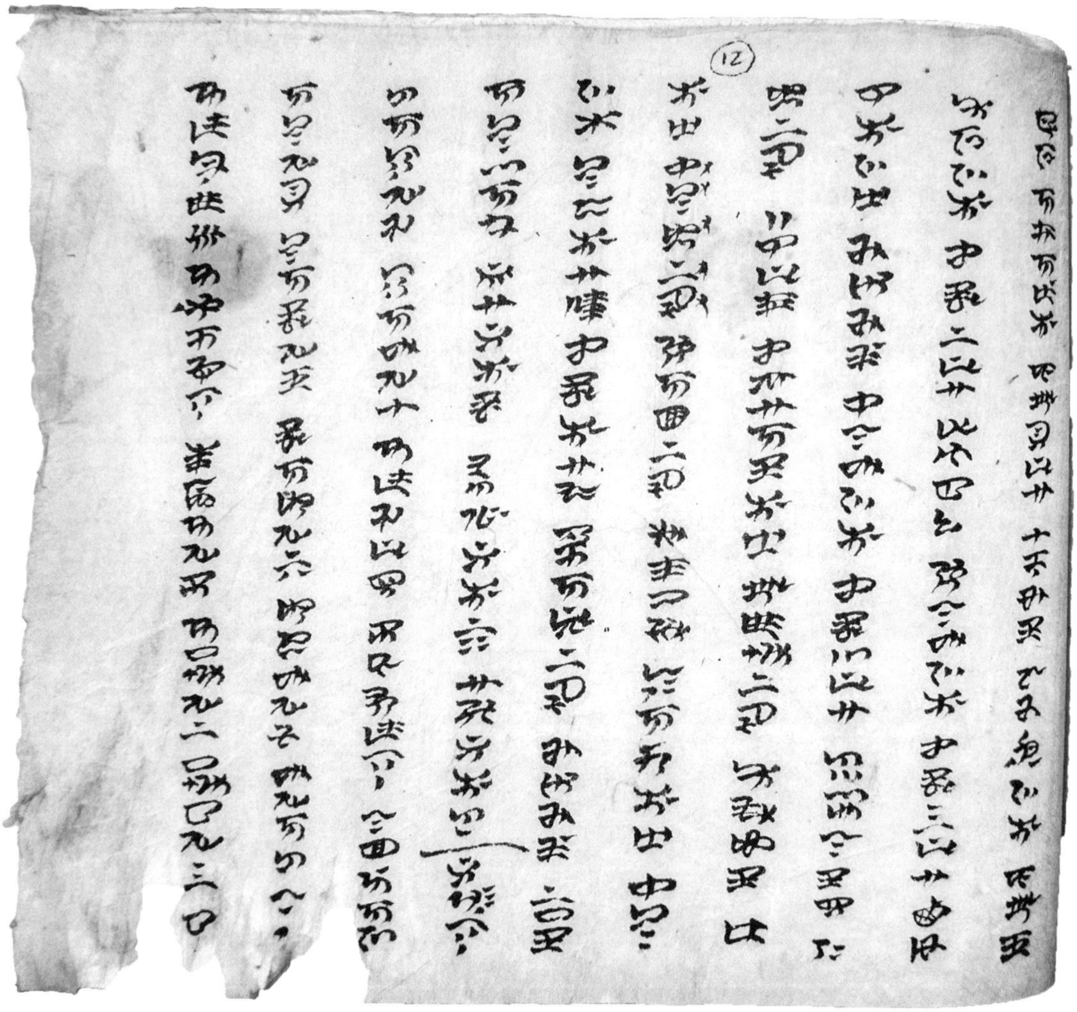

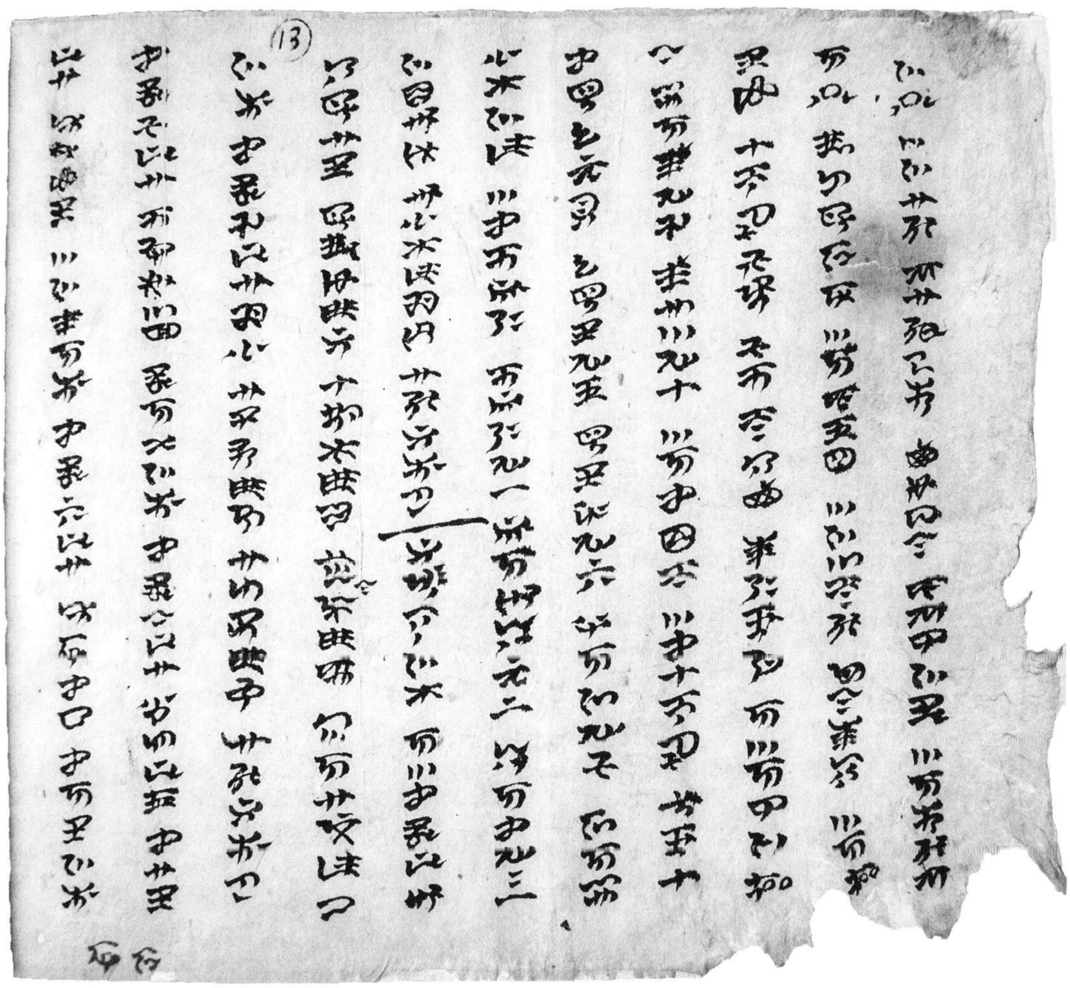

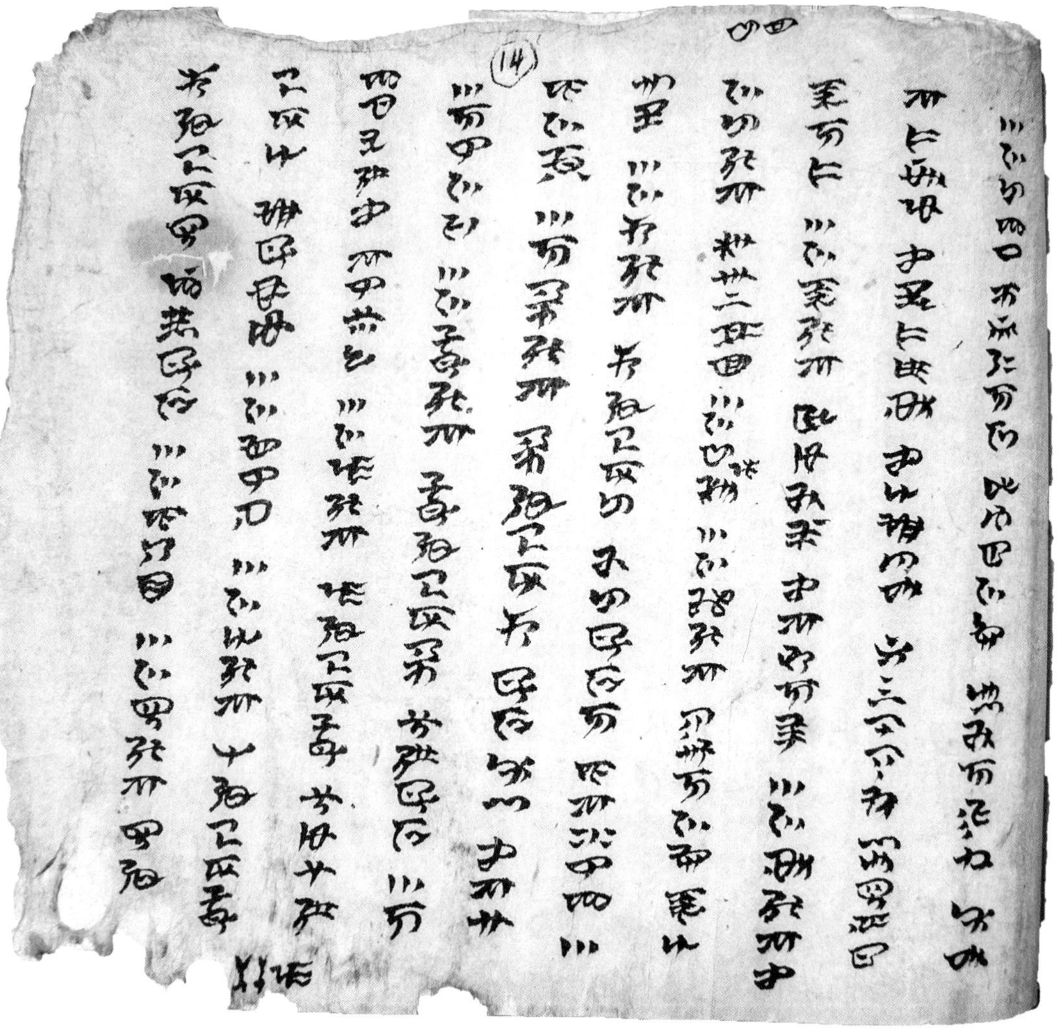

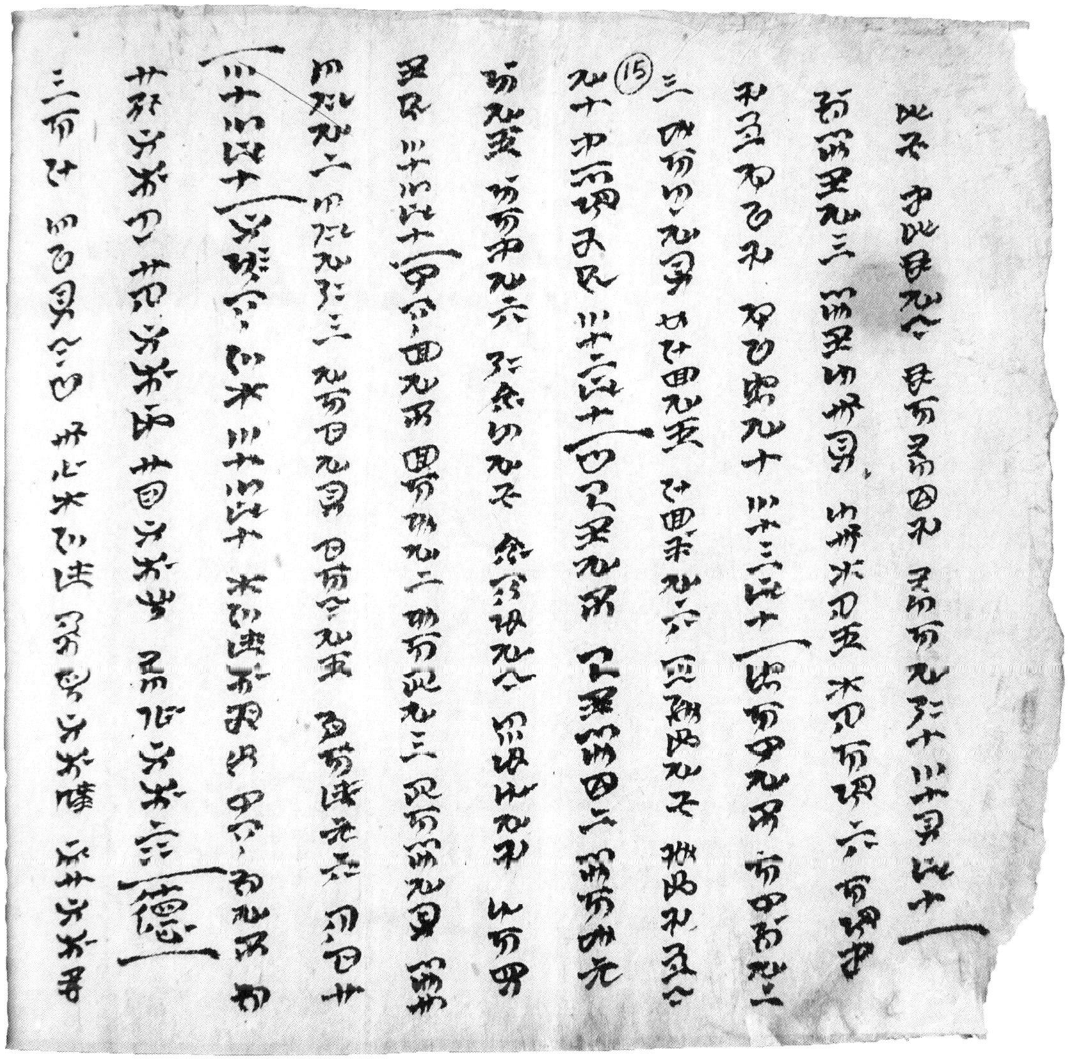

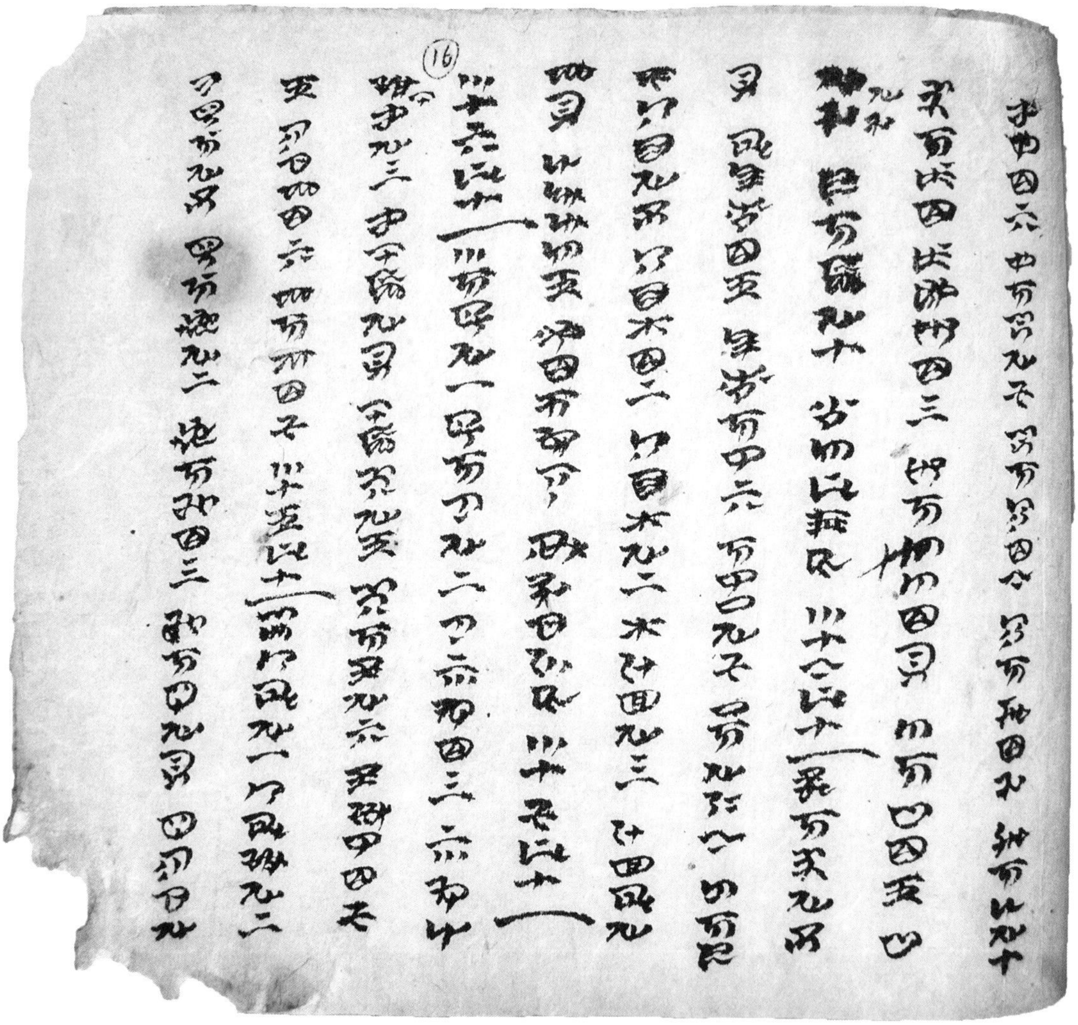

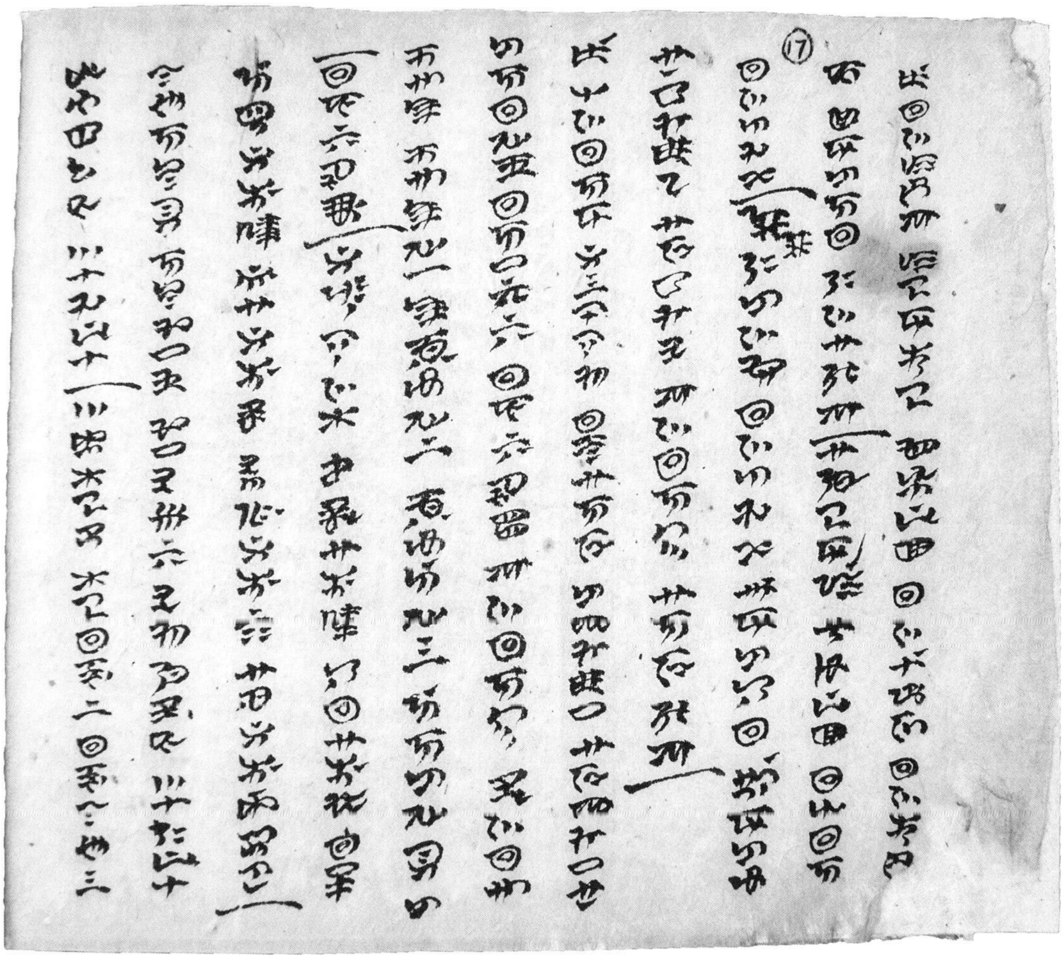

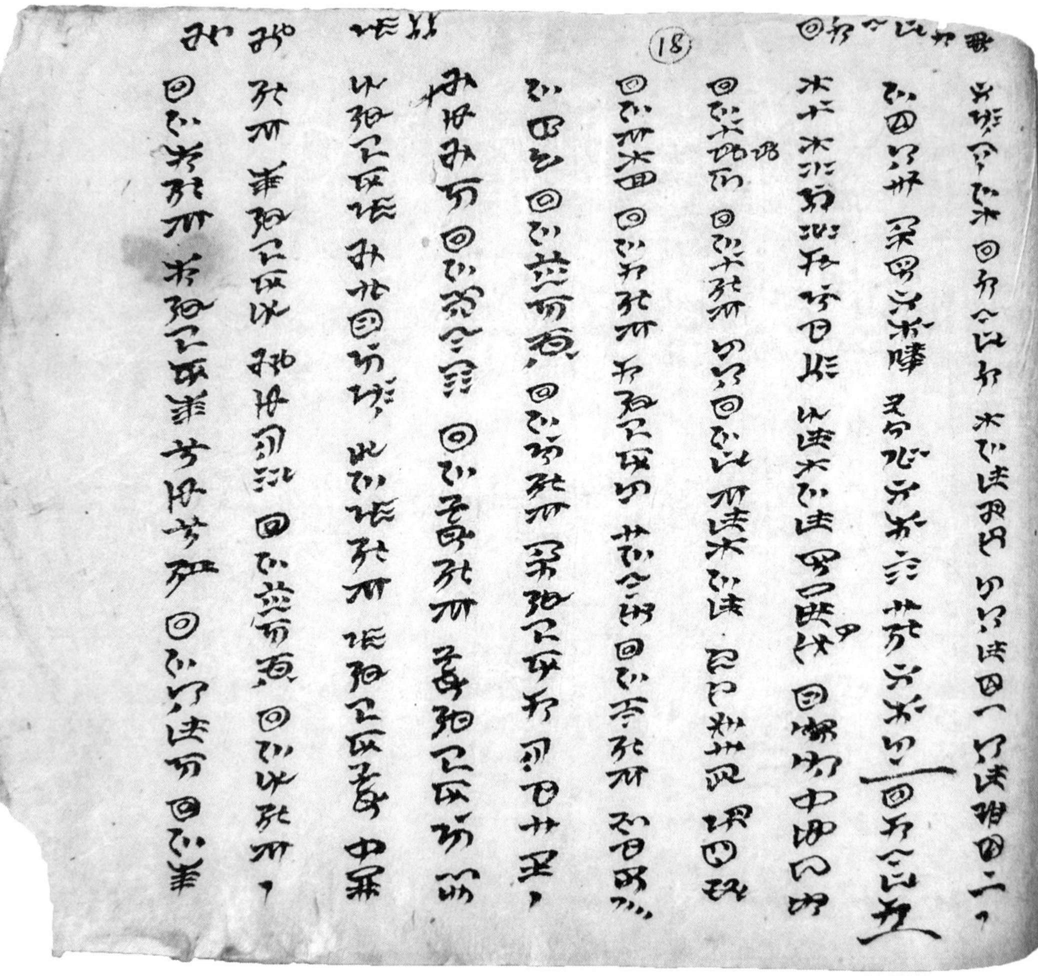

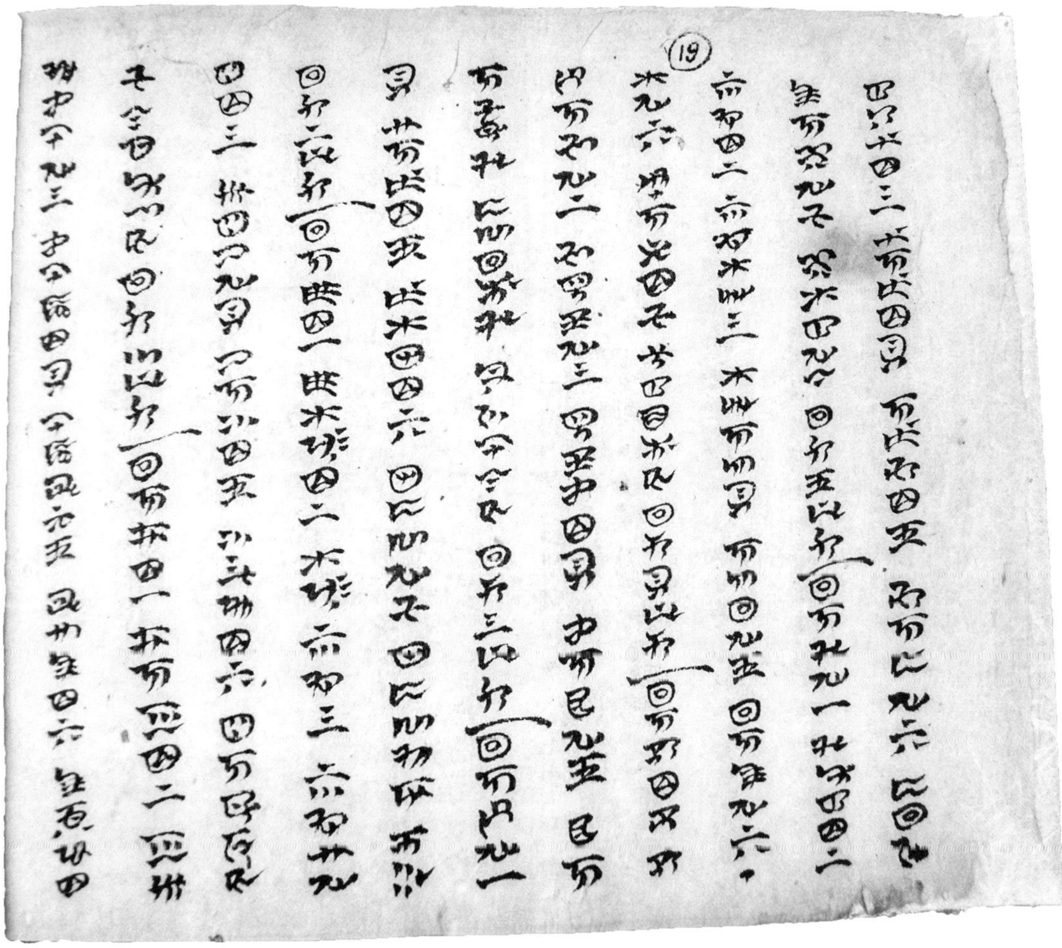

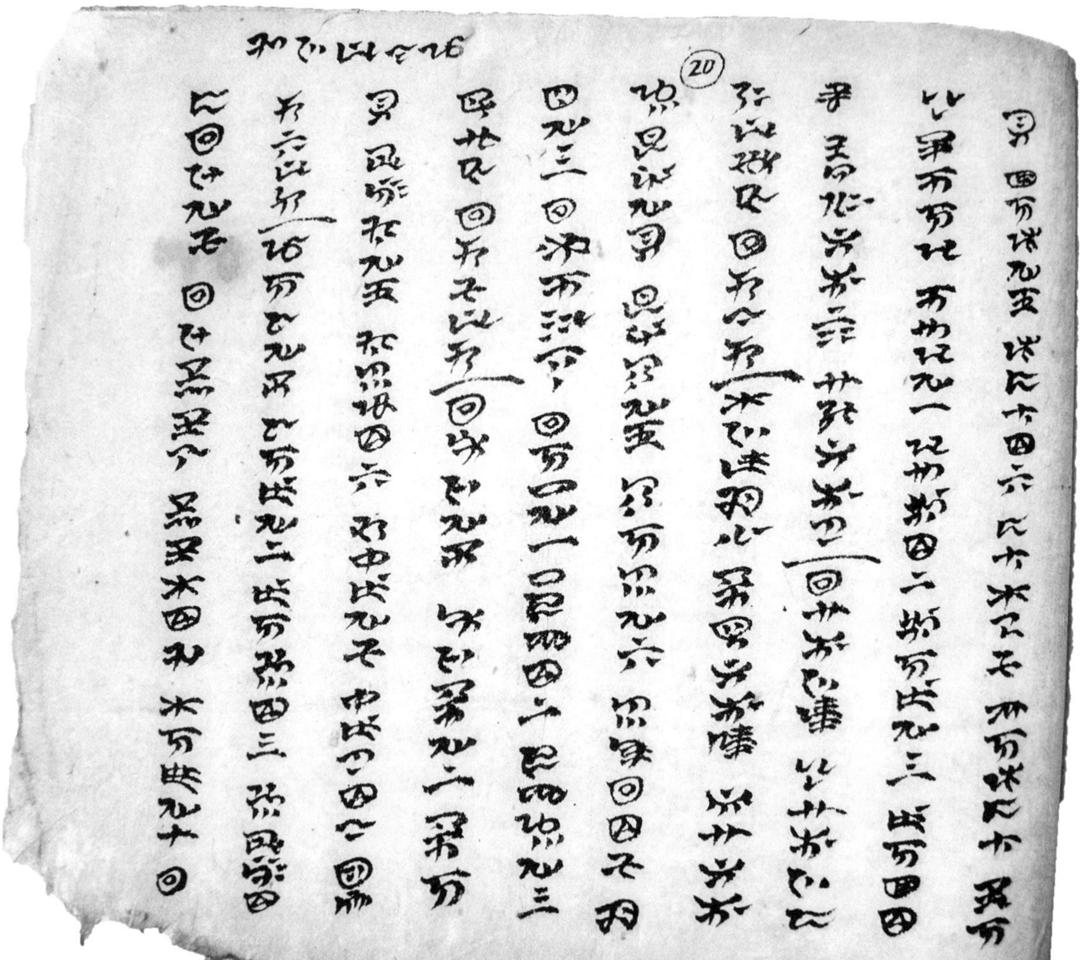

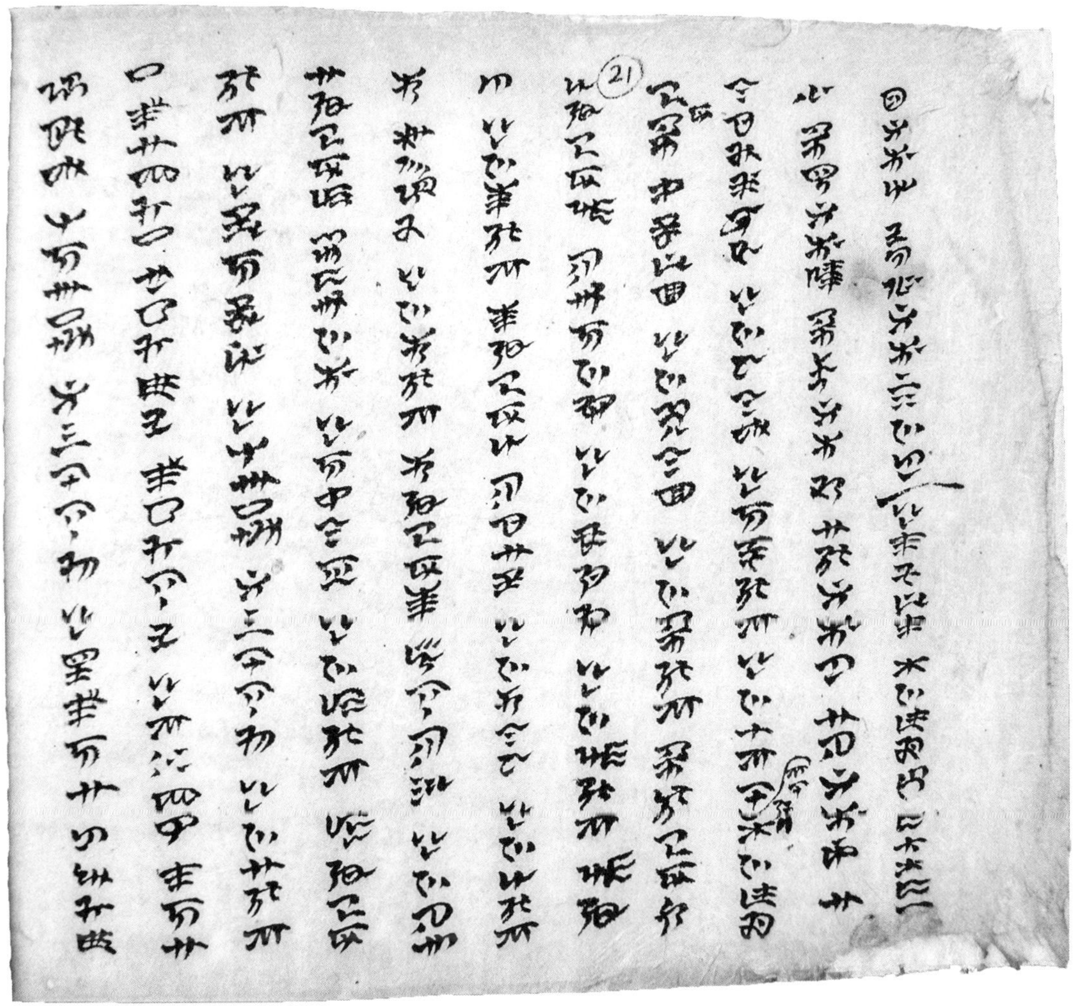

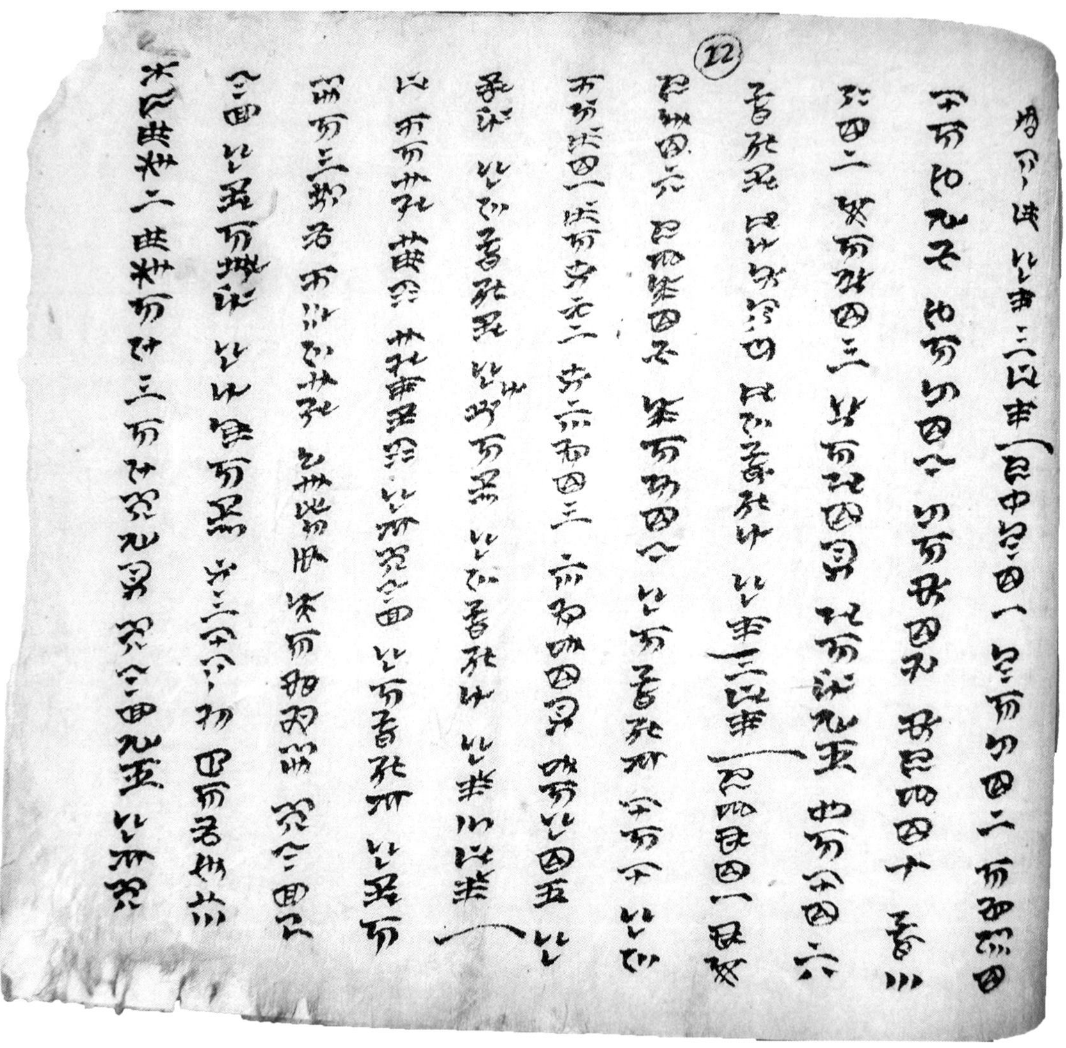

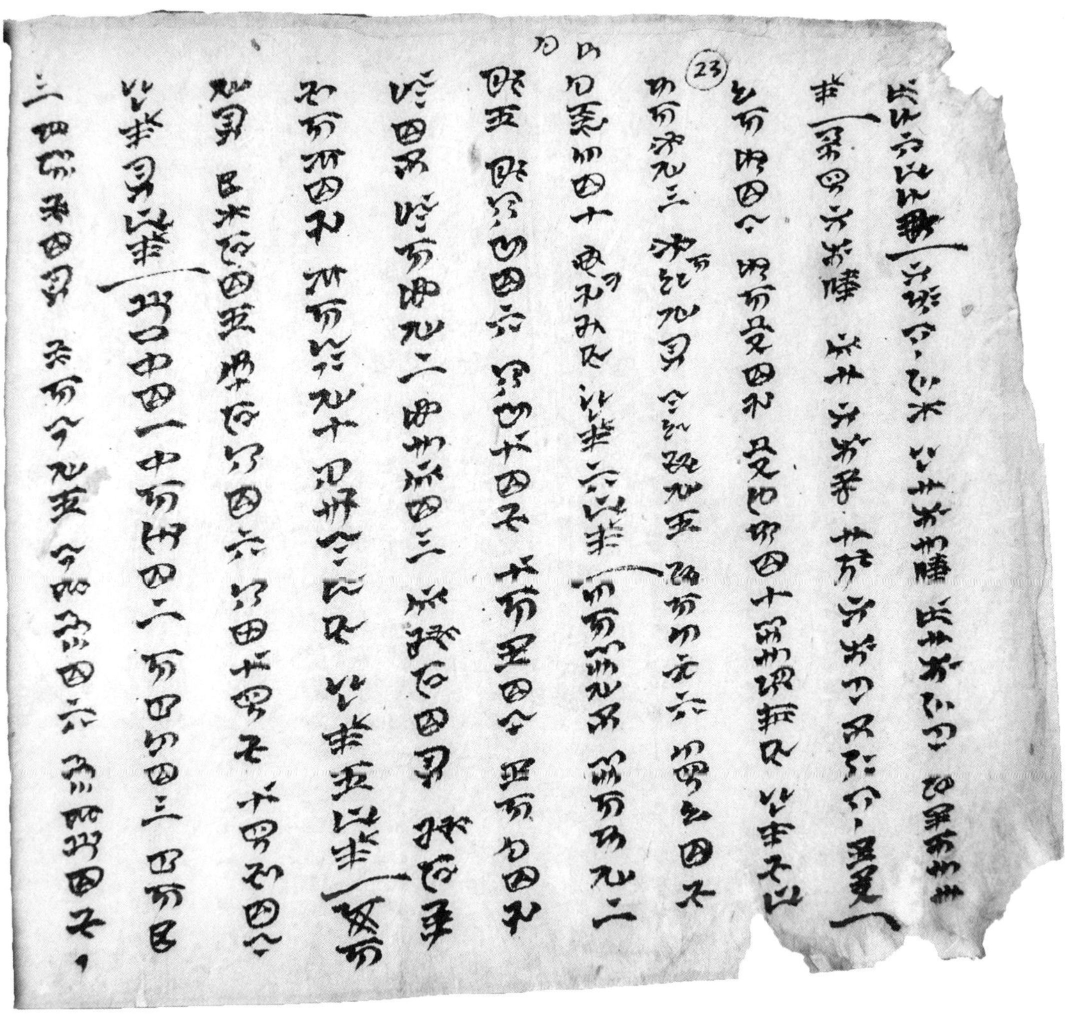

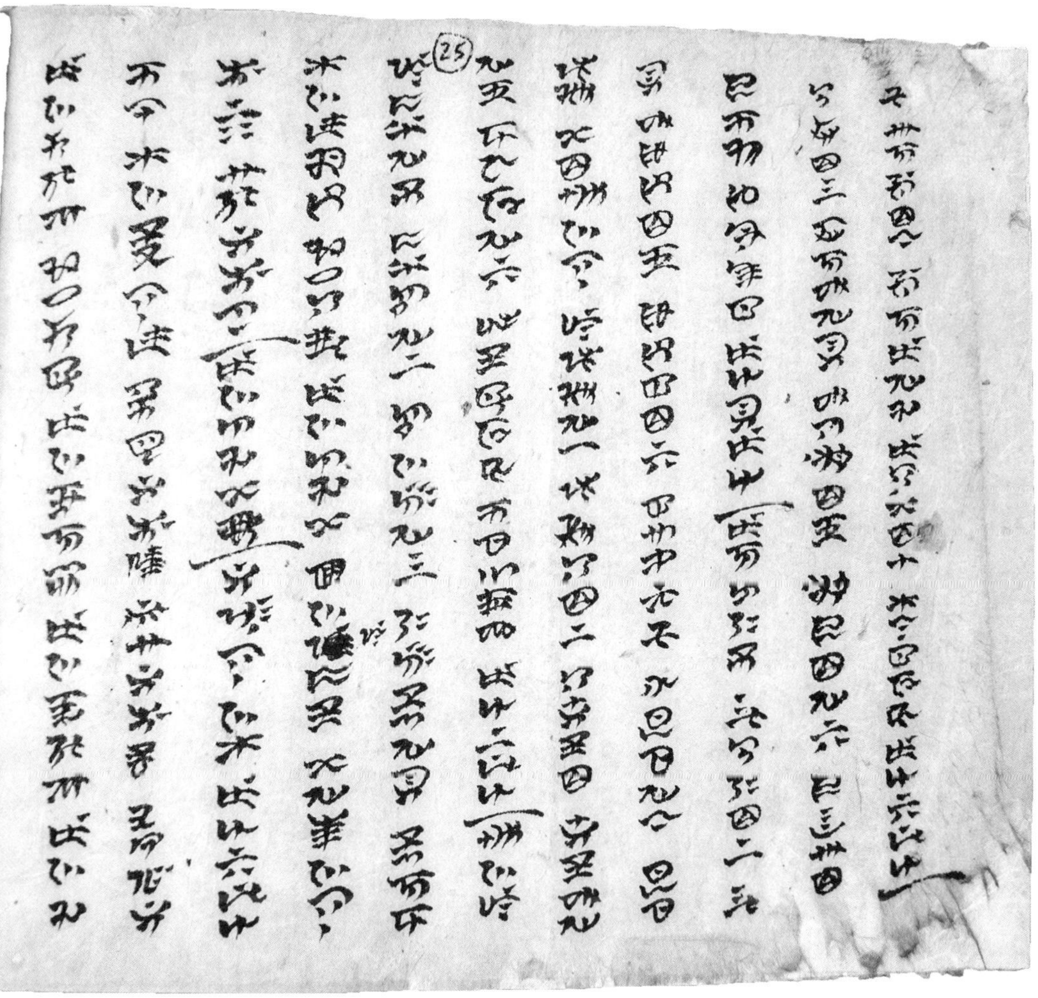

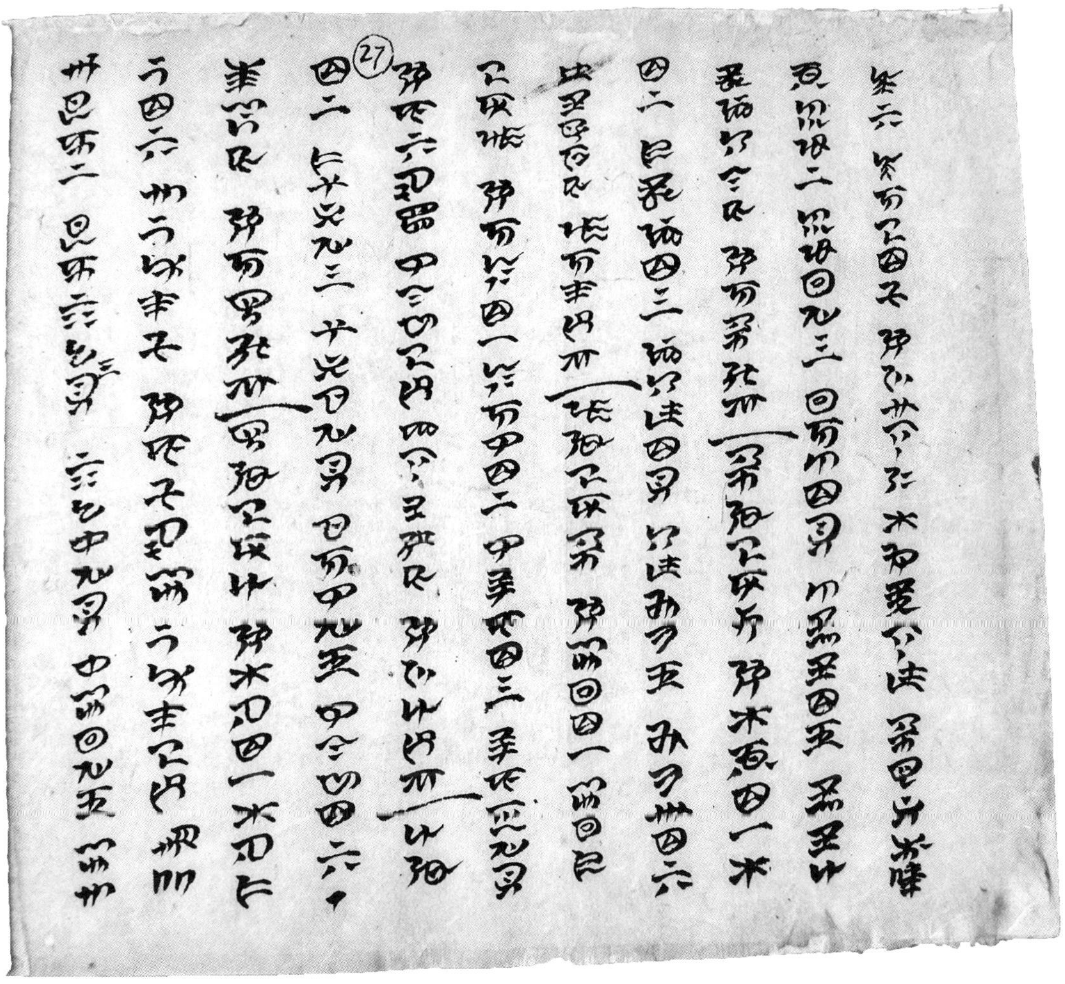

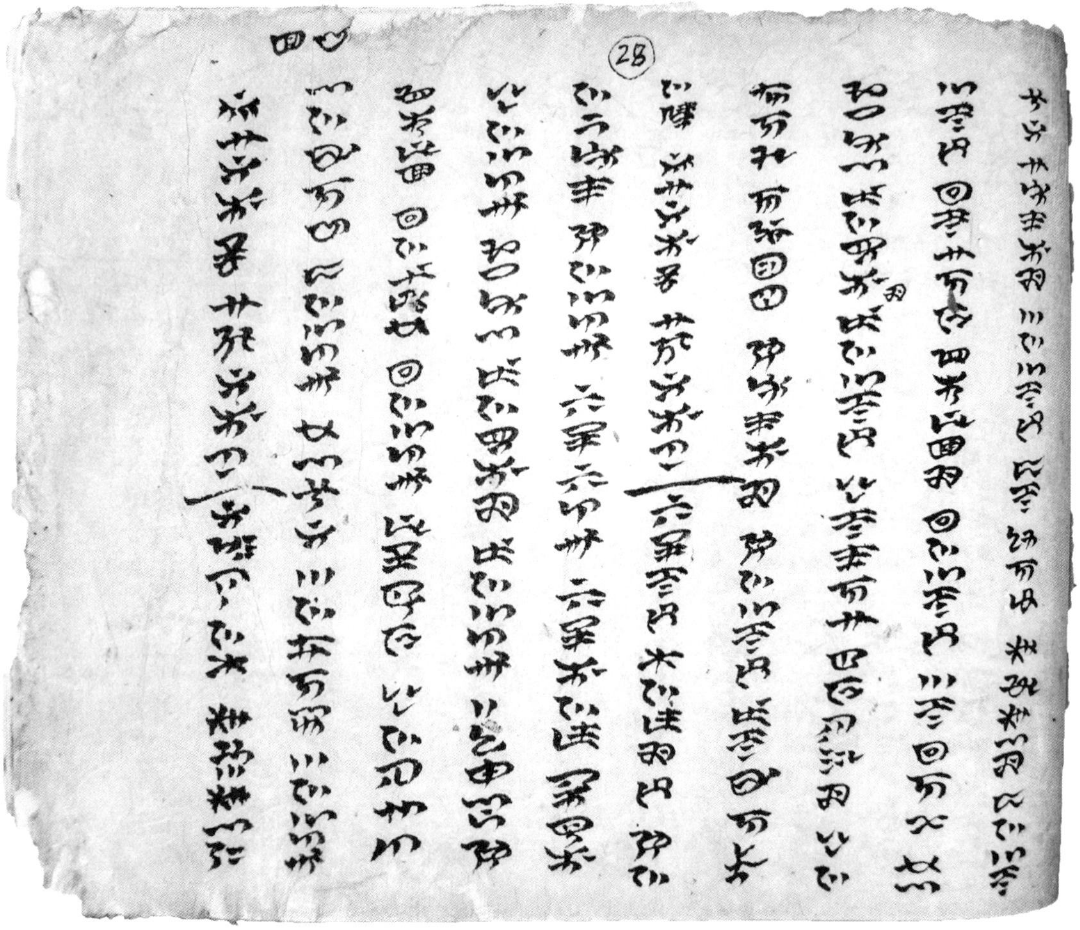

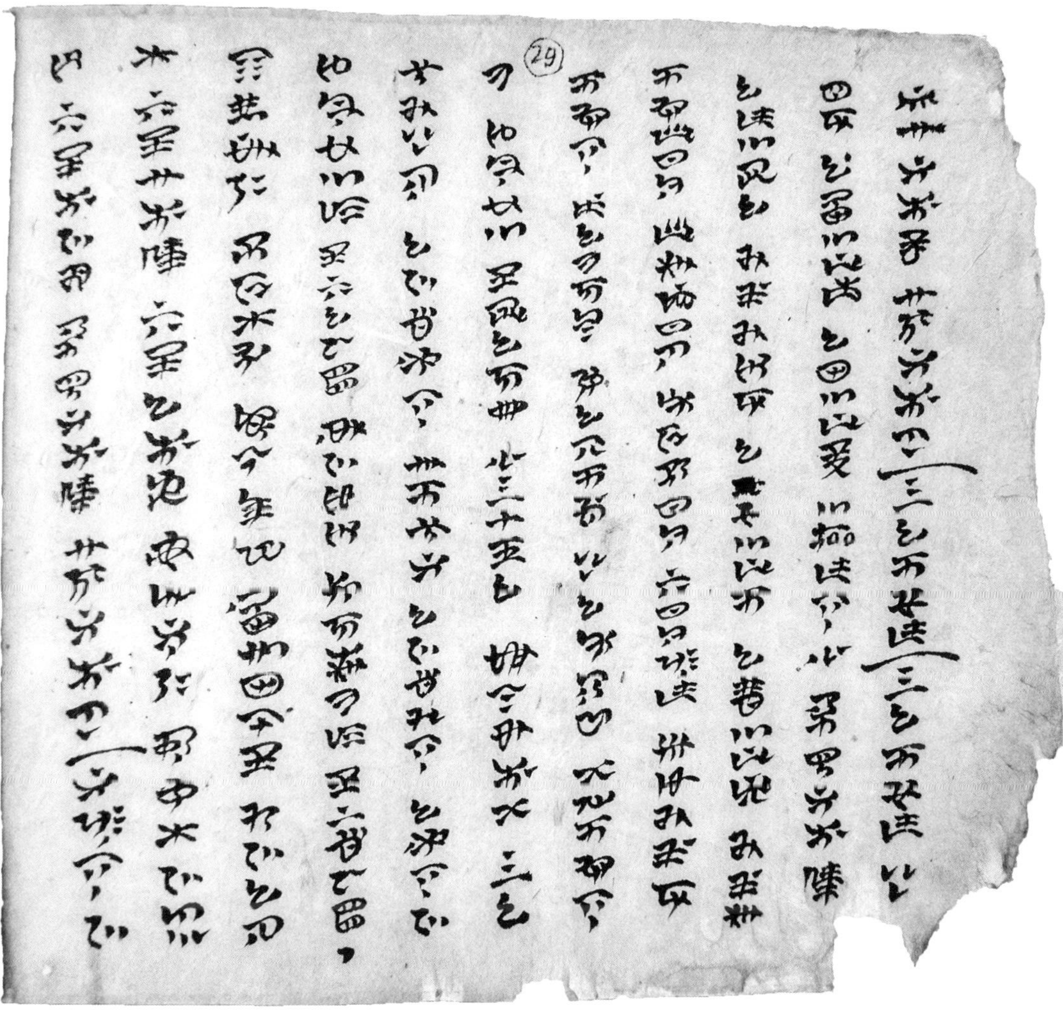

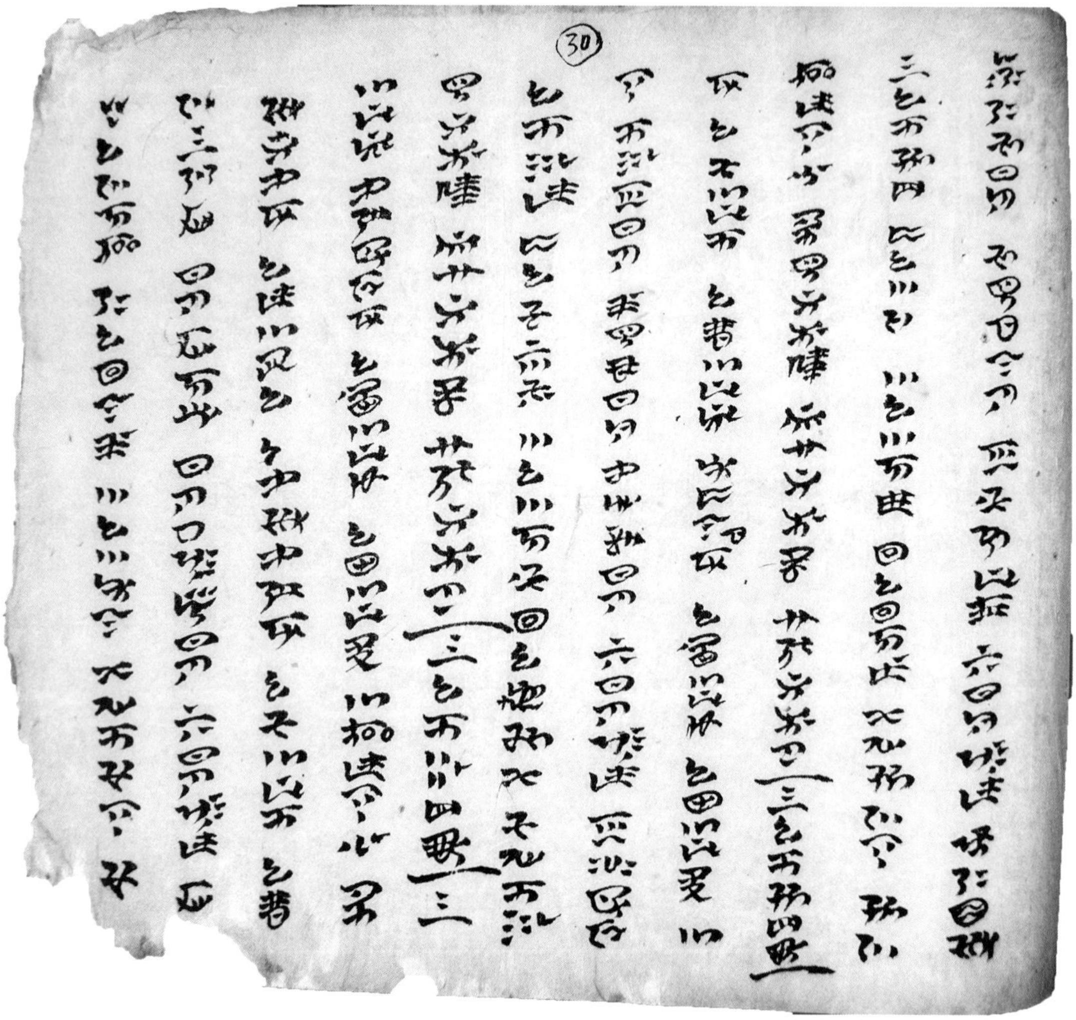

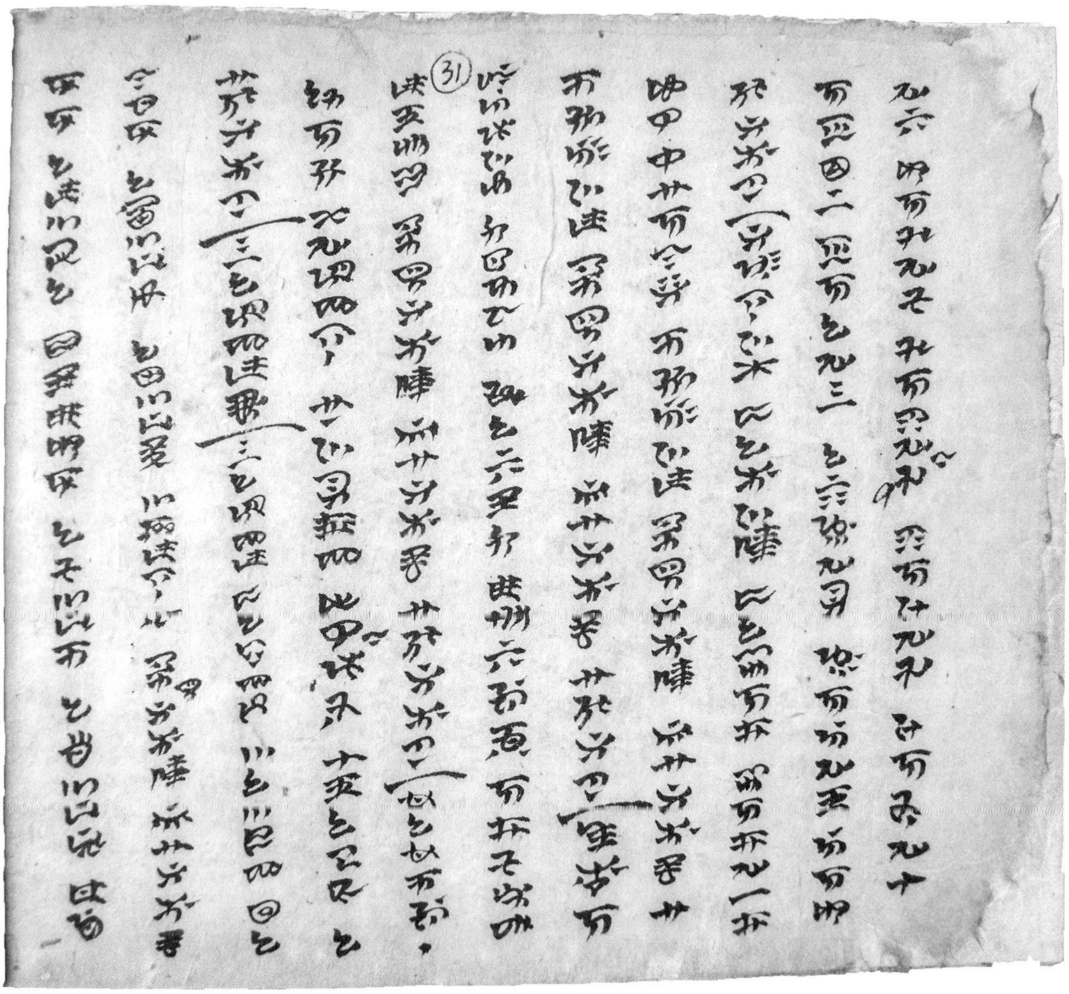

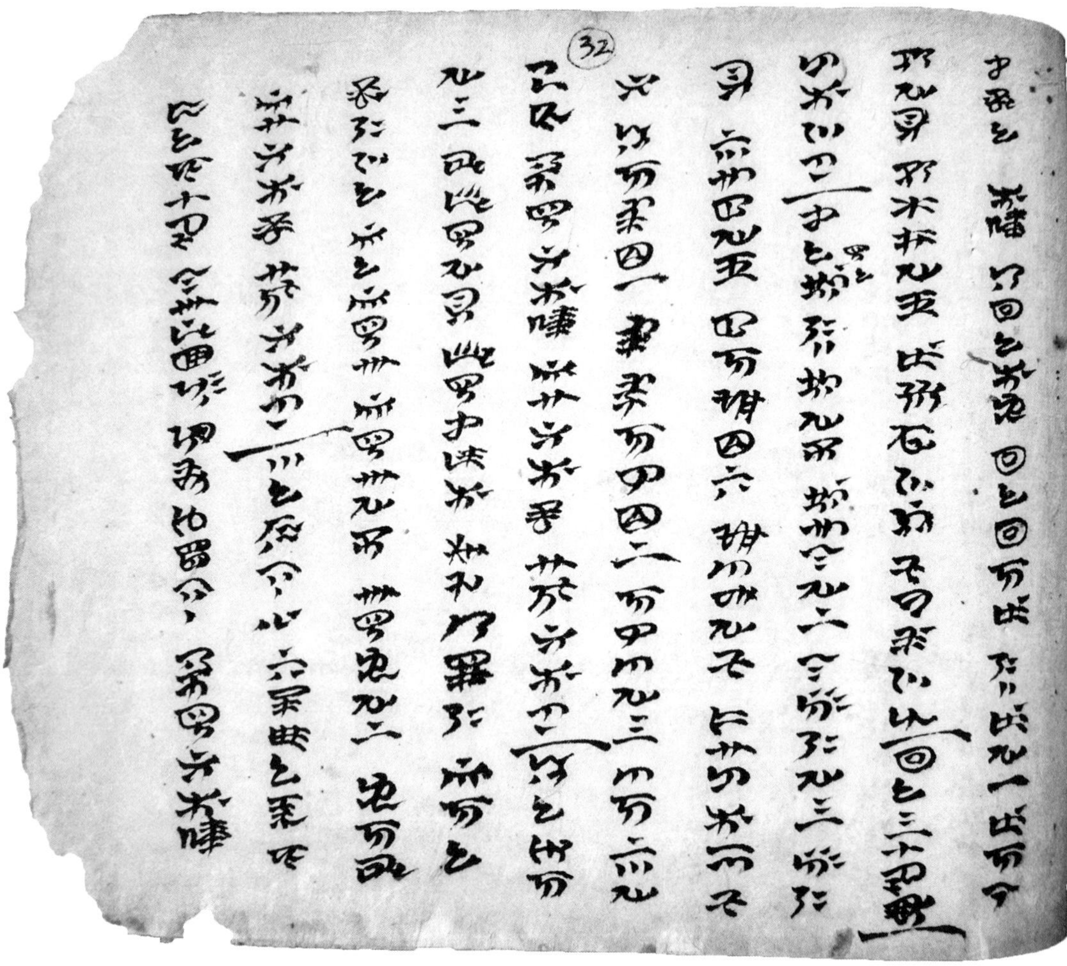

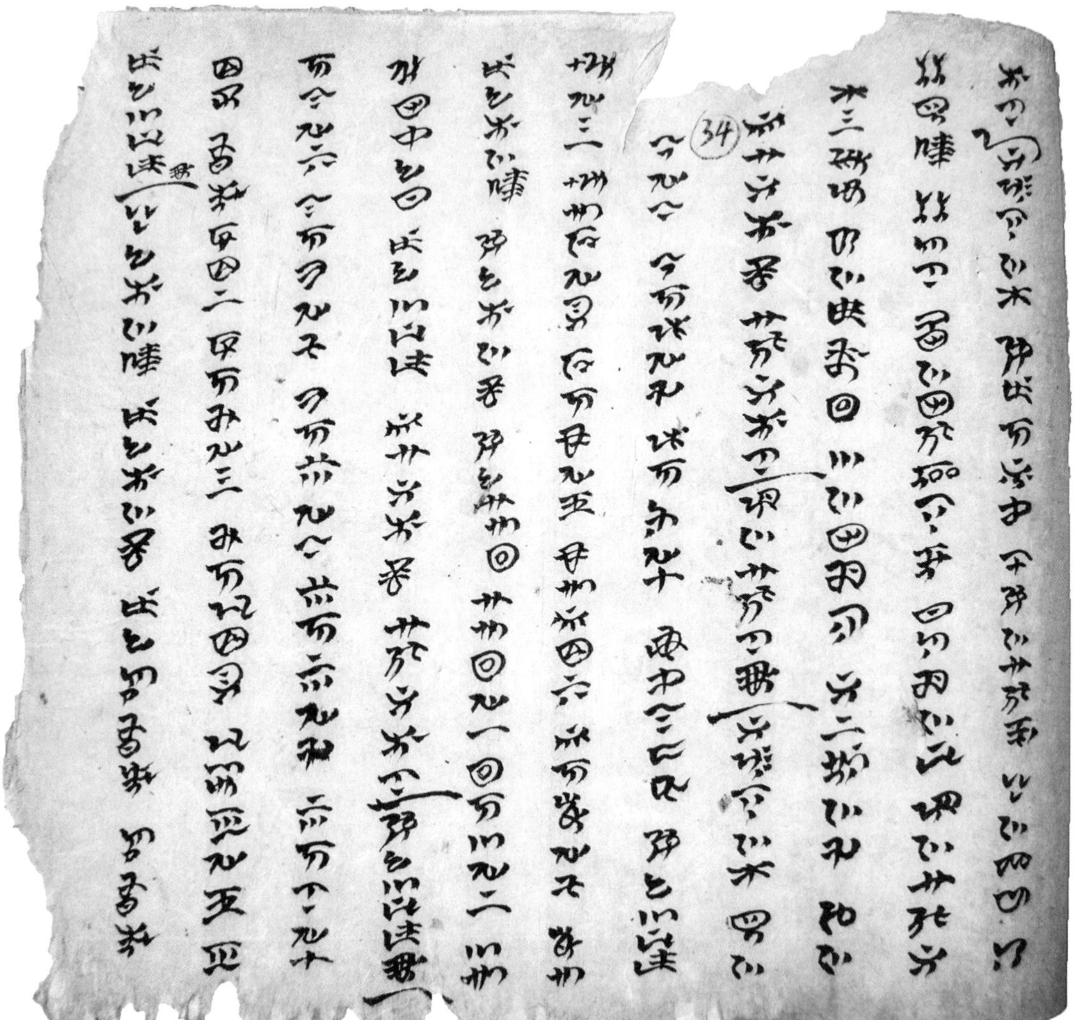

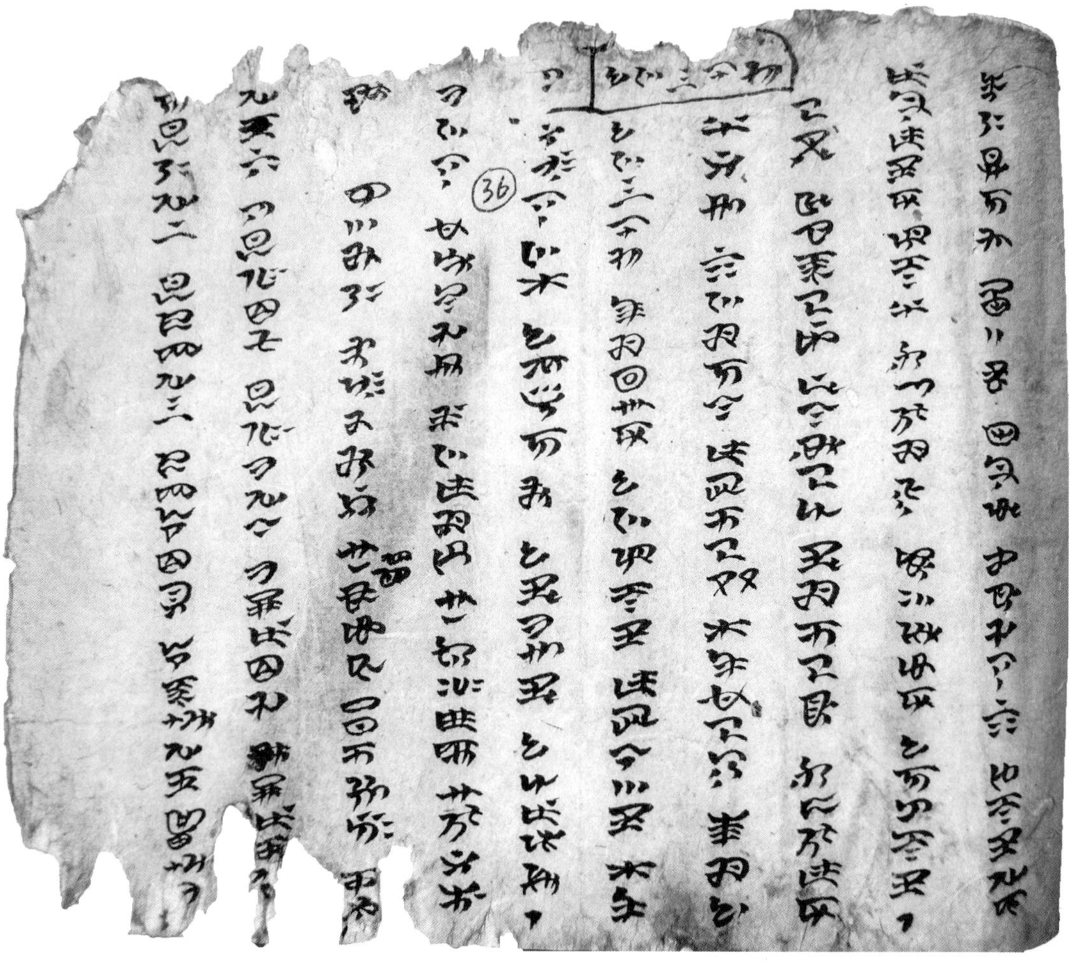

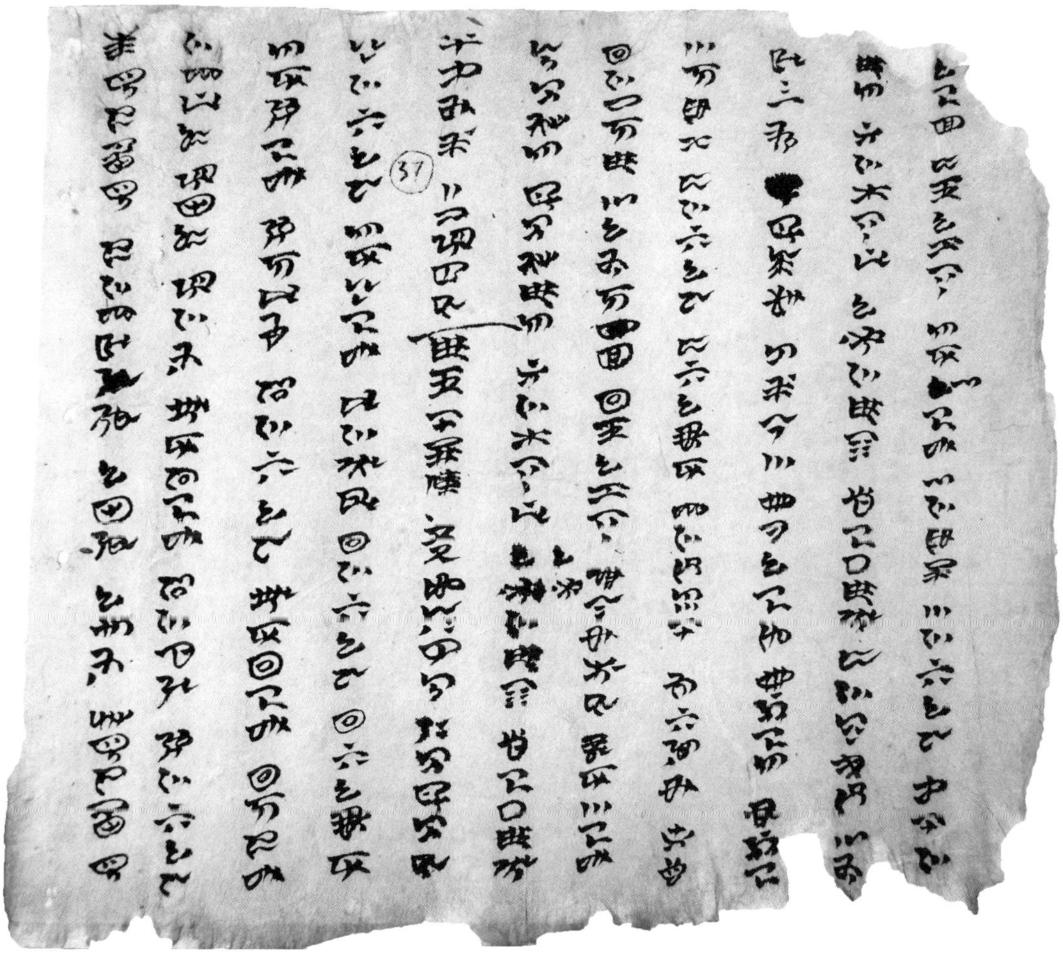

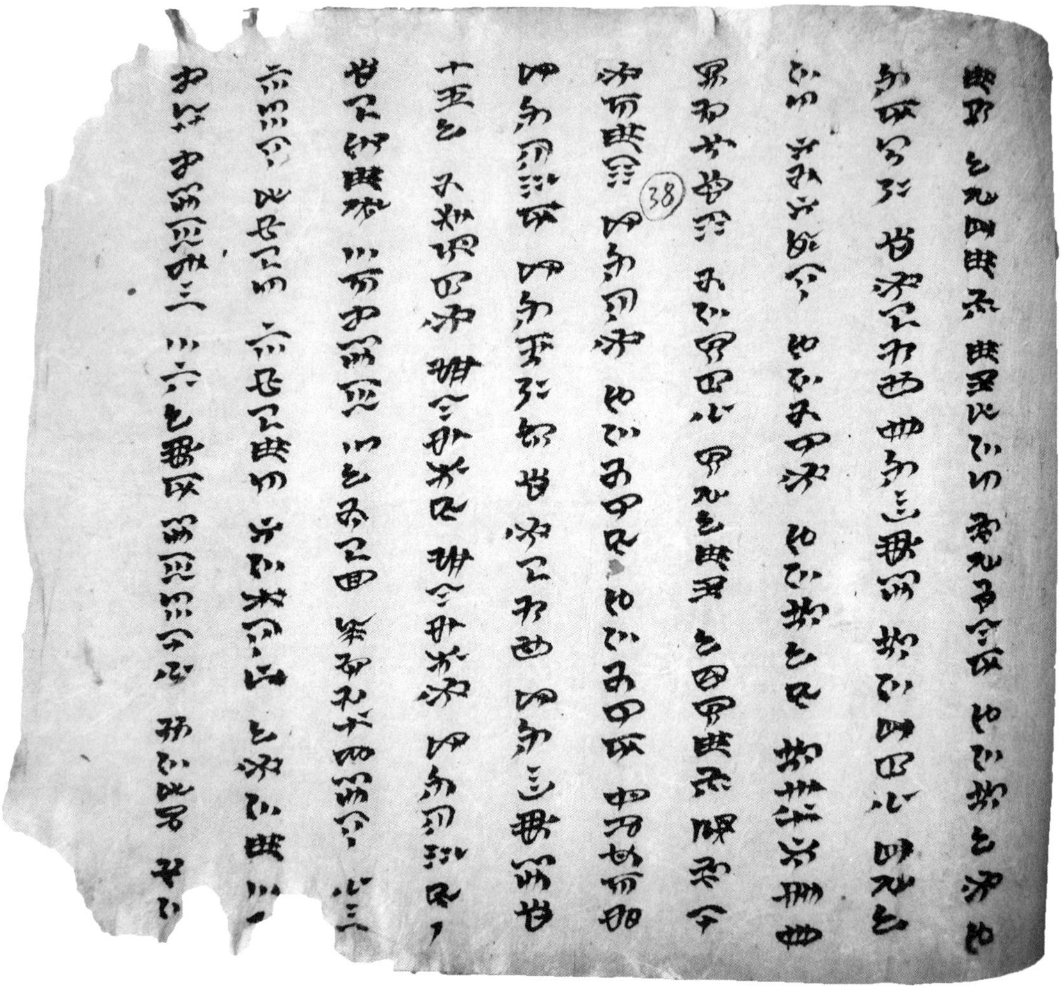

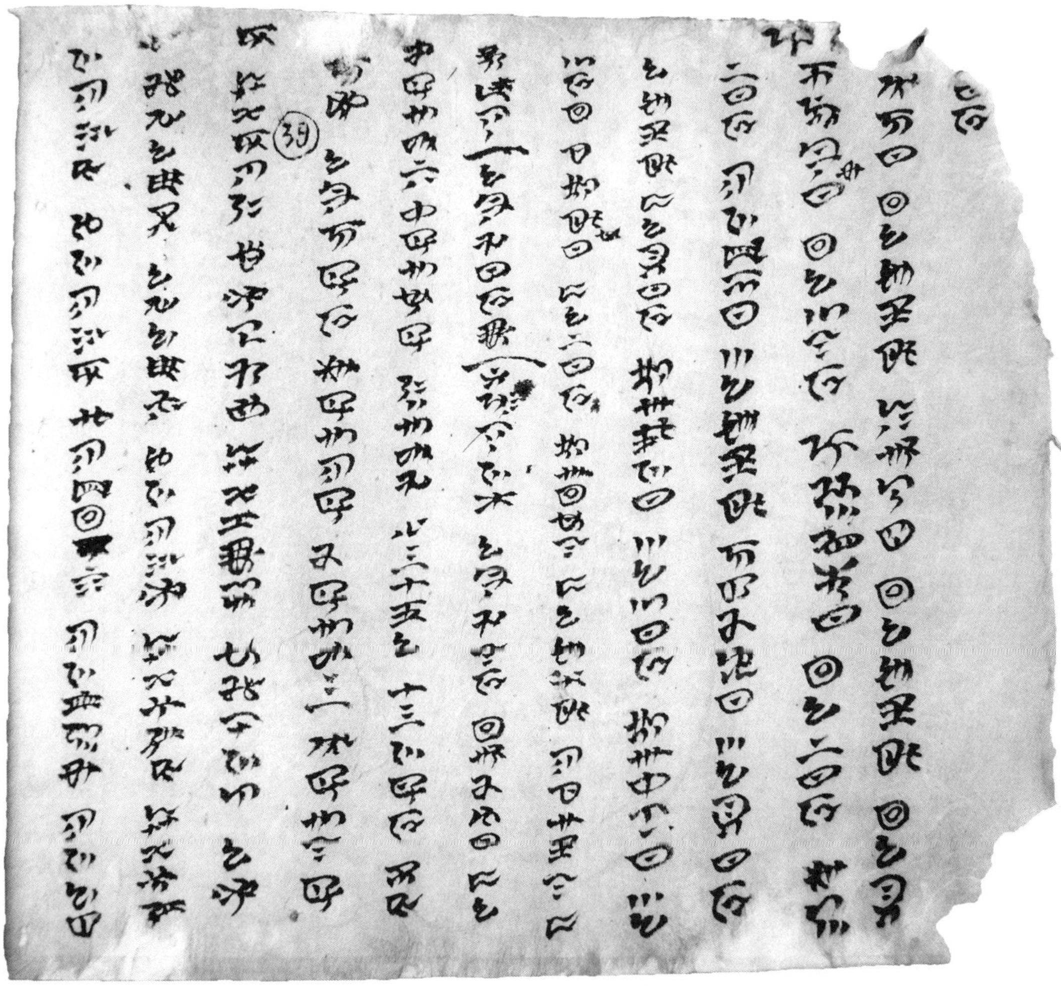

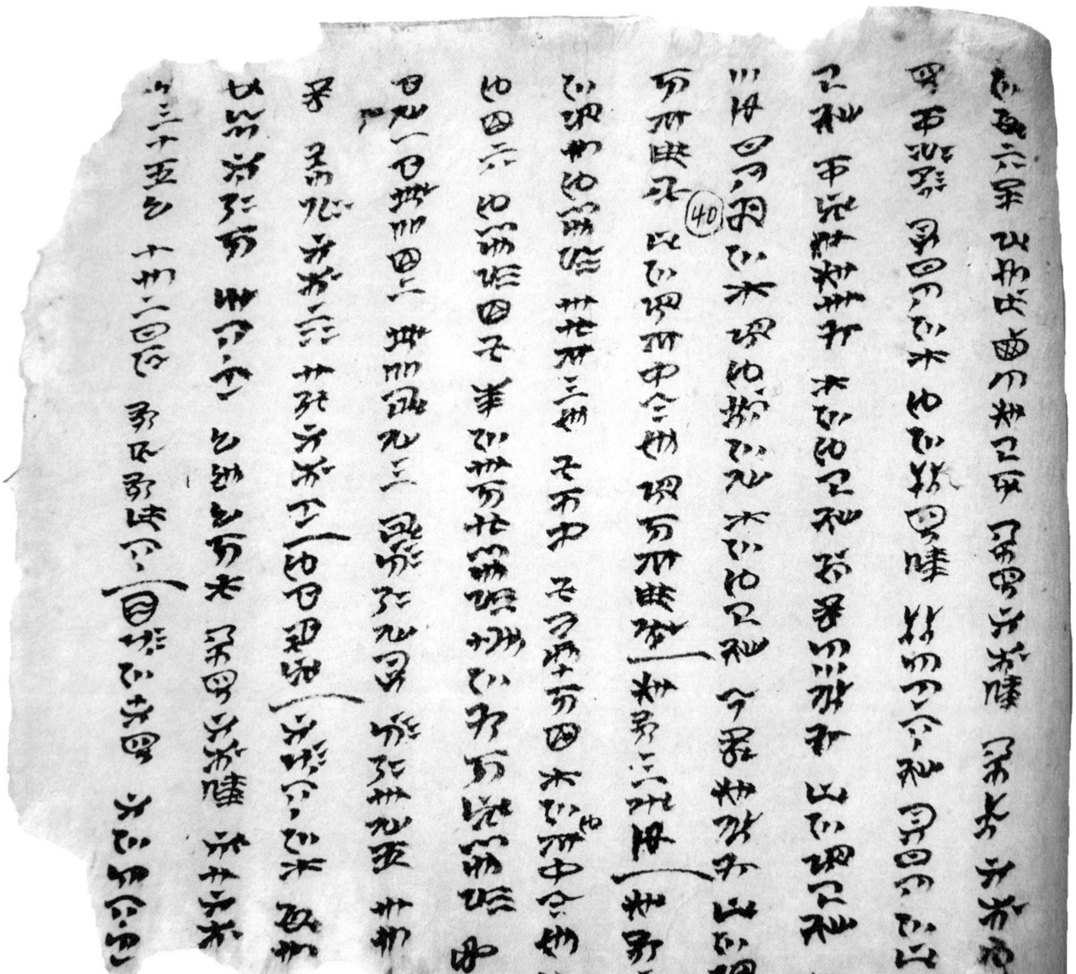

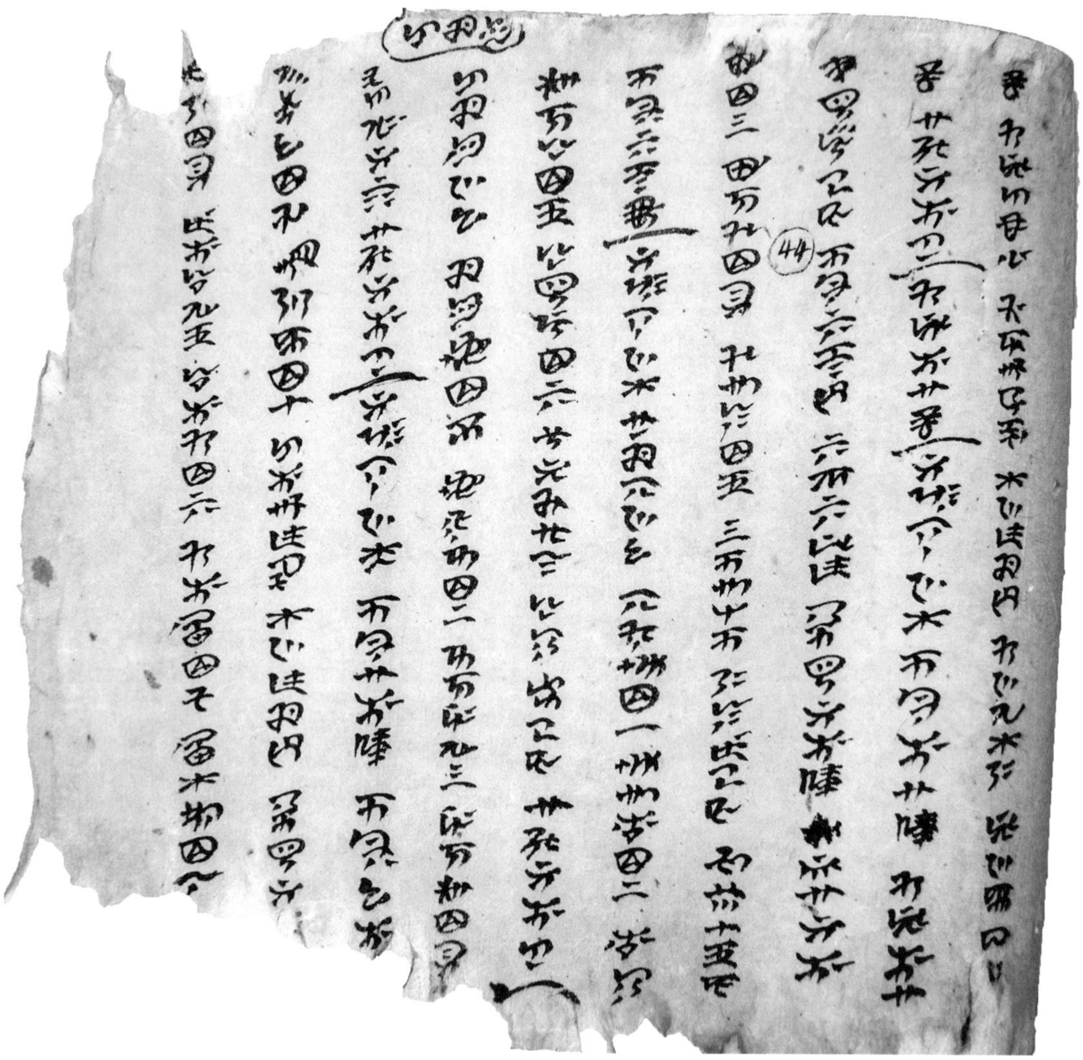

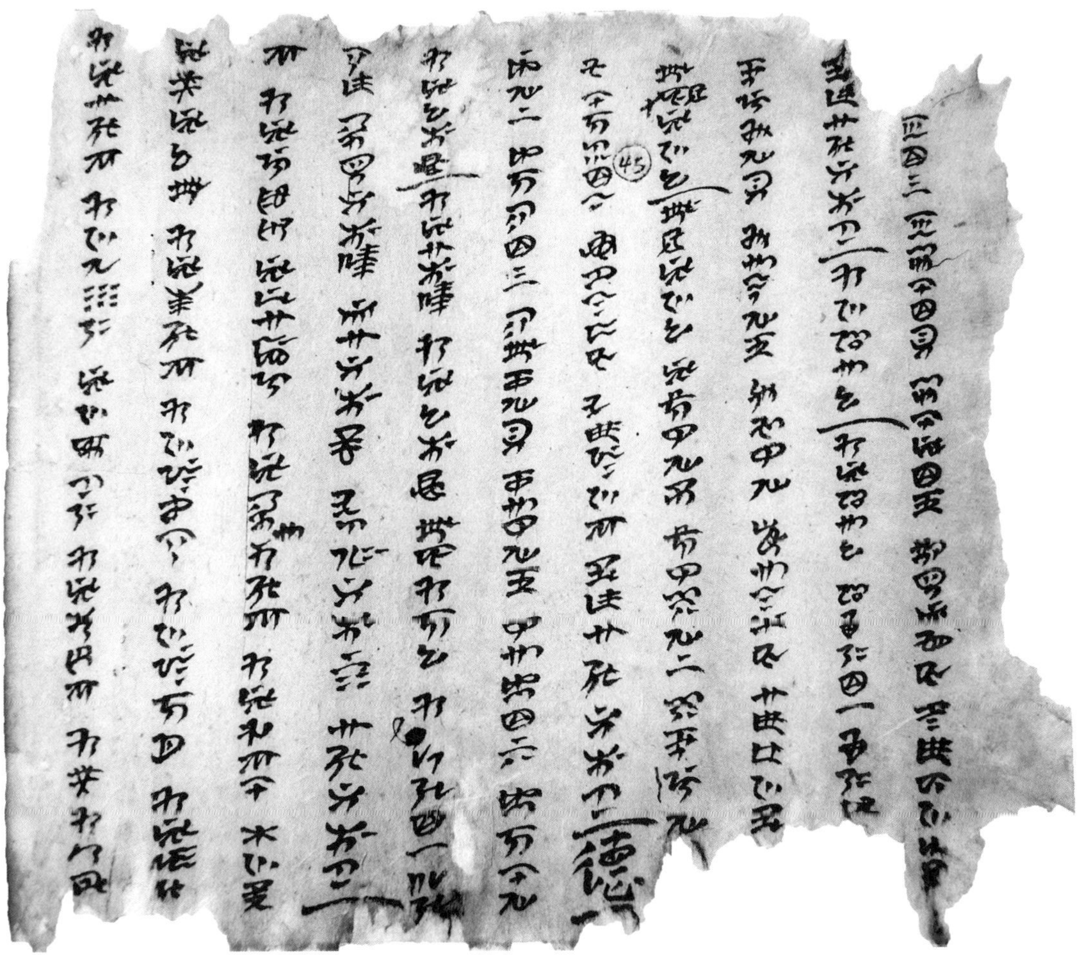

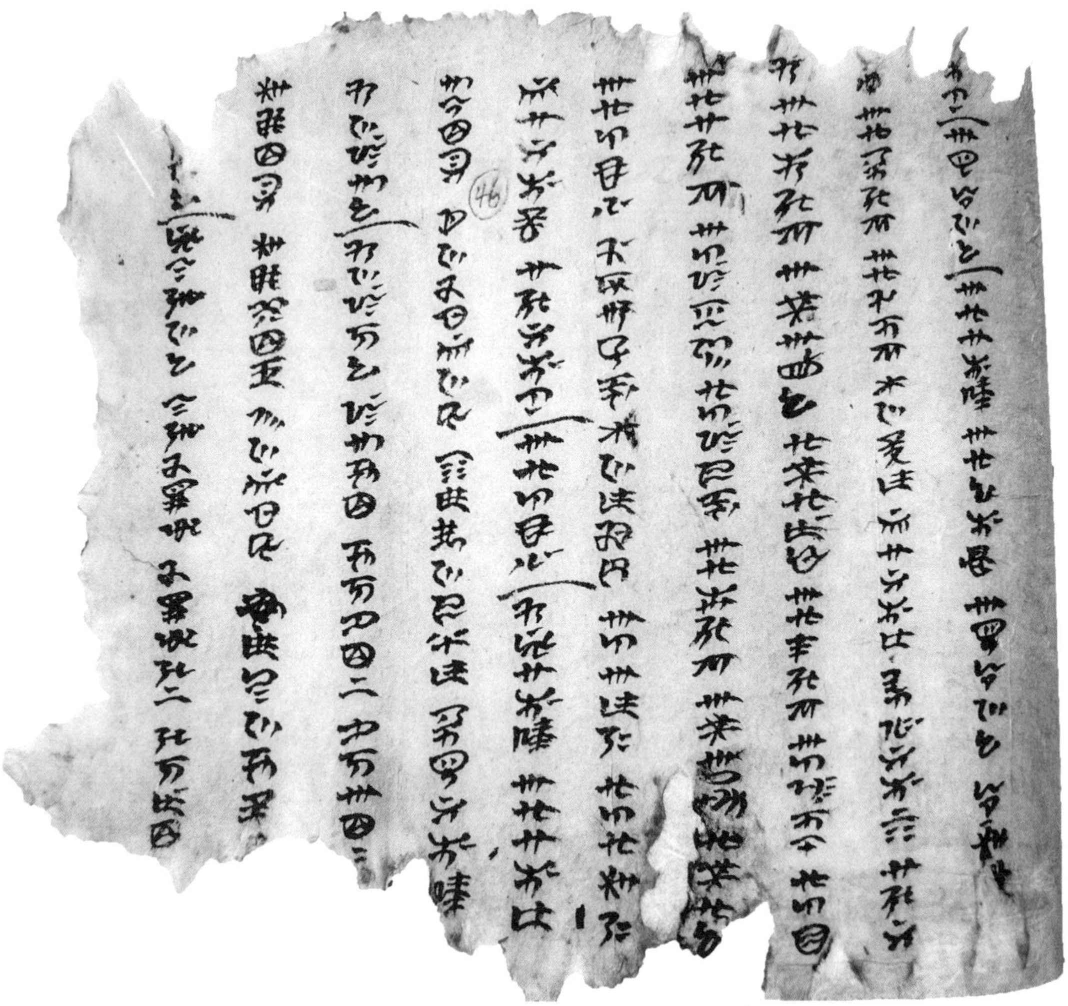

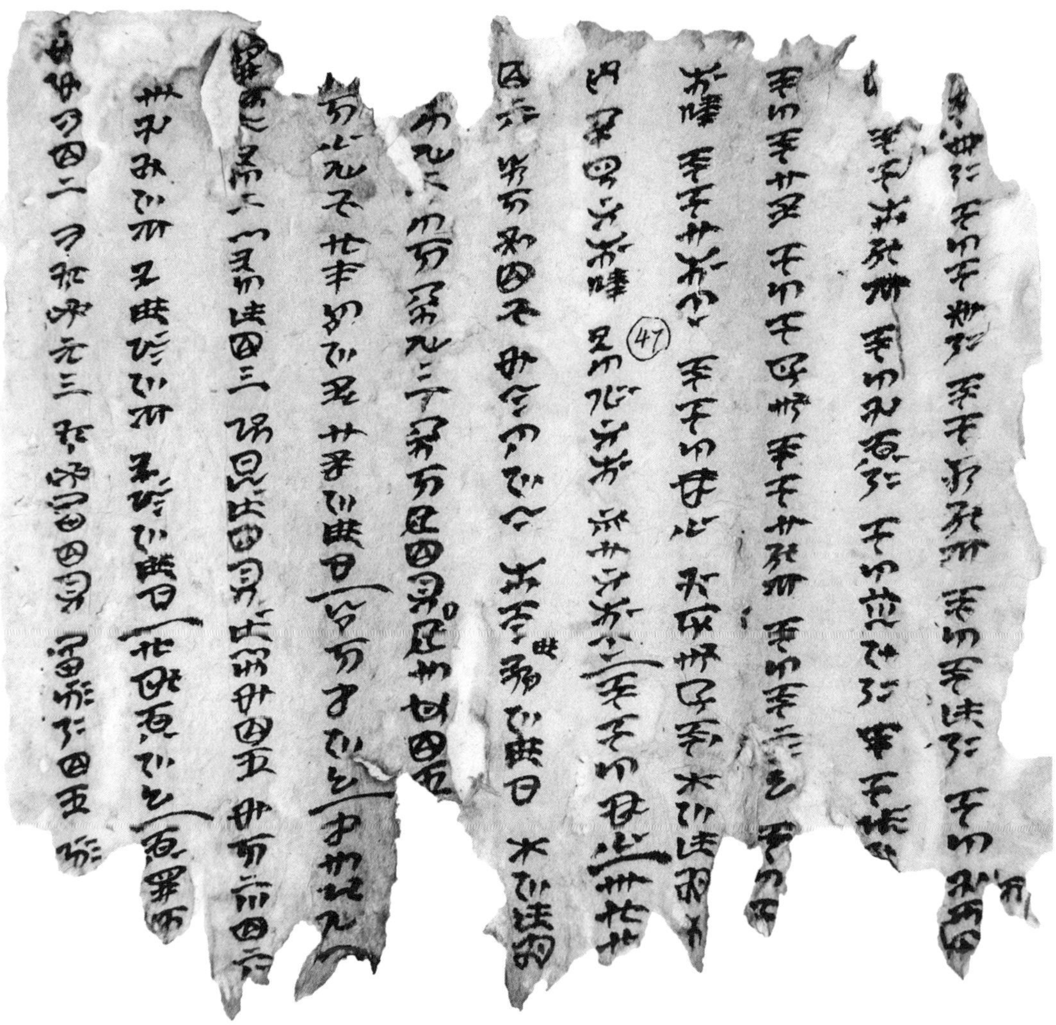

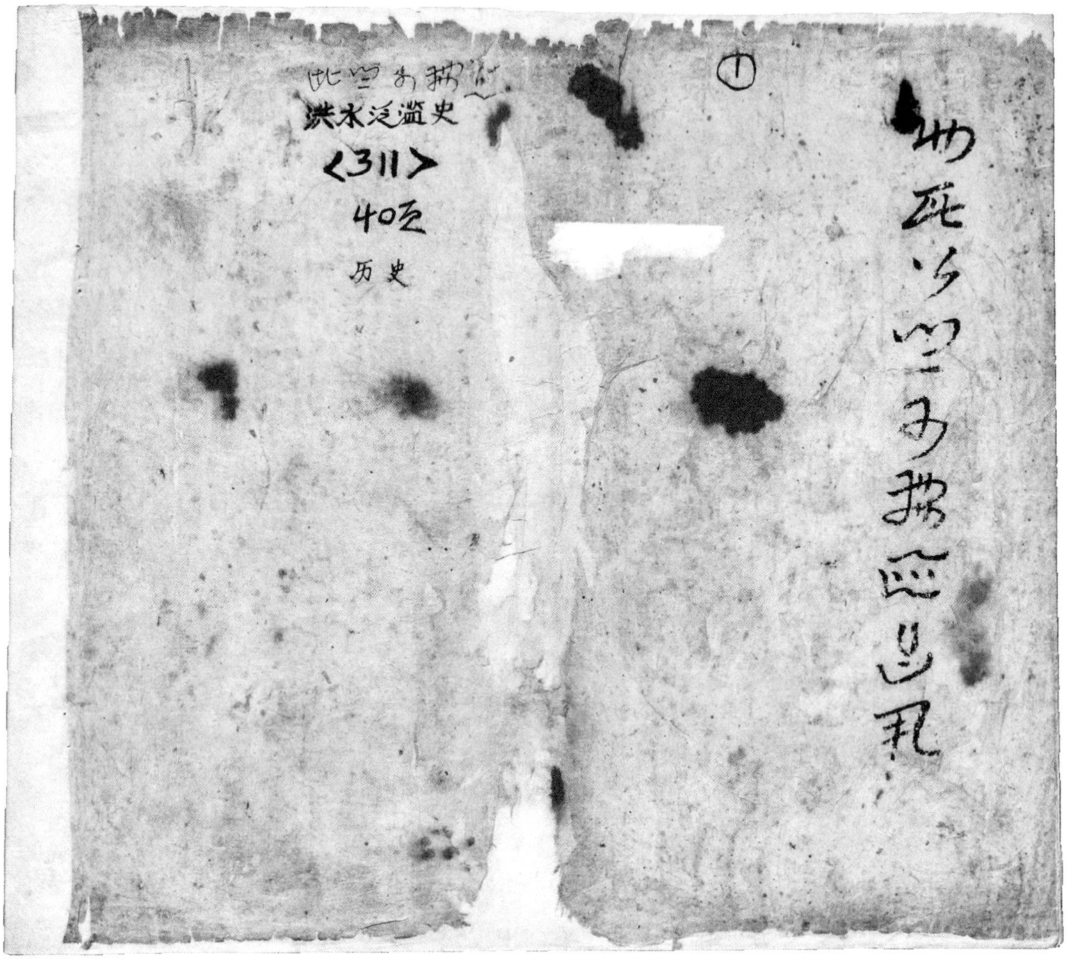
洪水泛滥史
<311>
40页
历史

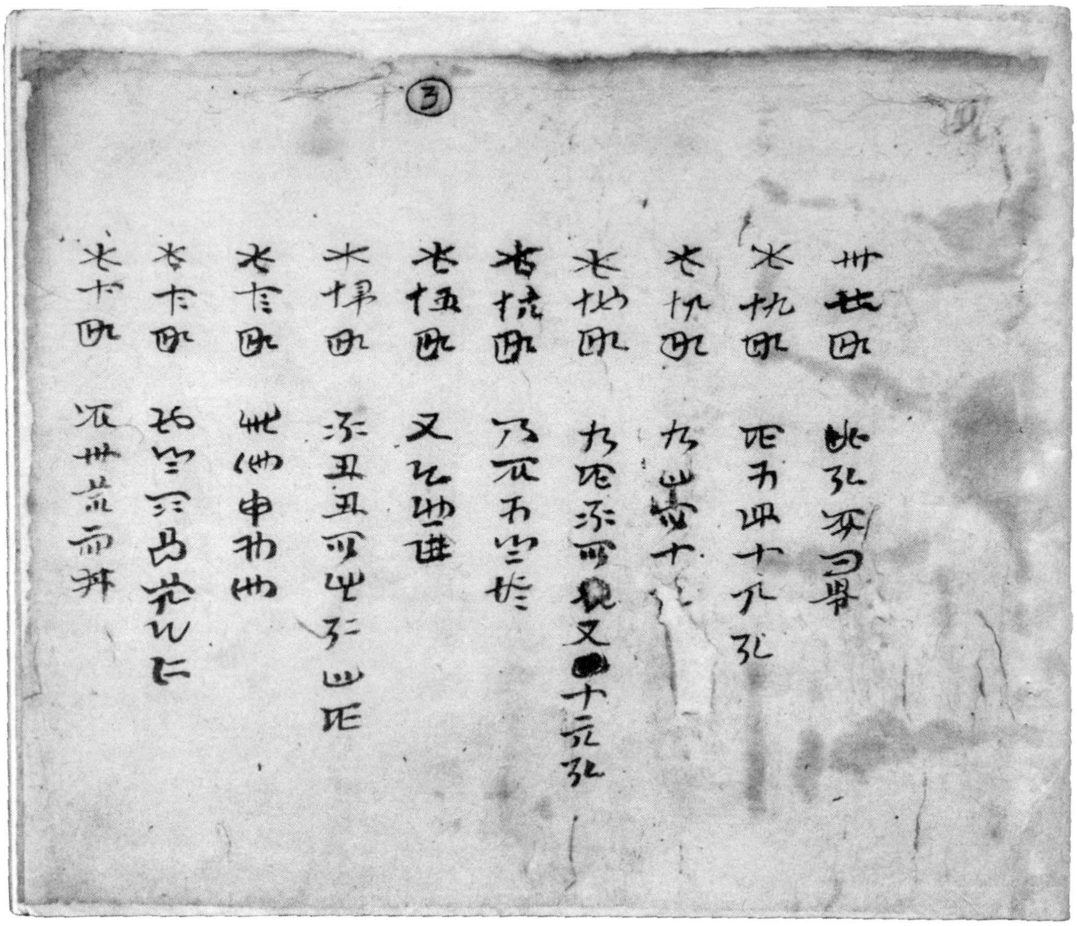

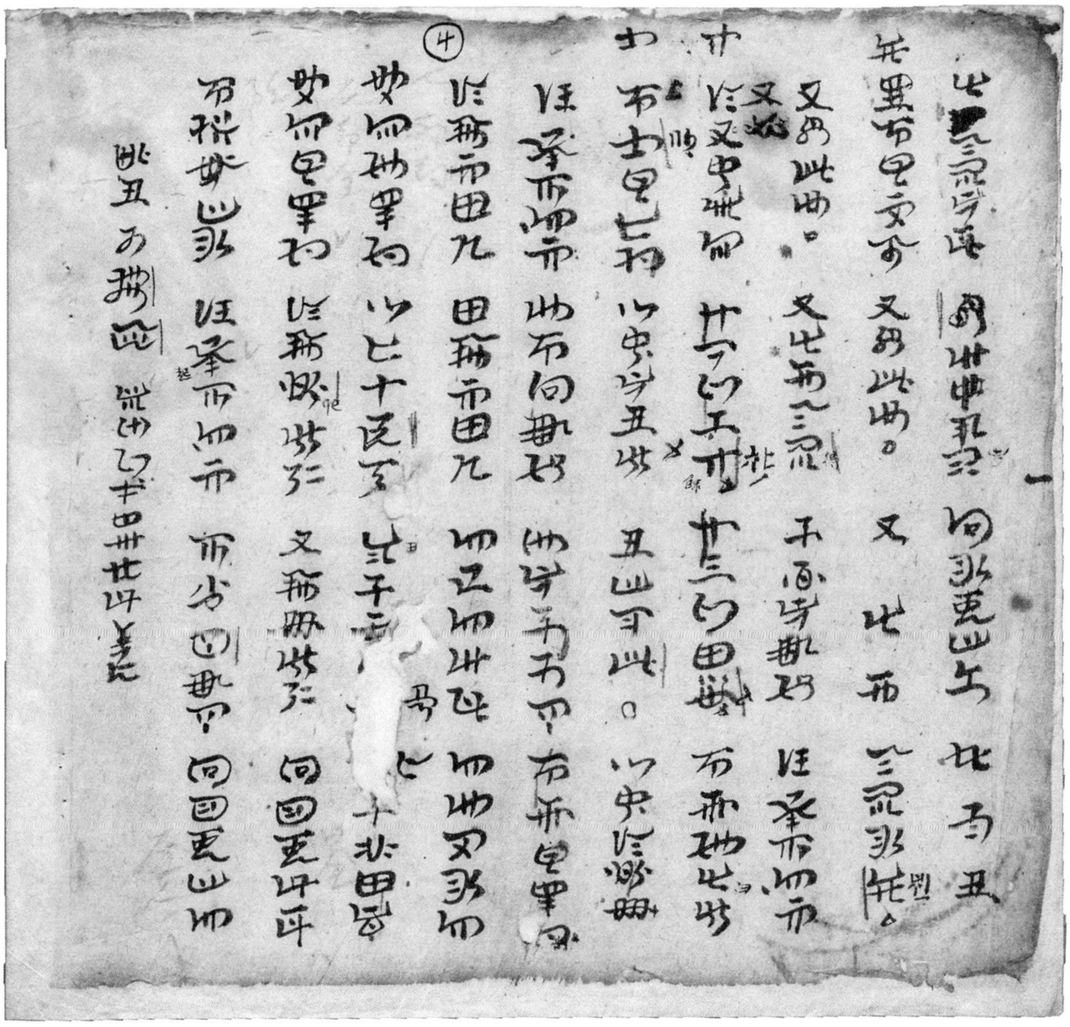

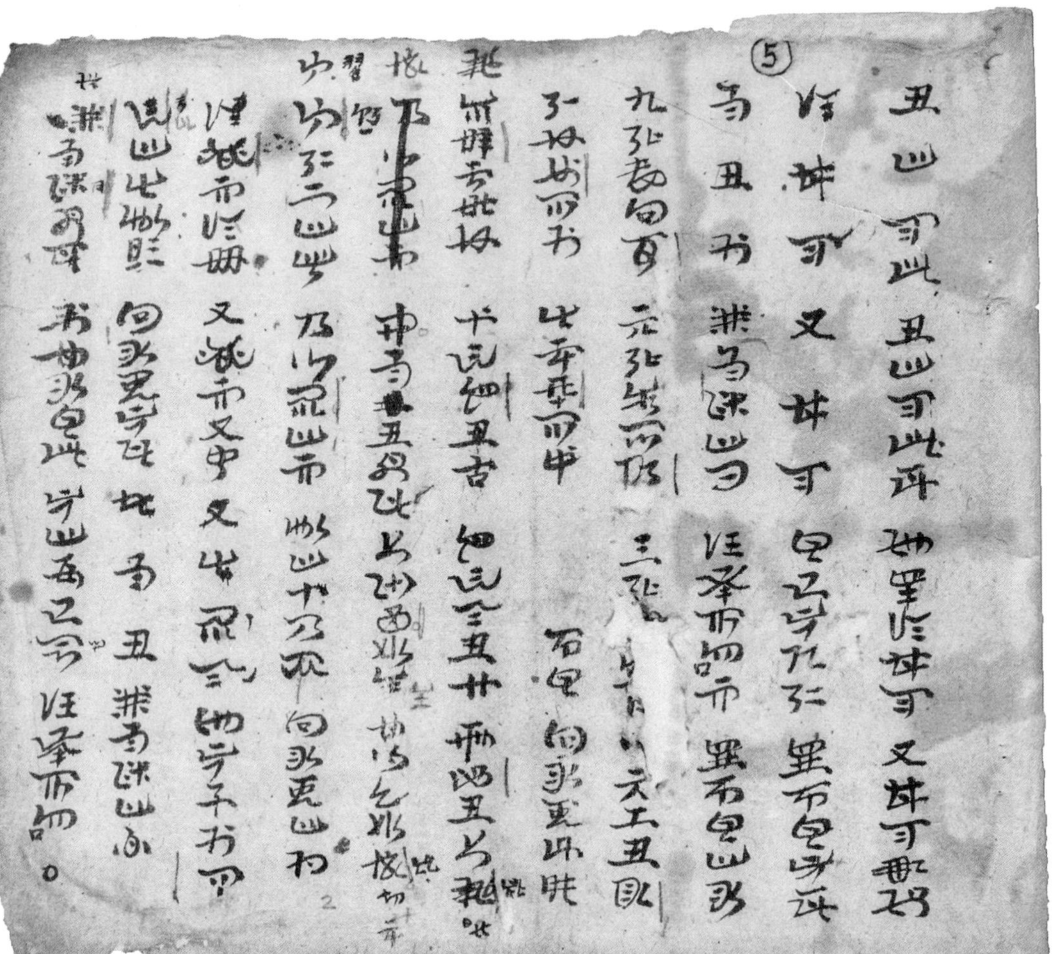

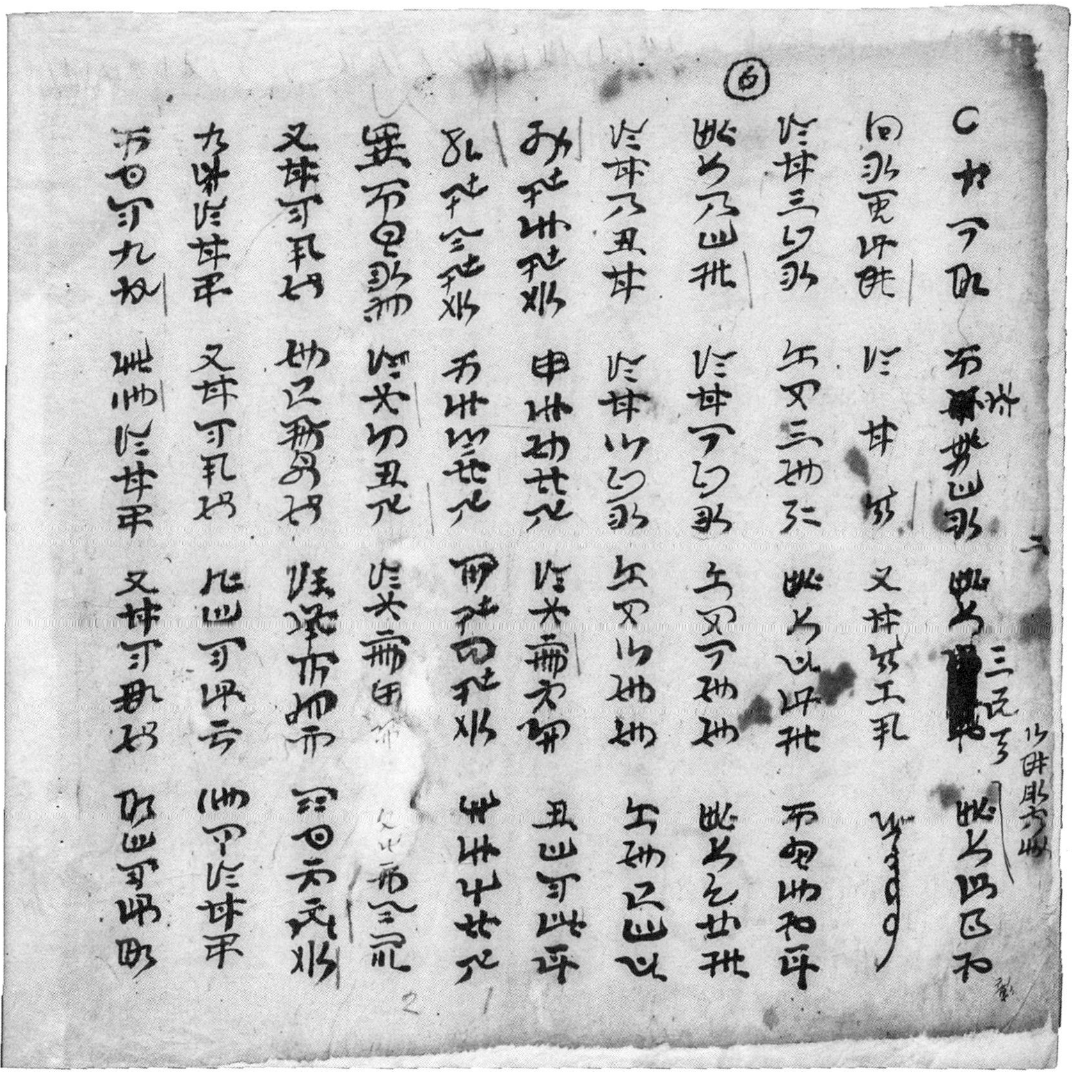

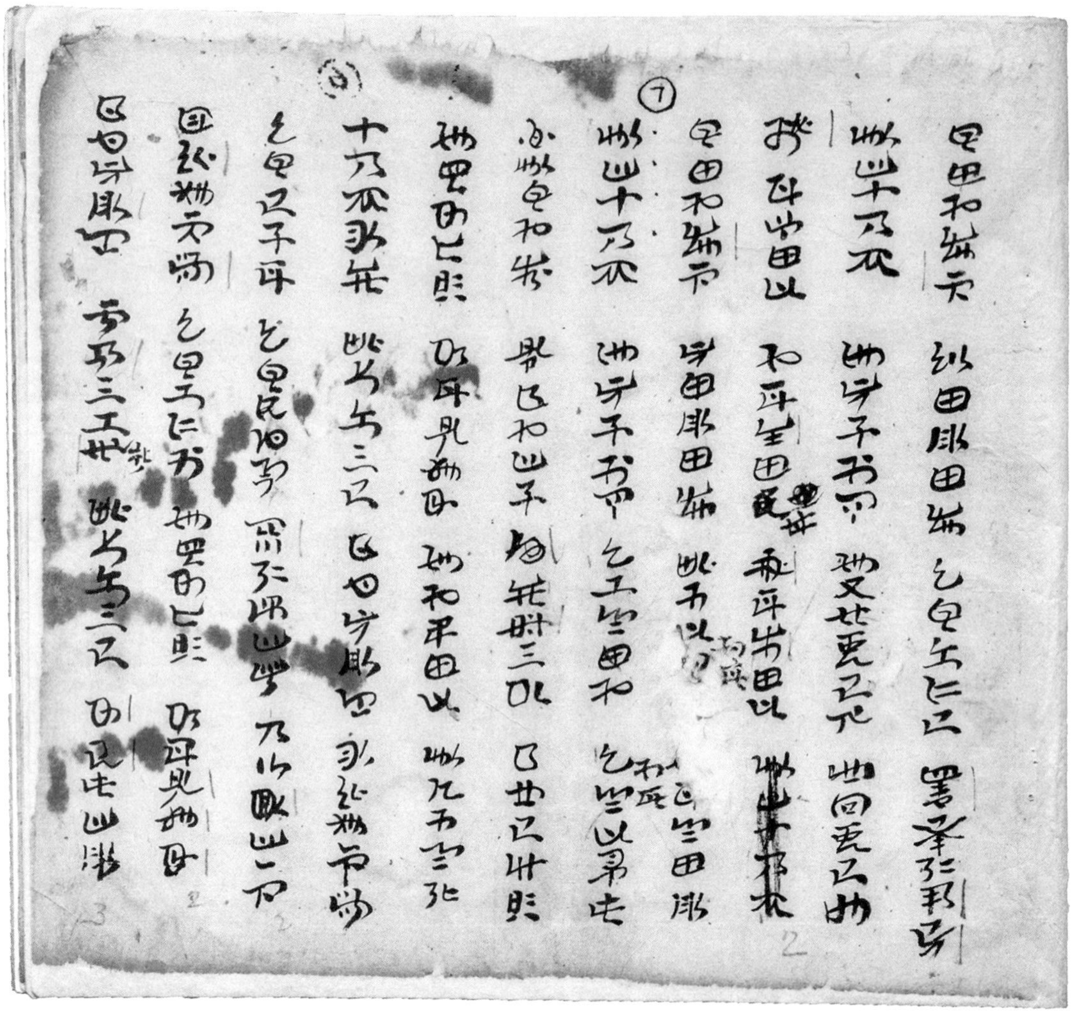

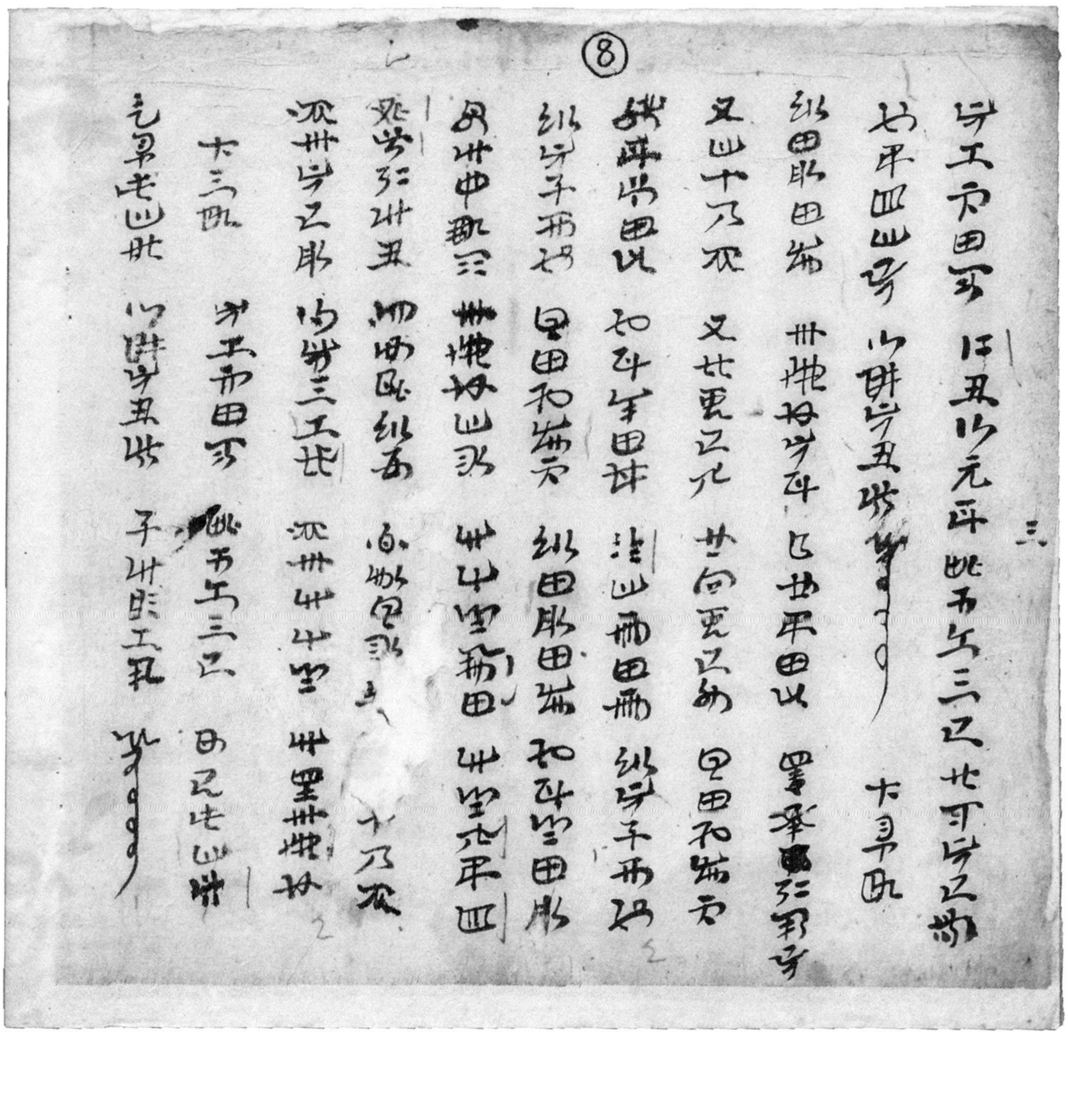

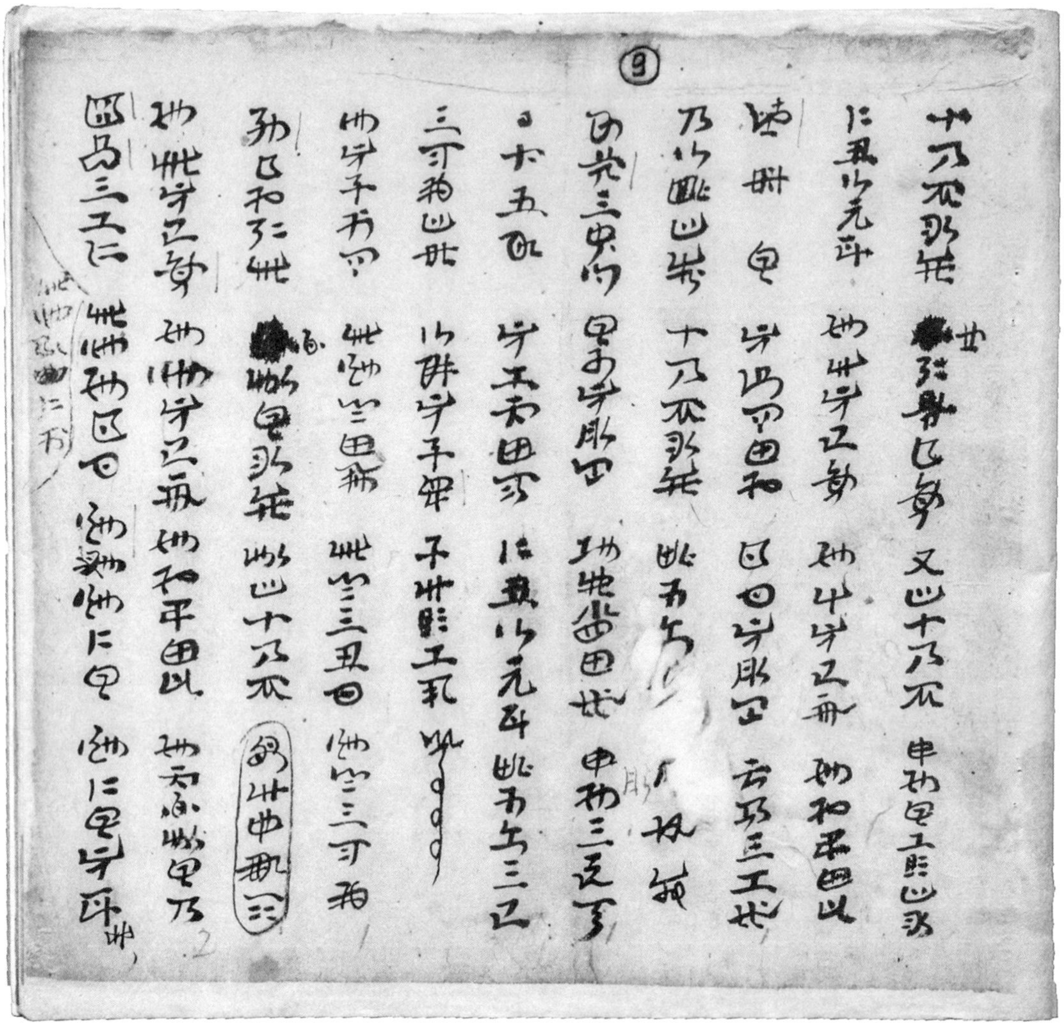

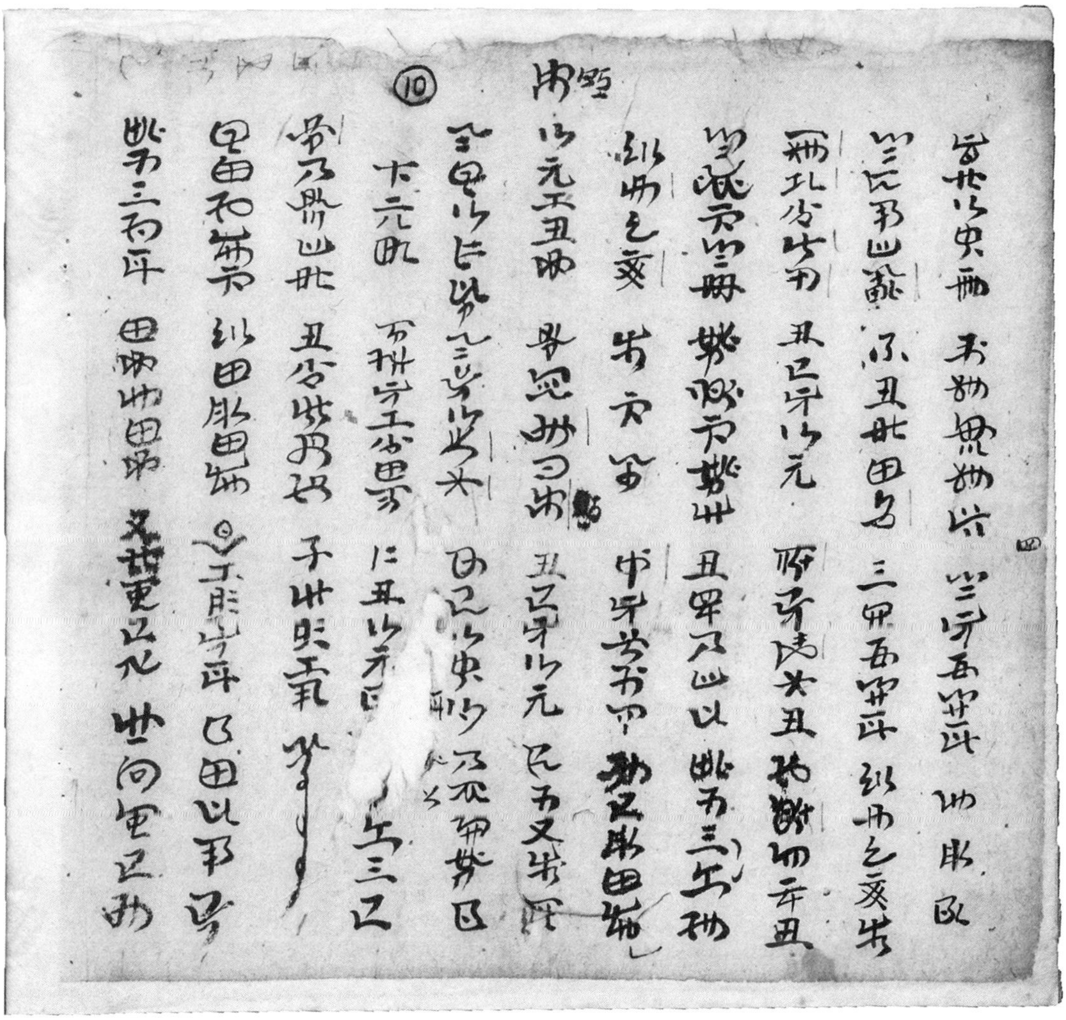

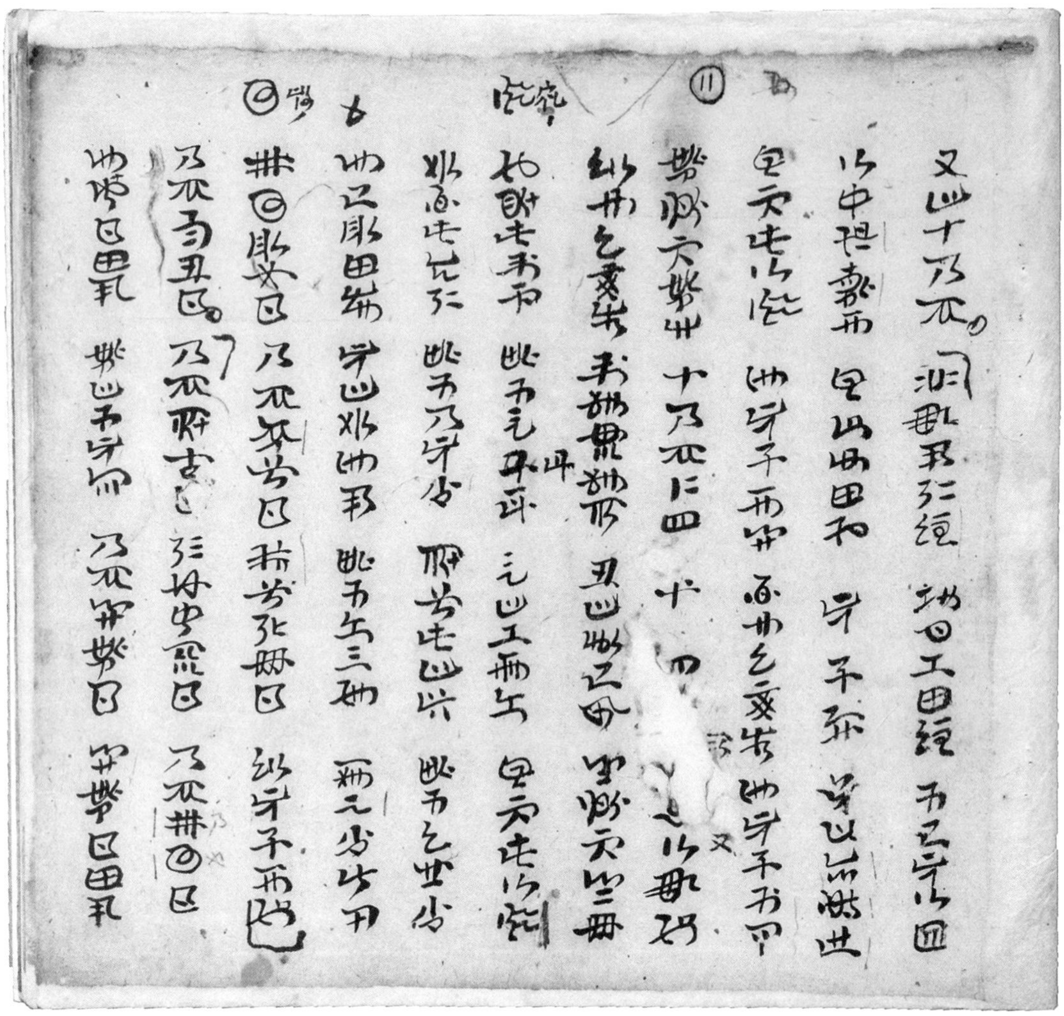

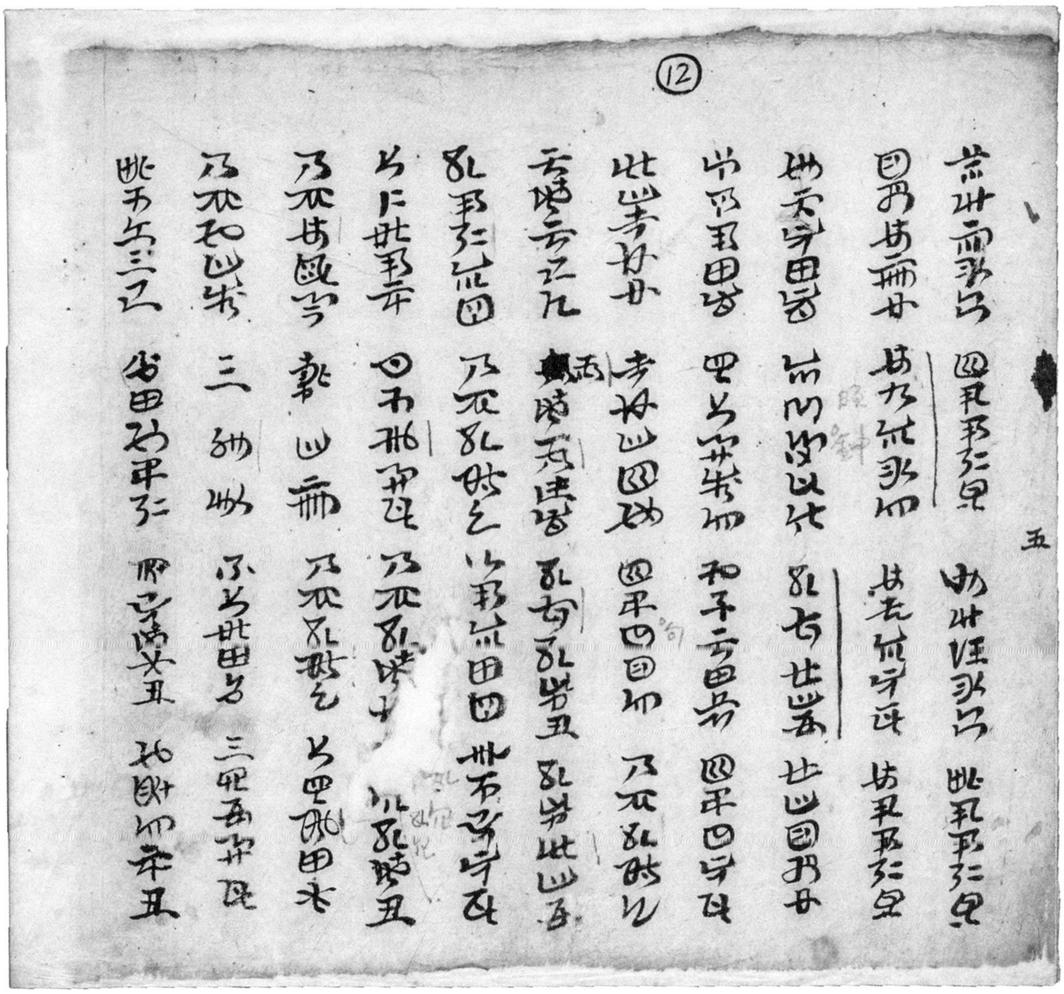

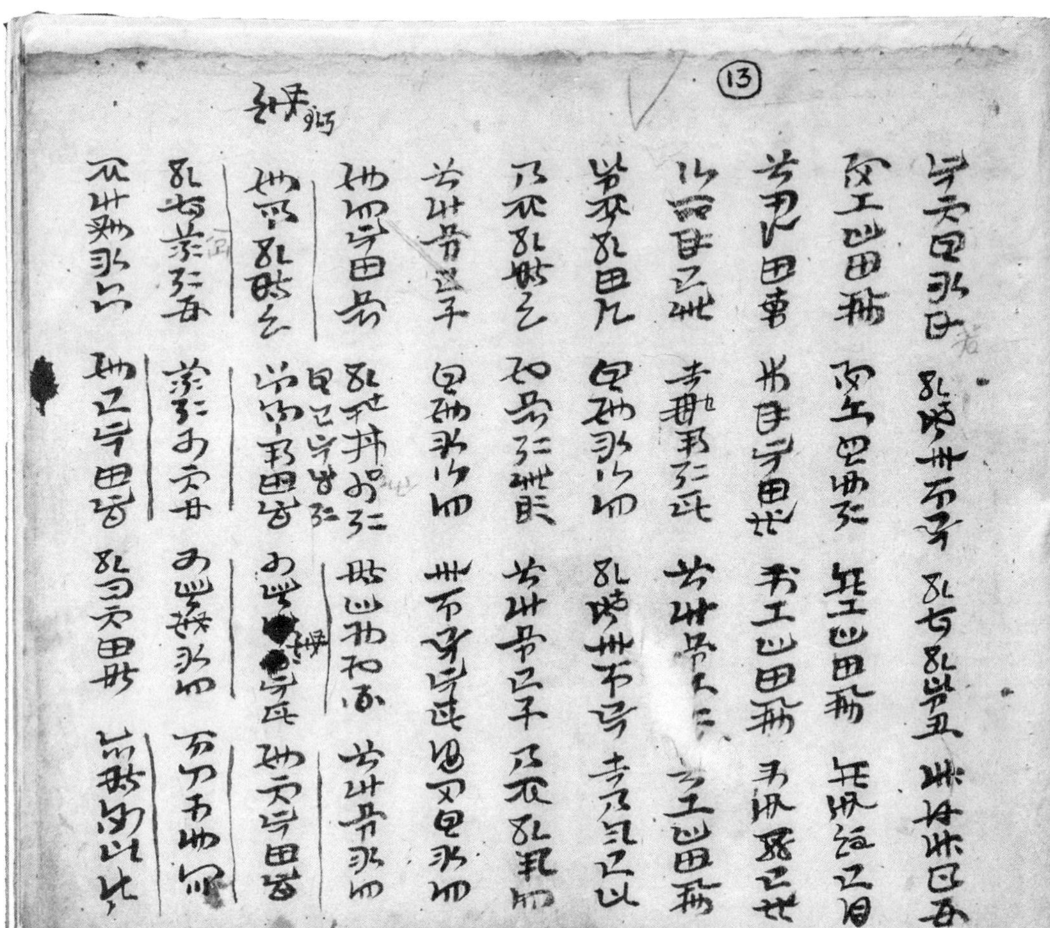

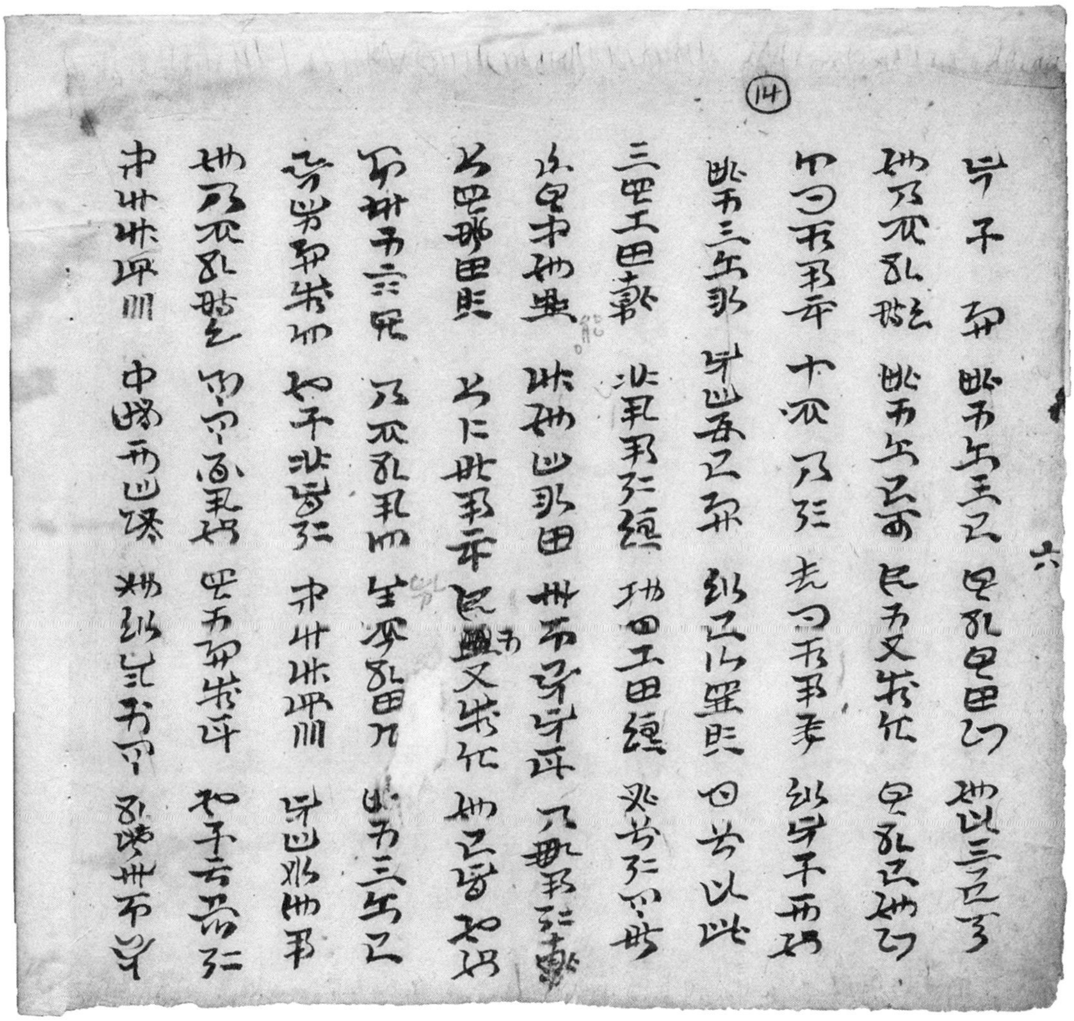

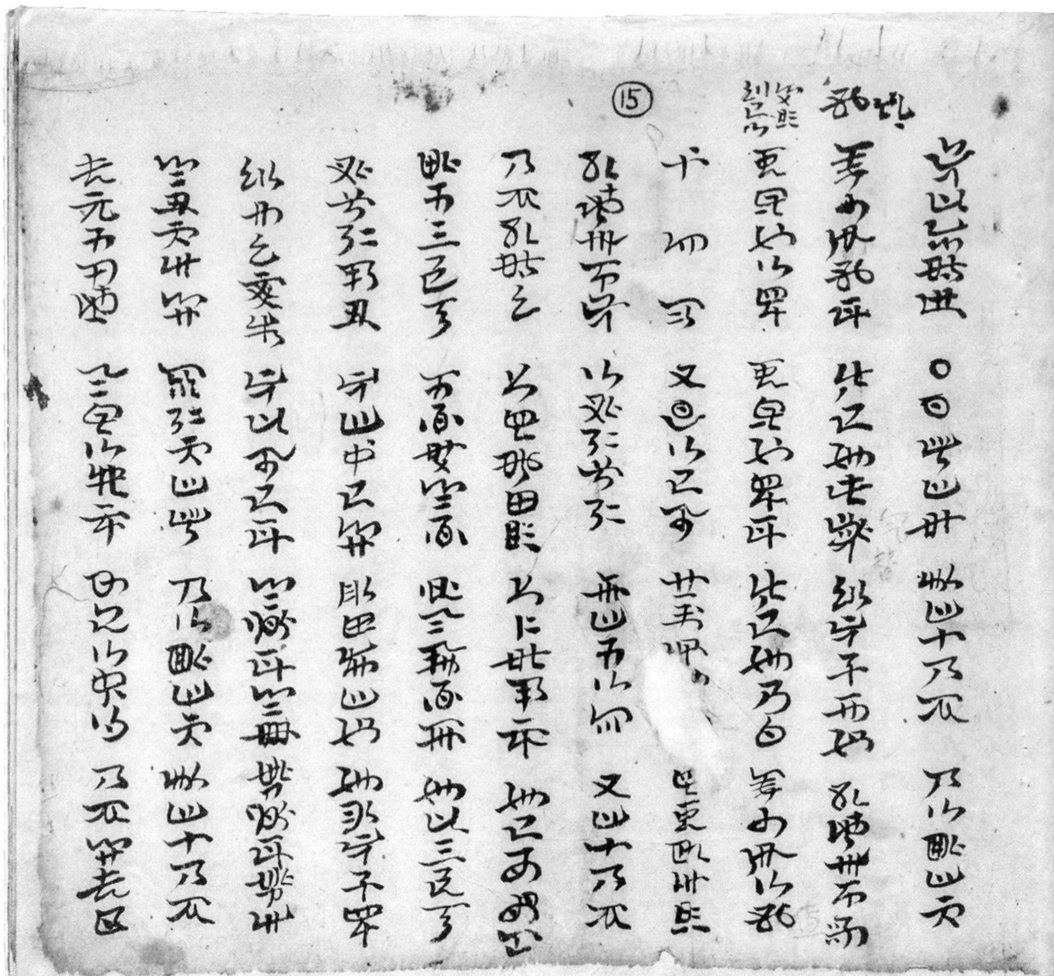

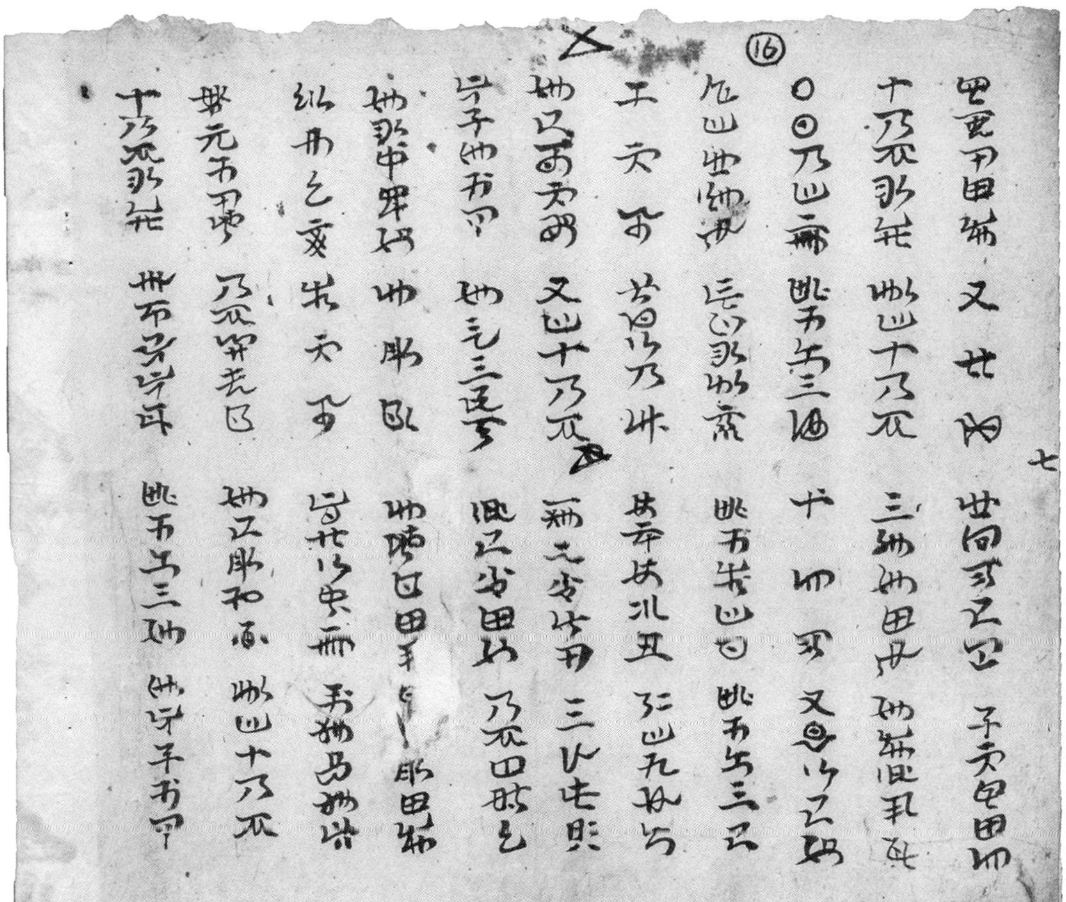

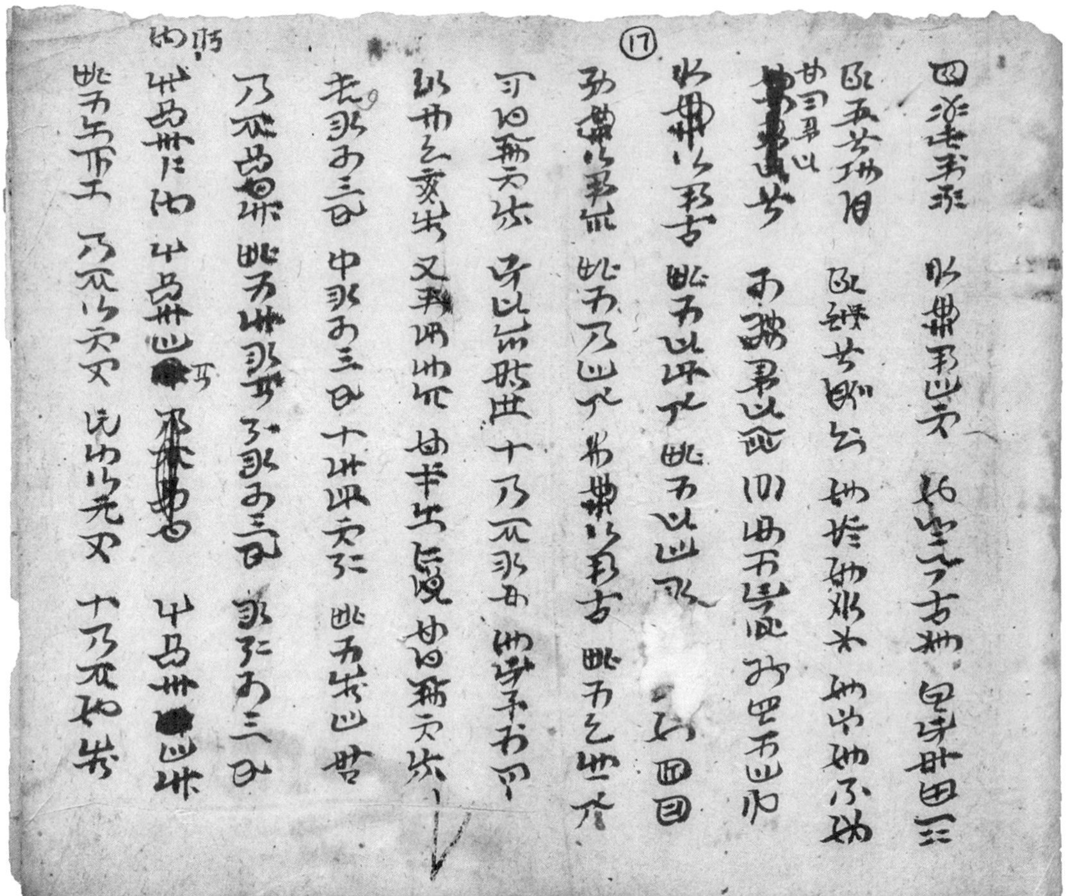

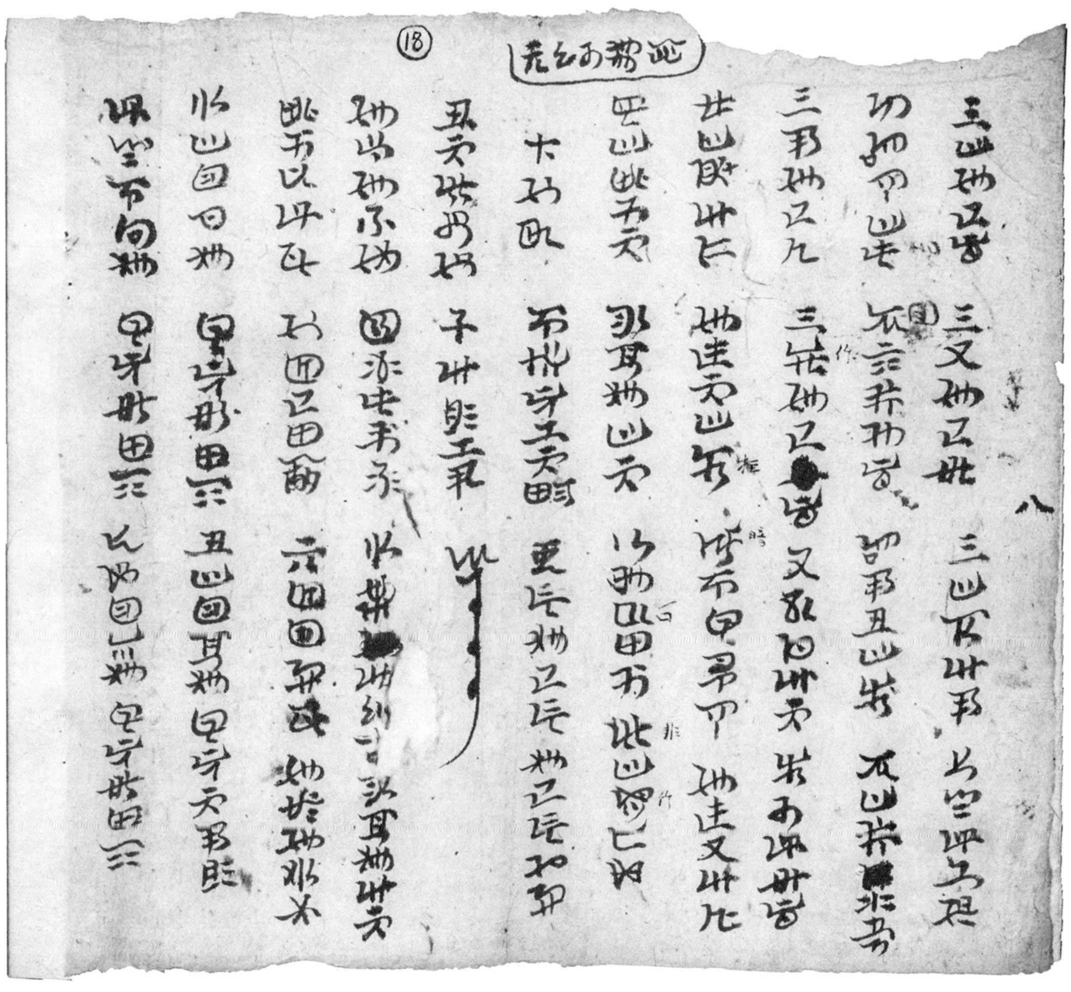

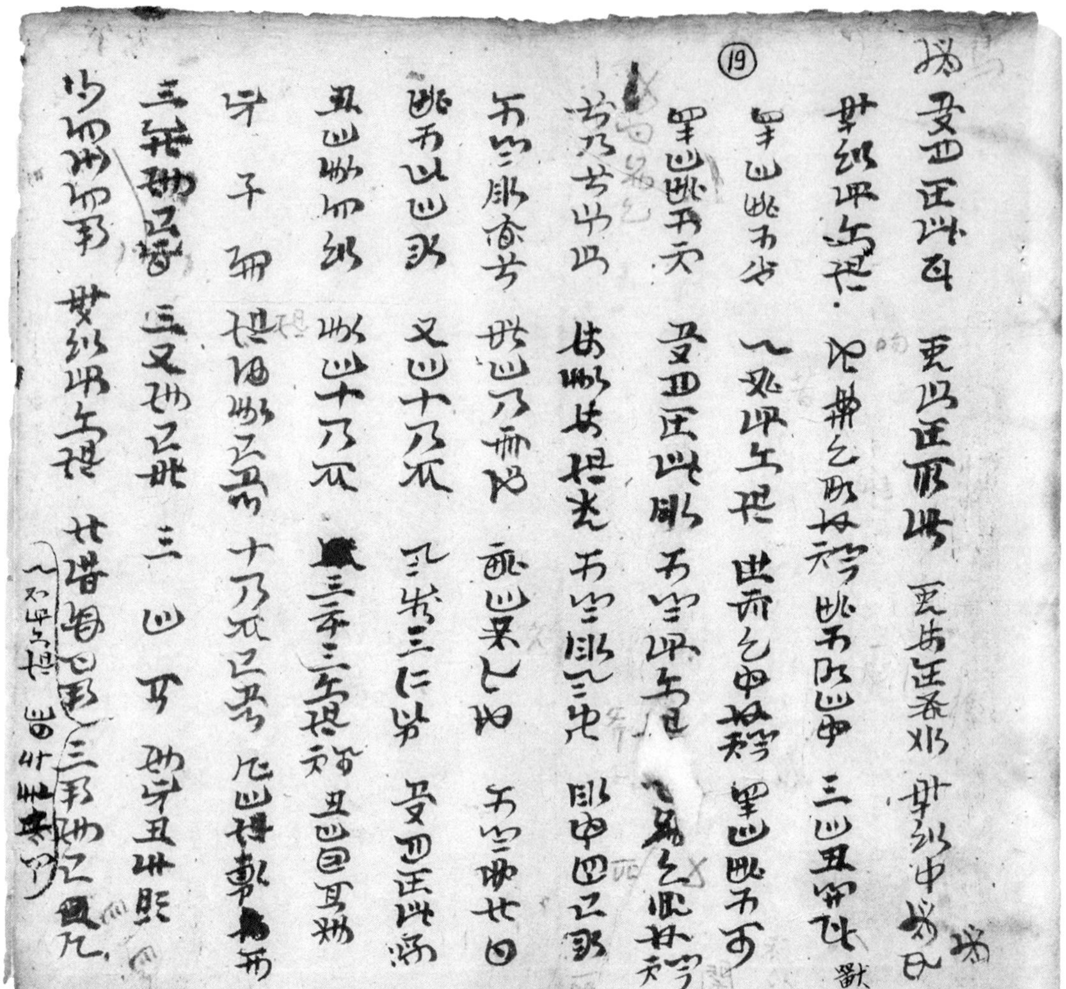

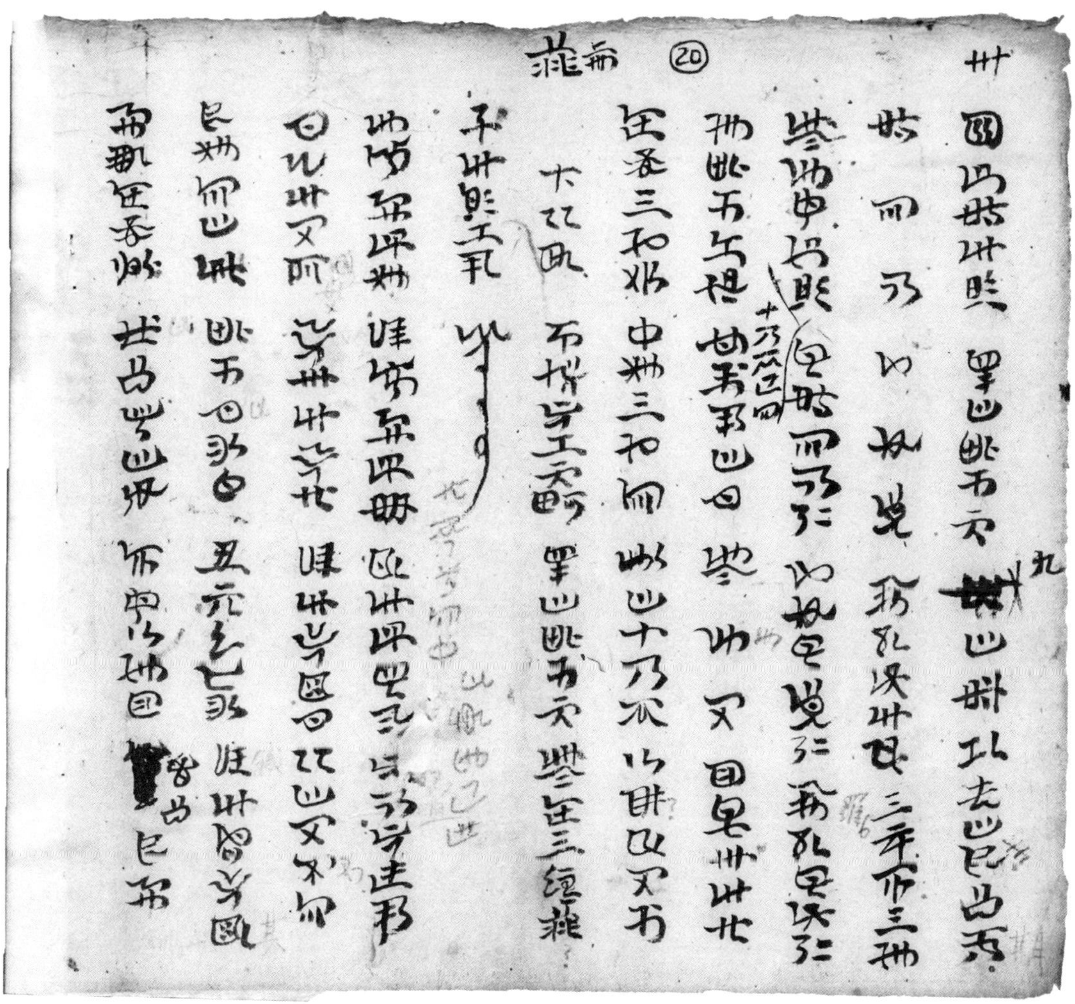

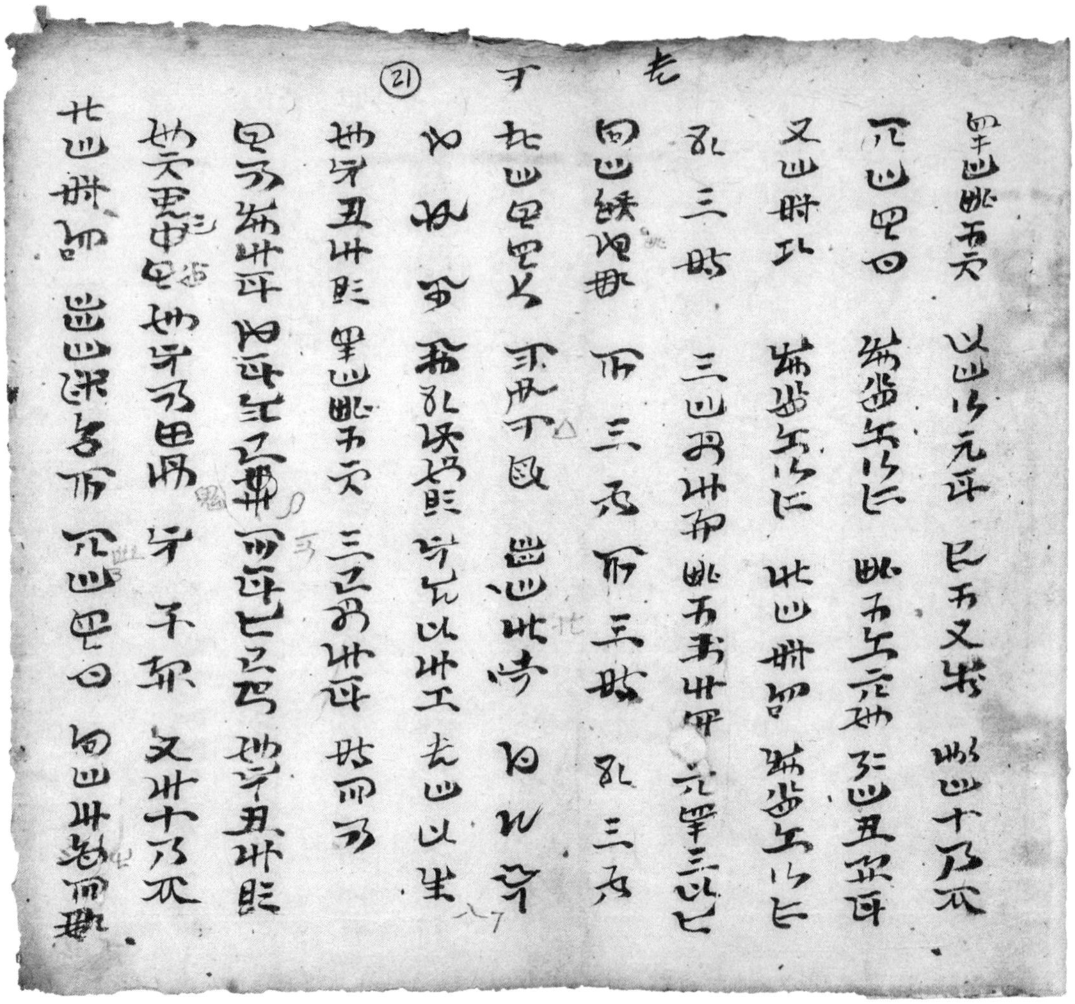

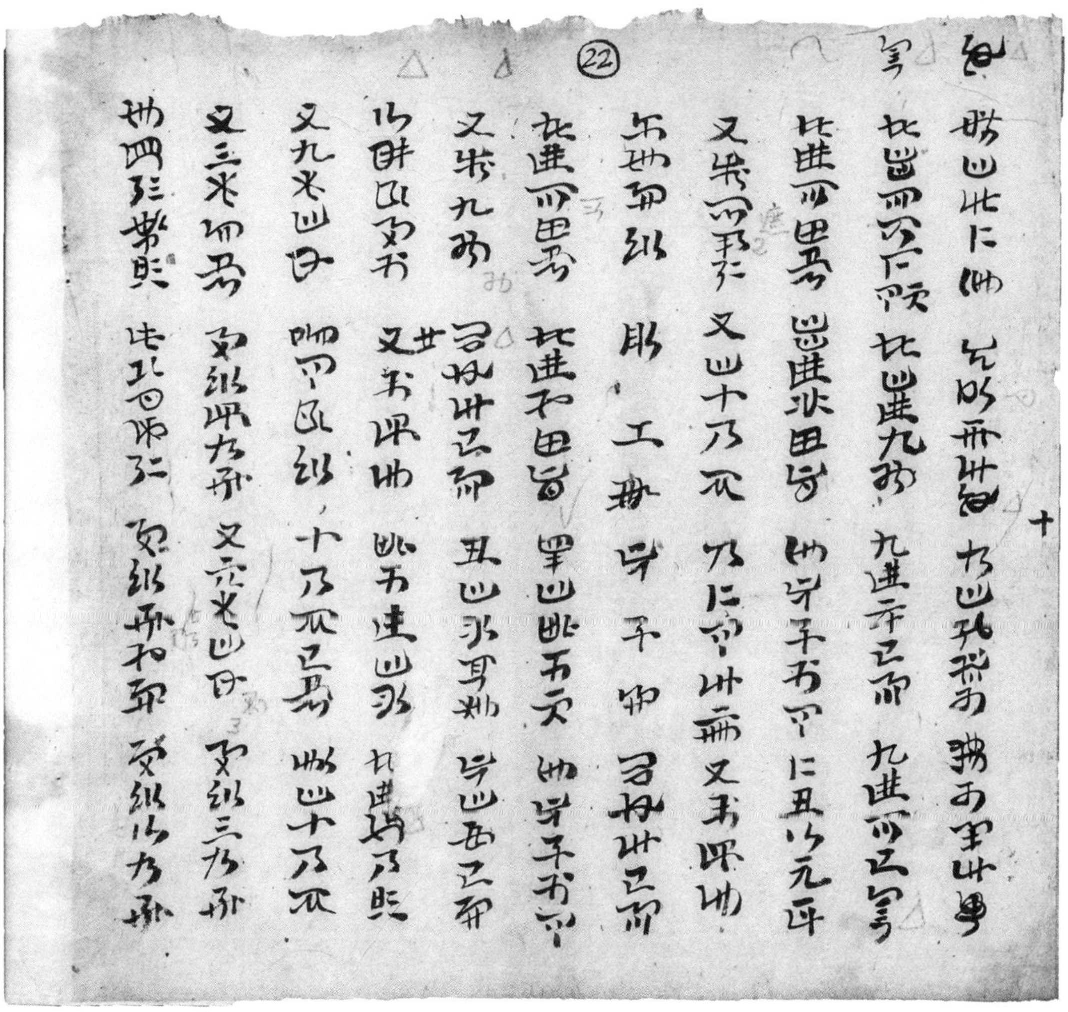

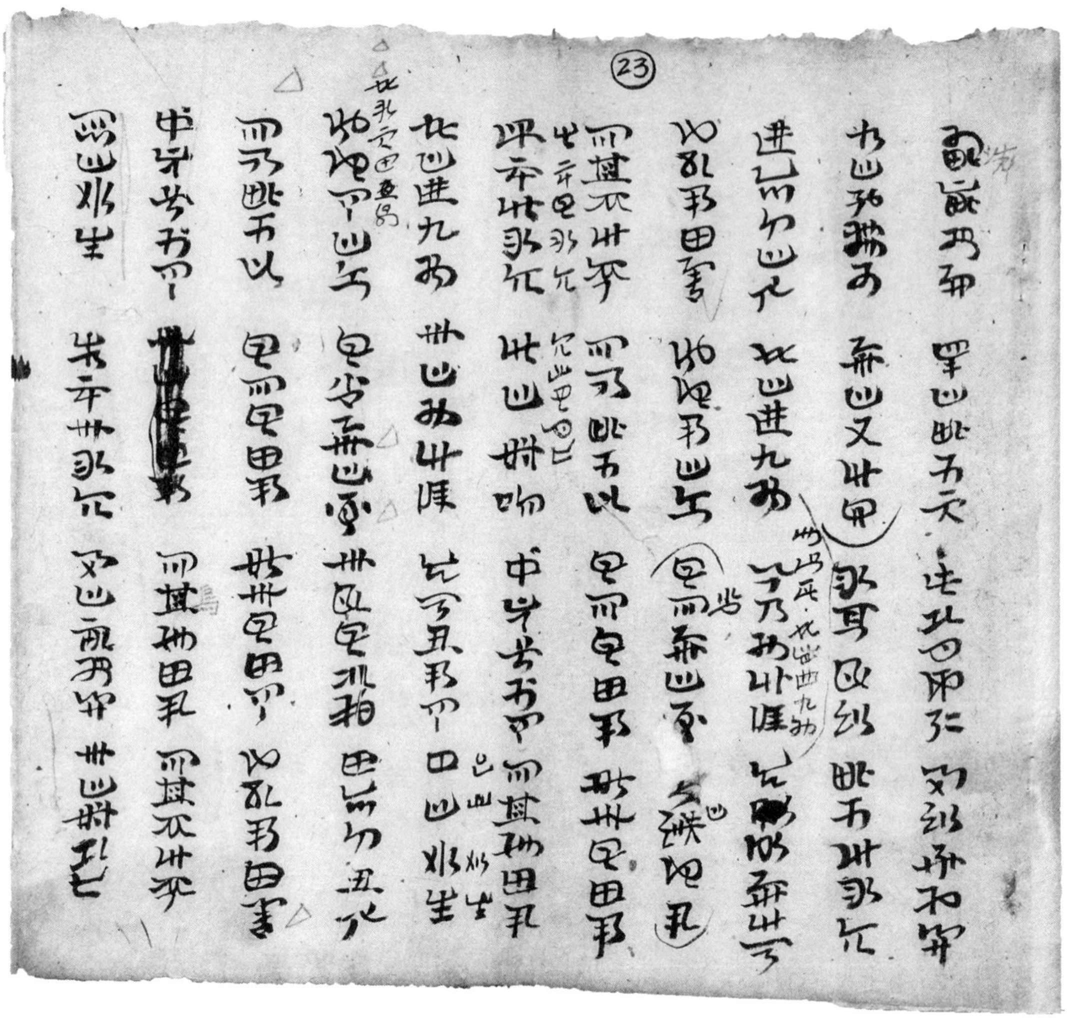

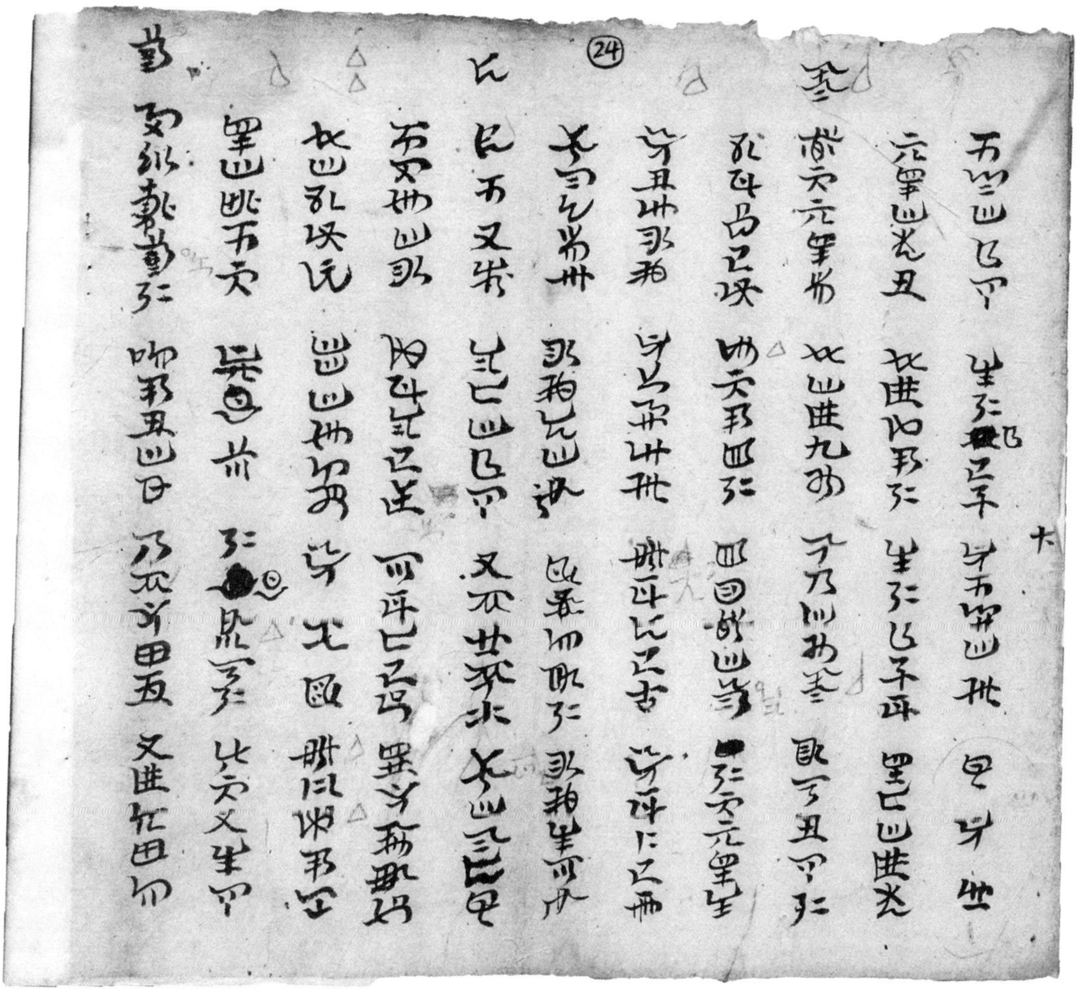

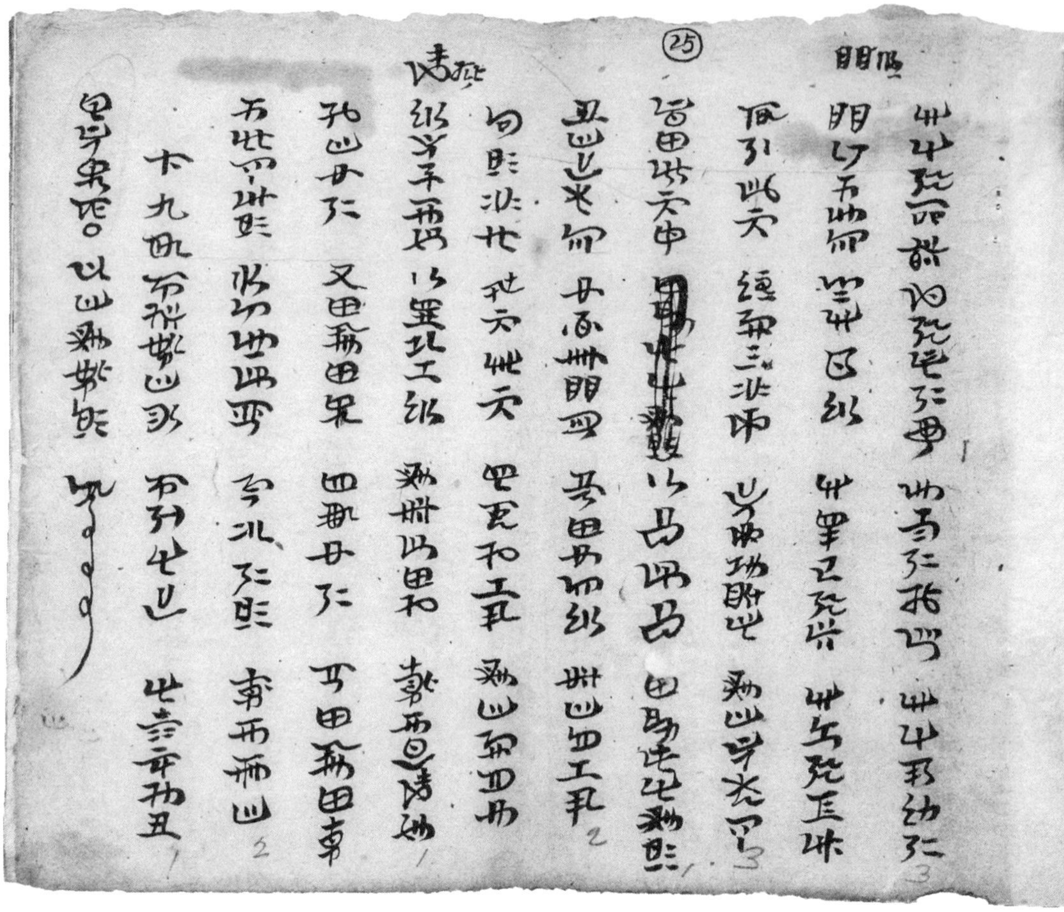

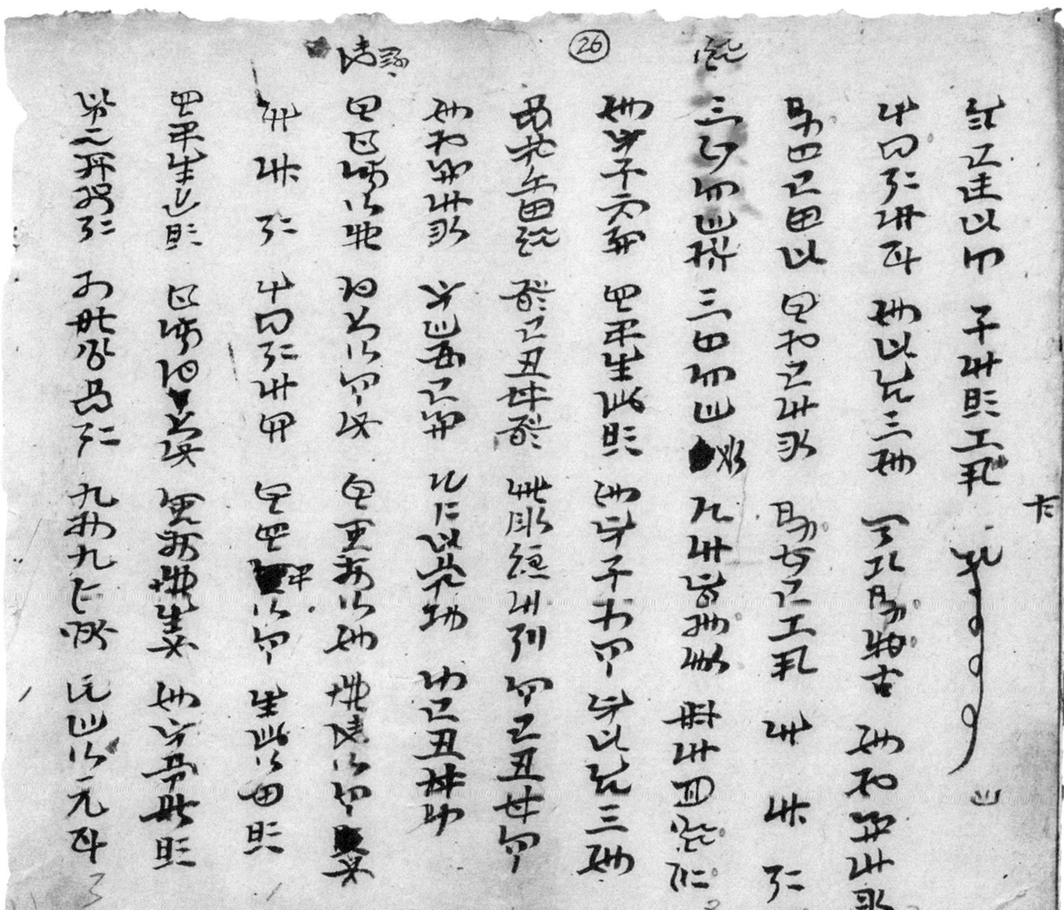

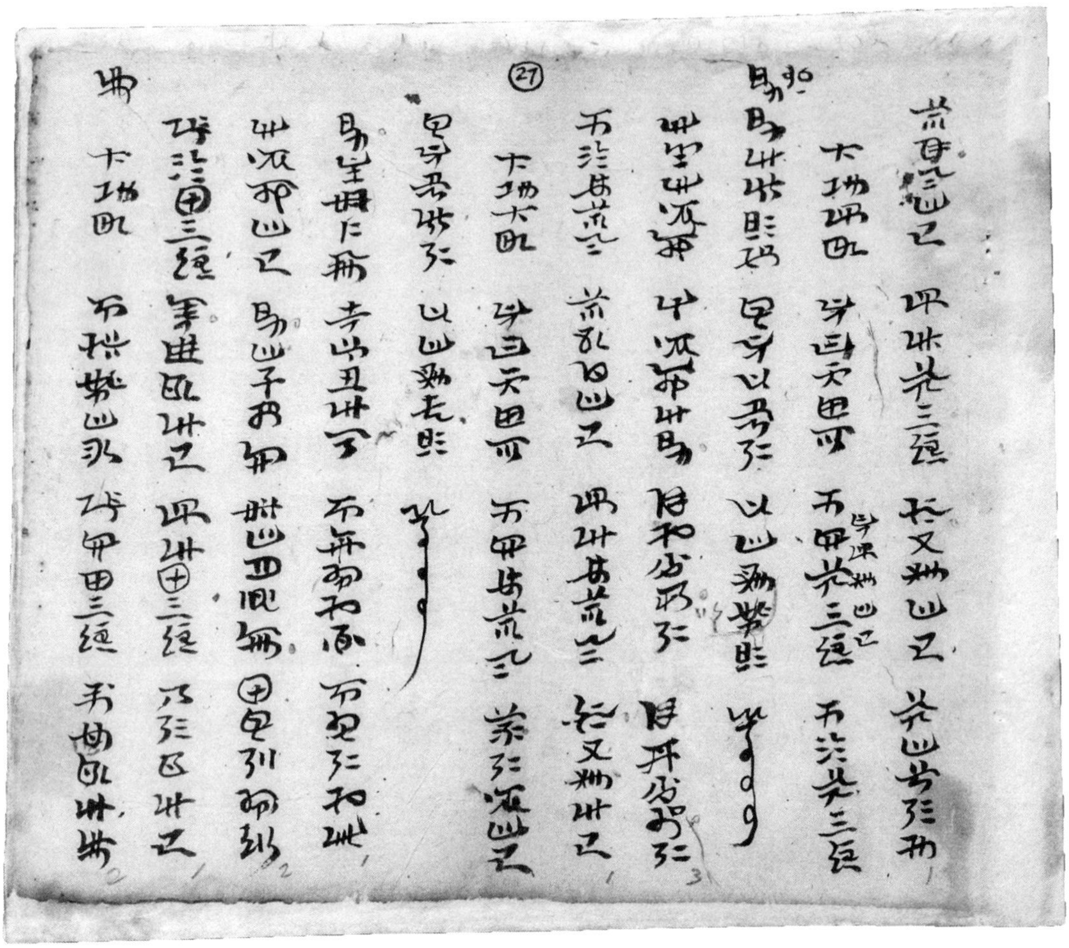

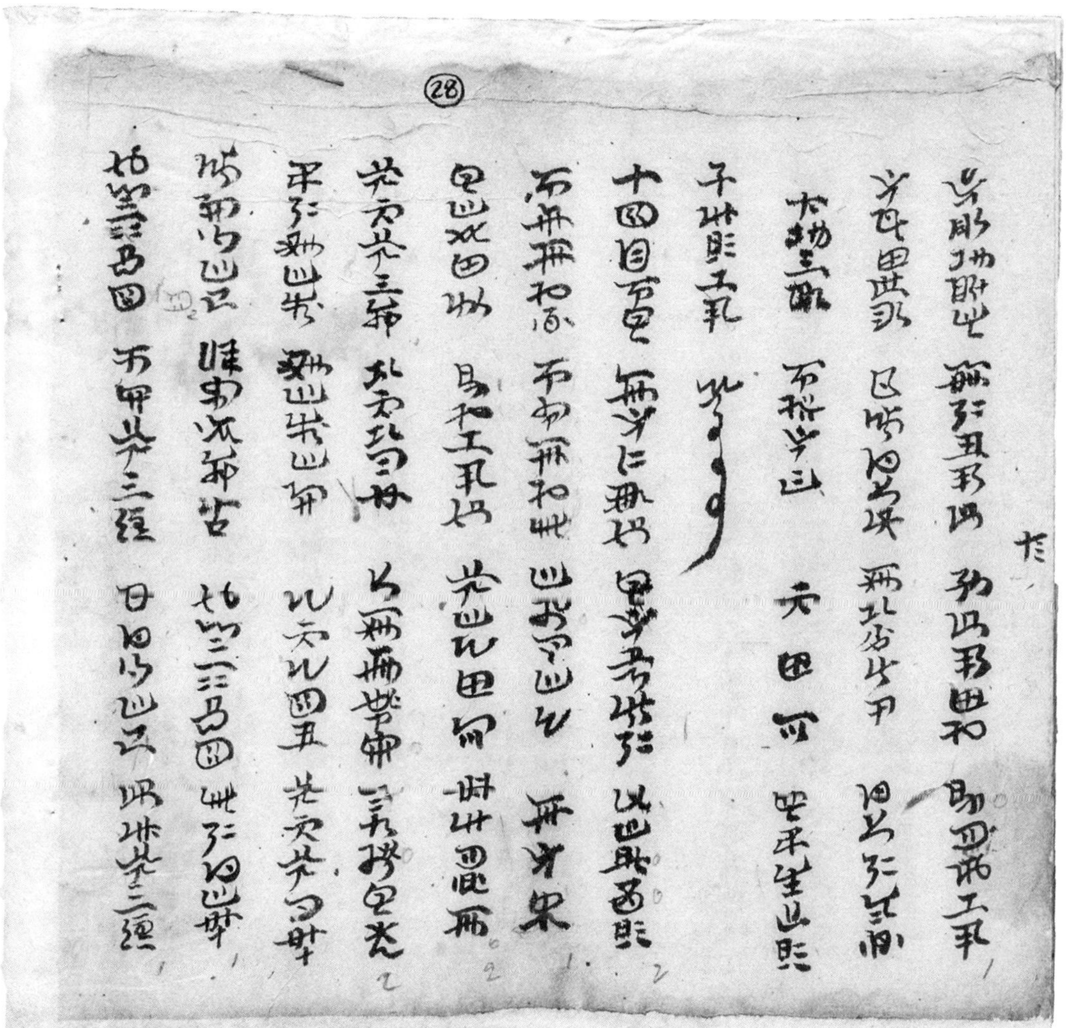
28

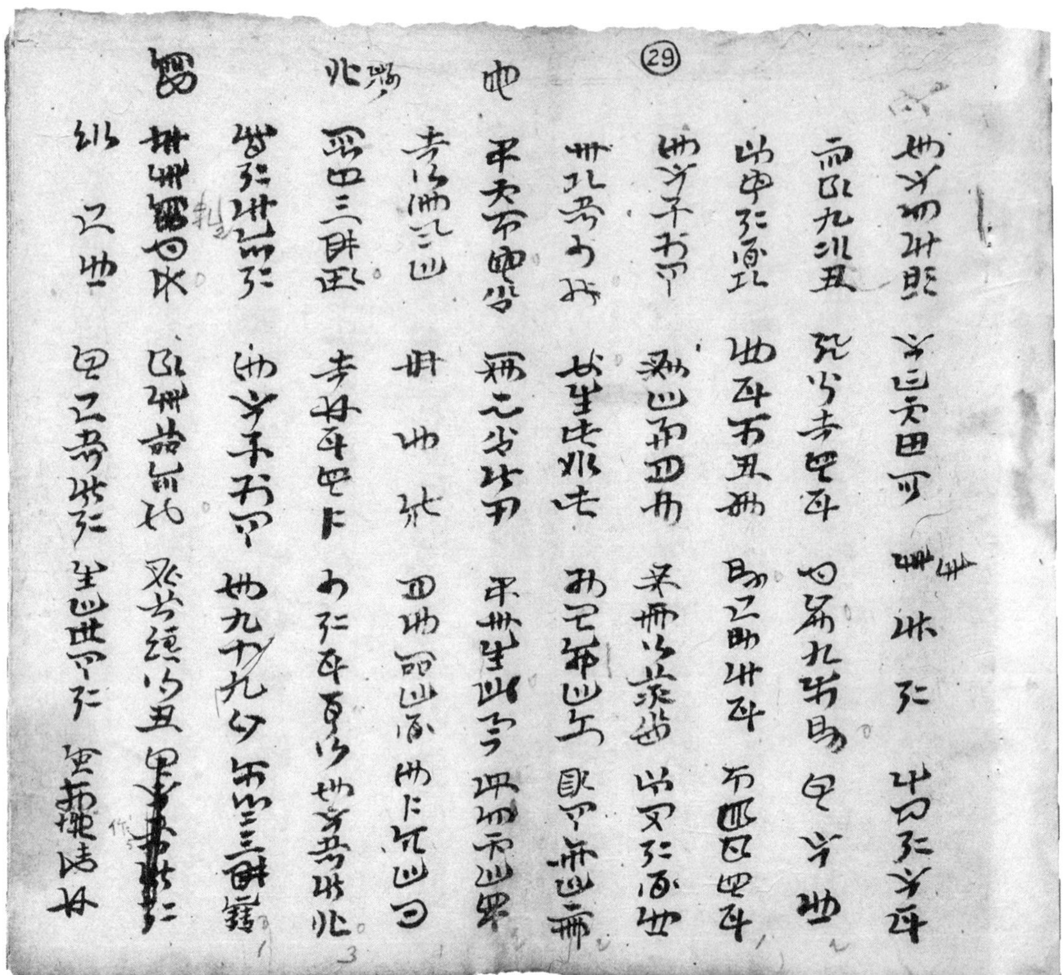
29

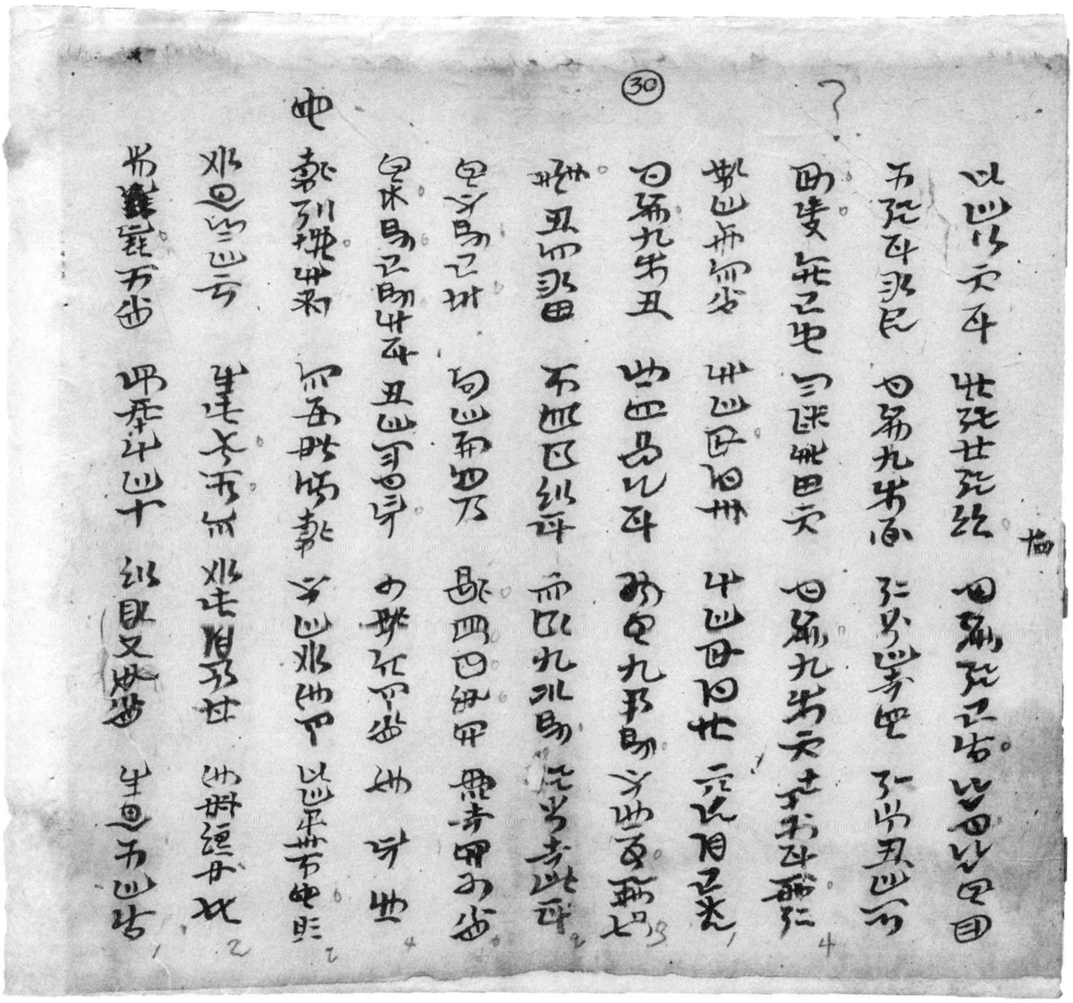

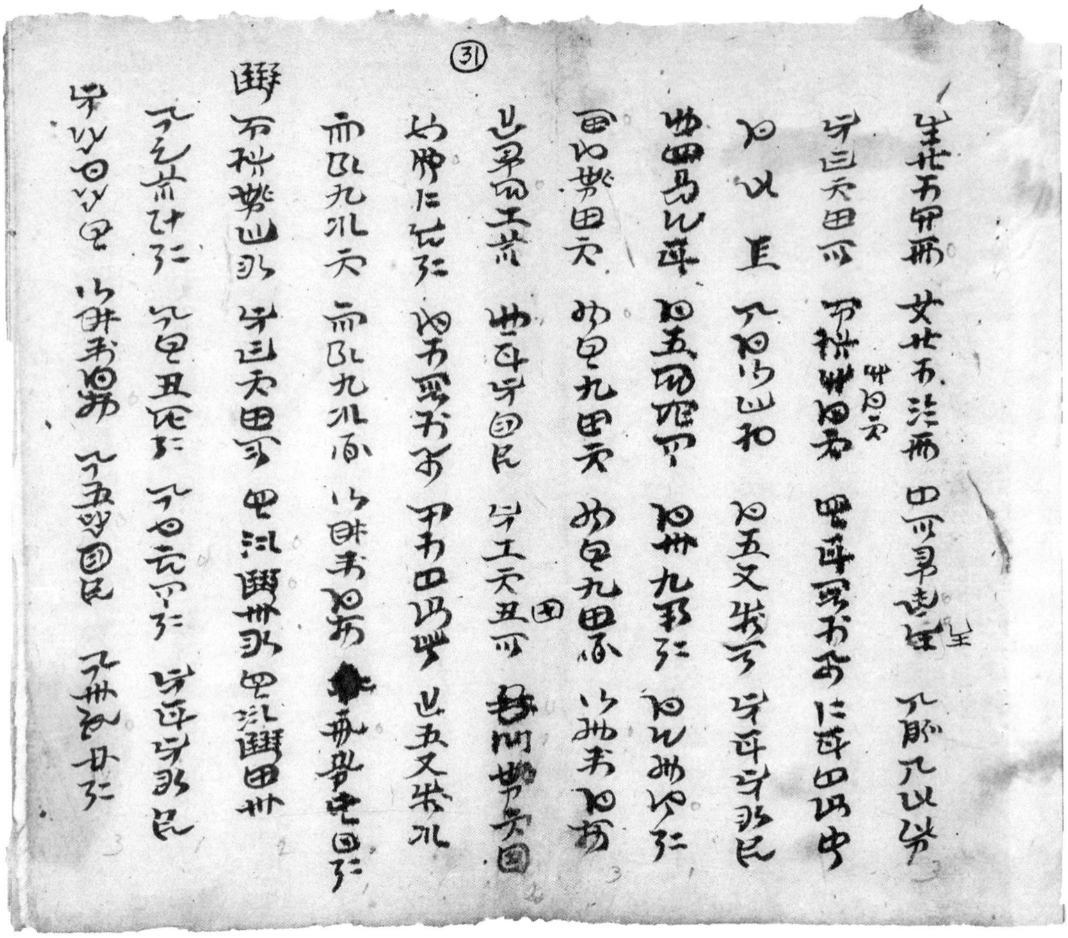

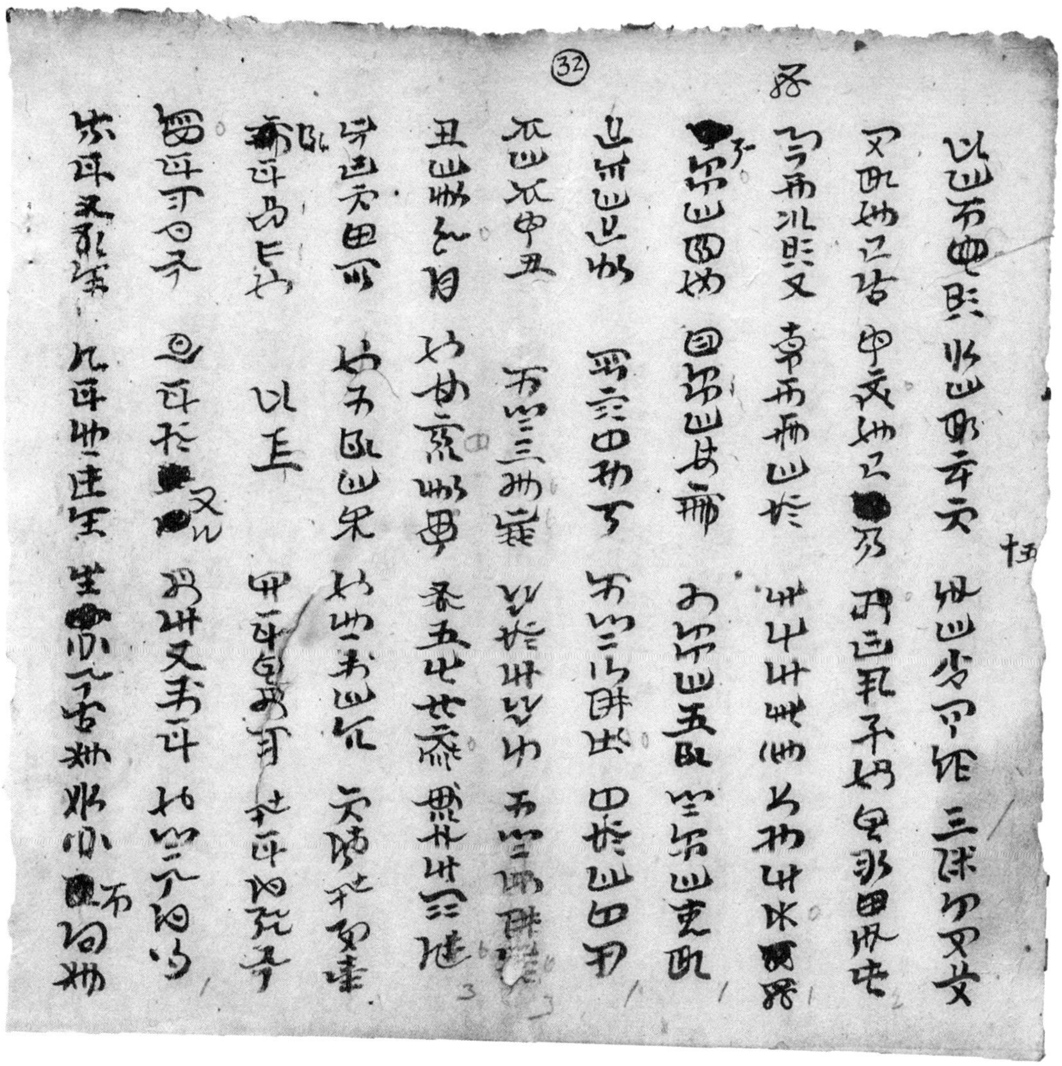

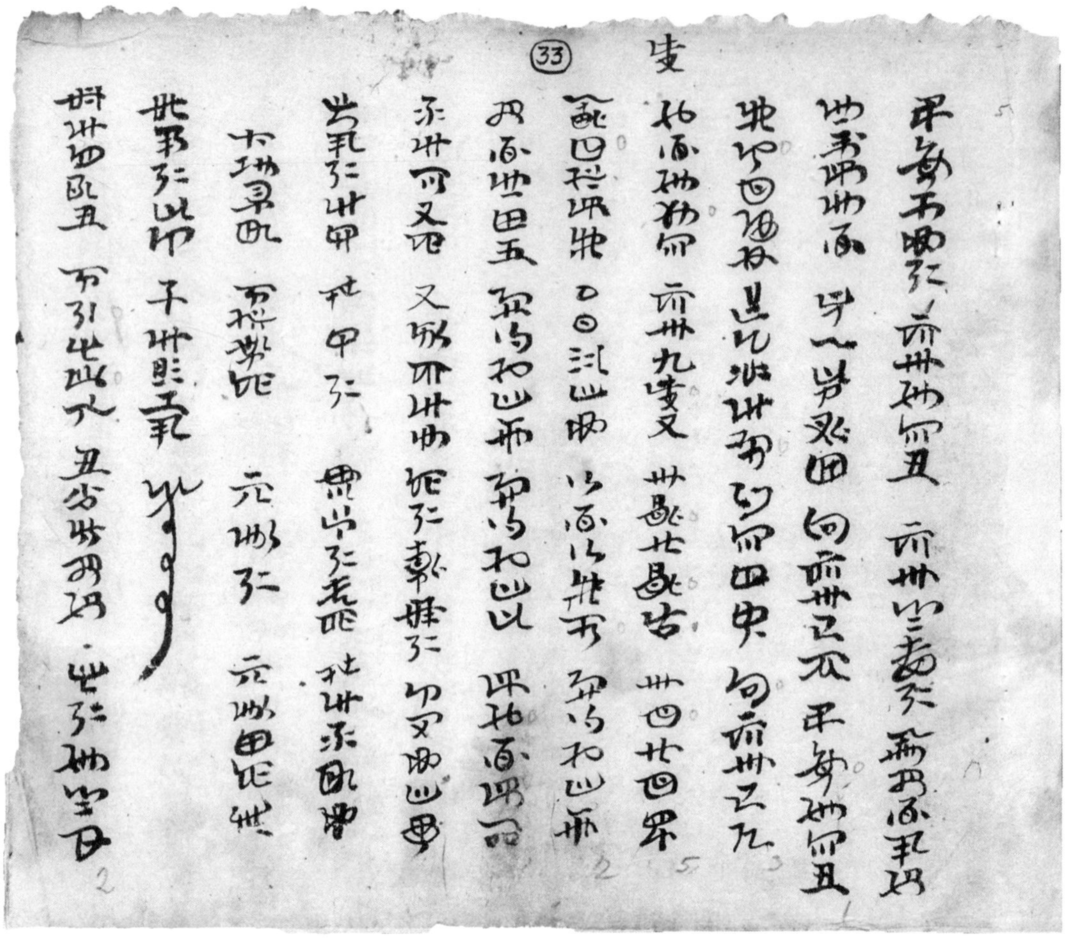

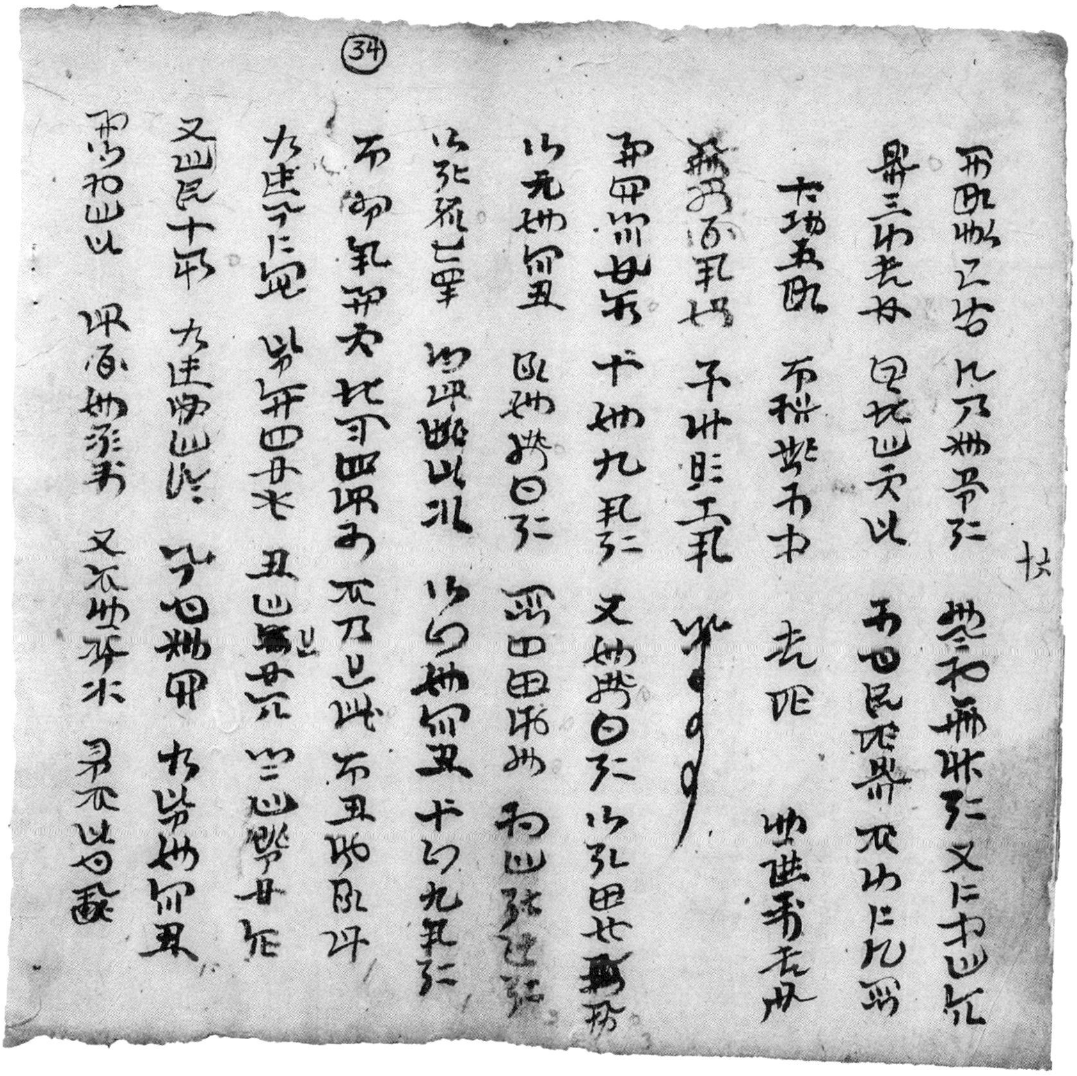

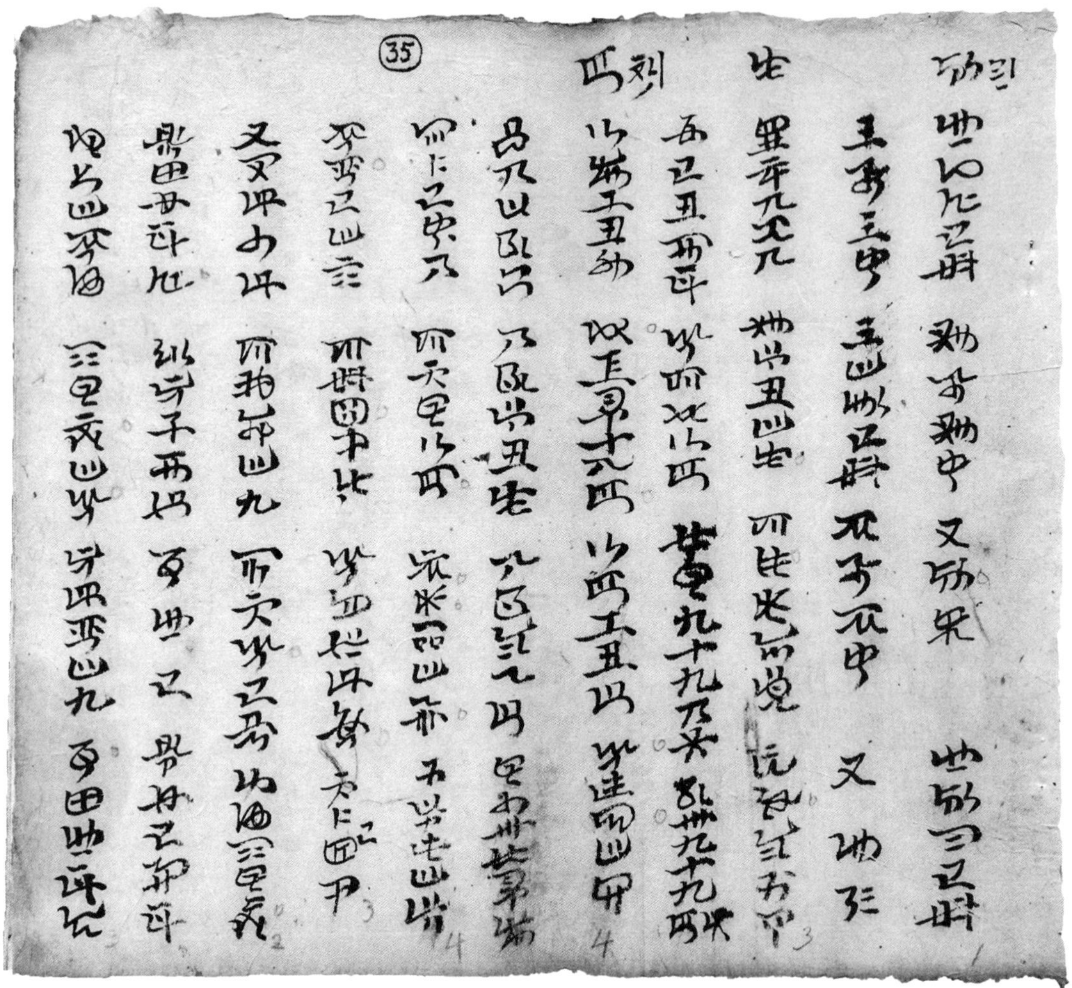

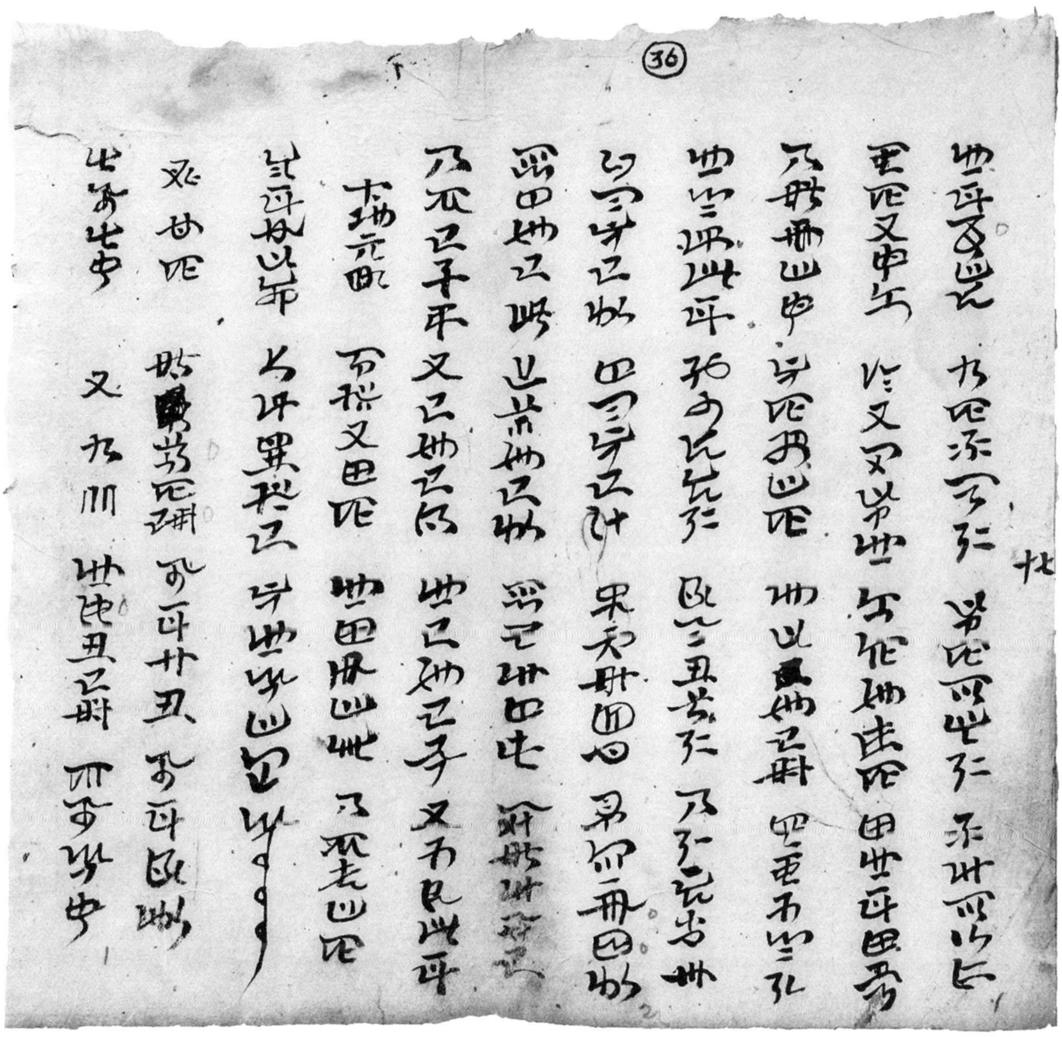

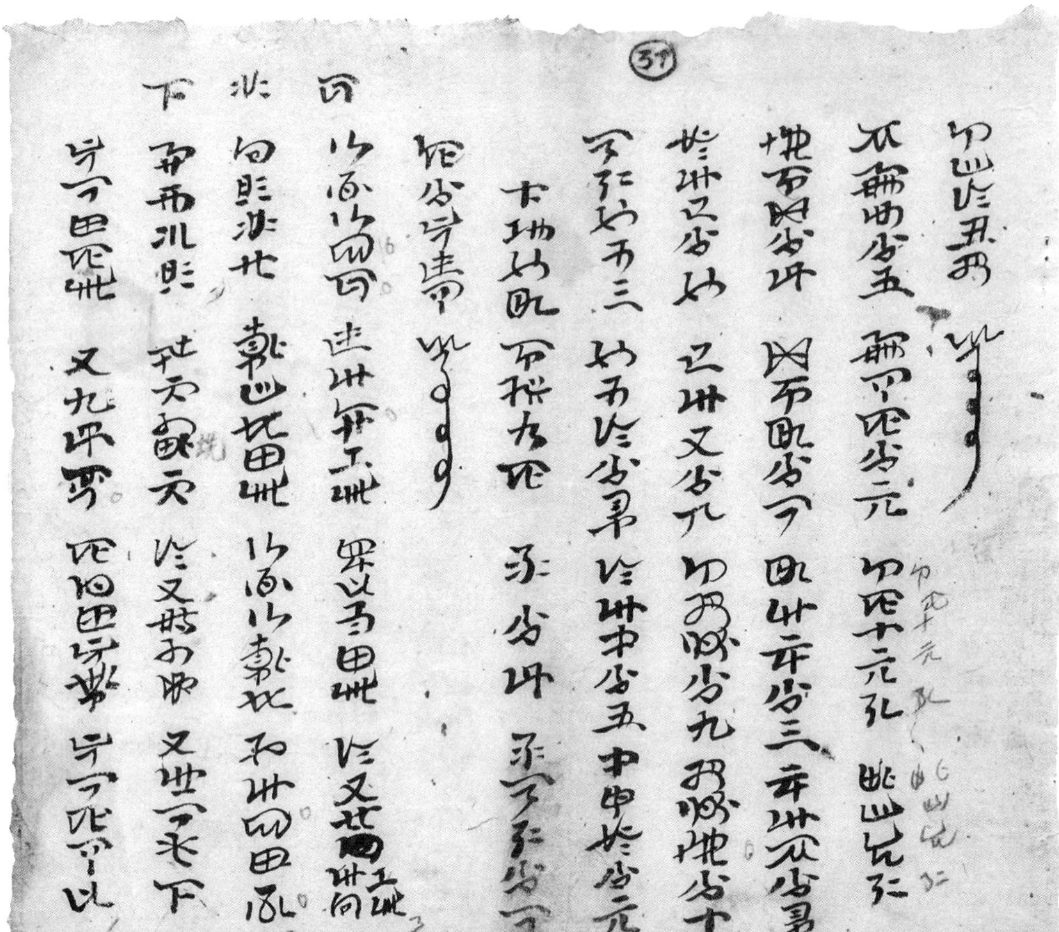

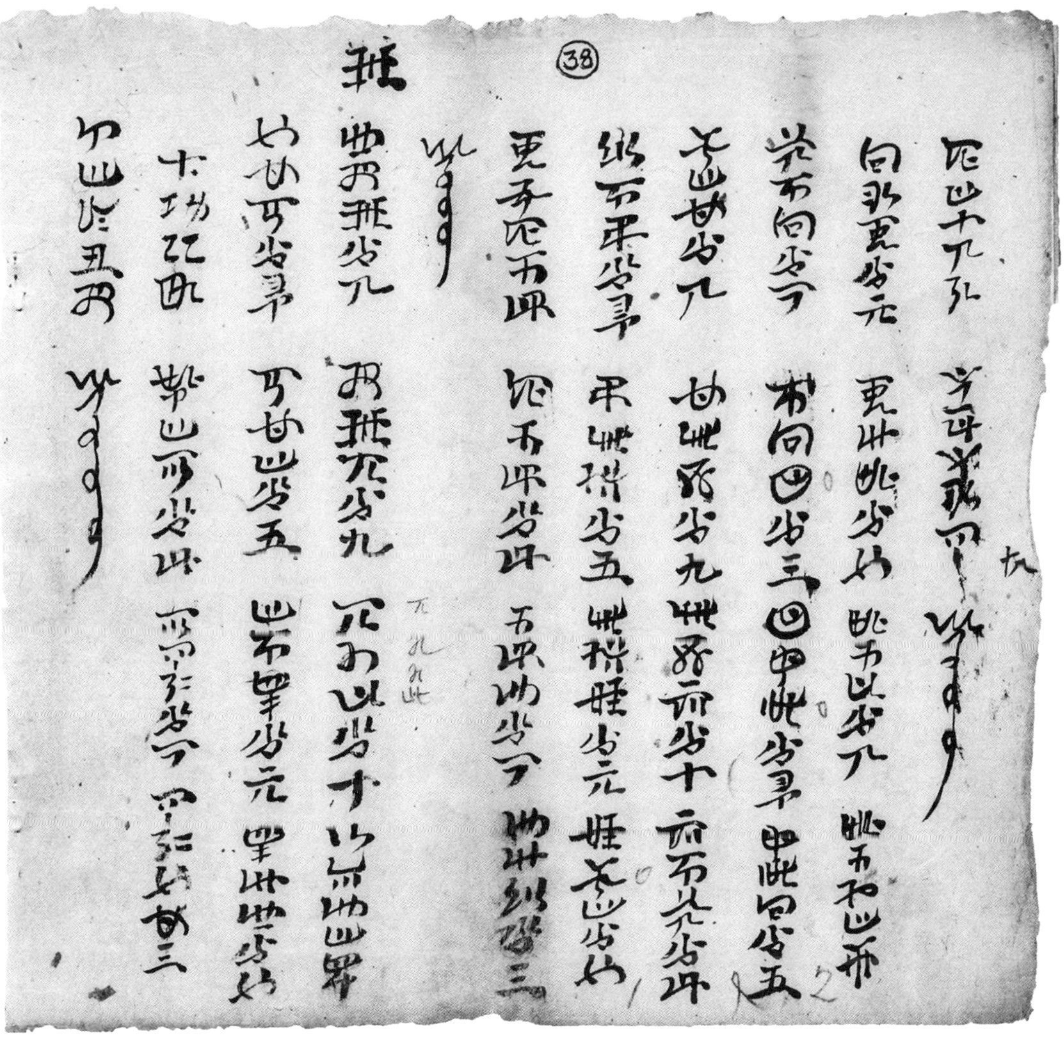

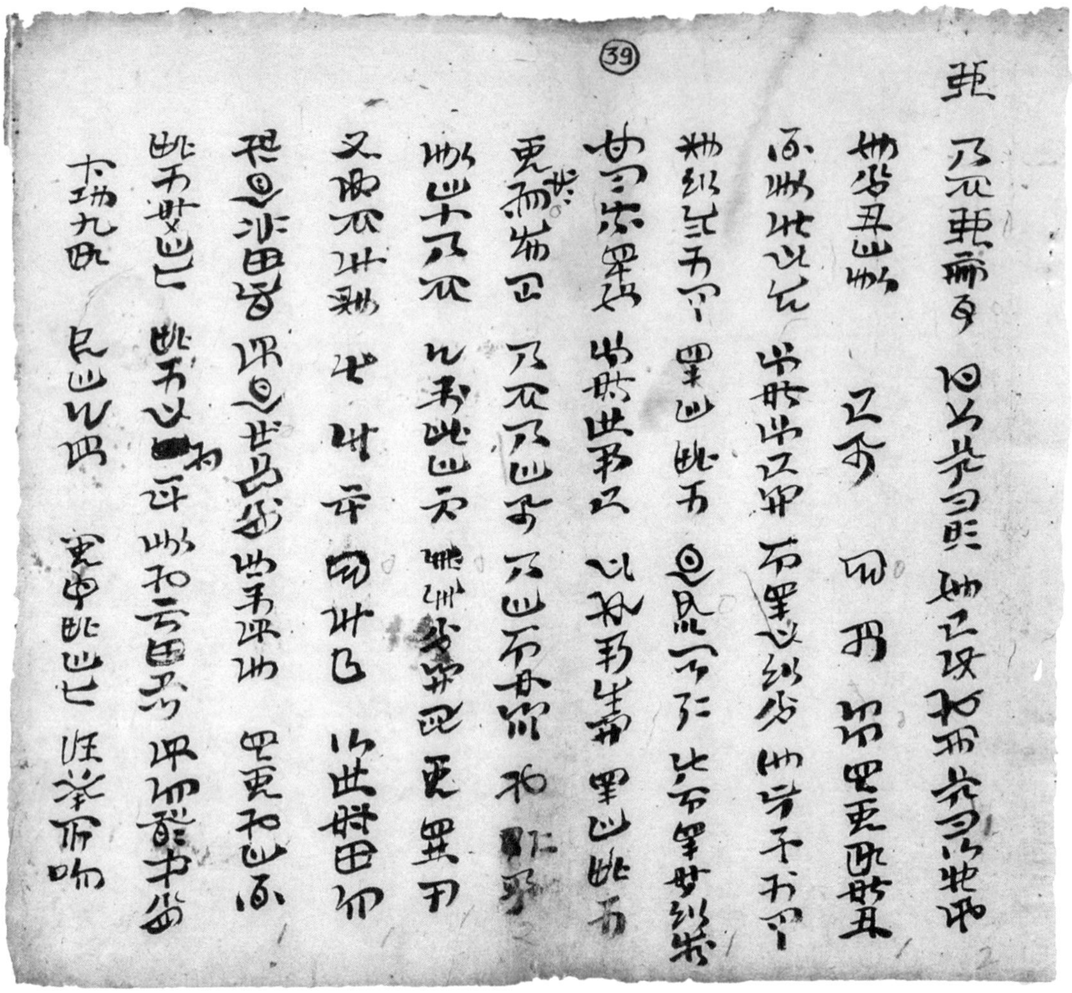

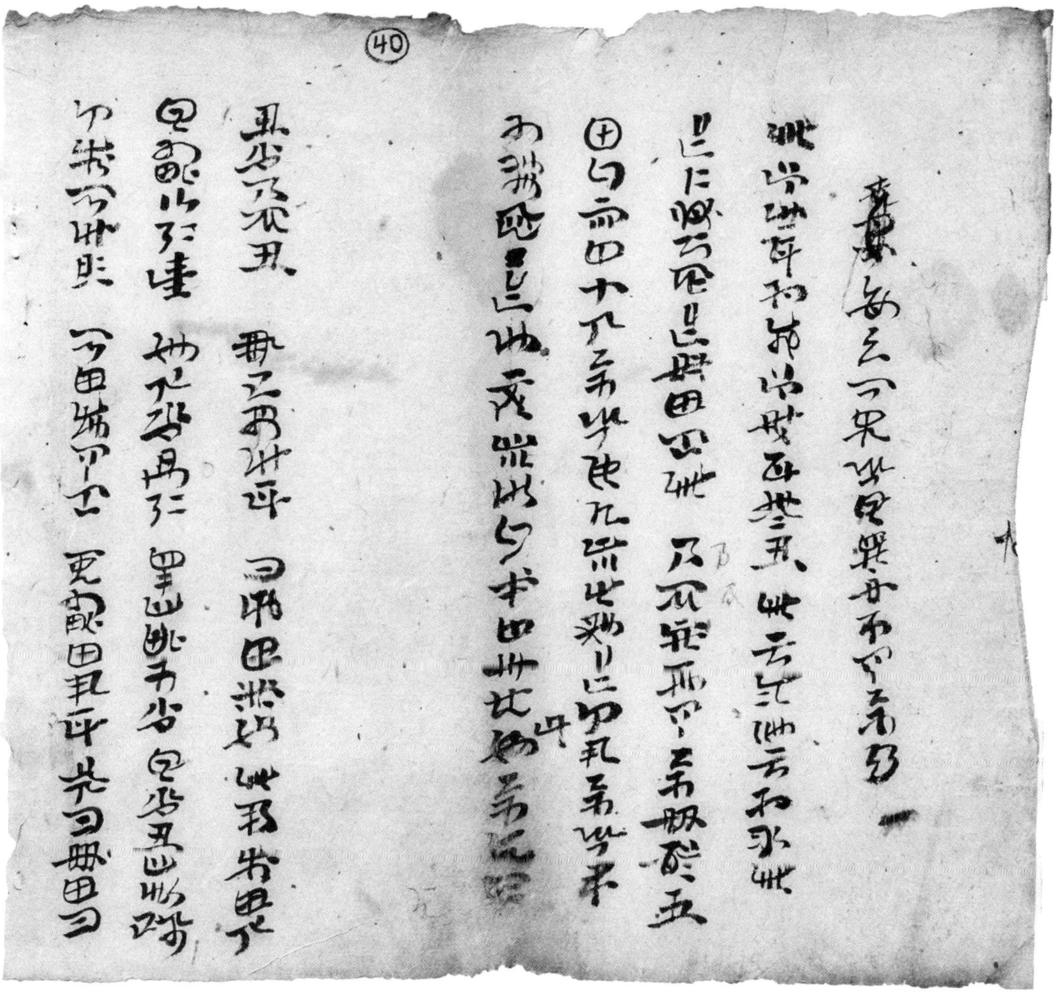